国家社科基金
GUOJIA SHEKE JIJIN HOUQI ZIZHU XIANGMU
后期资助项目

美国新媒体法律与规制研究

Research on New Media Law and Regulation in the United States

戴元光　周鸿雁　著

上海交通大学出版社
SHANGHAI JIAO TONG UNIVERSITY PRESS

内容提要

　　本书共十章,先对美国新媒体的发展做了简要介绍,然后围绕网络能不能被规制、要不要给新媒体立法等问题,对人们的互联网认识历程做了梳理。之后重点就网络人格权、数字知识产权、淫秽色情内容、网络广告与垃圾邮件、电子商务、网络信息安全等内容的立法与规制进行了详细介绍。

　　该书对于我国当前网络安全及网络强国建设具有较好的借鉴意义,可作为高校新闻传播学、社会学等专业,以及政府互联网管理相关机构人员的学习参考用书。

图书在版编目(CIP)数据

美国新媒体法律与规制研究/戴元光,周鸿雁著

. —上海:上海交通大学出版社,2023.8

　ISBN 978 - 7 - 313 - 28941 - 4

　Ⅰ.①美…　Ⅱ.①戴…②周…　Ⅲ.①传播媒介一法律—研究—美国　Ⅳ.①D971.221

中国国家版本馆 CIP 数据核字(2023)第 165027 号

美国新媒体法律与规制研究

MEIGUO XINMEITI FALV YU GUIZHI YANJIU

著　　者:戴元光　周鸿雁				
出版发行:上海交通大学出版社	地　　址:上海市番禺路 951 号			
邮政编码:200030	电　　话:021 - 64071208			
印　　制:浙江天地海印刷有限公司	经　　销:全国新华书店			
开　　本:710mm×1000mm　1/16	印　　张:27.25			
字　　数:472 千字				
版　　次:2023 年 8 月第 1 版	印　　次:2023 年 8 月第 1 次印刷			
书　　号:ISBN 978 - 7 - 313 - 28941 - 4				
定　　价:88.00 元				

国家社科基金后期资助项目
出版说明

后期资助项目是国家社科基金设立的一类重要项目,旨在鼓励广大社科研究者潜心治学,支持基础研究多出优秀成果。它是经过严格评审,从接近完成的科研成果中遴选立项的。为扩大后期资助项目的影响,更好地推动学术发展,促进成果转化,全国哲学社会科学工作办公室按照"统一设计、统一标识、统一版式、形成系列"的总体要求,组织出版国家社科基金后期资助项目成果。

全国哲学社会科学工作办公室

自　序

　　1993 年,美国政府在世界上首先宣布建设信息高速公路(即互联网);同年 12 月,我国也宣布实施信息高速公路计划[①];2000 年,全球信息高速公路基本建成。随后,互联网的日渐普及加速推动传统媒体与不断涌现的各新媒体平台之间相互融合,世界日益进入新媒体时代。

　　今天,新媒体早已成为人们获取、分享信息的重要渠道,并在现代科技的推动下呈现出移动化和智能化的显著特征。随着诸如手机和平板电脑等移动设备的普及,新媒体的用户趋势逐渐向移动端转移。同时,移动端的应用程序也在日益增多,为用户提供更多种定制化和个性化的内容,新媒体越来越呈现智能化趋势。特别是随着元宇宙、ChatGPT 等为代表的人工智能新技术系统的不断涌现,给人们日常生产和生活带来翻天覆地的变化。但也有不少专家对技术的发展表示了担忧,尤其是其引发的社会及法律问题日益显现。有学者就曾指出,人工智能的发展已然给人类社会带来风险以及社会结构带来诸多变化,由此也必将引发法律形态的变迁。人工智能的不透明、不可溯,以及不可预测等本质特征可能在目标设定、数据读取、以及制度运行等三个方面引发巨大风险,传统的嗣后规制性法律制度已很难再有效实现其目的。[②] 毫无疑问,人们获得极大便利的同时也愈发感到新媒体的管控变得越来越困难,新媒体特别是智能媒体对当前的法律体系、社会伦理甚至国家主权等都形成了巨大挑战,这是当前大多数国家,包括我国在内所面临的重大棘手问题。

　　作为互联网发源地的美国,新媒体市场发展迅速,从 AR、VR 到 ChatGPT,人工智能早已成为美国新媒体市场的焦点。值得我们关注与借鉴的是,美国在大力发展智能媒体的同时也在不断推动新媒体时代的法律与规制建设。其中,目前最值得关注的莫过于再次触发 1996 年《通信规范

---

　　① 周天明:《把个人理想与民族复兴大业联系起来》,《光明日报》,2021 年 7 月 26 日。
　　② 任虎:《人工智能和未来法律制度:从本质到目的》,《中国政法大学学报》2019 年第 4 期。

法》(CDA)第 230 条这一关键条款,是否对 CDA 第 230 条进行修订甚至废除,又一次成为目前美国法律各界争论的焦点。长期以来,该条款一直被认为是科技行业至关重要的保护措施,在该条款的保障下,提供"交互式计算机服务"的所有者可免于因其用户发布的内容而承担责任。换言之,该条款一定程度上授权各互联网平台和社交媒体网站对其平台上第三方用户发布的内容进行管理(但不得实质性改变用户发布的内容),并无须为用户发布的内容承担责任。然而,正因如此,该条款的设定也引发人们对社交媒体网站等平台权力过大的担忧。这些非政府机构的互联网公司可能会随时侵犯用户本应充分享有的、美国《宪法第一修正案》赋予的言论自由权——这些社交媒体网站可以自我设置允许或拒绝任何人访问用户发布内容,只要该决定不违反适用于私人实体的法律。

截至目前,美国各界针对 CDA 第 230 条是否应该修正的讨论还在持续中,但总体而言,随着美国对新媒体管制的加强,我们已经看到一些社交媒体企业正在进行内部改革,实施包括将部分不合规的内容下架、限制某些人士的应用程序服务使用等措施。由此也引发美国一些科技评论人士的担忧,这是否会成为决定社交媒体企业对其平台上发布的内容进行审核承担责任的决定性时刻。

以上是新媒体技术发展引发美国相关法律规制革新的一个争议焦点,但必须注意的是,美国新媒体法律与规制涉及多个层面,也绝不仅仅局限于平台上发布的内容审核及平台责任问题。与此同时,美国的一些监管与规制手段也在影响欧洲国家,欧盟监管机构就在考虑引入一些规制措施以引导大型科技公司为新闻服务付费,并要求它们向出版商通报其网站上新闻报道排名方式的变化。在美国相关法律规制的影响下,欧盟拟议的《数字市场法案》就旨在禁止"自我偏好"等不公平做法(例如,当大型科技公司在产品展示中优先考虑自己的商品/应用程序/服务时),该法案也尝试引入互操作性和数据共享义务等相关监管措施。

总体而言,最近几年美国新媒体法律体系性变动不大,只是提出了一些新的问题,如 AIGC(AI Generated Content,利用人工智能技术生产内容)创作面临的法律与伦理治理挑战、在线生成内容平台是否对其用户上传的内容承担责任等。这些问题所涉及的法律及监管,不仅在美国,在其他国家同样都是新的世纪难题,既有法律框架也越来越力不从心。对比来看,中美两国虽有着不同的法律体系,中国新媒体技术发展也有着自身的特殊性,但在媒介全球化发展以及互联网治理早已成为世界各国共同难题的背景下,分析与讨论新媒体技术发展前沿的美国相关法律与规制,同样也有助于我们思考新媒体时代中国的相关法律规制体系的构建。

　　本研究前后经历十年,最早始于 2012 年,到 2015 年时,已收集中文资料约 200 万字,英文资料约 320 万字,2015 年 8 月完成初稿,2015 年 12 月申请国家社科基金后期资助,并获批准。2015 年 12 月底开始,按照专家意见进行修改。2016 年 8 月邀请了新闻传播学界、社会学界、法学界专家对研究成果进行了讨论,专家对研究成果持肯定的意见,特别是对我国新媒体发展和新媒体法律的生产与供给有重要借鉴意义,2022 年又做了修订。

　　本书共 10 章,第一章首先对美国新媒体的发展做简要介绍,然后围绕网络能不能被规制、要不要给新媒体立法,分别对自由主义者、联邦主义者和现实主义者的观点作比较,力图就人们对互联网的认识——从早期的乌托邦到后来逐渐回归成熟、理性的过程作梳理,简要总结了美国规制互联网等新媒体的主要手段。从第二章开始分门别类地对美国关于新媒体的规制问题展开论述。第二章网络人格权保护——传统与现代的冲突与调适,讨论的是言论自由和人格权保护的平衡问题,主要涉及名誉权、姓名权和肖像权以及网络暴力言论等内容。第三章网络人格权保护——还有隐私吗? 由于人格权中的隐私权格外引人关注,本章着重就美国隐私与隐私权的起源、新媒体时代的隐私权保护进行探讨。第四章数字知识产权保护——数字时代的困境,主要内容包括知识产权遭遇“数字困境”、对知识产权的立法保护等。第五章数字知识产权保护——垄断性权利与合理使用,对数字知识产权保护中的争议问题进行具体讨论,主要包括“合理使用”与侵权之争、“网络中立”与“开源运动”、P2P 带来的侵权问题、网络服务提供商的责任、链接与内框侵权等内容。第六章网络淫秽色情规制,主要内容包括淫秽色情的界定、未成年人保护等。第七章网络广告与垃圾邮件管控,聚焦于美国对网络等新媒体广告的管理与控制。第八章电子商务及其法律建构,着重介绍美国电子商务的发展及对电子商务活动的立法规制。第九章网络信息安全,主要介绍美国打击网络犯罪、维护国家安全和个人信息安全的做法以及有关立法。最后一章网络空间管辖权之争,分析了互联网对传统管辖权的法律挑战,介绍了美国长臂管辖权原则及其应用以及有关网络空间管辖权的立法。美国网络长臂管辖权原则备受争议,实际运用更被诟病,可以说,美国网络长臂管辖权原则常常成为美国霸凌他国的工具。

　　值得关注的是,美国新媒体规制并非采取单一的法律监管,而是多措并举、多管齐下。国家、受众、行业公司之间的利益通过法律规范、行政监管、行业自律、技术控制、安全教育和市场调节等诸多机制的共同作用以得到一定程度的协调,各个利益主体之间也不可避免存在利益的让度以达到某种平衡。正如有学者提到的,美国政府毫无疑问会鼓励支持网络行业的有序发展,但网络行业发展不能以侵犯公众的基本权利为代价,而当国家利益需要进行管控时,公众利益、网络行业的利益同样都要为其让路。当然,也正是由于多重标准之下所体现的灵活性,使得美国有关规制体系对于日益变化的新媒体发展现实具有较强的适应能力和应变能力。①

本书有一定的创新程度和特色。首先,本书文献较为丰富,文献主要有三部分,一是收集美国涉及信息方面的法律,包括新闻传播、公共交流、出版等的法律条文;二是收集美国新闻传播界、法学界涉及新媒体的研究报告和论文;三是涉及新媒体的法律案例。美国新媒体法律与规制生产对美国早期制定的出版法、知识产权法、新闻法等有相当的继承,或者说有较多的延续,也有补充、修正和增加。在成果中,不仅较为完整地呈现了美国新媒体法律,同时对法律实施中出现的问题、学界的讨论和重要案例进行了分析。其次是围绕核心问题,突出新媒体对既定法律的挑战,主要是:网络时代信息传播的自由,网络时代隐私权的保护,数字知识产权,电子商务,网络犯罪等。最后,本研究也较为完整系统地梳理出新媒体时代美国新媒体立法状况,以及美国新媒体法律生产中遇到的问题。

我国是全世界网民最多、网络最发达的国家之一,网络法治建设也取得了很大成绩。研究美国新媒体法律与规制不仅有助我们开展对新媒体法律的研究,也有助我国加快新媒体法治建设。因此本成果既有很强的理论意义,也有重大实践意义。

---

① 王靖华:《美国互联网管制的三个标准》,《当代传播》2008 年第 3 期。

目　录

第一章　美国新媒体规制起源与发展

　　互联网等新媒体的迅猛发展,再次印证了麦克卢汉关于"地球村"的预言:空间被压缩,人与人之间仿佛近在咫尺,天涯若比邻;时间被压缩,实现了信息的即时同步传播。新媒介(体)时代使我们的生活更加方便、更加合理,社会使新媒介(体)变得更加丰富,也给人们增添了无尽的烦恼。① 正如控制论创始人诺伯特·维纳(Norbert Wiener)所言,所有的技术都有为善和为恶的两面性。新媒体的发展在给我们的生活带来极大便利的同时,也对以往的法律体系、社会秩序,乃至国家主权、安全、发展利益提出了新的挑战,迫切需要我们去认真面对。

　　作为互联网的发源地,美国在规制互联网尤其是新媒体方面,有一些方法和经验,值得我们去研究和借鉴。

　　本章首先对美国新媒体的发展做简要介绍,然后围绕网络能不能被规制、要不要给新媒体立法,分别对自由主义者、联邦主义者和现实主义者的观点做比较,力图就人们对互联网的认识——从早期的乌托邦到后来逐渐回归成熟、理性的过程做梳理,简要总结了美国规制互联网等新媒体的主要手段。

第一节　新媒体时代——一切都是互联网的内容

　　2006 年,美国《时代周刊》把年度人物给了"你"——互联网上内容的所有使用者和创造者。副标题为:"没错,就是你。信息时代由你掌握。欢迎进入你自己的世界。"整本杂志的大部分内容都是介绍 2006 年互联网的发展,特别是网络 2.0 版的发展,包括网络视频、博客、草根新闻等。

---

　　① 〔日〕水越伸:《数字媒介社会》,冉华、于小川译,武汉,武汉大学出版社,2009 年 1 月版,第10 页。

1

其中一篇文章写道:这个故事中有维基百科(Wikipedia)对全宇宙知识的汇集;有油管(YouTube)中上百万来自网民的网络视频;还有聚友网(MySpace)里的(虚拟)都市。在这个故事中,大众把权力从少数人手中夺走,并不计回报地帮助别人。不仅整个世界因此而改变,而且推动世界改变的规则也因此改变。让这一切成为可能的工具就是互联网(the World Wide Web)。互联网是让上百万人的微小努力集腋成裘的工具。硅谷称它为"Web2.0",好像它是一个旧软件的新版本似的。其实,这是一场革命。

有谁能工作了一整天,不坐下来去看看电视剧,比如《迷失》(Lost)①,来放松一下?或是把"皇后乐队"(Queen)②的流行歌曲器乐版和一段廉价的说唱混音成一首新歌?或是写一段博客来描述一下自己的内心世界,国计民生或是街边新开的小酒馆的牛排薯条大餐?谁有这样的时间、精力和热情?那个人就是你。是你在夺取全球传统媒体的统治;是你在开创和构造全新的数字民主;是你不图回报,把那些"职业人士"在他们自己的领域打得一败涂地。正因为如此,《时代周刊》2006年的年度人物就是"你"。

或许正如保罗·莱文森(Paul Levinson)所说,"互联网是一切媒介的媒介"③,"不仅过去的一切媒介是互联网的内容,而且使用互联网的人也是其内容。因为上网的人和其他媒介消费者不一样,无论他们在网上做什么,他们都是在创造内容。""互联网摆出了这样一副姿态:它要把过去一切的媒介'解放'出来,当做自己的手段来使用,要把一切媒介变成内容,要把这一切变成自己的内容。"④

针对进入Web2.0时代的全球狂欢,NBC晚间新闻主播布莱恩·威廉姆斯(Brian Williams)⑤保留了一份清醒,在一篇文章中他写道:"值得担忧的是,我们可能会失去下一本伟大的著作、下一个伟大的思想,我们也有可

---

① 《迷失》(Lost)是ABC Studios出品的连续剧,于2004年9月22日在美国首播,讲述了从澳大利亚悉尼飞往美国洛杉矶的海洋航空公司815航班在南太平洋一个神秘热带小岛上坠毁后生还者的生活和经历的事。
② 皇后乐队(Queen),英国摇滚乐乐队,成立于1971年,在世界乐坛具有深远影响。Queen早期作品以不使用合成器著称。
③ 〔美〕保罗·莱文森:《数字麦克卢汉:信息化新纪元指南》,何道宽译,北京,社会科学文献出版社,2001年12月版,第42页。
④ 〔美〕保罗·莱文森:《数字麦克卢汉:信息化新纪元指南》,何道宽译,北京,社会科学文献出版社,2001年12月版,第7页。
⑤ Brain Williams,NBC晚间新闻的非周末时段主播,1993年进入NBC工作,曾被《时代》杂志评为百位影响世界的人物之一。

能难以应对下一个巨大的挑战,因为我们正忙于自我陶醉。"①无论是对新传播技术的发展欢呼雀跃的技术决定论者(技术乐观主义者),还是对新传播技术的发展忧心忡忡的技术悲观主义者,看来都已经无法阻挡新媒体时代的到来。

新媒体一词最早出现在 20 世纪 60 年代。1967 年,美国哥伦比亚广播电视网技术研究所所长戈德马克(Goldmark)首次将电子录像称为"新媒体"(New Media)。② 1969 年,美国传播政策总统特别委员会主席罗斯托(Rostow)在向尼克松总统提交的一份报告中,多处使用"新媒体"。由此,"新媒体"一词开始在美国流行。

巧合的是,也正是在这一年,作为现代计算机网络标志的阿帕网(ARPANET)③诞生。这个网络把位于洛杉矶的加利福尼亚大学,位于圣巴巴拉的加利福尼亚大学、斯坦福大学,以及位于盐湖城的犹他州州立大学的计算机主机联接起来,位于各个结点的大型计算机采用分组交换技术,通过专门的通信交换机(IMP)和专门的通信线路相互连接。此后阿帕网逐步发展成为互联网。今天,互联网仍处在高速发展之中,我们也很难预测将来的互联网会是什么样。但不可否认的是,正是互联网打开了新媒体的发展之门。互联网的出现,是传统媒体和新媒体的分水岭。④ 鉴于此,我们倾向于认为,可以把 1969 年作为新媒体的起始之年,或者称为新媒体元年。

时至今日,人们对新媒体的定义远未统一,研究者也是见仁见智。1998 年 5 月,联合国新闻委员会年会把互联网称为"第四媒体"。伴随着手机上网功能的不断升级,手机成为走在新媒体最前端的"第五媒体"。新媒体总是在不断更新,其内涵和外延也总是在不断变化。⑤ 先前联合国教科文组织关于新媒体就是网络媒体的定义,也随着时间的推移不断地拓展和延伸。人们已经认识到,新媒体这一词汇极富弹性,是一个相对的概念。随着数字技术的发展,几乎每隔几天就会出现一种新的媒体产品,这些产品未经精确定位就都被归为新媒体一类之中。因此,可以认为,现代技术促成的新的信

---

① 〔美〕托马斯·弗里德曼:《世界是平的:21 世纪简史》,何帆、肖莹莹、郝正非译,长沙,湖南科学技术出版社,2006 年 11 月版,第 421 页。

② 宫承波:《新媒体概论》(第三版),北京,中国广播电视出版社,2011 年 9 月版,第 2 页。

③ 阿帕网(ARPANET),美国国防部高级研究计划局组建的计算机网。ARPANET 是英文 Advanced Research Projects Agency Network 的缩写,又称 ARPA 网。

④ 杨继红:《谁是新媒体》,北京,清华大学出版社,2008 年 10 月版,第 37 - 38 页。

⑤ 胡正荣、戴元光:《新媒体与当代中国社会》,上海,上海交通大学出版社,2012 年 6 月版,"序"第 1 页。

息载体,就是新媒体。①

早在 20 世纪 60 年代(电视刚刚发明出来),麦克卢汉就大胆而精准地预言了数字化生存、信息高速公路、网络世界这三大未来世界图景。他于 1964 年出版的成名作《理解媒介:论人的延伸》到了 90 年代再度被人们奉为神作,它的深刻含义开始表现出来。② 在这本书中,他从一个奇特的角度将媒介一分为二:电子媒介是中枢系统的延伸,其余一切媒介是人体个别器官的延伸。

在人们还在讨论新媒体之时,保罗·莱文森已经在他的《新新媒介》一书中开始关注"新新媒体"了。《新新媒介》提出了当代媒介的"三分说",即旧媒介、新媒介和新新媒介。他认为,互联网诞生之前的一切媒介都是旧媒介,它们是空间和时间定位不变的媒介,比如书籍、报刊、广播、电视、电话、电影等。旧媒介的突出特征是自上而下的控制、专业人士的生产。而互联网上的第一代媒介则是新媒介,如电子邮件、iTunes 播放器、聊天室等。其特征是一旦上传到网上,人们就可以使用、欣赏,并从中获益,而且是按照使用者方便的时间去使用,而不是按照媒介确定的时间表去使用。新新媒介则是指博客网、维基网、聚友网等互联网上的第二代媒介。新新媒介产生于 20 世纪末,兴盛于 21 世纪。新新媒介的特征是:消费者即生产者;生产者多半非专业人士;个人能选择适合自己才能和兴趣的新新媒介去表达和出版;一般都免费;相互之间的关系既互相竞争,又互相促进;服务功能胜过搜索引擎和电子邮件;没有自上而下的控制;人人成为出版人、制作人和促销人。③

"新媒介能新多久? 从现在算起 20 年后,互联网还能算是新媒介吗?"④美国学者斯科特 2003 年在《新媒介研究》中提出这样的疑问。比尔·盖茨曾预言,今后新媒体的发展方向是:语音技术、触摸技术和视觉技术。

很长一段时间,发展势头比较迅猛的是可穿戴技术。可穿戴技术指的是能够被用户以配饰的形式(例如珠宝首饰、墨镜、背包乃至诸如鞋子或夹克等类型的真实服装)所穿戴的设备,可穿戴技术的优势在于它能够方便地将工具、设备、电源和网络集成到用户的日常生活中。

谷歌(Google)的"未来眼镜项目"(Project Glass)是人们谈论最多的可

---

① 张文俊:《数字新媒体概论》,上海,复旦大学出版社,2009 年 1 月版,第 7 页。

② 〔加〕马歇尔·麦克卢汉:《理解媒介:论人的延伸》,何道宽译,北京,商务印书馆,2000 年 10 月版,第 4 页。

③ 〔美〕保罗·莱文森:《新新媒介》,何道宽译,上海,复旦大学出版社,2011 年 3 月版,"译者前言"第 3 - 4 页。

④ Scott Rettberg, 2003: "New media studies", *American Review*, March-April.

穿戴技术。2012 年 4 月,谷歌发布的"未来眼镜项目",除了有一个镜头外,其他的地方无异于一副眼镜。但这并不是一副普通的眼镜。这款眼镜集智能手机、GPS、相机于一身,所有的信息都能即时展现在眼前。用户通过眼睛与声音便可进行拍照上传、收发短信、查询天气路况等操作。2014 年 7 月,谷歌眼镜实现了新的突破:通过意念控制,即可完成拍照。

可穿戴技术的前身之一是 20 世纪 80 年代出现的计算器手表。从那时起,这个领域发展迅速。这些工具通常都是便携、轻便的,经常用来作为用户穿戴的配饰,例如 T 恤、眼镜或者手表等。有效的可穿戴设备会成为人体的一部分,让用户能够舒适地参加日常活动,或者帮助他们完成特定的任务。

在很多情况下,可穿戴技术可作为用户进行交流的工具。意大利的牛仔裤品牌 Replay 生产了一条配有蓝牙的牛仔裤,能够更新穿这条牛仔裤的用户在脸书(Facebook)上的状态。这类设备最新的进展是微型照相机。由 Kickstarter① 出资的 Memoto 就是一种微型的支持 GPS 的照相机,能够别到用户的衬衣或纽扣上,每分钟拍摄两张 500 万像素的照片并上传到社交网站上。Contour Video Camera 是另外一种同类型设备,能够录制高清视频,因而受到许多极限运动员的青睐。随着技术不断进步,可穿戴设备越来越小巧并具备可移动功能,价格则不断降低。

2014 年 4 月美国网络媒体 Business Insider 总编辑兼 CEO 亨利·布洛格特(Henry Blodget)在其发布的报告《移动互联网的未来》预测,可穿戴设备即将腾飞。其中,健康设备最受欢迎,到目前为止智能手表没有引起人们太大的兴趣,眼镜和耳机设备的兴趣也平平淡淡,反而消费者对智能医疗设备和腕带更感兴趣。报告还预测了联网汽车。美国人每天在车里呆 1.2 个小时,因此汽车连接互联网将很快成为标准;音乐、地图、天气、交通、新闻都是杀手级应用。

技术的发展往往超出人们的想象。新媒体到底何去何从,目前很难做出更多的预测,我们只能拭目以待。

第二节　新媒体大国——从新媒体到新新媒体

美国是新媒体大国。从雅虎(Yahoo)等互联网门户网站,到以 Google

---

① Kickstarter,2009 年 4 月成立于在纽约,是一家专门为具有创意方案的企业筹资的众筹网站平台。

为代表的搜索引擎,之后的 SNS[①] 社交网站 Facebook、在线视频网站 YouTube,到 2008 年美国总统大选期间候选人奥巴马开通推特(Twitter)与选民交流,再到"微博"这一新媒体形式的成熟,美国都走在了世界的前列。同时,美国新媒体产业的发展在技术研发与市场开拓等方面也处于全球领先地位。[②]

进入 21 世纪,美国新媒体的发展势头迅猛,并且极大地改变了人们交流、社交、接收信息和娱乐的方式以及媒体的格局。据统计,大约三分之一阅读在线电子新闻的用户对传统媒体失去了兴趣,电视收视率下降了 35%,广播收听率下降了 25%,报纸购买率下降了 18%。[③] Paragon 研究公司的调查显示:1998 年 13% 的美国家庭因上网而退掉了当年的报纸。[④] 根据 2010 年由美国商务部下属的国家电信和信息管理局所发布的报告,有超过 1.18 亿美国人每天都要上网。[⑤] 皮尤研究中心的统计显示,随着网络媒体受众的增长,美国纸质报刊的发行量逐年下降,并直接影响其广告收入。就发行量和广告收入而言,2012 年美国报业的规模比 2000 年缩水 43%。

2013 年,对于美国传统新闻行业来说,日子更加难过。美国皮尤研究中心发布的《新闻业年度报告》(State of the News Media 2013)称,美国民众的新闻消费习惯正在发生改变,对报纸和电视等传统媒体的需求也在相应发生着转移。一方面,根据皮尤研究中心的调查,31% 的美国成年人已经抛弃了一家媒体(包括停止阅读一份纸质媒体,或不再收看某一电视频道),抛弃的理由是这些媒体不再能够提供他们想要的新闻。另一方面,社交媒体网站已经成为重要的新闻发布渠道。大量新闻组织通过社交媒体覆盖广大网络用户,而社交媒体也把发布新闻作为增加其用户兴趣内容、提升自身广告业务的一种途径。2013 年美国互联网广告产业营收较 2012 年增长 17% 达到了 428 亿美元(约合人民币 2 633 亿元),超过电视广告产业的 401 亿美元(约合人民币 2 467 亿元),这也是互联网广告产业营收首次超过广播电视产业。

---

① SNS(Social Networking Services),即社会性网络服务,旨在帮助人们建立社会性网络的互联网应用服务。

② 刘峰、任庆帅:《浅析美国电视在新媒体时代的创新发展方式》,《电视研究》2013 年第 12 期。

③ 孙庚:《美国新媒体的发展现状及其启示》,《新闻与写作》2010 年第 12 期。

④ 〔美〕劳伦斯·莱斯格:《免费文化:创意产业的未来》,王师译,北京,中信出版社,2009 年 10 月版,"导言"第 XⅧ 页。

⑤ National Telecommunications and Information Administration, 2010:"Digital Nation:21st century America's progress toward universal broadband Internet access", February.

社交网站是以社交网络的概念设计出来的,社交网络是个联络网,例如联系在一起的人群。第一个社交网站出现在 20 世纪中叶,至今已有超过 200 个社交网站。[①] 数据显示,全球最大的社交网站 Facebook 在美国也是第一大新闻阅读网站。64％的美国成年人每月访问该网站,其中有 30％的人通过 Facebook 获取新闻。YouTube 是美国使用量仅次于 Facebook 的第二大社交网络平台,约一半美国人(51％)使用,通过其网站获取资讯的美国成年人的比例为 10％,但由于其视频内容属性,通过 YouTube 获取新闻的用户只占其总用户的 1/5。Twitter 紧跟其后,8％的美国成年人通过其获取资讯。虽然 Twitter 近年来对新闻传播速度的影响巨大,但在使用人数方面,只有 16％的美国成年人每月使用该网站。Google 位列第四,有 4％的美国成年人用其获得新闻。但由于 Google 强力推动其用户绑定 Google 和 YouTube 账号,未来的使用比例应会上升。令人印象深刻的是一个较小众的社交网站,Reddit(网站名称发音等同于"read it",中文翻译为"已读"),虽然只有 3％的美国成年人使用,但其中 2/3 的用户(美国成年人)在上面浏览新闻。

2007 年,亚马逊公司生产出 Kindle 无线便携式阅读器,售价 399 美元,消费者可以用它从亚马逊网站上下载图书,以及订阅各种各样的报纸和杂志。[②] 2009 年 12 月 25 日圣诞节这天,美国电子书销售量首次超过纸质书。在此前的 9 月 15 日,《达·芬奇密码》的美国作家丹·布朗的新书《失落的符号》首发日,其电子书销量反客为主,超过纸质书。因此,有人把 2009 年称为世界电子书元年。[③] 一些从事商业化写作的畅销书作家已经开始直接将书稿交给 Apple、亚马逊等公司,以便直接将书稿制作成可在苹果网上商店下载的电子图书,或制作成 Kindle 格式供 Amazon Kindle 阅读器阅读。[④]

皮尤调查报告显示,2010 年美国网络读者数量和广告营收首次超过报纸。2010 年,美国网络广告规模达 258 亿美元,而报纸为 228 亿美元。[⑤] 2011 年 5 月 19 日,亚马逊首席执行官杰夫·贝佐斯宣布,亚马逊电子书销

① 〔美〕丹尼尔·沙勒夫:《隐私不保的年代》,林铮顗译,南京,江苏人民出版社,2011 年 12 月版,第 29 页。
② 〔美〕约瑟夫·塔洛:《今日传媒:大众传播学导论》(第三版),于海生译,北京,华夏出版社,2011 年 9 月版,第 299 页。
③ 展江、吴薇:《开放与博弈:新媒体语境下的言论界限与司法规制》,北京,北京大学出版社,2013 年 3 月版,第 68 页。
④ 匡文波:《手机媒体概论》(第二版),北京,中国人民大学出版社,2012 年 7 月版,第 322 页。
⑤ 展江、吴薇:《开放与博弈:新媒体语境下的言论界限与司法规制》,北京,北京大学出版社,2013 年 3 月版,第 89 页。

量超过纸质书销量。

一、美国网络媒体发展迅速

新闻网站是网络媒体的基本形态。根据尼尔森排名,美国最受欢迎的前6家网站分别是雅虎、谷歌、微软全国广播公司(MSNBC)、美国在线(AOL)、美国有线电视新闻网(CNN)、纽约时报网站。其中,美国的三大门户网站是美国在线、雅虎和MSNBC。通过门户网站提供接入点,用户从这里可以链接到美国形形色色的网站。三大门户网站加上做搜索引擎起家的谷歌,美国在线媒体"四巨头"2006年在美国新媒体市场上就占据了半壁江山,市场份额超过57%;2008年占据了66%的市场份额。2011年美国互联网广告市场的规模达到313亿美元,主要由谷歌、雅虎、美国在线、脸书和微软占据;搜索广告市场为143.8亿美元,其中93.6%的份额被谷歌、雅虎、美国在线和微软四大搜索服务提供商瓜分。

美国在线是总部设在弗吉尼亚州维也纳的一家在线信息服务公司,创立于1985年。美国在线可提供电子邮件、新闻组、教育和娱乐服务,并支持对互联网访问。作为美国最大的互联网服务提供商之一,美国在线1998年就拥有大约1200万注册用户,2000年美国在线以创纪录的1810亿美元收购美国老牌媒体巨人时代华纳公司,二者合并后成为当时世界最大的传媒巨头——美国在线时代华纳公司。2006年8月,谷歌以10亿美元投资美国在线。2007年9月17日,美国在线宣布将把总部从弗吉尼亚移到纽约。2009年12月9日美国在线正式与时代华纳分离,成立独立公司并将标识改为Aol。2011年4月9日,据媒体报道,美国在线宣布它已经与微软签订了一份价值10.56亿美元的专利出售及授权协议。根据协议规定,美国在线将向微软出售800多项专利及相干应用,并另外向微软非独占授权300多项专利。2013年2月14日,美国在线证实已经收购了技术测评网站gdgt,收购金额达7位数。2013年8月9日,美国在线花费总额高达4.05亿美元收购美国网络视频公司Adap。

与其他早期的网络服务提供商集中精力提供内容或广告不同,从一开始,美国在线的重点就放在聊天、公告牌和电子邮件等方面,以促进人们相互交往。它将自己定位为一个社区,一个人们能够畅所欲言的场所。[①]

雅虎是美国著名的互联网门户网站,1994年创立,创始人是杨致远和

---

① 〔美〕劳伦斯·莱斯格:《代码:塑造网络空间的法律》,李旭、姜丽楼、王文英译,北京,中信出版社,2004年10月版,第83页。

大卫·费罗。其服务包括搜索引擎、电子邮件、新闻等,业务遍及 24 个国家和地区,为全球超过 5 亿的独立用户提供多元化的网络服务。同时,雅虎也是一家全球性的互联网通信、商贸及媒体公司。雅虎 1997 年底推出免费电子邮件、免费聊天室和免费新闻服务。随后,免费服务开始扩张到在线拍卖、购物、免费个人主页、金融信息和网上交易等方面。现在,几乎所有的门户网站都提供 5 种同样的免费服务:信息(新闻)、沟通(电子邮件和聊天室)、购物(网络零售和拍卖)、免费个人网页服务和在线游戏。[①]

2003 年 3 月,雅虎完成对搜索引擎 Inktomi 的收购,成为谷歌的主要竞争对手之一。2007 年 9 月,雅虎公司以 3 亿美元收购蓝锂(Blue Lithium)。通过收购蓝锂,雅虎可以为消费者提供更具针对性的广告。据 GeekWire 网站报道,2014 年 3 月雅虎宣布收购社交信息可视化技术创业公司 Vizify。Vizify 能将用户在社交网络上分享的信息转化成可视化格式。

微软(Microsoft)是一家美国跨国电脑科技公司,是世界 PC(Personal Computer,个人计算机)软件开发的先导,由比尔·盖茨与保罗·艾伦创始于 1975 年,公司总部设立在华盛顿州的雷德蒙德市。微软以研发、制造、授权和提供广泛的电脑软件服务业务为主,最为著名和畅销的产品为 Microsoft Windows 操作系统和 Microsoft Office 办公软件。目前是全球最大的电脑软件提供商。

微软主要业务包括 MSN. com 门户、Windows Live 服务和 Live 搜索。2007 年微软以 60 亿美元收购网络广告公司 aQuantive。2009 年 7 月 29 日,美国雅虎公司和微软公司宣布,双方已就互联网搜索和网络广告业务方面的合作达成协议。这项协议为期 10 年,雅虎网站将使用微软新推出的"必应"(Bing)搜索引擎,微软将获得为期 10 年的雅虎核心搜索技术独家使用许可权,而雅虎将负责在全球范围内销售两家公司的搜索广告。2011 年 5 月 10 日,微软宣布以 85 亿美元收购 Skype。该交易有助于微软吸引更多互联网用户,并在互联网广告市场缩小与谷歌之间的差距。

1996 年,全国广播公司(NBC)与微软公司联合开办了微软全国广播公司电视频道(MSNBC),受众既可以在家通过电视机收看有线电视的 MSNBC 节目,也可以通过电脑上网获取在线 MSNBC 的信息。2012 年 7 月 17 日微软与美国全国广播公司(NBC)正式宣布结束在互联网业务上的合作。MSNBC 更名为 NBCNews,但 NBC 将继续向微软的新闻站点 MSN

---

① 〔英〕戴维·冈特利特:《网络研究:数字化时代媒介研究的重新定向》,彭兰、等译,北京,新华出版社,2004 年 1 月版,第 206 页。

提供新闻服务,而作为回报,MSN 向 NBC 提供网络流量支持。

谷歌公司是一家美国跨国科技企业,致力于互联网搜索、云计算、广告技术等领域,开发并提供大量基于互联网的产品与服务,其主要利润来自AdWords 等广告服务。1998 年 9 月 4 日,Google 由当时在斯坦福大学攻读理工博士的拉里·佩奇和谢尔盖·布卢姆共同创建,公司设计并管理一个互联网搜索引擎即"Google 搜索";Google 网站则于 1999 年下半年启用。Google 被公认为全球最大的搜索引擎,也是五大最受欢迎的网站之一,在全球范围内拥有无数的用户。2004 年下半年开始,Google 在竞争中异军突起,在美国搜索市场的份额迅速扩大。2005 年 2 月,Google 跃居美国头号互联网企业,10 月公司市值超过了 1 000 亿美元。Google 最初的成功主要得益于搜索业务,在互联网市场上,Google 是一个搜索功能最齐全、吸引网络广告主最多的新媒体。2006 年以来,Google 的业务从搜索开始向外扩张,已经扩充到了电子邮件、电子支付、即时通信等领域。[①] 2005 年 12 月 20日,谷歌公司宣布斥资 10 亿美元收购互联网服务供应商"美国在线"5% 的股权。2006 年 10 月,Google 以 16.5 亿美元,收购影音内容分享网站YouTube。2007 年 12 月,Google 花费 31 亿美元并购了网络广告服务商Double-Click。2008 年 9 月 7 日,Google Map 卫星升空,将为"谷歌地球"(Google Earth)提供 50 厘米分辨率的高清照片。2012 年 10 月 2 日,谷歌已经超越微软,成为按市值计算的全球第二大科技公司。2012 年 12 月 2日,谷歌突然斥资 1 700 万美元收购一家名为 BufferBox 的电商储物服务公司,该公司的服务主要解决购物包裹递送"最后一公里"的问题。

二、美国传统媒体面临萎缩

1965 年盖洛普统计报纸读者的比例为 71%,21 世纪初为 50%,十年前约为 38%,呈直线下降趋势。1987 年,《圣何塞信使报》成为世界第一份上网的报纸。到了 1994 年,一批敢于创新的美国报刊在网上建立世界上第一批传媒网站,当时内容基本是纸媒体的翻版,"仅仅是印刷版报纸掺了水的变体"。[②] 经过十多年的累积、发展,报纸网站大多成为区域市场中领先的新闻网站,美国报纸协会 2006 年 10 月发布报告指出,在美国各大报发行量明显下降的大背景下,2006 年上半年,每月访问报纸网站用户达到 5 550 万

---

① 吴小坤、吴信训:《美国新媒介产业》,北京,中国国际广播出版社,2009 年 4 月版,第 61 页。
② Joseph R. Dominick, 2004: *The Dynamics of Mass Communication: Media in the Digital Age*, McGraw-Hill, p. 95.

人,高于 2005 年的 4 220 万人,上网浏览报纸网站的读者人数平均增长了
31％。2005 年《纽约时报》在网上占有重要地位。当年 3 月,它的网站吸引
了 5.55 亿次的点击量。到 2009 年,Nytimes. com 平均每月有 2 000 万有效
用户,成为互联网上访问人数最多的报纸。[1]

用户需求和技术推动报纸网站建设不断深化,及时采纳最新技术提供
增值服务的理念得到广泛认同。早在 2004 年,《今日美国》网站刚开始盈利
就认识到 Web2. 0 技术、RSS 聚合服务和博客的出现将会使网络成为一个
更加开放的小众化的领域。为深度融合数字技术和报纸竞争力之长,逐步
合并纸媒体和网络部门编辑部,2006 年 1 月,网站率先开辟博客并尝试将
其与读者评论相结合。两个月后,点击量飙升 21％。

美国的期刊大都建有自己的网站。这些网站制作精良、内容丰富,可视
性与可读性俱佳。从美国著名的期刊综合平台网站 themagazineboy. com
上可以查到超过 1 500 个热门的期刊网站。其中,按内容来分,数量最多的
是体育和消闲类的期刊网站,其次是商业和金融类,然后是计算机类、汽车
类、爱好与工艺类、家庭与园艺类、科学与自然类、旅游与生活方式类、娱乐
类、餐饮类;而新闻类、流行文化类、时尚类相对较少。

除了传统期刊纷纷建立网站,一些网络服务商也开始创办仅供网上阅
读的"期刊"。最常见的是 E-zines,该词由 electronic 和 magazine 两词组合
而成,因而,也称为"电子期刊"。此类电子期刊通常每周一期,专为某些具
有特殊兴趣的人群服务,专业性很强。如总部设在美国达拉斯的国际报业
营销协会向会员提供每周一期的 newsletter,内容十分丰富,深受业界欢迎。

苹果公司的 iTunes 网络在线商店于 2003 年 4 月 28 日开始运营。仅
仅几年时间,它就成长为世界上最大的单个音乐销售公司,占据世界所有音
乐零售总额的 70％,有超过 90 亿首歌曲被用户购买和下载。[2] 市场研究公
司 Nielsen SoundScan 发布的调查报告表明,在 2007 年第一季度中,美国音
乐 CD 唱片销量下滑了 20％,与此同时网络音乐下载业务则撑起了唱片公
司的盈利线。[3] 在 2007 年只占全美音乐市场 3％的在线音乐服务,2013 年
已占到了该市场的 21％。美国唱片行业协会表示,在线音乐服务 2013 年的
营收达到了 14 亿美元,同比上升了 39％。正是由于 Pandora、iTunes
Radio、Rhapsody、Spotify 等在线音乐公司的努力,美国音乐市场从 2009 年

---

① Sterin, J. Charles, 2011: *Mass Media Revolution*, Pearson, p. 95.

② Sterin, J. Charles, 2011: *Mass Media Revolution*, Pearson, p. 157.

③ 吴小坤、吴信训:《美国新媒介产业》,北京,中国国际广播出版社,2009 年 4 月版,第 49 页。

至今一直维持在 70 亿美元左右的规模。在所有的数字音乐格式中，像 Spotify、Rdio 和 Beats Music 的付费式订阅服务的增长速度最快，在 2013 年达到了 6.28 亿美元，同比增长 57％。而像 iTunes 那样的提供永久数字下载服务的营收则下滑了 1％，降至 28 亿美元。[①]

三、美国在线视频处于世界领先地位

经过几年的发展，新媒体视频已经成为美国传媒业一个重要的产业增长点，吸引着更尖端的技术和更多的资金向这一领域集结，使其产品和服务更趋人性化。[②] 行业的发展带来不同参与者之间的竞争与合作，也促使行业标准不断形成，占据优势地位的竞争核心由过去的传播渠道转变为平台、格式、传播方式等。突破了传统传播渠道的限制壁垒之后，许多有实力的公司都向在线视频的方向扩展业务。比如苹果公司的 iPhone、iPad 等终端并不定位为视频终端，但是凭借其开放的商业模式可以轻松地把视频服务加入其中，通过专用软件与应用在短时间内获得大量受众。随着技术门槛逐渐被打破，在资本和市场的推动下，有实力的公司都向在线视频方向部署自己的发展规划，YouTube、Hulu 等视频网站不断加大视频购买力度、引进先进的营销推送模式，吸引着越来越多的观看者；不同类型的公司集团充分发挥自己的优势进军 OTT 业务，如索尼、松下等利用硬件销售优势，苹果通过硬件终端带动业务拓展，谷歌引进 Google＋社交网络模式，微软依托 XBO X360 拓展 OTT 功能，亚马逊也推出了预装在线视频功能的 Kindle Fire，从此呈现出了一场激烈的终端争夺大战。[③]

美国市场研究公司 comScore 发布的 2012 年 11 月美国在线视频市场数据显示：11 月份，共有 1.82 亿美国人观看了近 400 亿条视频。按独立观众数计算，谷歌仍是美国最大的视频网站。这将近 400 亿条视频，其中谷歌以 120 亿条排名第一，随后为 AOL 的 6.95 亿条。在前 10 大视频网站中，谷歌用户参与度（按平均观看时长计算）最高。在 YouTube 的前十大合作伙伴中，Machinima 拥有最高的用户参与度，每位用户观看视频时长为 69 分钟，随后为 Maker Studio 的 38 分钟。Vevo 的视频播放次数达到 5.75 亿，排名第一，随后为 Machinima 的 5.11 亿。其他数据还包括：85.5％的美国网民观看了网络视频；视频平均时长为 324 秒，而视频广告的平均时长为

---

① www.199it.com/archives/204626.html，访问日期，2014 年 5 月 23 日。

② 吴小坤、吴信训：《美国新媒介产业》，北京，中国国际广播出版社，2009 年 4 月版，第 53 页。

③ 刘峰、任庆帅：《浅析美国电视在新媒体时代的创新发展方式》，《电视研究》2013 年第 12 期。

24 秒;视频广告在所有视频观看中占 20.8%,在视频观看总分钟数中占1.8%。[1]

保罗·莱文森在其著作《新新媒介》一书中提出,新新媒介是互联网上的第二代媒介(也有人称为社交媒介),如 YouTube、Facebook、MySpace、Twitter 等。这些新新媒介,并不以传播新闻为特长,而是更多地具有社交媒体的特点,它们已经并将继续改变传播业态的格局,比如于 2001 年 2 月 4日上线的 Facebook 以其先进的网络社交模式获得高速发展,到 2010 年在世界品牌 500 强的排名中就超越了微软而位居第一。业界的另一领军者Twitter 公司成立之后以其更为便捷的信息传播方式迅速网罗海量的用户,包括 Lady Gaga、奥巴马等在内的各界名人都成为其忠实用户,造就了广受关注和喜爱的新媒体形态。社交媒体凭借其庞大的用户群体和裂变式的传播方式成为信息发布与广告投放的良好平台,视频业务的份额也不断扩大。[2]

YouTube　查德·赫利和史蒂夫·陈于 2005 年 2 月创办了 YouTube,早期公司总部位于加利福尼亚州的圣布鲁诺。网站的口号是"表现你自己"(Broadcast Yourself)。YouTube 最初只是为了解决私人问题:这两个人想与另外的在异地的 6 个朋友分享一次晚餐聚会的录像,发送电子邮件时,却因文件过大总是被退回。于是,查德·赫利和史蒂夫·陈开始研究解决之道,由此,YouTube 诞生了。2006 年 6 月,YouTube 的市值已经超过 10 亿美元,居全球 PSP 网站之首。2006 年 11 月,Google 公司以 16.5 亿美元收购了 YouTube,并把其当作一家子公司来经营。

Facebook　Facebook 是创办于美国的一个社交网络服务网站,于 2004年 2 月 4 日上线。主要创始人为美国人马克·扎克伯格。Facebook 在新闻报道上并不见长,但在为人们快速汇合意见、分享观点、传递信息、募捐等方面提供了重要平台。其主要使用者是高中生和大学生。在许多学校只有Facebook 可以使用,几乎每个学生都有一个账户。[3]

2010 年 2 月 2 日,Facebook 赶超雅虎成为全球第三大网站,与微软、谷歌领衔前三。Facebook 是世界排名领先的照片分享站点,截至 2012 年 5月,Facebook 拥有约 9 亿用户,到 2013 年 11 月平均每天上传约 3.5 亿张照

---

① http://www.199it.com/archives/86142.html,访问日期,2014 年 5 月 23 日。

② 刘峰、任庆帅:《浅析美国电视在新媒体时代的创新发展方式》,《电视研究》2013 年第12 期。

③ 〔美〕丹尼尔·沙勒夫:《隐私不保的年代》,林铮顗译,南京,江苏人民出版社,2011 年 12 月版,第 32 页。

片。2014 年 2 月 19 日,Facebook 宣布,该公司已经同快速成长的跨平台移动通信应用 WhatsApp 达成最终协议,将以大约 160 亿美元的价格,外加 30 亿美元限制性股票,共计 190 亿美元,收购 WhatsApp。彭博社称此交易是继 2001 年时代华纳与 AOL 合并之后互联网产业最大规模的并购交易。

Myspace Myspace 成立于 2003 年 9 月,为全球用户提供了一个集交友、个人信息分享、即时通信等多种功能于一体的互动平台。人们可以把照片和视频张贴在他们的档案里,每位使用者都有一个空间作为博客,其中包含一个可以让朋友张贴意见的区域。在短短数年之间,MySpace 便以指数方式扩展。到 2006 年,已拥有超过 1 亿名注册用户,并且以每天新增 23 万注册用户的速度继续增长。由于它惊人的成长速度和规模,2005 年,媒体大亨默多克便以 5.8 亿美元的现金收购了其当时的母公司。

Twitter Twitter 是一个社交网络及微博客服务的网站,它可以让用户更新不超过 140 个字符的消息,这些消息也被称作"推文(Tweet)"。这个网站由杰克·多西在 2006 年 3 月创办并在当年 7 月启动。Twitter 被形容为"互联网的短信服务"。网站的非注册用户可以阅读公开的推文,而注册用户则可以通过 Twitter 网站、短信或者各种各样的应用软件来发布消息。Twitter 公司设立在旧金山,其部分办公室及服务器位于纽约。Twitter 是互联网上访问量最大的十个网站之一。

四、移动互联成为趋势

2011 年初,奥巴马在美国国情咨文中提出未来几年美国经济社会的发展框架,其中的高速移动网计划引人注目。奥巴马认为发展明天的经济不能依靠昨天的基础设施,计划在 10 年内筹措近 300 亿美元,将移动频谱扩大一倍以满足移动宽带发展的需要,使其高速安全的移动接入服务覆盖全美 98% 的家庭,并不断推动移动创新。移动互联使媒介使用更为方便,而媒介智能化将使受众的使用更加个性化。[①]

移动新媒介基础设备主要是指笔记本、手机、PDA 和车载移动数字电视这类个人移动终端,这些硬件设备的媒介开发和应用使得移动新媒介产业成为现代社会的潮流标志。[②] 移动互联技术(WAP)是一种通信协议,其

[①] 刘峰、任庆帅:《浅析美国电视在新媒体时代的创新发展方式》,《电视研究》2013 年第 12 期。

[②] 吴小坤、吴信训:《美国新媒介产业》,北京,中国国际广播出版社,2009 年 4 月版,第 125 页。

核心是为无线通信终端(例如手机)访问互联网定义一套软、硬件接口,从而使人们可以像使用 PC 机一样用手机来发送电子邮件和浏览互联网信息。[①]

2014 年 4 月,美国网络媒体 Business Insider 总编辑兼 CEO 亨利·布洛格特(Henry Blodget)在发布的《移动互联网的未来》报告中指出,在联网设备中,PC 所占份额越来越少;2013 年智能手机出货量接近 10 亿部;平板电脑正在吞食 PC;平板手机填补空白;可穿戴设备即将腾飞;越来越多的汽车引入互联网;同时,PC 厂家走入困境……报告称,移动拓展了数字生活:美国人每天在智能手机上花 1 个小时,在平板电脑上花半个小时;移动是唯一时间增加的媒体,现在超过 1/5 的互联网流量来自移动。移动带来了娱乐、通信、媒体和商务的新方式;全新通信应用的快速增长;WhatsApp 拥有4.5 亿用户,每天新增 100 万,每天分享近 10 亿张图片,Snapchat 每天分享近 5 亿张图片。移动视频蓬勃发展,全球移动视频流量将持续增长;社交和音乐现在主要来自移动领域;零售商的移动顾客数量大幅增加;PayPal 接受了 300 亿美元的移动交易额;Uber 等移动车载服务日益繁荣。

2007 年 7 月问世的 iPhone 手机易上网,功能完备,这一硬件是新新媒介革命最典型的标志。这款手机集多种功能于一体,比如网络、桌面、电子邮件、网页浏览及地图搜索等功能。正如它的电视广告所说:"这些年你……经历过这样的日子:你没有把电子邮件放在你的口袋里,没有把股票行情放在你的口袋里,或者没有把互联网放在你的口袋里,而你竟然生存下来了。问题是:'你是怎样生存的?'"[②]2012 年的美国《时代》杂志,刊登了一期专题:移动技术改变世界。专题总结了手机给人们带来的十大变化,如选举变得完全不同,选民注册、短信捐款更加方便等。

《移动互联网的未来》报告统计,智能手机销量已经超过普通手机,发达市场已接近饱和。全球智能手机平均售价预测显示,智能手机价格越来越低;iPhone 销量增长放缓,iPad 销量同样趋缓。2013 年平板电脑出货量接近 2. 25 亿部,但是增长速度急剧放缓。将近 80% 的智能手机搭载Android,将近 60% 的平板电脑搭载 Android。在应用开发方面,Android 曾远远落后于苹果,然而今非昔比,Android 现在与 iOS 同样受全球开发者的欢迎。Android"碎片化"现象有所改善,现在大多数用户使用"果冻豆"版Android;苹果在美国依旧强劲,但在全球势力较弱,苹果广告依旧拥有广告

① 戴伟辉:《网络内容管理与情报分析》,北京,商务印书馆,2009 年 6 月版,第 18 页。
② 〔美〕约瑟夫·塔洛:《今日传媒:大众传播学导论》(第三版),于海生译,北京,华夏出版社,2011 年 9 月版,第 198 页。

收入优势,苹果在电子商务流量方面也拥有巨大优势。《时代》杂志的一项调查显示:1/4 的手机用户每半小时看一次手机,1/10 的用户每 10 分钟看一次,1/3 的用户出门不带手机会感到焦虑,3/4 的年轻人睡觉时开机,44% 的人每天醒来第一件事和睡前最后一件事是检查手机。其结论是,手机已经彻底"绑架"了美国人。

苹果的另一款产品 iPad 于 2010 年面市,它区别于智能手机、手提电脑、电子阅读器或其他便携设备。人们可以通过一个大的、高分辨率的触摸屏进行下载,并阅读书籍、观看视频、学习外语等,iPad 让这些体验变得方便、充满活力并且可以分享。现在平板电脑市场已经非常不同,平添很多可选的替代方案、操作系统、产品外形等,由此拉开了这一市场竞争的序幕。从网站分析公司 Chitika 发布的报告可以看出,2012 年 12 月末,iPad 上的互联网流量从它原先占有所有平板电脑上网流量的 86%,下降了 7%。这种下降是平板电脑领域出现新的竞争者所造成的,包含亚马逊 Kindle Fire、三星 Galaxy、谷歌 Nexus、微软平板,这些平板电脑都分摊了年末的网络流量。据调查,美国一半的成年人拥有平板电脑或 Kindle、Nook 这类阅读器。电子书阅读量在不断增加。

移动应用程序继续让这些设备上的功能得到更大的发挥,无数新的应用程序拓展了平板电脑的功能,整合生成了许多特性,例如位置识别、网络连接和其他内置传感器(如加速计)。比起智能手机,平板电脑的屏幕能够呈现更精细的界面或可视区域。应用程序涉及范围很广,从游戏到银行服务,如银行程序允许用户查看自己的信用卡余额,科学和艺术应用程序允许用户探索外太空、卢浮宫和其他地区。正是借助这种变革性的应用程序,平板电脑开始广受青睐并将成为高等教育的强大学习工具。

无线保真是一种可以将个人电脑、手持设备(如 PDA、手机)等终端以无线方式互相连接的技术,事实上它是一个高频无线电信号,由 Wi-Fi 联盟所持有,目的是改善基于 IEEE 802.11 标准的无线网络产品之间的互通性。

WiMAX(Worldwide Interoperability for Microwave Access),即全球微波接入互操作性,又名 802.16。WiMAX 是一项宽带无线接入技术,能提供面向互联网的高速连接服务,数据传输距离最远可达 50 公里。WiMAX 和 Wi-Fi 一样,都是用于传输无线信号的技术,但 Wi-Fi 解决的是无线局域网的接入问题,而 WiMAX 解决的是无线城域网的问题。Wi-Fi 只能把互联网的连接信号传送到 300 英尺①远的地方,WiMAX 则能把信号传送到 30

① 1 英尺=0.304 8 米。

英里①之远。WiMAX 可以为 50 公里内的线性区域提供服务,用户无需线缆即可与基站建立宽带连接。除此之外,WiMAX 较之 Wi-Fi 具有更好的可扩展性和安全性,能够实现电信级的多媒体通信服务。②

WiMAX 还具有 QoS(Quality of Service,即"服务质量")保障、传输速率高、业务丰富多样等优点。WiMAX 的技术起点较高,采用了代表未来通信技术发展方向的 OFDM/OFDMA、AAS、MIMO 等先进技术。随着技术标准的发展,WiMAX 将逐步实现宽带业务的移动化。

在美国,政府积极为 WiMAX 分配频段。拥有 WiMAX 频谱资源(2.5 GHz)最多的是 Sprint Nextel 公司,它对美国 WiMAX 市场能否真正起飞起着举足轻重的作用。Sprint Nextel 作出重大决定——基于 OFDM 无线技术试验和评估的基础上,决定使用 WiMAX 建设一个宽带无线网,与其现有移动网互为补充。被评估的技术包括 WiMAX、高通的 Flash-OFDM、UMTSTDD 和 TD-SCDMA。实际上 Sprint Nextel 已经用 CDMA2000 EV-DO 对其移动网进行了升级,这次部署中与 EV-DO 互补的无线宽带技术是其转型战略的一部分。Sprint Nextel 希望移动 WiMAX 能够通过提供 2 Mbit/s～4 Mbit/s 的传送速率来满足其用户未来更多的数据需求。该公司还与英特尔、摩托罗拉和三星一起建网,2007 年投资 10 亿美元,2008 年投资 15 亿～20 亿美元。该计划的实现使 Sprint Nextel 的用户能够体验到覆盖全国的移动数据网,享受到更高的速率、更低的成本、更大的方便和更高的多媒体业务质量。

美国拥有世界上主要的移动运营商。Verizon 是美国最大的有线通信和话音通信提供商,同时也是美国最大的无线通信提供商,覆盖美国近 90% 的人口,用户约为 4.21 亿人。Verizon 同时提供捆绑业务:话音业务、数据业务以及黄页等。AT&T 是 American Telephone & Telegraph 的缩写,即美国电话电报公司,是美国最大的本地和长途电话公司,也是美国第二大移动运营商。AT&T 是 iPhone 最早的合作运营商,拥有大量 iPhone 用户。AT&T 的网络制式是 GSM,手机使用 SIM 卡。AT&T 提供电视光纤、家庭宽带以及固话同移动手机绑定的捆绑服务。T-Mobile USA 成立于 1990 年,全美信号覆盖率达人口的 99.5%,其用户约 1.21 亿,是世界最大移动公司之一。T-Mobile 在美国许多公共场所提供 Wi-Fi 无线宽带网络访

---

① 1 英里=1 609.344 米。

② 吴小坤、吴信训:《美国新媒介产业》,北京,中国国际广播出版社,2009 年 4 月版,第 153 页。

问。在包括机场、机场俱乐部、星巴克咖啡屋、Kinko's(供电子阅览、打印)、Borders Books and Music(出售书、DVD、家具,内设咖啡厅)在内的很多地方部署了无线信号覆盖区,方便用户随时随地上网。

五、数字电视全面覆盖

数字电视(DTV)是指从电视信号发射、传输到接收都运用数字技术实现的电视制式方式。1990 年,美国通用仪器公司开发出世界上第一套全数字高清晰度电视系统,美国数字电视迈出了关键一步。与模拟电视相比,这些数字信号能够在空中广播,或者通过有线或卫星系统进行传送。数字电视可以用一个新的宽屏幕、高清晰度的格式(HDTV)来传送电视节目。HDTV 系列充分利用了数字信号,使用最高的数字电视图像清晰度,并伴以杜比数字环绕立体声。除了较高的图像清晰度外,HDTV 还能以 16∶9 的形式显示图像,这比传统的模拟电视 4∶3 的形式视角更宽。[①] 美国数字电视的开播始于 1997 年,这一年有十多家数字电视台开播。1997 年 4 月,美国联邦通信委员会(FCC)推出了数字电视转换议程,向所有的全功率电视台分配数字频道。电视台需在 9 年内完成模拟信号向数字信号的转换过程。[②] 其后,全美便陆续建立了不少数字电视台。FCC 1997 年就制定了地面电视系统分批次实现数字化的时间表:从 2007 年 3 月 1 日开始,所有新上市的电视机都必须安装数字调谐器。[③]

美国政府在推动模拟电视向数字电视转换时的主要职责是:①维持自由而普遍的广播服务;②鼓励迅速有序地过渡到数字技术,使公众可以得益于数字电视,同时考虑消费者对现有电视机的投资;③允许为提高频谱使用的有效性而回收毗邻频谱段,允许公众从频谱中充分受益;④确保改进型电视系统以及回收频道最大限度服务于公共利益目标。[④]

尽管有FCC 的强力推动,但实际上,数字化的进展最初并未达到 FCC 时间表的进度。到 2002 年 5 月,商业电视台的数字化率仅达到 32%,数字电视的家庭渗透率仅为 2.49%。为了加速有线的数字化进程,美国于 2002 年制定了更加灵活有效的数字电视转换计划:2005 年 7 月,四大电视网完

---

① 吴小坤、吴信训:《美国新媒介产业》,北京,中国国际广播出版社,2009 年 4 月版,第 86 页。
② 〔美〕Kenneth C. Creech:《电子媒体的法律与管制》(第 5 版),王大为、于晗、李玲飞、等译,北京,人民邮电出版社,2009 年 2 月版,第 392 页。
③ 吴小坤、吴信训:《美国新媒介产业》,北京,中国国际广播出版社,2009 年 4 月版,第 94 页。
④ 涂昌波:《广播电视法律制度概论》(第二版),北京,中国传媒大学出版社,2011 年 5 月版,第 70 - 71 页。

全实现数字化,2006 年 7 月,其他电视台完全实现数字化。数字电视逐步走进美国家庭。到 2005 年上半年,美国共有 1 497 座地面数字电视台,占整个电视台的 93.5%(2007 年 2 月地面数字电视台数量达到 1 702 家,占比 98.8%),覆盖了 1.065 亿电视家庭的 99.7%的市场。到 2007 年,84%的美国家庭拥有一台光碟播放机,86%的家庭能够收到有线、卫星传输或者电话传输的电视信号。此外,大约在平均每 5 个家庭中,就有一个家庭拥有一台数字视频录像机,它允许人们把节目录制下来,以便以后观看。① 目前,美国数字电视的普及主要通过有线电视(Cable TV)、卫星电视(Satellite TV)和网络电视(IPTV)进行。② 其中,有线电视和卫星电视占据了 94%的市场份额。

　　FCC 所制定的一系列政策法规对美国数字电视产业的发展具有重要意义,其有关技术标准、资源分配、设备定型以及转换时间表的决策严格地限定了美国数字电视转换的路径。③

　　2003 年,Sprint PCS 公司率先在美国推出手机电视业务。用户可以通过手机在线即时观看美国财经资讯电视台、美国有线新闻频道、澳大利亚广播新闻网以及教育频道的节目。2005 年初,Verizon 无线公司也推出了 Vcast 手机视频服务,用户可以下载音乐或是观看电视短片。2005 年 2 月,Cingular 公司推出了月租费为 9.99 美元的手机电视服务套餐,用户可以观看 22 个频道的电视节目。T-Mobile 公司则在 2007 年推出这一服务。ComScore 公司的研究数据则进一步表明,手机点播视频是最受用户欢迎的视频形式。Telephia Mobile Video Report 的相关数据显示,2007 年第一季度美国手机电视收入为 1.46 亿美元,同比增长 198%;用户为 840 万人,同比增长 155%。越来越多的美国人都拥有了能够播放视频的手机。电视和有线电视台一直都在试图找到办法,来创建能够获得赞助的手机视频节目。福克斯广播公司尝试发布了它的热播系列剧《24 小时》的手机版本。其他电视网也试验了一些节目的宣传短片,并且希望在旅途中的一些人会对它们产生兴趣。④ 据统计,2008 年 8 月,约有 650 万的美国手机用户观看过手

① 〔美〕约瑟夫·塔洛:《今日传媒:大众传播学导论》(第三版),于海生译,北京,华夏出版社,2011 年 9 月版,第 547 页。
② 吴小坤、吴信训:《美国新媒介产业》,北京,中国国际广播出版社,2009 年 4 月版,第 123-124 页。
③ 吴小坤、吴信训:《美国新媒介产业》,北京,中国国际广播出版社,2009 年 4 月版,第 124 页。
④ 〔美〕约瑟夫·塔洛:《今日传媒:大众传播学导论》(第三版),于海生译,北京,华夏出版社,2011 年 9 月版,第 577-578 页。

机视频,其中 360 万用户观看过手机点播视频。①

互联网已经成为可以创造出无限频道的"电视资源",使以有限频谱资源和自然垄断为理由的广播电视业管制成为过时之物。2010 年 5 月 20 日,Google 率先推出 Smart TV。通过 Smart TV,受众除了能观看目前由付费电视提供商提供的数百个频道之外,还能在电视上使用搜索引擎,浏览互联网上海量的网络视频内容和流媒体,其中包括 Netflix、亚马逊视频点播和 YouTube 等。Smart TV 还支持 Android 平台的各种应用。用户可通过显示在电视屏幕上的搜索列表去搜寻现场直播节目、数字录像机录制的影像或 YouTube 等网站上的内容。② 多家传统媒体集团为了应对 YouTube 的挑战而成立共同视频网站,Hulu 便是一个典型的案例。Hulu 的投资者包括迪士尼、福克斯(属新闻集团)、NBC(属康卡斯特)等,2007 年成立以来,不同的股东共享优质视频资源,充分发挥了传统媒体的内容优势,同时还与雅虎、美国在线、微软等公司合作,使 Hulu 的视频内容获得更为广阔的传播渠道,完善的企业制度和顺畅的资本通道可以保证各方合作者的最大利益。③ 如今,观众越来越从传统电视转向 Netflix、Hulu 这类定制服务,电视业结构面临变革。

第三节　新媒体规制引起的争论

互联网的技术构架是不问信息内容的,在它看来,信息都是由数字 0 和 1 构成的,这就为互联网上信息内容的自由传播提供了方便。但是,一个社会总有自己的主流价值观和意识形态,这种社会架构不是不问信息内容的,而是常常会根据自己的价值观和社会目标对信息内容进行规制。当这种社会架构与互联网的技术架构连接在一起时,一个现实而棘手的问题就突显出来了:是否应当对网络传播自由进行规制,以及该如何规制?④

在美国的语境中,"规制"意味着要去寻求一种能被美国社会所接收的限制,而美国社会又是明确宣扬言论自由的社会。在美国《宪法第一修正案》的保护下,美国媒体享有不同程度的言论自由。法律对每一种媒体的管

① 匡文波、李一:《日美手机媒体发展的差异分析及其借鉴》,《新闻与写作》2010 年第 1 期。
② 孙庚:《美国新媒体的发展现状及其启示》,《新闻与写作》2010 年第 12 期。
③ 刘峰、任庆帅:《浅析美国电视在新媒体时代的创新发展方式》,《电视研究》2013 年第 12 期。
④ 李伦、李军:《网络传播自由及其规制》,《长沙理工大学学报》(社会科学版)2009 年第 1 期。

理也有一定程度的差异。

早在 1915 年,美国最高法院就认定,在《宪法第一修正案》下,不同的媒体享有不同的自由权利:在所有大众媒介中,印刷媒介——报纸、杂志、图书和传单——享受了最大限度的免于政府管理的自由。空中广播媒介——电视与无线电台——享受的免于政府审查的自由最少。有线电视处于两者之间,享受的自由多于广播媒介,但是少于印刷媒介。通过电话传播的信息基本不受什么限制,而且既有的那些限制也被界定得非常狭窄。①

自从互联网在 20 世纪 90 年代获得长足发展以来,关于网络等新媒体规制的争论即已展开,网络能够被规制吗——像现实世界受制于当地政府的统治那样被规制吗? 无限制的网络自由能够被政府所限制吗? 诞生于18 世纪后期,旨在保护报纸、杂志、图书和传单的《宪法第一修正案》,是否适用于新媒介?

围绕这些问题,网络自由主义者、网络联邦主义者和网络现实主义者的观点展开激烈交锋,从中反映出人们对互联网的认识从早期的乌托邦到后来逐渐回归成熟、理性的过程。

一、命题一:"马的法律"

争论始于 1996 年。在芝加哥大学举办的一次网络法研讨会上,美国第七巡回区上诉法院法官弗兰克·伊斯特布鲁克(Frank Easterbrook)提交了一篇论文,题目叫《网络空间与马的法律》。"马的法律"是一个隐喻。在这里指的是要不要给新媒体立法,网络法是不是一部"马的法律"?

他认为,不需要有一门网络法的课程,因为很多现实中的法律都可以应用于网络空间中解决问题。他还认为,尽管我们可以将现实法律适用到虚拟空间中,但是我们并不知道什么样的法律是最优的;最有效的办法就是让当事人自主选择,而不需要政府立法干预。② 因此,正如没有必要制定一部"马的法律"一样,也没有必要制定网络法。③ 事实上,很多美国法院也是这样推理的,比如他们将普通法上的"非法侵入"应用到机器人搜索程序和垃圾邮件上面,创造了新的判例。④

---

① 〔美〕唐·R. 彭伯:《大众传媒法》(第十三版),张金玺、赵刚译,北京,中国人民大学出版社,2005 年 7 月版,第 122 - 123 页。

② 张平:《网络法律评论》(第 11 卷),北京,北京大学出版社,2010 年 6 月版,第 239 页。

③ 〔美〕理查德·斯皮内洛:《铁笼,还是乌托邦:网络空间的道德与法律》,李伦、等译,北京,北京大学出版社,2007 年 8 月版,第 3 页。

④ 张平:《网络法律评论》(第 11 卷),北京,北京大学出版社,2010 年 6 月版,第 239 页。

　　"马的法律"这一命题一经提出,立即引来了关于网络立法的"百家争鸣"。争论的基本问题,即互联网究竟是一个开放的场域,一个充满无拘无束言论、个人组合和众多混乱之处;还是一个封闭和受管制的,隶属于现行政治、管制和法律的管辖架构之下的空间?

　　1. 网络自由主义

　　1984 年威廉·吉布森①在他的小说《神经巫师》中首次提出了"虚拟空间"②(Cyberspace)这一未来主义式的概念,他描写道:"难以计算的合法的操作者每天所经历的一种亦真亦幻的感觉……在人类系统的每一个计算机银行中所提取出来的数字的图形化。一种不可思议的复杂。"在这里,人们的交流更多的不是在地理空间里,而是在数字信息之中存在着。③ 网络空间有两个特点,一是有条理的信息构成了一个非物质的虚拟空间;二是身体虚拟化,人机合一。④ 吉布森无意中创造的"网络空间"一词很快流行起来,并引发了一场理论和技术上的革命。⑤ 1993 年,霍华德·莱茵戈德在《虚拟社区》一书中指出,在互联网出现之前,社区是由那些在一起居住或工作的人们组成的;而对于那些上网的人来说,不管人们在现实世界相隔多么遥远,那些趣味相投的人都可以组成自己的社区。⑥ "虚拟社区与真实生活中的社区几乎一模一样,结构复杂,既有社会等级,也有官僚制度。"⑦其实,早在1987 年,霍华德就给"虚拟社区"作出如下定义:一群见过面或素未谋面的人,通过 BBS 和网络分享想法。和其他社区一样,它是由一群遵守特定的软性社会契约,并且有共同兴趣的人组成的。⑧ 在霍华德看来,虚拟社区是真正的社区,因为人们心中有对社区的渴望,会努力在互联网上建立社区,而且人们在互联网上能够做现实生活中的每一件事,比如互相开玩笑、讨

---

① 威廉·吉布森(William Gibson),美国作家,是科幻文学的创派宗师与代表人物。

② 也有人译为"赛博空间""网络空间""电脑时空""网络时代""异度时空"等,该词成为了互联网的别名,本书除引文外一般采用"网络空间"一词的译名。莱斯格教授认为,"网络空间"不是威廉·吉布森的首创,该词最早来源于控制论。

③ 〔英〕戴维·冈特利特《网络研究:数字化时代媒介研究的重新定向》,彭兰、等译,北京,新华出版社,2004 年 1 月版,第 35 页。

④ Tim Jordan, 1999: *Cyberpower: The Culture and Politics of Cyberspace and the Internet*, Routledge, pp. 25 - 26.

⑤ 杨吉、张解放《在线革命:网络空间的权利表达与正义实现》,北京,清华大学出版社,2013 年 5 月版,第 93 页。

⑥ 同上书,第 22 页。

⑦ 〔美〕马克·斯劳卡《大冲突:赛博空间和高科技对现实的威胁》,黄锫坚译,南昌,江西教育出版社 1999 年 1 月版,第 59 页。

⑧ 〔美〕霍华德·莱茵戈德《网络素养:数字公民集体智慧和联网的力量》,张子凌、老卡译,北京,电子工业出版社,2013 年 8 月版,第 182 页。

论、演讲、做生意、交流知识、分享情感支持、做计划、闲谈、争吵、恋爱、交朋友或者反目成仇、玩游戏、调情、创造艺术作品等。[①] 从此,有关网络空间性质,以及网络空间与现实社会关系问题的争论就从来没有停止过。

早期的网络空间的研究者大都认为,网络空间比现实空间具有更强的开放性、民主性和自由性。[②] 约翰·佩里·巴洛[③]等代表了网络自由主义学派的立场,也被称为网络空间的无政府主义。这一派认为互联网超越了现存的一切边界限制,成为一个人类追求自由的新世界,互联网有独立于现实世界的自己的治理规则,是一个完全不同的社会,人们既没有必要也无可能按照现实世界的逻辑给互联网立法。这个空间的社会应该是一个完全自我组织的实体,没有统治者,没有政治干预。[④] 早期的研究者不仅主张政府的干预远离网络空间,有些更激进的学者甚至主张包括司法干预在内的国家行为都应当远离互联网空间。在这些早期研究者的心目中,只有完全将国家和政府的力量驱离互联网空间,才能为人们在网上进行充分自由、平等的交流创造条件,而不必担心那种在现实社会中随时可能出现的政府管制。这些网络空间自由主义者认为,在互联网上的人们通过互助可以自由地、低成本地组成通信社区,从而构建某种生活方式;在这个空间内人们可以扩展他们的情感和提升智慧,也就是说,人们不需要政府的监管,可以自由地生活在这样的空间内。[⑤] 持这一观点的代表人物有:约翰·佩里·巴洛,其代表作是《网络独立宣言》(1996);曼纽尔·卡斯特[⑥],其代表作是"信息时代三部曲"——《网络社会的崛起》(1996)、《认同的力量》(1997)、《千年终结》(1998);托马斯·弗里德曼[⑦],其代表作是畅销书《世界是平的:一部二十一世纪简史》(2005)。在他们眼中,互联网几乎成为了自由女神的化身。

约翰·佩里·巴洛是典型的网络空间无政府主义者,他质疑现实世界政府的权威,在《网络独立宣言》这篇文章中,巴洛写道:"网络世界由信息传

---

① 孙庚:《美国新媒体的发展现状及其启示》,《新闻与写作》,2010年第12期。

② 王彬彬:《网络时代的政府革新》,北京,国家行政学院出版社,2013年6月版,第138页。

③ 约翰·佩里·巴洛(John Perry Barlow)是"电子前线基金会"(Electronic Frontier Foundation, EFF)的创办人之一,也是全球电子链接(Whole Earth's Eectronic Link)的董事会成员,并担任CSC先锋团(Vangusrd Group of CSC)和全球商业网络(Global Business Network,GBN)的顾问。

④ 〔美〕劳伦斯·莱斯格:《代码:塑造网络空间的法律》,李旭、姜丽楼、王文英译,北京,中信出版社,2004年10月版,第4-5页。

⑤ 王彬彬:《网络时代的政府革新》,北京,国家行政学院出版社,2013年6月版,第140页。

⑥ 曼纽尔·卡斯特(Manuel Castells)现任洛杉矶南加州大学传播学院教授,传播技术与社会研究中心主任,社会学系及政策规划和开发学院共聘教授。

⑦ 托马斯·弗里德曼(Thomas L. Friedman),美国新闻工作者,经济学家。

输、关系互动和思想本身组成,排列而成我们通信网络中的一个驻波。我们的世界既无所不在,又虚无缥缈,但它绝不是实体所存的世界。"①他宣称:"工业世界的政府们,你们这些令人生厌的铁血巨人们,我来自网络世界——一个崭新的心灵家园。作为未来的代言人,我代表未来,要求过去的你们别管我们。在我们这里,你们并不受欢迎。在我们聚集的地方,你们没有主权。""我们宣布,我们正在建造的全球社会空间,将自然独立于你们试图强加给我们的专制。你们没有道德上的权利来统治我们,你们也没有任何强制措施令我们有真正的理由感到恐惧"。他主张,政府不应当介入网络空间的任何事项,一切应该由技术人员和网民组成的共同体来统治。②巴洛的《网络独立宣言》实际上针对的是美国政府1996年2月通过的《传播庄重法》,该法因为禁止向未成年人传送猥亵信息或明显冒犯性信息内容,而被法院宣布部分违宪。

巴洛的观点代表了相当一部分人的主张,尤其是美国政府自互联网诞生以来就没有制订过法律来规制网络行为。这和互联网发展初期很多人认为互联网极大地增加了个人对抗政府的力量是相一致的。③

曼纽尔·卡斯特是开展网络社会研究的领军人物,在他的代表作"信息时代三部曲"中将信息网络判断为一种客观存在的社会空间。他认为,"网络社会既是一种新的社会形态,也是一种新的社会模式",在这个虚拟的理想的"乌托邦"里,网络的自治天性支配着这个空间的运转,参与到网络中的人们以自律精神为活动的指针,自觉地维护网络社会的秩序。④正如谷歌首席执行官埃里克·施密特说:"互联网是人类创建的第一个让他们自己无法理解的事物,它是我们有过的最大的无政府状态下的实验。"⑤

渴望自由是人类的天性,而人们对自由的理解和认识常常与他们所处的历史条件和科技水平相适应。汽车、飞机使人们对活动自由在空间方面有了新的认识,电视、广播使人们对信息交流的自由又获得了新的观念。不同历史和科技背景下的人们对自由的内涵、实现形式及现实性不尽相同,但他们所渴望的自由在本质上是一致的。由于互联网具有全球性和可及性,是一个超越国界的空间,人们不需要护照和签证就可以自由出入"国境",接

---

① 张小罗:《论网络媒体之政府管制》,北京,知识产权出版社,2009年5月版,第12页。

② 张平主:《网络法律评论》(第11卷),北京,北京大学出版社,2010年6月版,第241页。

③ 张平主:《网络法律评论》(第11卷),北京,北京大学出版社,2010年6月版,第241-242页。

④ 王彬彬:《网络时代的政府革新》,北京,国家行政学院出版社,2013年6月版,第139页。

⑤ 〔美〕约瑟夫·塔洛:《今日传媒:大众传播学导论》(第三版),于海生译,北京,华夏出版社,2011年9月版,第587页。

触到世界范围内的信息。在互联网中,人们对信息选择的自由度甚至是无限的,只要你愿意,你可以链接到你想去的几乎任何地方的网站,任意浏览其内容。网络活动自由及其带给人们的体验和感受,唤醒了人们的自由意识,提升了人们的自由精神,深化了人们对自由的理解和认识。在互联网中,人们可以使用不同的 ID 和不同的性别随时登录网站,参与各种各样的传播活动。这种身份选择的自由使人们在网络中可以扮演不同的角色,从事与其扮演角色相应的各种传播活动。不同角色换位的自由在现实生活是中不可想象的。① 所以,当时的人们普遍认为,进入互联网空间应当是无限制和完全自由的,不受任何权力机构的约束。② 尽管网络的无政府和无组织已导致诸多极端问题产生,但许多用户也不愿意看到用更强硬的中央式控制取代无政府状态。大多数公民自由论者坚持认为,互联网之所以繁荣,恰恰是因为它没有中央式的管理权威。内容的控制和审查与互联网的最初设计是背道而驰的,基于 TCP/IP 协议,互联网的创建是为了把大量的信息不受限制地从一个地方传输到另一个地方。正如尼葛洛庞帝③所说:"……正是这种分散式体系结构使互联网络能像今天这样三头六臂。无论是通过法律还是炸弹,政客都没有办法控制这个网络,信息还是传送出去了,不是经由这条路,就是走另外一条路出去。"④互联网的互联性表明网络在任何时候都应具有互联性,即不能因为网络的局部断线而导致网络的崩溃,即互联性的丧失。这就要求网络上的电脑在网络中的地位应该是平等的,不能因为某些电脑的失灵而导致所有电脑的瓦解。要保持这种互联性,网络应该是无中心的,即没有拥有最高权限的中心。因为这种互联性使得网络无中心,正是因为无最高权限中心,才使得网络具有分权的特征,或称为具有民主自由的特点。⑤ 因此,他们认为"政府不能规制网络空间,网络空间在本质上注定是自由的",⑥他们相信,传统的规制方式会妨碍电子交往和思想的自由传播。⑦ 关

---

① 李伦、李军:《网络传播自由及其规制》,《长沙理工大学学报》(社会科学版)2009 年第 1 期。
② 王彬彬:《网络时代的政府革新》,北京,国家行政学院出版社,2013 年 6 月版,第 141 页。
③ 尼葛洛庞帝,美国计算机科学家,麻省理工学院教授《连线》杂志的专栏作家,也是多媒体实验室的创办人。
④ 〔美〕尼葛洛庞帝:《数字化生存》,胡泳、范海燕译,海口,海南出版社,1997 年 2 月版,第274 页。
⑤ 李伦:《作为互联网精神的自由、开放和共享——兼谈技术文化价值的生成》,《湖南文理学院学报》(社会科学版)2006 第 3 期。
⑥ 〔美〕劳伦斯·莱斯格:《代码:塑造网络空间的法律》,李旭、姜丽楼、王文英译,北京,中信出版社,2004 年 10 月版,第 4 页。
⑦ 〔美〕理查德·斯皮内洛:《铁笼,还是乌托邦——网络空间的道德与法律》,李伦、等译,北京,北京大学出版社,2007 年 8 月版,第 26 页。

于这一点,美国著名网络伦理学家斯皮内洛从互联网产生的文化背景——美国文化——论述了网络自由传统形成的必然性。他认为,网络自由架构的设计在美国有其深远的文化根源,因为网络在美国孕育和发展了多年,正是致力于实现言论自由理想的美国人创建了互联网。[1] 言下之意是,美国的自由精神是网络自由传统的文化根源。

自由论者依据美国《宪法第一修正案》甚至喊出了"网络空间零管理"的口号。一些提倡网络传播权或信息自由权利的民间组织发展壮大,美国民权自由联盟(ACLU)成功地阻挠了美国《传播净化法》的通过。与ACLU并肩战斗的组织还有:美国图书馆学会、人权观察、电子隐私信息中心、电子前沿基金会、新闻教育基金会、美国在线、美国出版商协会、苹果计算机公司、阅读自由基金会、微软公司等。这些积极维护网络自由的组织认为,自由是网络社会所有美德的基础,正是由于互联网信息传播的自由才激发了众多网民的参与热情,如果政府开始管制互联网,这将破坏其的最大特色,所以应该坚决捍卫网络自由以保持互联网生机勃勃、自由竞争的精神。[2]

托马斯·弗里德曼在其代表作《世界是平的:21世纪简史》中预言:"真正的信息变革即将开始……世界已经从圆的变成了平的。不管你在地球的什么地方,你都会发现,等级制度正遭到来自社会底层的挑战,或者正从自上而下的关系变成更为平等和合作的关系。"[3]而Google就带来了信息的平等。没有阶级的界限,没有教育的界限,没有语言的界限,最后也会没有金钱的界限。托马斯·弗里德曼引用无线技术销售公司(Airspace)的副总裁阿兰·科恩的话说:"如果我能用Google,我就能找到一切事情。Google就像上帝,上帝无处不在,上帝洞察万物。在这个世界上,一切问题你都可以去问Google。"[4]这些观点代表了技术至上论者的无政府主义观点。

2. 网络联邦主义

随着互联网的快速发展,网络空间的问题越来越多:垃圾邮件阻塞网络、计算机代码侵犯隐私、互联网的开发与共享遭遇大型媒体垄断知识产权

---

[1] Richard A. Spinello, 2003. *Cyberethics: Morality and Law in Cyberspace* Jones and Bartlett Publishers, p. 55.

[2] 刘建军:《在Internet上建造新社会》,《情报学报》1999年第S2期。

[3] 〔美〕托马斯·弗里德曼:《世界是平的:21世纪简史》,何帆、肖莹莹、郝正非译,长沙,湖南科学技术出版社,2006年11月版,第40页。

[4] 〔美〕托马斯·弗里德曼:《世界是平的:21世纪简史》,何帆、肖莹莹、郝正非译,长沙,湖南科学技术出版社,2006年11月版,第143页。

的阻力,以及席卷全球的病毒风暴和网络犯罪。[①] 人们开始认识到,网络空间不需要法律规制的说法是站不住脚的。正如斯皮内洛所指出的,"网络空间言论自由和内容控制已无可争辩地成为初露端倪的信息时代最富争议的道德问题"。[②]

1996 年,戴维·约翰逊(David Johnson)和戴维·波斯特(David Post)两位教授发表一篇著名论文《法律与国界:网络空间中法律的兴起》。他们的代表观点是"网络联邦主义",他们主张网络自治,拒绝国际法介入。[③] 他们分析了网络行为由于突破了国界限制而带给网络治理的新挑战,"一个无视地理界限的电子媒介的出现带来了崭新的现象,从而使法律陷入混乱"。他们认为网络空间需要一套和现实世界截然不同的法律,"这一现象需要清晰的法律法规来调整,但依靠任何当前基于地域的主权,是无法进行令人满意的规制的"。[④]"对跨越物理国界的电子信息流通的控制——将地方管制和物理边界应用至网络空间的努力——很可能证明是徒劳的,至少在那些希望参与全球商业的国家里是这样"。同时,"网络空间并非一个同质性的地域,在各种线上场所的诸多群体和活动都拥有独特的性质和特征,每个地区都可能发展出自己独特的规则"。他们认为,这套规则不应该由政府来制订,而应该由每个虚拟地区的成员来制订和执行。[⑤] 因为,"由私人机构执行的技术解决方法有时比民主政府采取的行为还要严格得多"。[⑥] 他们的主张得到了相当多的人的回应:为了保证网络信息活动的"自由"性,应该减少来自现实社会中政府的管制,即法律控制,而应更多地通过网络信息活动中特有的游戏规则,解决所面临的种种信息问题。即使是赞成法律控制的,也存在着现有信息法律(如版权法等)是否可以运用到网络空间中的争论。也有人认为应当采取有别于过去在现实社会中所运用的法律,正如尼葛洛庞帝所说:"著作权法已经完全过时了。它是谷登堡时代的产物。由于目前的著作权保护完全是个被动的过程,因此或许我们在修正著作权法之前,得先把

---

① 杨吉、张解放:《在线革命:网络空间的权利表达与正义实现》,北京,清华大学出版社,2013年1月版,第171页。

② Richard A. Spinello, 2013. *Cyberethics*: *Morality and Law in Cyberspace* Jones and Bartlett Learning, p. 53.

③ 张小罗:《论网络媒体之政府管制》,北京,知识产权出版社,2009年5月版,第50页。

④ 〔美〕劳伦斯·莱斯格:《代码:塑造网络空间的法律》,李旭、姜丽楼、王文英译,北京,中信出版社,2004年10月版,第31页。

⑤ 张平:《网络法律评论》(第11卷),北京,北京大学出版社,2010年6月版,第242页。

⑥ 〔美〕理查德·斯皮内洛:《铁笼,还是乌托邦——网络空间的道德与法律》,李伦、等译,北京,北京大学出版社,2007年8月版,第40页。

它完全颠覆。"①

与巴洛等的彻底无政府主义相比,联邦主义者的思想更进一步,他们从法律的现实发展入手说明政府无法有效管理全球化的信息流通,只能依靠国际组织或各虚拟社区的网民自我规制。每个国家的政府不仅不应当管理网络空间,而且事实上也做不到。因此,不能用传统的法律管理互联网,而是应该另起炉灶。②

3. 网络现实主义

随着互联网的快速发展,早期人们所寄予互联网的美好期许逐渐被现实所击破。人们开始对这个"自由的家园"产生怀疑,并认识到了互联网空间的本质:网络空间实际上是物理世界的延伸和映射,它实际上只是现实生活中的场景再现,无法完全脱离现实社会的影响。③ 与早期的乌托邦式的幻想相比,人们发现"在互联网上实现完全自由的理想模式是不可能的,必须要有一些控制和处罚的手段"。④

网络现实主义者认为,网络传播虽然是自由的,但这种自由不能损害社会公共利益,损害社会其他值得珍视的价值,如生命、尊严、人格、隐私、人类繁荣和社会稳定等。如果对自由传播内容不加任何约束,某些包含色情、淫秽、虚假、恶意的信息就会污染网络环境,影响社会的安定与和谐,尤其不利于青少年的成长。因此,应当对网络传播进行必要的规制。目前,要求对网络传播内容进行规制的呼声越来越高,获得的支持越来越多。

网络现实主义者的观点与自由主义、联邦主义者截然不同。1992 年,国际科技发展协会会议上的一篇论文就指出,今天,软件开发商正生活在法律界为他们提供的有关责任的"美好时代",这真是富有讽刺意味。这是由于法律制度还不懂软件的工作原理,保险商也不懂怎样评估软件的潜在风险。更何况,法院也还没有要求软件从业者有很高的职业精神,因此,后者需要有起监督作用的行规。然而常言道:"好事肯定不长久。"(软件)职业史上这段不同寻常的无责任时代——也就是它现在这个样子——是暂时的,我们应该意识到这一点。⑤

网络现实主义者认为,网络空间虽然被称为虚拟空间,却是客观存在

---

① 颜祥林:《网络信息问题的控制模式建构与比较》,《情报学报》2002 年 4 月第 12 卷第 2 期。
② 张平:《网络法律评论》(第 11 卷),北京,北京大学出版社,2010 年 6 月版,第 242 页。
③ 王彬彬:《网络时代的政府革新》,北京,国家行政学院出版社,2013 年 6 月版,第 141 页。
④ 杨伯溆:《因特网与社会:论网络对当代西方社会及国际传播的影响》,武汉,华中科技大学出版社,2002 年 3 月版,第 69 页。
⑤ 〔加〕大卫·约翰斯顿、森尼·汉达、查尔斯·摩根:《在线游戏规则——网络时代的 11 个法律问题》,张明澍译,北京,新华出版社,2000 年 8 月版,第 256 页。

的,只不过是存在的方式不同于传统的物理空间。早在 1996 年,斯坦福大学传播系的两位教授巴伦·李维斯、克里夫·纳斯就指出:"简而言之,我们发现个人与计算机、电视和新媒体之间的相互作用实质上是社会的、自然的,就如同现实生活中的一样。"①因此,网络空间可以看作是建立在网络技术上的现实社会的一个特殊组成部分,现实社会中存在的利益冲突、权利侵害在网络空间中也有所体现,网络空间同样离不开法律的规范。② 巴伦·李维斯和克里夫·纳斯进而指出:谁都希望媒体能遵循大多数的社会和自然规则;所有规制都来自有人际交往的世界,来自有关人们怎样和现实世界相互作用的研究,而这些也同样适用于媒体。③ 按照他们的观点,规范互联网等新兴媒体的法律法规同样伴随人与人之间的交往而出现,也适用于规范现实生活中的人与人之间的关系。

1999 年,丹·希勒④出版的《数字资本主义》一书指出:"互联网绝不是一个脱离真实世界而构建的全新王国。相反,互联网空间与现实世界是不可分割的部分……互联网的发展完全是由强大的政治和经济力量所驱动,而不是人类新建的一个更自由、更美好、更民主的另类天地。"⑤事实上,当我们在网络中从事信息活动时,也同时生活在现实世界里。在现实世界发生的信息违法行为,如侵犯版权和破坏信息安全,也同样会在网络信息空间里发生,而且网络参与者也同样是我们现实世界的公民,他们所要遵守的法律与其他公民所要遵守的法律别无两样。⑥ 网络社会和其他社会一样,要维持其秩序,就必须加强监管,否则就会陷入无政府主义状态,使网络社会难以持续发展。人只有在社会中才能存在和发展,不能因为网络空间的数字化和虚拟性而否认这一点。只有在社会中才能谈人的自主、自治和自由的问题。在这个意义上,一定的社会监管恰恰是个人自主、自治和自由的必要前提。如果没有一定的社会监管,网络社会就不可能有秩序地存在和发展。⑦

劳伦斯·莱斯格教授指出,"网络空间"一词本意并非指自由,而是指控

① 〔美〕巴伦·李维斯、克里夫·纳斯:《媒体等同》,卢大川、袁野、李如青、等译,上海,复旦大学出版社,2001 年 12 月版,第 4 - 5 页。

② 黄瑚、邹军、徐剑:《网络传播法规与道德教程》,上海,复旦大学出版社,2006 年 10 月版,第 58 页。

③ 〔美〕巴伦·李维斯、克里夫·纳斯:《媒体等同》,卢大川、袁野、李如青、等译,上海,复旦大学出版社,2001 年 12 月版,第 4 - 5 页。

④ 丹·席勒(Dan Schiller),美国传播学者,伊利诺伊大学图书馆与信息科学研究院和传媒研究所教授。著有《数字资本主义》《信息拜物教批判与解构》等。

⑤ 王彬彬:《网络时代的政府革新》,北京,国家行政学院出版社,2013 年 6 月版,第 142 页。

⑥ 颜祥林:《网络信息问题的控制模式建构与比较》,《情报学报》2002 年第 2 期。

⑦ 李伦、李军:《网络传播自由及其规制》,《长沙理工大学学报》(社会科学版)2009 年第 1 期。

制。该词并非源于威廉·吉布森的小说《神经漫游者》，而是可以追溯到控制论领域，即对远程控制的研究。控制论有一个完全规制的构想，它的主要动机是发现一种更好的控制方法。① 诺伯特·维纳在《控制论》中使用的Cybernetics 一词，现在作为前缀，代表互联网或电脑相关的事物，即采用电子或计算机进行的控制。他说："到了美国需要重新认识互联网的时候了，网络空间无论怎样虚拟，它毕竟是真实的，且隶属于真实空间的政府。"②"网络空间的自由绝非来源于政府的缺席。自由，在那里跟在别处一样，都来源于某种形式的政府控制"。③ 他认为，一项规制并不意味着要绝对有效，不需要为了减少被禁止的行为而无限地增加该行为的成本，就是说，任何规制都不是百分之百完美的，但这并不影响其成为有效的管制；另外，政府有能力采取多种方式管理互联网，特别是通过代码，使得网络空间可以被人为"分区"并加以控制，这才是人们需要警惕的。美国学者罗伯特·O. 基欧汉和约瑟夫·S. 奈认为："古典政治学的基本问题——谁来统治和以什么方式统治——对于网络空间和现实世界都是同样有意义的。"④所谓社会控制，就是社会对人们的思想、行为进行指导、影响和限制，使之遵守社会规范，从而维持社会秩序和社会安定的过程。在人类社会发展进程中，任何社会系统都实施了社会控制，既然网络社会也属于人类社会为自己开辟的生活空间，当然它也离不开社会控制。⑤

他们的观点引起了一些学者的共鸣。与莱斯格教授的观点相呼应，哈佛大学法学教授杰克·戈德史密斯从国际法与国界的角度对主权国家控制互联网进行思考。他认为互联网和电话、电报，以及电信信号一样，都是人们进行跨国界交流的媒介手段，而非真正独立于现实空间的虚拟空间，每一个国家都有能力对这些新技术手段加以控制，特别是通过对一些物理设施（网线光缆、服务器）和中间人的控制来间接规制网络世界。这些控制背后的主权原则不但没有被消解，反而更加巩固。杰克·戈德史密斯和哥伦比亚大学法学教授吴修铭在合著的《谁控制互联网？——无界世界的幻想》（2008）提出：网络空间本质上受制于物理空间中的政府和国家。他们认为，

---

① 〔美〕劳伦斯·莱斯格：《代码：塑造网络空间的法律》，李旭、姜丽楼、王文英译，北京，中信出版社，2004 年 10 月版，第 5 页。

② 张平：《网络法律评论》（第 11 卷），北京，北京大学出版社，2010 年 6 月版，第 307 页。

③ 〔美〕劳伦斯·莱斯格：《代码：塑造网络空间的法律》，李旭、姜丽楼、王文英译，北京，中信出版社，2004 年 10 月版，第 5 页。

④ 〔美〕罗伯特·O. 基欧汉、约瑟夫·S. 奈：《信息时代的权力与相互依赖》，李惠斌译，《马克思主义与现实》2001 年第 2 期。

⑤ 颜祥林：《网络信息问题的控制模式建构与比较》，《情报学报》2002 年第 2 期。

互联网不是一个没有界限的世界,而是一个有界限的网络,在其中,国界性的法律、政府权力,以及国际关系同技术发明一样重要。

此外,牛津大学法学教授乔纳森·齐特林(Jonathan Zittrain)提出了一个新概念——"创生能力"。他认为,互联网的原初设计是没有中心的发散式架构,通过个人电脑和操作系统得以不断自我生长和发展,不断创造出新的文化。这样的架构虽然使人们得到了自由,同时也不得不向安全问题妥协。病毒、蠕虫、恶意软件、垃圾邮件等危害网络空间秩序的事物不断出现,却因为自由的架构而无法得到控制。因此网民和消费者就产生了对安全秩序的一定程度的需求,哪怕是以牺牲生成能力为代价。这有些类似于霍布斯版本的社会契约论:人们出于怕死的欲望和虚荣的激情,不得不依靠理性组成国家,由政府保证他们的安全,同时却丧失了自由。[①]

美国政府基于保护儿童网络安全、阻止恐怖活动、控制种族歧视、限制不正当商业竞争等等多种理由,将网络内容控制与管理视为义不容辞的责任与义务。政府方面最流行的做法是纷纷修改原有的法规以囊括互联网内容管理,或者干脆出台新的互联网法规。政府该不该干预网络内容,这一问题在理论界一直因国情的不同而各有偏颇、悬而未决,但在实践中没有哪个国家的政府真正放弃了网络内容的管理,不同的只是在管理方式上,或者采用更直接的管理,或者采用更间接的管理。[②] 问题不在于网络需不需要监管,而在于该如何管理,即我们究竟该使用什么样的方式和方法来监管网络,监管的范围和程度如何。

二、命题二:"代码即法律"

前文提到的劳伦斯·莱斯格教授是当代著名的网络法学家。在其经典著作《代码:塑造网络空间的法律》中,他提出了一个著名的观点——"代码即法律"。在他看来,可规制性是指一个政府在其正当的职权范围内对行为的规制能力。对于互联网而言,可规制性是指政府规制其国民(或许还有其他人)的网络行为的能力。[③] 网络空间存在对行为的规制,但规制主要是通过代码施加的。网络的可规制性取决于它的架构;政府通过规制网络的架构,使得很难规制的网络行为可规制,这就是"规制的两部曲"。所谓架构包括:①验证,以确保与你交易的人的身份;②授权,以确保该人有权进行某一

---

① 张平:《网络法律评论》(第 11 卷),北京,北京大学出版社,2010 年 6 月版,第 244－245 页。

② 戴伟辉:《网络内容管理与情报分析》,北京,商务印书馆,2009 年 6 月版,第 202－203 页。

③ 〔美〕劳伦斯·莱斯格:《代码:塑造网络空间的法律》,李旭、姜丽楼、王文英译,北京,中信出版社,2004 年 10 月版,第 24－25 页。

特定活动;③隐私,以确保其他人无法看到所交换的信息;④完整性,以确保信息在传输中未被删改;⑤不可抵赖,以确保信息的发送者无法否认发送过该信息。①

莱斯格认为,网络法存在的必要性就在于网络空间与现实空间不同,比如在对隐私和儿童色情的规制方面。不过,两个空间都需要四种力量进行规制:法律、规范、市场和代码。这四种力量构成了分析网络空间的一个基本框架。

莱斯格认为,在现实世界和物理世界里,人们的行为是由法律、规范、市场和代码规制的。法律是由政府制定的通过具有溯及力的法律制裁而实施的规则和命令。社会规范则是社区非正式的民意表达,大多数社区有明确的是非感,并反映在他们的行为规范或行为标准中。市场是通过商品和服务(含劳务)的价格调节行为。与社会规范和法律不同,市场不是一种民意表达,它是即时产生作用的(不具有溯及力)。最后一种规范方式可称为架构。这里所说的架构大致是相当物理世界中的物理限制,这些物理限制对人的行为实施了制约作用。这里的"实施"也不具有溯及力,这种架构性的限制是"自我实施"的,它不需要执行逮捕或处罚社区成员的机构作为中介,"架构的限制是自我执行的,而法律、社会规范和市场并非如此"。②

在莱斯格看来,互联网的本质不是自由,而是由架构决定的。在网络空间里,我们同样也受前述四种限制的约束。

法律规制着网络空间的行为。法律通过禁止某些行为和对违法者进行具有溯及力的制裁来约束行为,如保护版权和专利的法律。

社会规范也规制着网络空间的行为。约束网络行为的规范包括网络礼仪和社交习惯,例如发送恶意或侮辱性电子邮件的行为,被认为是网上的不良行为,这样做的人很可能遭到网络社区其他人的惩戒;在小组讨论中发言过多的人,很可能会被大家置于一个共同的废话过滤器中。在每一个例子中,都有一套普遍认可的规则约束着人们的行为;就像现实空间一样,网络空间也依靠羞耻感和社会耻辱来实施其文化标准。③

市场以多种方式规制网络空间的行为。价格结构约束着网络接入;人气不佳的网络板块会从在线服务中被剔除;比较受欢迎的网站吸引客户,反

---

① Gail. L. Grant, 1997: *Understanding Digital Signatures: Establishing Trust over the Internet and Other Networks*, McGraw-Hill, p. 12.

② 李伦:《网络传播理论》,长沙,湖南师范大学出版社,2007年1月版,第9页。

③ 〔美〕理查德·斯皮内洛:《铁笼,还是乌托邦——网络空间的道德与法律》,李伦、等译,北京,北京大学出版社,2007年8月版,第3页。

过来促使网站改善服务;等等,这些都是市场约束和市场机遇作用的结果。

在网络空间中,由代码主导的技术架构最为重要,使得网络空间可以控制。物理世界的架构在网络空间的对应物就是软件的"代码",即建构互联网的程序和协议。架构就是一种法律,它决定人们能够做什么,不能够做什么。①例如,代码通过要求提供用户名和密码来限制访问某些网站;一些软件程序能够有效地过滤垃圾邮件;等等。比如,博主可以配置一个验证码,它要求评论者回答一个计算机生成的问题(比如复制一串模糊的数字和字母),以区别评论和自动生成的垃圾信息。②在此意义上,代码就像现实空间的架构,也是一种规制。"代码即法律",代码就是被选择的约束机制。莱斯格的著作《代码:塑造网络空间的法律》,一问世便震动了学界和业界,被誉为"也许是迄今为止互联网领域最重要的书籍",也被一些学者称为"网络空间法律的圣经"。

"代码即法律"的观点挑战了早期人们对互联网的认识,即技术已经创造了一个自由的环境,因而网络空间无法被规制。也就是说,网络的特性使它摆脱了政府(以及其他任何组织或个人)的控制。而莱斯格认为,事实恰恰相反。

他提出,代码的存在证明,网络本质上并不是不可规制的,"代码、市场、规范和法律共同规范网络空间,就像架构、市场、规范和法律规范现实空间一样"。代码并没有什么"本质",它只是代码组成网络空间的软件和硬件。

代码不可以被乱用,否则就容易导致"代码暴政"。网络空间的代码正成为政府的另一个规制工具。通过代码的编写,政府可以间接地实现规制目标,并通常可以避免直接规制所造成的政治后果。③PICS是互联网内容筛选平台,该平台是一种规定如何标记和屏蔽网络内容的标准。家长和学校可以利用它阻止含有色情内容或恶意言语的网站。莱斯格曾经批评过PICS过滤软件系统。他认为,当地方政府部门当权者把他们自己的标准强加给无辜的用户时,该技术的广泛应用可能导致"代码暴政"。④

可见,代码具有两面性。代码既可以创造出一个自由的世界(正如互联

① 〔美〕劳伦斯·莱斯格:《代码:塑造网络空间的法律》,李旭、姜丽楼、王文英译,北京,中信出版社,2004年10月版,第73页。

② 〔美〕保罗·莱文森:《新新媒介》,何道宽译,上海,复旦大学出版社,2011年3月版,第21页。

③ 〔美〕劳伦斯·莱斯格:《代码:塑造网络空间的法律》,李旭、姜丽楼、王文英译,北京,中信出版社,2004年10月版,第124页。

④ 〔美〕理查德·斯皮内洛:《铁笼,还是乌托邦——网络空间的道德与法律》,李伦、等译,北京,北京大学出版社,2007年8月版,第40页。

网的原始架构所创造的），又可以创造出一个充满沉重压迫和控制的世界。尤其是那些出于电子商业目的、旨在将网络商业化的代码。霍华德·莱茵戈德说："暂时地，我们拥有了一个工具，它可以给我们的生活带来欢乐，促进相互理解，也可能使公共领域重现活力。但是，同是这个工具，如果被不恰当地操纵与控制，也可能变成暴政的工具。"① 埃瑟·戴森②指出："数字化世界是一片崭新的疆土，可以释放出难以形容的生产能量，但它也可能成为恐怖主义者和江湖巨骗的工具，或是弥天大谎和恶意中伤的大本营。"③ 保罗·莱文森也指出，数字化工程使新新媒介成为人类历史上最民主化的媒介，同时又使政府和其他权威拥有更大的权力来禁止新新媒介，其权力胜过教会 400 年前禁止伽利略著作的权力。这真是对新新媒介极大的讽刺。④

正如皮埃尔·布尔迪厄⑤所指出的那样，所有的符号系统，包括语言本身——不仅塑造着我们对于现实的理解、构成人类交往的基础，而且帮助确立并维持社会等级；无论是通过倾向、客体、系统的形式，还是通过机构的形式，文化都体现着权力关系。⑥ 如果认识不到这一点，也就认识不到网络空间正在发生的变化。在商业活动的影响下，网络空间正在变成一个高度可规制的空间，在那里，我们的行为将受到比在现实空间还要严密的控制。网络空间并不会保证自由，而是带有一种极大的控制潜能；网络正在朝向一个特定的方向演进：从一个无法被规制的空间走向一个具有高度约束性的空间。莱斯格写道，如果说在 19 世纪中期是社会规范威胁着自由，在 20 世纪初期是政府强权威胁着自由，在 20 世纪中期的大部分时间里是市场威胁着自由，那么，在 20 世纪末期及进入 21 世纪时，另一个值得我们关注的规制者——代码，威胁着自由。⑦ 而且，与"法律具有人性化的特征"相比，代码管

---

① 〔英〕戴维·冈特利特：《网络研究：数字化时代媒介研究的重新定向》，彭兰、等译，北京，新华出版社，2004 年 1 月版，第 38 页。

② 埃瑟·戴森（Esther Dyson），被认为是前卫科技产业中最有权威的思想家之一，爱德投资控股公司（ED venture Holdings）董事长。

③ 〔美〕埃瑟·戴森：《2.0 版：数字化时代的生活设计》，胡泳、范海燕译，海口，海南出版社，1998 年 8 月版，第 17 页。

④ 〔美〕保罗·莱文森：《新新媒介》，何道宽译，上海，复旦大学出版社，2011 年 3 月版，第 99 页。

⑤ 皮埃尔·布尔迪厄，著名的哲学家和社会学家，巴黎高等研究学校教授，被誉为当代法国最具国际性影响的思想大师之一。

⑥ 〔美〕戴维·斯沃茨：《文化与权力：布尔迪厄的社会学》，陶东风译，上海，上海译文出版社，2006 年 5 月版，第 1 页。

⑦ 〔美〕劳伦斯·莱斯格：《代码：塑造网络空间的法律》，李旭、姜丽楼、王文英译，北京，中信出版社，2004 年 10 月版，第 108 页。

制带来的问题在于"代码没有情感和道德的判断"。① 美国历史学家西奥多·罗斯扎克（Theodre Roszak）也指出："官僚主义的经理、公司精英、军事当局、安全和监视系统都可以利用计算机里的数据来制造混乱、散布谣言、惊醒、恐吓和控制别人。他们掌握了绝大部分的信息源和计算机，他们要利用信息，将更多的权力和利润集中到自己手里。而公众对信息的崇拜又给他们的优势蒙上了一层神秘的面纱。"②

但这也并非不可避免。莱斯格说，我们可以（我们必须）选择所希望的网络空间类型及要确保的自由。这些选择都与架构有关：哪一种代码将统治网络空间，谁将控制这种代码。从这个意义上说，代码是最重要的法律形式，它所蕴含的价值将由律师、政策制定者，特别是公民来决定。

对政府管制的一个正当性论证是，互联网最初是由政府进行修建和实验的，政府创设和保护了网络空间中的财产权利，这使得政府有权力对网络行为进行某种程度的管理。另外，政府为了保护和促进某些宪法权利也应当对网络空间中的不当行为进行干预，而不仅仅是消极不作为。而且，即使政府可能会阻碍代码控制网络空间，现实情况下也完全有可能是某些商业组织控制了网络空间。

现实的发展也一再印证：各国政府有能力且应当对互联网世界进行管理。当2000年到来之际，人们早先时候对于网络空间所具有的提升言论自由之潜力的热情已开始消退了，越来越清楚的是，如果得不到规制者或更大范围之共同体的认可，则个人在网络空间自主发表的言论就不会被听之任之。③ 特别是"9·11"事件之后，美国政府对互联网的控制日益收紧。目前，互联网已经成为全球人类的共同生活场景，因此，政府出于公益性目的对网络空间的控制是否必要，已经不再是一个问题了。网络环境亟待治理在全世界已经成为共识。④

从互联网市场的发展情形来看，互联网正在经历一个从放任自由到巨头垄断的时代。越来越多的研究结果表明，无论互联网的干线提供市场（批售），还是面向最终用户的服务市场（分销），都存在着集中化的趋势；大量的事实与数据证明了互联网市场的集中化趋势及危险性。它提醒人们，规制

① 〔美〕劳伦斯·莱斯格：《免费文化：创意产业的未来》，王师译，北京，中信出版社，2009年10月版，第120页。

② 〔美〕西奥多·罗斯扎克：《信息崇拜——计算机神话与真正的思维艺术》，苗华健、陈体仁译，北京，中国对外翻译出版社，1994年8月版，第28页。

③ 孙绍谊、郑涵：《新媒体与文化转型》，上海，上海三联书店，2013年7月版，第292页。

④ 王彬彬：《网络时代的政府革新》，北京，国家行政学院出版社，2013年6月版，第145页。

者所认为的互联网是世外桃源、无须像对其他产业那样关注反托拉斯问题已经不安全了。

早在网络自由主义和无政府主义呼声甚嚣尘上之时,美国学者凯斯·桑斯坦①就论述了互联网政府规制的必要性和合法性的问题。他在著作《网络共和国:网络社会中的民主问题》中论述了民主在网络时代面临的困境。他指出,网络自由导致的信息传播可能夹杂一些不利于社会整合的舆论,这很可能加剧社会的隔阂与阶级对抗,显然,这不是理想的民主政治局面所应当具有的。因此,政府介入以提供一个多元的环境具有必要性和合法性。为此,桑斯坦建议"将改善网络空间的力量诉诸大众媒体和政府管制,并以民主协商为原则来衡量政府管制的范围和深度"。② 桑斯坦主张并支持"政府有节制地控制互联网"的观点代表了第二代网络人的普遍看法。时至今日,学术界对网络与社会关系的判断逐步趋于理性,对网络规制的强调已经形成显著的社会行动。③

现在的问题是应当如何规制互联网。在具体实践中,越来越多的人倾向于"部分规制""有节制规制"的观点,即把互联网的不同方面区别开来,对不同的"部分",分别实行或收或放、力度不同的管制政策。网络法研究也从要不要立法转移到包括自我规制在内的种种具体措施和制度上来。学者看待互联网更加清醒务实,立场更加具有保守性。在美国,政府管制网络的合法性问题,实际上也是通过诉诸宪法不断挑战政府管制网络的行为而得到宣扬的。这就是莱斯格教授提出的"转译"问题,即如何将古老宪法中规定的原则与权利放在相当不同的架构下进行解释,从而维护这些原则和权利。这些挑战自《传播庄重法》被宣布违宪以来就一直不断出现,也仍是未来争论的焦点。④《传播庄重法》被认为因为是对互联网的过度规制而被废止。

1997 年 6 月的"雷诺诉美国公民自由联盟案"⑤,美国最高法院以 7∶2 投票结果做出判决——通过互联网进行的传播活动应受最高水平的《宪法第一修正案》保护,即与给予报纸、杂志和图书的保护相同。最高法院做出

---

① 凯斯·桑斯坦(Cass Sunstein),美国哈佛大学法学院教授,奥巴马竞选团队的法律事务顾问,美国艺术与科学院院士,美国律师协会分权与政府组织委员会副主席,美国法学院联合会行政法分会主席。著有《网络共和国》《就事论事》《行为法律经济学》《信息乌托邦》等。

② 〔美〕凯斯·桑斯坦:《网络共和国:网络社会中的民主问题》,黄维明译,上海,上海人民出版社,2003 年 6 月版,第 96 页。

③ 王彬彬:《网络时代的政府革新》,北京,国家行政学院出版社,2013 年 6 月版,第 147 页。

④ 张平:《网络法律评论》(第 11 卷),北京,北京大学出版社,2010 年 6 月版,第 243-244 页。

⑤ Reno v. 1997 American Civil Liberties Union, 521 U. S. 844.

这个判决等于宣布1996年的《传播庄重法》违宪。大法官史蒂文斯写道，无论是在《传播庄重法》实施之前还是之后，"互联网的各种民主论坛都不受政府监督和管理，这与广播业不同"。虚拟空间没有审查的传统。他写道："根据宪法传统，在缺乏相关证据的情况下，我们推断政府对言论的管理更可能限制思想的自由交流，而不是鼓励其自由交流。"他补充说："在一个民主社会里，鼓励表达自由所带来的利益超出了审查理论上能够带来，但实际中未经证明的利益。"

这个判决极为重要。美国最高法院不仅推翻了一项阻碍互联网传播活动发展的限制性联邦法律，而且还判决，想管理通过"信息高速公路"进行传播活动的其他政府机构，必须以对待报纸或图书的同样方式来对待这种媒体（互联网）。此案判决的影响已经显现。1999年9月，福特汽车公司试图封杀互联网上的信息发布，但是未能成功。在此案中，底特律的一家地区法院判决，网站享有与传统出版物相同的新闻自由权利。[1]

《传播庄重法》的命运并不能说明互联网不需要规制，而是折射出了人们对政府过度规制互联网的担心。政府权力的过度扩张，不仅难以维护"维护和实现网络自由、平等和共享的宗旨"，其至会侵蚀公民的合法权利，并阻碍互联网的健康发展。因为国家权力的扩张总是依靠侵蚀公民的合法权利而实现的，国家权力既是个人权利的保护神，又是个人权利的最大最危险的侵害者。"在国家权力的侵害面前，个人无能为力，权利也无以自保，社会正义和人类理性统统都失去了它昔日的灵光和作用。"[2]当政府行使的规制职能超越互联网所能承受的限度时，必然会导致政治权力对网络空间的自由、民主和共享等虚拟秩序的侵犯和替代，公民自由表达和传播信息的权利必将遭到践踏。[3] 劳伦斯·莱斯格教授谈到美国网络空间立法的悖论：当我们需要技术创新以改善我们的社会生活时，法律却以保护版权的方式来压抑我们对更好的技术创新的需求；当我们不堪色情泛滥之苦而需要法律对网络色情传播进行管制的时候，法律却祭起《宪法第一修正案》的大旗，来强化网络色情对我们精神生活的污染。[4]

回到莱斯格提出的"代码到底行不行"的问题，用户依靠代码减少社会危害，确实大有裨益。在一定意义上，这种方法优于政府管理。它是非侵入

---

① 〔美〕唐·R.彭伯：《大众传媒法》（第十三版），张金玺、赵刚译，北京，中国人民大学出版社，2005年7月版，第124－125页。

② 张曙光：《个人权利与国家权力》，成都，四川文艺出版社，1996年5月版，第5页。

③ 王彬彬：《网络时代的政府革新》，北京，国家行政学院出版社，2013年6月版，第148页。

④ 张平：《网络法律评论》（第11卷），北京，北京大学出版社，2010年6月版，第259页。

性的、简便的、费用低廉的方法,使用户有选择他们想看什么、不想看什么的终极权利。公共政策制定者也认识到了代码是网络空间的一种制约力,并管理某些代码的使用(如过滤和跟踪 IP 地址的代码),以克服仅仅通过法令进行网络管理的难题。正如莱斯格所指出的——政府将通过对网络代码实施控制,增强网络的可规制性。[①] 政府和网络社区的权力之争,其核心是网络的代码。在许多方面,代码是一种远比法律、规范和市场更有效的约束力。理查德·斯皮内洛同样指出,无论在政府手里还是在个人手里,代码都是一种强大的规范力,因为它具有可塑性和隐匿性,具有潜移默化地规制和塑造人们行为的灵活性。代码常常不公开也不直接约束或影响行为,对各方来说都是不透明的,这与法律约束形成鲜明的对比。[②]

莱斯格认为,开放代码可以对政府行为进行某种程度的限制。开放代码,也叫"自由软件",或"开放源代码软件"。根据自由软件基金会的定义,开放代码是一种可以不受限制地自由使用、复制、研究、修改和分发的软件。与自由软件相对的是闭源软件(Proprietary Software)、非自由软件,也叫作私有软件、封闭软件(与是否收取费用无关——自由软件不一定是免费软件)。自由软件受到选定的"自由软件授权协议"保护而被发布(或是放置在公共领域),其发布以源代码为主,二进制档可有可无。自由软件的许可证类型主要有 GPL 许可证和 BSD 许可证两种。自由软件也可以被看作开源软件的一个子集。莱斯格认为,开放代码是对政府权力的一种制约,"在开放代码控制的地方,政府的权力会被削弱;在仍由封闭代码控制的地方,政府的权力就得以保留"。[③]

1985 年 10 月,理查德·斯托曼[④]创立自由软件基金会(Free Software Foundation, FSF),致力于推广自由软件。1991 年,赫尔辛基大学的莱纳斯·特沃尔茨发布了一个操作系统内核,这就是 Linux 操作系统的基础。经过 20 世纪 90 年代早期的努力,人们将它发展成为一套操作系统,到 1998年,它已经成为微软操作系统的一个重要竞争对手。这个系统安全可靠,基于这个系统的软件也越来越普及。

① 〔美〕理查德·斯皮内洛:《铁笼,还是乌托邦——网络空间的道德与法律》,李伦、等译,北京,北京大学出版社,2007 年 8 月版,第 43 页。
② 〔美〕理查德·斯皮内洛:《铁笼,还是乌托邦——网络空间的道德与法律》,李伦、等译,北京,北京大学出版社,2007 年 8 月版,第 44 页。
③ 〔美〕劳伦斯·莱斯格:《代码:塑造网络空间的法律》,李旭、姜丽楼、王文英译,北京,中信出版社,2004 年 10 月版,第 125 页。
④ 理查德·马修·斯托曼(Richard Matthew Stallman),美国自由软件运动的精神领袖 GNU 计划及自由软件基金会的创立者。

另一个重要的自由软件就是网景浏览器软件。网景通过免费发放浏览器,建立了一个庞大的用户群,在 20 世纪 90 年代中后期,网景成了万维网的代名词,后来的很多公司对网景的网络服务器软件爱不释手。1998 年 11 月,美国在线以 42 亿美元的价格收购了网景。①

尽管关于"马的法律"的争论自 1996 年开始,至今已经过去了近 30 个年头,但争论的各方仍然各执一词,争论还在继续发酵。

网络抵制规制的理由除了上述提及的一些学者的观点之外,在现实当中还有以下几个方面。②

第一,网络分布式的架构和弹性设计使其难以控制。包交换技术意味着难以终止信息流。正如约翰·吉尔默尔(John Gilmore)所说:"当网络的某个节点被撤掉,信息可以走如此之多的其他路径,因此,网络具有几乎不死的灵活性……网络把审查制度视为毁灭,并绕过它。"网络没有物理中心,这意味着它没有为网络信息的流动承担责任的道德中心。正如布朗斯康指出:"过去管制传播传输工具的法律,特别是以邮件、电话、报纸、有线电视及广播电台为模式所发展出来的法规,在电子数字化的传播时代将产生法律不适用的窘境。这种现象的出现是因为管制者无法来区分上面所传输的信息到底该归哪一种法律、哪一种模式来管制。虽然管制者大都可以将目前网络上所提供的服务进行分类,譬如,以计算机上的 BBS 或视讯会议来分类,但是这些新的信息服务事实上并无法适用于过去所建立的法律管制机制。"③

第二,网络内容、数字信息,经由 1 和 0 可以轻易地通过网络传输并储存。正如尼葛洛庞帝指出:"信息超级高速公路意味着没有重量的比特以光速在全球流动。"数字化的后果之一是在网络空间瓦解了版权法。

第三,政府面临的管辖权问题。一切法律都具有不证自明的地域性,所有国家都必须划定网络规制的范围。其基本假设是:网络空间是一个空间;网络空间存在着主权。④ 所谓"主权"是指统治者在其所及的范围内制定以规则对其属民的行为实施合法统治的权力。⑤ 但是网络又是一种无边界的

---

① 〔英〕戴维·冈特利特:《网络研究:数字化时代媒介研究的重新定向》,彭兰、等译,北京,新华出版社,2004 年 1 月版,第 16 页。

② 〔美〕理查德·斯皮内洛:《铁笼,还是乌托邦——网络空间的道德与法律》,李伦、等译,北京,北京大学出版社,2007 年 8 月版,第 37 - 38 页。

③ 肖燕雄:《传播制度与实务》,长沙,湖南大学出版社,2007 年 9 月版,第 115 页。

④ 〔美〕劳伦斯·莱斯格:《代码:塑造网络空间的法律》,李旭、姜丽楼、王文英译,北京,中信出版社,2004 年 10 月版,第 231 页。

⑤ 〔美〕劳伦斯·莱斯格:《代码:塑造网络空间的法律》,李旭、姜丽楼、王文英译,北京,中信出版社,2004 年 10 月版,第 234 页。

全球性技术,任何国家都几乎不可能实现在网络空间实施法律或限制的企图。并不存在一个的单一网络空间,根据某人所参加的活动,事实上存在着许多网络空间。这许多空间的性质是各不相同的。"网民"并不是由于国籍,而是由于活动,或更经常地由于各种活动而集合起来的。这些活动常常是跨国性的。①

涉及互联网管辖权问题的一个著名案例是"法国雅虎案"。在另一个类似案例"美国图书馆联合会诉帕塔克"案②中,法庭意见写道:

> 法院长期以来就认识到,某些类型的商业活动要求一视同仁的对待,因此仅适宜使用国家层次的法规。网络就是其中一种类型。有效的法规要求整个国家乃至全世界的合作。单个州制订的法规只会导致混乱,因为有些州很可能会实施使网络用户承担互相冲突义务的法律。③

不管人们如何强烈地反对监管,依然需要这种监管,否则网络将不复存在。④ 现在,虚拟的网络空间不再是无国界、无政府、无管理的"三无地带"⑤,主权国家对互联网进行规制这一点本身已不再产生任何异议,更是一刻也不会延缓对互联网的规制。互联网正在被规制,规制的方式包括:信息基础设施的结构规制、电子商务的规制和内容规制。⑥

至此,"马的法律"虽说是一个隐喻,却清楚地揭示了网络空间的诸多问题的连接点和分歧。这样的争论也并非一无是处,它至少给我们带来以下三点启示:第一,澄清了网络空间的性质,以及和现实空间的关系,任何生活在网络空间的人,同时也是现实空间的人,因此现实空间和网络空间的法律、规范都要遵守;网络空间的问题不单是网络空间自身的问题,还是现实空间的问题,只是通过网络空间表现出来。第二,使人们认识到网络法的制定仅仅是互联网治理的一个部分,为更有效地对网络世界进行管理,政府不能拘泥于法律的直接管制,还需要其他手段和方式进行间接管理,以实现原

---

① 孙绍谊、郑涵:《新媒体与文化转型》,上海,上海三联书店,2013 年 7 月版,第 576 - 577 页。
② American Libraries Assn.. v. Pataki, 969 F. Supp. 160 (S. D. N. Y. 1997.
③ 〔美〕理查德·斯皮内洛:《铁笼,还是乌托邦——网络空间的道德与法律》,李伦、等译,北京,北京大学出版社,2007 年 8 月版,第 74 页。
④ 〔美〕理查德·斯皮内洛:《铁笼,还是乌托邦——网络空间的道德与法律》,李伦、等译,北京,北京大学出版社,2007 年 8 月版,第 41 页。
⑤ 何精华:《网络空间的政府治理》,上海,上海社会科学院出版社,2006 年 6 月版,第 10 页。
⑥ 孙绍谊、郑涵:《新媒体与文化转型》,上海,上海三联书店,2013 年 7 月版,第 576 页。

有的目标。第三,除了各国政府的努力之外,也确实需要某种程度的国际合作,很多国际组织在确定互联网技术规范、分配域名和地址、协商各国的网络法政策等方面都起到了不可替代的作用。如果世界各国都将自己的法律管辖权应用于网络,那将是很危险的。如今,互联网日益成为创新驱动发展的先导力量,深刻改变着人们的生产生活,有力推动着社会发展。互联网真正让世界变成了地球村,让国际社会越来越成为你中有我、我中有你的命运共同体。同时,互联网发展对国家主权、安全、发展利益提出了新的挑战,迫切需要国际社会认真应对、谋求共治、实现共赢。①

三、命题三:"网络中立"

2003 年,哥伦比亚大学法学院教授吴修铭正式提出并定义了"网络中立"(Network Neutrality)这一概念。在《网络中立、宽带歧视》这篇文章中,吴修铭认为,互联网应该完全开放,秉承公平原则,对于内容供应商的质量服务和流量不能进行差别对待。

所谓"网络中立",是指网络服务提供商应平等对待所有合法的内容、应用、设备的网络接入,而不应歧视不附属于自己或合作方的内容、应用、设备的基本原则。② 网络中立原则,简单地说,就是所有的互联网流量都应该得到同等的对待。近年来,有关"网络中立"的话题成了美国激烈争论的焦点问题。政党、企业、学界纷纷加入其中展开讨论,因为它涉及应该如何规制和管理互联网这一重大问题。

2014 年 7 月,FCC 投票通过了一项计划,允许像美国电话电报公司(AT&T)和康卡斯特(Comcast)这样的互联网服务供应商同谷歌、脸书这样的公司达成协议,为后者提供更快速的面向用户的内容输送路径。这项计划受到了一些人的反对。反对者包括消费者组织、某些网络公司、特拉华大学组织的民调中的大部分受访对象,还有第 44 任美国总统奥巴马。奥巴马说,自从发明互联网以来,对它的组织管理就始终基于开放、公平和自由的基本原则和这里没有看门人来决定你可以上哪些网站,信息高速公路上也不收费。这一系列原则和这种"网络中立"的理念释放出了互联网的能量,也给了创新者繁荣发展的机会。放弃这些原则将终结我们所熟知的互联网。

---

① 中国国家主席习近平在向 2014 年 11 月 19 日首届世界互联网大会乌镇峰会发去的贺词中呼吁本着相互尊重相互信任的原则,深化国际合作,尊重网络主权,维护网络安全,共同构建和平安全开放合作的网络空间,建立多边民主透明的国际互联网治理体系。
② 罗昕:《美国网络中立规制研究:脉络实质与启示》,华中科技大学,2012 年。

网络中立性保证了所有人平等接入和平等的机会。[①] "网络中立"的主张:互联网的数字架构、操作系统和小配件等资源都容许任何个人电脑系统使用,非专卖的、非商业的系统都可以使用这些网络资源;除了微软、苹果等系统,凡是不受版权和专利保护的资源,任何个人电脑系统应该能使用。[②] 举例而言,在"网络中立"的原则下,即便 P2P 视频服务会消耗较多的流量,只要不违法,运营商不能对其进行屏蔽或限制,也不能强制对其进行额外收费;运营商也不能向网站提供更快速的网络服务,即便这些网站愿意支付更高的费用。作为西方言论自由权和平等权等宪法权利在互联网领域中的体现,"网络中立"的价值主旨在于确保互联网能够平等地、非歧视地服务于所有的用户和企业,保证其享受合法的内容、服务和应用。[③]

"网络中立"原则的支持者主要是网络内容提供商。微博、搜索引擎、拍卖网站、游戏、VoIP、P2P 等应用的成功之处,在于网络的开放互联支持人们形成社交圈和创造内容。这一原则让谷歌、YouTube、Twitter、雅虎、亚马逊等大型网站受益匪浅。因为上述几家公司占据了绝大部分的流量而无须支付额外的使用费。

2006 年 5 月,名为《互联网自由和非歧视法》的议案被提交至美国国会众议院司法委员会,该法案要求将网络中立化纳入现有的联邦反托拉斯法。5 月 25 日,美国国会众议院司法委员会以 20 比 13 的表决结果通过该法案。然而,这并不意味着美国已经确立了网络中立化政策,事实上,反对的势力依然很强大。[④] 尽管网络中立受到了很多美国互联网公司,包括谷歌等互联网巨头的支持,但很长一段时间里并无专门的法规对其进行保障,或对数据歧视进行限制。2010 年,在网络中立支持者的推动下,FCC 立法通过了《开放互联网准则》,正式用成文的法令确立了网络中立原则。

反对的一方是提供宽带接入服务的电信公司,比如 AT&T,还有硬件制造商如 3M、Cisco 和 Corning,以及一些小的网络公司等。他们提出修改"网络中立"原则,几家大公司应该缴纳更多的费用,同时还提出宽带接入分级收费等措施。

[①] Sterin, J. Charles, 2011: *Mass Media Revolution*, Pearson, p. 193.
[②] 〔美〕保罗·莱文森:《新新媒介》,何道宽译,上海,复旦大学出版社,2011 年 3 月版,第 79 页。
[③] 董媛媛:《论互联网传播的自由与规制——以 ACTA 对"网络中立"从对立到妥协的视角》,《新闻与传播研究》2012 年第 1 期。
[④] 张平:《网络法律评论》(第 11 卷),北京,北京大学出版社,2010 年 6 月版,第 4 页。

　　然而利益受损的运营商们并未就此认输。《开放互联网准则》通过不久,威瑞森通信公司(Verizon)就将 FCC 告上法庭,认为后者颁布的这个准则超出了国会授予的权力。经过三年多法庭内外的交锋,2014 年 1 月,华盛顿特区巡回法庭支持 Verizon 的意见,认定 FCC 无权强制网络服务提供商保持"网络中立"。

　　此令一出,Verizon 很快对 Netflix 和亚马逊云服务的速度进行了一定的限制,AT&T 则提交了几个限制滥用网络带宽的专利。随后,FCC 也不得不宣布遵守法院判决,着手修订此前的准则,以求在权力范围之内保证网络中立。2014 年 5 月 14 日,FCC 正式推出新提案,其核心在于向运营商做出一定程度的妥协,允许他们提供不同速度的宽带,以换取他们对网络中立的支持。

　　2015 年 2 月 26 日,FCC 以 3∶2 的投票结果,出台严格的"网络中立"规定,要求网络供应商在向用户提供移动接入服务时必须符合公众利益。这一规定把互联网归为和电话同类的服务以进行监管,并严禁不公平、不合理的商业行为。

　　这一新规定的意义在于,Comcast、AT&T、时代华纳有线电视公司和Verizon 等网络供应商向用户提供网络服务时需遵守三条原则:①不得设限。网络供应商不得限制用户在互联网获取任何"合法的内容、应用、服务和无害设备"。这旨在避免审查与对特定网站和服务的歧视性待遇。有些支持开放互联网的人士担心"合法内容"的说法会让网络供应商有机可乘,它们可以在没有公平听证的情况下以版权为由拒绝向用户提供内容。②不得限速。网络供应商不得故意减慢网络应用或网站传输数据的速度。这意味着,宽带公司应平等传输数据,无论数据是来自对手公司还是来自数据流量较大的流媒体视频服务商。③不得优先付费项目。网络供应商不得对内容供应商加收费用从而加速传输数据。这意味着没有网络"快车道",因为监管者担心"快车道"会导致非付费用户获得的服务质量下降。

　　新规的通过,让消费者权益保护人士欢欣鼓舞,称这一规定是小型互联网公司的胜利。然而包括许多共和党议员在内的反对者称,FCC 的这一方案使得政府干预过多,最终会推高消费者的花费,并且削弱互联网行业的投资。

　　现在,美国国会及国际贸易组织都在持续讨论这个问题。因为"网络中立"关系着互联网的未来,是 21 世纪传播政策的重大挑战。关于"网络中立"的最新争议,既是网络服务提供商和网络使用商之间的利益博弈,也是美国两党互相掣肘的手段。这场争论看来要持续下去。

第四节　美国的新媒体规制

美国对网络内容的管理以言论自由为基础,公众也认为政府对网络内容的管理不能以牺牲言论自由为代价。① 美国国会、州议会和法院一直在努力,希望在互联网上的言论自由与国家安全、保护版权和名誉权等其他利益之间找到平衡。FCC 曾于 1997 年 3 月 27 日公布了《网络与电信传播政策》报告,对网络与传统媒体进行了比较评估,提出了有关互联网管制的基本原则:政府应避免对网络传播行为进行不必要的管制;对于传统媒体管理的规范要有选择地适用于网络管理;政府鼓励网络行业的自律。这些原则避免了照搬传统电子传媒的管制方式,使互联网行业能够在较宽松的环境下发展。在互联网等新媒体立法方面,美国做出了积极的探索和尝试。美国有关新媒体立法的特点有以下四个方面。

一是立法数量多。作为互联网的创始国,美国也是最早对互联网内容进行约束和管理的国家。几十年来,美国国会及政府各部门已通过近 200 项与网络相关的法律法规,数量高居世界之首,主要涉及未成年人保护、人格权保护、知识产权保护、国家安全、计算机与网络安全等几大领域,涵盖了包括域名抢注、垃圾邮件等在内的所有细节。

1994 年至 2006 年是美国针对互联网新媒体立法的高峰期。在这 13 年间,直接对互联网立法、对互联网发展产生较为重要影响的法案共有 10 部;间接对互联网立法,即只是在对其他行业立法中提及互联网的法案数量为 157 部。② 可见,美国国会对于互联网单独立法的法案数量所占比重并不大,大多数都是对互联网间接立法的法案。从 1998 年到 2002 年促进互联网发展的法案数量增多;涉及内容规范与限制方面的立法也不少,从 2002 年到 2006 年,这类法案的数量开始稳定并呈现逐年上升的趋势,比如在"9·11"事件之后颁布的《国土安全法》《爱国者法案》,都涉及有关互联网内容的审查。

二是法律覆盖面广泛。美国有关互联网等新媒体的联邦立法及其他相关法律覆盖的范围相当广,内容涉及规范互联网等新媒体管理中的国家安全、计算机和网络问题,公民人格权特别是隐私权的保护问题,知识产权的

---

① 戴伟辉:《网络内容管理与情报分析》,北京,商务印书馆,2009 年 6 月版,第 206 页。
② 张瑞:《美国历年互联网法案研究(1994—2006)》,《图书与情报》2008 年第 2 期。

保护问题,维护信息公开自由、公平竞争环境的问题,界定淫秽色情问题,以及域名管理、垃圾邮件、垃圾短信、电子邮件骚扰、对公民互联网通信监控等问题。有关这些问题的法律条款都非常具体。

三是联邦法与州法并存。美国法律有五大重要渊源:宪法、判例法(也称案例法、普通法、惯例法)、衡平法、成文法(也称制定法)、不同行政机构的法令(如总统、市长、州长或其他行政代理团体及机构颁布的命令)。《宪法第一修正案》是属于宪法范畴。诽谤及侵犯隐私权问题涉及普通法和衡平法;反淫秽法是成文法。而对广播电视和广告事业的规范主要由行政机构负责,通过立法机关授权。由政府机构和委员会制定的规章和法令,在大多数场合,与通过正常途径颁布的法律具有同样的强制力和影响力。

美国虽然是一个很年轻的国家,却拥有世界最古老的成文宪法——联邦宪法。联邦宪法是美国最高法,其他法律都不能与宪法相冲突。事实上,美国有许多宪法,除了联邦宪法,还有州宪法、市宪章等。这些宪法都含有保障言论自由和新闻自由的法律条文,对于处理有关大众传媒的法律问题非常重要。

美国是联邦制国家,联邦与州各有其司法体系。这样,美国就有 52 个不同的司法体系:1 个联邦司法体系,1 个哥伦比亚特区司法体系,50 个州司法体系。虽然美国宪法规定,在联邦政府拥有专属管辖权的领域,州法律不得与联邦法律相抵触,但是,这并不妨碍各州在那些联邦权力被限制的领域扩展或者放大联邦法律,以及制定自己的法律。郡、市政府同样拥有立法权,可以制定那些用来保护本区域居民安全和福利的法律和规章。比如,对于电子邮件骚扰问题,由于没有统一的联邦立法,绝大多数州都自行规定了具体处罚办法。

四是成文法与判例法相结合。成文法由立法性法律(或)条例组成,这些法律由国会、州立法机构和地方政府通过。许多成文法被组织起来成为法典。在《美国法典》中有与媒介有关的条例,比如说 1934 年的《通信法》、1976 年的《版权法》。

英美法系的传统在于人们的行为不仅要遵守成文法,还要参考法官所做的司法解释——判例法,判例法构成了立法的背景。通常,只有立法机构通过了一项新的法案,才能取代这种判例法。因此在新的法案通过之前,法庭必须参照并遵从之前的案例去判案。

在美国法律系统中,判例法起到了重要的作用。除了法律的规范之外,美国最高法院的有关判例,包含着对宪法的重新解释。这些判例常常成为遇到同类案件时的重要参照,也对新媒体的规制起了相当重要的作用。实际上这些判例是"在环境变化时如何适用宪法的技巧",莱斯格教授称为"解译"(translation),即"对宪法的当代解释",目的在于根据既有的原则来解决当前的问题。莱斯格认为,"解译"能够在各种重大场合起到指导作用,它指示我们如何在尊重传统的前提下解决新时代的问题。唐·R. 彭伯①坦言:"我们的宪法历经 210 多年不衰,因为它具有某种程度的弹性。我们关于宪法含义的最终裁判者美国最高法院帮助这部文件适应不断变化的时代。"美国《宪法第一修正案》根据媒体的不同特点分别给予表达自由以不同的保护。这意味着,对新媒体的保护将不会完全地类似于对传统媒体的保护。

18 世纪后期通过的美国《宪法第一修正案》所保护的对象是当时的报纸、杂志、图书等平面媒体。但是,随着每一种新的大众媒体的出现——广播、电影、电视及其他媒体——法院都必须做出判断:《宪法第一修正案》的保护是否适用及怎样适用于新媒体?② 互联网出现之后,美国联邦法院面临着同样的问题:互联网作为一种新的大众媒体,应该得到《宪法第一修正案》多大程度上的保护?

1997 年的"雷诺诉美国公民自由联盟案"的裁决中,这一问题得到了初步的回答。美国最高法院将《宪法第一修正案》对报纸或其他印刷媒体的保护扩大到互联网,对其给予最高程度的宪法保护。法院承认互联网包含了既类似于印刷又类似于广播的特性——"这个动态的、多方面的传播种类不只包含传统印刷和新闻服务,还包含了音频、视频和静态图像,还有交互式的实时对话"。③ 最高法院的裁决认为,网络空间不属于像广播和电视所使用的广播频谱那样的"稀有表达商品",也非"侵入私宅或出现在个人电脑屏幕上的不速之客",而广播和电视的这两种属性正是法院认为给予它们较少的《宪法第一修正案》的保护的依据。鉴于上述历史依据,大法官约翰·保罗·斯蒂文斯(John Paul Stevens)代表多数意见写道:"在民主社会鼓励表达自由的益处超出了任何在理论上存在但未经证实的审查的好处。"这是对互联网言论自由保护的一次有力辩护。

"雷诺诉美国公民自由联盟案"具有里程碑意义。对这一案件的裁决意味着互联网传播受到最高程度的宪法保护,包括许多界定《宪法第一修正

---

① 唐·R. 彭伯,美国著名新闻学者和传媒法学者,华盛顿大学传播学院新闻学教授。

② 〔美〕唐·R. 彭伯:《大众传媒法》(第十三版),张金玺、赵刚译,北京,中国人民大学出版社,2005 年 7 月版,第 122 页。

③ Joseph R. Dominick, 2004: *The Dynamics of Mass Communication: Media in the Digital Age*, McGraw-Hill, p. 321.

案》适用范围的司法裁定。从此,实行预先限制被视为违宪。诽谤诉讼案若要胜诉,即便原告能够证明被告所言不实,也必须拿出证据证明错误是由出版商造成的。如果出版商能够证明其报道的内容具有新闻价值,那么大多数隐私权侵权诉讼案将遭到拒绝。如果发表的内容属正当使用范畴,那么侵犯版权可被视为情有可原。①

在实践中,美国规制互联网等新媒体的手段主要包括法律规范、行政监管、行业自律、技术控制、安全教育和市场调节六个方面。

一、法律规范

一般来说,法律控制是最有效的管理手段,因为法律具有最大的强制性与权威性。② 法律手段是刚性手段,它为其他管理手段提供支撑基础。世界上第一部规范新媒体的法律诞生在德国。1997 年 6 月 13 日,德国联邦议院通过了《信息与通信服务规范法》(也被译为《多媒体法》,全称为《规定信息和通信服务的一般条件的联邦法令——信息和通信服务法》),并于 1997 年 8 月 1 日开始实施。③ 该法一是明确了对非法内容传播责任的规定;二是设立"网络警察",监控危害性内容的传播;三是加强了对儿童的保护,将在网上制造和传播对儿童有害的内容视为犯罪。由于该法涉及互联网的方方面面,因此被视为世界上第一部全面的综合性的规范互联网的法律。

美国是互联网的发祥地,尽管没有一部针对互联网的综合性法律,但一些针对互联网的专门立法和社会普遍适用的法律对网络管理同样具有法律效力。其民法、刑法都明确规定对违反社会公德、煽动种族仇恨、传播淫秽色情、发布虚假广告、欺诈等行为,以及对危害公共健康与国家安全的内容进行规制管理。截至目前,美国共有近 200 部与互联网有关的法律,是世界上立法较早、法律较为完备的国家之一。

1977 年美国就制定了《联邦计算机系统保护法》,首次将计算机系统纳入法律的保护范围。1978 年 8 月,佛罗里达州通过了《佛罗里达计算机犯罪法》,对侵犯知识产权、计算机设备和计算机用户权益等行为做出明确规定。随后,美国共有 47 个州颁布了类似法律。

美国国会对互联网开始立法始于 20 世纪 80 年代初。1984 年,美国国

---

① http://bbs.tianya.cn/post-no01-453108-1.shtml。访问日期,2014 年 4 月 4 日。
② 戴伟辉:《网络内容管理与情报分析》,北京,商务印书馆,2009 年 6 月版,第 204 页。
③ 刘毅:《网络舆情研究概论》,天津,天津人民出版社,2007 年 9 月版,第 397 页。

会通过《联邦禁止利用计算机犯罪法》。1987年,国会批准成立国家计算机安全中心,并制定了《计算机安全法》。值得注意的是,美国为了达到监管网上信息传播的目的,有时并不是直接制定专门法规,而是从通信法、电子商务法、网上知识产权保护法等领域切入,设立有关条款。①

1994年《美国教育法》出台,间接提到互联网建设问题,"在基础设施的建设上要能够使用互联网连通到图书馆、博物馆等部门"。这部法案被称为"第一部真正意义上有关互联网的法案"。1996年出台的《1996年联邦通信法》,可以说是美国初期互联网法案中具有代表性的法案,法案对互联网在美国的发展及其影响进行了论述,对互联网的发展政策做出了规定,具有开创性意义。1998年是美国互联网立法具有突破性的一年,共有18部法案颁布。其中,比较重要的有《数字千年版权法》《下一代互联网研究法案》。《数字千年版权法》是一部非常有影响力的有关版权的法案,试图解决因互联网蓬勃发展而引起的著作问题。2002年共颁布了25部有关互联网的法案,其中最具代表性的就是《电子政府法》。该法案的目标是通过使用信息技术来帮助政府提高效率及更好地为市民服务。《电子政府法》是一部对美国的信息化进程产生重大影响的法案,该法案的具体内容还包括对政府持有的私人信息进行"新的重要的隐私保护"等。2003年美国国会通过了《反垃圾邮件法》,对互联网的发展起到了规范调控的作用。2004年美国国会通过了14部有关互联网的法案,其中《互联网税务非歧视法》对互联网的发展产生了一些影响。2005年到2006年,共有41部有关互联网的法案通过,但都没有对互联网的发展、建设或规范做出单独规定,只是间接地提到互联网对相关行业的影响,互联网技术应该在其他行业的发展中发挥的作用及如何利用互联网等。②

美国政府对互联网等新媒体的规制主要通过制定和执行有关法律法规来实现。从现实情况看,有关法律法规对网络行为的规制主要有以下四个方面。③

1. 打击网络犯罪

所谓网络犯罪,是指发生在网络空间的,以计算机网络为犯罪工具或者攻击对象的严重危害社会的行为。网络犯罪不像现实世界中的犯罪行为,

---

① 宫承波、刘姝、李文贤:《新媒体失范与规制论》,北京,中国广播电视出版社,2010年12月版,第17页。

② 张瑞:《美国历年互联网法案研究(1994—2006)》,《图书与情报》2008年第2期。

③ 黄瑚、邹军、徐剑:《网络传播法规与道德教程》,上海,复旦大学出版社,2006年10月版,第58-60页。

它很难控制,这些活动又是与实体相分离的。①

网络犯罪的类型主要有:①危害国家安全罪。如利用网络窃取或泄露国家机密;利用网络散布反政府言论或制造、传播谣言,企图引发政治动乱;利用网络发动"信息战",危害国家主权等。②危害公共安全罪。如利用网络破坏要害部门的信息系统;通过网络传播病毒,破坏网络上计算机设施,给集体和个人造成严重损失等。③破坏经济秩序罪。如利用银行计算机网络进行"电子洗钱"或伪造电子货币;利用网络进行欺骗性贸易或非法竞争,包括做虚假广告、销售伪劣产品、侵犯他人知识产权、进行合同欺诈等。④侵犯财产权利罪。如利用网络盗窃银行存款;利用网络骗取免费服务;利用网络敲诈他人钱财等。⑤侵犯人身权利罪。如利用网络侮辱、诽谤他人;利用网络侵犯他人通信自由;利用网络进行性骚扰等。⑥扰乱社会秩序罪。如利用网络传播犯罪方法;利用网络贩卖毒品;开设网上赌场;设立黄色网站,传播色情信息等。

美国拥有世界上数量最多、内容最全面的网络安全法。1977 年美国制定了《联邦计算机系统保护法》,首次将计算机系统纳入法律的保护范围。"9·11"事件之后,网络安全受到美国的空前重视。2001 年 10 月 24 日美国国会通过的颇具争议的《爱国者法》,涉及互联网管理和监督的内容。2010 年相继通过《网络安全法 2009》《将保护网络作为国家资产法案》及 2011 年提交国会的《信息安全与互联网自由法》等,都将国家安全作为重点保护的内容。2011 年又发布了《可信网络空间身份标识国家战略》和《网络空间国际战略》,由此可见,美国对互联网安全的重视近年来达到了空前的程度,有关互联网安全的立法数量也空前增多。

2. 遏制网络侵权

网络侵权的对象主要有知识产权和人格权。网上侵犯知识产权的行为是否涉及刑事责任,争议很大。全球有德国、法国、日本、美国和新加坡等少数国家将非法下载列为刑事罪行。网络侵权的对象是数字化的信息产品,具有无限可复制性的特点,其本质是共享的,但信息产品的开发需要投入,生产者需要销售获得回报,因此需要法制手段来约束侵权行为。此外,网络传播中对公民人格权的侵犯行为同样十分普遍。

在数字知识产权保护方面最重要的立法是 1998 年的《数字千年版权法》,这是美国版权政策重要的里程碑之一,解决了先前法律中没有涉及的

---

① 〔英〕戴维·冈特利特:《网络研究:数字化时代媒介研究的重新定向》,彭兰、等译,北京,新华出版社,2004 年 1 月版,第 331 页。

与数字技术相关的版权问题。在人格权保护方面,1997 年的立法具有重要意义,除了《电子通信隐私权保护法》外,有关的立法还有《消费者互联网隐私保护法》《联邦互联网隐私保护法》《通信隐私和消费者权利法》《资料隐私法》等。

3. 强制实施某些技术性规范

如美国的域名注册规定,为美国信息安全所制定的诸如密码、网络安全等技术标准,实际上是技术性法律规范,构成了网络法律规范的重要组成部分。例如 1995 年的《数字签名指南》《联邦商标反淡化法》、1996 年的《经济间谍法》、1998 年的《数字签名和电子印鉴法》、1999 年的《反网域名称抢注消费者保护法》、2003 年的《反垃圾邮件法》等。

4. 促进电子商务发展

电子商务是互联网业务的重要部分,美国政府积极通过制定法律促进电子商务的发展。1997 年 7 月 1 日,联邦政府发布的《全球电子商务框架》报告对电子商务提出了五项原则:民间主导发展;政府对电子商务应避免设立不成熟限制;政府只在必要时介入,并应着眼于支持与加强可预见的电子商务实际环境,还须顾及法令的简明与一致性;政府须认清国际互联网的性质;制定有关的电子商务法令,须着眼于便利全球贸易。可见美国政府对电子商务的发展是"网开一面"的。1998 年出台的《国际互联网免税法》,更将这种鼓励制度化。2000 年又通过了《统一电子交易法》,规定电子签名将与书面签名一样具有同等的法律效力。该法作为对合同法的补充,使合同法中的有关规定同样适用于电子商务。美国政府认识到,在电子商务发展过程中,政府的主要作用是为电子商务发展创造良好的外部环境,确保公平竞争、合同履行、保护知识产权、防止假冒、增强透明度、增进商业贸易等。[①]

由于法律具有刚性的约束力,在规制互联网等新媒体方面,无疑起到了重要的保障作用。但是,人们也认识到法律的局限性——法律绝不是万能的。从本质上讲,法律是反应性的、滞后的,用法律来规范技术日新月异、发展一日千里的互联网常常显得力不从心。[②]"法律试图跟上技术的发展,而结果总是技术走在前头""在不到一代人的时间里,信息传递技术的发展规模如此之大又如此活跃"[③]。尼葛洛庞帝甚至把有关新媒体的法律比作"在

---

① 王靖华:《美国互联网管制的三个标准》,《当代传播》2008 年第 03 期。

② 黄瑚、邹军、徐剑:《网络传播法规与道德教程》,上海,复旦大学出版社,2006 年 10 月版,第 52 页。

③ 〔美〕西奥多·罗斯扎克:《信息崇拜——计算机神话与真正的思维艺术》,苗华健、陈体仁译,北京,中国对外翻译出版社,1994 年 8 月版,第 37 页。

甲板上吧哒吧哒挣扎的鱼","这些垂死挣扎的鱼拼命喘着气,因为数字世界是一个截然不同的地方,大多数的法律都是为了原子的世界,而不是比特的世界而制定的"。[①] 约瑟夫·R.多米尼克也认为,互联网的总体法律含义仍然模糊不清。[②] 这就需要综合运用法律之外的其他规制手段,才能更好地促进互联网的健康发展,维持网络空间的公序良俗。

二、行政监管

在网络社会中,我们需要法律,因为法律仍然具有威慑作用,但是,它毕竟存在很大的限制。[③] 因此,在完善法律法规的同时,美国采取了建立管理机构、完善管理制度、加强执法和监管等手段来规范互联网秩序,以维护信息安全、保护公民合法权益。美国主管新媒体的机构及其职责如下。

1. 联邦通信委员会(FCC)

FCC是一个得到国会的专门授权,对包括电视、广播、电报、卫星和有线企业在内的各州之间以及国际范围的通信业务实行管理的联邦部门。

马可尼1896年发明无线电技术,使用电磁波传输无线电。美国政府一开始并不管制无线电,但由于无线电台恶意的行为引起许多争议,美国海军也担心外国会控制无线电。于是国会于1910年6月24日制定《海上无线电法》,1912年8月13日制定《无线电法》。《无线电法》一开始采取低度管制,因为广播业者担心一旦可以自由地进入广播市场,就会弱化他们的权力。在他们的支持下,1927年2月1日美国国会通过《无线电法》,设立联邦无线电委员会(Federal Radio Commission,FRC),专门分配电台频率和审批营业执照,负责将频率指派给使用频率和广播内容"符合公共利益"的人。

1934年2月26日,当时的美国总统罗斯福写给国会一封信,要求将FRC改组为FCC,管理通信服务。当年美国国会通过《1934年通信法》(Communication Act of 1934),成立FCC,取代了原先的FRC,并将1927年的《无线电法》并入,负责规定所有的非联邦政府机构的无线电频谱使用(包括无线电和电视广播),美国国内洲际通信(包括固定电话网,卫星通信和有线通信)和所有从美国发起或在美国终结的国际通信。FCC的成员必须是美国公民,由总统任命,任期为5年。1934年成立之初由7位成员组成。1982年,该委员会的规模缩至5位成员。在任何时候,最多只能允许5位成

---

① 尼葛洛庞帝:《数字化生存》,胡泳、范海燕译,海口,海南出版社,1997年2月版,第278页。
② Joseph R. Dominick, 2004: *The Dynamics of Mass Communication: Media in the Digital Age*, McGraw-Hill, p. 320.
③ 何精华:《网络空间的政府治理》,上海,上海社会科学院出版社,2006年6月版,第67页。

员中的 3 位同属于一个政党。总统的任命最后必须经参议院批准。FCC 以该法案为基础规则,此外,它也制定了许多法律来确保《1934 年通信法》的实施。[①]

随着传播新技术的进步,《1934 年通信法》的一些限制已经不利于传播业整体的发展。为了打破电信的垄断,1996 年美国议会通过了新的通信法案《1996 年电信法》(Telecomunications Act of 1996)[②],其第 257 条(a)款规定:"在《1996 年电信法》生效的 15 个月之内,FCC 应作出决定,消除电信市场的准入障碍,以便使其他企业和小公司得以进入电信和信息领域,得以拥有设施,得以提供电信服务和信息服务。"

新的法案"允许任何企业或公用事业公司进入电信业务",按照白宫办公室的说法,其核心是打破"长话"与"地话"之间的"柏林墙",让"长话"和"地话"互相开放。FCC 法规局长罗伯特·佩波说:"我们认为 1996 年美国国会通过新的法律,利用有线电视网络通话,一个主要的目的就是鼓励竞争。实际上,AT&T 和有线电视商(TCI)的合并就是要让 AT&T 利用 TCI 的有线网络提供地方电话来和传统的贝尔公司竞争。同样,有线电视也是提供互联网服务、宽带互联网服务的很重要的竞争者。"他还说:"在互联网的发展过程中,我们有什么经验教训呢? 在有线电视公司要提供电话服务而介入电话领域时,我们规定电话公司要允许与它们相互接通。我们一定要有规定,让老企业在竞争中不能给新企业制造障碍。"[③]

新的调整主要有:第一,废除一家公司最多拥有 12 家电视台的规定,允许在规模排名前 50 的市场上同时拥有广播电台和电视台;第二,废除一家公司对全国范围内广播电视所有权的限制;第三,撤销对有线电视的收费限额;第四,允许电话公司和有线电视台之间相互进入。

美国国会根据宪法授权批准的《1934 年通信法》意味着州、县与市无权管制广播台。联邦政府在这个领域先占了这部法律,对无线电实施全国性的管制;州和地方政府保留了管制有线电视和共同载体(指电报和电话公司)等其他电信业的部分权限。[④]

① 〔美〕唐·R.彭伯:《大众传媒法》(第十三版),张金玺、赵刚译,北京,中国人民大学出版社,2005 年 7 月版,第 13 页。

② 《1966 年电信法》是对 1934 联邦《通信法》的修订,也有的译为《1966 通信法》或《1966 通讯法》。

③ 陈晓宁:《广播电视新媒体政策法规研究:国外法规与评介研究》,北京,中国法制出版社,2001 年 6 月版,第 419~420 页。

④ 陈晓宁:《广播电视新媒体政策法规研究:国外法规与评介研究》,北京,中国法制出版社,2001 年 6 月版,第 552 页。

根据《1996 年电信法》，FCC 的机构设置分为 7 个局(有线电视局、公共电话局、消费者信息局、规制局、国际局、大众传播局、无线局)和 11 个办公室(行政法务裁决办公室、通信商机办公室、工程和技术办公室、法务办公室、监察办公室、立法和政府事务办公室、总经理办公室、媒体关系办公室、规划与政策办公室、秘书办公室、工作调节办公室)。FCC 有职员约 2 000人，每年预算为 3 亿美元左右。[①]

依据《1934 年通信法》及《1996 年电信法》，FCC 负责规范美国洲际及境内所有非政府使用的通信，包括对有线电、无线电、卫星、电信频率以及媒体从业者的管理，电信执照的发放，电信资源公平合理的提供，电磁波的安全使用，通信传播产业竞争的监理等。《1996 年电信法》整合了原来各自独立的监管体系，确立了 FCC 在内容监管上的统领地位，从法律上为新媒体管理体制的形成奠定了基础。该法授权 FCC 对广播电视和电信业进行监管。媒体局专门负责除电信业务之外的广电内容的监管，所有利用有线电视网络、卫星、广播电视网络传输的影视节目都属于媒体局的管辖范围。互联网服务属于信息服务业务，不属于电信业务。根据美国相关报告，1998 年 8月，FCC 下属的规划与政策办公室(Office of Plans and Policy)发布了《基于有线网的互联网：以史为鉴》(Internet Over Cable：Defining the Future In Terms of the Past)。该文件指出，《1996 年电信法》将美国联邦通信委员会管理的业务类别分为三类，即电信业务、有线电视业务、信息业务。该文件还指出，根据美国联邦《电信法》第 254 节第 8 条，美国联邦通信委员会规定，信息业务不是固有电信业务。该文件第 4 章第 2 节第二部分进一步指出："根据《1996 年电信法》修订的联邦《通信法》第 254 节第 3 条第一款规定，基本电信业务不包括互联网接入业务。"

FCC 作为独立管制机构，具有准立法、准行政、准司法性的性质，也确保了电信管制的统一、效率。FCC 被赋予了对电信业管制的广泛权力，具体包括：①价格管制权，所有的依本法定义的公共电信公司必须事先提交资费明细表，且 FCC 有权让电信公司停止执行其提交的资费明细；②电信设施建设与服务提供的审批权、电信公司新增通信设施和服务必须事先得到 FCC的批准；③互联管制权，在经过适当的听证，确定有必要并符合公共利益的前提下，FCC 有权要求各公司网络进行互联。

FCC 的职责不包括对媒体内容的管理，但包括对色情、诽谤及政治性广

---

① 涂昌波：《广播电视法律制度概论》(第二版)，北京，中国传媒大学出版社，2011 年 5 月版，第 92 页。

播的管理。如果广播电视台播出了在某些方面违法的节目,FCC 可以通过罚金或拒绝续展执照加以处罚。① 大多数人将这种管理视为变相的审查制度。

FCC 与国家电信信息署(NTIA)职权的划分:美国商务部于 1978 年设立国家电信信息署,负责管理公共部门(政府)的管理事项;而 FCC 负责监管私营部门的通信传播事务。整体而言,两者职权有重叠之处,彼此合作密切。

FCC 对于通信传播产业的整合,判定的依据是《1996 年电信法》第 214 条以及第 310 条第 d 款的授权,判定的标准为是否符合公共利益、是否便利与必要。FCC 衡量的公共利益包括:促进和保护市场的竞争,加速私营部门对于先进技术的建设以及新服务的推出,确保频率执照取得者多元等。

在美国,通信传播稀有资源是指频谱、号码、域名及网际网络等供给有限的素材。稀有资源如何管理,与通信传播产业的健康发展、市场竞争与公共利益的落实息息相关。世界越来越依赖移动通信与无线宽带互联网的接取,频率的重要性及需求日益增长。FCC 对稀有资源的管理制度经历了从 1984 年的彩券制发展为 1991 年之后的拍卖制。

与 FCC 平行的美国广播电视管理机构还有公共广播公司(CPB)和广播管理委员会(BBG)。CPB 是依据公共广播法而成立的非营利机构,其主要职责是:推动公共广播实体能够提供各种不同来源的丰富多彩、有创造性的高质量节目,坚持不同节目的平衡性和客观性;帮助建立一个或多个互联互通的公共广播传输系统,使所有公共广播实体能够在其选择的时间内向公众提供服务。依据《国际广播法》的规定而建立的广播机构,其主要职责是对政府的国际广播电视活动进行管理。

2. 联邦贸易委员会(FTC)

FTC 成立于 1914 年,主要是管理不公平商业竞争。它的管理范围,可能包括任何一家大众传媒,而且涉及的问题和这一领域内的市场平稳运行以及消费者保护有关。② 1938 年,随着《惠勒—李法》修正案的通过,FTC 的权限扩大到对广告的管制,保护公众利益免受不公平和虚假广告的损害。③

---

① 〔美〕唐·R. 彭伯:《大众传媒法》(第十三版),张金玺、赵刚译,北京,中国人民大学出版社,2005 年 7 月版,第 553 页。

② 〔美〕约瑟夫·塔洛:《今日传媒:大众传播学导论》(第三版),于海生译,北京,华夏出版社,2011 年 3 月版,第 121 页。

③ 〔美〕Kenneth C. Creech:《电子媒体的法律与管制》(第 5 版),王大为、于晗、李玲飞、等译,北京,人民邮电出版社,2009 年 2 月版,第 12 页。

FTC 的组织形式与 FCC 相似。它有 5 位由主席任命的委员。不允许 3 位及以上的委员属于同一个政党。FTC 的下属有 3 个部门——消费者保护局、竞争管理局和经济管理局。[①] FTC 对互联网的规制越来越多,特别是在消费者保护的范围内。FTC 负责规制市场上的不正当竞争行为,随着互联网商务的增长,FTC 对互联网商务的监督也增加了。

在消费者保护方面,从打击欺骗性的广告,到保护儿童在网络上的隐私权,FTC 介入的领域十分宽泛。FTC 还负责实施和管理《1998 年儿童网络隐私权保护法案》。为了实施这一法案,FTC 创建规则,明确指出网站按照法案的规定,应该在哪些范围内开展经营。它还要制定出适用于互联网管理的具体规则,以及这些规则生效的时间。为了管理这一法案,FTC 需要创建一个系统,对网站进行定期监控,以便确保它们遵守《1998 年儿童网络隐私权保护法案》。[②]

3. 全国电信与信息管理局(NTIA)

NTIA 是 1978 年经重组成立的一个政府行政部门,隶属于商务部。该局成立后,接管了白宫的通信政策办公室和商务部的通信办公室的各种职能。原通信政策办公室成立于 1970 年,曾经代表总统负责制定电信政策和无线电频谱资源的管理。

NTIA 的首要职能是代表政府制定信息基础设施政策,此外,还负责把频谱分配给国有或国营的广播电台,对其他的无线电频谱资源进行管理,并携 FCC 制定频谱资源的长期计划。NTIA 还承担了一定的关于通信卫星系统的计划、发展和其他事务的职责,并且还是总统通信和信息政策问题的主要顾问,进行通信系统领域的研究。NTIA 管理公共通信设施拨款,支持国民享受国家信息基础设施,维护和发展公共广播基础设施。

4. 信息基础设施特别工作组(IITF)

1984 年,网络技术走向民用领域,一场电子信息产业的巨变拉开了序幕。这一年,AT&T 被分拆,家用电脑开始进入消费市场。不久戴尔、思科等许多信息技术公司纷纷成立。到了 20 世纪 90 年代初,计算机网络技术已经完整地呈现在世人面前。美国的政治精英及时地发现了这一保持国家领先地位的机会。

在这种形势下,1991 年 12 月,美国国会通过了由参议员艾伯特·阿诺

---

① 〔美〕Kenneth C. Creech:《电子媒体的法律与管制》(第 5 版),王大为、于晗、李玲飞、等译,北京,人民邮电出版社,2009 年 2 月版,第 216 页。

② 〔美〕约瑟夫·塔洛:《今日传媒:大众传播学导论》(第三版),于海生译,北京,华夏出版社,2011 年 9 月版,第 122 页。

德·戈尔起草的《高性能计算与通信法案》,该法案向与高性能计算相关的研究及国家科研与教育网络拨款 6 亿美元,极大地推动了美国互联网的发展。1991 年 9 月,其儿子艾伯特·戈尔在《地球村的基础建设》一文中提出,美国更应当大力开展信息基础建设,确保所有美国人都可以在第一时间接触到这种改变世界的技术。

1992 年克林顿和艾伯特·戈尔当选美国正、副总统。克林顿入住白宫后积极倡导《国家信息基础设施:行动计划》(NII)。依照该计划,美国组建了"信息基础设施特别工作组",参与的部门包括美国商务部、白宫科技政策办公室和美国全国经济委员会。该小组下设电信政策委员会、信息政策委员会和技术应用委员会等三个委员会,其任务是促进私营企业对信息技术的投资,鼓励技术创新和新技术的应用,确保信息安全和网络的可靠性,保护知识产权,协调与州政府的关系,处理相关的国际问题。

5. 万维网联盟(W3C)

W3C 又称 W3C 理事会,1994 年 10 月在麻省理工学院计算机科学实验室成立。创建者是互联网的发明者蒂姆·伯纳斯-李。万维网联盟是一个致力于"尽展万维网潜能"的国际性联盟。为解决 Web 应用中不同平台、技术和开发者带来的不兼容问题,保障 Web 信息的顺利和完整流通,万维网联盟制定了一系列标准并督促 Web 应用开发者和内容提供者遵循这些标准。标准的内容包括使用语言的规范,开发中使用的导则和解释引擎的行为等。W3C 也制定了包括 XML 和 CSS 等在内的众多影响深远的标准规范。W3C 制定的 Web 标准并非强制而只是推荐标准。

6. 互联网名称与数字分配机构(ICANN)

该机构成立于 1998 年 10 月,是一个集合了全球网络界商业、技术及学术各领域专家的非营利性国际组织,其目标是:"通过协调为维持互联网的全球性链接所必需的互联网技术参数的分配工作而提升互联网的运作稳定性这一全球性公共利益;履行并监督与域名系统的协调相关的职能,包括制定政策以决定在哪些条件下新的顶级域名可以被添加到域名系统的根服务器之中;监督具有权威性的互联网域名系统的根服务器系统的运作;从事其他相关的合法活动以推进上述目标的实现。"[1]

具体来讲,ICANN 负责互联网协议(IP)地址的空间分配、协议标识符的指派、通用顶级域名(gTLD)与国家和地区顶级域名(ccTLD)系统的管理,以及根服务器系统的管理。这些服务最初是在美国政府合同下由互联

---

① 孙绍谊、郑涵:《新媒体与文化转型》,上海,上海三联书店,2013 年 7 月版,第 296 页。

网号码分配当局(Internet Assigned Numbers Authority，IANA)及其他一些组织提供。现在，ICANN 行使 IANA 的职能。作为一个公私结合组织，ICANN 致力于维护互联网运行的稳定性，促进竞争，广泛代表全球互联网组织，以及通过自下而上和基于一致意见的程序制定与其使命相一致的政策。ICANN 负责协调管理 DNS 各技术要素以确保普遍可解析性，使所有的互联网用户都能够找到有效的地址。它通过监督互联网运作当中独特的技术标识符的分配以及顶级域名(如".com"".info"等)的授权来做到这一点。至于其他互联网用户所关心的问题，如金融交易规则、互联网内容控制、自发的商业电子邮件(垃圾邮件)以及数据保护等，则不在 ICANN 技术协调任务的范围之内。

　　ICANN 最初的工作之一就是制定解决商标争议的程序。1999 年 5 月 25 日，ICANN 通过决议接受世界知识产权组织(WIPO)关于解决商标争议的建议报告。同年 8 月 26 日，ICANN 发布了《域名争议解决统一政策》，建立了相关标准，以确定某个组织是否拥有某域名权。根据《域名争议解决统一政策》而聘请的争议裁决者在实行该政策的第一年里共处理了 2458 件争议事件。[①]

　　《域名争议解决统一政策》列举了四种恶意使用域名的原因：

　　(1) 为了向投诉者或竞争者出售，以期从中获得大于域名注册费用的利益。

　　(2) 为了表明域名注册者已经进行这种注册，从而阻止商标所有者使用。

　　(3) 为了扰乱竞争对手的正常业务。

　　(4) 通过使用域名，域名注册者蓄意制造隶属关系或使人们混淆相似来源，从而引诱网络用户访问其网站，目的是从中牟利。[②]

　　在互联网规制方面，美国十分注重发挥非营利性组织和私人机构的作用。杜克大学史蒂文·施瓦茨教授认为，私人规制可以看作是一个全面的规制体系的一部分。在这一体系中，规则制定可根据政府规制的数量或参与的程度来加以分类：①规则由主权政府制定并实施；②规则由私人机构制定，但由主权政府实施；③规则由私人机构根据政府的授权制定并实施；④规制由私人机构制定并实施，且无须政府的批准。[③]

---

① 孙绍谊、郑涵：《新媒体与文化转型》，上海，上海三联书店，2013 年 7 月版，第 300 页。
② 〔美〕理查德·斯皮内洛著：《铁笼，还是乌托邦——网络空间的道德与法律》，李伦、等译，北京，北京大学出版社，2007 年 8 月版，第 115 页。
③ 孙绍谊、郑涵：《新媒体与文化转型》，上海，上海三联书店，2013 年 7 月版，第 297 - 298 页。

按照这一分类,ICANN 的规制权属于第三个类别,即规则由私人机构根据政府的授权制定并实施。其规制权来自该机构与美国商业部、南加州大学及具体的域名注册机构之间的一系列合同关系:一是 ICANN 和美国商业部之间的备忘录,该备忘录每年重新签订一次;二是 ICANN 与美国政府之间的原先由 ICANN 履行的合同,根据与美国政府的合同,ICANN 负责监督将互联网协约地址分配给互联网服务提供商。以上协议授予了 ICANN 对遗留根服务器的实际控制权。[①]

作为互联网管理主体的 ICANN 只对美国政府负责,也就是说,美国在任何时候都可以通过 ICANN 使某个国家或地区的互联网从国际主干网上断开,这给其他国家带来了政治上的不安全感和不信任感。[②] 支撑互联网运转的 13 台域名根服务器中,1 个主根服务器在美国,12 个副根服务器中也有 9 个设在美国。这意味着一旦某个国家的后缀从根服务器中被封堵或删除,这个国家便从互联网世界消失了。2004 年 4 月,由于在顶级域名管理权问题上发生了分歧,"LY"(利比亚顶级域名)瘫痪,利比亚在互联网上消失了三天。另外,人们对 ICANN 在域名分配上的不公也颇有微词,讽刺 ICANN 是美国商务部的傀儡。目前世界所有的 IP 资源中,2/3 的地址已经被分配完毕,其中仅美国就占了 1/4。因此,各个国家很自然地发出参与互联网管理的呼声,呼吁保留 ICANN 的技术职能,在联合国范围内建立一个可以代表所有国家的国际组织,代替美国行使对互联网的监管。[③]

三、行业自律

互联网技术的快速发展及信息的海量化,与立法和政府管制相对滞后的矛盾日益突出,不少国家意识到政府管理的滞后性和有限性,开始致力于推动行业组织的发育成熟,制定与监督行业规则,加强与行业的合作与协调,鼓励行业内部自我规制、自我约束、自我完善。"少干预,重自律"成为当前国际社会在互联网管理方面达成的共识。在这方面,"美国人习惯于通过协会和职业联盟互相联系起来,提出采纳和适应技术的方案";[④] 与政府的直接干预相比,自我规制和行业自律给行业发展带来较少的限制,更有利于网络的发展,是一个合理的政策取向。

---

① 孙绍谊、郑涵:《新媒体与文化转型》,上海,上海三联书店,2013 年 7 月版,第 298 - 299 页。
② 张小罗:《论网络媒体之政府管制》,北京,知识产权出版社,2009 年 5 月版,第 114 页。
③ 张小罗:《论网络媒体之政府管制》,北京,知识产权出版社,2009 年 5 月版,第 114 - 115 页。
④ 〔美〕阿尔弗雷德·D. 钱德勒、詹姆斯·W. 科塔达:《信息改变了美国:驱动国家转型的力量》,万岩、邱艳娟译,上海,上海远东出版社,2011 年 3 月版,208 页。

自我规制指被规制者自己制定并执行规则。[①] 作为一种规制人类行为的方式,自我规制并不是一个由于社会中出现了互联网才产生的概念。在社会中,作为诸多规制人类行为的方式中的一种,自我规制早已存在且一直维系至今,并和命令与控制式的国家规制、道德规范、宗教及其他社会性控制方式共存。目前,有关自我规制内涵的观点主要有以下四种:①自我规制是一种涉及正式和非正式规则或标准与规制过程的制度安排,由于对市场主体行为具有约束作用而得到广泛认同;与自我规制相关的正式和非正式规则或标准与规制过程大多由部分成员来决定。实施自我规制的目的就是要规范组织成员的行为。②把自我规制定义为由组织或协会制定并实施的规则。组织或协会不但制定规则,而且还调控对规则的遵守,并在成员组织或协会内部执行规则。③从法学的角度把自我规制定义为社群和个体之间的一种互动形式。④自我规制并不是政府规制的替代品,它与共同规制和自愿规制一样,只是规制的一种技术形式。[②]

与政府规制相比,自我规制的优势在于具有更大程度的自由或者自治度,以及根据不断变化的环境快速调节的潜力和效率更高的申诉程序等。与受政府规制和市场等单边治理机制的组织相比,自我规制组织一般能够掌握更多有关专业技术的知识,而且信息成本较低。自我规制组织往往能掌握比较充分的信息,规制的控制和实施成本因此比较低;自我规制范围全面,规制与组织实际能够执行的标准之间的契合度较高,在发现违规行为和惩罚方面更加有效;自我规制组织的规范性较弱,因此,修正标准的成本也比较低。实施自我规制的组织通常能够实现规制管理成本的内部化,而公共规制的这种成本最终由纳税人来负担。[③]

在网络问题的讨论中,自我规制常常被认为是一种能替代国家强力规制的规制方式。支持自我规制的观点认为,如果网络空间中的活动确实需要受到规制的话,那么其方式就只能是自我规制,这是一种更为柔和,也更为自由的规制方式,绝不是由政府操办。于是在一些倡议者的心目中,自我规制似乎既能满足对规制的需要,又不至于对个人造成太多的侵害。[④]

从互联网发展来看,在其运行之中也存在着相当多的非成文信息规范作为网络参与者的"在线游戏规则"。每一个参与者或组织只要遵守这些信息规范,就可以把自己的信息产品输送到网上,就可以"无组织、无领导"地

---

① 孙绍谊、郑涵:《新媒体与文化转型》,上海,上海三联书店,2013 年 7 月版,第 579 页。
② 杨志强、何立胜:《自我规制理论研究评介》,《外国经济与管理》2007 年第 8 期。
③ 杨志强、何立胜:《自我规制理论研究评介》,《外国经济与管理》2007 年第 8 期。
④ 孙绍谊、郑涵:《新媒体与文化转型》,上海,上海三联书店,2013 年 7 月版,第 575 页。

从事信息活动。而且网络信息空间的规模也随之扩大,遍及的范围也越来越广泛。这都是因为虚拟的信息空间具有"自组织"的能力,而这种组织能力所凭借的就是由网络习惯规范、网络礼仪和网络伦理等构成的网络自身信息规范。在网络社会中,一个人只要加入网络,成为网络中的一员,就应当按照信息网络的"方式"活动。互联网形成之初,这种方式只是保证网络正常运行而"约定俗成"的,当其他成员也自愿、自觉地遵守它时,这种方式就成了一种"规矩"或者"习惯"。而互联网的重要特征在于"互联",一个成员要与他人进行友好的交流,防止与他人发生冲突,就要遵守一定的"规矩"或者"习惯"。随着遵守的成员不断增加,就会在网络信息活动中自然形成网络空间普遍认可的行为准则。在这些行为准则中,有些是某些组织为其成员所制定的,如比较著名的是美国计算机伦理协会所制定的 15 条戒律。此外,在网络中如出现违反信息规范的现象,其他参与者可能要采取一些网络中特有的手段来"制裁"违规者。如果某个网络参与者以任何不为其他网络成员所认同的方式,在网络中散发诸如未经接收者同意的广告性质的电子邮件,有时会被认为是无礼的行为,极有可能遭到报复,即对发广告的人发送许多具有抨击性的电子邮件。广告商的计算机一时无法处理这么多的电子邮件,结果造成该公司计算机服务中断。而这种报复行为被许多互联网用户认为是合情合理的。

与现实世界的法律相比较,网络信息规范涉及的面要宽得多,它能够约束法律规范所不能、不便涉足或者来不及涉足的大量网络信息行为。同时,法律规范是从外部规约网络参与者的信息行为;而从网络信息规范的种种形式来看,它主要是从内部(如网络伦理等)规约人们的信息行为。人们在网络中产生的任何信息行为总是首先受到习惯、观念等因素的约束,从这个意义上我们可以把网络信息规范理解成是现实社会中法律规范的基础。而且,自我约束才能鼓励观念的多元化,大多数法律体制都支持某种形式的善良风俗规则。此外,法律规范的制定和实施均来自国家的强制力,而网络自身信息规范的特点是"非政府"性,形成的基础主要来自互联网各种群体内部以及群体之间所形成的网络文化,且这一规范可以根据网络参与者的需求进行调整。正如网民所说,我们正在形成我们自己的社会契约。这种治理是依据我们的,而不是你们的世界状况发展起来的。① 自我规制发挥着国家法律无法替代的作用。有识之士指出,国家法律必须控制在最低的必要水平,过度规制将会把被规制者从数字市场中吓跑。与此相反,在一些干预

---

① 颜祥林:《网络信息问题的控制模式建构与比较》,《情报学报》2002 年第 2 期。

的成本似乎与干预的效果不成比例的情形下,国家将乐于让网络服务提供者和"网民们"自己来规制互联网。①

但是,自我规制并不排斥国家的参与。国家其实采取了许多形式的自我规制方法:①作为自我规制活动的发起者;②作为自我规制执行过程中的参与者;③作为公民权利的最终捍卫者;④颇具讽刺意味的"抢先推行政府规制"。事实上,包括某种形式的国家参与的自我规制是最为成功的。②

行业自律应当视为自我规制的一种。法律和法规通过禁止某些行为和对违法者进行具有溯及力的制裁,即事后惩罚来约束行为,如保护版权和专利的法律,属于他律的范畴。与他律的强制性介入不同,自律是一种软性的社会规范,它强调人们主观意识上对规则的认同与遵循。所谓"礼禁于未然,法禁于已然"。法律的功能在于治罪,道德的作用在于自励。③

美国社会学家罗斯④把社会控制的手段分为两类:伦理的控制手段和政治的控制手段。⑤ 自律是一种伦理的控制手段。合乎伦理的管理其特征是强调责任,而超越法律要求的,是自律。⑥ 所谓自律,就是自己约束自己。而网络自律则是指"在网络活动过程中,当人们凭着自己意识到的利益、需要,凭着觉醒了的道德、法律权利、责任与义务意识,凭着自己的良心、良知去想去做,自觉自愿地讲求道德、法律,自觉地把握、检验和矫正自己的时候,就已经进入了'自律'阶段。"⑦

美国华盛顿大学法学院的研究人员在总结关于互联网自律的资料中指出,自律是指没有通过法律实施的,由个人或团体在自愿的基础上实行的标准、行为守则、程序和规则。⑧ 法律手段只规定什么是不应该的、被禁止的,而没有指明什么是应该的、鼓励的。而伦理手段不仅指出什么是不应该的,而且还指出什么是应该的、鼓励的。⑨ 法律不是万能的,也不可能发现并惩

---

① 孙绍谊、郑涵:《新媒体与文化转型》,上海,上海三联书店,2013 年 7 月版,第 587 页。

② 孙绍谊、郑涵:《新媒体与文化转型》,上海,上海三联书店,2013 年 7 月版,第 579 页。

③ 张久珍:《网络信息传播的自律机制研究》,北京,北京图书馆出版社,2005 年 3 月版,第 95 页。

④ E. A. 罗斯,美国社会学家社会心理学家。1893 年任斯坦福大学行政学与财经学教授,1906～1937 年执教于威斯康星大学。主要著作有:《社会控制》(1901)、《罪恶与社会》(1907)、《社会心理学》(1908)、《社会学原理》(1920)等。

⑤ 高兆明:《社会失范论》,南京,江苏人民出版社,2000 年 6 月版,第 121 页。

⑥ 周祖城:《管理与伦理》,北京,清华大学出版社,2000 年 6 月版,第 57 页。

⑦ 孙伟平:《猫与耗子的新游戏——网络犯罪及其治理》,北京,北京出版社,1999 年 1 月版,第 357 页。

⑧ 张久珍:《网络信息传播的自律机制研究》,北京,北京图书馆出版社,2005 年 3 月版,第 4 页。

⑨ 张久珍:《网络信息传播的自律机制研究》,北京,北京图书馆出版社,2005 年 3 月版,第 86 页。

罚所有违法行为。所以,自律不仅是法律的必要和有益的补充,而且常常发挥法律所起不到的作用。

　　美国行业自律是美国新媒体管理的重要手段,其中行业组织发挥着日益重要的作用。这是美国新媒体规制的一个显著特点。网络自律是指网络信息传播者采取自我约束的方式从事网络信息传播活动,即传播者通过自我治理来管理自己的网络信息传播行为。① 由于网络从其诞生开始,就带有浓厚的"自治"色彩,因此在探寻如何以政府管理的方式对网络进行规范的同时,也要充分考虑和尊重网络"自治"的传统,发展其他的辅助手段,如自我管理、私人管理和制度化方式等。② 在美国,公民越来越反对官僚主义,他们不愿意依靠官僚机构来解决社会弊端,而是支持赋权个人和局部调控。③ 另外,互联网的体系结构本身就是分散的、分布式的网状结构,采用树状或者金字塔式的管理模式无法消除网络传播的负面影响。④ 这也是美国政府在规制网络媒体方面进行有限管理、扮演服务者角色的一个原因。政府主要负责制定相关的政策,具体的操作规范则由网络行业组织制定并实施。在美国,打击盗版不仅是联邦政府的职责,也是各知识产权协会的主要任务。如美国电影协会、商业软件联盟、美国出版商协会、美国唱片业协会、美国音乐家协会等涉及知识产权的行业协会,为了保护各自成员的利益,都舍得花大量人力、物力、财力协助政府打击盗版。⑤

　　具体而言,一方面,网络行业组织代表行业的整体利益,向政府争取尽可能多的利益,以保障本行业的权益不受侵害;另一方面,网络行业组织不断推动本行业自律,保证行业的行为符合法律和道德的要求,并迫使违法和违规者改正错误,重回正确的轨道。"我们不依赖国王、总统和投票,我们依赖公式和运行规则"。⑥ 这样的信条恰好表明了网络自治的特征。此外,社会力量和主流价值观的舆论影响,也迫使网络媒体进行更有效的自律。⑦

　　行业自律在美国互联网新兴媒体的规制中占据重要位置,网络中自治性规则发挥着控制网络活动的作用。行业自律相对于政府监管具有以下优

① 张小罗:《论网络媒体之政府管制》,北京,知识产权出版社,2009 年 5 月版,第 182—183 页。

② 刘毅:《网络舆情研究概论》,天津,天津人民出版社,2007 年 9 月版,第 400 页。

③ 〔美〕理查德·斯皮内洛:《铁笼,还是乌托邦——网络空间的道德与法律》,李伦、等译,北京,北京大学出版社,2007 年 2 月版,第 40 页。

④ Jan van Dijk, 1999: *The Network Society: Social Aspects of the New Media*, SAGE.

⑤ 宫承波、刘姝、李文贤:《新媒体失范与规制论》,北京,中国广播电视出版社,2010 年 1 月版,第 137 页。

⑥ 〔美〕格拉德·佛里拉、等:《网络法》,张楚、等译,北京,社会科学文献出版社,2003 年 1 月版,引言。

⑦ 张小罗:《论网络媒体之政府管制》,北京,知识产权出版社,2009 年 5 月版,第 121 页。

势:第一,自律监管组织在相关领域内通常掌握更多的专业知识和更直接的实践知识;第二,自律监管组织制定规则不会像政府监管机构那样拘泥于形式,因此其非正式的规则制定程序能够减少决策成本,同时使规则能够尽快适应新技术的变化;第三,相对于政府监管机构规则的法律约束力,自律监管组织制定的规则和标准是企业自愿地或大多数一致同意的,所以规则的实施也更加容易和灵活。在速度和效率方面,自律监管的优势也是非常明显的。[①]

行业自律以伦理道德控制为主。伦理道德是指导我们对待别人的各种行为的准则和标准。毋庸置疑,网络为人类开辟了一个全新的生存空间,但网络社会中所存在的诸多不和谐音符、产生的如此多的伦理危机,又在制约着人类共同福祉的实现,"当真实世界用各种检查制度和权衡措施把住邪恶之门时,人性中的所有恶魔,却在极短的时间内跳到赛博空间里重新开张营业"。[②]

在这种情况下,伦理道德在网络规制方面发挥着基础性作用,成为调节网络时代存在于现实社会和网络空间之间的各种利益关系的关键尺度。网络伦理在网络虚拟空间中起着规范政府、公众和社会组织的行为,调节各利益主体之间的利益关系,保证社会秩序整体和谐的普遍约束作用。[③] 正如斯蒂芬·哈格和梅芙·卡明斯所指出,对于一个信息技术系统而言,最重要的组成部分就是信息的使用者和信息的受众。以前,人们之间的交往方式是很重要的,但是在当今的信息数字时代,我们可以通过操纵巨大的计算机力量从更多方面影响更多的人。我们的伦理道德观念决定了我们如何对待和影响别人,也决定了我们如何看待和使用信息。[④] 网络伦理是网络自我规制和网络行业自律的基础。

1. 网络宪章

美国较有影响力的组织"计算机人员担负起社会责任"(Computer Professionals for Social Responsibility, CPSP)于 1998 年制定的《一个星球,一个网络:互联网时代原则》(One Planet, One Net: Principles for the Internet Era)就是典型的宪章式的网络伦理规范。其内容主要包括:①网

---

① 张小罗:《论网络媒体之政府管制》,北京,知识产权出版社,2009 年 5 月版,第 183 页。

② 〔美〕马克·斯劳卡:《大冲突:赛博空间和高科技对现实的威胁》,黄锗坚、译,南昌,江西教育出版社,1999 年 1 月版,第 128 页。

③ 王彬彬:《网络时代的政府革新》,北京,国家行政学院出版社,2013 年 6 月版,第 222 页。

④ 〔美〕斯蒂芬·哈格、梅芙·卡明斯:《信息时代的管理信息系统(原书第 8 版)》,严建援、译注,北京,机械工业出版社,2011 年 5 月版,第 226 页。

络把我们联系在一起;②网络必须对所有人公开和为所有人获取;③网络用户有传播权;④网络用户有隐私权;⑤人是网络的服务员,而不是主人;⑥管理网络必须是公开的;⑦网络必须反映人类社会的多样性,而不是千篇一律。这7项原则可以说是网络信息传播的总原则,虽然宪章式的规定比较笼统,但指明了网络管理的方向。

1994年8月22日,美国进步与自由基金会(Progress and Freedom Foundation)发布了《赛博空间与美国梦想:知识时代的宪章》(Cyberspace and the American Dream:A Magna Carta for the Knowledge Age),强调了赛博空间的性质、自由的本质、政府的作用等问题。①

该宪章的主要观点包括:第三波所代表的信息产业正取代第二波的主导产业制造业,成为社会经济的主流和未来的希望;加速进行的"非大众化"将使产权、自由等概念获得新的定义;政府应该放开对诸多新兴产业的管制,在税收、法规上为新产业开绿灯。

1997年,美国发布了《信息与传播自由宪章》(Charta of Freedom for Information and Communication)。本宪章缘于美国 CompuServe 网络服务商阻止对200个新闻组的访问,导致一些网民自发组织起来制定了本宪章。宪章的核心是要求保证用户的言论与思想自由权利、信息与传播权利。②

2. 业界守则

美国从20世纪90年代起全面制定了各种计算机伦理规范,以约束各个机构、组织和企业人员的信息行为。1992年10月16日,美国计算机协会(Association for Computing Machinery, ACM)③执行委员会表决通过了修订的《伦理与职业行为准则》(以下简称《准则》)。这一具有权威性的计算机职业伦理规范希望美国计算机协会的每一名正式会员、非正式会员和学生会员就合乎伦理规范的职业行为做出承诺。《准则》由24条守则组成,对个人在从事与计算机有关的活动中应当承担的道德责任做了简洁的陈述,确定了承诺的各项内容。《准则》及所附"指南"的目的,是为专业人员在业务行为中做出合乎道德的选择提供一个准则。同时也可以为是否举报违反职业道德准则的行为提供一个判断的标准。

---

① 张久珍:《网络信息传播的自律机制研究》,北京,北京图书馆出版社,2005年3月版,第125-126页。

② 张久珍:《网络信息传播的自律机制研究》,北京,北京图书馆出版社,2005年3月版,第127页。

③ 美国计算机协会创立于1947年,是世界上第一个科学性及教育性计算机学会。

《准则》对会员的要求是：①为社会和人类做贡献；②避免伤害他人；③要诚实可靠；④要公正并且不采取歧视性行为；⑤尊重包括版权和专利权在内的财产权；⑥尊重知识产权；⑦尊重他人的隐私；⑧保守秘密。[1]

《准则》对从业人员的要求是：①追求最高水准和高效；②提高专业技能；③遵纪守法；④接受同行评议；⑤对计算机系统及其影响、风险做出全面评判；⑥遵守契约精神；⑦提高公众对计算机及其影响的认知；⑧非经授权不得获取他人计算机资源。同时规定，严重违反以上要求的，将被取缔会员资格。

美国计算机伦理协会（Computer Ethics Institute）制定了"十戒"：①不能用计算机危害其他人；②不能妨碍别人的计算机工作；③不能偷看别人的文件；④不能利用计算机进行偷窃；⑤不能利用计算机去作伪证；⑥不能非法拷贝软件；⑦不能在未经允许的情况下使用他人的计算机资料；⑧不能非法使用别人的智力成果；⑨应当考虑所编制的程序对社会将产生的影响；⑩遵守计算机使用规则。[2]

美国信息系统协会的伦理守则承认用户使用信息技术、服务、系统与产品的多样性，要求其会员承担以下责任：对雇主、顾客、系统用户的责任，对本职业的责任，对社会的责任，从而促进信息的自由与平等获取等。[3]

在美国，网络行业的自律组织发挥着日益重要的作用，除了美国计算机伦理协会制定的"十戒"外，美国互联网保健基金会网站还规定了八条准则，各大论坛和聊天室都有服务规则和管理条例等。[4] 美国的商业促进局（Better Business Bureau，BBB）发布了《在线商业行为规范》（Code of Online Business Practices）：承诺 BBB 的所有信息和资料属实；承诺保持企业公众信息的透明度；履行企业所做出的承诺；承诺在解决投诉或纠纷时要及时反馈；承诺产品和服务信息在传递过程中的真实性；承诺广告的真实性；承诺保护客户的隐私权；承诺作为诚信企业的形象的一致性。

3. ISP 行为守则

网络空间中最重要的自我规制范例来自互联网服务提供商（International Service Provider，ISP）。1999 年 12 月 14 日，由美国的 Ziff-Davis' Global Information Infrastructure 集团发起，301 个世界著名互联网

①　陆俊、严耕：《国外网络伦理问题研究综述》，《国外社会科学》1997 年第 2 期。

②　Rusell G Smith: Crime in The Digital Age Transaction Publishers，1998，p. 229.

③　张久珍：《网络信息传播的自律机制研究》，北京，北京图书馆出版社，2005 年 3 月版，第 128 页。

④　宫承波：《新媒体概论（第三版）》，北京，中国广播电视出版社，2011 年 9 月版，第 334 页。

和 IT 业巨头、相关记者、民间团体等共同制定了世界上第一个互联网商务标准(The Standard for Internet Commerce，Version 1.0，1999)。整个标准分 7 项 47 款,每一款项都注明是"最低要求"和"最佳选择"。如果一个销售商宣称自己的网上商店符合这一标准,那它必须达到所有的最低标准。制定这些标准的目的在于:增加消费者在互联网上进行交易的信心并提升满意程度;建立消费者和销售商之间的信赖关系;帮助销售商获得世界级的客户服务经验,加快革新步伐并降低成本;支持和增强互联网商务的自我调节能力;帮助销售商和消费者理解并处理迅猛增长的各种准则和符号。虽然它不是一个法律文本,但在规范网络电子商务方面发挥了重要作用。一些私营企业或组织也在积极地探索自我规范之路。

世界上的一些著名网站以及大的在线服务商,均有自己的服务协议和行为规范,以填补法律的空白。比如,2013 年 7 月 15 日,谷歌和微软签订了自律守则,即《广告网络有关盗版与假冒商品处理的守则》,监督广告服务网络中的广告是否带有提倡盗版或是线上出售假冒伪劣产品的内容。该守则涉及的范围只包括美国,由美国产权执行协调委员会监督。人们认为,未来应当还会有更多类似的政策出台,令更多企业加入进来,营造良好的互联网环境。

美国在线(AOL)社区指南对网络信息传播的管理有详细的规定,明确界定了不许发布的信息的范围:①与主题不同的信息;②色情信息;③暴力信息;④骚扰他人的信息;⑤粗俗信息;⑥恶意言论;⑦假冒他人的信息;⑧个人信息;⑨计算机病毒;⑩垃圾邮件;⑪含有对他人身体构成伤害的信息;⑫买卖、交换色情材料的信息;⑬侵犯他人知识产权的信息;⑭犯罪活动指导信息;⑮宣传彩票、火药、烟草、酒类、成人用品、色情服务的信息。任何属于这些范围的网页都会被删除,严重违反规定的还可以取消社区成员资格。①

脸书于 2015 年 3 月 16 日公布了其新版"社群公约",为涉及裸体、暴力、仇恨言论和有争议话题的讨论"划定红线"。根据新公约,脸书将删除"共享施虐快感、庆祝或美化暴力的图形图像",宣称"不会允许任何组织利用脸书进行恐怖活动、实施有组织犯罪或增进仇恨"。在大多数情况下,裸体图片也会被删除,但出于艺术或医疗目的除外。脸书全球政策主管莫妮卡·比克特和该公司法律副总顾问克莉丝·桑德比说:"制定这些标准旨在

---

① 张久珍:《网络信息传播的自律机制研究》,北京,北京图书馆出版社,2005 年 3 月版,第 131 页。

创造一种网民相互同情和尊重的氛围。新公约的出台不是脸书的单方面行为，而是依据前段时间的用户反馈所制定的。"新公约还倡议脸书用户都应实名，称此举是为了"防止有人用化名代替法定名字"。

一些网络服务提供商承认，他们曾经以一种自我规制的方式对政府当局要求其在某些特别情形下采取行动的非正式压力做出直接回应。一般而言，网络服务提供商关掉某些网站（他们从客户或警察那里获得有关这些网站的报告）的目的是为了避免直接的国家干预（特别是警方的搜查与收缴），因为这种干预可能会对他们的运营（及盈利）造成破坏性的后果。[①]

4. 网民自律

普通用户的自律在网络治理中有着非常重要的作用。一个网络用户在接近大量的网络服务器、地址、系统和人时，其行为最终是要负责任的。互联网不仅仅是一个简单的网络，它更是一个由成千上万的个人组成的网络社会，参与网络系统的用户应认识到其他网络参与者的存在。每个网络或系统都有自己的规则和程序，在一个网络或系统中被允许的行为在另一个网络或系统中也许是受控，甚至是被禁止的，因此，遵守其他网络的规则和程序也是为了用户的责任。[②]

可接受使用政策（Acceptable Use Policy，AUP），是美国网络信息传播自律规范的一种普及形式。其最早可追溯到互联网的鼻祖 NSFNET 建立之初，当时就规定有"可接受使用政策"，即该网络仅供公开的研究和教育之用，用于商业获利是不可接受的。如今，AUP 适用范围很广，有图书馆、学校、ISP 等。马克·史密斯专门研究了公共图书馆及学校图书馆的 AUP 的情况。[③] 美国华盛顿州图书馆媒体协会于 1996 年 9 月发布了 AUP 的政策指示，提出 10 项要求：明确互联网的教育价值；明确学校、家庭和父母的责任；明确教师的责任；明确学生的责任；明确网络礼仪等。AUP 在美国学校中也普遍存在，如美国西华盛顿大学的 AUP 包括了学生使用互联网的政策、老师使用互联网的政策、父母互联网使用许可、版权政策等。美国肯特州立大学的 AUP 包括网络系统使用指南、安全指南、个人安全指南、校区权利、处罚办法等内容。[④]

---

① 孙绍谊、郑涵：《新媒体与文化转型》，上海，上海三联书店，2013 年 7 月版，第 581 页。

② 何精华：《网络空间的政府治理》，上海，上海社会科学院出版社，2006 年 6 月版，第 154 页。

③ Mark Smith, 2000: *Internet policy handbook for libraries. Multimedia Schools*, Neal-Schuman pp. 46 - 47.

④ 张久珍：《网络信息传播的自律机制研究》，北京，北京图书馆出版社，2005 年 3 月版，第 134 - 135 页。

5. 网络礼仪

与网络自律发挥同样作用的是网络礼仪(Netiquette)。网络礼仪(Netiquette)一词是"网络"(Net)和"礼仪"(Etiquette)的组合。在英文中,Etiquette 既指礼节、礼仪,又指规矩、规范及行为方式,它们不需要通过组织化的手段来完成,而是人们在日常行为中为了表达某种态度而习惯的、彼此间"约定"或"规定"的行为方式。[①] 简单地说,网络礼仪就是对在网络上应该做什么和不应该做什么所做出的规范。[②]

随着网络的发展,一整套网络礼节已经形成。而人们在网上协作、交流时也往往遵循着一些常识。[③] 礼节规范着秩序。人们虽然是以虚拟的形式出现在网络中,但仍然会自觉地遵守网络伦理规范,维护网络秩序。网络礼仪是互联网先锋们心领神会的一套礼仪规则,它让大家压力更小,效率更高。网络礼仪规制着人们在虚拟社区的行为——"决定加入某个社区前,你首先要了解它是什么以及它的一般准则……社区成员必须明白社区对大家的预期,并表现良好不逾矩。有些社区可能要求你披露一些信息,而在其他社区这么做就可能成为过街老鼠。所以,网络礼仪可以看成是现实生活中的礼仪在网络上的延伸。

以 Usenet(用来支持互联网新闻组功能的应用程序)为例。Usenet 由汤姆·塔斯科特(Tom Truscott)和史蒂夫·贝尔文(Steve Bellovin)创建于1979 年,开始时用于杜克大学和加利福尼亚大学之间信息交换。在 Usenet 没有专门的工作人员,甚至在严格意义上,Usenet 不算是一个网络,它是一个世界范围内的、不同时进行的讨论系统,由一系列新闻组组成,每一个新闻组有一个特定的讨论主题及反映讨论主题的名称。在 Usenet 应用最广泛的是 FAQ(Frequently Asked Questions Forum,即常见问题解答论坛)。在 Usenet 上有六个 FAQ 是新成员必须要学的课程:①关于如何在 Usenet 社区中生活的启蒙书;②关于 Usenet 上经常会被问到的问题的解答;③关于网上礼节的回答;④Usenet 写作风格提示;⑤在 Usenet 上张贴文章要遵守的规制;⑥什么是 Usenet? Usenet 支持每一个论坛针对专门的问题做出回答,以供成员们碰到疑问时可以来此寻求答案。

① 杨伯溆:《因特网与社会:论网络对当代西方社会及国际传播的影响》,武汉,华中科技大学出版社,2002 年 3 月版,第 188 页。

② 张久珍:《网络信息传播的自律机制研究》,北京,北京图书馆出版社,2005 年 3 月版,第123 页。

③ 〔英〕戴维·冈特利特:《网络研究:数字化时代媒介研究的重新定向》,彭兰、等译,北京,新华出版社,2004 年 1 月版,第 291 页。

　　在 Usenet 上，单个的个体可以通过在一个新闻组中交叉粘贴文章和消息来影响整个社区，因此，Usenet 社区的成员特别注意制定关于网络礼仪和创造群体方面的规则。关于网络礼仪的问答论坛主要包括以下内容：签名文件的写法；不能在 Usenet 上发 e-mail；网上常用的一些拼写；发布文章的恰当语调等。①

　　其他一些网络礼仪还包括阿琳·H. 里纳尔迪（Arlene H. Rinaldi）的《互联网用户指南与网络礼仪》（The Net：User Guidelines and Netquette），侧重于论述使用网络的行为礼貌。弗吉尼亚·谢耶（Virginia Shea）的《网络礼仪》（Netquette）一书提出十个网络礼仪核心规则：①记住与你交流的对象是有血有肉的人；②网上的言行要与日常生活中的一致；③上网后要清楚自己所在的网络场合；④不要浪费别人的时间和过多地占用宽带；⑤在网上举止要优雅；⑥和他人共享你的专业知识；⑦尽量克制你自己的情绪；⑧尊重他人的隐私；⑨不要滥用权力；⑩原谅他人的过错。②

　　对于网络礼仪规范的内容，有学者将其归纳为三类：第一，招呼规范。它表明是你想与谁交谈，该怎样问候和称呼。在网上，交谈双方的身份往往互不清楚，人们的身份代码成为一串字符。大写对方的姓名字母表示你对对方的尊重，小写则是不礼貌的行为，如同日常生活中应对别人称呼"您"而不用"你"。第二，交流规范。在信息量剧增，交往者众多的情况下，任何人都可能疲于应付。要不要给每一个来信者回信呢？这里就存在着"礼"与"非礼"的问题。如果你参加一个电子组，你既有权利从中获取信息，同时也有义务为它提供资讯，这实际上也是一种规范。第三，表达规范。它表明一个人的态度和情感。如在网上，表示幽默可以用冒号（：）、连字号（-）和右括号（）)这三种符号的组合——组合图案按照顺时针方向旋转 90 度就变成了一张笑脸。为什么要这样做呢？一来可以表明发信者对所述信息的基本态度，二来可以让收信人决定对待这则信息的方式。这实际上也是一种规范，在表明自己的行为的同时，也为他人的行动提供了方便。③

　　随着手机的普及，手机礼仪涉及不同的场合，在公共场合里、在职场中、

① 杨伯溆：《因特网与社会：论网络对当代西方社会及国际传播的影响》，武汉，华中科技大学出版社，2002 年 3 月版，第 74-75 页。
② 张久珍：《网络信息传播的自律机制研究》，北京，北京图书馆出版社，2005 年 3 月版，第 125 页。
③ 陆俊：《重建巴比塔——文化视野中的网络》，北京，北京出版社，1999 年 1 月版，第 153-155 页。

在会议中、在餐桌上、给对方打电话时、查看短信时、在短信内容的选择和编辑上、当与别人面对面时,一般人认可的手机使用礼节很快发展出来了。比如,在电影院关手机;在公共场合时使用手机不可大声讲话;在餐厅用餐期间,接听电话要离开餐桌等。①

四、技术控制

按照社会系统理论的一般原则,一个社会系统总是具有由内部结构决定的"系统语言"。在信息网络这个系统中,主要表现为现代信息技术的专业规范,如构成网络通信基础的各种软件。正因为有了信息技术的规范,才使网络形成了一种特定的技术系统结构,且有了今天的发展成就。

我们知道,互联网实质上是将各种不同的局域网、广域网连接在一起,是全球性电脑网络的网络。从这个层面来理解互联网,我们不难发现:互联网固然是一个由各种电脑"硬件"所组成的世界,但它之所以能够不断运行和发展,主要是仰赖不同网络之间所共用的通信协定,以及通过建立在更加具体交换方式基础上的各种电脑软件所进行的沟通协作。从一定意义上看,互联网就是一套"标准"。人们依靠这套"标准",创造了一个可以从事各种崭新信息活动的虚拟公共空间。从中我们可以有所启发,既然互联网是由相关信息技术架构和主导的,那么便可以利用信息技术相关规范对网络社会进行控制。②

网络技术控制是指利用网络技术保护网络信息系统、网络信息资源,以防犯罪行为的破坏,保障网络的畅通运行。③ 在立法屡次受挫之后,特别是在克林顿政府试图利用法律规范网络内容的《通信正派法》因违宪判决而夭折以后,美国政府即转向以科技手段对网络内容进行限制和规范。

网络技术规范,例如 IP 传输协议、域名规则体系、防火墙技术、数据加密技术等,以行业的自律和共识为基础,调整网络建构行为。它是指引网络建构行为的普遍规则,就其适用范围来看,它具有广泛性,绝大多数网站的建构行为都在其调控范围内。从其价值取向来看,它具有中立性,并不直接反映某一利益集团的主张。它严格地应用于网络连接、传输、语言标识等方面,而不涉及网络行为的内容。网络技术规范是网络构成中不可或缺的一

---

① 〔美〕丹尼尔·沙勒夫:《隐私不保的年代》,林铮颢译,南京,江苏人民出版社,2011 年 12 月版,第 93 页。
② 颜祥林:《网络信息问题的控制模式建构与比较》,《情报学报》2002 年第 2 期。
③ 张小罗:《论网络媒体之政府管制》,北京,知识产权出版社,2009 年 5 月版,第 175 页。

部分,甚至是灵魂。[①]

技术手段的控制主要是针对网络有害信息,大多是通过设置防火墙、安装过滤软件、实施内容监控等手段来实现。主要手段有身份认证技术、阻止进入、过滤和分级。[②]

1. 身份认证

保护网络入口的方法,首先是身份认证。身份认证是在计算机网络中确认操作者身份的过程。身份认证可分为用户与主机间的认证,主机与主机之间的认证,用户与主机之间的认证可以基于如下一个或几个因素:用户所知道的东西——口令、密码等;用户拥有的东西——印章、智能卡(如信用卡)等;用户所具有的生物特征——指纹、声音、视网膜、签字、笔迹等。认证技术是通过数字证等书来确认通行者的身份,它是保证信息真实性的一种重要手段,目前流行的身份认证机制是使用一次有效口令和密钥。[③]

一般来说,法律监管意义上的密码是指实现信息加密和解密两个相反过程的技术和产品。其中,加密是指通过某种加密算法及密钥对原始信息进行重新编码,将其转化为难以理解的密文的过程。而解密则是指将密文转换为明文的过程。通过对信息数据进行加密,可以避免其在存储、传输或处理的过程中被未经授权地访问、增删或进行其他形式的破坏。因此,密码技术被视为保障信息安全最可靠、最有效的方式,并被越来越普遍地应用于计算机等终端存储的或通过网络、通信技术传播的信息数据的安全保护之中。[④] 从金融交易、阅读电子邮件到个人身份识别等,密码统治着社会生活,甚至成为一种生活方式。[⑤]

密钥托管技术又称密钥恢复(Key Recovery),最早由美国于 1993 年提出,是一种能够在紧急情况下获取解密信息的技术。它用于保存用户的私钥备份,既可在必要时帮助国家司法或安全等部门获取原始的明文信息,也可在用户丢失、损坏密钥的情况下恢复明文。因此它不同于一般的加密和解密操作。现在美国和一些国家规定:必须在加密系统中加入能够保证法律执行部门可方便获得明文的密钥恢复机制,否则将不允许该加密系统推广使用。

---

① 张小罗:《论网络媒体之政府管制》,北京,知识产权出版社,2009 年 5 月版,第 175 页。
② 张小罗:《论网络媒体之政府管制》,北京,知识产权出版社,2009 年 5 月版,第 176 页。
③ 燕金武:《网络信息政策研究》,北京,北京图书馆出版社,2006 年 12 月版,第 179 页。
④ 马民虎、果园著:《网络通信监控法律制度研究》,北京,法律出版社,2013 年 12 月版,第 109 页。
⑤ 〔英〕戴维·冈特利特:《网络研究:数字化时代媒介研究的重新定向》,彭兰、等译,北京,新华出版社,2004 年 1 月版,第 338 页。

美国政府于 1993 年出台了托管加密标准(Escrow EncryptIon Standard, EES 标准),该标准体现了一种新思想,即对密钥实行法定托管代理的机制。如果向法院提供的证据表明,密码使用者是利用密码在做危及国家安全和违反法律规定的事,则政府经过法院许可,可以从托管代理机构获取密钥参数,经过合成运送,直接侦听通信。其后,美国政府进一步改进并提出了密钥托管(Key Escrow)政策,希望用这种办法加强政府对密码使用的调控管理。

2. 阻止进入

阻止进入主要用于阻止非授权用户进入机构或组织,一般是通过电子技术、生物技术或者电子技术与生物技术结合以阻止非授权用户进入。防火墙技术是发展得比较快的一项网络安全技术,最初是针对网络不安全因素所采取的一种保护措施。顾名思义,防火墙是用来阻挡外部不安全因素影响的内部网络屏障,其目的就是防止外部网络用户未经授权的访问。它是一种计算机硬件和软件的结合,在 Internet 与 Intranet(即内部网、内网)之间建立起一个安全网关(Security Gateway),从而保护内部网免受非法用户的侵入。防火墙主要由服务访问政策、验证工具、包过滤和应用网关四个部分组成,是一个位于计算机和它所连接的网络之间的软件或硬件(其中硬件防火墙因为价格昂贵而很少使用),该计算机流入流出的所有网络通信均要经过此防火墙。[①]

3. 分级技术

网络内容分级是美国管理互联网,尤其是为了保护青少年而采取的有一项重要技术措施。美国有专门的机构对网络内容(主要是色情和暴力)进行评估,并以此进行等级划分,以判定哪些内容可以在网上传播,并帮助父母过滤掉对儿童不利的内容。

目前主流的分级技术标准为 1996 年采用的"互联网内容选择平台"(Platform for Internet Content Selection, PICS),采用类似影视作品分级制的管理体制,将网络上的信息分为 0~4 级,级别越高,危害越大。该标准以通过积累不适当网络信息而建立的数据库系统作为筛选标准,完整定义了网络分级的检索方式和网络文件分级标签的语法。PICS 是对网络信息使用的控制,而非审查。通过对网上内容的分级与过滤,既保护未成年人免受网络有害内容的侵害,又维护网络上的言论自由。

另外,以 PICS 为核心技术的最为成熟的是 RSACI(RSAC on the Internet)

---

① http://baike. baidu. com/link? url = 9dVyanQ-XbBv3NQrKE1DKqxRrqGTmhXVFoh 3lTTblSkYHt9xWoouTkNawz9SFIQi,访问日期,2014 年 1 月 13 日。

分级系统。IBM 资助了娱乐软件顾问委员会(Recreational Software Advisory Council)以促进其分级系统 RSACI 的应用,该项目负责人是斯坦福大学传播学教授多纳德·罗伯特博士。这个系统主要以网页呈现内容中的性、暴力、不雅语言或裸体的表现程度作为标准进行分级,并在浏览器行业得以应用。微软 1996 年 8 月版的浏览器使用的就是 RSACI 分级系统,IBM 公司也把该系统运用到代理服务器的产品中,RSACI 成为目前应用非常广泛的一个分级系统。另一个著名的分级服务商是 SafeSurf(安全冲浪)。1995 年 6 月,SafeSurf 发布《互联网分级标准》,并推出相应的软件——"互联网保镖"。在 ISP 行业,ADL、MSN 及 Yahoo 都采用了互联网内容分级协会的内容标记系统。在 ICP 行业,一些内容提供商也开始对自己的网站进行分级,例如花花公子即对其网站进行了自我标识。[①] 除了上面介绍的两个分级系统外,提供网络信息内容分级的服务商还有 SurfControl、evaluWEB、NetShepherd、SurfWatch、Adequate. com、Safe For Kids 等。

美国的分级从三个方面来进行:其一,内容分级,主要涉及公私言论、软硬色情。软硬色情,指分为软色情与硬色情,是区分色情与淫秽的重要标准,对色情的法律规制以此区分为基础。色情材料受《第一修正案》保护,而淫秽材料不受《第一修正案》保护。有人对 10 个分级服务系统的标记对象做了统计,结果表明分析色情与暴力信息是最常见的分级任务。其二,受众分类,将网络色情的接受对象区分为成年人与儿童。成年人可以浏览色情材料,儿童则不可以。淫秽与儿童色情材料是被绝对禁止的,包括成年人和未成年人均不得阅读。例如 SafeSurf 发布的《互联网分级标准》,依照适合用户的年龄或内容恶劣程度分为九个级别,用户可以在类目和程度方面自由搭配,选择适合自己的内容。其三,网络控制分层。将互联网划分为物理层、代码层和内容层。物理层处于最底层,为信息传递的载体,包括联网的计算机、网线等。代码层为互联网的应用层,包括互联网协议,如文件传输协议等,以及在此基础上运行的软件,如操作系统等。内容层位于最顶层,即所传输的文本、数字图像、音乐和电影等。[②] 这一分层模式以网络代码为核心,依赖技术发展,可能是网络色情规制的未来发展方向。

4. 过滤技术

过滤技术通过开发具有过滤功能的应用软件来实现控制。技术解决方

---

① 张久珍:《网络信息传播的自律机制研究》,北京,北京图书馆出版社,2005 年 3 月版,第 159 页。

② 张平:《网络法律评论》(第 6 卷),北京,法律出版社,2015 年 7 月版,第 52 - 79 页。

案之所以被重视,也与法律手段难以实施有关。突出的例子就是 1996 年 2 月 8 日美国总统签署的旨在保护儿童免受互联网上色情信息侵害的《传播净化法》,该法却以违反《第一修正案》为由而被美国法院废止。[①]

在《传播净化法》被废止之后,为了防止青少年受网络色情、淫秽等有害信息的损害,美国的软件公司与科研单位积极寻求通过信息技术本身达到规范网络内容这一目的的途径,他们开发出各种旨在屏蔽不适宜未成年人接受的网络信息的软件。这些软件能够帮助家长屏蔽不适合其子女接收的不良网络信息,甚至能按照家长的主观意图,选择设定接收或屏蔽特定种类的网络信息。[②]

过滤软件在技术上主要利用 IP 封堵、代理服务器等手段对不良内容进行过滤。政府对于不良网站的堵截方式通常是制定一个封堵用户登录的"互联网网址清单",如果某网站被列入该"清单",访问就会被自动禁止。作为技术管制的一个集中区域,美国中小学校的计算机实行联网管理。学校会集中运用技术手段屏蔽那些影响儿童身心发育的网站,这一做法不仅有效,也节约了管理成本。例如,华盛顿市所有公立中学的计算机都实行联网管理,网络管理员就是华盛顿市教育委员会,教委可以随时监控辖区学校是否有儿童在学校的网络上接触到了不良内容,并进行处理。[③]

过滤技术的应用得到了广泛的认可。耶鲁法学院于 1999 年 9 月 15 日发布的研究报告《互联网过滤:最佳模式》指出,不管政府以什么样的理由来管制互联网,都干扰了言论自由。如果政府果真对互联网上的儿童色情问题很重视,那么就应该考虑选择自律的方式。过滤软件可以为这些忧虑的父母和老师提供一个相对标准的、易于操作的系统,使他们可以防止孩子接触网上有害的信息。[④] 白宫也同意这种方式,并大力支持过滤软件的开发与应用。美国第 42 任总统克林顿 1997 年曾经说过:"过滤技术对于保护儿童远离不良信息比任何法律都有效。"[⑤]

在美国,SurfControl 和 SurfWatch 等公司成为开发互联网信息过滤产

---

①　Terry W Cole. ACLU v. Reno 1999:"An exigency for cyberethics". *The Southern Communication Journal*,Spring,Vol. 64,Issue 3,pp. 251 - 258.

②　张小罗:《论网络媒体之政府管制》,北京,知识产权出版社,2009 年 5 月版,第 119 - 120 页。

③　王靖华:《美国互联网管制的三个标准》,《当代传播》2008 年第 3 期。

④　Balkin, J. M., Noveck, B. S., Roosevelt, K., 1999:"Filtering the Internet:A Best Practices Model", *Information Society Project at Yale Law School*, September.

⑤　Christopher Hunter, 2000:"Social Impacts:Internet Filter Effectiveness Testing:Over and Underinclusive Blocking Decisions of Four Popular Web Filters", *Social Science Computer Review*,Vol. 18,Issue 2,pp. 214 - 222.

品的先锋,他们看到了其中巨大的市场机会。著名研究机构国际数据公司(IDC)的一项报告指出,2001 年美国内容过滤市场拥有超过 1.5 亿美元的市场份额。[①] 现在,美国互联网信息过滤市场更是达到了几十亿美元的规模。

过滤软件不仅可以实现对互联网网页内容的过滤,也可以对电子邮件、新闻组、文件传输、聊天室进行过滤。对互联网(WWW)的过滤,可以按照网站或网页的地址、关键词、字段、文字类型和日期等进行过滤;对电子邮件可以通过发信人、发信时间、地点、主题、内容进行过滤;对文件传输可以按文件传输类型、大小、时间及文件传输服务器地址进行过滤;对新闻组可以通过网址、主题和内容进行过滤,例如过滤软件通常都会过滤掉 alt. sex 这个新闻组。有些过滤软件还可以禁止某些网络的服务功能,如禁用电子邮件、聊天室,或禁止进入某些网络游戏等。过滤软件除了上述核心的过滤功能外,还有其他多种附属功能,如保存上网记录、预设电脑的允许上网时间等。[②]

正如理查德·斯皮内洛所说,通过法律规范来控制技术一直是一个徒劳无益的举措,而用技术“校正”技术一直更为有效。法律制度很难禁止色情在互联网上的传播,但是,过滤下流信息的屏蔽软件要有用得多。[③] 因此,这些技术对于维护网络空间中的秩序,维护网络的正常运行,促进网络社会的不断发展是必不可少的。通过采用相关的安全技术,网络社会在社会控制和管理上的困难可以得到一定程度的化解。虽然就目前的情况看,通过这些技术并不能彻底地解决这些问题,但是技术性的控制仍然占有基础性的地位。[④]

五、安全教育

公众是互联网的信息消费者。互联网的信息内容丰富、形式多样,公众对这一新兴传媒饱含兴趣是必然的。但网络内容的良莠不齐也考验着公众的选择能力和自我控制能力。特别是未成年人,他们对色情、暴力等不良内容缺少抵抗的能力,因而需要受到保护、帮助和引导。

---

① Geoffrey Nunberg 2001 "The Internet Filter Farce" *The American Prospect* (January 1 - 15), pp. 28 - 31.

② 张久珍:《网络信息传播的自律机制研究》,北京,北京图书馆出版社,2005 年 3 月版,第 179 - 180 页。

③ 〔美〕理查德·斯皮内洛:《铁笼,还是乌托邦——网络空间的道德与法律》,李伦、等译,北京,北京大学出版社,2007 年 8 月版,第 1 页。

④ 何精华:《网络空间的政府治理》,上海,上海社会科学院出版社,2006 年 6 月版,第 74 页。

美国政府呼吁家长关注未成年人的网络安全问题并给予指导。联邦调查局和教育部等部门制作并散发一些关于上网安全的指导手册,内容包括家长怎样才能够知道孩子是否受到网络不法分子的诱惑,如何向有关执法部门报告等。政府还开设专门的网页以及电话专线,随时发布有关网络儿童色情活动的最新信息,使家长能够提高警觉。为保障未成年人健康上网,通过安全的途径在网上学习和娱乐,联邦政府还专门开办了网站 KIDS. US。当时的美国总统布什认为这个网站是类似图书馆的儿童部,是家长可以放心让孩子学习、徜徉和探索的地方。该网站的所有网页内容均受到核查,不含任何色情内容,没有聊天室和即时电邮服务,没有任何儿童不宜访问的网页链接等。[1]

一些地方志愿者组织也加入阻止青少年免受不良信息影响的行列。例如,1999 年,美国新泽西州成立了"网络天使"志愿组织,以保护青少年免遭互联网不良信息的伤害。

成立"网络天使"这一组织的构想始于 1999 年 4 月。当时,纽约一名专长于网络安全及隐私案件的律师帕里·阿夫塔卜正在新泽西州为美国广播公司(AABC)制作一档有关少女安全的节目。他发现孩子们对网络安全问题兴趣十足,他们不仅关心自身安全,对周围小伙伴遭遇的网上骚扰事件也特别关注。而且,他们往往能提出一些独具视角的意见和建议,提醒同龄人如何提防来自网络的伤害。

于是,"网络天使"诞生了。这支队伍最初只由 5 名来自新泽西州的女中学生志愿者组成,年龄在 14~17 岁之间。她们利用暑假时间,和阿夫塔卜一起研究网络安全问题,追踪最新网络骗术,总结各路防"狼"高招,然后结集成册,或制成光盘,免费发放到学校、社区。她们还言传身教,发展了一大批志同道合者。如今,"网络天使"已经遍布全球,墨西哥、印度、英国、澳大利亚等国家都设立了分部,拥有上千名志愿者。[2] 这些"网络天使"还协助网络专家编写了《互联网安全十大纲要》,该纲要在青少年中广泛传播。

其实,1995 年,阿夫塔卜就成立了一个名叫"电脑天使"的机构,培训了数千名成年志愿者监管各类网络骚扰行为。但是对付青少年网络问题,阿夫塔卜认为,还是孩子们自己最有"招儿"。

---

① 王靖华:《美国互联网管制的三个标准》,《当代传播》2008 年第 3 期。

② http://news. xinhuanet. com/newscenter/2007-08/25/content_6597992. htm。访问日期,
2014 年 1 月 13 日。

美国政府注重增强全民的网络安全意识,广泛宣传信息技术,强化公众对恶意计算机代码的认识,不断加强网络系统的安全性和可靠性。[①] 2010年4月,美国政府启动了"国家网络安全教育计划",旨在增强网民的网络安全意识和技能。为推广该计划,2011年8月,美国国家标准与技术研究院(NIST)发布《网络安全教育战略计划国家倡议草案》。草案明确规定,到2015年,联邦和地方政府及所有联邦承包商必须采用统一的人才标准,明确网络安全从业人员资质和职业能力要求。

"国家网络安全教育计划"包括四项任务:①国家安全意识教育,由美国国土安全部领导,旨在通过开展公共服务活动,增强公民使用互联网的责任感和安全意识;②网络安全规范教育,由美国教育部和白宫科学技术政策办公室领导,目的为在幼儿园、中小学、高等院校等各教育层面开展网络安全知识普及活动;③联邦网络安全劳动力结构设置,由白宫人事管理局领导,为联邦政府设计网络安全岗位,明确岗位职责、人员资质和技能要求;④网络安全专职培训与职业发展,由美国国防部、国家情报总监办公室和国土安全部领导,开展专业网络安全维护、执法与反间谍以及互联网基础设施建设、维护和信息保障等工作。[②]

美国也是世界上较早建立热线制度的国家。热线制度是指互联网用户或服务商一旦发现他们所认为的非法、有害信息,就可以通过电子邮件、电话、传真等方式与热线联系,热线接到举报后展开调查并采取必要行动,或通知内容提供者,或通知有关执法机关进行处置。1998年3月,美国全国失踪和受虐儿童服务中心(NCMEC)建立热线 CyberTipline,随即成为非常繁忙的热线之一,每天有 300 万左右的点击量。据《今日美国》报道,CyberTipline 仅 2010 年一年就接到相关报案达 223 374 起,比 2009 年翻了一番。[③] 2004 年 8 月,休斯敦的一名男子约翰·亨利·斯基勒恩(John Henry Skillern)因儿童色情照片被警方逮捕,告发此人的正是其邮件服务提供商谷歌。美国联邦法律要求企业对其服务器上的儿童性虐待内容加以注意,并上报 CyberTipLine。

六、市场调节

市场调节是指发生关系的各方,通过各自所需的获取与付出,达到一种

---

①　张小罗:《论网络媒体之政府管制》,北京,知识产权出版社,2009 年 5 月版,第 121 页。

②　罗根连:《美国加快国家网络安全教育及人才培养步伐》,《保密工作》2012 年第 8 期。

③　儿童性犯罪猖獗,手机新媒体成帮凶,afinance. cn/new/gjcj/201103/327806. html

各方认可的协调与平衡。这种调节以一定的市场规律为前提。① 市场调节在美国新媒体规制方面发挥着特殊的作用。

1. 美国政府方面

总的来说,美国政府采取的是既倡导鼓励,又协调制约的政策。以FCC等管理机构为代表,在对互联网的管理上,以新自由主义、后凯恩斯主义为指导,强调利用私有资本进行发展,依靠市场驱动。政府对于互联网市场的基本管制政策倾向是以不管制为主,为网络发展营造宽松、安全的良好政策环境,并不断加以调整以适应市场的变革。如1998年5月14日,美国众议院商业委员会以绝对多数的赞成票表决通过了三年内禁止州政府和地区政府对互联网征收税费的税收优惠政策。同时,美国政府积极向其他国家提出对互联网免除关税的要求,即1998年的《互联网免税法》(Internet Tax Freedom Act),该法案坚决要求制止对网络贸易采取"歧视政策",杜绝所有不公平的新税种出现。在美国互联网的建设和发展过程中,美国政府长期大规模投资信息基础建设,除了自行进行人力、物力、财力等方面的投入以外,积极吸引私人资本也是政府一大重要的发展策略。

一方面,政府通过导入和扩大竞争来吸引民间投资,并用优惠政策倾斜的方式调动企业的积极性,以便于充分发挥市场调节的力量。例如,"鼓励私人投资"就是国家信息基础建设(NII)、全球信息基础设施(GII)、下一代互联网技术(NGI)、下一代互联网高级网络应用项目(Internet2)计划中的由政府提出的重要方略,而且在实践中,也已取得了显著成效。另一方面,美国政府虽然倡导企业在信息市场中自由竞争的基本原则,但是也在尽力防止许多公司因商业目的而出现互联网行业垄断现象。在竞争市场有利于大公司与大消费集团的情况下,政府注重保护消费者和中小电信经营者的利益。美国政府更害怕许多企业会以网络工具拓展它们对其他行业的垄断,因此政府不断通过各种手段进行控制和调节。反托拉斯法就是其中一种。

反托拉斯法是一部对所有的产业和企业都适用的通用法,由一组防止市场集中的法律组成,其主要目的是防止反竞争的合并行为、定价行为和销售行为,促进和保护竞争,从而较为全面地保护美国企业和消费者的利益。美国自1890年颁布第一部联邦反托拉斯法——《谢尔曼法》以来,经过100多年的发展,现已形成一套完善的体系。除了《谢尔曼法》以外,还有多部重要的法律涉及反垄断问题,如《克莱顿法》《联邦贸易委员会法》《罗宾逊-帕

---

① 戴伟辉:《网络内容管理与情报分析》,北京,商务印书馆,2009年6月版,第205页。

特曼法》《谢列尔-克弗维尔法》等。这些法律在互联网反垄断方面起着重要的作用。同时，鉴于互联网的自身特性，美国还探索了有别于传统产业的立法理念和执法制度。

反托拉斯法成为美国司法部进行反托拉斯行动的有力武器，任何对价格和市场进入的限制行为、对维持市场竞争活动不利的合并行为、寻求市场垄断力量的恶性行为，经调查证实后，都可能遭到司法部的反托拉斯法起诉。

随着互联网的发展，行业竞争日益加剧。美国的一些互联网巨头如微软、谷歌、亚马逊等纷纷卷入反垄断纠纷中。美国的反托拉斯政策是通过三种方式实行的：①制定相关的法律；②美国司法部和州的检察长强制执行这些法律；③联邦法院的裁决，它们确定了政府在多大程度上鼓励竞争，并迫使大公司将自身分解成多家小公司。[①]

具体到通信和媒体领域，1930 年以来，FCC 一直关注广播电视业中所有权结构的多样性问题。同样的关注也体现在新媒体中。规模经济导致收购与合并的媒体公司越来越多，由此给管制带来了两难处境：一方面，公共利益是由众多媒体的独立声音传递提供的一个思想市场。另一方面，媒体公司必须大到能够生存下去，且具有一定经济规模。伴随收购与合并的进行，媒体公司的数量少了，但掌控在单一所有者手中的公司规模变大了。监管当局必须均衡这一作用于媒体消费者和社会大众的影响。[②]

从原则上讲，美国一方面反对大型媒体集中化、垄断化，另一方面扶持弱小媒体，使其能在严酷竞争中维持下去。对于媒体集中化垄断化，美国可以根据一般反垄断法，即《谢尔曼法》和《克莱顿法》提起诉讼，法院承认适用该法。1970 年，为救济由于报刊垄断化造成经济困难的中小报刊，美国制定了《新闻维持法》，目的是为保持合众国报纸编辑报道的"独立性"及"竞争"这一公众利益，维持处于经济困难之下缔结共同营业协定的报纸发行。对于这种共同经营协定，美国法院免除适用反托拉斯法。[③] FCC 以公共利益为标准评价媒体的并购行为；而 FTC 则从并购对市场竞争的影响来评价媒体并购行为。司法部门对反托拉斯问题拥有管辖权。[④]

① 〔美〕约瑟夫·塔洛：《今日传媒：大众传播学导论》(第三版)，于海生译，北京，华夏出版社，2011 年 9 月版，第 121 页。

② 〔美〕Kenneth C. Creech：《电子媒体的法律与管制》(第 5 版)，王大为、于晗、李玲飞、等译，北京，人民邮电出版社，2009 年 2 月版，第 398 页。

③ 刘迪：《现代西方新闻法制概述》，北京，中国法制出版社，1998 年 9 月版，第 150 页。

④ 〔美〕Kenneth C. Creech：《电子媒体的法律与管制》(第 5 版)，王大为、于晗、李玲飞、等译，北京，人民邮电出版社，2009 年 2 月版，第 398 页。

多年来,政府管理者和法院已经裁定,公司在大众传播中所采取的某些活动,已经等同于市场过度控制。[①] 在信息领域,美国的反垄断法早在 19 世纪 90 年代就已经颁布实施,当一家信息处理公司占有了太大的市场份额以致引起政府方面的担忧时,这家公司就可能会面对美国司法部反垄断局提起的诉讼。法律冲突、正面交锋以及最后经双方同意而达成的判决等事件贯穿于计算机产业发展的整个历史,很多公司都曾陷入反垄断诉讼之中:NCR(1914),IBM(20 世纪 30 年代、50~80 年代)、AT&T(20 世纪 50 年代、70 年代、伯勒斯公司(20 世纪 30 年代、50 年代),以及微软公司和英特尔公司(20 世纪 90 年代末)。[②]

美国政府反垄断最为典型的案例就是拆分 AT&T。AT&T 曾长期垄断美国长途和本地电话市场。AT&T 最早可追溯到电话的发明人贝尔。贝尔在 1876 年发明了电话,并与第二年成立了美国贝尔电话公司。1895 年,贝尔公司将其正在开发的长途业务进行分割,建立了 AT&T,由于长期垄断美国的本地电话、长途电话以及电信设备制造业务,AT&T 也因此称为"贝大妈"(Ma Bell)。直到 20 世纪 70 年代初,AT&T 还在享受它的自然垄断,但反对的声音也越来越大。1974 年,美国司法部介入,正式起诉 AT&T。1982 年,美国政府决定拆分 AT&T。从 1984 年 1 月 1 起,AT&T 只保留长途电话业务,本地电话业务则拆分出来,交给新成立的七家新公司来经营。这七家新公司被称为"小贝尔"(Baby Bells)。同时,数个更小的竞争者也进入了长途电话市场,其中包括 MCI 通信公司和 Sprint。作为补偿,AT&T 被允许从事计算机业务。[③] 与此同时,FCC 通过开放一系列新的无线通信波段,特别是通过移动电话的使用,进一步加强了竞争。[④]

AT&T 后来经过多次拆分和重组,其独霸美国电信市场的局面已经一去不复返了。1984 年的这次拆分,导致 AT&T 的收入下降了 70%。同时,由于竞争机制的引入,在之后的几年里,美国人的长途电话费支出平均每年递减 10%。

---

① 〔美〕约瑟夫·塔洛:《今日传媒:大众传播学导论》(第三版),于海生译,北京,华夏出版社,2011 年 9 月版,第 121 页。
② 〔美〕阿尔弗雷德·D. 钱德勒、詹姆斯·W. 科塔达:《信息改变了美国:驱动国家转型的力量》,万岩、邱艳娟译,上海,上海远东出版社,2011 年 3 月版,第 208 页。
③ 吴寸木:《谷歌不听话:互联网背后的大国角力》,北京,电子工业出版社,2010 年 9 月版,第 109 - 110 页。
④ 〔美〕阿尔弗雷德·D. 钱德勒、詹姆斯·W. 科塔达:《信息改变了美国:驱动国家转型的力量》,万岩、邱艳娟译,上海,上海远东出版社,2011 年 3 月版,第 286 页。

20 世纪末备受世人关注的微软案也以微软违反美国联邦及各州法律而收场。在美国微软的 Windows 操作系统占据市场 90％份额的同时,其总裁比尔·盖茨又开始投资其他商业集中的领域,如有线电视、广播、照片档案和高速卫星数据网络。微软的这种"横向＋纵向"的组合引起了许多人的恐慌。1998 年,美国司法部为了制止微软利用其市场影响力在销售 Windows 操作系统时搭售互联网浏览软件的行为,而对微软提起了反垄断诉讼。2000 年 4 月 3 日,微软被判违反《谢尔曼法》。4 月 28 日,美国司法部和 17 个州要求杰克逊法官将微软分割为两家公司。6 月 7 日,杰克逊法官做出裁决,要求微软必须拆分为两家公司:一家经营 Windows 个人电脑操作系统,另一家经营 Office 等应用软件和包括 IE 浏览器在内的网络业务。① 随后,微软提起上诉。

法院于 2001 年 6 月 28 日驳回地方法院法官杰克逊于 2000 年 6 月做出的将微软一分为二的判决,但维持对微软违反反垄断法的反竞争商业行为的判决。8 月 24 日,美国哥伦比亚特区联邦上诉法院将微软垄断案移交给联邦地方法院。9 月 6 日,美国司法部发表声明,决定不再以拆分的方式来处罚微软公司,并拟撤销对微软将网络浏览器和视窗系统捆绑销售的垄断指控。11 月 2 日,美国司法部与微软公司宣布,反托拉斯官司已达成和解。根据双方达成的协议,微软将执行一项限制其商业行为的规定,实施期为 5 年。根据协议,微软同意 PC 制造商可以自由选择 Windows 桌面,同时公开 Windows 软件部分源代码,使微软的竞争者能够在 Windows 操作系统上编写应用程序。

2002 年 11 月,受理此案的科林·克拉尔·科特里(Colleen Kollar Kotelly)法官宣布,同意微软和司法部达成的反托拉斯和解协议的绝大部分内容。② 2003 年 10 月,微软声称同意支付 2 亿美元作为对于 5 个州及哥伦比亚特区的消费者集体诉讼的和解费用。此前,微软已就 10 个州的集体诉讼达成了和解,和解费用总计为 15.5 亿美元。③ 至此,这场"世纪末的审判"告一段落。

自网络应用于经济领域之日起,与网络有关的不正当竞争就层出不穷,花样繁多。鼓励竞争,意味着要强制性地履行反托拉斯法。这些法律的宗

① 吴寸木:《谷歌不听话:互联网背后的大国角力》,北京,电子工业出版社,2010 年 9 月版,第 110 - 111 页。
② 微软案的原主审法官杰克逊因被揭发违反司法程序而被解职,科林被任命接替此案。
③ 吴寸木:《谷歌不听话:互联网背后的大国角力》,北京,电子工业出版社,2010 年 9 月版,第 111 页。

旨是要阻止一家公司或者几家公司控制一个行业的大部分,否则,它们就会制定高价格,从而对消费者造成伤害。①

2. 美国企业方面

从企业方面来讲,在美国,随着互联网的发展,许多大公司控制着基础设施服务如计算机网络的重要领域,有着举足轻重的地位。一方面,各大企业积极利用政府的政策扶持,对互联网络的信息基础建设进行投资,并在不伤及自身发展的前提下,努力和政府进行配合,以共同促进互联网的发展。譬如1999年3月,英特尔公司推出了一种设有内置芯片系列号的"奔腾Ⅲ"处理器。由于这种处理器每个都拥有一个独一无二的系列号,所以每次只要用户一开机联网,"奔腾Ⅲ"芯片就会把系列号自动发往网络商家、管理人员和安全部门,因此这些部门就可以很容易地获得电脑用户的信息。通过这种电脑芯片的系列号,安全部门可以迅速查出用户的所在方位及身份,由此对进入网络的用户进行"把关",从而有利于协助政府防治网络犯罪。另外,网络商家也可以很容易地了解到顾客的真实身份、所在地等详细资料,从而有利于减少网络欺诈行为的发生。虽然"奔腾Ⅲ"处理器的技术被认为侵犯了用户的个人隐私权,遭到了某些美国国内隐私权团体的反对,但是它仍然得到了美国司法部门和网络商家的强烈支持。

另一方面,在市场规律的作用下,由于追求利润最大化的天性,一些大公司纷纷极力以通过各种手段追逐经济利益为最终目标,力图使互联网不受国家政府税收和其他方面的直接控制。而政府为了防止互联网的企业化,防止商业利益对互联网管理和发展的影响日益加剧而造成互联网的民主化本性丧失,所以又会适当地对这些企业进行制约。总之,政府和企业双方从各自立场出发,不断地进行一定程度的斗争与妥协,通过磨合达到协调与平衡,才促进了互联网络的发展。②

例如,在屡屡以立法规范限制网络不法内容,又屡屡失败后,美国政府采取税收优惠政策——以经济利益驱动商业色情网站采取限制未成年人浏览的措施。美国于1998年底通过的《网络免税法》,规定政府在两年内对网络交易服务业免税,但如果商业性色情网站允许17岁以下未成年人浏览缺乏严肃文学、艺术、政治、科学价值的裸体与性行为影像和文字等有害内容,则不得享受网络免税的优惠。③

---

① 〔美〕约瑟夫·塔洛:《今日传媒:大众传播学导论》(第三版),于海生译,北京,华夏出版社,2011年9月版,第122页。
② 王静静:《从美国政府的互联网管理看其对中国的借鉴》,华中科技大学硕士论文,2006年。
③ 刘兵:《关于中国互联网内容管制理论研究》,北京,北京邮电大学,2007年。

在广播电视领域,主要是通过价格、税收等经济手段进行调控。随着数字电视的普及,原本由广播电视业务使用的 700 MHz 频段频谱资源被美国无线电管理机构收回,并于 1994 年进行了重新拍卖。迄今为止,先后完成大约八次的频谱拍卖,频谱资源使用权逐步从广播电视公司转移到移动业务用户手中。其中,规模最大的是 2008 年组织的拍卖,共发放了 1 090 个执照,创下了 195.9 亿美元的收入。[①]

为加快模拟电视向数字电视的转换,美国还通过财政手段进行推动。2006 年 2 月,美国第 43 任总统布什签署了《数字电视传输和公共安全法》,规定 2009 年 2 月 17 日,美国广播机构必须停止传输模拟电视信号,转向数字电视;同时规定用 15 亿美元财政资金,为每个贫困家庭提供两张 40 美元的代金券,用于补贴他们购买数字电视机顶盒。[②]

沙利尼·文特雷利[③]把美国对互联网的监管模式概括为"自由意志论模式""公共利益模式""自由主义市场模式"三个方面的特征。"自由意志论模式"具体表现为以下观念,国家干涉最小化的社会,开放的、非专属的网络,全面减少国家监管,没有垄断,根据多数人的意见制定法规,通过争议来平息冲突,"公共利益模式"强调反垄断法,平衡消费者和产业之间的利益,承认消费者在安全、低关税和公平贸易方面的利益,认可广泛而通用的基础设施;"自由主义市场模式"拒绝民族产业的理念,提倡最低程度监管的概念,认为知识产权是位于经济激励模式之下的,认为私人法人实体不受国家干涉的约束。美国政策的基本结构特征说明了它偏向自我监管体制、私人合同和行业规范,而不是公共法律。国家还在科技领域进行广泛投资,以经济激励模式来保护知识产权,对于媒介和基础设施的多重所有权几乎没有约束,并运用法制手段对内容监管进行约束。[④]

综上所述,美国对互联网的规制并不是采取单一的举措,而是多措并举、多管齐下。网络行业、受众、国家之间的利益通过法律规范、行政监管、行业自律、技术控制、安全教育和市场调节等机制的共同作用得到一定程度的协调。各个利益主体之间存在着利益让渡关系。政府鼓励网络行业的发展,但网络行业不能侵犯公众的基本权利。而当国家利益对网络传播管制

---

①　董浩、董洁:《美国频谱资源优化配置探析》,《中国无线电》,2013 年第 4 期,第 24 - 25 页。

②　涂昌波:《广播电视法律制度概论》(第二版),北京,中国传媒大学出版社,2011 年 5 月版,第 103 页。

③　Shaleni Venturelli,美国国际传播和关系专家。

④　孙绍谊、郑涵:《新媒体与文化转型》,上海,上海三联书店,2013 年 7 月版,第 170 页。

提出要求的时候,网络行业利益、公众利益等都要为其让路。[1] 正是多重标准之下所体现的灵活性,使美国互联网规制对于经常变化的现实具有较强的适应能力和应变能力。

---

① 王靖华:《美国互联网管制的三个标准》,《当代传播》2008 年第 3 期,第 51 - 54 页。

第二章 网络人格权保护
——传统与现代的冲突及调适

　　人格权也是人权的重要组成部分,是社会个体享有的一项基本人权,是社会个体生存和发展的基础。从法律上讲,以人格尊严为核心的基本权利即人格权。人格权分为一般人格权和具体人格权。一般人格权,包括人格平等、人格独立、人格自由及人格尊严四个方面。具体人格权包括身体权、生命权、健康权、自由权、隐私权、姓名权、名称权、肖像权、名誉权、荣誉权。人格权是一种与生俱来的权利。现代世界各国宪法均将人格权的保护放在重要位置,民法中也有特别人格权或一般人格权的规定;维护人格尊严是世界各国法律的明确要求。不论是在现实社会,还是在网络虚拟社会,若发生侵犯公民人格权的行为,侵权人都要承担相应的民事责任。①

　　美国于1776年公布的《弗吉尼亚联邦宪法》宣布:"言论出版自由是自由的最坚强堡垒,哪个政府压制言论出版自由,那么它就一定是专制政府。"美国在引入真实性免责规定和由陪审团认定名誉侵权这两方面均早于英国。虽然美国独立后宪法没有载入上述内容,但在1791年,美国采用宪法修正的形式规定了这方面的内容,这就是美国现行的《宪法第一修正案》。② 在美国人心中,《宪法第一修正案》赋予了言论自由至高无上的权利。

　　　　国会不得制定关于下列事项的法律:确立国教或禁止信仰自由;剥夺言论自由或出版自由;剥夺人民和平集会和向政府请愿的权利。

　　《宪法第一修正案》保证了所有美国公民的言论自由,即使那些看起来应予以斥责的言论也不例外。《宪法第一修正案》保护错误的言论,不是为

---

① 郭卫华、金朝武、王静、等:《网络中的法律问题及其对策》,北京,法律出版社,2001年1月版,第212页。

② 刘迪:《现代西方新闻法制概述》,北京,法律出版社,1998年9月版,第24-25页。

了它本身的利益,而是作为保护真实言论的一种方法。① 因此,在美国,言论自由在与其他社会价值相冲突时往往被优先选择。比如,言论自由优先于没有受到《权利法案》明确保护的个人隐私权和名誉权。但言论自由并非绝对,为了维护公共治安与普遍福利,某些言论必须受到限制。如个人不得在法庭上作伪证、不得谎报火警引起公众恐慌、不得教唆或悬赏杀人、不得刊登虚假商业广告。淫秽、挑衅、泄恨言论也不受《宪法第一修正案》保护。②

那么突出的问题就在于,如何既能够运用法律手段防控个人隐私被盗、名誉被侵害的现象,又能保证公民的言论自由呢? 在美国,对网络新媒体进行管理的核心问题正是如何在言论自由与规制之间找到新的平衡点。

人们已注意到,随着网络的迅速发展,言论自由的权利有趋向于滥用的危险。从现实社会走进"虚拟空间",网络似乎给人们提供了一个没有屏障的空间——国界、地域甚至时间在互联网上都不再是人们获取信息的障碍。③ 在网上,人们通常是匿名的。当人们匿名行动时,容易出现不良的行为方式。他们可能散发有煽动性的或种族主义的信息,张贴攻击性的材料,并偷窥别人的隐私。④ 在虚拟空间中,任何人都可能受到错误言论的诽谤与伤害,自由的表达通常与保护名誉之间存在冲突。⑤ 正是这样的两难困境,才使得美国在制定一系列规范互联网的法律时举步维艰,乃至多部法律被最高法院裁定违宪。⑥

网络人格权本质上仍属于人格权范畴。⑦ 网络传播与现实中的传播不同的是,侵犯多以电子数据的形式呈现。⑧ 由于互联网是一个虚拟的空间,行为方不进行实际的身体和空间的物理接触,因此对身体权、生命权、健康权一般不会产生实质的侵害;互联网等新媒体对人格权的侵害,主要涉及名誉权、隐私权、姓名权、肖像权。关于隐私权的研究将在第三章重点论述。

---

① 〔美〕丹尼尔·沙勒夫:《隐私不保的年代》,林铮颢译,南京,江苏人民出版社,2011 年 12 月版,第 136 页。

② 张千帆:《美国联邦宪法》,北京,法律出版社,2011 年 1 月版,第 345 页。

③ 〔美〕劳伦斯·莱斯格:《代码:塑造网络空间的法律》,李旭、姜丽楼、王文英译,北京,中信出版社,2004 年 10 月版,第 171 页。

④ Joseph R. Dominick(2004): The Dynamics of Mass Communication: Media in the Digital Age, McGraw-Hill, p. 305.

⑤ Kingdom and Ukraine, 2013, "Comparative Analysis, CEU eTD Collection", Central European University, April 12. pi.

⑥ 〔美〕理查德·斯皮内洛:《铁笼,还是乌托邦——网络空间的道德与法律》,李伦、等译,北京,北京大学出版社,2007 年 8 月版,第 39 页。

⑦ 陈昶屹:《网络人格权侵权责任研究》,北京,北京大学出版社,2014 年 5 月版,第 16 页。

⑧ 宫承波、刘姝、李文贤:《新媒体失范与规制论》,北京,中国广播电视出版社,2010 年 12 月版,第 142 页。

第一节　名誉权保护

名誉(或名声)是指公众对特定公民或法人社会形象的客观评价。由此,名誉权,即指公民或法人对自己在社会生活中所获得的社会评价依法所享有的不可侵犯的权利。它为人们自尊、自爱的利益提供法律保障。[①] 作为一种民事权利,名誉权是指由民事法律规定的民事主体所享有的获得和维护对其名誉进行客观公正评价的一种人格权。它是人格权中内容最为丰富和复杂的一项权利。[②] 名誉权的主体是特定的,不仅包括公民,还包括法人。

侵害名誉权是加害人采取侮辱、诽谤等多种方式破坏他人名誉,并为不特定的第三人所知晓,使他人的社会评价降低的行为。[③] 其中,诽谤是指向第三方传播虚伪的事实导致他人(申诉者)声名狼藉;侮辱是指对被害人直接使用语言、暴力等方式使其人格与名誉蒙受耻辱。[④]

一、诽谤法

诽谤法是一个复杂又未确定的法律主体。据美国法律,诽谤成立须具备六个要素:出版、识别、诽谤、虚伪、错误和伤害。[⑤] 也有人把诽谤的要素归纳为五个:内容虚假、造成损害、公开发表、涉及原告、被告有过错。

(1) 内容虚假。具有诽谤性的言论或文章通常都是针对某个尚在人世的个人,而陈述的事实为虚假内容。如果被告能够证明争议内容的真实性,则法院通常会驳回原告的诉讼请求。一般而言,如果被告可以证明涉嫌诽谤的言论仅仅只是一句玩笑话或者仅是个人一种纯粹的意见性表达,并且人们也不会将其误认为事实陈述,则法庭会驳回诽谤诉讼。

(2) 造成损害。从法律对诽谤的定义看,诽谤性陈述必须对当事人的名誉造成损害,或者造成某种其他的人身或者物质损害。满足如上条件的陈述包括以下情况:谎称他人不具有专业资格、从事不道德的商业交易、不

---

① 宫承波、刘姝、李文贤:《新媒体失范与规制论》,北京,中国广播电视出版社,2010 年 12 月版,第 143 页。

② 张小罗:《论网络媒体之政府管制》,北京,知识产权出版社,2009 年 5 月版,第 89 页。

③ 程啸:《侵权行为法总论》,北京,中国人民大学出版社,2008 年 1 月版,第 205 页。

④ 〔英〕戴维·M. 沃克主编:《牛津法律大辞典》,李双元译,北京,法律出版社,2003 年 7 月版,第 249 页。

⑤ Ashley Packard, 2013；*Digital Media Law*, Wiley-Blackwell, pp. 231 - 236.

诚实、不守信用、酗酒、有犯罪行为、患有生理或心理疾病等。如果涉嫌诽谤的言论中包含以上一项甚至更多的内容，并且满足其他构成诽谤行为的条件要素，则即便原告无法证明其因此遭受了任何实际的经济损失，法院依然会推定原告的名誉受到侵犯。

（3）公开发表。公开行为是构成诽谤的一个先决条件。在诽谤法中，发表意味着向第三方散布或者传播一些冒犯他人的材料。公开行为作为诽谤的前提条件其背后所包含的逻辑非常简单——如果言论没有公开，则原告的名誉不可能因为其中的内容而受到损害，也不可能导致经济损失。因此也就没有所谓的诽谤案件。

（4）涉及原告。比如，在一起诽谤案件中，原告除了要证明某节目中包括带有诽谤性内容外，还需要证明他人能够辨认出自己正是言论中被非议的对象。如果原告的姓名或者形象出现在影片中，那么，该人绝对满足诽谤法中成为原告的条件。如果原告在影片中没有被指名道姓或者出现形象，那么只要他可以证明该诽谤内容所指正是本人，或者其他认识原告的人能够从影片中辨认出原告正是所指对象，那么同样可以满足涉及原告的要求。

（5）被告有过错。在美国的许多州，如果要打赢一场诽谤官司，原告需要证明被告在传播、发表诽谤言论的行为中，至少存在疏忽、大意等过失。在涉及诽谤公共官员的案件中，原告在抗辩部分还需要进一步证明被告具有"实际恶意"。①

在普通法中，当原告能够证明满足可提起诉讼的诽谤罪中的三个要素（诽谤行为、身份识别和诽谤发布）时，举证的责任便转移到了被告。只有在被告能提供确凿证据的情况下，其诽谤罪才可认为是不成立的。被告可以通过陈述以下三种情况为自己辩护。

第一种是事实。如果能够证明所报道的内容属实，就不存在诽谤了。不过这种辩护方式用得很少，因为很难证明某个言论的真实性。第二种是特权。在某些情况下，法庭会认为公众的知情权优先于个人维护名誉的权利。司法程序、逮捕批准书、大陪审团的起诉、立法程序、公共市政会议等，就是一些通常被认为享有特权的情况的例子。第三种就是公正的观点和批评。任何一个受到公众注意的人或处于公众关注中心的人，都要接受公众的批评。这意味着公共官员、职业体育人士、漫画家、艺术家、专栏作家、剧

---

① 〔美〕Philip H. Miller：《媒体制作人法律实用手册（第四版）》，何勇、李丹林、等译，北京，人民邮电出版社，2009 年 3 月版，第 137－138 页。

作家,以及所有吸引了公众关注的人都是可能的目标。这一辩护目标只适用于观点与批评,而不是对于事实的曲解。①

二、反诽谤法

反诽谤法已有数百年的历史,美国的反诽谤法包括两个方面:民事规制和形式规制。在反诽谤法出现之前,打架或决斗是受害者对抗名誉受辱的唯一途径。② 美国反诽谤法直接来源于英国普通法。美国最早的反诽谤法始于1798年颁布的《反煽动叛乱法》,该法部分条文规定:

> ……任何以写作、印刷、演讲或者出版的方式……散布虚假的、诽谤的和恶意的言论或作品,反对美国政府或者美国国会的任何一院,故意诋毁美国政府、美国国会的任何一院、美国总统,或者使他们中的任何一位颜面尽失、声名扫地;或者煽动反对他们或他们中的任何一位,煽动仇视善良的美国人民……的人将因此而被定罪……处以2 000美元以下罚款和两年以下有期徒刑。③

这部法律事实上把对政府的严厉批评视为诽谤,把诽谤政府或者政府官员视为犯罪,用刑法手段来武装政府,以达到压制批评者的目的。好在根据其自身规定,该法两年后自动失效,从此再也没有恢复效力。

《反煽动叛乱法》失效之后,在很长的一段时间内,反诽谤法由美国各州自行制定。但是,自20世纪60年代以来,美国最高法院"联邦化"了反诽谤法的基本要素,迫使各州将本州法律控制在《宪法第一修正案》规定的范畴之内。随着民主观念的深入,刑事诽谤法面临除罪化,变成仅存在书面上的条文,而民事诽谤的地位和作用日益强化。④ 1964年"加里森诉路易斯安那州案"使普通法的刑事诽谤受到很大限制,1966年"阿什顿诉肯塔基州案"的判决实际上承认了刑事诽谤法违宪。在此之后,美国刑事诽谤法的存在主要是为了保护个人名誉,而去除了维护公共秩序的目的。⑤

---

① Joseph R. Dominick 2004：*The Dynamics of Mass Communication*：*Media in the Digital Age*，McGraw-Hill Companies，pp. 410 - 411.

② 同上书,第135页。

③ 〔美〕小哈里·卡尔文:《美国的言论自由》,李忠、韩君译,北京,生活·读书·新知三联书店,2009年6月版,第69页。

④ 〔美〕唐·R.彭伯:《大众传媒法》(第十三版),张金玺、赵刚译,北京,中国人民大学出版社,2005年7月版,第128页。

⑤ 刘少阳、徐敬宏:《美国:新媒体时代的诽谤应对》,《网络传播》2013年第11期。

1. "事实恶意"原则

1964 年的"《纽约时报》诉沙利文案"①具有里程碑意义,"极大地扩展了对于政府官员的行为的评论空间,并且改变了关于诽谤罪的法律的本质"。② 虽然《宪法第一修正案》仅仅在字面上透露出通过保护言论自由和出版自由而维护信息的自由流通,但美国联邦最高法院在"《纽约时报》诉沙利文案"中,根据《宪法第一修正案》判决政府官员在涉及名誉诽谤案时,必须指明诽谤言论是错误的,并且该言论是出于真实的恶意。此判决确认了应该为私人准确和真实的言论提供更高水平的保护。

1960 年 3 月 29 日,《纽约时报》刊载了题为《关注他们日渐高涨的呼声》(Heed Their Rising Voices)的整版社论性广告,为民权领袖马丁·路德·金受到阿拉巴马州伪证罪指控的辩护筹集资金。在广告中提及了一些阻挠民权领袖的行动,指责的基本要点都是真实的,但部分内容失实,而且涉及蒙哥马利市警察。尽管蒙哥马利市民选市政专员沙利文并没有在广告中被指名道姓地点出来,但是鉴于他的职位,加上他的职责是监督警察部门,对于警方行动的失实批评被认为是对他个人的诽谤。

阿拉巴马州法律要求,政府官员受到出版商的诽谤,可以书面要求出版商公开道歉,且在被告未执行或拒绝执行的情况下,方可要求惩罚性赔偿,因此沙利文发出了书面要求。《纽约时报》拒绝收回报道,并回信表示,"我们……很不解您为何认为广告是在说您,如果您愿意,请告知我们您是依据什么认为这个广告是在影射您的"。沙利文并没有回应,而是在数日后提起诉讼。他还起诉了广告中提及的四名黑人牧师:拉尔夫·阿伯内西(Ralph Abernathy)、S. S. 西伊(S. S. Seay)、弗雷德·舒特尔斯沃(Fred Shuttlesworth)和约瑟夫·洛里(Joseph Lowery)。在阿拉巴马法庭的判决中,沙利文胜诉,获赔 50 万美元。

报社上诉到联邦最高法院。1964 年 3 月 9 日,联邦最高法院以 9 比 0 的表决结果做出判决,裁定《纽约时报》胜诉。判决书由布伦南大法官主笔完成。他曾经协助沃伦大法官,推动种族隔离制度的废除。在此案的判决意见中,他对媒体批评官员的权利进行了更为强化的界定:媒体在"对错误陈述信以为真"的前提下发布不实之词,应豁免于诽谤诉讼。他写道:"官员履行职务时,享有言论免责权,那批评官员的公民也应当享有同等特权。"

---

① New York Times Co. v. Sullivan, 376 U. S. 254(1964).

② Joseph R. Dominick, 2004: *The Dynamics of Mass Communication: Media in the Digital Age*, McGraw-Hill, p. 411.

"公民履行批评官员的职责,如同官员恪尽管理社会的职责"。在这份著名的判决意见中,另一句话也作为经典内容被后人广泛援引:"我国曾对一项原则作出深远承诺,那就是:对于公共事务的辩论应当不受抑制、充满活力并广泛公开,它很可能包含了对政府或官员激烈、刻薄甚至尖锐的攻击······这显然有权得到宪法的保护。"①因此,"政府官员名誉受损,并不意味着我们要以压制言论自由为代价进行救济"。

联邦最高法院指出,在涉及政府官员的公职行为的诽谤案中,阿拉巴马法院在适用法律时,缺乏对联邦《宪法第一修正案》和《第十四修正案》所赋予的言论自由和新闻自由的保障。判决进一步认为,为了保障新闻自由,政府官员不得单纯因新闻报道中的内容有失实的部分而提出诽谤起诉。除非他们能证明媒体的报道存在"事实恶意"(也译为"实际恶意""真实恶意"),并且还需证明自己的实际利益因为这一部分失实的内容确实受到了损害。但是在这个案件中,政府官员无法证明《纽约时报》的这个报道存在真实的恶意,因此法院判其败诉。在"多数人意见书"里,第一次使用了"事实恶意"的概念:

> 我们认为,宪法(对媒体自由)的保证,需要制定一条联邦规则:如果媒体对一个公职官员的公务错误中伤,我们需要禁止这位官员追究媒体的责任。除非这位官员能证明媒体所犯的错误是出于"事实恶意"——就是说事先明知的错误,或罔顾事实。②

事实上,这项判决在宪法上认可了少数州的普通法规则,这些规则赋予了人们评论政府官员的特权。布伦南写道,纵然受害官员能够证明评论出于"事实上的恶意",也就是说,即使公民批评者明知评论失实,或者轻率地忽视言论的真实性问题,政府官员也只能获得损害赔偿金。③

"《纽约时报》诉沙利文案"的判决具有重大意义。在此案之前,美国对于诽谤案件采用的是判例法。原告只需提供出版材料就足够了。而在此案中,最高法院对诽谤的法律做出了革命性的变革,推翻了两百年来既定的法

---

① 〔美〕迈克尔·埃默里、埃德温·埃默里、南希·L·罗伯茨:《美国新闻史:大众传播媒介解释史》(第九版),展江译,北京,中国人民大学出版社,2004 年 4 月版,9,第 668—669 页。
② 孙莹:《美国传媒人的法律读本:记者如何保护自己的权利》,广州,南方日报出版社,2010 年 4 月版,第 53 页。
③ 〔美〕小哈里·卡尔文:《美国的言论自由》,李忠、韩君译,北京,生活·读书·新知三联书店,2009 年 6 月版,第 68 页。

律,决定各州对于诽谤案的审理要服从于宪法审查。它所确立的三条原则:社论性的广告受《宪法第一修正案》保护;如果包含公共官员的行为,即使是虚假的言论也可以受到《宪法第一修正案》的保护;要打赢诽谤案,公共官员必须证明虚假的或诽谤性的言论是出于实际恶意。这三条原则会影响以后对诽谤案的判决。[1]

在美国,言论自由是最受保护的人权,因而在有关诽谤案件的法律实践中通常优先保护被告言论自由的权利。[2] 正如布伦南大法官所言,"言论自由要存活,就必须有呼吸的空间",人们会因为害怕受惩罚而不敢发表意见,从而产生一种"寒蝉效应"。[3] 在当时,这条原则只适用于公职官员的公务行为,之后也应用于公众人物,甚至一般百姓。而从宏观上来讲,该案发生后,诽谤问题被纳入宪法体制,实现了民事诽谤法的宪法化,从而彻底改变了传统的诽谤法规则。这是人类历史上以民主理念处理诽谤的一种新路径,从这个层面上看,该案在美国诽谤法的历史上意义非比寻常。[4]

美国法院对于处理关于名誉权案件的理论框架的关键,在于把言论分解为对事实的陈述和对意见的陈述两种。这种事实/意见的二分法成为整个分析框架的基础。对意见的陈述是绝对受保护的,被称为意见特权。对事实的陈述是作者对客观发生的事实的具体描述,其衡量的标准为是否"真实"。而对意见的陈述是作者对已发生事实的性质、意义、价值等的主观评价,无所谓真实不真实。

"《纽约时报》诉沙利文案"之后,在名誉权保护与公民言论自由之间的平衡倾向了最大限度保护言论自由。公共人物如果想在诽谤案中获胜,就必须证明"事实恶意"。

2. "公众人物"概念的拓展

"《纽约时报》诉沙利文案"之后的许多案例均在对所谓的"公共官员"进行定义。法庭将选举出来的官员,如市长、法官、民政人员、郡县级的职员、警察及警长等定性为公共官员。在"罗森巴尔特诉拜耳案"[5]中,最高法院将公职人员定义为:对政府事务的行为承担重要责任的政府官员或公众认为

---

① Joseph R. Dominick, 2004: "*The Dynamics of Mass Communication: Media in the Digital Age*", McGraw-Hill, p. 411.

② *Kingdom and Ukraine*, 2013, "Comparative Analysis, CEU eTD Collection", *Central European University*, April 12, pp. 4 - 6.

③ New York Times Co. v. Sullivan, 376U. S. 264.

④ 刘少阳、徐敬宏:《美国:新媒体时代的诽谤应对》,《网络传播》2013年第11期。

⑤ Rosenblatt v. Baer, 383U. S. 75,92(1966).

对此承担了重要责任的其他任何人。①

1967年的"柯蒂斯出版公司诉巴茨案"②中,最高法院首次把"实际恶意"规则中的"公共官员"概念扩充解释为"公众人物",即公众人物若想赢得诽谤诉讼,必须满足与政府官员同样的举证标准。对此,大法官沃伦解释说:

> 在我国,政府与私人领域的分界越来越模糊。自1930年代的"大萧条"和第二次世界大战以来,不同领域急遽整合,政经权力交叉融合,科技、工业和政府合并结盟,学界、政界和商界高度互动。……在许多情况下,传统的通过正式的政治机制所形成的政治决策,如今通过一系列复杂的理事会、委员会、社团和协会等机构来制定并实施,有些机构与政府仅存在松散的关系。这种职位与权力相融合的现象在个人身上也同样存在,所以,许多目前没有公职的人员仍然与许多重要的公共决策有密切的联系,或者由于他们的名声,能使事件吸引社会的注意。由此看来,很明显,虽然他们并未受到政治程序的约束,可是"社会名流"像"公共官员"一样,经常在社会秩序中扮演重要角色。而且很显然,作为一个阶层,"社会名流"和"公共官员"一样很容易接触并利用大众传媒,既可以影响政策,又能够反击就他们的观点和行为所提出的批评。公民对他们的行为产生的兴趣合法、合理,只要是涉及公共利益的问题和事件,新闻媒介就有自由对他们进行毫无拘束的讨论,这与针对"公共官员"的自由讨论是同样重要的。他们不受政治秩序约束的事实只能更强化公众兴趣合法性的本质,因为那意味着,公众舆论也许是社会唯一能够利用的影响他们行为的武器。

美国联邦最高法院在1974年的"吉儿兹诉罗伯特·韦尔齐公司案"③中确认,即使非公众人物在对大众媒介发表或播放具有诽谤性质的报道的行为提起诉讼时,也必须证明大众媒介有过错。④ 换言之,普通公民在指控媒体诽谤的过程中,仅仅证明对方发表或传播了一些错误甚至是诽谤性言论

---

① 〔美〕Kenneth C. Creech:《电子媒体的法律与管制》(第5版),王大为、于晗、李玲飞、等译,北京,人民邮电出版社,2009年2月版,第324-325页。

② Curtis Publishing Co. v. Butts, 388 U. S. 130(1967).

③ Gertz v. Robert Weltch, Inc. , 418 U. S. 323(1974).

④ 〔美〕唐·R. 彭伯:《大众传媒法》(第十三版),张金玺、赵刚译,北京,中国人民大学出版社,2005年7月版,第164页。

是不够的,还需要进一步证明被告在主观上具有某种程度的故意或疏忽。[①] 鲍威尔大法官在"吉儿兹诉罗伯特·韦尔齐公司案"的判决意见中写道:"根据《宪法第一修正案》,根本不存在所谓的错误的思想这样的东西。无论一种思想看起来多么有害,我们赖以校正它的,不是法官或陪审团的良心,而是其他思想的竞争。"

但随着时间和形势的变化,这种绝对的言论自由理念就显得过时了,不利于对名誉权的保护。后来,最高法院认为,如何判决诽谤案件,还是要看原告身份是否为"公众人物"以及论题是否涉及"公众利益"。如果是没有涉及公众利益的普通人,媒体的错误就比较不能原谅。这个观点沿用至今。[②] 对于一般百姓,最高法院的意见是:当媒体确实有过失时,由各州自行决定其衡量标准。

1988 年,最高法院审理了"《好色客》诉福尔韦尔案"[③]。《好色客》是拉里·弗林特创办的一本色情杂志。1983 年,为配合堪培利开胃酒的推广活动,《好色客》杂志开辟了主题为"第一次"的广告专栏,专栏"虚构"了一些名人访谈,让名人们"畅谈"在性事上初尝禁果的经历,最终把话题扯回到第一次品尝堪培利开胃酒的体验。《好色客》"虚拟"访谈中调侃的名人之一,是以在电视上布道而闻名全国的极右派团体"道德多数派"中的杰瑞·福尔韦尔牧师。广告标题是"杰瑞·福尔韦尔谈他的第一次",底端以小号字体写着:"戏仿之作,请勿当真。"在这篇"访谈"中,福尔韦尔说,他的第一次发生在洗手间内,是与母亲的酒后乱伦。

福尔韦尔向来以道德卫士自居,多次在公开场合,谴责拉里·弗林特伤风败俗。被《好色客》如此调侃,令他暴跳如雷。他随即控告《好色客》诽谤,以及"故意导致精神损害"。陪审团以"戏仿"不能当真为由,驳回了诽谤指控,但认定《好色客》的行为属于故意导致精神损害,要求杂志赔偿福尔韦尔补偿性赔偿金和惩罚性赔偿金各 10 万美元。《好色客》上诉后,联邦第四巡回上诉法院宣布维持原判。

官司打到最高法院。在庭审中,斯卡利亚大法官如此评述此案:"《宪法第一修正案》并不包含所有的言论。它的确承载着非常重要的价值,但是,不是我们社会的唯一价值⋯⋯如果按照你的说法,仅仅因为你是公众人物

---

① 〔美〕Philip H. Miller:《媒体制作人法律实用手册(第四版)》,何勇、李丹林、等译,北京,人民邮电出版社,2009 年 3 月版,第 140 页。

② 孙莹:《美国传媒人的法律读本:记者如何保护自己的权利》,广州,南方日报出版社,2010 年 4 月版,第 68 页。

③ Hustler Magazine v. Falwell, 485 U. S. 46,1988.

或政府官员，就无法保护自己或你的母亲免遭母子在洗手间乱伦的'戏仿'……你认为乔治·华盛顿还愿出任公职吗？如果《宪法第一修正案》不保护这些价值，还有人愿意为公众服务吗?"对此，《好色客》的律师艾伦·艾萨克曼回答，在华盛顿时代，也有人在漫画中把总统画成一头驴。斯卡利亚回答:"这个我可不介意。我想，华盛顿也不会介意。但本案情形要过分得多，这可是说你和你母亲在洗手间乱伦啊。"艾萨克曼说:"我们这里讨论的是格调高低问题吗？就像您之前说的，没有人会因此相信杰瑞·福尔韦尔乱伦过。再说，以政治漫画嘲弄公众人物或政客，本来就是美国延续至今的一项古老传统。"

最终，最高法院以 9 票对 0 票的结果，一致同意撤销福尔韦尔获得 20 万美元赔偿的判罚。首席大法官伦奎斯特亲自撰写了判决意见。他指出，福尔韦尔一方主张，《宪法第一修正案》不应保护令人难以容忍的蓄意精神伤害，"但是，在就公共事务进行辩论的领域，《宪法第一修正案》保护许多不值得称道的行为"。他补充说，如果不是这样，政治漫画家或讽刺作家必然寸步难行、无所作为。他进而提到美国历史上比较著名的几幅政治漫画，包括将华盛顿画成驴的那幅。伦奎斯特不赞同只有"令人不能容忍"的言论才应受追惩的说法，因为在政治或社会领域，"令人不能容忍"是一个非常主观的判断，"会让陪审团根据他们的品位或立场，有时甚至是个人好恶进行裁判"。意见最后说，被《好色客》"戏仿"广告伤害的人，不管遭到多大冒犯，都不能仅仅因为受嘲弄而要求损害赔偿。他必须证明对方进行了不实陈述，而且是基于蓄意造假或罔顾真相而为之。既然没有读者认为《好色客》对福尔韦尔的"戏仿"陈述是描述真相，那他就应该输掉这场官司。伦奎斯特在分析言论自由的价值时，再次强调:公众人物应容忍"激烈、刻薄，甚至尖锐的攻击"，以及表达自由需要"赖以生存的呼吸空间"。

"《好色客》诉福尔韦尔案"对言论自由的意义十分重大。它充分显示，在最高法院，即便是保守派大法官，也深刻意识到，宪法要求美国社会对公共事务的讨论保持宽容态度，这些讨论中，不仅包括"被画成驴"的乔治·华盛顿，也包括"与母亲在洗手间乱伦"的福尔韦尔。之后，拉里·弗林特和他的杂志再未受到诽谤起诉。而这起案件，亦被导演麦洛斯·弗曼拍成电影《性书大亨》，成为宣扬言论自由的经典之作。①

在美国，意见性陈述通常可以免于诽谤诉讼。根据美国最高法院的意

---

① 〔美〕安东尼·刘易斯:《批评官员的尺度——〈纽约时报〉诉警察局长沙利文案》，何帆译，北京，北京大学出版社，2011 年 7 月版。

见,宪法也保护意见性陈述,但只保护纯粹的意见,暗含错误事实的意见性陈述不受保护。① 1990 年美国联邦最高法院在"米尔科维奇诉洛伦杂志公司案"②中确立了一项具有可证伪性的标准:即对于那些可以合理地解释为对事实有所主张,且该事实具有可证伪性的意见,不享受意见特权。③ 最高法院的这一新标准提出了"对事实有所主张的意见"这一概念,并表明了基本立场。但是,这项新的标准仍欠明确,不能给下级法院以更切实的指导。正如《哈佛法律评论》上的一篇总结评论谈道:"同样的,一个陈述是否可被证明虚假依赖于法院的解释,而法院倾向于运用模糊的常人标准来确定陈述的意思。很不幸,在解决这些问题上,做出米尔科维奇案判决的最高法院没有给予新闻界和下级法院以任何指导。"④目前,美国法院在如何确定意见的可证伪性上仍存在若干不统一的法律标准,还处于不断探索之中。

3. 刑事诽谤

除了民事诽谤外,刑事诽谤也是反诽谤法的一部分。其理论基础是:有时,州可以代表受到诽谤伤害的一方,对被告提起刑事诉讼。今天,美国只有不到半数的州有刑事诽谤法。"实际恶意"原则本是审理民事诽谤案件时应当遵循的基本原则,但在审理刑事诽谤案件时,该原则同样适用。自"《纽约时报》诉沙利文案"以来,最高法院仅审理过一起刑事诽谤诉讼,即"加里森诉路易斯安那州案"。美国联邦最高法院在判决中这样写道:"当以公共官员为对象的诽谤成为刑事诽谤诉讼的基础时,必须以清晰明确、有说服力的证据证明被告的实际恶意,即被告明知报道有误,或者不计后果地无视其真伪。"怀特大法官强调,如果报道有明显疑点,当然应深入查证。福塔斯大法官指出,越是发布对官员不利的报道,媒体越是应履行"查证真伪的义务"。他说:"公务员也是人啊!"⑤

布伦南大法官写道:在民事诽谤诉讼案中,一些理由的存在说服法院进行判决,《宪法第一修正案》保护人们针对公共官员的批评,同样的理由也适用于刑事诽谤诉讼。⑥

---

① 〔美〕唐·R. 彭伯:《大众传媒法》(第十三版),张金玺、赵刚译,北京,中国人民大学出版社,2005 年 7 月版,第 221 页。
② Milkovich v. Lorain Journal Co., 497 U. S. 1(1990)。
③ 鞠海亭:《网络环境下的国际民事诉讼法律问题》,北京,法律出版社,2006 年 1 月版,第 230 页。
④ ×,1990, The Supreme Court Leading Cases, *Harvard Law Review*, Vol. 104, p. 224.
⑤ 〔美〕安东尼·刘易斯:《批评官员的尺度——〈纽约时报〉诉警察局长沙利文案》,何帆译,北京,北京大学出版社,2011 年 7 月版,第 241 页。
⑥ 〔美〕唐·R. 彭伯:《大众传媒法》(第十三版),张金玺、赵刚译,北京,中国人民大学出版社,2005 年 7 月版,第 229 页。

在一些地方,群体诽谤是触犯刑法的。例如,1949 年,伊利诺伊州颁布的一项法律,宣布散布和出版种族主义言论触犯刑法。但是 1978 年,美国的纳粹分子在以犹太人为主的芝加哥郊区进行纳粹游行时,这项法律并没有发挥什么效力。

在民事诽谤案中,一个已经去世的人是不可能被诽谤的。但是触犯刑法的诽谤通常要处罚那些对逝者的回忆或者对亲属进行诽谤的行为。[①]

4. 诽谤案的"有效追溯期"

美国诽谤案的"有效追溯期"通常是一年,也有两年或者六个月的。有时原告在刊物出版后很久才发现自己被某媒体诽谤而错过追溯期。不过,在电子信息发达的今天,这种情况的可能性已经不大了。一个比较典型的例子是"基顿诉《皮条客》杂志案"[②]。《皮条客》是一本成人杂志,原告基顿是纽约州人,当她发现自己被诽谤时,已经过了纽约州的起诉有效期。最后,她的律师发现,全美最长的诽谤案追溯期是在新罕布尔州——六年。律师就选择在新罕布什尔州起诉,理由是该杂志在该州也大量发行。此案一直上诉到最高法院,最高法院同意原告可以在新罕布什尔州起诉。[③]

5. 媒体的其他抗辩理由

面对诽谤诉讼纠纷时,除了"《纽约时报》诉沙利文案"中所确立的宪法保护外,媒介制作人还受益于普通法和州成文法中的相关抗辩理由。在普通法中,有"官方报道"的特权,即如果记者所报道的内容来自某个公开的会议记录、司法文书或者相关的政府报告、抄本以及政府有关文件中任何其他人的陈述,记者可以免于承担诽谤侵权责任。与之相似的还有所谓的"中立报道"的特权,指记者如果能够公正、准确地报道第三方针对某个公众人物的诽谤性陈述,即便该言论并非来自某个公开会议或者政府公文,记者依然可以被免责,但条件是这些言论针对的是官员的公共责任和重大公共问题。

在美国,超过 30 个州都有"收回条款",即只要媒体能够及时、全面地更正错误的报道,减轻不良影响,则可以免除惩罚性赔偿。大多数法律都会详细规定获得此项保护的具体要求。媒体必须满足这些条件,才有可能免除惩罚性赔偿。以加利福尼亚州的"收回条款"为例,媒体必须在接到被冒犯个人或团体投诉的 3 周内以"显著的方式"将更正报道刊登在与原文发稿相

---

① 〔美〕Kenneth C. Creech:《电子媒体的法律与管制》(第 5 版),王大为、于晗、李玲飞、等译,北京,人民邮电出版社,2009 年 2 月版,第 335 页。

② Keeton v. Hustler Magazine, Inc., 465 U. S. 770(1984).

③ 孙莹:《美国传媒人的法律读本:记者如何保护自己的权利》,广州,南方日报出版社,2010 年 4 月版,第 33 页。

一致的版面位置上。[①]

涉及新媒体的抗辩理由更为复杂。其中一个饱受争议的问题是：博主算不算记者？有一项判决站在了博主们一边。美国得克萨斯州上诉法院裁定一位匿名博主可以保留自己的秘密身份，称某一网站博客的创立者拥有《宪法第一修正案》所赋予的在诽谤官司中匿名的权利，除非声称被诽谤的公司可以证明博客文章给公司造成了实际的经济损失。[②] 但另一案件的判决截然相反。2008 年 8 月，一位网民在谷歌旗下的博客平台 Blogger 上匿名开博，并公开发表对加拿大名模特丽斯卢拉·科恩的侵犯性言论。这篇充满了讽刺性和攻击言论的博文一经发表，立刻成为网络上的热门点击话题。该博客短时间内也成为风靡网络的热门博客。科恩随后将谷歌告上法庭，要求谷歌关闭该博客，并公布博客作者身份。经过长达半年的审理，曼哈顿高等法院判决谷歌败诉，并勒令谷歌立即关闭该匿名博客，同时公开匿名博主的身份。

维基百科诽谤约翰·席根塔勒一事引发争议。[③] 2005 年，美国经验丰富的新闻工作者约翰·席根塔勒(John Seigenthaler)发现，有人在维基百科有关其生平一栏中添加了戏弄性的条目，构成了对他的诽谤。

席根塔勒愤怒不已，并在《今日美国》上撰写了一篇文章抨击维基百科。此举却让维基百科这种汇集互联网集体智慧的试验性做法在美国人迅速家喻户晓，而在此之前，他们甚至还不知道维基百科的存在。但维基百科的模式却备受争议：这种网上百科全书完全由志愿者撰写，每一个条目都要不断接受大众的对等评估。任何人都可以编辑任何条目（只需先进行简单的注册，甚至无须提供电子邮件地址），而且任何人都可以率先发表文章。

席根塔勒本可以自己在上面纠正那些错误。但是，正如他所指出的那样，编辑过程的开放性（任何用户都能看到文章修改前的版本）意味着所带来的伤害不会被真正消除。此外，通过法律途径寻求解决也是非常困难的。根据互联网法律，维基百科不用对任何错误，甚至是诽谤性言论负责，因为它仅仅是集合了其他人的言论（1996 年通过的《传播净化法案》使它获得了这样的豁免）。虽然，个人编写者要对其网络言论负责，但要找到他们实非易事。保护互联网隐私的法律使人们难以将用于发帖的电脑地址（网际协议地址）与实际录入者的姓名和地址联系起来。除非席根塔勒对此人提出

---

① 〔美〕Philip H. Miller：《媒体制作人法律实用手册（第四版）》，何勇、李丹林、等译，北京，人民邮电出版社，2009 年 3 月版，第 142－143 页。

② 张平：《网络法律评论》（第 11 卷），北京，北京大学出版社，2010 年 6 月版，第 5－6 页。

③ 《金融时报》（FT 中文网），2005 年 12 月 23 日。

诽谤诉讼,法院才会下命令,但是他对打官司并没兴趣。最后,这个错误的信息在事件发生后四个月后才从维基百科上被删除。为了回应席根塔勒的侵害事件,维基百科改变了其开放政策,而且要求其使用者在创作新文章前必须进行注册。可是,为了保护条目免遭滥用,所付出的代价是牺牲了一些匿名性和开放性功能。①

遭到诽谤的人应该得到平反赔偿,但不是以削弱互联网的互动潜力为代价。为了获得更大的公众利益,容忍极少量的诽谤行为是值得的。②

三、网络名誉权

网络名誉权是指名誉主体在互联网上享有获得客观公正的社会评价及免受侮辱、诽谤等加害行为的一种人格权利。由于互联网的迅猛发展,网上侵犯他人名誉权的案件层出不穷。网络侵犯名誉权,是指在网上登载包括文字、图片、声音、动画等各种利用电脑和网络技术制作并在网络中上载各种各样的作品,侵犯公民或法人的荣誉,并使其社会评价降低或贬损的行为。③ 步入新媒体时代,计算机网络技术迅猛发展,信息的发布和传播比以往任何时期都快。应对诽谤,美国司法系统面临更为复杂的挑战。④

与物理空间的侵犯名誉权相比,网络侵犯名誉权有三个特点。

一是具有国际性。这是由互联网的无国界性决定的。

二是危害后果更严重。与传统媒体相比,网络传播的快速性和广泛性使侵权言论传播范围更大,对受害人造成的危害也更大。在过去,口头的八卦可以败坏一个人的名声,但是会随着时间推移从记忆中消失。而且人们还可以搬到其他地方开始另一种新生活。可是,互联网使八卦变成了永远的名声污点,而且永不消逝。它在世界各地都可以取得,并且借助谷歌,便可以在少于 1 秒的时间里,立刻被找到。⑤

三是隐蔽性更强。利用网络侵犯名誉权更加隐蔽、便捷,网络用户可根据自己的喜好确定和变换自己的网名。

与传统侵犯名誉权一样,网上侵犯名誉权的主要类型是诽谤和侮辱。

---

① 〔美〕丹尼尔·沙勒夫:《隐私不保的年代》,林铮颐译,南京,江苏人民出版社,2011 年 12 月版,第 153 - 154 页。

② 刘迪:《现代西方新闻法制概述》,北京,中国法制出版社,1998 年 9 月版,第 120 页。

③ 黄瑚、邹军、徐剑:《网络传播法规与道德教程》,上海,复旦大学出版社,2006 年 10 月版,第 114 页。

④ 刘少阳、徐敬宏:《美国:新媒体时代的诽谤应对》,《网络传播》2013 年第 11 期。

⑤ 〔美〕丹尼尔·沙勒夫:《隐私不保的年代》,林铮颐译,南京,江苏人民出版社,2011 年 12 月版,第 38 页。

网络诽谤是指在网络上传播针对特定对象的虚假信息并造成对方社会评价降低的行为。下面是一个关于网络诽谤的例子。凯蒂是一个 18 岁女孩,居住在距科罗拉多州丹佛市约 2 个小时车程的一个小镇上。2003 年 7 月 4 日,科比·布莱恩被控强暴了该镇的一名 19 岁女孩,按照惯例,应对起诉科比的女孩身份进行保密。不过很快,网络上开始了对被性侵女孩身份的猜测。接着,凯蒂卷入其中,谣言称其为受害者。起初,凯蒂并未十分在意,认为不过是瞎猜。但由于凯蒂和受害者年龄相仿,上同一所高中,住在同一个小镇上。于是在很短的时间内,凯蒂的照片就被张贴到了互联网上,而且占了一整页的篇幅,并加以极具侮辱性的字样。凯蒂及其家人被网络上的狂暴诽谤搞得心力交瘁。凯蒂的母亲联络了许多网站,相关负责人要求他们删除凯蒂的名字和照片,有些网站做到了,而有些网站依然故我。①

　　网络诽谤有多种形式。它可以是社会媒体或博客上的一篇文章、网络报纸上的一篇报道、YouTube 上的一个视频,或者是通过 e-mail 发送的一个卡通漫画。网络诽谤事件的数量呈逐年上升之势。据美国媒体法律资源中心的统计,如今关于博主及社会媒体的法律诉讼呈现不断上升之势,仅 2005～2009 年间就有 109 件起诉博主的诽谤案件。②

　　随着媒体内容更多地在互联网上发布,数字时代的诽谤法正在遭到质疑。在一些案例中,对于美国新闻工作者的指控,已经被提交到外国法院,因为其他国家的诽谤法要严厉得多。比如,有几段言辞在美国受到《宪法第一修正案》的保护,并不被视为诽谤,但是在英国或其他国家的居民将其从网站下载,而这些国家对新闻自由的宪法保护有所缺位,诽谤法给予媒介的保护较少,那么该言辞就会被认为是诽谤。③

　　虽然传统媒体的诽谤法的基本原则同样适用于互联网等新媒体,但新媒体的情况更为复杂。谈到在新媒体环境中对于诽谤的管理状况,美国网络媒体公司 CNET 的记者指出:"在美国这个对于言论自由给予最积极保护的国度,有关互联网的诽谤法律,正处于不断变化中。"④

　　在这种环境下,网络上的侮辱往往会超出法律的控制。正如玛莎·纳

---

① 〔美〕丹尼尔·沙勒夫:《隐私不保的年代》,林铮顗译,南京,江苏人民出版社,2011 年 12 月版,第 41 页。

② Kingdom and Ukraine 2013: "Comparative Analysis, CEU eTD Collection", *Central European University*, April 12, p. 13.

③ 〔美〕Philip H. Miller:《媒体制作人法律实用手册》(第四版),何勇、李丹林、等译,北京,人民邮电出版社,2009 年 3 月版,第 205 页。

④ 〔美〕约瑟夫·塔洛:《今日传媒:大众传播学导论》(第三版),于海生译,北京,华夏出版社,2011 年 9 月版,第 109 页。

斯鲍姆[①]所说:"在羞辱方面,国家没有通过它本身建立的机构直接给予惩罚,而是邀请民众去惩罚违法者。这不仅是个不可靠的惩罚方式,而且还有一个本质上的问题,即如果它邀请到的'暴民'刚好不喜欢当事人时,便会产生欺压他的情况。由暴民控制的司法,不是自由民主社会通常高度重视的公正、慎重、中立的司法。"比起政府所支持的羞辱惩罚,互联网式羞辱与国家的控制毫不相干。在普通刑事程序中,一个人直到被证明有罪之前,都是无辜的。可是互联网式羞辱则不同,因为人们在没有公听之下,就被惩罚了。[②]

这里介绍一下"盾牌法"。

2011 年,美国黑曜石金融集团对俄勒冈州博主考克斯提起诉讼,认为她发布的一篇关于该企业及其创办人在处理一起破产案时行为不检的博文不属实。地方法院裁定博主诽谤罪成立,赔偿企业及其创办人 250 万美金。法官认为,考克斯未受任何一家正式媒体机构聘用,因此不受新闻"盾牌法"保护。所谓"盾牌法",是指允许记者不公开机密消息来源。

尽管美国很多州都制定了"盾牌法",承认新闻的消息来源应该保密。但是"盾牌法"有一个问题,即要求政府界定哪些人属于新闻记者。[③] 在自媒体时代,虽然人人都是"记者",但"盾牌法"的保护对象仍然存在区别对待。美国司法部门给予新闻媒体从业人员在网上发布尚未经核实的信息的豁免权,这是对媒体人专业性和行业自律的信任;而网民如果发表不实言论,则可能受到诽谤等罪的控告。

考克斯在法庭上称,博客内容是事实,来自黑曜石金融集团的内部消息源,鉴于俄勒冈州的新闻"盾牌法",她拒绝透露消息来源,但也因此无法证明博客内容的真实性,或者将"诽谤"责任推给消息来源。

俄勒冈州向公认传统媒体的记者提供法律保护,通常情况下免除对其的诽谤指控,也允许其不透露消息来源。而是考克斯未受任何一家正式媒体机构聘用,显然得不到"盾牌法"的保护。

网上侵犯名誉权案,谁应为此负责?网络服务商(ISP)是否承担责任?在美国可以从以下三起诽谤案说起。

---

① Martha Nussbaum,芝加哥大学法学院教授。著有《善的脆弱性》《诗性正义》。
② 〔美〕丹尼尔·沙勒夫:《隐私不保的年代》,林铮颢译,南京,江苏人民出版社,2011 年 12 月版,第 105 页。
③ 〔美〕约翰·维维安:《大众传播媒介》(第 7 版),顾宜凡、等译,北京,北京大学出版社,2010年 1 月版,第 547 页。

(1)"卡比公司诉网络服务公司案"。[①] 该案是美国最早的一起网络侵犯名誉权案件,确立了有关网络服务商对其传播信息所负法律责任的基本原则。在该案中,被告 CompuServe Inc 是一个网络服务商,兼营一个 BBS 站并设有为数众多的网络论坛。原告 Cubby Inc 认为,被告的一个论坛被 Cubby Inc 的竞争对手 Rumor Vile 公司张贴了不实并具有诽谤性的信息,并据此起诉 CompuServe Inc,要求其承担法律责任。

电信服务公司是出版商还是发行商? 这个问题很重要,因为在监督出版物内容方面,出版商应遵守的标准要比发行商高得多。通常,"重复或再版诽谤作品的人,应承担与最初出版该作品的人相同的责任"。但是,对于报亭、书店和图书馆这些实体经营者,"纽约法院长期以来一直认为,如果销售诽谤出版物的零售商和发行商既不知道,也没有理由知道其中的诽谤,他们就不必为诽谤负责"。[②] 人们倾向于认为,电信公司对其传达的信息没有编辑控制权。电信公司以非歧视、先到先得、额满即止为原则提供信息接入服务。因此,适用于广播公司、有线广播公司以及其他电子传媒的内容管制并不适用于电信公司。[③]

纽约地方法院查明,在 Rumor Vile 上传内容到 CompuServe Inc 的数据库后,其用户立即可以下载阅读。而 CompuServe Inc 事先无法获悉 Rumor Vile 的内容。法院据此判决,CompuServe Inc 只是发行商而不是出版商,无需对 BBS 站中的言论负责。法院认定,电脑服务公司"和公共图书馆、书店或报亭相比,并没有对其出版物作更多的编辑管理;电脑服务公司如果要审查刊载的所有内容以防止可能的诽谤性言论,并不比其他发行商这样做更可行,《宪法第一条修正案》长期以来被认为是对发行商的保护……"[④]

(2)"斯特拉顿·奥克蒙特公司诉奇才服务公司案"。[⑤] 1995 年的该案的判决推翻了上面的案例。美国纽约一家证券投资公司奥克蒙特在一家名为"奇才"的 BBS 的财经版上被一无法查出身份的用户诽谤。奥克蒙特公

---

① Cubby Inc. v. ComupServe Inc., 776 F. Supp. 135,141, S. D. N. Y, 1991.

② 〔加〕大卫·约翰斯顿、森尼·汉达、查尔斯·摩根,《在线游戏规则:网络时代的 11 个法律问题》,张明澍译,北京,新华出版社,2000 年 9 月版,第 239 页。

③ 〔美〕Kenneth C. Creech:《电子媒体的法律与管制》(第 5 版),王大为、于晗、李玲飞、金雪涛译,北京,人民邮电出版社,2009 年 2 月版,第 393 页。

④ 〔加〕大卫·约翰斯顿、森尼·汉达、查尔斯·摩根,《在线游戏规则:网络时代的 11 个法律问题》,张明澍译,北京,新华出版社,2000 年 9 月版,第 239 页。

⑤ Stratton Oakmont Inc v. Prodigy Services Company, WL 323710 (N. Y. Sup. Ct. May 24,1995).

司因此起诉 BBS 服务供应商奇才服务公司并索赔 2 亿美元。在审理过程中,纽约的法院认为 BBS 服务商相当于出版商,奇才服务公司对 BBS 上的言论有控制权,所以应该对其中散布的诽谤言论负责,其责任等同于报刊编辑和出版社所承担负的责任。纽约最高法院于 1995 年 5 月 24 日做出判决,支持了原告的观点和主张,认为被告既然设置了 BBS 站长,使用了监视软件,主动行使了决定用户内容是否适当的权利,就应该承担与其权力相应的义务,即作为发布者应对信息言论负责。

这两起早期的网络侵犯名誉权案,在美国引起了广泛争议。这两个案子有什么不同? 为什么奇才公司要负责,而电脑服务公司不负责? 纽约最高法院对这两起相似案件不同判决的解释是,奇才公司有意识地通过颁布言论指南、设置 BBS 站长和使用监视软件来对信息内容进行编辑和控制,因此由原先的"传播者"(distributor,即出版者)变成了"发布者"(publisher,即发行者)。"发布者"是指以自己的名义向他人发布信息的人或机构,如出版社、报社、杂志社、广播电台和电视台,而"传播者"则是指在不知信息内容违法的前提下,消极地、原封不动地对现有信息继续传播的人或机构,如书店、报刊亭、公共图书馆等。

"传播者"和"发布者"是美国法律对信息流动过程中当事人的基本分类,二者的法律地位完全不同。一般来讲,作为"发布者"的传媒在向社会公众发布信息之前,都有充分的机会对原始信息内容进行选择和审查,因此发布违法信息的传媒和信息提供者均应承担法律责任。而作为"传播者",由于不可能行使"编辑方面的控制权",法律一般推定他们事先不知道或没有合理的理由知道信息的内容;如要求传播者对传播的内容负责,则必须首先举证证明其在了解信息内容非法后仍加以传播,即存在着主观上的故意或过失。[①] 但在网络这样一种全新的信息发布和传播场所中,"传播者"和"发布者"的界限十分模糊,已经很难加以区分了。正如一位评论家所说,这些判决有很大的缺陷,因为它们并未充分认识到新技术的特殊性。对这些判决的批评主要分为以下三点。

第一,这些判决力图先确定互联网服务商的身份,究竟是出版商、发行商、销售商,还是资料保管者或只是普通的信息传递者,在此基础上再确定什么是应适用的恰当行为标准。但问题是,一个互联网服务商可能在瞬间成为上述的所有角色。更何况还有媒体一体化的现象,这也使上面说的区

---

① 郭卫华、金朝武、王静、等:《网络中的法律问题及其对策》,北京,法律出版社,2001 年 1 月版,第 215 – 216 页。

别站不住脚。

第二,法院不是以"互联网服务商能够做什么"为基础来认定它的责任,而是用被告现在的实际做法来衡量它的责任。

第三,这两个判决可能带来消极后果,即,使互联网服务商完全不监督其内容。①

"斯特拉顿·奥克蒙特公司诉奇才服务公司案"做出判决后,网络服务商提出了强烈的反对意见。许多人认为这使得网络经营者的法律负担过重,不利于网络的健康发展。美国国会众议院于 1995 年 8 月 4 日通过了由克里斯·考克斯(Chris Cox)和罗恩·怀登(Ron Wyden)提出的有关网络管制的议案,即《互联网自由和对家庭授权法》(Internet Freedom and Family Empowerment Act),它针对"奇才案"做出规定:不因对其所传播的信息做出了编辑行为而负法律责任,网络服务商不因善意地删除淫秽内容的行为而负法律责任。并特别授权网络服务商向家长提供监视软件。② 之后,1996 年美国国会通过网络《传播净化法》(Communication Decency Act,简称 CDA,也译为《传播庄重法》《传播纯洁法》等),成为同年所通过的《电子通信法》(Telecommunication Act of 1996)的一部分。《传播净化法》的补充条款"行善者"条款(第 230 条)确立:在线服务提供商既不是其系统内容的发布者,也不是这类内容的言说者,因此不能指望在线服务提供商监视海量内容。法院对第 230 条进行了解释,旨在让在线服务提供商获得对第三方所提供内容的绝对豁免权。这一条款对网络服务提供者的豁免保护,大大降低了后者因第三人所提供的信息而承担法律风险,互联网信息量与日俱增,给予新媒体这一豁免特权,将对新媒体的发展和言论自由的进步产生强大的推动作用。③

(3)"亚历山大·伦尼诉奇才服务公司案"④。在该案中,上诉法院认为网络服务提供商只是一种渠道,并非有诽谤意图地发送电子邮件 e-mail 和布告信息,因此不应承担责任。⑤ 该案发生在 1994 年,一位冒名顶替者以伦尼的名义给该镇童子军领导人发送了几封内容粗俗的电子邮件。为此,伦

---

① 〔加〕大卫·约翰斯顿、森尼·汉达、查尔斯·摩根:《在线游戏规则:网络时代的 11 个法律问题》,张明澍译,北京,新华出版社,2000 年 9 月版,第 241 页。

② 郭卫华、金朝武、王静、等:《网络中的法律问题及其对策》,北京,法律出版社,2001 年 1 月版,第 217 页。

③ 刘少阳、徐敬宏:《美国:新媒体时代的诽谤应对》,《网络传播》2013 年第 11 期。

④ Alexander Lunney v. Prodigy Services Co. , 94 N. Y. 2d 242,1999.

⑤ Kingdom and Ukraine, 2013:"*Comparative Analysis*,*CEU eTD Collection*", Central European University, April 12, p. 38.

尼的父亲起诉了奇才服务公司,称信件作者的欺骗行为给当时才15岁的男孩带来了耻辱。1999年12月,纽约上诉法院的判决称,奇才服务公司不对由假信件造成的后果负责,因为它不是信息的发布者。法院引证了一个案例,即"安德森诉纽约电话公司案"①。在此案中,法院裁定,不能因为第三方录制污秽信息并招揽对此感兴趣的人拨打电话去收听而起诉电话公司。上诉法院判决,与电话公司类似,奇才服务公司仅仅是被动地承载信息,而不是信息的发布者。即使能够证明奇才服务公司是法律意义上的信息发布者,互联网服务提供商也有权依法进行抗辩。此案上诉到了美国最高法院,最高法院驳回了起诉人伦尼的上诉,支持纽约上诉法院的裁决,判定网络服务提供商对电子邮件中和在线公告板上的诽谤事件不承担责任。

其后,在1997年的"热兰诉美国在线案"②中,一审法院援用了美国电信法,做出了美国在线对他人的诽谤言论免责的判决,热兰上诉,第四巡回法院维持了原判。

1995年,俄克拉荷马市联邦大楼爆炸事件发生约一个星期之后,有个名为"kenzz03"的用户在美国在线布告栏上张贴了一则广告——人们可以购买带有标语的汗衫。这条消息说,有兴趣的可拨打联系,电话则是肯尼斯·热兰家的号码。当他接到电话时,他才知道有关帖文的事。热兰给美国在线打电话,要求删除帖文。第二天,美国在线删除了帖文,但拒绝张贴撤销启示。于是,第二篇帖文出现后,电话继续打来。热兰发现第二篇帖文用了一个和第一篇类似的名字。他又给美国在线打电话,要求取消新帖文,并且封锁新的帖文。美国在线告诉他,美国在线正在监视滥用者的账户。可是,新的帖文继续出现,打来的电话继续增加。终于媒体开始报道此事,告知人们这个广告是个恶作剧。之后,打来的电话才开始减少。

没有人知道谁张贴了这些广告,但热兰决定为自己找回正义。他起诉美国在线粗心大意且没有删除诽谤的帖文。当美国上诉法院第四巡回法院宣告美国在线免于起诉,热兰的案子也就结束了。法庭援引了《美国电信法》第230条款:"在崭新且发展快速的互联网媒体上,国会体认到基于侵权的诉讼对言论自由所构成的威胁——因为他人的交流,而把侵权责任施加于服务提供商上,对国会而言,便意味着另一种侵入性的政府管制言论的形式"。第230条款的实施,在某种程度上,保护了互联网交流的健全本质,而

---

① Anderson. v. New York Telephone Co. 35 N. Y. 2d, 1974.

② Kenneth M. Zeran v. America Online, Inc.; U. S. District Court, E. D. Virginia, 958 F. Supp, 1997; U. S Court of Appeals, 4th Circuit, CA - 96 - 1564 - A, 129 F. 2d 327,1997; U. S. Supreme Court, Cert. Pet. 97 - 1488, denied.

且相应地,保证了政府对媒体最低程度的干扰。"①

这两个案件引起争论,网络服务提供者对他人通过其中介服务的侵权行为完全免责真的合理吗? 在"热兰诉美国在线案"中,当这个言论第一次张贴时,美国在线很明显不必负责。但在热兰告诉美国在线那是错误的,并乞求他们把它撤下来时,那么,美国在线有理由知道这是诽谤。热兰主张说,美国在线应该为早已知道这是个假广告,却什么也没做的这段时间负责。②

但是,热兰提出的"通知后责任"(Notic Based Liability)被法官否决,可以说美国的法律和政策已经走向了另外一个极端。

1998 年的《数字千年版权法案》(Digital Millennium Copyright Act, DMCA)又有所改变,虽然是针对版权的法案,但是对网络名誉权保护等同样适用。这部法案采取开启"通知"程序方式,并详细地规定了"通知对象""有效的通知"等相关概念,并对其承担责任的条件做了具体规定,有较大借鉴意义,但是这部法案对网络服务提供者的责任承担方式做出了限制,排除了赔偿责任的适用,即无需支付赔偿金、诉讼费用、律师费和其他形式的金钱赔偿,仅仅规定了停止侵害的责任方式。

从美国对网络服务提供商实施侵权行为的方面的法律变化历史可以看出,法律在寻求一种平衡——从最初的网络服务提供者对此"绝对负责",并且到"完全免责",可以说是从一个极端走向另一极端。目前的法律虽然在责任方式上有缺陷之处,但是对"网络服务提供者是否承担责任? 在怎样的情况下承担责任?"问题已经做了比较客观的理解及规定。

涉及网络服务提供商责任的另外一个敏感的问题是,诉讼各方可否强迫其披露匿名信息发布者的姓名。新泽西州一家上诉法院判决,除非原告能够证明这是一起"初步证明的诽谤案",否则,在诽谤案中,不应该发出旨在确认互联网匿名发布者身份的传票。华盛顿州一家联邦法院在一起匿名发布者不是诉讼当事方的案件里,做出了具有一定相似性的判决。多起案例显示,法庭正在努力调整各方相互对立的利益。③

从传统媒体时代到新媒体时代,美国应对诽谤的举措及诽谤法的发展演变,体现出一个社会由封闭走向开放的过程,使得言论及表达自由的意义

---

① 〔美〕丹尼尔·沙勒夫:《隐私不保的年代》,林铮顗译,南京,江苏人民出版社,2011 年 12 月版,第 160-163 页。

② 〔美〕丹尼尔·沙勒夫:《隐私不保的年代》,林铮顗译,南京,江苏人民出版社,2011 年 12 月版,第 163 页。

③ 〔美〕唐·R. 彭伯:《大众传媒法》(第十三版),张金玺、赵刚译,北京,中国人民大学出版社,2005 年 7 月版,第 368-369 页。

不断被广大社会公众所认知和维护,为世界各国的诽谤应对工作提供了极为有益的启示。[①]

第二节　姓名权保护

姓名是自然人所使用的与他人相区别的文字符号的总称。姓名包括登记于户口簿上的正式姓名和艺名、笔名、雅号、网名等非正式姓名。[②] 姓名与自然人的生命、名誉、肖像、隐私等一样,是自然人维持其人格个性所必不可少的要素,是人格权的客体。

姓名权,是指自然人享有的决定、变更和使用其姓名并排除他人干涉或非法使用的权利。作为人格权的一种,姓名权具有人格权的一般属性,即它与特定的主体不可分割;本身不具备财产内容;体现和保护人格尊严方面的利益。

一、网络侵犯姓名权

网上侵犯姓名权的现象十分普遍,尤其是一些知名人士的姓名经常被盗用或假冒。网上侵犯姓名权的行为分为两种。第一,在网络上非法使用他人姓名的行为。非法使用他人姓名包括盗用他人姓名和假冒他人姓名。盗用姓名是指未经他人许可,擅自使用他人姓名牟取某种私人或商业利益、损害他人利益;冒名顶替即假冒他人姓名进行活动以牟取私利或损害他人利益。[③] 在网上,盗用或假冒他人姓名的情况非常普遍。比如,利用互联网假冒他人姓名在网上发表不当言论;盗用他人名义发表公告或广告;盗用他人名义发表文章;冒用他人名义发送电子邮件等。第二,非法使用他人姓名做网络域名。域名是一种用于互联网上识别和定位的计算机地址结构。域名注册手续非常简便,一般采用"先申请,先注册"的原则,只要是他人未注册的域名都可以申请注册。这样就造成了在全球范围内,名人姓名就像驰名商标一样成为被侵犯的对象。明星姓名被抢注域名的现象如今屡见不鲜。皮尔斯·布鲁斯南、汤姆·克鲁斯、席琳·迪翁、斯嘉丽·约翰逊、妮

---

① 刘少阳、徐敬宏:《美国:新媒体时代的诽谤应对》,《网络传播》2013 年第 11 期。
② 黄瑚、邹军、徐剑:《网络传播法规与道德教程》,上海,复旦大学出版社,2006 年 10 月版,第 111 页。
③ 黄瑚、邹军、徐剑:《网络传播法规与道德教程》,上海,复旦大学出版社,2006 年 10 月版,第 118 - 119 页。

可·基德曼、麦当娜和茱莉亚·罗伯茨都曾有此遭遇。

2002年,茱莉亚·罗伯茨和联合国世界知识产权组织共同起诉美国新泽西州普林斯顿市的 Russell Boyd 公司注册了一个以"茱莉亚·罗伯茨"命名的域名,侵犯了罗伯茨的权利。联合国世界知识产权组织仲裁委员会根据普通法判定,罗伯茨对她的姓名享有权利,这家名为 Russell Boyd 的企业无权注册"茱莉亚·罗伯茨.com"这一域名,并且他们的注册行为是出于恶意的。仲裁委员会裁决 Russell Boyd 公司在 45 天之内取消"茱莉亚·罗伯茨.com"的域名。①

2000年8月,美国歌坛风云人物麦当娜向联合国世界知识产权组织提交了一份诉讼信,正式起诉抢注"麦当娜"(madonna.com)为域名,并用作色情网站的突尼斯商人丹·帕雷西。联合国世界知识产权组织仲裁与调解中心在经过调查后将域名"madonna.com"归还给了麦当娜本人,这也成为欧美明星成功要回以自己名字为域名的典型案例。

2009年4月初,有"拉丁天后"之称的美国影视歌明星詹妮弗·洛佩兹就美国一家网络运营商使用她的姓名抢注域名向联合国世界知识产权组织提起诉讼,案件也在以洛佩兹的胜利而告终。这家美国网络运营商用洛佩兹的姓名全称抢注了以 net 和 org 为后缀的两个域名,用户只要访问,该公司就可以得到相应的广告收入。联合国世界知识产权组织裁决,侵权的公司要在十天之内将这两个域名移交给洛佩兹名下的一家基金会。

二、反域名抢注

与姓名和姓名权相似,名称是指特定团体区别于其他团体的标志,名称权是指特定团体依法享有的决定、使用、变更及依照法律规定转让自己的名称,并排除他人的非法干涉及不正当使用的权利。② 名称权是特定团体重要的人格权。随着互联网的发展,抢注域名侵害知名社会组织的案例时有发生。主要包括:恶意抢注,而不是偶然与他人社会组织名称或缩写重合;利用网站假冒该社会组织的名义,谋取非法利益,损害该社会组织的利益,或者以公开出售被抢注的域名为要挟,迫使知名社会组织买回被抢注的域名。③

---

① 郭卫华、金朝武、王静、等:《网络中的法律问题及其对策》,北京,法律出版社,2001 年 1 月版,第 199 页。

② 郭卫华、金朝武、王静、等:《网络中的法律问题及其对策》,北京,法律出版社,2001 年 1 月版,第 201 页。

③ 郭卫华、金朝武、王静、等:《网络中的法律问题及其对策》,北京,法律出版社,2001 年 1 月版,第 203 页。

域名抢注的现象在互联网开放初期极为普遍,因为许多公司对于域名的重要性还没有深刻的认识。直到 1994 年,美国 500 强公司中尚有 2/3 的公司没有注册域名,这就给一些抢注域名者以可乘之机。如美国犹他州一名学生注册了"windows95. com",其意图是通过该域名向需要的公司索取赎金,在对方付出报酬后才放弃该域名。再如 1994 年记者奎特钠(Quittner)注册了"Mcdonalds. com",为要回该域名,麦当劳被迫向一家小学捐赠计算机设备。而美国一家网络服务公司 Dennis Toeppen 更是抢注了 240 个知名商标名称的互联网域名,然后分别转售或授权原商标权所有者使用。1997 年,美国联邦法院认定该公司的行为违反了《联邦商标反淡化法》,认为该公司的域名抢注行为将迫使许多人无法在新兴的也是重要的网络媒体上利用自己的著名商标创造商机,从而大大地降低了这些商标的价值。这一判例为解决域名的法律地位提出了一个重要的参考意见。① 为了解决这方面的纠纷,1999 年美国国会通过了《反域名抢注消费者保护法》,对恶意抢注行为规定了更为详尽的认定标准。

有关名称权侵权的一个著名案例是"Sporty's Farm v. Sportsman's Market Inc. "案②:

在该案中,原告商标持有人 Sportsman's Market 公司是一家在滑翔机领域与航空爱好者中颇为知名的邮购公司,该公司自 20 世纪 60 年代起使用"Sport's"标记,用于识别其生产的产品和邮购目录,并于 1985 年注册了"Sporty's"的商标。本案的被告是 Sporty's Farm 公司,该公司于 1996 年由 Sportsman's Market 公司的竞争者 Omega 机械公司投资设立,并且 Omega 机械公司在设立该子公司时,将其于 1995 年注册的系争域名"www. sportys. com"以 16 200 美元的价格出售给了 Sporty's Farm 公司。

1998 年,Sportsman's Market 在发现其商标被 Sporty's Farm 抢注为域名后,向美国康涅狄格州联邦地区法院起诉,要求法院确认 Sporty's Farm 公司对于该域名的抢注淡化了 Sportsman's Market 公司持有的商标"Sporty's"。结果初审法院依据《联邦商标仅淡化法》确认"Sporty's"商标为驰名商标,并且 Sporty's Farm 及其母公司 Omega 机械公司使用域名"www. sportys. com"销售圣诞树及阻止 Sportsman's Market 将其商标用作域名的行为淡化了"Sporty's"商标,随后发出禁止令,命令 Sporty's Farm

---

① 孙铁成:《计算机与法律》,北京,法律出版社,1998 年 7 月版,第 24 页。

② Sportys Farm v. Sportsmans Market inc. , 202 F. 3d 489,53U. S. P. Q. 2d1570(2Dd Cir 2000).

停止继续使用该争议域名,而 Sportsman's Market 也于一审判决后不久获得了该域名。但双方均继续向美国联邦第二巡回法院提起上诉,Sporty's Farm 的上诉理由是不服一审判决,而 Sportsman's Market 则因为其在起诉时一并提出的损害赔偿金请求未获法院支持。

在本案上诉审理过程中,美国国会通过了《反域名抢注消费者保护法》。主审本案的法官认为"该法案的通过弥补了在类似本案的域名抢注案件中适用《联邦商标仅淡化法》的不足之处",因此,法院首先依据法案之中的溯及力条款认定新法案适用于本案,因为"显然,新法案的通过正是为了向法院提供在审理域名抢注案件过程中,替代延伸适用商标淡化原则的更优选择"。其次,法院认为,"Sporty's"一词具有内在的识别性,并且由于域名中无法识别符号"'",因此 Sporty's Farm 对域名"www.sporty.com"的使用构成了与"Sporty's"商标的混淆性相似。最后,法院对照法案规定的"恶意目的"认定标准,确认 Sporty's Farm 的行为是恶意注册,一是因为无论 Sporty's Farm 还是 Omega 机械公司均不对"www.sporty.com"中的"sporty.com"享有任何知识产权,该域名并不反映在原始注册者 Omega 机械公司的名称;二是由于直到诉讼开始之后,Sporty's Farm 才在网络上正式开始圣诞树的销售行为;三是法院认定 Sporty's Farm 具有"恶意目的"的最重要的理由则是"本案的特殊情况,尽管这种情况并不贴切地符合国会已列举的具体标准,但同样应根据法案受到考虑。"在本案中,Omega 机械公司在进入邮购市场同 Saprtsman's Market 公司进行直接竞争时,即已意识到"Sporty's"商标将是一个强有力的对手,故而故意通过创设一家名为 Sporty's Farm 的公司并注册及使用系争域名"www.Sportys.com",从而使该系争域名无法被 Sportsman's Market 公司使用,同时 Omega 机械公司也得以通过这一手段,在表面上摆脱商标侵权的干系。

基于上述理由,美国联邦第二巡回法院做出了维持原判的裁决,裁定剥夺 Sporty's Farm 继续使用该争议域名的权利,并且,由于考虑到新法案中关于法定赔偿金的规定并不适用于法案生效前已注册的域名,故法院同时也驳回了 Sportsman's Market 提出的赔偿金申请。

关于互联网域名的法律地位问题一直以来纷争不断。密尔顿·缪勒(Milton Mueller)[①]的观点比较有代表性——"对域名系统根服务器的控制正在被用来为名称创设新的、扩大了的(财产)权利",而这些权利"往往比名称传统上所享有的法律权利更为不可侵犯"。他认为,在域名空间中并不存

---

① 纽约 Syracuse 大学教授,互联网管理专家。

在天然的财产权益,但是,商标持有人通过联合国世界知识产权组织的行动在此空间中人为地制造出了财产权益,而互联网名称与数字地址分配机构(ICANN)则通过其统一域名争议解决政策对该财产权益予以保护。[①]

第三节　肖像权保护

肖像是通过绘画、照相、雕刻、录像、电影等艺术形式使公民外貌在物质载体上再现的视觉形象。肖像权是指自然人享有的以其肖像所体现的人格利益为内容的权利。[②] 肖像权的内容包括制作专有权、使用专有权和利益维护权。

法律上的肖像权为自然人人格的组成部分,肖像所体现的精神特征从某种程度上可以转化或派生出公民的物质利益。肖像具有以下法律特征:①肖像是艺术地再现自然人的外貌形象;②肖像具有物的属性;③肖像是肖像权的客体,表现了自然人特有的人格利益。[③]

在美国,在公共场合摄影和摄像是合法的,但把他人肖像作为商业用途,则必须征得本人同意。[④] 授权一般采用书面的方式,这也被称为让渡。在美国的大多数州,要在广告中使用某人照片,必须获取此人的肖像使用授权书。

只有经书面形式同意,授权才会产生法律效力,而且必须给权利方某种形式的报酬——比如金钱,或者其他有价值的东西,包括物品、服务、折扣、免除会员费、减免互联网使用费等。[⑤]

一般而言,凡未经本人同意占有、再现或使用他人肖像的,都属于侵害他人肖像权的行为。

随着互联网的发展,自然人的肖像资料逐步被储存在计算机内,因此计算机显示的自然人肖像,也属于肖像的表现形式。由于互联网技术的超媒体性,视觉技术的日臻完善,网上肖像使用的比例也越来越高,侵权问题日

① 孙绍谊、郑涵:《新媒体与文化转型》,上海,上海三联书店,2013年7月版,第287页。

② 黄瑚、邹军、徐剑:《网络传播法规与道德教程》,上海,复旦大学出版社,2006年10月版,第112页。

③ 宫承波、刘姝、李文贤:《新媒体失范与规制论》,北京,中国广播电视出版社,2010年12月版,第153页。

④ 孙莹:《美国传媒人的法律读本:记者如何保护自己的权利》,广州,南方日报出版社,2010年4月版,第2页。

⑤ Sterin, J. Charles, 2011: *Mass Media Revolution*, Pearson, p. 330.

渐突出。

网上侵犯肖像权的行为一般表现为：①在网站上刊登未经本人同意拍摄的他人在非公开场合中的肖像；②未经本人同意，在网站上使用与发布信息内容无关的他人肖像；③未经本人同意，使用他人肖像在互联网上做广告，进行商业宣传；④未经本人同意，其他不当使用行为。①

在美国，当肖像权受到侵害时，往往以隐私权受到侵害而提起诉讼。

在美国大多数州，当个人的姓名或类似物（包括肖像）被特定的信息媒介用于广告用途时，该原则将为大众传播媒介提供广泛的保护。换句话说，如果某人的姓名或类似物已经出现或者将要出现在杂志、报纸和电视节目的新闻或信息内容中，那么之后将这些姓名或照片用于广告就不能被认定为盗用。这条原则是在"布思诉《假日》杂志一案"中出现的，称为"布思原则"（Booth Rule）。

1962 年，女演员雪莉·布思（Shirley Booth）有一幅在牙买加拍摄的照片，在《假日》杂志上配文发表，这是布思所同意的。后来这幅照片又在该杂志的一则整页广告中被采用。这则广告作为刊例是吸引订户和广告主的重要手段。布思起诉到法院，声称该杂志侵害其隐私。纽约最高法院判决，不认为该杂志侵权。法院判决说，新闻自由的存在，有赖于广告主和受众的经济支持，出版物或广播电视台必须有能力推销自己。既然本案涉及的图片最早用于信息报道，那么接着将它用于杂志推销就确实只是第一次使用的附带使用，即只展示杂志的品质和内容。而不是利用这张照片来推销意大利细面条或二手汽车。因此，这种使用不构成侵犯隐私权。②

"布思原则"保护媒体再次刊登或再次播放原先使用过的材料。一些法院至今仍遵循这一规则，甚至将这一规则运用于新媒体的相关案例中。1995 年，纽约州最高法院判决，在网络服务的广告中，未经同意使用电台名人霍华德·斯特恩（Howard Stern）的照片不构成侵犯隐私权。在斯特恩宣布他将竞选纽约州州长职务后，网络服务商 Delphi 设立了一个电子公告板，专门讨论他的政治候选资格。它刊登了一张斯特恩赤裸着屁股的古怪照片（他早年摆拍的）。这张照片出现在《纽约》杂志和《纽约邮报》上，图片说明这样写道："此人能成为纽约州下届州长吗？"读者们受邀在电子公告板

---

① 郭卫华、金朝武、王静、等：《网络中的法律问题及其对策》，北京，法律出版社，2001 年 1 月版，第 208 - 209 页。

② 〔美〕唐·R. 彭伯：《大众传媒法》（第十三版），张金玺、赵刚译，北京，中国人民大学出版社，2005 年 7 月版，第 249 - 250 页。

上讨论这个问题。斯特恩诉称,Delphi不像报纸或杂志,它不是新闻或信息媒介,因此不能以附带再出版为辩护理由。法院不同意这种说法,认为,网络服务商类似于信息提供者、书店和其他新闻发布机构。没有人知道法院在布思案判决的道路上将走多远。但其趋势是向保护、而非限制方向发展。[①]

近几年,为了阻止他人未经许可将自己的姓名与肖像用于商业行为,一些名人开始谋求联邦法律的帮助。一些制作人为了避免涉及公开发表权的问题,而聘用一些和名人的长相或声音相似的人参加演出。但由于其实际上还是盗用了名人的形象,因此法院通常会将其视为侵犯名人的公开发表权。例如,伍迪·艾伦(Woody Allen)曾经在两个涉及使用与其容貌相似的演员参演广告的纠纷中获胜,而贝特·米德勒(Bette Midler)则打赢了一起涉及与其声音相似的官司。[②]

在司法实践中颇有争议的一个问题是,使用死者的肖像或姓名是否合适。环球电影公司曾经销售印有演员贝拉·卢戈西(Bela Lugosi)饰演的恐怖片角色图片的T恤和其他商品,该演员的后人要求制止这种行为。1979年,加利福尼亚州最高法院判决指出:这种公开发表权不能被继承或"传及后代",因此驳回了贝拉·卢戈西后人的诉讼请求。在1980年的另外一个案例中,联邦第六巡回法院上诉法庭根据田纳西州的法律,判定"猫王"埃尔维斯·普雷斯利(Elvis Presley)的公开发表权不得被继承,因此他人可以自由地将"猫王"的姓名与肖像用于商业目的。但是由于为商业目的而使用死者姓名的权利对许多州来说是个普通法的问题,所以以后的法庭判决会给该项权利的使用加以限制或附属一定的适用条件。例如,虽然联邦第六巡回法院在该案的判决中适用了田纳西州的成文法律,但是田纳西州的某个法院在后来的判决中还是认定这种公开发表权是可以被后代继承的,并且支持了某知名人士的继承人根据此权利而提出的诉讼请求。除了州和联邦的法院判决外,一些州议会已经通过积极立法的方式界定公开发表权的内容,并且进一步商讨其是否可以继承的问题。加利福尼亚州和其他的一些州已经相继颁布了相关成文法规,在一定程度上保障了名人及其继承人对该名人肖像的使用权,而纽约州议会则已经在考虑出台所谓《过世名人法案》,该项法案意图允许名人的肖像使用权在其死后的一定年限中,

---

① 〔美〕唐·R.彭伯:《大众传媒法》(第十三版),张金玺、赵刚译,北京,中国人民大学出版社,2005年7月版,第250页。

② 〔美〕Philip H. Miller:《媒体制作人法律实用手册(第四版)》,何勇、李丹林、等译,北京,人民邮电出版社,2009年3月版,第132-133页。

由其家庭成员享有。①

第四节　暴力言论管控

　　1791 年,美国国会批准的《宪法第一修正案》,禁止政府限制言论自由,该法案构成了美国言论自由的法律基础。然而,它并没有能够解决由言论自由引发的所有问题。

　　起初,各个州对联邦宪法几乎视而不见,并各自制定法律来限制言论自由,因为宪法不适用于各个州。直到 1925 年美国联邦最高法院审理"基特洛(Benjamin Gitlow)案",《宪法第一修正案》才第一次被适用于州政府。

一、"宪法高于州法"原则的确立

　　在"基特洛案"中,基特洛出版了《左翼宣言》一书并散发了一份有关社会主义的小册子,宣传采用罢工与集体诉讼的手段来推进社会主义事业。纽约州指控基特洛触犯了视鼓吹推翻政府为犯罪的州法。基特洛继续上诉,认为美国《宪法第一修正案》应该高于任何一个与之相抵触的州宪法,美国联邦最高法院赞同这一点。美国最高法院裁定,《宪法第一修正案》所保护的言论自由与新闻出版自由,属于任何州或联邦政府都不能加以限制的几项关键的个人自由。法院还援引了 1868 年批准的《第十四修正案》中的一段话——"任何州不得……剥夺合众国公民特权或豁免权……任何州,如未经适当法律程序,不得剥夺任何人的生命、自由或财产;亦不得拒绝给予在其管辖下的任何人平等的法律保护"。最高法院的推论是,这项修正案起草人的用意是使各州今后必须同联邦政府一样,尊重各项重要的个人自由,而言论自由与新闻出版自由正是其中两项重要的自由。

　　虽然基特洛由于其他原因最后输了这场官司,"基特洛案"还是对廓清《宪法第一修正案》的使用范围有重要意义。

二、"明显而即刻的危险"原则的确立

　　20 世纪初,尽管美国有一部保护表达自由的《宪法第一修正案》,但当时美国对言论限制适用的标准是"恶的倾向"理论——只要某种言论有带来

---

　　① 〔美〕Philip H. Miller:《媒体制作人法律实用手册(第四版)》,何勇、李丹林、等译,北京,人民邮电出版社,2009 年 3 月版,第 131－132 页。

社会危害的潜在可能性,法院就可予以禁止。

后来,美国法院逐渐承认,言论的表达自由必须被给予特殊保护。这种想法的依据是,不能仅仅以抽象的理由认定某种言论具有危险,或因可能带来危害而予以禁止,而是应交由思想的自由市场判断。

1919 年,联邦最高法院法官霍姆斯(Holmes)在"申克案"的判决中提出了"明显而即刻的危险"原则。

申克(Schenvk)是美国社会党的秘书长,参加了向等待应征入伍的人散发传单的活动。标题为"维护你的权利"的传单指出,征兵违反了《第十三条宪法修正案》禁止的非自愿性奴役条款,并号召人们"……加入社会主义党废除征兵法的运动中来。向你们的国会议员写信……你有权要求废除任何法律。行使你的言论自由权、和平集会权和要求政府进行权利救济的请愿权……请在向国会要求废除征兵法的请愿书上签名。帮助我们清除掉宪法上的污渍!"传单还指出,如果官员不"承认你维护反对征兵立场的权利",那么官员的行为就属于违宪行为。传单提醒人们"不要忘记你选举反对征兵官员的权利"。

申克和另一位社会党官员因为准备并散发这些传单而受到三项指控:一是违反《反间谍法》,图谋煽动军队中的"反抗"情绪和"阻碍"征募士兵的工作;二是以实施违法活动、邮递《反间谍法》禁止邮递的邮件的方式来对抗美国;三是非法使用邮件来散发传单。初审法院认定上述三项罪名成立,申克被判六个月监禁。申克以《反间谍法》违反《宪法第一修正案》为由,提起了上诉。

最高法院一致维持了有罪判决。霍姆斯法官代写了司法意见书。在意见书中,霍姆斯提出了著名的"明显而即刻的危险"标准,说明了维持有罪判决的原因。他写道:

> 一切行为的特点均由其所处的环境决定。不论自由的言论受到何等严格的保护,如果某人在剧场中诈称发生火灾造成巨大混乱,这种言论就不应受到保障。同样,发表具有暴力效果言论的人也不受保护。不论任何事件都应该考察其言论是否在具有明显、即刻的危险中表达的。或者其使用的语言具有这种性质,即接近性与程度的问题[①]。

此后,这一原则逐渐在美国法律界成为共识。"明显而即刻的危险"原

---

① 刘迪:《现代西方新闻法制概述》,北京,中国法制出版社,1998 年 9 月版,第 35 页。

则的核心是明确某一言论是否"实际有害",即一种表现行为只有成为某种犯罪的直接起因,才可加以禁止。换句话说,只要这种行为没有立即带来直接、即刻的实际危害,无论谁都不能禁止。

然而,专家指出,该原则也有许多不足之处。一是其标准过于暧昧,很难完全成为客观判断标准。二是该原则实际上等于承认,与实施犯罪行为密切相关的表现活动是"行为导火索",可以将其与行为等同对待,予以禁止。三是在适用该原则时,无法贯彻统一的标准,致使被禁止的对象在其危险程度、性质等方面都不相同。①

在另一个极为类似的案例"阿布拉姆斯诉合众国案"中,霍姆斯不赞同最高法院的大多数法官对"明显而即刻的危险"原则的运用。在该案中,四个居住在美国的俄国人因违反《反间谍法》而被判有罪。这些自诩为革命家的人对威尔逊总统的政策表示谴责,号召全世界的工人起来推翻资本主义。最高法院认为这种号召是在试图煽动反合众国政府起义,是"明显而即刻的危险"。②霍姆斯则表示不同意,并提出了下面这段著名的反对派意见:

因表达观点而受起诉在我看来似乎不符合逻辑。假如你毫不怀疑自己的观点或实力并全心希望得到某种结果,那么你自然要通过法律表达你的意愿并排除一切反对意见。允许反对派讲话似乎意味着,你认为那些言论无足轻重——就好像当一个人称他把圆变成了方的时候一样,或者意味着你不真正在乎结果,再要么就是你对自己的实力或观点感到怀疑。但是,人们一旦看到岁月给昔日分庭抗礼的种种信仰带来的起落沉浮便会相信——甚至超过相信自己的行为基准——达到人们所渴望的最理想境地的更好途径是思想的自由交易,对一种思想是否是真理的最好检验,莫过于它在市场竞争中令人接受的能力,真理是实现他们愿望的唯一可靠基础。无论如何,这是我们《宪法》的理念。这是一个实验,就像整个生活是一个实验一样。我们即使不是在日复一日,也是在年复一年地把获拯救的赌注在以不完善的认知作基础的预言上。虽然这个实验是我们制度的一部分,但我认为我们应该永远警惕,不要试图对我们所憎恶的和我们认为杀气腾腾的观点言论施加限制,除非它们有可能立即构成对合法和紧迫的法治需要的干扰,进而

---

① 刘迪:《现代西方新闻法制概述》,北京,中国法制出版社,1998年9月版,第36页。
② 〔美〕克里奇:《电子媒体的法律与管制》(第5版),王大为、于晗、李玲飞、等译,北京,人民邮电出版社,2009年2月版,第35页。

为了国家安全必须即刻予以限制。我完全不同意政府提出的那种称《宪法第一修正案》使有关煽动诽谤罪的普通法继续有效的论点。在我看来，这个论点似乎不符合历史。我认为合众国多年来已通过退还罚款而表现出对1798年《煽动叛乱法》的悔改。只有在当前造成危险的紧急情况下，才可对"国会不得制定法律……限制言论自由"这项总原则做出例外规定。当然，我这里仅涉及观念的表达与宣传，令我遗憾的是，我无法以更有力的语言表达我的看法，这就是，由于给这个指控定罪，被告被剥夺了受《合众国宪法》保护的权利。

"明显而即刻的危险"原则在1969年的"勃兰登堡诉俄亥俄州案"中被最终确定。

勃兰登堡是美国俄亥俄州3K党(Ku Klux Klan)的一个首领，他在1968年通过电视召集地方3K党成员，在电视上辱骂黑人和犹太人，并扬言"如果我们的总统、国会和最高法院继续压制高加索白种人，我们将采取某些报复行动。我们有40万人，将于7月4日向国会进军"。他被指控违反了俄亥俄州的《组织犯罪防治法》，该法禁止任何以犯罪、破坏、暴力或其他非法恐怖手段达成政治改革的主张。据此，俄亥俄州法院判勃兰登堡处以1000美元罚款和10年监禁。这名3K党首领以《组织犯罪防治法》违宪为由上诉至联邦最高法院。

1969年6月9日，联邦最高法院全体一致裁决，推翻州法院的原判，并认为俄亥俄州的此项法律违宪。裁决书指出，宪法保障言论自由，不允许立法禁止或限制任何主张暴力或主张不遵守法律的言论，除非该言论是以煽动他人"即刻"地违法或产生"即刻"的非法行动为目标，而且该主张的确可能会煽动或产生这种"即刻"的违法行为，才可以对其进行限制或惩罚。

霍姆斯在"艾布拉姆斯诉合众国案"中应用了"思想自由市场"理论的概念，借鉴了约翰·弥尔顿的《论出版自由》和19世纪哲学家约翰·斯图亚特·密尔的《论自由》。霍姆斯写道："对真理的最好检验，莫过于将思想的力量置身于市场竞争中，真理是实现他们愿望的唯一可靠基础。""思想自由市场"理论假定所有的观点，不管它们有多讨厌，都应该被听取。在霍姆斯看来，只有当这些观点"直接威胁和干涉法律，且对法律效果产生压制，须立即采取限制措施以拯救国家"时，政府才应该对进程加以干预。[①]

---

① 〔美〕克里奇:《电子媒体的法律与管制》(第5版),王大为、于晗、李玲飞、等译,北京,人民邮电出版社,2009年2月版,第35-36页。

三、"最小限制手段"原则的确立

该原则简称 LRA 标准,即在适用言论自由的法律时,应选择达到禁止目的所要求的最小限制。"如果对于既定的目标,有多种相同有效的手段,政府必须选择对个人自由限制最小的手段"。也有学者将其内涵表述为:"如果还有对个人利益限制更小的可替代的措施,政府就不应采取现有的措施来实现既定的合法目的。"1927 年的"尼尔诉明尼苏达州案"是比较典型的最小限制手段原则的体现。明尼苏达州政府根据州《消除扰乱公共安宁法》关闭了杰伊·尼尔(Jay Near)和霍华德·吉尔福德(Howard Guilford)出版的《星期六新闻报》。大多数人认为《星期六新闻报》是一份令人憎恶的报纸,特别是极端种族主义者在报纸上兜售的种族歧视的观点。但是,新成立的美国公民自由联盟看到了问题的另一个方面。他们认为,《宪法第一修正案》应保护所有的言论不受政府干涉不管这些言论有多么大的恶意。《星期六新闻》被封后的三年半,联邦最高法院以 5∶4 的票数废除了明尼苏达州的这部法律。首席大法官查尔斯·伊凡·休斯(Charles Evan Hughes)指出:"心怀鬼胎的丑闻散布者有可能滥用新闻自由,但这并不影响对'事前限制'享受豁免权的媒体揭露政府的错误行为。"①在审理此案时,政府律师詹姆斯·马卡姆(James Markham)试图用霍姆斯 1907 年的判决意见为打压媒体言论的举措开脱。审判席上,已经 90 岁高龄的霍姆斯大法官微笑着插话:"写那些话时,我还很年轻,马卡姆先生,现在,我已经不这么想了。"②

这项判决具有里程碑的意义。尽管美国最高法院多次强调,对于出版的保护"不是完全不受限制的",但必须设想其他的情形,比如在国家危机的情况下,"事前限制"原则才有可能是正当合法的。

四、"挑衅性言论"原则的确立

"挑衅性言论"原则认为,一个普通人可能引起的争斗性言语不受《宪法第一修正案》保护。该原则的理念是因反对侮辱而引发的暴力被认为是合法的。1942 年的"杏普林斯基诉新罕布什尔州案③确立了这一原则。

一天下午,杏普林斯基冲上大街,嘲弄异教徒为"敲诈者"。州法院认定

---

① 〔美〕约翰·维维安:《大众传播媒介》(第 7 版),顾宜凡、等译,北京,北京大学出版社,2010年 1 月版,第 533 - 534 页。

② 〔美〕安东尼·刘易斯:《批评官员的尺度——〈纽约时报〉诉警察局长沙利文案》,何帆译,北京,北京大学出版社,2011 年 7 月版,"译者序"第 8 页。

③ Chaplinsky v. State Of New Hampshire,315U. S. 568(Paul Robert Cohen)1942.

被告的行为违反了《新罕布什尔州惩治破坏治安法》,理由是根据该法,任何人在演说中不得对合法地在大街上行走或者在其他公共场所逗留的人发表任何冒犯性的、嘲弄性的或者令人恼怒的言论。州最高法院支持州法,认为州法没有违背《宪法第一修正案》,并维持了原审法院的判决。最后,案件被送到了联邦最高法院。经过审理,最高法院以 9∶0 的投票结果维持了州法院对查普林斯基的有罪判决。由大法官弗兰克·墨菲(Frank Murphy)撰写法院意见:

> 不言而喻,在任何时间和任何条件下,言论自由都不是绝对的。总有一些公认的和极为有限的言论,人们从来不会认为取缔和惩治它们会引发宪法问题。这些言论包括下流言论、淫秽言论、亵渎言论、诽谤言论、侮辱性言论或者挑衅性言论。这些言论从其本身来说,容易造成伤害或者可能立即激起扰乱治安的行为。人们已经充分意识到,这样的言论对于交流思想毫无助益,作为追求真理的一个步骤,几乎毫无社会价值。在秩序和道德方面的社会利益显然高于这些言论所蕴含的任何价值。从任何适当的意义上讲,说粗话和滥用言论都不属于信息交流的范畴或者宪法保障的言论。

虽然今天法律学者们又一次围绕此案的判决争论不休,但在此案中确立的挑衅性言论原则依然能够证明法院的意见:有时公共安全的价值应该高于言论自由。以“查普林斯基诉新罕布什尔州案”为例,最高法院将“挑衅性言辞”定义为“会导致单个听者直接的暴力行为倾向的语言”,这就意味着该原则不适用于对一群人进行煽动的情况。[①]

1968 年的“科恩诉加利福尼亚州案”再次确立了挑衅性言论只针对个人的原则。当 1968 年 4 月保罗·罗伯特·科恩(Paul Robert Cohen)穿着一件印有带有侮辱性字样的夹克衫走进洛杉矶县法院时,他因扰乱治安遭到逮捕。最高法院推翻了对他的定罪,理由是科恩所展示的有关征兵草案的言论并不是针对任何一个人的,即“……没有任何一个如今在座的或可能出席的人会合理地认为上诉人夹克上的文字是对个人的侮辱……没有迹象表明,任何一个见到科恩的人被引起暴力情绪,也没有迹象表明上诉人有意制造这样的结果”。由于展示的是科恩对越战和征兵草案的个人观点,所以

---

① 〔美〕Kenneth C. Creech:《电子媒体的法律与管制》(第 5 版),王大为、于晗、李玲飞、等译,北京,人民邮电出版社,2009 年 2 月版,第 38 页。

受到《宪法第一修正案》的保护。①

即使是焚烧象征国家民族的国旗、焚烧万众膜拜的十字架、举行万夫痛恨的纳粹游行，只要是出于表达观点且以和平方式进行，都会受到美国宪法的保护。哈伦（Harlan）大法官主笔的判决意见，成为最负盛名的判决之一：

> 宪法保护的表达自由权利，在这个人口众多、日趋多元的社会里，无疑是一剂良药。创设这一权利，就是为了解除政府对公共讨论施加的种种限制，将讨论何种议题的决定权，最大限度交到我们每个人手中。我们希望，表达自由最终能够创造一个更有力的公民社会、更优良的政治制度。我们也相信，对言论自由的任何限制和约束，都与我们的政治体制所依赖的个体尊严和自由选择格格不入……从这个意义上来说，允许这一自由的存在，或许会导致尘世喧嚣，杂音纷扰，各类不和谐之声不绝于耳，有时甚至会有一些冒犯性的言论。但是，在既定规范之下，这些仅是扩大公共讨论范围所产生的一点点副作用罢了。容许空气中充满不和谐的声音，不是软弱的表现，而是力量的象征。②

五、"煽动"原则的确立

2014年10月20日，莫妮卡·莱温斯基（Monica Lewinsky）在商业杂志《福布斯》的年会上发表演说，以自己的亲身经历推动反对网络欺凌行为。莱温斯基形容自己是"完全被网络摧毁个人名义的第一人"。她说，那时没有脸书、推特和Instagram，但是新闻网站到处都是可以转发的娱乐八卦和评论，"一种像病毒似的现象"，给有关她性丑闻的恶俗报道添油加醋。当时"我头脑里唯一的想法是——我想死"。据悉，莱温斯基在克林顿性丑闻事件之后淡出公共事业的这些年，生活一直十分惨淡。借着这次复出，她打算以自己的亲身经历投身抵制网络欺凌的活动。③

网络交流以它独特的远程、及时等特点成为即刻满足个人愿望的最佳交流工具，而也正是互联网的开放性、交互性和匿名性，很容易使极少数网民突破理性、客观、守法的底线，成为网络谣言和暴力言论的发布者或传播

---

① 〔美〕Kenneth C. Creech：《电子媒体的法律与管制》（第5版），王大为、于晗、李玲飞、等译，北京，人民邮电出版社，2009年2月版，第38页。

② 〔美〕安东尼·刘易斯：《批评官员的尺度——〈纽约时报〉诉警察局长沙利文案》，何帆译，北京，北京大学出版社，2011年7月版，第290－291页。

③ http://www.telegraph.co.uk/，访问日期，2014年10月22日。

者。2010 年 5 月 7 日,美国皮尤研究中心发布的一项调查表明,有 32％的美国青少年曾经有过被人在网上散播谣言、未经允许公布私人电子邮件、收到威胁性信息、未经允许上载令人难堪的照片等受欺凌和骚扰的经历。

所谓网络暴力言论是指在网络中发表的对他人人身进行侮辱、谩骂、恐吓、骚扰等言论,既包括网络中的文字语言、图形语言,也包括通过网络传播口头语言。[①] 网络暴力言论是社会暴力思维在网络空间的延续,对社会公共秩序、公民合法权益等都有着潜在的危害。

作为互联网的发源地和普及率最高的国家,美国深受网络谣言和暴力言论侵扰之苦。保罗·莱文森(Paul Levinson)认为,网络不当行为可以分为网络攻击、煽动、流言、欺凌和盯梢。此外,网络恐吓也是网络暴力言论的常见形态。

(1)网络攻击。网络攻击可以回溯到 20 世纪 80 年代网络传播滥觞的时候。即便没有匿名的掩护,网上的攻击也并未绝迹;而当真名和真实身份不明时,动怒并攻击他人的导火索就更短,抨击就更严厉。

美国首例受到法律制裁的互联网仇恨犯罪发生在 1996 年,定罪于 1998 年。1996 年 9 月加州大学尔湾分校 19 岁学生理查德·马查多(Richard Machado)在学校公用计算机房给 59 名亚裔学生发出一份电子邮件,他以"X 你妈"为自己起名,在短短的 100 字邮件中,他咒骂亚裔给校园制造犯罪,如果学校没有亚裔学生学校会更受欢迎,他要亚裔滚出校园,否则将用其毕生之力追踪并杀掉他们。1998 年 5 月,理查德·马查多被判处一年监禁。[②]

(2)网络煽动。网络煽动也可以追溯到 20 世纪 80 年代。煽动者一般匿名,目的是激起对方的愤怒,而不是提倡对话。煽动者被界定为"故意在网络社群里制造混乱的人"。比如,美国反堕胎运动组织设立的一个名为"纽伦堡档案"的网站,以通缉海报的方式刊登堕胎医生的姓名、地址及其配偶和子女的姓名,在反堕胎暴力事件中遇害的医生就用一条线划掉,受伤的则用灰色字母标示。[③] 在这个网站创办的当年,有两名堕胎医生在家中遭到枪杀。1998 年,阿拉巴马一家堕胎诊所遭到炸弹攻击,而纽约市另外一位医生在家挨冷枪而死。"每次接到包裹,我都很紧张——这到底是我订购的

---

① 宫承波、刘姝、李文贤:《新媒体失范与规制论》,北京,中国广播电视出版社,2010 年 1 月版,第 91 页。

② 〔美〕Kathleen Conn:《校园欺侮与骚扰——给教育者的法律指导》,万赟译,北京,中国轻工业出版社,2006 年 9 月版,第 118 页。

③ 戴伟辉:《网络内容管理与情报分析》,北京,商务印书馆,2009 年 6 月版,第 203 页。

东西还是一枚炸弹呢?"一位医生说。还有一位医生开始戴假发,只是为了把自己隐藏在大众之中。陪审团判给受伤害的医生们超过 1 亿美元的赔偿。对此,网站创办人霍利斯以侵犯他们的言论自由提起上诉。法庭最后判霍利斯败诉,确认"这个网站牵涉到意图恐吓的暴力威胁,而不是有个明确的立场想进行辩论"。①

(3)网络流言。流言是人类社会中的一种普遍现象。每当一些问题引起普遍关注而又不能及时得到权威解释的时候,人们就会对真实情况加以猜测、想象,提出见解并传播,这就是流言。随着网络技术的发展和上网人数的激增,网络舆论的影响越来越大,渗透到社会生活的各个层面。与此同时,网络具有的传播迅速、信息海量、匿名留言等特性,也为网络流言创造了生存条件。网络流言产生于早期的数字媒介和网络媒介。

(4)网络欺凌。网络欺凌往往指网民"结帮"欺负一个人,他们散布流言蜚语,或者讥笑并骚扰受害者,网络欺凌为网上的闲言碎语提供了谈资,网络攻击可能会煽动网络欺凌。许多恶意的短信瞄准选定的对象,而受害者又认为他们有恶意时,或者一帮人联手有意无意地攻击一个人时,网络流言就恶化为网络欺凌。

芭芭拉·科娄罗索(Barbara Coloroso)将受到有意识、故意和好斗的意愿驱使,通过攻击、伤害他人、制造恐慌使他人产生畏惧的行为叫作欺凌。② 他还总结了欺凌的四个特点:①双方力量不均衡,通常欺凌者是高大健壮,或地位比受欺凌者高;②欺凌者明知会造成他/她身心痛苦,仍故意伤害他人以满足自己的私欲;③不久会产生攻击性恐吓,而且欺凌双方都了解这种行为不会就此停止;④受欺凌者的恐惧一直持续着,并引起他/她的焦虑不安。③

校园是欺凌的高发区,校园欺凌是导致校园暴力事件的主要诱因。今天美国所有公立学校都建立了校园网。④ 而一旦公立学校的学生开始管理网站,可能就会通过网络散布侮辱教师或学校管理人员的言论。早期的校园网络言论案件大多是某个学生被老师激怒而在网上胡乱发表针对这名老

① 〔美〕丹尼尔·沙勒夫:《隐私不保的年代》,林铮顗译,南京,江苏人民出版社,2011 年 12 月版,第 110 页。

② Barbara Coloroso, 2004: *The Bully, the Bullied and the Bystander*, Harper Collins Publishers Inc, p. 13.

③ 〔美〕Kathleen Conn:《校园欺侮与骚扰——给教育者的法律指导》,万赟译,北京,中国轻工业出版社,2006 年 9 月版,第 2 页。

④ 〔美〕Kathleen Conn:《校园欺侮与骚扰——给教育者的法律指导》,万赟译,北京,中国轻工业出版社,2006 年 9 月版,第 109 页。

师的不恰当、侮辱性或猥亵的评论。

随着互联网在校园的普及,网络欺凌成为校园欺凌的主要方式和途径。学生经常在网站发布自己的网络日志、在校外的网络聊天室里与网友交流,他们的言论常常与学校老师和同学有关,有可能出现对他人的网络欺凌。现在网络欺凌已成为欺凌中的专业词汇。[①] 因为网络欺凌者不需要直接面对受害者,所以使得网络欺凌者愈加放肆,他们使用非常恶毒的语言频繁攻击受害者。2003 年,瑞秋·西蒙斯(Rachel Simmons)在一篇文章中写道,网络欺凌是儿童社会残暴行为中,最新近、最邪恶的一种趋势。[②] 2008 年的"网络欺凌警报"(Cyberbully Alert)称:"聊天室、聚友网、电子邮件、即时通信和其他网络工具都助长了网络欺凌,使之成为流行病。"[③]

(5)网络盯梢。既包含语言又包含行为的骚扰和欺凌可能升级为盯梢(跟踪)。网络欺凌通常是一帮人所为,网络盯梢通常是一个人单干,就像在真实世界里的精神病人、偏执狂或心理失调者的盯梢行为一样。"互联网词典"对盯梢的定义是:"在网上对一个人死缠烂打,尤其是出于痴迷或错乱的纠缠。"就像真实世界里的盯梢比传统的校园欺凌危险得多一样,网络盯梢也比网络欺凌的影响严重得多。1999 年,当时的美国副总统艾伯特·戈尔在《网络跟踪报告——法律界的新挑战》中指出,网络跟踪正变得日益普遍和复杂,需要执法部门和网络服务供应商联合加以制裁。美国司法部在 2009 年的报告中披露,在 2005~2006 年的 12 个月里,大约 340 万人认为自己是网络盯梢的受害者。在盯梢的受害者中,每 4 个人中就有一人报告,骚扰者使用了网络盯梢工具,比如电子邮件、即时通信。[④]

网络的匿名性和即时性的特点,使原本胆小的跟踪者变得极具攻击性。他们可以在不在电脑旁时,通过软件有规律或随意地发出恐吓信息,而且通常只需进行简单的搜索就能很快在网上找到潜在受害者的私人资料。专家指出,网络跟踪实际是身体暴力的前奏。[⑤] 以下是一个著名的案例。

2006 年,密苏里州一名 49 岁的女子洛利(Loli)与其女儿及雇员,在社

---

① 〔美〕Kathleen Conn:《校园欺侮与骚扰——给教育者的法律指导》,万赟译,北京,中国轻工业出版社,2006 年 9 月版,第 30 页。

② 〔美〕Kathleen Conn:《校园欺侮与骚扰——给教育者的法律指导》,万赟译,北京,中国轻工业出版社,2006 年 9 月版,第 117、118 页。

③ 〔美〕保罗·莱文森:《新新媒介》,何道宽译,上海,复旦大学出版社,2011 年 3 月版,第 171-173 页。

④ 〔美〕保罗·莱文森:《新新媒介》,何道宽译,上海,复旦大学出版社,2011 年 3 月版,第 174 页。

⑤ 〔美〕Kathleen Conn:《校园欺侮与骚扰——给教育者的法律指导》,万赟译,北京,中国轻工业出版社,2006 年 9 月版,第 119 页。

交网站聚友网上,让一名虚拟的 16 岁男生乔希·埃文斯(Ciosci Evans)连续数周在聚友网上向 13 岁的少女梅根(Meghan)表示好感,之后又对其进行恶语辱骂,并称"世界没有她会更好"。其他不明就里的网民随后也加入了羞辱梅根的行列,最终导致这名女孩自杀。而洛利之所以这样做,仅仅是为了报复梅根早前与她女儿吵过架。

梅根事件引起了美国民众的广泛关注,人们纷纷要求各社交网站协助打击此类网络暴力行为。聚友网总部所在地洛杉矶市根据联邦法律,以"入侵受防护计算机"等四项罪名,对洛利提起诉讼,最终判处其三年监禁。

这个案子一直被视为网络欺凌的典型案例。但保罗·莱文森则认为,这一案例应当是网络盯梢而不是网络欺凌,是一位成年人对一位少女的盯梢。[①]

(6)网络恐吓。恐吓是网络暴力言论的一个常见类别。尽管很难为恐吓下一个准确的定义,但是大多数人都认为,"恐吓"只要发生时,他们都能在第一时间辨别出来。美国第九巡回区法院在审理一起案件时,将是不是恐吓言论的客观标准做了描述:一个理性的人说出的话是否会让听者理解为是故意伤害的过激言论。法院强调,真正的恐吓不受《第一修正案》保护。[②] 密歇根州第六巡回区法院提出,判断真正恐吓的标准是"说话人是不是故意威胁听者。依据这一标准,该法院审理了一起网络恐吓案,即为联邦调查局诉贝克案[③]"。

贝克(Baker)是密歇根大学的一名学生,在网上结识了一名加拿大网友之后,共同在网络上讨论对女性施加性暴力的问题。他在 Usenet 网的交流版块(bbs)上任意散布试图强奸、肢解、杀害女性的帖子。一位市民在浏览网页时,发现了这则令人惊悚的消息,于是通知密歇根校方。联邦调查局(FBI)随即起诉贝克,控告他用恐吓的方式绑架或伤害他人,违反了联邦法规 18 U. S. C. s 875(c)条款。密歇根州地区法院以贝克的行为不是真正的恐吓为由驳回 FBI 的起诉。于是原告又向第六巡回区上诉法院起诉,上诉法院维持原判。博伊斯·F. 马丁(Boyce F. Martin Jr.)大法官在判决书中进一步阐明了"恐吓"的本质,指出"恐吓"实际上是人们希望通过威胁造成某种影响或达到某个目的的手段。贝克的言论不是故意的威胁,不是针对

① 〔美〕保罗·莱文森:《新新媒介》,何道宽译,上海,复旦大学出版社,2011 年 3 月版,第 173 页。
② 〔美〕Kathleen Conn:《校园欺侮与骚扰——给教育者的法律指导》,万赟译,北京,中国轻工业出版社,2006 年 9 月版,第 90 页。
③ United States v. Baker, 807 f. 2d 427. 1986 年 9 月版。

同学,所以不是真正的恐吓,只不过是他和网友的性幻想。贝克最终被判无罪。而 2000 年,佛罗里达州的一名青少年因给哥伦邦高中的一名高二学生发送邮件,扬言要"毁掉整座高中"而被判入狱。这一案件的审理结果表明,由高科技支持的通信方式也可以用于真正的恐吓。[①] 以上两个案件表明,在法律上认定网络中真正的恐吓言论有时是非常困难的。

第五节　网络言论的管控

1996 年,美国出台了《电信法》,将互联网定性为"与真实世界一样需要管控"的领域。美国虽然没有专门的针对网络谣言的立法,但是利用网络恶意散布谣言、制造恐慌来危害国家安全的行为仍属于网络犯罪的范畴,这些行为也受到了联邦调查局的严密监控。每当发生重大突发事件或自然灾害之际,各种谣言四起,借助互联网、手机短信等新媒体得以迅速传播扩散,有时甚至会演变成为一场社会灾难。

有学者把美国治理网络不当言论的做法归结为"法制保障、政府管理、行业把关、媒体自律和公民教育"五位一体的多元治理机制。

第一,以法制建设为后盾,体现依法惩处的严肃性。自 1991 年处理首例网络谣言侵权案以来,美国已制定《禁止利用计算机犯罪法》《电脑犯罪法》《传播净化法》《计算机安全法》《域名注册规则》等多部法规,对网络传播加以规制。为对青少年进行保护,美国 2000 年底通过的《儿童互联网保护法》规定,公共图书馆都必须为联网计算机安装信息过滤系统,否则将无法获得政府提供的技术补贴。2010 年,美国又通过了《将保护网络作为国家资产法案》,授权联邦政府在宣布紧急状况下,拥有绝对的权力来关闭互联网。在州一级,纽约、马里兰、得克萨斯、威斯康星等 45 个州也通过立法对网络传播予以规制。如马萨诸塞州议会通过的《2000 年法案》规定,任何人运用网络对他人进行蓄意和恶意的骚扰,致使其情感严重紧张的行为,应定为刑事骚扰犯罪,可判处最高两年半监禁或不超过 1 000 美元的罚款,或两罚并用。2012 年 1 月 1 日,美国加利福尼亚州正式生效的一项新法规定,校方有权将利用互联网散布谣言等"欺凌行为"的学生予以停学或开除。

---

① 〔美〕Kathleen Conn:《校园欺侮与骚扰——给教育者的法律指导》,万赟译,北京,中国轻工业出版社,2006 年 9 月版,第 91 - 93 页。

进入新世纪以来,美国司法部门对网络造谣的惩处力度加大。2003年,新泽西州率先制定法规,要求学区采取反欺侮政策,处理欺侮和其他骚扰行为。目前,已有50个州通过了反欺侮或反骚扰法规。2006年,美国一女子因在网上被他人散布谣言污蔑,起诉对方诽谤罪,获赔1130万美元;2007年,美国密苏里州审理了全球网络暴力"第一案",在网上以暴力言论侮辱他人致死的主犯被判处三年监禁;2010年,马里兰州一名少女因被他人在脸书上造谣性侮辱而自杀,肇事者被判处缓刑或社区劳动。①

在美国,即便是匿名造谣、传谣,法庭都可根据受害者的诉讼,要求网站提供被告的通信记录;一旦裁决核实,法庭将发出禁令要求被告和网站撤销谣言,否则将追究其刑事责任。此外,对于涉及危害国家安全、公共秩序的网络谣言,美国国土安全部、联邦调查局等部门的网络监管机构都可依法进行调查。

针对网络跟踪日益普遍和复杂的局面,美国相继出台了一些法规进行规制。一些联邦法规规定,在州际或在国际上散布任何恐吓他人的信息即为非法。② 还有一些联邦法规明文禁止通过电子通信方式对他人进行骚扰。③ 2001年10月,时任美国总统的克林顿下令将《女性反抗暴力法》写入国家法律,此法案中将跟踪法规延伸到电邮、电话或网络跟踪等方面,还规定了禁止网络跟踪者使用的有关恐吓言论的法律术语。美国的很多州也在本州范围内制定了禁止电子跟踪的法规,北卡罗来纳州是至今唯一一个专门采用针对网络跟踪法规的州,还有路易斯安那州在总的法规中专门规定对儿童的电子跟踪即为犯罪。④

第二,注重源头治理的时效性。美国法学家丹尼尔·索洛夫(Daniel Solove)在其著作《未来的声誉:关于互联网上的流言、谣言和隐私》中指出,政府对网络的监管,应在捍卫言论自由和保障个人隐私权的"两难境地"中找到平衡,实现"增强网络内容发布个体的责任感、阻止谣言在网络空间肆意传播"的目标。

为增强网络谣言治理的时效性、最大限度减少网络谣言的危害,美国政府注重在事前下功夫,把网络谣言消灭在萌芽状态。如美国国会通过的《信

---

① 〔美〕Kathleen Conn:《校园欺侮与骚扰——给教育者的法律指导》,万赟译,北京,中国轻工业出版社,2006年9月版,第127页。

② 18U. S. C. §875(c).

③ 47 U. S. C. §223.

④ 〔美〕Kathleen Conn 著:《校园欺侮与骚扰——给教育者的法律指导》,万赟译,北京,中国轻工业出版社,2006年9月版,第120页。

息安全与互联网自由法》，授权总统可宣布"信息空间紧急状态"，由政府部分接管或禁止对特定网站的访问，对那些威胁公共安全的网络谣言依法治理。2011年7月，一个名为"福克斯政治新闻"的微博账号发布了"奥巴马遇刺身亡"的谣言，仅两个小时后，美国特勤局就清理了消息源，夺回了被黑客入侵的"阵地"。

同时，美国重视运用技术支持网络谣言治理。2011年7月，美国国防部高级研究项目局启动"战略通信中的社交媒体"研究计划，通过开发创新性技术手段，对社交媒体中出现的谣言等恶意信息进行监测。之后，虽然受"斯诺登曝光监控丑闻"的影响，人们对政府过度监控网络的行为表示反感，但鉴于日益猖獗的网络暴力言论会增添整个社会的紧张气氛，人们仍然对政府监控和清理网络暴力言论的举措表示了理解。

第三，以行业把关为辅助，发挥专业力量的示范性。美国社会心理学家卢因(Lewin)于1947年在《人际关系》一文中，首创了"把关"(gatekeeping)一词，他认为"在群体传播过程式中，存在着一些'把关'，只有符合群体规范或把关人价值标准的信息内容才能进入传播的渠道"。在治理网络谣言的过程中，美国互联网行业的各种协会认真履行"把关人"使命，执行行业规范、公约等，切断网络谣言产生、传播渠道，确保行业行为符合法律规定和道德要求，起到谣言"过滤器"作用。对放任网络谣言传播的企业，行业协会将向其施压，使其改正，甚至采取严厉措施使其失去发展机会。

美国计算机伦理协会制定的"摩西十戒"中，就有"网民不应用计算机去伤害别人"等规定；美国互联网保健基金会规定了八条准则，强调各大论坛和聊天室都应有服务规则与管理条例；纽约的媒体道德联盟主张建立网络道德标准。这种行业把关是政府监管的必要辅助，能促进互联网自觉抵制网络谣言的传播，从而得到政府的鼓励和支持。

美国很多商业网站都与联邦政府密切合作，并使用针对不良信息的过滤器。例如，SurfControl公司推出的"网络巡逻"(cyber patrol)软件是美国过滤工具的典型代表，近年来一直在为包括网络暴力言论在内的不良信息治理提供解决方案，相关网站的编辑在删除任何有关亵渎种族、民族、宗教或进行人身攻击的言论时"从不手软"。

第四，以网媒自律为支撑，突出合法经营的激励性。FCC作为网络管制的责任机构，曾于1997年出台《网络与电信传播政策》报告，提出了有关互联网管制的基本原则，其中就包括"政府应避免对网络传播行为进行不必要的管制；政府鼓励网络行业的自律。"，这些原则使网络传媒能够在较宽松的环境下，以维护行业利益和促进发展为宗旨进行运营。因此，面对网络谣言的冲击,美国政府支持网络传媒自律,使其避免为了追逐商业利益而处于缺乏社会责任、随波逐流的"木偶"境地。例如,1998年的《互联网免税法》就对自律较好的网络运营商给予了两年免征新税的待遇,而那些表现不佳的网站则无此幸运。此外,美国还给予了记者等媒体从业人员发布尚未来得及核实的信息的豁免权,但网民没有这样的豁免权,其不实的网络言论会受到法律制裁。

网络媒体的自律对于网络谣言管控至关重要。在实践中,美国各大网站已初步形成一套管理办法,主要包括以下五种。

(1) 制定张贴规则,使张贴者自律。例如,雅虎、美国在线、《纽约时报》和《洛杉矶时报》等网站的张贴规则,内容主要包括以下七个方面:①警告。张贴者对张贴信息的行为和张贴的内容负完全法律责任,不得违反美国的法律。②不得伤害他人。美国在线和《纽约时报》等网站规定,不准张贴、转贴和传播任何具有污蔑、诽谤、诋毁、污秽、黄色、辱骂性质的信息;不得骚扰、威胁和侮辱他人,不得使用冒犯民族和种族的语言。③保护个人隐私。雅虎和美国在线等网站规定,不准张贴他人的姓名、住址、电话、照片等信息。不准在网上向18岁以下的青少年套取姓名、住址、电话和学校名称等信息。④不得鼓吹违法活动。美国在线等网站规定,不准讨论和鼓吹各种违法活动。⑤不准用于商业目的。多数网站均规定,不准在电子公告板或"论坛"中张贴广告,推销产品和有偿服务等。⑥保护知识产权。不准张贴受版权保护的图片、商标和文章。《洛杉矶时报》网站规定,张贴受版权保护的文章,最多不能超过其中的两三段,这两三段不能构成文章的主要部分。⑦不准重复张贴。《纽约时报》等网站规定,不准连续张贴同一内容,不允许在不同的议题下张贴同样的内容。

2013年12月,美国网络媒体《赫芬顿邮报》宣布,为确保评论更趋文明和可信,所有登记留言的网友必须附上脸书账户链接,并显示部分姓名。美国一些著名的报纸如《纽约时报》《华盛顿邮报》等,早已设置专责部门处理新闻留言板。如《华盛顿邮报》采取网友相互规管的机制,其留言板设有"举报滥用"键,有专责人员处理,某些不当留言将被移除。

(2) 网站行使权力,删除违规信息。开设电子公告板和"论坛"的美国网站均声明,网站有权删除信息和取消违规者张贴信息的权利。例如,《纽约时报》网站设有14人的网络评论处理部门,评论查核人员会阅读所有评论资讯,并依据过去七年来发展出的审核标准决定其是否适合于网络刊载;网站还明确规定有权删除、转移、编辑所有违规信息,以及取消违规者张贴信息和访问网站的权利。

（3）接受举报，制止违规行为。网民可以通过电子邮件或其他形式向提供服务的网站举报他人的违规行为。这是一条普遍接受的原则。有关网站接到举报后，有责任回复举报者，对举报内容做出处理，并对被举报者提出警告或采取技术措施限制违规者继续张贴信息。①

（4）实名制。为了应对匿名行为带来的影响，《华盛顿邮报》和《纽约时报》以及其他一些美国媒体一度考虑要求评论者先注册，提供一定个人信息后再发表评论。但这也引发了美国社会关于"侵犯个人隐私""限制言论自由"等争论，这一措施的推行计划也几乎搁浅。因此，美国暂未对网络实名做出强制规定，网络"实名"还是"匿名"仍是网站经营者的自由。但实际上，美国最大的社交网站脸书和互联网"大牌"谷歌推出的"Google＋"社交服务，都实行的是实名制。

（5）以公民教育为补充，彰显价值判断的导向性。人们"想说什么就说什么"的愿望，在 Web2.0 时代得到了很大程度的实现，但理性价值判断的缺失，使大量网民不自觉地成为网络谣言的传播者。

正如加拿大学者唐·泰普斯科特（Don Tapscott）所指出的，"'Z 世代'已经长大并将主导 21 世纪，如何让他们在网络中茁壮成长并积极地承担社会责任？要务之一就是让他们获取良好的教育，学会与网络世界和谐相处"。理性的媒介素养教育是消除网络谣言的长效路径，要通过教育使谣言能够在不盲信、不盲从的网民面前不攻自破。

1978 年，美国教育部举办了全美"电视、书本与教室"研讨会，与会专家强调指出媒介素养教育的重要性。1998 年，FCC 决定，拨款帮助最贫困的学校早日进入信息高速公路，这对于消除"数字鸿沟"、提高公民网络素养具有重大意义。20 世纪 70 年代，阿巴拉契亚州立大学开设的全美第一个网络媒介素养教育课程，目前已成为知名国际培训项目。美国《圣荷西信使报》记者、"自媒体"概念的提出者吉尔默（Gillmor）提出了针对垃圾信息识别的"媒体消费的五条原则"：一是"保持怀疑"；二是"主动判断"；三是"开拓思维"，即寻找与自己想法相悖的意见；四是"不断追问"，面对网络信息要"像侦探一样思考"；五是"学习媒体技能"。②

为了及时澄清各种谣言，联邦紧急措施署网站设有"谣言控制"网页；美国各级政府也都在自己的网站和脸书、推特等社交网站上第一时间发布信

① 郭卫华、金朝武、王静、等：《网络中的法律问题及其对策》，北京，法律出版社，2001 年 1 月版，第 64－65 页。

② 〔美〕霍华德·莱茵戈德：《网络素养：数字公民集体智慧和联网的力量》，张子凌、老卡译，北京，电子工业出版社，2013 年 8 月版，第 101－102 页。

息,以保障公众的知情权。另外,美国还有很多民间创办的澄清谣言的网站,比如1995年由两名作家和民俗学专业人员创办的Snopes.com,他们根据资料和多方调查对各种网络谣言、传言分类并逐一鉴别澄清,从而享有"谣言侦探"和"谣言试剑石"的美誉。

印第安纳大学的研究人员开发出了一个名为Truthy的系统,这个旨在"探测政治诽谤、恶意营销、谣言以及其他社会信息污染"的软件能追踪推特中谣言产生和传播的过程。Truthy能够探测到流言,并且用流行病学模型来追溯流言的模型。它还提供了一个"Truthy按钮",网民只要点击这个按钮,就能举报相关的网站。[①]

NewsTrust则是一个网络审稿人的社区,其内部的审稿人使用经验丰富的记者们开发出来的审阅工具。在NewsTrust上,人们可以提交任何报道,要求审阅。其主页上显示一系列已经经过社区成员审核的报道。NewsTrust还提供了相关指引,详细介绍如何评估一篇新闻报道是否真实、客观、可信。[②] 在数字化新媒体的广泛应用导致传统的"守门人"逐渐淡出的情况下,发动"虚拟社区"中更多的人出来"守门",未尝不是一个杜绝不良信息的"社区自治"的好方法。

---

① 〔美〕霍华德·莱茵戈德:《网络素养:数字公民集体智慧和联网的力量》,张子凌、老卡译,北京,电子工业出版社,2013年8月版,第116页。

② 〔美〕霍华德·莱茵戈德:《网络素养:数字公民集体智慧和联网的力量》,张子凌、老卡译,北京,电子工业出版社,2013年8月版,第102页。

第三章　网络人格权保护

——还有隐私吗

20 世纪 90 年代以来,网络隐私权问题越来越受到关注。美国作为互联网最发达的国家,又是隐私权的发源地,是最早意识到这个问题的国家。[①]

早在 100 年前,路易·布兰迪斯(Louis Brandeis)和另一名著名学者萨默尔·D. 沃伦(Samul D. Warren)在为隐私权辩护时,就曾经警告"无数的机械设备预示着,将来有一天,我们在密室中的低语,将会如同在屋顶大声宣告一般。"[②]如今这一天已经来临。

1975 年,时任美国参议院情报特别委员会主席的弗兰克·丘奇(Frank Church)说,美国政府已经完善了"一种技术能力,让我们能够检测在空中穿梭的信息",这种能力可随时"掉头指向美国人民,没有哪个美国人还有隐私可言,一切都将受到监控,包括电话、电报等。人民将无处隐藏"。就像科幻小说家和散文家戴维·布林(David Brin)的说法——"光线即将照亮我们生活的每个角落"。太阳计算机公司总裁斯科特·麦克尼利(Scott Mc Nearly)说:"你的隐私只剩零了。想开点吧。"[③]

2013 年,美国国家安全局前雇员爱德华·斯诺登(Edward Snowden)披露,国安局有能力对全球数亿人进行检测并收集情报。它闯入世界各大数据中心的通信环节,规避或破译了对互联网上敏感数据进行保护的加密软件,每年数千次违反隐私法或越权。斯诺登的爆料引起了世界震惊,也将一向宣称保护公民隐私权和人格权的美国政府推向了舆论的漩涡。

信息隐私问题的出现标志着我们正在进入一个新时代。在这个科技时代,我们的整个世界——商业活动、医疗记录、社会生活和政府——正在一

---

① 徐瑾:《美国网络隐私权法律保护》,《现代情报》2005 年第 6 期。

② 〔美〕爱伦·艾德曼卡洛琳·肯尼迪:《隐私的权利》,吴懿婷译,北京,当代世界出版社,2003 年 10 月版,第 337 页。

③ 〔美〕丹尼尔·沙勒夫:《隐私不保的年代》,林铮顗译,南京,江苏人民出版社,2011 年 12 月版,第 114 页。

点点地脱离现实世界,以数据的形式进入由软件构成的计算机内核。很多人出于善意或恶意对这些数据抱有兴趣。电脑造成的威胁已经超过了所有机器。在这样一个时代,政府对公民信息的了解,比公民希望他们了解的信息要多得多。公司能够了解的消费者信息,比消费者所认为的要多得多。在新数字时代,隐私必须成为社会的一个主要关注点。[①] 我们必须在言论自由与保护隐私之间找出平衡点。[②]

本章主要就美国隐私与隐私权的起源、隐私权与知情权、网络隐私权、新媒体时代的隐私权保护进行探讨。

第一节　隐私与隐私权的起源

隐私是一个不太容易定义的概念,学术界有不同的定义和表述。现代意义上的隐私权,可以理解为私人生活安宁不受他人非法干扰,私人信息保密不受他人非法收集、刺探和公开的权利。隐私包括三种形态:一是个人信息,如健康状况、财产状况等;二是私人活动,如日常生活、社会交往、两性关系等;三是个人领域,即私人空间,如个人住所、日记本、通信、旅客行李等。[③] 隐私给予人们空间,使人们可免于社会的监视。[④] 因此,"自由"的人应当是有隐私的人。[⑤]

隐私权又称私生活秘密权。远古人类就存在隐私意识,即萌发于对裸露身体隐秘部分的羞耻心。原始人没有衣服穿,也知道用树叶或树皮或草围在腰间。[⑥]

隐私权被视为一种人格权并受法律保护,是现代法律制度的产物,其内容随着历史的发展也有了很大的变化。随着社会的不断发展,人们越来越需要在纷繁芜杂的环境中保留自己内心世界的安宁,隐私权也就逐步成为

---

① 〔美〕约瑟夫·塔洛:《今日传媒:大众传播学导论》(第三版),于海生译,北京,华夏出版社,2011 年 9 月版,第 628 页。

② 〔美〕丹尼尔·沙勒夫:《隐私不保的年代》,林铮颢译,南京,江苏人民出版社,2011 年 12 月版,第 18 页。

③ 齐宪生:《网络空间的便利与网络隐私权的保护》,《河北法学》2005 年第 8 期。

④ 〔美〕丹尼尔·沙勒夫:《隐私不保的年代》,林铮颢译,南京,江苏人民出版社,2011 年 12 月版,第 78 页。

⑤ 〔美〕阿丽塔·L·艾伦、理查德·C·托克音顿:《美国隐私法:学说判例与立法》,冯建妹、石宏、郝倩、刘相文、许开辰编译,北京,中国民主法制出版社,2004 年 2 月版,第 53 页。

⑥ 宫承波、刘姝、李文贤:《新媒体失范与规制论》,北京,中国广播电视出版社,2010 年 12 月版,第 147 页。

人们的一种基本需求。[①] 隐私权是一个宽泛的概念,它既可以指法律,也可以指其他许多社会价值。[②] 关于隐私权的定义也是五花八门。

隐私权是指在最少的干涉下顺应自己意愿而生活的权利。国内有学者将其解释为:公民享有的私人生活安宁与私人信息依法受到保护,不被他人非法侵犯、知悉、搜集、利用和公开的一种人格权。[③]

隐私权又指自然人就其个人私事、个人信息等个人生活领域内的事情不为他人知悉或不愿为他人知晓,禁止他人干涉的一种独立的人格权。隐私权是一种高层次的人格权。隐私权的主体是自然人,客体包括私人信息、私人活动和私人领域。[④] 法人不享有隐私权。

美国《布莱克法律词典》认为隐私权是个人自治的权利,以及个人人身和财产不受非法审查和暴露的权利。[⑤]

斯蒂芬·哈格(Stephen Haag)和梅芙·卡明斯(Maeve Cummings)认为,隐私权是保证当事人按照个人意愿不受别人干扰,或者独立控制个人财产而不受他人查看的权利,是保证人们私生活免受不必要打扰的基本权利。[⑥] 隐私权是一种含义宽泛的法律范畴。

隐私权可以分为资料隐私权、通信隐私权、身体隐私权和领域隐私权等。资料隐私权是指对收集和处理信息或个人资料的行为进行控制的权利;通信隐私权是指电话、邮件、电子信箱和其他形式中的安全和隐私;身体隐私权是指保护个人的身体不受任何形式的不法侵犯;领域隐私权是指对于侵入家庭或其他的生活、工作领域的行为进行限制,从而产生的隐私权利。[⑦]

公民的隐私权是一种积极的社会价值。尊重和保护隐私权是对人性自由和尊严的尊重,是人类社会文明进步的标志。早在 2 000 年前,古希腊的希波克拉底时代,人们就期待医生为他们的医疗状况保密,这可以看作是人类早期对隐私权的合理诉求。今天我们理解的隐私权的客体一般包括:①身体秘密,身体隐秘部位即生殖器官、身高、体重、健康状况、身体缺陷等;

---

① 孙铁成:《计算机与法律》,北京,法律出版社,1998 年 7 月版,第 103 页。

② 〔美〕唐·R. 彭伯:《大众传媒法》(第十三版),张金玺、赵刚译,北京,中国人民大学出版社,2005 年 7 月版,第 234 页。

③ 徐瑾:《美国网络隐私权法律保护》,《现代情报》2005 年第 6 期。

④ 张小罗:《论网络媒体之政府管制》,北京,知识产权出版社,2009 年 5 月版。

⑤ Black's Law Dictionary(2004), p. 1350.

⑥ 〔美〕斯蒂芬·哈格、梅芙·卡明斯:《信息时代的管理信息系统》(英文原书第 8 版),严建援译注,北京,机械工业出版社,2011 年 5 月版,第 231 页。

⑦ 徐瑾:《美国网络隐私权法律保护》,《现代情报》2005 年第 6 期。

②私人空间,指个人住宅及居住环境、私人专用箱包、日记等;③个人事实,指个人生活经历、生活习惯、性格爱好、社会关系、学历、婚恋状况、家庭住址、电话、收入等;④私人生活,指一切与社会无关的个人生活,如日常生活、社会交往、性生活等。

与隐私权的客体相对应,隐私权的权能包括隐私的隐瞒权、隐私的维护权和隐私的支配权三项内容。隐私的隐瞒权是指权利主体对自己的隐私进行隐瞒,不为他人所知的权利。隐私与公共利益无关,对隐私的隐瞒是个人的一种权利,与道德无关,并不是不诚实的表现。对于涉及自己的隐私问题,我们有权不向他人告知。隐私的维护权是隐私权主体对于自己的隐私所享有的维护其不受侵犯,在受到非法侵犯时可以寻求司法保护的权利。维护个人隐私的不可侵犯性,包括禁止他人非法收集个人资料、传播个人资讯,非法利用个人情报;对于私人活动,禁止他人干涉、追查、跟踪、拍照、摄影,禁止非法扰乱;对于私有领域,如日记、身体、通信,禁止偷看和宣扬;对于个人的行李和书包,禁止非法检查,禁止擅自闯入购买住宅,禁止在住所安装窃听器、监视装置等。隐私的支配权是指权利人有权按照自己的意愿对隐私进行支配,主要内容有:公开隐私;准许对个人活动和个人领域进行查知;准许他人利用自己的隐私;自己利用隐私权等。①

美国学者阿丽塔·L.艾伦(Anita L. Allen)、理查德·C.托克顿(Richard C. Turkington)指出,无论在哪种社会形态之中,男人和女人都生活在对自己和他人尽责的社会中,缺少以休息、思考、实验和独立行动为目的的隐私。为了促进自决和自主的个人发展,某种程度的隐私是必要的,而为了促进有责任感的家庭成员和更为广泛的社区的发展,也有必要形成某种程度的隐私。② 一个社会走向或者已经实现民主法治,就必然高度重视保护公民的个人隐私权。美国法学家查尔斯·弗里德(Charles Freed)说:"没有隐私权,我们就失去了人之为人的完整性。"③

隐私权是公民的一种人格权,其性质为绝对权,其他任何人均负有不可侵犯的义务。美国公民教育中心甚至将隐私列为民主的四大基础之一,认为隐私有六大益处。

(1)自由:隐私帮助人们自由思考和行动,不受他人不合理的影响或控

① 屈茂辉、凌立志:《网络侵权行为法》,长沙,湖南大学出版社,2002年4月版,第48-50页。

② 〔美〕阿丽塔·L.艾伦、理查德·C.托克音顿《美国隐私法:学说、判例与立法》,冯建妹、石宏、郝倩、等编译,北京,中国民主法制出版社,2004年2月版,第11页。

③ 展江、吴薇:《开放与博弈:新媒体语境下的言论界限与司法规制》,北京,北京大学出版社,2013年3月版,第215页。

制。这种自由可以让一个社会避免沦为极权主义或臣服于独裁者的全盘控制。

（2）安全：对隐私的尊重培养了一种安全感。

（3）个体性：如果没有隐私，与他人相仿的压力也许会阻止个人形成他或她自己的世界观、信仰和意见。

（4）保护经济利益：隐私使人们能够为自己的点子、计划和发明保密。这也许有助于他们创造和销售新产品，并与他人竞争。

（5）创造性：隐私对于创造性思想和工作也许是必要的。

（6）亲密：隐私对于人们发展与他人的热烈关系是必要的。[①]

詹姆士·瑞曼（James Reiman）认为，如果没有隐私，我们的自由就会以两种方式遭到明显的削弱：第一，缺乏隐私常常会导致个人行为受制于他人，因此，会出现外在自由丧失的风险。未经允许和认可而收集到的敏感信息可能成为身居权威地位者手中的强大武器，这种信息可能被用来剥夺他人的奖赏和机会，如工作升迁，或者剥夺获得保险和其他主要生活必需品的资格。这就干涉了我们的自由——不受外界干涉做出选择和决定自己生活的基本能力。第二，存在内在自由丧失的风险。众所周知，当受到他人监视或监控时，人们对自己的计划和活动感到拘谨和迟疑不决。[②]

所以，现代人日益重视隐私，"隐私是对人类自由和尊严的基本保障。隐私的价值不仅在于它本身，同时它对我们享有财产权，以及享有思想、言论、宗教和良知的自由都同样重要。没有隐私权，其他这些重要的权利对我们来说也就失去了意义。"[③]

一、美国隐私法的流变

隐私权的概念源自美国，历经百余年的发展，美国的隐私法始终居于世界领先地位。法律上隐私权概念的出现源于大众传媒对私人生活的侵扰，"事实上，是对报界的义愤，首先创造了法律上的隐私权"。[④]

19世纪末，伴随着工业化和城镇化的进程，美国大众报业迅猛发展，"黄色新闻"时代来临，大量商业化报刊为了争夺市场和读者，不惜对纯粹的

[①] 美国公民教育中心：《民主的基础丛书：隐私》，刘小小译，北京，金城出版社2011年1月版，第86页。

[②] 张小罗：《论网络媒体之政府管制》，北京，知识产权出版社，2009年5月版，第80-81页。

[③] 美国公民教育中心：《民主的基础丛书：隐私》，刘小小译，北京，金城出版社2011年8月版，第3页。

[④] 〔美〕爱伦·艾德曼、卡洛琳·肯尼迪：《隐私的权利》，吴懿婷译，北京，当代世界出版社，2003年10月版，第156页。

私人事件进行报道和挖掘，"为了满足淫欲，性关系的细节在日报版面上被广为传播。为了吸引懒惰之人，报纸的大量版面充斥着毫无价值的闲话，这些流言只有通过侵扰他人家庭生活方能获得"。[①] 这引起了人们的极大反感，"通过侵犯个人隐私，使其遭受精神痛苦和伤害，这种痛苦和伤害可能远甚于肉体伤害所能带来的影响"。[②] 因此，新闻界因为侵犯隐私而受到尖锐的批评。

法律上的隐私权最早诞生于美国。1890 年，美国波士顿市社会名流沃伦夫人不满报纸对她所举办的舞会的报道，由其丈夫哈佛大学法学教授塞缪尔·D. 沃伦(Samul D. Warren)及路易·布兰代斯教授(Louis Brandeis，后来成为美国最高法院法官)发起主张"不受别人干涉的权利"，并在《哈佛法律评论》(Harward Law Review)上发表文章《隐私权》，建议从法律上承认隐私权。这篇论文在美国法学界引起强烈反响，标志着隐私权理论的诞生。[③]

这两位律师认为："瞬间抓拍的照片和报业竞争已经侵犯了个人及家庭生活的神圣领域；众多商业机构威胁着要实践'密室中的交谈将在屋顶被宣扬'的预言。"沃伦和布兰代斯说，新闻界传播的流言令他们不快，这些流言在各个方面都明确逾越了正当、庄重的界限。[④] 他们注意到，侵犯隐私引起的"精神创伤与痛苦"，亦即一种"对情感的伤害"。而法律没有适当地保护这类的伤害。沃伦和布兰代斯相信，法律可以对这些有关隐私的问题提供解决之道，他们引用了有关诽谤、侵害财产、侵害版权及违反保密责任的案例，认为普通法应当包括隐私权。他们解释说，法律已经保护了"个人不受干扰的、更普遍的权利"，因此，这个权利可以作为发展新的隐私保护措施的基础。沃伦和布兰代斯对于那些隐私遭受侵犯的人，提出了一个侵权的补救办法，他们建议说，侵权的补救措施应该适用于隐私侵犯。[⑤]

从此，"隐私""隐私权"就成了法学家们格外关注的一个法学范畴。

通过对美国学者关于隐私的学说的考察，有学者归纳出隐私具有以下

---

① 展江、吴薇：《开放与博弈：新媒体语境下的言论界限与司法规制》，北京，北京大学出版社，2013 年 3 月版，第 218 页。

② 展江、吴薇：《开放与博弈：新媒体语境下的言论界限与司法规制》，北京，北京大学出版社，2013 年 3 月版，第 218 页。

③ 宫承波、刘姝、李文贤：《新媒体失范与规制论》，北京，中国广播电视出版社，2010 年 12 月版，第 148 页。

④ 〔美〕唐·R. 彭伯：《大众传媒法》(第十三版)，张金玺、赵刚译，北京，中国人民大学出版社，2005 年 7 月版，第 235 页。

⑤ 〔美〕丹尼尔·沙勒夫：《隐私不保的年代》，林铮顗译，南京，江苏人民出版社，2011 年 12 月版，第 118 页。

五个方面的含义。[①]

第一,独处性。所谓独处性,是指个人独立于群体,且具有不受他人干扰的自由。在《隐私权》这篇文章中,沃伦与布兰代斯主张"不受干扰的权利"(right to be let alone)(也有的译为独处权),是指使自己和社会隔离开,使私人事务和公共事务隔离开的私权利,其核心为独处。[②] 他们认为该项权利属于个人生存权利的重要组成部分,应当得到宪法、普通法和各州成文法的保护。1890 年被视为当代隐私法最初之渊源。更早一点,密歇根州最高法院首席法官托马斯·M. 库利在 1888 年将隐私定义为"一种完全逍遥即独处的权利"。[③]

沃伦与布兰代斯关于隐私权的消极界定,构成了隐私权最初的内涵。《论隐私权》一文发表后,美国学术界及司法界随即展开了热烈的讨论和回应,赞成和反对呈两极化的态势。1890 年到 1900 年间,超过 10 篇论文考察了他们创制的隐私侵权提议。与此同时,美国法官也通过判例确立了隐私权为一项独立的权利;一些法院开始理性思考隐私权的真正内涵及其限制。

在美国,侵犯肖像权是以隐私权被起诉的,早期的隐私权诉讼案例也多与肖像权被侵犯有关。1890 年,纽约州地方法院审理的"麦瑙勒诉史蒂文斯和梅耶斯案"[④]是有关隐私权最早的判例。在该案中,一名年轻女子的照片未经本人同意就被用作面粉广告,该女孩以受到精神损害而向法院起诉,法院判决原告胜诉。[⑤]

在 1902 年的"罗伯森诉罗彻斯特折叠箱公司案"[⑥]中,纽约州上诉法院则明确拒绝采纳沃伦和布兰代斯提出的"隐私权",认为现有习惯法并未对所谓隐私权提供保护,在有关立法并未明定的情况下,司法上不应当予以承认。该案中,一家面粉厂未经一位社会名媛的同意,在其面粉广告中使用了她的肖像。该名媛感到自己因此而受到侮辱,向法院请求禁令并要求损害赔偿。虽然纽约州法院并没有支持她的诉请,认为现时的法律制度中尚未存在隐私权,但该判决引发了广泛的社会争议。直到 1903 年,在距沃伦和布兰代斯发表《论隐私权》13 年之后,纽约州才通过了一项法律,禁止利用

① 岑剑梅:《电子时代的隐私权保护——以美国判例法为背景》,《中外法学》2008 年第 5 期。

② Warren and Brandeis, 1890:"The Right to Privacy", *Harvard Law Review*, pp. 193 - 220.

③ 展江、吴薇:《开放与博弈:新媒体语境下的言论界限与司法规制》,北京,北京大学出版社,2013 年 3 月版,第 217 页。

④ Marion Manola v. Stevens & Myers, N. Y. Sup. Ct. 1890.

⑤ 孙铁成:《计算机与法律》,北京,法律出版社,1998 年 7 月版,第 105 页。

⑥ Roberson v. Rochester Folding Box Co. , 171 N. Y. 538,64 N. E. 442 (N. Y. 1902).

个人实施商业宣传,并称为隐私权。① 1903 年的纽约《民权法》第 50 条和 51 条规定,以广告或交易为目的,未经他人书面同意,利用他人姓名、肖像、照片谋利者构成轻罪和侵权,这也是美国第一次用立法的方式来对隐私权加以保护。②

其他早期的著名案例有 1905 年的"帕维斯奇诉新英格兰人寿保险公司案"③。与"罗伯森诉罗彻斯特折叠箱公司案"中法官不承认隐私权截然不同,审理"帕维斯奇诉新英格兰人寿保险公司案"的乔治亚州最高法院首次承认了隐私权的存在,并认为在司法上承认隐私权十分必要。在该案中,被告新英格兰人寿保险公司在《亚特兰大宪法报》(Atlanta Constitution)报上以原告帕维斯奇的肖像刊登广告,并声称原告因购买被告保险公司的保险而获保障。原告以其从未购买该公司保险,其肖像未经同意而被使用,致其隐私遭受侵害而起诉。

乔治亚州最高法院曾对纽约州的"罗伯森诉罗彻斯特折叠箱公司案"加以分析讨论,肯定隐私权系受普通法保护的权利,即保护一个人的自由——一个人的身体,在没有本人同意时,不可以在任何时间或任何地点被拿出来展示。一个人在所有适当的时间,在所有适当的地点,以一个适当的方法,向公众展示他自己的权利,乃包含在个人自由的权利之内。当他出现在公共场合并非出于任何法规的要求,在某人视为适当时机之时,便可自公众的视线退出的权利,也包括在个人的权利之内。"法庭宣称,违反个人意志而使用个人的身份,无异于限制人的自由,使得人暂时"受到他人控制",在这个影响下,"人不再自由,事实上,是个奴隶。"④

不过,乔治亚州最高法院深知承认隐私权与宪法所保障的言论及出版自由有所抵触。该案的首席法官科布(Korb)从自然法的观点出发,加上对先前相关判例的推演,极力颂扬在司法上承认隐私权的必要性,认为这两种权利之间的界限只能"端赖司法的智慧与正直,在个人隐私与大众知情权之间,取得适切的平衡"。这个案例是美国第一个明确承认隐私权系受普通法保护的案例,其判决常被引用,对美国隐私权的发展具有重大意义。

此后,隐私权的观念逐步为大众所接受,1938 年的《美国侵权法第一次

---

① 〔美〕唐·R. 彭伯:《大众传媒法》(第十三版),张金玺、赵刚译,北京,中国人民大学出版社, 2005 年 7 月版,第 236 页。

② 孙铁成:《计算机与法律》,北京,法律出版社,1998 年 7 月版,第 105 页。

③ Pavesich v. New England Life Insurance Co. , 112 Ga. 190, 50 S. E. 68, 1905.

④ 〔美〕丹尼尔·沙勒夫:《隐私不保的年代》,林铮顗译,南京,江苏人民出版社,2011 年 12 月版,第 199 页。

重述》也正式承认了隐私权,其中案例包括了报纸的侵扰、摄影师的窥探、未经授权的广告以及个人信息隐私等。从此,多数法院采纳"帕维斯奇案"的观点,承认隐私权的主张转据上风。① 经过整个 20 世纪,美国的各个州开始承认隐私权为民法权利。一些州制定并通过了成文法,另一些州则在普通法的范畴内发展出这一权利概念。②

1960 年,哈佛大学法学院院长威廉·普罗塞(William Prosser)教授通过研究两百多个美国法院判例,在《加州法学评论》上发表《隐私》(Privacy)一文,提出"干扰他人的独居或者私人领域""公开令人尴尬的私人事实""使用真实的信息,造成错误的印象""未经授权使用个人的名称或肖像"四种侵犯隐私权的类型,得到广泛认可。隐私法"包含对原告四种不同权益做出侵犯的四种不同行为,它们的共同点除了共用同一个名词以及关系到干涉原告……'不受干扰'的权利之外,便别无其他共同点。"③

普罗塞所构建的隐私权体系极具影响力,成为美国隐私权法中的主流学说,几乎为所有法院所推崇。他的文章《隐私》被誉为"有关隐私权的第二重要的论文"。④ 翻开所有的美国教科书和专著,涉及隐私法的几乎都采用普罗塞的四分法。⑤

总的来说,这四大类隐私的保护内容构成了所谓"个人独处权"的内容。换句话说,独处权是指个人享受免受媒体骚扰的权利。⑥ 这种独处权有一部分是指在空间上满足个人独处要求的"空间独处权"。"独处的空间"包括一般认为的私人场所,尤其是个人的住宅。而在一些成文法和案例法中,隐私空间也包括部分公共场所(如办公室、酒店房间、餐厅和公园)。因为,尽管它并非为当事人私人所有,但是个人身处此地,会对隐私权的保护有合理的期待。⑦

所谓"空间独处权",是指对家庭空间内对隐私的保护,而公共场所"不

---

① 高圣平:《比较法视野下人格权的发展——以美国隐私权为例》,《法商研究》2012 年第 1 期。

② 展江、吴薇:《开放与博弈:新媒体语境下的言论界限与司法规制》,北京,北京大学出版社,2013 年 3 月版,第 219 页。

③ W L Prosser, 1960:"Privacy" *California Law Review*, p. 383.

④ Richard F. Hixson, 1987: *Privacy in a Public Society*, Oxford, p. 52.

⑤ 展江、吴薇:《开放与博弈:新媒体语境下的言论界限与司法规制》,北京,北京大学出版社,2013 年 3 月版,第 228 页。

⑥ 〔美〕Philip H. Miller:《媒体制作人法律实用手册(第四版)》,何勇、李丹林、等译,北京,人民邮电出版社,2009 年 3 月版,第 123 页。

⑦ 〔美〕Philip H. Miller:《媒体制作人法律实用手册(第四版)》,何勇、李丹林、等译,北京,人民邮电出版社,2009 年 3 月版,第 127-128 页。

被认为存在合法的隐私"。1928 年,美国人奥姆·斯蒂德(Olm Stead)控告警察窃听自己电话而侵犯了隐私,结果法庭判警察不违法,理由是"窃听发生在室外"。而 1967 年几乎同样的一起电话窃听案,则被判侵犯了"公共场所隐私权"。在该案中,美国联邦调查局在公共电话亭布置窃听器,获取一个叫凯兹(Keith)的市民正在赌博的信息,致使其被判有罪。凯兹为自己进行辩护,由此引发了"公共场所有无隐私正当性"的大讨论。最终,法院判凯兹胜诉。

到了 20 世纪 80 年代,美国学者麦克鲁格(McClurg)提出"隐私的合理期待"观点,称倘若有人在室外偷拍某人的活动,不论他表现得多么友善,只要对方表示不愿意或报警寻求保护,偷拍者就应受到法律惩处。1984 年,美国得克萨斯州法院首次根据这一原则,裁决一起公共场所偷拍案中偷拍者败诉。从此,法院开始承认公共场所保护隐私的"个人意愿原则",即只要不是法律授权状况或对方是公众人物,在个人明确表示反对的情况下,其个人信息和隐私不得被采集、披露。

第二,秘密性。早期的这些论断和司法实践是具有开创性的,不过"不受干扰的权利""独处的权利"仍然过于宽泛。如果对于原先隐秘的事物进行公开,那么隐私将不复存在。因此,隐私造就了某些事物的秘密性。希伯来大学法律学教授露丝·嘉韦逊(Ruth Gavison)在《耶鲁法律》上发表的一篇关于隐私的文章,把隐私定义为限制他人对个人三个关键方面的接近:秘密、匿名和独处。秘密是指限制散播个人信息;匿名是指保护个人免受不希望得到的关注;独处是指不与他人身体亲近。①

不同的学者也从不同的角度对隐私权做出解释,为丰富隐私权这一概念的内涵做出了贡献。从信息传播的角度看,隐私权是指公民享有的私人生活安宁与私人信息依法受到保护,不被他人非法侵扰、知悉、搜索、利用和公开的一种人格权。随着网络和信息技术的发展,隐私权的内容不断发生变化,除了包括公民的生活安宁权外,还包括公民对个人信息的控制与保密权、个人信息秘密权等权利。理查德·A. 波斯纳(Richard A. Posner)法官说,隐私含有至少两个层面的利益,一个是独处的利益,另一个即信息的隐秘性。当个人事物之披露违背了主人的意志时,这种隐私利益就受到了侵害。②

---

① 〔美〕理查德·斯皮内洛:《铁笼,还是乌托邦——网络空间的道德与法律》,李伦、等译,北京,北京大学出版社,2007 年 8 月版,第 134 页。

② Richard A. Posner, 1981: *The Economics of Justice*, Harvard University Press, pp. 272 - 273.

1967 年，美国法学家阿兰·F. 韦斯廷（Alan F. Westin）在《隐私与自由》（Privacy and Freedom）一文中指出："所谓隐私权，指个人、集团或组织，拥有决定在何时、以何种方式、在何种程度上将自己的信息传达给他人的权利。"威斯廷由此提出隐私的"保留性"，是指个人凭自己所愿对本人信息进行自由裁断，并据此披露给他人关于自己的有限信息，以此来创建"心理距离"以达到保护个人尊严的目的。因而即使在最亲密的关系中，自己披露给他人的本人信息也通常是不完全的。这种保留性体现了本人对于自身事物进行保留或披露的选择权，这种选择权在人与人的日常交往关系中，属于隐私的动态层面。[①]

第三，自治性。《布莱克法律词典》指出自治性隐私的要义在于个人控制自身事物或个人决定不受干扰、观察或侵入的权利。[②] 它强调个人控制自身事物不受他人干涉和规制的能力，允许人们自由地做出自己的决定。它重点关注个人之积极主动的一面，而非单纯消极地防御隐私受到侵害。这也体现在杰瑞·康（Jerry Kang）教授所说的"自决性隐私"上，它着重于个人做出自我抉择的一种自由性。[③] 如在"罗伊诉韦德案"[④]中，联邦最高法院明确指出，隐私权包括个人对于流产这类个人事物所具有的自我决定权。从美国联邦宪法来看，这种自决性隐私权利的范围涵盖了结婚、生育、避孕、家庭关系以及收养等方面。

1971 年，另一位美国法学家阿瑟·R. 米勒（Arthur R. Miller）从积极角度将隐私权定义为"控制有关自己信息传播的权利"。[⑤] 其他的研究者也把隐私看作是对信息的控制。按照伊桑·卡斯[⑥]的定义，隐私是指对其他人能够了解到的关于你的信息的控制能力。福迪（Foddy）和菲尼根（Finighan）将隐私定义为"个体对信息的控制和占有，这种信息会妨碍他的主张接受度，从而无法在某一特定角色关系中获得认同"。梅森（Mason）将隐私定义为"一个人在何种条件下，采取何种安全措施，必须向他人透露何种关于个人自身的或是相关的信息？人们可以保留那些内容，不必向他人透露？"奥特尔曼（Altman）将隐私定义为"对个人自身或团体访问的有选择

① Alan F. Westin，1967：Privacy and Freedom，p. 32.
② Black's Law Dictionary，2004，p. 1233.
③ Jerry Kang，1998："Information Privacy in Cyberspace Transactions"，*Stanford Law Review*. pp. 1246－1294.
④ Roe V. Wade，410 U. S. 113，1973.
⑤ 刘迪：《现代西方新闻法制概述》，北京，中国法制出版社，1998 年 9 月版，第 119 页。
⑥ 伊桑·卡斯（Ethan Katsh），马萨诸塞大学教授，技术与法律问题研究专家，著有《数字世界的法律》等。

的控制"。① 罗伯特·斯坦利（Robert Stanley）律师认为，隐私就是"希望保密的个人信息不被泄露给第三方，而一旦泄露会导致一个有正常敏感心理的人尴尬或是感情上的痛苦"。② 法学教授弗瑞德·凯特（Freed Kate）认为，"隐私也许被认为是反社会结构。隐私承认个人——相对应其他人——有权利决定要暴露多少有关他自己的东西。"③

尽管表述各异，但大都承认，信息隐私权的核心原则是：向个人提供法律认可的个人信息权力，从而赋予他们维持信息控制的权力。或者换句话说，信息隐私权最基本的形式是给予个人选择是否分享信息的权力。如果某人不经他人同意而通过窥探获得其个人信息，他就触犯了法律，将要面临法律制裁。④

第四，匿名性。隐私不容入侵，意味着人们在拥有合理隐私期待的场合具有抵抗隐私侵害的自由。这种自由包括个人拥有保持匿名的权利。匿名性自由表现在当个人处于公共场所之中，实施公共性行为时，具有寻求不受识别和监视的自由。如果本人知道他正处于公共空间之系统监视下，那么将会破坏一种轻松的感觉和人类在公共空间所寻求的自由感。⑤ 同时，匿名性的破坏，还可能导致个人尊严受损。例如，酒徒出去参加匿名酒徒的聚会；精神病人去精神病院看病；同性恋者在同性恋酒吧聚会；有夫之妇（或有妇之夫）秘密约会旧情人；中学生逃课跑出去或上班族偷偷溜出去钓鱼。在这些情况下，当匿名性丧失的时候，人们的尊严也将受到伤害。因此，隐私本身就是关于我们应该如何对待彼此生活的一套规范。正如撞到人或挤进某人空间的粗鲁行为一样，干涉他人的私事也是粗鲁的。我们或许不喜欢某些人在私底下可能做的事，但我们尊重他们这样做的自由，只要是保持离开公众的视线即可。⑥ 正如杰弗瑞·雷曼（Jeffrey H. Reiman）所说，"隐私权保护人之所以为人的利益"。

第五，亲密性。匿名性是公共空间之隐私保护的表现，而亲密性则是出于私人范围内之隐私维护的需要。这种亲密性表现为个人在某个社会单元之内有权决定与其成员共享关于他本人的有关信息，而不与社会单元之外的其他

---

① 孙绍谊、郑涵：《新媒体与文化转型》，上海，上海三联书店，2013 年 7 月版，第 172 页。
② Sterin, J. Charles, 2011: *Mass Media Revolution*, Pearson, p. 329.
③ Fred H. Cate, 1997: *Privacy in the Information Age*, Brookings Institution Press, p. 30.
④ 〔英〕维克托·迈尔-舍恩伯格：《删除：大数据取舍之道》，袁杰译，杭州，浙江人民出版社，2013 年 1 月版，第 169 页。
⑤ Alan F. Westin, 1967: *Privacy and Freedom*, p. 36.
⑥ 〔美〕丹尼尔·沙勒夫：《隐私不保的年代》，林铮顗译，南京，江苏人民出版社，2011 年 12 月版，第 79 页。

人共享。个人在本社会单元内与其他成员相互交往合作从而形成一种紧密、轻松、坦率的关系。这些社会单元包含多种类型,诸如丈夫和妻子之间、家庭成员之间、朋友之间或者工作之间。隐私的亲密性表明了隐私并不仅仅指向单独个体,同时还指向人与人之间的关系。对人与人之间亲密关系的维护,是隐私权之使命所在,也是隐私权之价值所在。因为我们能够控制谁可以获取我们的信息,以及我们能够建立和保持与不同的人之间的不同社会关系。[①]

从信息传播的角度,隐私具体有两层含义:一是公民有权使用自己的私人信息;二是公民有权禁止他人泄露、公开自己的私人信息。[②] 莱斯格(Lessig)教授将隐私分为三个层面:第一种概念是试图减少侵犯,即人们想独处,希望把对平静生活的干扰降到最小。第二种概念源于尊严。无论政府的搜查是否会干扰生活,都会伤害尊严;第三种概念一种限制政府权力的方式。隐私是对政府权力的实质性限制,它可以限制政府为所欲为。

当前的研究认为,隐私是一种行为。隐私的多维发展理论提出了一种"行为演算"的方法,它同人际关系中的风险收益分析方法是一致的。信息披露被认为是考虑了货币收益和负面后果之后做出的权衡。行为学中的一些理论也描绘了可觉察的行为后果,比如计划行为理论和社会认知理论。借鉴这些理论,随后的研究已经从这个角度预测了隐私威胁行为和隐私保护行为。[③] 社会学家阿兰·韦斯廷观察到,隐私保护了"对社会规范轻微的不顺从"。许多规范经常遭到破坏,而隐私允许社会忽视这些小过失。保护隐私,通常意味着容许人们违反社会规范,却不会因此被抓或受到处罚,因此,不会因他们的小过错而影响他们的名声。[④]

人们可以隐藏私人信息的另一个理由是,让他们能够从过去的过错和不端的行为中恢复过来。美国文化和法律极为强调"二度机会"[⑤]——保护隐私免于被揭发,让人有空间去改变,去定义自己和自己的未来,以免成为"(自己)过去记录的囚犯"。提供机会让人改过迁善,对社会而言是有利的。如美国大多数州都有立法——当青少年成年后,便删去他们的犯罪记录。

---

① James Rachels, 1984: *Why Privacy is Important*, in *Philosophical Dimensions of Privacy: An Anthology*, Cambridge University Press, p. 290, p. 292.

② 黄瑚、邹军、徐剑:《网络传播法规与道德教程》,上海,复旦大学出版社,2006 年 10 月版,第 111 页。

③ 孙绍谊、郑涵:《新媒体与文化转型》,上海,上海三联书店,2013 年 7 月版,第 320 页。

④ 〔美〕丹尼尔·沙勒夫:《隐私不保的年代》,林铮颢译,南京,江苏人民出版社,2011 年 12 月版,第 78 - 79 页。

⑤ Lawrence M. Friedman, 2002: "Name Robbers: Privacy, Blackmail, and Assorted Matters in Legal History", *Hofstra Law Review*, Vol. 30, Summer, p. 1112.

正如某个法庭所评论的:"未能删除少年时的犯罪记录,可能会使一个人背负着污名,成为其终生的障碍。"①

二、对隐私的法律保护

20 世纪 60 年代以来,美国经济、政治及社会急剧发展,越来越多的政府和私人机构因为业务需要,开始广泛收集个人信息,建立信息库。在个人信息收集日趋普遍化以及个人信息的处理、保存、传播和运用日趋电子化的情形下,美国人对于个人隐私是否因此遭到侵害深感担忧。习惯法上的隐私权及美国《宪法》第一、四、五修正案确立的隐私权,均不足以涵盖全部的个人信息隐私权益,因而需要法律适时提供某些必要的应对原则,以决定政府对个人资料进行收集、储存、传播行为应受哪些限制。美国国会为应对这一问题,陆续通过了一些关于调查个人征信资料以及政府电子化处理个人资料、个人通信资料、个人教育资料和个人财务资料的隐私权保护法案。就其内容而言,这些法案主要是为保障个人信息而制定的,因此,可以视为一种个人信息隐私权。②

1965 年"格里斯沃德诉康涅狄格州案"③具有重大的影响,此案确立了美国宪法上的隐私权。在该案中,一位叫格里斯沃德(Griswold)的妇女和其他人因向该州一对夫妇提供避孕的相关信息、仪器和药物而违反康涅狄格州的法律。她向美国最高法院提起诉讼,认为该州的法律违反了美国《宪法》第十四修正案。最高法院裁定,禁止生育控制之信息传播的康涅狄格州法律侵犯了婚姻隐私权。法官赞同隐私是一种"植根于传统和人们良知的基本权力"。法官威廉·道格拉斯(William Douglas)写道,州不能侵犯一个人的隐私权。他还说,在第九修正案中,"隐私权"是属于"公民保留"的权利。

在该案中,道格拉斯大法官认为夫妻间的亲密隐私关系受到宪法的保护,州政府不应干涉已婚夫妇使用避孕装置的权利。他首先强调确有所谓的隐私地带存在,并借助"晕影理论"将隐私权正式宣告为宪法上的基本权利。所谓"晕影理论",是指在美国《宪法》第一修正案中"集会自由"中、第三修正案中"禁止军人在平时驻扎于民房"、第四修正案中"不受无理搜查和查封"、第五修正案中"自证其罪条款"、第九修正案"在宪法中列举的某些权利不得被解释为否认或轻视人民所保有的其他权利"等规定的"晕影"中都存

① People v. Price, 431 N. W. 2d524,526, Mich. Ct. App, 1988

② 高圣平:《比较法视野下人格权的发展——以美国隐私权为例》,《法商研究》2012 年第1 期。

③ Griswold V. Connecticut, 381U. S. 479,1965.

在对隐私权的保护倾向,由此证明隐私权受宪法诸多条款的保护。[1] 美国主要从两个方面来推进关于隐私权保护的立法工作:一方面是通过大量的案例来确立保护公民隐私权的基本制度;另一方面则是制定一系列有关隐私权的专门法律。1974 年,美国颁布了成文的联邦《隐私法》。根据 1977 年《美国侵权行为法(第二次)重述》将侵害隐私权的行为分为以下四种:①对公民个人宁居以及私人事物或私人关系的侵扰;②以盗用他人姓名或肖像谋利;③公开他人私生活;④公开他人之不实形象。[2]

　　直到 1998 年,美国所有的州和哥伦比亚特区都承认了《隐私法》。此外,与隐私权有关的主要立法还包括《家庭教育及隐私权法》《财务隐私法》(1978)、《公平信用报告法》(1976)等几部法律。[3]

　　美国对隐私权的法律保护有宪法、普通法和制定法三个层次,也有联邦法和州法之分。美国宪法对隐私权的保护旨在保障个人私生活不受公权力的侵害,其核心问题在于如何调和个人隐私保障与公共利益之间的关系;而私法(侵权法)对隐私权的保护旨在保证个人隐私不受他人侵犯,其核心问题在于调和个人隐私与言论自由的关系。[4]

　　美国隐私法对至少四种不同的非法行为实施纠正和救济。其中的三种与沃伦和布兰代斯在 1890 年提出的隐私法已经毫无关系。这四种侵犯隐私的行为分别是:盗用,即获取他人的姓名、照片或其他类似物,并不经允许地用于商业目的;侵扰,即侵扰他人的私人领域;公布私人信息,即公开有关他人的私人信息,私人交谈的内容、个人的悲惨之事或病痛的细节等均归此类;发表使公众对某人产生错误印象的材料。这一条看起来不合逻辑,但现在法律认定它侵犯隐私权。[5] 杰伊·B. 怀特(Jay B. Wright)[6]将侵犯隐私的行为归纳为五个方面:①入侵私人居所;②错误地置原告于公众视野;③公布有损体面的私人信息;④盗用个人资料作商业用途;⑤侵犯原告的公布权。[7]

---

[1]　高圣平:《比较法视野下人格权的发展——以美国隐私权为例》,《法商研究》2012 年第 1 期。

[2]　孙铁成:《计算机与法律》,北京,法律出版社,1998 年 7 月版,第 106 页。

[3]　孙铁成:《计算机与法律》,北京,法律出版社,1998 年 7 月版,第 106 页。

[4]　高圣平:《比较法视野下人格权的发展——以美国隐私权为例》,《法商研究》2012 年第 1 期。

[5]　〔美〕唐·R. 彭伯:《大众传媒法》(第十三版),张金玺、赵刚译,北京,中国人民大学出版社,2005 年 7 月版,第 236 - 237 页。

[6]　美国雪城大学纽豪斯新闻学院首席教授,曾任美国“新闻与大众传播教育学会”法律部主席。著有权威的媒体法律教科书《第一修正案与第四权利》等。

[7]　孙莹:《美国传媒人的法律读本:记者如何保护自己的权利》,广州,南方日报出版社,2010 年 4 月版,第 72 - 75 页。

此外,还有两项由司法确认的宪法权利。一是采取某种形式的匿名演说的权利,这项权利是由美国最高法院在"泰利诉加利福尼亚州案"①中确认的。在该案中,最高法院裁定取消洛杉矶市一部旨在认定匿名散发传单的行为为犯罪的条例,法院认为:"匿名传单、小册子甚至书籍,在人类的发展进程中曾经起过十分重要的作用。在人类历史发展进程中,不时有人因此而受到迫害,那些曾被迫害的人们和教派完全可以匿名地或公开地对这种令人难以忍受的做法和法律提出批评。"以上言辞表明,法院认为匿名发表言论的权利应该被小心地保护。当然,法律对匿名权的这种宪法保护也并不是绝对的。对于那些与诽谤、欺诈或虚假广告等有关的匿名言论,法院显然不愿意像对待一般的匿名言论一样,为其提供《宪法第一修正案》的保护。对于电子网络来说,这个裁决意义重大。因为在互联网上的通信,很大一部分都是匿名或以笔名进行的。二是美国最高法院在"吉普森诉佛罗里达州立法调查委员会案"②中,根据宪法赋予公民的结社权。据此,在该案中全国有色人种协进会(National Association for the Advancement of Colored People, NAACP)有权保护它的会员名单不受政府审查。最高法院认为,在州立法机构强迫全国有色人种协进会公布其成员名单信息之前,应当"令人信服地证明,在所寻求的信息和州的切身利益之间有着实质性的联系"。最高法院注意到,该州不是在寻求有关共产党活动的信息,而是在调查全国有色人种协进会,而该协进会绝不可能属于颠覆组织。人们认为,这个裁决为阻止政府获取电子邮件通信名录和公告板用户名单提供了宪法保护。③

虽然法律明确保护隐私权,但是隐私权的适用也有一定的限制。1976年,美国最高法院的判决指明隐私权的范围限于"婚姻、生育、节育、家庭关系、子女教养和私人的外表"。另外,隐私权必须同《宪法》所保障的其他权利不相冲突才具有合法性,例如家庭的隐私权就不一定完全优先于新闻自由。④

美国的隐私法影响遍及世界,它与欧洲法系的理念有明显的差别。正如耶鲁大学法学院詹姆斯·惠特曼(James Whitman)所指出的,美国的隐私权理念是建立在自由的基础之上,而欧洲的隐私权保护则建立在人格尊严的基础之上。

---

① Talley v. California, 362 U. S. 1960, pp. 60 - 64.

② Gibson v. Florida Legislative Investigation Committee, 372 U. S. 539,1,1963.

③ 〔加〕大卫·约翰斯顿、森尼·汉达、查尔斯·摩根,《在线游戏规则——网络时代的11个法律问题》,张明澍译,北京,新华出版社,2000年9月版,第86页。

④ 孙铁成:《计算机与法律》,北京,法律出版社,1998年7月版,第106页。

第二节　隐私权与知情权

美国也是"知情权"概念的发源地。知情权是由美国记者库坦(Kuttan)于 1945 年前后率先提出的。1953 年,哈罗德·克洛斯(Harold Cross)在其著作《人民的知情权》(The People's Right to Know)中对知情权进行了准确的归纳。[1]

知情权是指知悉、获取信息的自由与权利,包括从官方或非官方知悉、获取相关信息。而狭义知情权仅指知悉、获取官方信息的自由与权利。随着知情权外延的不断扩展,知情权既有公法权利的属性,也有民事权利的属性,特别是对个人信息的知情权,是公民作为民事主体所必须享有的人格权的一部分。[2]

从某种意义上说,隐私权与知情权之间存在矛盾。依据这两种权利,人们一方面希望知道更多别人的事情,另一方面又不希望自己的事情让别人知道很多,因此两者之间就会产生矛盾和冲突,如何获得两种要求之间的平衡是一项复杂的任务。至于应该优先保护哪一方,人们的意见也不一致。美国著名传播学者施拉姆(Schramn)在其《大众传播的责任》(Responsibility of Mass Communication)一书中提出,个人隐私权应该优先于大众的知情权。

一、隐私权与知情权处理原则

(1) 社会政治及公共利益原则。个人隐私原则上受法律保护,但如果涉及社会政治及公共利益,则要区别情况加以对待。社会政治及公共利益原则并不是对官员隐私权的剥夺或限制,而是为了保障社会政治和公共利益,牺牲个人的某些隐私权。

(2) 权利协调原则。在隐私权与知情权发生一般冲突时,应进行适当的协调,通过在较小的范围内公开隐私,以满足知情权的需要。在这一原则下,对某些现象需要诉诸社会,如果不是十分必要则不宜公开具体当事人及其依据,但如果必须公开相关当事人,也不要牵涉或影射与此无关或关系不大的其他人。

---

[1] 孙铁成:《计算机与法律》,北京,法律出版社,1998 年 7 月版,第 338 - 339 页。

[2] http://baike.baidu.com/link? url＝U-AHSgeu9XoMsr7Z_-qvdakHb_m5RrpHaOTrsdS9K5v5u9vZQSQaVMO955ioMQqp,访问日期 2013 年 12 月 19 日。

（3）人格尊严原则。揭露社会不良现象时，若涉及某些人的隐私，不得以伤害其人格尊严为目的。

根据现时的法律规定，隐私权涉及四个领域：虚光、滥用、侵入和公开披露。虚光是指通过暗示有关一个人的不真实的描述而侵犯他（她）们的隐私；滥用是指未经授权，就在广告、招贴画、公共关系推广活动或其他商业背景下，使用一个人的名字或者肖像；侵入是指任何个人或组织故意侵犯一个人的独居状态、私人领域或个人事务；公开披露是指一家传媒公司暴露有关一个人私生活的真实信息，这种披露可能会对人造成很大的冒犯，而且很容易引起广泛关注。[①]

二、隐私权抗辩事由

在美国隐私法中，隐私侵权的抗辩事由主要有三项。[②]

（1）公众人物。政府官员特别是高级官员对公共事务负有特别的责任。公众会自然产生一种期许——希望了解政府官员的履历、出身、人品、能力、财产、婚姻家庭等，这些隐私从而与公共利益产生关联。只有在信息透明的基础上，公众才可能有效行使选举权、罢免权和监督权。

法律认为一些人的工作性质和公共形象决定了他们完全成为公众人物。这些人包括寻求或身处要职的人（如参议员、总统或内阁成员等）和娱乐、体育明星。法律认为，一旦成为完全公众人物，意味着这些人自动并永远放弃了一些个人隐私。[③]

（2）新闻价值。在美国，"新闻价值"是极为有力的抗辩理由之一。根据普洛塞的定义，凡是有关公共利益的事务，足以激起大众探知的欲望，以及能够促使媒体报道的信息，都可认为具有新闻价值。因此，如果某人的姓名或照片出现在新闻报道或其他类似材料中，他便不能以隐私权中的盗用为由提起诉讼。同时，新闻媒介可以在宣传该媒介的广告中再次使用已经在新闻报道中使用过的新闻稿件或新闻照片，以表明该媒介的品质，根据"附带使用原则"或"布思原则"，不能认定为侵犯隐私权。

但是，如果是在明知的情况下，对他人隐私进行歪曲报道，或者是通过非法入侵他人私人空间，侵犯他人独居权利而获得的新闻报道内容，则这条

---

① 〔美〕约瑟夫·塔洛：《今日传媒：大众传播学导论》（第三版），于海生译，北京，华夏出版社，2011年9月版，第114-117页。

② 展江、吴薇：《开放与博弈：新媒体语境下的言论界限与司法规制》，北京，北京大学出版社，2013年3月版，第234页。

③ Sterin, J. Charles, 2011: *Mass Media Revolution*, Pearson, p. 332.

普通法意义上的抗辩理由未必有效。①《侵权法重述》区分了"公众有权分享的信息"以及"为本身的利益而病态煽情地刺探私人的生活"：与大众事务有关的信息可受到保护；仅仅刺激我们好奇心的信息，则不受保护。②

（3）正当的公共兴趣。美国最高法院在"考克斯广播公司诉科恩案"③中宣称，如果披露的是公众有正当理由关切的事情，当事人不得以侵犯隐私为由提起诉讼。该案涉及公开披露一名强奸案受害者的名字，该行为违反了州的法律。最高法院在审理此案中推翻了损害赔偿的判决，但在最高法院把它的裁决限制在对公共档案问题的准确披露上时，受害者的名字已出现在起诉书上。肯塔基州最高法院做出如下定义："隐私权是指人们在私密空间中享受个人生活的权利。它保障人们免受不经同意的、不受欢迎的公开。简而言之，这是一项人们要求不被打扰的权利……但是，在某些情况下，一个人，无论他是否愿意，可能会在某件事件中充当一定角色，而这起事件又是公众普遍感兴趣的。当这种情况发生时，他就离开了他的私密空间，在这种情形下，发表他的照片不构成侵犯隐私权。"④

一个典型的案例是"西迪斯诉 F-R 出版公司案"⑤。在此案中，西迪斯早年为数学天才儿童，但未能继续在数学方面发展，并曾因犯罪入狱，其后改名并任职于某公司。杂志社对西迪斯进行了详细报道引发西迪斯的不满并被起诉。法院判决西迪斯败诉，其理由系西迪斯曾是公众关切的人物，其作为公众人物的特质，虽时隔多年，仍然存在，社会对其后来发展的关切具有正当性，公众获得信息的利益应大于其个人的隐私权。最后，法庭确立了一个基本规则，即"西迪斯规则"。这一规则的含义，正如巡回法官克拉克（Clark）所言：

> ……大家都应该承认在某种程度上公众对于信息的获知兴趣超过个人对于隐私保护的愿望……我们并不同意新闻价值可以作为侵犯个人隐私的理由，被披露的私人信息可能太过私密或者严重损害个人在公众中的形象。但是，对于公众人物，报道他们的衣着、话语、习惯等日

① 〔美〕Philip H. Miller：《媒体制作人法律实用手册（第四版）》，何勇、李丹林、等译，北京，人民邮电出版社，2009 年 3 月版，第 130—131 页。

② 〔美〕丹尼尔·沙勒夫：《隐私不保的年代》，林铮颋译，南京，江苏人民出版社，2011 年 12 月版，第 142 页。

③ Cox Broadcasting Corp. v. Cohn, 1975.

④ 〔美〕唐·R. 彭伯：《大众传媒法》（第十三版），张金玺、赵刚译，北京，中国人民大学出版社，2005 年 7 月版，第 284 页。

⑤ Sidis v. F-R Publishing Corporation. 113 F. 2d 806(1940).

常行为并不会构成对个人隐私的侵犯。但遗憾的是,公众人物往往是人们关注的目标,当大众对于公众人物的事情有很大兴趣时,法院对于媒体言论的限制是不明智的。①

另外,"化名"的抗辩事由一直是一个颇具争议的话题,即如果在公开报道或者歪曲报道他人隐私的过程中,没有使用当事人的真实姓名,或者故事片制片人在拍摄过程中变更或隐瞒所参照人物的真实姓名、事发地点和具体细节等内容,是否依然构成对当事人隐私权的侵犯,在 1980 年加州"Bindrim 诉 Mitchell"案②判决之前,一般不被认为侵犯了人物原型的隐私。但是,在此案中,加利福尼亚上诉法院认为,即便模糊了人物的真实姓名和事件的具体细节,如果当事人能够证明自己在影片中依然具有"合理的可识别性",那么还是应该确认该行为侵犯了他的隐私权。对于制作人和编剧而言,此案开了一个令人头疼的先例,因为它使任何能够和剧中人物对号入座的当事人都有了向法院起诉的权利。③

为了防止发生类似的隐私权纠纷,许多制作公司都在作品中附上声明:"本故事人物、情节纯属虚构,如有雷同纯属巧合。"尽管这种声明可以在一定程度上减少法律纠纷,但是对于一些涉及严重侵权问题的当事人而言,他们不会因为片中一个小小的声明而罢休。况且,就算附上了这样的声明,在诉讼中,这种事先声明的行为也不能够成为一个完全独立的抗辩理由,制作人依然还要证明——片中的人和事皆为虚构。④

在最近几十年里,美国最高法院的基调是很明显地倾向于保护言论自由。最高法院一再驳回对保护隐私的诉求,在言论和隐私相冲突的情况下,几乎很难保护隐私。

"《时代》周刊公司诉希尔案"⑤"柯蒂斯出版公司诉巴茨案"⑥"巴尼奇诉沃坡尔案"⑦都是典型案例。

---

① 〔美〕Kenneth C. Creech:《电子媒体的法律与管制》(第5版),王大为、于晗、李玲飞、等译,北京,人民邮电出版社,2009年2月版,第290页。

② Bindrim v. Mitchell, California Court of Appeals, 2nd District, 92 Cal. App. 3d 61, 155 Cal. Rptr. 29, 1979.

③ 〔美〕Philip H. Miller:《媒体制作人法律实用手册(第四版)》,何勇、李丹林、等译,北京,人民邮电出版社,2009年3月版,第133页。

④ 〔美〕Philip H. Miller:《媒体制作人法律实用手册(第四版)》,何勇、李丹林、等译,北京,人民邮电出版社,2009年3月版,第153页。

⑤ Time, Inc. v. Hill, 385 U. S. 374, 1967.

⑥ Curtis Publishing Co. v. Butts, 388 U. S. 130, 1967.

⑦ Bartnicki v. Vopper, 121 S Ct 1753, 2001.

　　1952 年,三名越狱犯人闯入了美国费城的詹姆斯·希尔(James Hill)家,这引发了媒体随后铺天盖地的报道。1955 年 2 月,《时代》公司旗下的《生活》杂志在介绍一部电视剧时指出,该剧以希尔一家为原型,从而影射希尔一家人曾经被逃犯毒打、强奸。很快,希尔以"侵犯隐私"为由,对《生活》杂志提起诉讼,并在历时十年的审判后被判胜诉,获得了三万美元的赔偿。然而,在"沙利文案"判决后,《生活》杂志的发行方《时代》周刊公司却认为,之前的判决侵犯了媒体的出版自由。1967 年,最高法院以 5 票对 4 票宣判希尔败诉。同样由布伦南大法官主笔的判决意见写道:"如果没有证据证明被告明知陈述虚假而故意为之,就不得根据有关隐私保护的法律,对那些公众关注事件的不实报道判处损害赔偿。"

　　但案件引发的关于媒体伦理的争议一直存在。人们担心,在批评官员的自由得到强化的同时,普通人的生活也面临被媒体侵犯的危险。事实上,"希尔案"的判决再次令最高法院内部趋于分裂。福塔斯大法官发表了异议,他说:"不管媒体是如实报道,还是曲意逢迎,最高法院一律赋予其免责权,这种做法是不妥当的。事实上,在与评价公众人物或讨论公共事务无关的领域,这种免责权根本不是对新闻自由的保障,而是令公众仇视这种自由的诱因。"哈伦大法官也发表了一份日后非常著名的异议意见:"宪法确实应维护新闻自由,却将这样最低限度的新闻职责也一并豁免,对我来说,这么做实在没必要,而且,从长远看,这样也将损害到新闻业自身的健康发展。"①

　　1971 年,希尔夫人在巨大的精神压力下选择了自杀。希尔一家的辩护律师、后来的美国总统尼克松也对这一判决表现出极大不满。1973 年,这位当年的律师曾经向朋友抱怨:公众人物想要打赢诽谤官司,"简直不可能"。

　　在"巴尼奇诉沃坡尔案"中,有人非法窃听了两位工会官员的手机通话。当时,正值该教师工会和宾夕法尼亚州一所地方学校的董事会进行集体谈判。这次谈话涉及此次集体谈判和可能进行的罢工等各种问题。其间,一位官员向对方说:"要是他们不让提高 3％,我们就得去他们家里……得对这些家伙干点什么。"某匿名者非法窃听并录制了这段通话内容,并把录音带交给了工会的主要对手,该人又将其交给了一位电台播音员,该播音员在他的谈话节目中播放了这段录音。录音所涉及的工会官员向法院提

① 〔美〕安东尼·刘易斯:《批评官员的尺度——〈纽约时报〉诉警察局长沙利文案》,何帆译,北京,北京大学出版社,2011 年 7 月版,第 228－230 页。

起诉讼,要求赔偿。联邦第三巡回上诉法院进行了即决判决,判决媒体胜诉,该案最终上诉到了最高法院。最高法院以 6 票对 3 票的结果做出判决:根据《宪法第一修正案》,媒体有权播放通过非法窃听取得的某些手机通话内容。

大法官约翰·保罗·史蒂文斯代表最高法院执笔判词,在他看来,有两个因素至关重要:第一,媒体本身没有卷入非法窃听的活动中;第二,曝光的信息涉及"公众关注"(public concern)的问题,即该窃听的谈话发生在两位工会官员之间,他们在讨论工会教师薪酬谈判的有关事宜。

史蒂文斯在他的意见中首先指出:"该案展现了最高层次利益之间的冲突,一方面我们需要充分并自由地传播公共事务信息,而另一方面我们则需要保护个人隐私,更具体而言,即培育私人言论。"他同时感慨,宪法的制定者们"决计想不到科学的发展可能导致这样的交流方式、这样的信息截取手段和这样的矛盾"。[①]

虽然在大多数情况下,法院会尽力支持新闻界发表真实信息的权力,但是,偶尔一些案件也会让法院相信,报纸和电视台的做法太过恶劣和残忍,应该受到惩罚。[②] 在发表或播送隐私性信息时,很重要的一点是,令人尴尬的隐私性信息是否与报道的新闻价值有关。新闻界不能仅仅为了取悦或讨好受众而公布有关个人私生活的尴尬细节。[③] 例如,暴露一个人的性生活、健康或经济状况,通常会构成侵犯隐私权。

然而,要想打赢一场起诉新闻记者公开披露的官司难度很大。1989年,佛罗里达州的一个强奸案受害者起诉《佛罗里达之星报》,称由于该报公布了自己的名字,违反了该州"禁止任何大众传播工具"将强奸案受害者的身份公之于众的法律。该案经由地方法院审理判决原告胜诉,报纸侵犯隐私权成立。然而,美国最高法院推翻了这一判决。法官说,只有当一种处罚决定"经过适当调整,从而符合一个州的最高利益时",政府才可以对一家刊登通过合法手段获得的真实信息的报纸进行处罚。[④]

---

① 〔美〕唐·R. 彭伯:《大众传媒法》(第十三版),张金玺、赵刚译,北京,中国人民大学出版社,2005 年 7 月版,第 267 页。

② 〔美〕唐·R. 彭伯:《大众传媒法》(第十三版),张金玺、赵刚译,北京,中国人民大学出版社,2005 年 7 月版,第 278 页。

③ 〔美〕唐·R. 彭伯:《大众传媒法》(第十三版),张金玺、赵刚译,北京,中国人民大学出版社,2005 年 7 月版,第 289 页。

④ 〔美〕约瑟夫·塔洛:《今日传媒:大众传播学导论》(第三版),于海生译,北京,华夏出版社,2011 年 9 月版,第 116 页。

第三节　网络隐私权

在计算机技术对人类社会生活所带来的影响中,一个主要的问题就是计算机造成了对隐私权的巨大冲击。调查显示,高达 2/3 的互联网用户对于在线提供个人信息感到担心。

互联网用户对网络漏洞的担心是有充分根据的。一项由 FTC 进行的关于主要电子商务站点的内容分析显示,只有 20％的网站符合机构标准。然而,非常矛盾的是,尽管人们关注隐私,但是互联网用户很少懂得如何自我保护。只有 3％的用户会仔细阅读隐私政策,并且隐私关注似乎对人们上网冲浪的习惯或电子商务几乎没有影响。①

网络隐私权又称数字隐私权,主要是指公民在网上享有的私人生活安宁与私人数据、信息不被他人非法侵犯、知悉、搜集、复制、公开和利用的一种精神人格权;也指禁止在网上泄露某些与个人有关的敏感秘密信息,包括事实、图像等的一种权利。网络隐私权主要包括以下内容:个人资料被收集的知情权;个人私事和个人领域的保护权;个人资料的安全请求权和信息浏览及更正权。②

一、网络隐私权概念的起源

20 世纪 60 年代,当第一代数字存储器风靡美国的时候,就招致了阿兰·韦斯廷和亚瑟·米勒等学者的坚决反对,他们认为这是“对隐私的侵犯”。他们所使用的术语——“信息隐私”(information privacy),一直沿用至今。③

1964 年,万斯·帕卡德(Vance Packard)④的《裸露社会》(The Naked Society)一书出版,作者提出,有五种力量正在侵蚀人们的隐私,其中之一便是电子眼、电子耳及记忆装置的发达,尤其受电子计算机技术发展的影响。⑤ 1967 年 1 月,帕卡德再次在《纽约时报》撰文指出:“当政府把我们每

---

① 孙绍谊、郑涵:《新媒体与文化转型》,上海,上海三联书店,2013 年 1 月版,第 317－318 页。

② 张小罗:《论网络媒体之政府管制》,北京,知识产权出版社,2009 年 5 月版,第 83 页。

③ 〔英〕维克托·迈尔-舍恩伯格:《删除:大数据取舍之道》,袁杰译,杭州,浙江人民出版社,2013 年 1 月版,第 128 页。

④ 万斯·帕卡德(Vance Packard, 1914—1996),美国记者作家社会批评家。著有《隐形的说客》《裸露社会》等。

⑤ 刘迪:《现代西方新闻法制概述》,北京,中国法制出版社,1998 年 9 月版,第 120 页。

一个人的信息和日常生活的细节都装进一个中央级的数据银行,我们将受控于坐在电脑机器面前的那个人和他的按钮。这令人不安,这是一种危险。"

传统的隐私权的概念采用了二元论——公开或私下。二元论认为,在公开场合,就不能要求隐私,但新科技显然带来严峻的挑战——互联网是公开场合,私人信息暴露在网上,非"公开"即"私下"的隐私概念显然不太适用。在互联网的世界里,私人生活找到了通向互联网的路径,但是主角往往不知情或不同意。丹尼尔·沙勒夫建议,未来对于隐私的概念,应采取更细致的态度(例如承认公开场合的隐私),才能将个人信息保护得更好,允许个人对个人信息有更大的控制权。[①]

二、网络隐私权的特点

网络隐私权和传统隐私权在本质上是一样的,但在表现形式及侧重点上存在较大区别。[②] 在非电子时代,如果人们欲获取某人屋内之信息,欲查看屋内物品或听取屋内私语,非进入屋子不可。因此,判断个人隐私有否遭到侵害,主要是看是否物理性地侵入个人财产。当然,他人可以躲在屋外透过窗户偷看屋内之物,或躲在墙外偷听室内谈话,但这并不会产生妨碍隐私之虑,因为只要人们关上门窗、拉好窗帘、放低声音,即可达到有效防止隐私泄露的目的。因此,只要法律保护身体、文件、住宅、动产等不受物理性侵入,即可有效实现对隐私权的保障。所以,在科技不发达的时代,以财产上的物理性侵入为隐私保护的标准,有其存在的合理理由。[③]

在网络社会,由于作为隐私权屏障的时间和空间被打破,对隐私权的侵犯也就成为易如反掌之事。与侵害传统隐私权的行为相比,侵害网络隐私权的行为和侵权方式更为多样。美国电子隐私信息中心(Electronic Privacy Information Center, EPIC)和英国国际隐私组织(Privacy International)发布的《隐私和人权报告》指出,由信息技术的速度和容量促动的、威胁全世界隐私的趋势分为三种:一是全球化,它正在消除数据流动的地理限制;二是融合,它正在导致系统之间技术壁垒的消失,使系统得以相互交换和处理不同的数据形式;三是多媒体,它结合了很多数据和图像的传输和表达形式,

---

① 〔美〕丹尼尔·沙勒夫:《隐私不保的年代》,林铮顗译,南京,江苏人民出版社,2011 年 12 月版,"中文版序"第 2 页。
② 陈昶屹:《网络人格权侵权责任研究》,北京,北京大学出版社,2014 年 5 月版,第 196 页。
③ 岑剑梅:《电子时代的隐私权保护——以美国判例法为背景》,《中外法学》2008 年第 5 期。

信息得以集中于某一特定的形式,并能够轻而易举地转换为其他形式。[①]

　　与互联网相关的极为严重的法律问题之一就是不经许可收集互联网用户的资料。[②] 如果通过互联网对个人隐私进行非法披露,那就等于向全世界进行传播,这将比任何一个传统媒体对个人隐私的侵害更为严重。据马克尔基金会(Markle Foundation)2001年的一项研究显示,虽然近一半的美国人(常规网络用户的83%)对互联网持正面评价,但是,超过半数的被调查者说,他们对这项新技术怀有疑虑。他们担心的主要问题之一与隐私有关,即第三方可以轻易地收集网络用户的相关数据,数据收集者又会如何处理他们收集的这些材料呢?[③] 人们感叹,在网络时代,人类有一种被扒光的赤裸的感觉。新媒体对隐私的挑战是空前的,IT和新媒体时代隐私保护成为全球性问题和难题。[④]

　　互联网上侵犯个人隐私权已经达到了猖狂的地步。美国的专业数据经纪人,如安客诚(Acxiom)、益百利(Exoerian)和艾可飞(Equifax)等,专门负责从数亿名消费者中收集个人信息加入综合档案。随着脸书、推特等社交平台的出现,我们的人脉关系、想法、喜好和日常生活模式也逐渐被加入巨大的个人信息库中。[⑤]

　　据《波士顿环球》的报道,一些数据公司以69美元的价格提供某人未公开的电话号码,查询某人的婚姻档案只需49美元,查看某人的银行账号需要花费249美元,提供个人医疗记录需要299美元。[⑥] 个人信息已经成为一种商品。信用卡公司、人口普查局和邮购公司都会出售客户的信息。[⑦] 美国资讯咨询公司是一家数据库营销公司,它已经收集了超过2.1亿人的信息。消费者可以通过他们的"销售精灵服务",进入其互联网数据库,这项服务每个月的成本在75美元到180美元之间。另一家公司,CAS营销方案公司,凭借销售客户信息清单盈利,他们的收费标准更低:每一千个姓名只需缴纳

---

①　孙绍谊、郑涵:《新媒体与文化转型》,上海,上海三联书店,2013年1月版,第173页。

②　〔美〕唐·R.彭伯:《大众传媒法》(第十三版),张金玺、赵刚译,北京,中国人民大学出版社,2005年7月版,第268页。

③　〔美〕唐·R.彭伯:《大众传媒法》(第十三版),张金玺、赵刚译,北京,中国人民大学出版社,2005年7月版,第238页。

④　展江、吴薇:《开放与博弈:新媒体语境下的言论界限与司法规制》,北京,北京大学出版社,2013年3月版,第239-240页。

⑤　〔英〕维克托·迈尔-舍恩伯格,《大数据时代:生活工作与思维的大变革》,盛杨燕、周涛译,杭州,浙江人民出版社,2013年1月版,第130页。

⑥　韩鹰:《Internet时代与网络立法》,《中国律师》2000年第1期。

⑦　〔美〕斯蒂芬·哈格、梅芙·卡明斯:《信息时代的管理信息系统》(英文原书第8版),严建援译注,北京,机械工业出版社,2011年5月版,第239页。

35 美元。① 在大数据时代,所有数据都是有价值的;②数字成为有价值的公司资产、重要的经济投入和新兴商业模式的基石。③ 甚至,法院已经规定在破产案例中,客户资料将被作为企业的资产拍卖以偿还债务。④

维克托·迈尔-舍恩伯格和肯尼思·库克耶指出,在信息化时代的早期,有一些政策专家就看到了信息化给人们的隐私权带来的威胁,社会也已经建立起了庞大的规则体系来保障个人的信息安全。但是在大数据时代,这些规则都成了无用的"马奇诺防线"。⑤

三、网上侵犯隐私权的主要行为

网上侵犯隐私权的行为主要有以下六种。

1. 非法获取、利用他人资料

网络环境下个人隐私保护的重点在于个人信息资料。在网上,现实对主体隐私的侵犯,自然不可能涉及物理上的人体或者个人私事,而往往只能针对个人隐私信息。网上侵犯隐私权,一般来说表现为网络经营者非法收集、披露、传播消费者的隐私,个人未经授权在网络上宣扬、公开或转让他人或自己和他人之间的隐私等。⑥

非法获取、利用他人资料有两种渠道:一是网络安全存在的隐患导致个人资料泄露,松懈的网络安全管理、"黑客"行为,都可能导致网络用户的信息泄露;二是通过浏览器获取个人资料,一种叫做 Cookies 的文件可以在用户第一次浏览带有 Doubleclick 广告的网页时进行跟踪用户,从此用户浏览任何带有 Doubleclick 广告的网页都会被 Cookies 详细记录,并发回广告公司的服务器上。⑦

Cookies 是一种网络服务器通过浏览器在访问者的硬盘上存储信息的

---

① 〔美〕约瑟夫·塔洛:《今日传媒:大众传播学导论》(第三版),于海生译,北京,华夏出版社,2011 年 9 月版,第 45 页。

② 〔英〕维克托·迈尔-舍恩伯格、肯尼思·库克耶:《大数据时代:生活工作与思维的大变革》,盛杨燕、周涛译,杭州,浙江人民出版社,2013 年 1 月版,第 131 页。

③ 〔英〕维克托·迈尔-舍恩伯格、肯尼思·库克耶:《大数据时代:生活工作与思维的大变革》,盛杨燕、周涛译,杭州,浙江人民出版社,2013 年 1 月版,第 20 页。

④ 〔美〕斯蒂芬·哈格、梅芙·卡明斯:《信息时代的管理信息系统》(英文原书第 8 版),严建援译注,北京,机械工业出版社,2011 年 5 月版,第 242 页。

⑤ 〔英〕维克托·迈尔-舍恩伯格、肯尼思·库克耶:《大数据时代:生活工作与思维的大变革》,盛杨燕、周涛译,杭州,浙江人民出版社,2013 年 1 月版,第 21 页。

⑥ 鞠海亭:《网络环境下的国际民事诉讼法律问题》,北京,法律出版社,2006 年 1 月版,第 195 页。

⑦ 高富平:《网络对社会的挑战与立法政策选择:电子商务法研究报告》,北京,法律出版社,2004 年 3 月版,第 216 页。

手段,网景公司的浏览器 Navigator2.0 首次使用了 Cookie 技术。当用户访问设置有 Cookies 的站点时,内置于网络页面中的命令会向用户浏览器发送预先设置的 Cookies 信息,浏览器接收到该信息后再将其保存在本地硬盘中的特定位置。Cookies 起初并不是为了刺探人们的隐私而设置的,其本意是为站点和用户提供有用的信息,为用户访问网站提供方便。但出于商业目的,Cookies 从一项服务性工具变成一个可以带来财富的手段,也成为影响用户隐私的一大威胁。[①]

由于每一个 Cookie 都含有全球唯一的 GUID(globally unique identifier)代码,所以能够让服务器在不知道浏览者的真实姓名和其他信息的情况下,而知道该浏览者在网上的位置,而且跟踪是实时的。许多网络公司采用这种方式,基本上可以掌握上网用户的习惯,并且建立他们的个人资料库,这样可以更好地有针对性地实现其目的。[②] 一些网站还利用 Cookie 来保存用户最近的账号信息。[③] 在计算机硬盘上的 Cookie 文件储存着用户浏览网页习惯的个人信息,网络服务器可以检查这些信息。但用户的确不知道在其计算机上有什么样的 Cookies。由美国南加州大学安尼伯格信息学院和加州大学伯克利分校新闻学院联合组织的对数百家媒体网站用户隐私保护情况的调查表明,只有 38% 的网站有隐私保护条款的说明,而真正明确的不过 28%;有 68% 的媒体网站利用 Cookie 文件追踪访问者在网站的活动情况。

要防止被 Cookies"追踪"有两种方法:第一,可以设定自己的浏览器接受或者拒绝所有的 Cookie,或者设定在网站向你的电脑传输 Cookie 时发出警告提示;第二,可以使用 Cookie 管理软件获得浏览器不具备的功能。[④] 然而,研究表明,大多数美国人对浏览的互联网网站的隐私权条款所知甚少。[⑤]

秘密的资料收集工作不仅限于在硬盘上设置 Cookie。许多经常上网的计算机用户在读到独立检察官肯尼斯·斯塔尔(Kenneth Starr)关于克林顿总统与莱温斯基性丑闻事件的报告时,吃惊地发现,其中一些资料来自已被

[①] 张久珍:《网络信息传播的自律机制研究》,北京,北京图书馆出版社,2005 年 3 月版,第242-243 页。
[②] 郭卫华、金朝武、王静、等:《网络中的法律问题及其对策》,北京,法律出版社,2001 年 1 月版,第 182 页。
[③] 〔美〕约瑟夫·塔洛:《今日传媒:大众传播学导论》(第三版),于海生译,北京,华夏出版社,2011 年 9 月版,第 604 页。
[④] 〔美〕斯蒂芬·哈格、梅芙·卡明斯:《信息时代的管理信息系统》(英文原书第 8 版),严建援译注,北京,机械工业出版社,2011 年 5 月版,第 239 页。
[⑤] 〔美〕约瑟夫·塔洛:《今日传媒:大众传播学导论》(第三版),于海生译,北京,华夏出版社,2011 年 9 月版,第 29 页。

删除的计算机文件和电子邮件。其实,要恢复从计算机目录上被删除的文件是件很容易的事。

大量收集用户个人资料用于非法目的的情况在未成年人中尤为严重。很多网站在提供服务时,往往设法从自我保护能力较差的儿童网民那里套取他们的姓名、家庭地址和电子邮件地址、社会安全号码和信用卡卡号以及他们认为必要的信息。受害者在大多数情况下并不知道自己的隐私权已经被侵犯。[①]

2. 网络设备供应商的侵权行为

网络硬件厂商在处理器芯片上可设置能够进行远程识别的序列码,使用户的私人信息受到不适当的跟踪。微软的 Windows 操作系统存在"第二把钥匙",即这个操作系统能够根据用户的计算机硬件情况在 Word 和 Excel 文件上生成包含用户信息的唯一代码。当用户上网时,它们会在不被觉察的情况下启动,使用户的资料以相同的网络线路传播出去。微软公司可据此对用户进行跟踪,收集用户资料。久而久之就形成了一个庞大的用户数据群。1999 年英特尔公司就曾经在其奔腾处理器的植入芯片上加上可识别用户身份的序列号来跟踪网络用户的行动,有了这个序列号,用户在网络上的行为都会留下"脚印"。[②]

网络嗅探器(Sniffer)是 NAI 公司推出的功能强大的协议分析软件,最早是一个允许系统管理员分析网络和查验错误的工具,但它同样也是黑客经常暗中监视用户的网络状况和窃走不同种类数据的工具。在如今的黑客技术中,Sniffer 是常见、也是重要的技术之一。它实际上是一个网络上的抓包工具,当一台计算机上运行着 Sniffer 时并且网络处于监听所有信息传播的状态,那么这台计算机就有能力浏览所有的在网络上通过的信息包,这样就达到了网络监听的效果。Sniffer 可以捕获用户的账号和口令,也可以截获所有的 Cookie 信息、HTTP 页面信息、E-mail 信息等,甚至有人用它来截获敏感的经济数据、例如信用卡卡号等。

iPhone 本身就是一个"移动间谍",一直在用户不知情的情况下收集位置和无线数据然后传回苹果公司。[③] 苹果公司曾被诉泄露用户个人隐私。

---

① 宫承波、刘姝、李文贤:《新媒体失范与规制论》,北京,中国广播电视出版社,2010 年 12 月版,第 150 - 151 页。

② Dorothy A. Hertzel, 2000: "Don't Talk to Strangers: An Analysis of Government and Industry Efforts to Protect a Child's Privacy Online," *Federal Communications Law Journal*, Mar, Vol52, Issue2.

③ 〔英〕维克托·迈尔-舍恩伯格、肯尼思·库克耶:《大数据时代:生活工作与思维的大变革》,盛杨燕、周涛译,杭州,浙江人民出版社,2013 年 1 月版,第 116 页。

2010 年 12 月 23 日,乔纳斯·拉罗(Jonathan Lalo)一纸诉状将苹果及多家 iOS 应用程序的开发商告上法庭,称 iPhone 和 iPad 内置了 ID 识别码,使得广告商可以追踪用户下载了哪些应用程序,以及使用应用的频率和时长。不仅如此,部分应用程序还向广告商出售用户隐私,包括所在位置、年龄、性别、收入、种族、性取向和政治观点等。原告认为,苹果及 Pandora、PaperToss、Weather Channel 等应用程序的上述行为违反了计算机反欺诈法和隐私法。同时,该诉讼希望代表 iPhone 或 iPad 的用户向苹果及上述应用程序开发商提起集体诉讼。苹果并不是第一个涉嫌泄露用户个人信息的科技公司,早前,全球著名的社交网站脸书就已经公开承认,确有数据经纪商一直向应用开发商购买用户 ID 信息一事。而脸书对贩卖信息的开发商给予了六个月内禁止登录该网站的惩罚。①

一些软件也常常是泄露个人隐私的元凶。1999 年 11 月,美国消费者杰弗里·威伦斯(Jeffrey Wilens)向法院提出诉讼,控告 Real Networks 侵犯他和其他顾客的隐私权。在"Wilens v. Real Networks 案"②中,原告的律师在诉状中指出,该公司的软件 Real Jukebox 能够秘密记录 Wilens 在他的电脑上播放的 CD 和 MP3 音乐的名称,并将数据上传回 Real Networks,由 Real Networks 对威伦斯的音乐偏好进行详细的记录。诉状要求 Real Networks 向加州的每一位 Real Jukebox 用户赔偿 500 美元。威伦斯说:"我不能接受在互联网上就没有隐私的观点,我认为一些有不良记录的公司应懂得规范自己的行为。"Real Networks 断然否认了威伦斯的指控,公司的产品经理基拉·罗比森(Keela Robison)认为媒体的宣传与事实不符,公司从未监视过用户的行为或收听习惯,但是她也承认 Real Jukebox 的确为每一位用户都创设了唯一的确认号码,并同时记录了每位用户的姓名和电子邮件地址。从理论上讲,这些号码能够追踪到人们在网上的位置。尽管公司很快就取消了这一功能,但这仍不能让威伦斯和其他一些提出诉讼的用户满意。同时,又有六条诉状指控网络广告公司 DoubleClick 私自建立顾客的在线资料,三条同样的诉状指控亚马逊的子公司 Alexa。由于缺乏有效的解决方案,用户们开始诉诸法律来保护自己的隐私权。

谷歌地球(Google Earth)是软件泄密的典型案例。谷歌地球软件由钥匙眼公司开发,它将地球表面的卫星图像和航拍照片结合在一起,形成全景

---

① http://companies.caixin.com/2010-12-28/100211977.html,访问日期,2013 年 12 月 18 日。

② Wilens v. Real Networks, Cal. Sup. Ct., filed Nov 4,1999.

的三维世界地图,供电脑游戏公司开发软件时使用。2004 年,谷歌收购钥匙眼,并于 2005 年 6 月推出谷歌地球,免费供用户下载安装。谷歌地球可以提供全球范围内任何一处地点的高清晰度卫星照片,只要用户键入一个地名或者经纬度、街道名称、邮政编码,便能迅速在卫星照片上确定位置,并可以将照片放大。无论是政府大楼、军事机构,还是自家的屋顶、邻居家晾晒的衣服,用户都可以找到。^① 据称,谷歌地球的分辨率一般为 15 米,极个别地区的清晰度能够达到 0.3 米,几乎超过十年前军用侦察卫星的水平。

　　Adware 是一种自动产生广告的软件,它通常是在用户从网上下载软件时自动安装在用户电脑上的。Spyware 隐藏在免费下载的软件中并且可以追踪用户的在线活动,然后将相关信息保存在用户的电脑上。这种软件有时候会占用用户的处理器或内存来完成一些其根本不知道的任务。^② 点击流记录了用户在网上冲浪的信息,包括浏览了什么站点、停留了多少时间、观看了什么广告及买了什么商品。^③ 还有,像 Novell's Netware,能让管理者在异地查看用户电脑上的文件,而用户却毫无所知。其他像"入网管理员""网络踪迹""互联网守门人"等程序,都能使老板们神不知鬼不觉地监督雇员们在干什么。^④

　　3. 大型服务网站对个人隐私的侵害

　　大多数网站都配有监视用户上网习惯的软件,甚至在未经授权的情况下就制作了用户的档案,记录用户的电子邮件地址和网上购物习惯。网络上的个人信息变得更像商品,可以轻易地被收集、交换或重组。^⑤ FTC 的一项调查显示,92% 的电子商务网站收集个人信息,而只有 14% 的网站把它们收集信息的事实告诉消费者。其中一些网站往往未经用户知情同意就出售或交换这些信息。^⑥ 这种对个人信息的不当收集和处理无疑侵犯了信息的主体私密空间,使其毫无隐私可言。因此,对隐私的保护也毫无疑问地成

---

① 宫承波、刘姝、李文贤:《新媒体失范与规制论》,北京,中国广播电视出版社,2010 年 12 月版,第 64 页。

② 〔美〕斯蒂芬·哈格、梅芙·卡明斯:《信息时代的管理信息系统》(英文原书第 8 版),严建援译注,北京,机械工业出版社,2011 年 5 月版,第 240 页。

③ 〔美〕斯蒂芬·哈格、梅芙·卡明斯:《信息时代的管理信息系统》(英文原书第 8 版),严建援译注,北京,机械工业出版社,2011 年 5 月版,第 241 页。

④ 〔加〕大卫·约翰斯顿、森尼·汉达、查尔斯·摩根:《在线游戏规则——网络时代的 11 个法律问题》,张明澍译,北京,新华出版社,2000 年 1 月版,第 78-79 页。

⑤ 〔美〕理查德·斯皮内洛:《铁笼,还是乌托邦——网络空间的道德与法律》,李伦、等译,北京,北京大学出版社,2007 年 8 月版,第 133 页。

⑥ 〔美〕理查德·斯皮内洛:《铁笼,还是乌托邦——网络空间的道德与法律》,李伦、等译,北京,北京大学出版社,2007 年 8 月版,第 140 页。

了网络用户时下最为关心的问题。①

企业可以通过多种途径获取大量的个人信息。一个比较大的网站每天的点击量在 100 万次以上,这意味着网站从每次点击中获取 200 bit 的信息,一天总计就是 20G bit 的信息量。②

正如丹尼尔·沙勒夫所说:"我们是谷歌时代。"我们生活在这样的时代,许多有关我们生活的片段信息,被新技术搜集,被公司存放在计算机数据库中,被散播在这个互联网上。一旦传播到互联网上,有关私人生活的细节,就可能变成永久的数字式包袱。③ 由于大受欢迎,因而"谷歌"一词变成了动词。"谷歌"某人并不是什么怪事,相反地,它的意思是在网站上搜索他或她的名字。每个人都在"谷歌"。人们"谷歌"朋友、可能的员工、失联已久的亲戚,以及任何刚好引起他们好奇的人。④

隐私正在面临严峻的挑战——"你想象不到其他人和公司能够探听到多少关于你的信息,从你的薪水到你喜欢读什么书,全部能够在谷歌上找到"。⑤ 像谷歌、雅虎、微软搜索,以及对万维网进行编录的其他许多搜索引擎所记录的,要比网页上发布的信息多得多。通过保存大量被整齐排列的搜索关键词(谷歌每月收到的搜索请求大概有 300 亿次),谷歌能够将这些数据与人口统计资料联系起来。比如,谷歌能够显示出搜索请求的趋势,甚至是几年以后的趋势。更为重要的是,通过智能地整合登录数据、Cookies 数据与 IP 地址,谷歌能够以极高的准确率将时间跨度很大的多次搜索与某个人关联起来。谷歌能够识别出我们每个人在搜索什么、什么时候搜索的,以及我们可能觉得足够准确并点击进去的搜索结果是什么。谷歌知道关于我们的详细细节,可以毫不夸张地说,谷歌对我们的了解比我们自己能够记住的还要多。⑥

谷歌掌握着 2/3 的美国人的信息。人们于对谷歌泄露个人信息的担忧

---

① 高富平:《网络对社会的挑战与立法政策选择:电子商务法研究报告》,北京,法律出版社,2004 年 3 月版,第 217 页。

② 〔美〕斯蒂芬·哈格、梅芙·卡明斯:《信息时代的管理信息系统》(英文原书第 8 版),严建援译注,北京,机械工业出版社,2011 年 5 月版,第 238 页。

③ 〔美〕丹尼尔·沙勒夫:《隐私不保的年代》,林铮顗译,南京,江苏人民出版社,2011 年 12 月版,第 17 页。

④ 〔美〕丹尼尔·沙勒夫:《隐私不保的年代》,林铮顗译,南京,江苏人民出版社,2011 年 12 月版,第 16 - 17 页。

⑤ 〔美〕托马斯·弗里德曼:《世界是平的:21 世纪简史》,何帆、肖莹莹、郝正非译,长沙,湖南科学技术出版社,2006 年 11 月版,第 143 页。

⑥ 〔英〕维克托·迈尔-舍恩伯格:《删除:大数据取舍之道》,袁杰译,杭州,浙江人民出版社,2013 年 1 月版,第 12 - 13 页。

日增。迫于压力,谷歌也采取了一些相关措施。2007 年,谷歌宣布它会开始对搜索请求做匿名处理。2007 年夏,微软和搜索网站如 Ask.com 联合声明,他们将在 18 个月后清除那些来自用户的查询请求,比谷歌缩短了25%。就在大约同一时间,雅虎宣布它的清除时间为 13 个月,比谷歌快一倍。一年之后,Ask.com 甚至在网页上使采取了一种存储期限机制。只要点击一下,用户就可以如愿地删除他们的搜索历史。2008 年 7 月,新的搜索引擎 Cuil 宣布它根本就不会存储个人查询请求信息。作为应对,2008年谷歌把时间调整为 9 个月。维克托·迈尔-舍恩伯格认为,"信息存储期限"的改变,对于一些公司像谷歌,需要一些技术工作,甚至会更改商业运作。对于其他公司,无非是顺应了他们现有的隐私承诺。以微软为例,它在《软件产品与服务隐私指南》中写道:"用户数据应该被按照最少时间需求而被保留""任何在公司存储的用户数据时应该有一个保存政策,指明这些数据应该被保存多长时间以及在何时应该从所有数据库中被清除。"①

社交类网站同样令人担忧。据 2012 年 7 月 12 日 Digital Trends 网站的消息,脸书用户的隐私受到挑战。脸书利用扫描工具分析用户评论和聊天记录以搜寻犯罪活动。不仅如此,脸书还要求人们公开自己的音乐偏好、性取向、婚姻状态、大学或工作情况等信息。如果人们不知道如何改变脸书的隐私设置(事实上其隐私设置多次更改),则不仅会向所谓的"朋友"公开私人信息,也会将这些信息昭告天下。人们发现,其实通过检查脸书的个人页面,便可以获得这个人的很多信息。② 脸书以用户的个人信息来建立档案。根据针对某特定学校的脸书使用者的研究,这些档案"包含了为数惊人的信息:90.8%的档案含有图像,87.8%的使用者透露了他们的生日,39.9%列出电话号码……还有 50.8%列出他们目前的住处。"③

批评者认为,脸书的隐私设置不仅不直观,而且还十分具有欺骗性。《纽约时报》记者吉尔伯特·盖茨(Gilbert Gates)曾说:"在脸书上管理自己的隐私信息,你需要通过 50 个设置,在 170 个选项中做选择。"④一项对脸书

---

① 〔英〕维克托·迈尔-舍恩伯格:《删除:大数据取舍之道》,袁杰译,杭州,浙江人民出版社,2013 年 1 月版,第 212 - 213 页。

② 〔美〕霍华德·莱茵戈德:《网络素养:数字公民集体智慧和联网的力量》,张子凌、老卡译,北京,电子工业出版社,2013 年 8 月版,第 154 页。

③ 〔美〕丹尼尔·沙勒夫:《隐私不保的年代》,林铮顗译,南京,江苏人民出版社,2011 年 12 月版,第 32 页。

④ Gates. G., 2010:"Facebook privacy: A bewildering tangle of options." *New York Times*, May 12.

的调查显示，几乎90％的人称，他们从来没有读过脸书的隐私方针。① 这就意味着，这些用户"倾向于不改变默认值设定"，也就是说，任何人都可以浏览他们的档案。

推特于2012年曾公开承认，在用户通过自己智能手机上的推特应用点击"寻找好友"功能后，会将其整个通信录信息（包括姓名、电子邮件地址和手机号码）下载到服务器，并将这些信息保存长达18个月之久。

过去，个人身份信息包含的是名字、社会安全号码、税收记录等，其构成简单明了。因此隐私保护相对比较简单，只要确保不使用这些信息即可。而今天，即便是最无害的数据，只要被数据收集器采集到足够的量，也会暴露个人身份。② 下面就是一个真实的例子。

2006年8月，美国在线公布了大量的旧搜索查询数据，本意是希望研究人员能够从中得出有趣的见解。整个数据库经过了精心的匿名化处理——用户名称和地址等个人信息都使用特殊的数字符号进行了代替。尽管如此，《纽约时报》还是在几天之内发现数据库中的4417749号代表的是乔治亚州利尔本的一个62岁的寡妇塞尔玛·阿诺德（Thelma Arnold）。当记者找到她家时，这个老人惊叹道："天呐！我真没想到一直有人在监视我的私生活。"此事引起了公愤，最终美国在线的首席技术官和另外两名员工都被开除了。③

另外，索引个体的搜索引擎已经出现。他们使用免费的公共资源，实时塑造了"迷你卷宗"。其中一个名为Spoct.com的搜索引擎自称拥有"索引超过一亿人，包括超过15亿条的数据档案"。同时，传统的网络搜索引擎不断将他们的索引能力从传统网页扩大到社交网络，以及许多其他的公共可用数据库。④

雇主查看准雇员在社交网站里的档案，已成为公开的秘密。根据波耐蒙研究所（Ponemon Institute）的一份调查，在美国，大约一半的人力资源部经理用互联网审查，有1/3的申请者因为网上的记录有问题而被拒绝。微软公司承认，他们会在网络上尽可能地找出任何有关他们拟录用人的信息。华盛顿的一名律师马克·拉施（Mark Rasch）说，法律行业竞争非常激烈，能

---

① 〔美〕丹尼尔·沙勒夫：《隐私不保的年代》，林铮颢译，南京，江苏人民出版社，2011年12月版，第210页。

② 〔英〕维克托·迈尔-舍恩伯格、肯尼思·库克耶：《大数据时代：生活工作与思维的大变革》，盛杨燕、周涛译，杭州，浙江人民出版社，2013年1月版，第242页。

③ 〔英〕维克托·迈尔-舍恩伯格、肯尼思·库克耶：《大数据时代：生活工作与思维的大变革》，盛杨燕、周涛译，杭州，浙江人民出版社，2013年1月版，第198－199页。

④ 〔英〕维克托·迈尔-舍恩伯格：《删除：大数据取舍之道》，袁杰译，杭州，浙江人民出版社，2013年1月版，第132页。

在竞争中脱颖而出必须有清白的记录。一位教授以艾文·特里波的假名指出,在聘请新的教授之前,他们学院的行政人员在谷歌搜索每位候选人的信息,并详细检查结果。特里波写道:"最好将'怪癖'隐藏好,千万不要把细节泄露给全世界的人阅读。"[①]

这一趋势还带动了一家新公司(Reputation Defender)的出现,这家公司的业务就是应顾客的要求在网上寻找对顾客不利的内容并删除。一般来说法律不会让网站对网民帖子的内容负责,但也允许网站删除恶意的帖子。公司的首席执行官迈克尔·费蒂克(Michael Fertik)说:"对很多人而言,互联网变成了代表耻辱的红字和不能摆脱的烦恼。"[②]

照片分享网站 Flicker 不仅允许用户上传照片,而且还可以给照片添加标签。这些标签使得在 Flicker 的 20 亿张照片中进行搜索成为可能。

医生对他们病人的信息保密,是存在已久的伦理规则。大约公元前400 年的《希波克拉底誓言》已规定,医生对他们病人所告知的东西"会保持缄默"。[③] 尽管联邦法律规定身体健康状况属于个人隐私,也禁止医生和保健公司将患者的信息透露给市场营销人员,但这项法律所覆盖的,只是能够了解他们健康信息的公司中的一小部分。每天,人们都会无意间透露个人的健康信息,尤其是当他们使用购买处方药的优惠券,订阅和疾病治疗有关的杂志,在网站上完成个人注册,或者完成有关获取个人信息的调查时。在很多情况下,这些活动背后的真正动机,是编纂有关个人和家庭的资料。那些购买这些名字的公司,会提供杂志订阅、筹措资金和销售医疗产品的服务。而且,一旦消费者同意将个人医疗记录透露给一家个人健康记录公司,这些记录就会失去联邦医疗隐私法规的保护。公司可能会说,它们并没有在未经允许的情况下和广告商以及其他商家共享可辨认的个人信息。遗憾的是,消费者太容易在不知情的情况下表示许可。例如,在消费者必须点击的网页的不显眼位置已经放上了提前打钩的复选框。市场营销人员期待着绝大多数消费者都不会注意这些复选框,或者懒得使用这些复选框的"取消选用"功能。一次点击,就可能会不可避免地把消费者的健康状况泄露给另一家公司,而后者通过倒卖个人资料从中谋利。更令人不安的是,在美国,

① 〔美〕丹尼尔·沙勒夫:《隐私不保的年代》,林铮颢译,南京,江苏人民出版社,2011 年 12 月版,第 43 页。

② 〔美〕托马斯·弗里德曼:《世界是平的:21 世纪简史》,何帆、肖莹莹、郝正非译,长沙,湖南科学技术出版社,2006 年 11 月版,第 426 - 427 页。

③ 〔美〕丹尼尔·沙勒夫:《隐私不保的年代》,林铮颢译,南京,江苏人民出版社,2011 年 12 月版,第 186 页。

实际上有 2/3 的健康保险公司会通过访问客户的数字化处方历史来筛选健康保险申请人。大多数申请人甚至是许多保险经纪人，都不知道这种通过数字化可访问性实现的侵权行为。① 从目前看，对于这类问题，还没有任何行政或立法方面的回应。消费者必须学会自我保护。②

4. 雇主监视员工产生的隐私问题

随着信息技术的高速发展，雇主用来监控员工的方法越来越多，技术也越来越高。根据美国管理协会 1999 年对美国 1 000 家公司的调查，45% 的公司监视员工的电子邮件，39% 的公司监视或记录员工的电话，27% 的公司查看并保存电子邮件的内容，16% 的公司把工作人员的活动拍摄下来，84% 的公司让雇员知道公司在监视。③ 许多软件可以监视和记录雇员在办公电脑上的一举一动。比如，Spector 可以在一天的指定时间里，拍下电脑显示屏上的快照。系统管理员或者监视人员通过重放这些快照序列，就可以看出雇员访问过哪些网站，下载了哪些应用程序，用电子邮件和谁聊过天，以及聊天的内容等。此外，SufControl 的 Little Brother 和 Super Scout 还可以阻止与工作无关的信息进入办公电脑，雇员试图访问的任何网站都可能被拦截并记录在案。另外还有 Inverstigator2.1 软件，它可以记录用户每次点击的时间间隔，从而计算出雇员的打字速度。甚至，某些大公司利用软件系统地监看员工的博客。④

新技术也让电子邮件毫无安全性可言。有一种名为信息包过滤器的软件，能在未经主人同意的情况下对电子邮件实施监控。这类软件能够帮助资料窃贼将所有传输中的信息发送到某个地址，无形地复制这些目标信息，供以后阅读。⑤ 尽管电子邮件中有大量的隐私，但还是有可能被轻易泄露。不仅如此，每封电子邮件在传送的过程中至少有三四个复制件被存放在不同的电脑上。⑥ 同时，电子邮件信息在向接受者传输的过程中要经过几个交

---

① 〔英〕维克托·迈尔-舍恩伯格：《删除：大数据取舍之道》，袁杰译，杭州，浙江人民出版社，2013 年 1 月版，第 130 页。

② 〔美〕约瑟夫·塔洛：《今日传媒：大众传播学导论》（第三版），于海生译，北京，华夏出版社，2011 年 9 月版，第 117 - 118 页。

③ 郭卫华、金朝武、王静、等：《网络中的法律问题及其对策》，北京，法律出版社，2001 年 1 月版，第 180 页。

④ 〔美〕丹尼尔·沙勒夫：《隐私不保的年代》，林铮顗译，南京，江苏人民出版社，2011 年 12 月版，第 43 页。

⑤ 〔美〕唐·R. 彭伯：《大众传媒法》（第十三版），张金玺、赵刚译，北京，中国人民大学出版社，2005 年 7 月版，第 259 页。

⑥ 〔美〕斯蒂芬·哈格、梅芙·卡明斯：《信息时代的管理信息系统》（英文原书第 8 版），严建援译注，北京，机械工业出版社，2011 年 5 月版，第 231 页。

换点,在任何一个交换点上,都可以复制、篡改电子邮件信息或改变它的传输方向。还有一种硬件装置叫做硬件按键记录器,它可以在信号从键盘到主板的传送过程中截获使用者每一次的按键指令。[①]

大约有70％的网络流量出现在上班时间,所以企业有足够的理由来监控员工在网上冲浪的时候看了什么,花了多长时间。[②] 据统计,有些公司70％的人在上班时间浏览与工作无关的网站,最普遍的是色情网站,高达60％。除此之外,利用公司电脑干私活的也大有人在,据称一半以上的人在上班时间收发过纯属个人事务的电子邮件,华尔街一家金属公司的雇员30％以上在上班时间用公司的电脑为自己炒股。花花公子网站(Playboy.com)在工作时间的点击量超过了下班时间。[③]

雇主在工作场所监视员工的理由还有:发现受监视雇员的盗窃行为(包括盗窃有形财产和无形财产,比如商业秘密)、渎职行为或者利用职务之便谋取私利的行为,以保护经济利益;发现雇员的偷懒、消极怠工乃至破坏行为,以服务于雇员劳动生产力之提高和保障产品质量;发现生产、组织过程中的不安全因素以服务于强化安全生产;发现生产、组织过程中的不合理情况,以服务于未来企业管理之改进;发现雇员在具体操作过程中的不合理乃至不安全动作,以服务于未来的职工培训。键盘的几次敲击,鼠标一点就可能把公司的商业机密泄露出去。使用公司电脑拷贝软件、下载音乐等,弄不好会发生侵权盗版的情况,把公司也纠缠进去。更有甚者,如果雇员使用公司电脑干一些非法的事,如散布种族言论、进行性骚扰,还可能使公司,因提供作案工具或制造歧视性工作环境被起诉,造成难以收拾的后果。因此,通过监控,能达到保护企业经济利益、保障企业和雇员安全、提高企业经济效益的目的。

另外,工作场所作为雇主的私有财产,根据所有权的原则,他有权在自己所有的财产上安装他所愿意安装的设备,因此雇主对雇员的监视行为一般被认为在道德上合理、在法律上合法,只要雇主的行为遵循了在权利冲突时应当适用的有关解决方案的规则。[④] 美国法律甚至要求金融机构监控其

---

① 〔美〕斯蒂芬·哈格、梅芙·卡明斯:《信息时代的管理信息系统》(英文原书第8版),严建援译注,北京,机械工业出版社,2011年5月版,第238页。

② 〔美〕斯蒂芬·哈格、梅芙·卡明斯:《信息时代的管理信息系统》(英文原书第8版),严建援译注,北京,机械工业出版社,2011年5月版,第237页。

③ Joseph R. Dominick, 2004: *The Dynamics of Mass Communication: Media in the Digital Age*, McGraw-Hill, p.317.

④ 王贵国:《国际IT法律问题研究》,北京,中国方正出版社,2003年3月版,第475-476页。

员工所有的对外交往,包括电子邮件和电话交谈。[1] 虽然联邦法院在许多案件中都禁止阅读他人邮件,但雇主探察雇员的信息无疑是个例外。[2] 从法院的判决看,法庭也是站在雇主一边的。以下是两起有关电子邮件的隐私诉讼案例。

一是"肖尔斯诉美国爱普森公司案"。[3] 1989年,爱普森公司的雇员阿拉娜·肖尔斯(Alana Shoars)发现,两个月以来从她的办公室收进和发出的电子邮件都被公司打印出来了。她认为公司不正当地监督了她的私人通信,于是以她自己和同事的名义提起诉讼。法院认为,加利福尼亚州关于窃听电话的法律并不适用于电子邮件,公司计算机系统里的电子邮件不属于"私人通信",该州宪法关于隐私权的条款也不适用于商业信息。另一个案子是"迈克尔·A.史密斯诉匹尔兹堡公司案",[4]法院也做出了同样的判决。1996年初,匹尔兹堡公司的一位总裁看到了一份打印出来的电子邮件,邮件内容是一名经理在这个邮件中指责他的上司。于是总裁解雇了这名经理。在此案中,宾夕法尼亚地方法院判定,公司有权阅读所有经理的电子邮件,尽管匹尔兹堡公司曾向雇员保证他们的电子邮件是保密的。[5]

虽说直接阅读员工的电子邮件在美国并不违法,但越来越成熟的信息技术给雇主提供了无孔不入的监控雇员的方法,也给雇员的隐私权带来了极大的隐患。乔治亚电脑制造公司发言人欧莉菲雅说:"雇主测量每个电话的间隔、电话数量、电脑使用的时间,加上办公室及餐厅中的录影监视器,使我们觉得'老大哥'总在算计着我们,偷听我们的言谈,拍摄我们的一举一动。"[6]

人们担心,如果雇员受到持续不断的监视,会形成工作上的压力,有意抑制自己的行为举止,造成雇主和雇员的互不信任;另外,虽然雇主是为正当目的而进行监视,但相关资料很难保证不会另做他用。联合国国际劳工组织为此特别指出,在工作地点使用监视技术会产生以下隐私问题。

(1) 使用该科技侵犯了基本人权及人类尊严,且在使用时往往没有充

---

① 〔美〕斯蒂芬·哈格、梅芙·卡明斯:《信息时代的管理信息系统》(英文原书第8版),严建援译注,北京,机械工业出版社,2011年5月版,第237页。

② 〔美〕唐·R.彭伯:《大众传媒法》(第十三版),张金玺、赵刚译,北京,中国人民大学出版社,2005年7月版,第259页。

③ Shoars v. Epson America, Inc. No. SWC112749, Los Angeles Superior Court 1990.

④ Michael A Smyth V The Pillsbury Company. 914 F. Supp. 97, E.D. Pa, 1996.

⑤ 〔加〕大卫·约翰斯顿、森尼·汉达、查尔斯·摩根:《在线游戏规则——网络时代的11个法律问题》,张明澍译,北京,新华出版社,2000年9月版,第88页。

⑥ 〔美〕爱伦·艾德曼、卡洛琳·肯尼迪:《隐私的权利》,吴懿婷译,北京,当代世界出版社,2003年10月版,第331-332页。

分考虑到这些权益。

（2）使用电脑资料的储存库、电话监视和利用录影仪器更易刺探员工的私生活，但察觉到这种刺探行为和以前相比更加困难。

（3）监视雇员会使他们觉得不被信任，因而出现离心倾向，这对员工及雇主一样有害。

（4）这种监视雇员的做法可被用来对个别员工进行报复，但是员工难以觉察。

（5）监视雇员涉及雇主控制员工及控制与个别员工有关的资料的问题。[①]

5. 政府部门对个人隐私的侵犯

一直以来，政府都试图通过收集信息来管理国民。与企业相比，政府才是大规模信息的原始采集者，而且政府可以强迫人们为其提供信息，不必加以说服或支付报酬。[②]

自 20 世纪 60 年代以来，为了建立社会保障制度，美国政府开始大量搜集私人资料，随着计算机的普及和广泛应用，政府和私人机构对资料进行搜集的现象变得极为普遍，所搜集资料的范围越来越广，已经到了无所不包的程度，凡是个人和外界发生联系而产生的资料都成为搜集的对象。[③] 政府既是个人隐私的保护者，但同时也是一个潜在的侵害者。[④]

目前，美国政府部门大约拥有包含个人信息的 2 000 个数据库。政府的各个部门需要信息来管理其权限内的各种工作，例如社会保障、福利事业、助学贷款和执法等。毫无疑问，无论什么时候，和哪个政府部门打交道，信息都会被保存起来。最新的调查表明，美国的信用管理机构掌握着五十多亿份信用记录。他们每天跟每个美国公民进行信息的交易，平均起来有五次。[⑤] 例如，如果申请一笔政府出资的助学贷款，就要提供个人信息，包括姓名、住址、收入及父母的收入等。这些信息通常会被兜售给搞营销的人。以下是一些具体事例。

① International Labour Organisation, 1993: "Monitoring and Surveillance in the Workplace", *Condition of Work Digest*, Vol 12, No1.

② 〔英〕维克托·迈尔-舍恩伯格、肯尼思·库克耶:《大数据时代:生活工作与思维的大变革》, 盛杨燕、周涛译, 杭州, 浙江人民出版社, 2013 年 1 月版, 第 149 页。

③ 孙铁成:《计算机与法律》, 北京, 法律出版社, 1998 年 7 月版, 第 111 页。

④ 高富平:《网络对社会的挑战与立法政策选择:电子商务法研究报告》, 北京, 法律出版社, 2004 年 3 月版, 第 233 页。

⑤ 〔加〕大卫·约翰斯顿、森尼·汉达、查尔斯·摩根,《在线游戏规则——网络时代的 11 个法律问题》, 张明澍译, 北京, 新华出版社, 2000 年 9 月版, 第 79 页。

在俄勒冈州,机动车辆部的整个数据库被置于网上,这使每个人都能够找到某人已有多少次超速罚单、违规停车或酒后驾车判罚。由于居民们的投诉,这个网站最终被注销。

1997 年,社会保障署开设了一项在线服务,让美国人获得有关他们账目的信息。这看起来像是个好主意,但很快人们发现,一个人只要获得少数几条关于其他人的基本信息——如出生地、母亲未婚前娘家的姓以及社会保障号码——就可以查出那个账目的信息。这意味着爱打听的邻居、私家侦探、债权人、亲戚和前配偶,还有其他人,都能够找出某人从 1951 年开始每年挣多少钱。社会保障署很快加强了对站点的隐私保护。

在北卡罗来纳州有一个家庭感到困惑——他们的住址被作为一个知名性侵犯者的家列于网上。这名性侵犯者早在很多个月前就搬走了,但是这一条信息未从数据库中被取消。

在加利福尼亚州,有一位年轻人不明白为什么当他申请零售工作时总是被拒绝。最后他得知是有人利用互联网盗窃了他的身份,并且被判入店行窃罪。不管未来的雇主什么时候对这个年轻人的身份进行检查,这条入店行窃罪都会错误地出现在他的档案中。[1]

FBI 的电子监视使用的装置是 Carnivore,后来改名为 DCS—1000。这种装置把一个硬件连接到互联网的服务提供商,获取调查目标所收发的所有电子邮件。而且,被调查者对于这种监视毫不知情。2000 年,FBI 一致通过一种代号为"食肉者"的计算机系统来浏览可疑分子的电子邮件,这种计算机系统在一秒内可浏览数百万封电子邮件,调查局用它来调查黑客及反恐怖和贩毒活动,但实际上这个设备不仅能监视犯罪分子的邮件,所有人的电子邮件都可能成为其审查的目标。[2] 虽然 FBI 表示,"食肉者"只有在经法院授权的情况下,才会在调查中监视犯罪嫌疑人的电子邮件,但隐私权保护组织担心它可能会被滥用。电子隐私信息中心(The Electronic Privacy Information Center,EPIC)、美国公民自由联盟以及部分国会议员等都表示,"食肉者"可能因涉嫌非法搜查和拘留而违反了美国《宪法第四修正案》。2000 年,EPIC 以违反《信息自由法》的罪名向法院起诉了 FBI。8 月 2 日,一位联邦法官下令 FBI 必须在十天之内对 EPIC 要求公开该软件的源代码做出答复。

---

[1] Joseph R. Dominick, 2004: *The Dynamics of Mass Communication*: *Media in the Digital Age*, McGraw-Hill, p. 319.

[2] 李德成:《网络隐私权保护制度初论》,北京,中国方正出版社,2003 年 8 月版,第 39 页。

另外一个国家机构——美国国家安全局(NSA)则使用一个叫作"梯队"的系统,这个系统由全球性的卫星网络和监听地面站组成,可以截获电话、电子邮件和传真等。这个系统会对所有的数据进行筛选,找出关键词,并且按照一定的标准对其进行分析。[①]《华盛顿邮报》2010年的研究表明,NSA每天拦截并存储的电子邮件、电话和其他通信记录多达17亿条。前美国国家安全局官员威廉·宾尼(William Binney)估计政府采集的美国及他国公民的通信互动记录有20万亿次之多,其中包括电话、电子邮件、电汇等信息。为此,美国建立了庞大的数据中心,其中NSA就耗资12亿美元在犹他州的威廉姆斯堡建立了一个。[②] 此外,美国政府还把目光对准了推特,2010年4月,美国国会图书馆宣布收录推特上的所有记录,每个人的留言都会被记录在案。[③] 如今,不再只是负责反恐的秘密机关需要采集更多的数据,数据采集的范围扩展到了金融交易、医疗记录和脸书状态更新等各个领域,数量之巨可想而知。[④]

在网络通信监控的价值基础方面,约翰内斯堡大学的默多克·沃特尼(Murdoch Watney)认为,在欧美各国,政府互联网立法是在全球化、信息技术大爆炸、跨国犯罪和恐怖主义盛行的背景下兴起的,网络通信监控的法律应当由各国综合协调公民隐私、信息自由、国家利益的不同价值偏好。[⑤] 哈佛大学的克里斯托弗·胡提出,应在允许政府运用新的技术监控互联网的同时通过法定程序给予严格限制,以平衡国家安全与公民通信秘密和自由。[⑥] 在网络通信监控的监督问题上,加州大学伯克利分校的保罗·施瓦茨指出,美国的网络通信监控法律制度是一个形式化的、效率低下的"隐私剧场",因此,必须改革网络通信监控法律制度,以便更有效地保障公民自由和政府执法。他提出,应当由立法机关监督网络通信监控的审批,国会应当发

---

① 〔美〕斯蒂芬·哈格、梅芙·卡明斯:《信息时代的管理信息系统》(英文原书第8版),严建援译注,北京,机械工业出版社,2011年5月版,第242-243页。

② 〔英〕维克托·迈尔-舍恩伯格、肯尼思·库克耶:《大数据时代:生活工作与思维的大变革》,盛杨燕、周涛译,杭州,浙江人民出版社,2013年1月版,第201页。

③ 吴才木:《谷歌不听话:互联网背后的大国角力》,北京,电子工业出版社,2010年9月版,第70页。

④ 〔英〕维克托·迈尔-舍恩伯格、肯尼思·库克耶:《大数据时代:生活工作与思维的大变革》,盛杨燕、周涛译,杭州,浙江人民出版社,2013年1月版,第201页。

⑤ Murdoch Watney, 2007: "State Surveillance of the Internet: Human Rights Infringement or E-security Mechanism?" *International Journal of Electronic Security and Digital Forensics*, 1.

⑥ Christopher Woo, Miranda So, 2002: "The Case for Magic Lantern: September 11 Highlights the Need for Increased Surveillance", *Harvard Journal of Law & Technology*, Spring.

布详细的年度报告以整合政府发布的零碎信息,网络通信监控信息的公开有助于监督和改善对公民隐私的保护。[①] 在通信协助执法主体及产业利益方面,维特菲尔德·迪菲认为,应当由立法机关就网络通信监控协助主体的原则性法律规定进行解释,执法部门的解释可能导致网络通信监控权力被滥用。[②] 加拿大阿尔伯达大学的史提芬·彭尼提出,传统的"搭线监听"已经失灵,应建立新的网络通信监控模式,以平衡隐私保护和犯罪防控的关系。[③]

在保障网络新技术的通信监控能力方面,印第安纳大学的克里斯塔·希巴德认为,网络通信技术的进步迫使执法机关不得不想方设法提高其监控网络通信数据的能力。

6. 手机功能多样化引发的侵犯隐私权问题

当大众第一次发现移动电话与传统电话不同,对话可能在空中被拦截时,引起了一阵哗然。这意味着当人们使用移动电话时,其实是"在屋顶上喊给大家听"。[④] 随着全球进入智能手机时代,人们产生更多隐私方面的担心。

智能手机,像个人电脑一样,具有独立的操作系统、运行空间,用户可以自行安装软件、游戏、导航等第三方服务商提供的程序,并且可以通过移动通信网络来实现无线网络接入。智能手机,实际上就是个人的移动的电脑。以前如果不在电脑前,就是"不在线",那就不会受到攻击。现在使用智能手机,随时"在线",个人信息、电话号码都会同步到网上,那就意味着信息随时都有可能通过匹配搜索而被泄露。

2009 年 12 月初,iPhone 的开发人员尼古拉斯·赛瑞托(Nicolas Seriot)在日内瓦苹果公司会议上展示了如何利用合法的应用程序编程接口(Application Programming Interface,API)来窃取数据。赛瑞托以苹果所拥有的合法 API 打造了服务提供商 yPhone 应用程序,该程序可用来窃取 iPhone 中所储存的个人资料,包括 Safari 的搜索记录、YouTube 的历史记录、电子邮件账号、电话号码、用户所在地及电信服务提供商、联络人电子邮件账号、照片,甚至能通过手机上的 GPS 及 Wi-Fi 功能得知用户的实际位

---

① Paul M. Schwartz, 2008："Reviving Telecommunications Surveillance Law", *University of Chicago Law Review*, Winter.

② Whitfield Diffie, Susan Laudau, 2007："*Privacy on the line*", MIT Press.

③ Steven Penney, 2008, "Updating Canada's Communications Surveillance Laws：Privacy and Security in the Digital Age", *Canadian Criminal Law Review*, Vol. 12.

④ 〔美〕爱伦·艾德曼、卡洛琳·肯尼迪:《隐私的权利》,吴懿婷译,北京,当代世界出版社,2003 年 10 月版,第 346 页。

置。随着 iPhone 相关应用程序的增多,苹果应用程序商店不可能对每个软件的全部功能进行检测及恶意程序的排查,这使得恶意程序成为 iPhone 最大的安全隐患。[①]

其实,目前的智能手机都在不断收集用户的个人信息。市面上的智能手机主要分为以安卓为首的谷歌和以 IOS 为代表的苹果两大阵营。安卓平台较为开放,软件开发者可以进行一些权限的定制,苹果则较为封闭,通信录、联系人等都是很高级别的权限,一般不对开发者开放,这也导致安卓平台上流氓软件泛滥。但要注意的是,在系统层面,谷歌和苹果自己的应用掌握着最高的权限,都在不断搜集用户的个人信息。

对于不少消费者而言,智能手机就是个人电脑的延伸,但他们不像使用电脑那样注意防范恶意软件入侵,因而给了网络犯罪分子可乘之机。2005年,美国希尔顿集团的继承人之一帕丽斯·希尔顿通过手机供应商提供的一项功能,将手机里存储的信息备份到供应商的中央电脑上。访问存储的信息需要密码,或者对于那些忘记密码的用户,需要输入他们最喜欢的宠物的名字。作为一个名人,希尔顿宠物的名字是众所周知的。一个 17 岁的少年运用这个信息进入了希尔顿备份的手机通信录和数字照片文件,然后将这些信息通过点对点文件共享给了全世界。这个少年随后被捕,并且因参与另一起案件而被审判。但是,伤害已经发生了。这不仅仅是希尔顿的私人信息被曝光,而且她手机通信录中所有人的手机号码,也都被暴露。许多人不得不换掉手机号码,并将新号码逐一告诉给自己的朋友、同事和商业伙伴。[②]

在智能手机时代,用手机随时拍照成为许多人的习惯。然而这一习惯也成为个人隐私的最大威胁。手机偷拍是指未经他人明示或者默示的同意,以秘密方式用手机对他人进行拍摄的行为。一般情况下,手机偷拍行为会侵害公民的人身权利,尤其是公民的名誉权、肖像权和隐私权。许多网站都充斥着这类用手机偷拍的照片,成为吸引眼球的一大法宝。

持有拍照手机的用户几乎能够随时随地地隐蔽拍摄。随着摄像拍照功能的不断完善和加强,拍照手机比照相机、摄像机等在偷拍时更具有隐蔽性,当事人很难判断持有手机者是否正在对自己进行偷拍。手机日益成为偷拍行为的主要工具。可以说,随着拍照手机的流行,人们将不得不为保护

---

① 宫承波、刘姝、李文贤:《新媒体失范与规制论》,北京,中国广播电视出版社,2010 年 1 月版,第 243 页。

② 〔英〕维克托·迈尔-舍恩伯格:《删除:大数据取舍之道》,袁杰译,杭州,浙江人民出版社,2013 年 1 月版,第 109 页。

自己的隐私付出更大的代价。① 拍摄他人的裸照及裙底照片并张贴到网上的现象日益猖獗。据统计,有超过 100 个网站专门提供裙底照片或者人们淋浴或脱衣服的照片。②

由于频频出现拍照手机曝光隐私之事,芝加哥市专门就限制使用拍照手机进行了投票表决:在公共浴池和淋浴间,未经当事人允许,禁止对其拍照,对违反规定的人处以 5 美元至 500 美元的罚款。③ 早期的一些立法尝试却是失败的。华盛顿州出台了《华盛顿州录像偷窥条例》。在一个案例中,两个男人在大型购物中心里,拍摄了一些裙底照。地方法院依据《华盛顿州录像偷窥条例》判两名男子有罪——"为了撩拨或满足任何人的性欲望"而拍摄照片,而且拍摄照片时,是在"一个(受害者)期待有一个合理的隐私的地方"。不过,华盛顿州最高法院推翻了这一判决。法院推论说:"偶尔的监看经常发生在公共场合。因此,从逻辑上看,公共场所并不能成为一种'人们合理期待不会有偶然或敌意之打扰或监看之危险'的地点"。

2004 年,美国国会颁布《录像偷窥防治法》,宣告录像偷窥为违法行为。然而,国会法案只适用于联邦房地产,比如国会大厦内。如果在大型购物中心,还是要看所在州有没有录像偷窥法。④

新数字时代的隐私权,并非只涉及互联网。人们对于移动设备的使用,已经引起了许多广告商、政府部门以及电子游戏行业等各个方面的兴趣。显而易见,在数字时代,围绕美国消费者隐私的斗争将继续存在。⑤

这种情形的确令人不寒而栗。信息时代开创了一个更加开放的社会。在这个社会,随着技术的创新,隐私似乎变得越来越稀缺。数据收集是一项长期存在的传统或事务。但是,在过去,关于个人的数据通常保存在文件夹中,其他人很难分享这些资料,收费也很昂贵。白宫消费者事务顾问莱斯利·伯恩斯(Leslie Burns)说:"今天,有了商业数据库、网络、光盘,你敲几

①　宫承波、刘姝、李文贤:《新媒体失范与规制论》,北京,中国广播电视出版社,2010 年 12 月版,第 268 页。

②　〔美〕丹尼尔·沙勒夫:《隐私不保的年代》,林铮顗译,南京,江苏人民出版社,2011 年 12 月版,第 178 页。

③　匡文波:《手机媒体概论》(第二版),北京,中国人民大学出版社,2012 年 7 月版,第 227 - 229 页。

④　〔美〕丹尼尔·沙勒夫:《隐私不保的年代》,林铮顗译,南京,江苏人民出版社,2011 年 12 月版,第 179 页。

⑤　〔美〕约瑟夫·塔洛:《今日传媒:大众传播学导论》(第三版),于海生译,北京,华夏出版社,2011 年 9 月版,第 631 页。

下键盘便能获得相关资料,并能逐字地查阅人们的生活信息。"①在传统社会中,通过不受欢迎的目光、声音和观察来侵扰某个人的身体隐私,比如门铃声或是电话铃声。在信息时代,对隐私的干涉延伸到侵入某人的计算机,包括不想要的文件、Cookies 和不请自来的邮件。②"我们时刻都暴露在'第三只眼'之下:亚马逊监视着我们的购物习惯,谷歌监视着我们的网页浏览习惯,而微博似乎什么都知道,不仅窃听到了我们心中的'TA',还有我们的社交关系网。③

正如莱斯格所言,"现代社会的显著特征就是技术的突显,这使得数据的搜集和处理极为高效。我们的所作所为——因而也反映出我们的重要特征,都在房门外就被记录在案了"。④他进而指出,在 18 世纪 90 年代,监视靠的是人,而现在靠的是机器;过去只注意异常之处,而现在注意的是所有的行为;过去没有任何可供搜索的记录,而现在所有的监视都留下了可搜索的记录。

"Big brother is watching you!"《一九八四》中所描绘的那种人们彼此交换眼神却屏息不敢言说的时代并未走远。⑤对此,2007 年,英国的一家报社曾讽刺地报道,在乔治·奥威尔(George Orwell)创作《一九八四》的地方,也就是他的伦敦公寓外 60 米范围内,起码有 30 多架摄像机对着他,在监视他的一举一动。⑥

维基解密的创始人阿桑奇(Assange)宣布:"谷歌推动下的数码科技的进步,宣告多数人隐私的消亡,将世界推向了独裁主义。"

如今,人类住进了自己建造的"数字圆形监狱"。英国哲学家杰米里·边沁(Jeremy Bentham)所说的"圆形监狱",是指在这种监狱中,狱警能够在犯人不知道自己是否被监视的情况下监视犯人。边沁认为,这种监狱结构将能迫使犯人好好表现,而且这种方法使得社会付出的代价最小。米歇尔·福柯(Michel Foucault)采用了这一概念,他认为,全景敞视建筑已经远

① 〔美〕唐·R. 彭伯:《大众传媒法》(第十三版),张金玺、赵刚译,北京,中国人民大学出版社,2005 年 7 月版,第 287 页。

② 孙绍谊、郑涵:《新媒体与文化转型》,上海,上海三联书店,2013 年 7 月版,第 323 页。

③ 〔英〕维克托·迈尔-舍恩伯格、肯尼思·库克耶:《大数据时代:生活工作与思维的大变革》,盛杨燕、周涛译,杭州,浙江人民出版社,2013 年 1 月版,193 页。

④ 〔美〕劳伦斯·莱斯格:《代码:塑造网络空间的法律》,李旭、姜丽楼、王文英译,北京,中信出版社,2004 年 10 月版,第 24 页。

⑤ 展江、吴薇:《开放与博弈:新媒体语境下的言论界限与司法规制》,北京,北京大学出版社,2013 年 3 月版,第 330 页。

⑥ 〔英〕维克托·迈尔-舍恩伯格、肯尼思·库克耶:《大数据时代:生活工作与思维的大变革》,盛杨燕、周涛译,杭州,浙江人民出版社,2013 年 1 月版,第 194 页。

远超越了监狱本身以及边沁关于实体监狱结构的观念,这种全景敞视建筑现在被更为抽象地用作在我们的社会中施展信息权力的工具。

维克托·迈尔-舍恩伯格认为,完整的数字化记忆代表了一种更为严酷的数字圆形监狱。由于我们所说与所做的许多事情都被存储在数字化记忆中,并且可以通过储存器进行访问,因此,我们的言行可能不仅会被我们同时代的人们所评判,而且还会受到所有未来人的评判。通过数字化记忆,圆形监狱能够随时随地地监视我们。这种圆形监狱塑造了我们现在的行为:像被人监视时一样行动,即便并没有人监视。换言之,未来可能遭遇到的悲剧会对我们现在的行为产生寒蝉效应。[①]

第四节　隐私权保护

美国的隐私权保护模式是将宪法、联邦和各州的法规,以及行业自律规则结合起来,为隐私权提供了较为全面的保护。作为最早在法律上确立隐私权的国家之一,美国无论是在联邦层面还是各州层面都有着种类丰富的保护隐私权的立法。[②]

美国《宪法》是隐私权保护法规的渊源。尽管美国《宪法》本身并没有特别指明隐私权,但根据美国联邦最高法院的司法解释,联邦宪法第一和第四修正案为信息隐私权的保护提供了依据,"隐私权直接被认为是个人的宪法上的权力"。[③]

美国《权利法案》(The Bill of Rights)明确限制政府对个人自由的干预。如《第一修正案》主要涉及保护言论和宗教信仰不受政府的干预,其中同样涉及保护信息隐私;与《宪法第一修正案》类似,《宪法第四修正案》同样为个人信息隐私提供了保护依据。《宪法第四修正案》指出:"人民保护其人身、住房、文件和财物不受无理搜查扣押的权利不得被侵犯;除非有合理的根据认为有罪,以宣誓或郑重声明保证,并详细开列应予搜查的地点、应予扣押的人或物,否则不得颁发搜查和扣押证。"修正案中关于禁止不合理的搜查和扣押,即是有关保护隐私权的依据。《宪法第五修正案》则限制政府

① 〔英〕维克托·迈尔-舍恩伯格:《删除:大数据取舍之道》,袁杰译,杭州,浙江人民出版社,2013 年 1 月版,第 18 页。

② 彭诗睿:《新媒体视野下隐私权的法律保护》,华中科技大学硕士学位论文,2009 年。

③ 高富平:《网络对社会的挑战与立法政策选择:电子商务法研究报告》,北京,法律出版社,2004 年 3 月版,第 233 页。

强迫个人揭露个人事务。尽管宪法没有明确提及隐私权,但是它开创了判例法,并且在州和联邦的某些法规中得到了确认。更进一步说,一些州(如加利福尼亚州)已经在它们的州宪法中承认了隐私权。①

除了宪法之外,美国国会还通过一系列的法律来填补隐私保护方面的法律空白。国会在 1934 年第一次判定窃听电话违法。之后每隔几年,国会就会重新修订法律,以适应技术进步和社会规范变革的需要。1968 年国会通过《反电话窃听法》,用于规制对电话线路的监控。1974 年通过《联邦隐私法案》,明确了个人在政府侵犯隐私中如何被保护的问题。1986 年国会通过《电子通信隐私法》,将《反电话窃听法》扩大到互联网。② 然而,"9·11"事件之后的反恐战争,导致了政府监控个人保护水平的下降。2001 年《爱国者法案》的通过和 2006 年的重新修订,在搜寻可能与恐怖主义活动有关的个人信息方面,给了联邦政府广泛的权力。

在商务领域,美国虽然已经颁布了一些保护网络隐私权的新法律,但在大多数情况下,在电子商务出现之前制定的消费者权益法规现在不得不被运用到网络交易中。③ 这些法律是以目标明确的保护特定领域(如卫生保健、限制公司和政府部门在个人不知情的情况下使用和共享数据)的隐私权的法规的形式出现的。

一、隐私权保护经典案例

作为判例法国家,美国的隐私权制度最初是通过大量的侵犯隐私权的判例确定下来的。④ 历史上,围绕宪法修正案的司法解释费尽了周折。让我们先来回顾一下涉及隐私权的几个经典案例。

"奥姆斯特德诉合众国案"。⑤ 20 世纪 20 年代后期是美国禁酒运动的高峰期。1928 年,联邦政府在调查以奥姆斯特德为首的非法进口、供应和销售酒精的组织时,使用了电话搭线窃听技术。通过窃听,政府记录了长达775 页的谈话,并用作起诉该组织有罪的证据。奥姆斯特德认为,政府的窃听行为违反了《宪法第四修正案》所赋予的不受无理搜查的权利,于是将美国政府告上了法庭。而政府则认为,窃听虽然侵犯了他人的隐私,但并未非

① 孙绍谊、郑涵:《新媒体与文化转型》,上海,上海三联书店,2013 年 7 月版,第 173 页。
② Orin S. Kerr, 2002:"Internet Surveillance Law After the USA Patriot ACT: The Big Brother That Isn't", *Northwestern University Law Review*, Vol. 97, No, 2, p. 630.
③ 〔美〕理查德·斯皮内洛:《铁笼,还是乌托邦——网络空间的道德与法律》,李伦、等译,北京,北京大学出版社,2007 年 8 月版,第 149 页。
④ 彭诗睿:《新媒体视野下隐私权的法律保护》,华中科技大学硕士学位论文,2009 年。
⑤ Olmstead v. United States, 277 U. S. 438,1(1928).

法侵入,因为警察不闯入住所就可以窃听到嫌疑人的电话,《宪法第四修正案》不能禁止未非法侵入的侵犯隐私行为,所以在本案中不适用。最后最高法院判决奥姆斯特德败诉。主审法官(第 27 任总统)威廉·H. 塔夫脱(William·H. Taft)这样写道:

> 《宪法第四修正案》不能禁止本案中警察的行为。他们没有对房屋进行搜查,没有逮捕公民或查封物品,用窃听到的谈话作为证据是合法的。《宪法第四修正案》的适用范围不能被扩展到被告的住所和办公室与外界联系的电话线。

此案的判决引起巨大争议。那时,电话在美国已经普及,如果说搭线窃听不算侵权,那么公民的私生活就完全处于政府的监视之下了。就连其他几位法官也对此判决提出了异议。布兰代斯法官认为,法院不应背离立宪的宗旨,应在新的情形下对《宪法第四修正案》做出相应的解释——政府所采用的新技术手段本身不侵权,但结果侵犯公民隐私。布兰代斯质疑说,如果按照塔夫脱的观点去做,就不可能实现立宪者保护公民隐私的初衷。

争论一直持续不断。在此后的几十年间,最高法院也一直沿用塔夫脱的解释,直到另一个著名的案例"卡茨诉合众国案"①才彻底推翻了"奥姆斯特德诉合众国案"的判决。

"卡茨诉合众国案"中。查尔斯·卡茨(Charles Katz)涉嫌通过电话向其客户通报赌博信息。联邦探员在他经常打电话的电话亭外安装了窃听装置。以此为据,卡茨被初审法院判定有罪。依据"奥姆斯特德诉合众国案"的判决,上诉法院维持了原判。1967 年 12 月,在该案的最终判决中,最高法院否定了"奥姆斯特德诉合众国案"及其后许多类似案件所得出的结论,指出:

> 《宪法第一修正案》保证公民言论自由,《宪法第四修正案》保护公民隐私权;由于电子通信在当代生活中越来越普及,越来越重要,即使没有非法侵入,只要侵犯了公民具有保密性质的电话通信,也构成违宪行为。

至此,对于《宪法第四修正案》关于公民隐私权的解释,得以反转。波

---

① Katz v. United States, 389 U. S. 347, 1(1967).

特·斯图尔特大法官在判决中写道,宪法《第四修正案》的核心价值在于"保护公民而非地方",所以,当公民对自己的隐私有一个合理的期待时,《宪法第四修正案》就应当起到保护作用,即如果不符合《宪法第四修正案》的要求,政府就不能侵入公民的隐私空间。

"杰克逊诉美国联邦特勤局案"①。该案确立了国家机构未经授权不得私自查阅他人电子邮件的判例。史蒂夫·杰克逊公司(Steve Jackson Games)是一家游戏公司。1990年3月美国特勤局(United States Secret Service)闯入了该公司在奥斯汀的总部,以追捕黑客为名没收了公司的电脑。秘密警察搜到几台电脑,包括正在运行的公司公告板服务器"启明星"。在搜查过程中,秘密警察中的一名警官打开系统并删掉了所有存在上面的电子邮件。

联邦特勤局的行为,激起了杰克逊游戏公司大批同情者的不满,他们组织起来与联邦特勤局打官司。他们认为,秘密警察搜走了"启明星"公告板并打开了存在硬盘上的电子邮件,违反了《电子通信隐私法》和《隐私保护法》,前者明确禁止截取和披露私人的电子邮件内容。法官判原告史蒂夫·杰克逊公司胜诉,认为秘密警察违反了《电子通信隐私法》和《隐私保护法》,他们不恰当地获取并泄露了私人电子邮件的内容。按照《隐私保护法》,法官判决公司获得5万美元的赔偿。②

在该案的诉讼过程中团结起来的一批律师、志愿者和技术专家,自发成立了电子前沿基金会(EFF),他们的目的就是解决计算机与通信工具日益普及所引发的社会冲突,EFF逐渐成为美国IT界的"维权义士"。

杰西卡·卡特勒(Jessica Cutler),一个前美国参议员的助理,她曾用"华府小妮"(The Washingtonienne)的笔名开通了一个博客,讲述了她和国会山诸公的性交易。此事轰动了博客圈和华盛顿政坛。被解雇后的杰西卡随即写了一本自传体的小说《华府小妮》,美国HBO电视网还将《华府小妮》拍成电视连续剧。③ 罗勃特(Robert)是受雇于美国参议员律师,也是杰西卡·卡特勒博客里的人物之一。罗勃特称,卡特勒在日记中将两人在床第之间"最难以启齿的"秘密曝光,残忍地侵犯了他的隐私,并让他精神受到

---

① Steve Jackson Games, Inc. v. United States Secret Service, 816 F. Supp. 432,1 W. D. Tex. ,1993.

② 〔加〕大卫·约翰斯顿、森尼·汉达、查尔斯·摩根,《在线游戏规则——网络时代的11个法律问题》,张明澍译,北京,新华出版社,2000年9月版,第87页。

③ 孙冉:《美国的博客名人》,《中国新闻周刊》2006年4月17日,第14期。

重创。2005 年 5 月，他向杰西卡·卡特勒提起诉讼，要求赔偿 2 000 多万美元：[①]

> 　　卡特勒将有关原告的个人私密情事广泛流传，而她所用的方法，对于一般具有正常感受性的明智之士而言，不但是离谱的而且是非常令人不快的。使得原告遭遇严重的情绪低落、羞辱、尴尬和极度痛苦……
>
> 　　不会有明智之人，明明在违反他或她的意志之后，还愿意让他或她的性生活及浪漫的友谊生活上的有关肉体、言语、情绪、心理方面的私密细节，全都暴露在互联网上，供全世界的人阅读。被情人操纵与利用是一回事，而被无情地暴露给全世界，则是另一回事。[②]

由于事关网络博客与个人隐私之间的矛盾，这起官司在美国受到广泛关注。很多专业人士纷纷对此表达了自己的看法。美国电子隐私信息中心主任马克·罗滕伯格（Marc Rotenberg）说，在法律允许的范围内，"任何人都可以通过博客发布自己的私生活细节。但如果触碰了别人的私生活，问题性质可就不同了"。这位隐私保护倡议团体的负责人强调说，博客虽然被称为网络个人日志，但与传统意义上的日记截然不同，"这不是你枕头下压着的那个日记本，在网络世界里，只要你不设置阅读权限，可能有数百万人浏览你的大作，所以必须有一个底线"。著名隐私法专家丹尼尔·沙勒夫指出，像杰西卡·卡特勒这样的博客作者，并未拥有不受约束的自由言论权，让她足以去谈论他人的私生活。但在这个案例中还有另外一个问题需要处理，那就是卡特勒谈论她自己生活的权利。事实上，没有必要阻止卡特勒谈论自己的性生活。她需要做的，只是考虑周到一点，也就是说避免使用罗勃的名字缩写以及他的住址。业余和专业记者的界限正在消失，网络给予了业余人士一种类似于专业人士所拥有的权利——接触到数千甚至数百万的人的权利。既然如此，就应该负起某些责任。只要稍微谨慎些，言论自由和隐私是可以和平共存的。[③]

2006 年 4 月 6 日，美国法庭正式开庭审理该案。2007 年 5 月，杰西

---

①　Steinbuch v. Cutler，463 F. Supp. 2d 1（D. D. C. 2006）.

②　〔美〕丹尼尔·沙勒夫：《隐私不保的年代》，林铮颢译，南京，江苏人民出版社，2011 年 12 月版，第 60 页。

③　〔美〕丹尼尔·沙勒夫：《隐私不保的年代》，林铮颢译，南京，江苏人民出版社，2011 年 12 月版，第 144 - 146 页。

卡·卡特勒为了保护自己免受潜在的债务危机申请破产。

在 2014 年 6 月的"赖利诉加利福尼亚州案"①中，美国最高法院裁定，智能手机等设备上在人们口袋里的设备上存储的大量数据也适用于宪法隐私保护条款。今后，美国警方必须取得授权才能搜查嫌疑人的智能手机。该案源于两起警方搜查电话的事件。在"赖利诉加利福尼亚州案"中，警方在一个智能手机上发现了能够证明嫌疑人有罪的照片及其他信息，这些内容能将嫌疑人与一起枪击案联系起来，州法院表示这么做是合法的。然而波士顿发生的另一个案件却得出了相反的结论，在该案中嫌疑人电话上的一个通话记录被用来推断他的居住地。这一证据被联邦上诉法庭排除。

美国最高法院驳回了"赖利诉加利福尼亚州案"的判决。首席法官约翰·罗伯茨(John Roberts)表示，这一裁决对于执法机构打击犯罪的能力可能会有影响。他写道："手机已成为犯罪团伙成员协调和沟通的重要辅助工具，能够提供极有价值的危险罪行定罪信息。"②

美国是非成文法国家，在个人信息或隐私保护方面更强调行业自律，而不是立法。③ 但在某些敏感的领域，比如财信记录、医疗记录、遗传信息、社会保障号码、未成年人信息等方面，立法保护仍然是必要的。在这方面，联邦贸易委员会曾经做出努力来反对网上非法收集信息的行为。

1998 年，FTC 起诉 Geo Cities。Geo Cities 是一家拥有 200 多万用户的网站，为用户提供属于自己的网页、电子邮箱及他们感兴趣的内容。最后，FTC 宣布了他们之间的和解协议。根据该协议，网站向用户许诺，如果没有得到用户的允许，它将不会对外散布用户在注册时提供的信息，其中包括年龄、受教育情况、职业、收入和个人兴趣等。FTC 消费者保护局局长朱迪·伯恩斯坦(Judy Bernstein)说："Geo Cities 误导消费者，其中包括孩子，它不告诉他们将如何使用其个人信息。"1999 年 5 月，在另一起主要的互联网隐私权强制执行案例中，FTC 迫使一家拥有数十亿美元资产的投资公司同意改变其所属网站的信息处理方式，这些信息来自儿童和青少年。④

网络所涉及的隐私权保护问题主要有三类：①个人数据收集。一方面，当用户在填表的同时，一些信息正被收集，尽管用户通常并不知道组织将如

---

① Riley v. California, 573 U. S. 2014.

② Riley v. California, 573 U. S., (slip op., at 28).

③ 高富平：《网络对社会的挑战与立法政策选择：电子商务法研究报告》，北京，法律出版社，2004 年 3 月版，第 226 页。

④ 〔美〕唐·R. 彭伯：《大众传媒法》(第十三版)，张金玺、赵刚译，北京，中国人民大学出版社，2005 年 7 月版，第 287 页。

何处理这些信息。另一方面当用户访问网站时许多信息在用户不知情的情况下通过 Cookie 或对用户机的其他检测收集。②个人数据二次开发利用。商家把网上收集到的个人数据,存放在专门的数据库中,然后经过数据加工、数据挖掘等方法得到有商业价值的信息,用于生产经营过程。③个人数据交易。公司之间相互交换个人信息或对掌握的个人信息进行买卖。①

针对数据收集和买卖行为,每届国会都试图做出新的努力,以制定一些法律来保护个人隐私。其中,"告知与许可"成为基础共识:数据收集者必须告知个人,他们收集了哪些数据、作何用途,也必须在收集工作开始之前征得个人的同意。② 1995 年的《儿童在线保护法》授权未成年人的父母监督他们的子女所提供的私人信息。2003 年,加利福尼亚州通过《加州安全破坏信息法》,要求州政府在私人信息受到侵犯时予以告知。③

二、相关法律

《侵权法重述》(1923 年)

美国法律研究院是由法律学者、法官与法律实践者组成的团体,多年来一直编纂各种法律"重述",即对美国法详尽、权威的总结。这些总结在诸如侵权、合同与财产等普通法领域特别具有价值——在这些领域,法律规则散见于成千上万的司法裁定,因此很难被查找、掌握。最初的《侵权法重述》于1923 年——美国法律研究院在同年早些时候成立后不久开始编撰。1955年,研究院回到侵权法这一主题,对最初《侵权法重述》的各个方面进行回顾和反思,依据其后法律的发展重新表述并扩展其规定内容。《侵权法重述》(第 2 版)认可了四种侵犯隐私权的行为:①侵扰他人的私人领域;②盗用他人的名字、肖像;③公开他人的私事;④使公众对某人产生错误的印象。④

《联邦通信法》(1934 年)

针对监控行为的滥用,美国国会通过的《联邦通信法》对监控行为做了初步的规定。该法第 605 条规定:未经发送者授权,任何人不得对通信进行监听,不得将监听的存在形式、内容、主旨、结果、意义向任何人泄露或予以发布。《联邦通信法》是美国通过成文法对监听问题进行规制的首次尝试。

---

① 徐瑾:《美国网络隐私权法律保护》,《现代情报》2005 年第 6 期。
② 〔英〕维克托·迈尔-舍恩伯格、肯尼思·库克耶:《大数据时代:生活工作与思维的大变革》,盛杨燕、周涛译,杭州,浙江人民出版社,2013 年 1 月版,第 197 页。
③ 孙绍谊、郑涵:《新媒体与文化转型》,上海,上海三联书店,2013 年 7 月版,第 319 页。
④ 徐瑾:《美国网络隐私权法律保护》,《现代情报》2005 年第 6 期。

之后,美国联邦最高法院裁决了多个与监听有关的案件,确立了一个总的原则:监听是一种搜查行为,必须同其他的搜查方式同等对待,即监听的启动应当由法院在掌握了充分证据材料以证明存在充分理由的前提下签发令状,并且要具体载明监听的对象和具体期限。

《国家安全法》(1947年)

1947年7月26日,时任美国总统的杜鲁门签署了《国家安全法》,这是美国针对国家安全问题制定的一部法律。该法创建了国家安全委员会、中央情报局、国家安全资源局和国家军事部(1949年改称国防部)等机构,为第二次世界大战后美国军事与情报系统的重组和外交政策的调整奠定了基础。该法规定了通信监控的基本内容。

《信息自由法》(1966年)

该法案赋予公民知晓联邦政府所做的事情的权利,只有少数事情例外。该法案指出,每一个联邦政府分支执行机构都必须公布能够让公民接触到其信息的方法。如果信息被不恰当地封锁,则法院可以强制该机构披露民众想知道的信息。[1] 该法案虽然允许政府机构扣留个人信息和医疗档案,但同时也声明,如果披露这些信息,将违反"未经授权的、明显侵犯个人隐私"的条例。

《控制犯罪与街道安全法》(1968年)

为了规范电子监听设备合法使用活动,美国国会于1968年通过《控制犯罪与街道安全法》,对于运用电子的、机械的及其他手段监听任何电子通信或口头会话的问题做了详细的规定,通过明文规定的方式严格限制了技术监听适用的范围。在第三章规定:"任何人,凡……向他人故意披露或试图披露任何有线、口头或电子通信的内容,若其知道或有理由知道该信息是通过截取(该通信)获得的,则要受到处罚"。该法在一定的限制条件下,明确赋予了侦查机关的监听权力,但是必须得到司法部官员的批准和法庭的授权。该法规定,适用于网络通信监控的三种主要犯罪类型包括:一是危害国家安全犯罪;二是本质危险性犯罪;三是有组织犯罪。该法还规定了在监听电子通信时,范围只包括联邦范围内的重型犯罪,即以谋杀、抢劫、绑架、贩毒等为代表的严重危及人身健康和生命财产安全的刑事犯罪。该法取代了1934年《联邦通信法》第605条对监听的规定,是美国迄今为止规范秘密监听的有效法律文件。

---

① Joseph R. Dominick, 2004: *The Dynamics of Mass Communication: Media in the Digital Age*, McGraw-Hill, p. 408.

《公平信用报告法》(1970 年)

这是第一部主要保护个人信息隐私权的法律。该法案规范和限制信用机构披露信用和财务信息,为信用报告的合法使用确立了标准,规定了消费者反对这些报告的权利。根据这个法案,消费者的信用报告只有在响应法庭指令或应作为该报告当事人的消费者的书面请求时,才能公布或提供给第三方。

《隐私法》(1970 年)

该法主要用来规范美国联邦政府机构收集和使用个人资料的权限范围和应当遵守的义务。该法规定政府机构不得在未经当事人同意的情况下公开或使用任何有关当事人的资料,并赋予个人有权查阅、复制和校正他们在联邦机构的记录。①

《隐私权法》(1974 年)

在所有保护隐私权的法律中,这部法律最有影响力。作为保护隐私权的基本法令,制定该法的直接诱因是震惊世界的"水门事件"。② 该法有两个基本目标:第一,它试图阻止人们滥用联邦政府获得的个人数据;第二,该法旨在向个人提供禁用联邦政府机构持有的关于其本人的信息的权利。③

《隐私权法》指出,除非有信息所有人的书面请求或事先做出的书面同意,任何行政机关都不能通过任何通信方式向任何个人或其他机关泄露存储于信息系统中的任何个人记录。也就是说《隐私权法》禁止未经授权的个人记录遭到泄露。此外《隐私权法》还赋予个人检查他们的个人记录、查看这些记录是否被泄露以及请求更正或修改这些记录的权利,除非记录已经被删除。《隐私权法》同时规定了行政机关可以公开个人记录,无需本人同意的 12 种例外:①为执行公务在机关内部使用个人记录;②根据《信息自由法》公开个人记录;③记录的使用目的与其制作目的相容、没有冲突,即所谓"常规使用";④向人口普查局提供个人记录;⑤以不能识别出特定个人的形式,向其他机关提供作为统计研究之用的个人记录;⑥向国家档案局提供具有历史价值或其他特别意义的值得长期保存的个人记录;⑦出于执法目的向其他机关提供个人记录;⑧在紧急情况下,为了某人的健康或安全而使用个人记录;⑨向国会及其委员会提供个人记录;⑩向总审计长及其代表提供

---

① 高富平:《网络对社会的挑战与立法政策选择:电子商务法研究报告》,北京,法律出版社,2004 年 3 月版,第 234 页。
② 孙铁成:《计算机与法律》,北京,法律出版社,1998 年 7 月版,第 111 页。
③ 〔美〕唐·R. 彭伯:《大众传媒法》(第十三版),张金玺、赵刚译,北京,中国人民大学出版社,2005 年 7 月版,第 345 页。

执行公务所需的个人记录;⑪根据法院的命令提供个人记录;⑫向消费者资信能力报道机构提供作为其他行政机关收取债务参考之用的个人记录。《隐私权法》还强制规定每个政府机关必须建立起行政的和物质的安全保障制度,以防止对个人记录的不正当泄露。

该法在部分内容上经常与联邦《信息自由法》的精神相冲突。为此,《隐私权法》增加的一条条款规定,《信息自由法》要求公开的档案不受《隐私权法》条款的管辖。

《家庭教育权和隐私权法》(1974 年)

该法案是美国的联邦法律,于 1974 年 8 月 21 日开始实施,用以保护学生的个人验证信息(PII)的安全。该法案适用于所有接受联邦基金的教育机构。《家庭教育权和隐私权法》规定,未满 18 岁的学生或符合条件的学生的家长可以查看并申请修正学生的教育记录。该法案还规定,学校必须得到学生家长或符合条件的学生的书面允许才可发布学生的个人验证信息。也有少数未经书面许可就可获得教育记录的例外情况,例如:学校官员的合法要求;学生所转学校的需求;学生教育记录中的目录信息(一般不认为是有害的或者侵犯隐私的),如姓名、地址、电话号码和出生日期。

在透露目录信息前,家长或符合条件的学生必须被告知,并且有时间要求他们的信息不被透露。社会安全号码和学生身份号码不包括在目录信息中,未经书面许可是不能透露的。每年,学校必须告知家长和符合条件的学生《家庭教育权和隐私权法》所授予他们的权利。

《财务隐私权法》(1978 年)

该法案对银行雇员披露金融记录,及联邦立法机构获得个人金融记录的方式做出了限制。法案规定,银行在把消费者的财务数据透露给联邦机构之前必须获得搜查授权。联邦调查人员必须出具正式的书面请求才能检查某人的银行记录,而且必须把这个请求通知给当事人,这样他才能提出异议。

《隐私保护法》(1980 年)

该法为计算机形式的文件提供隐私保护;限制执法机构搜查或扣押记者和出版者的设备和文件材料,除非他们有充分理由相信拥有这些材料的人涉嫌犯罪或所拥有的材料应作为犯罪证据。同时也限制政府机构或其雇员在调查刑事犯罪过程中,对公开的报刊、书籍、广播等媒体发表的文稿或工作设备进行扣押。

《有线电视通信政策法》(1984 年)

有线电视的发展带来了对用户使用数据的关注。《有线电视通信政策法》有关用户隐私权的部分，明确要求有线电视公司向用户报告，他们收集了有关订户的哪些个人信息，以及如何使用这些个人信息。该法禁止有线电视公司在未经用户许可的情况下，把"可以辨认的个人信息"透露给政府和其他公司。但法案并未禁止有线电视公司自己使用它收集的信息。[①]

《电子通信隐私法》(1986 年)

该法是美国在电子商务领域关于隐私保护的最重要的成文法。该法最早主要是针对窃听的，首次将监听个人电子通信的行为定为犯罪。[②] 1986年修订后，该法将 1968 年的《控制犯罪与街道安全法》中对消费者的隐私保护范围，从传统通信方式扩大到移动电话、电子邮件、计算机资料传输及网络服务提供等数字化通信方式。该法同时禁止任何人未经授权进入电子资料存储系统。电子系统服务商可查看储存的信息，但不可泄漏其内容。

该法实质上是刑法和刑事程序法的一部分，用于规范有线和电子通信拦截及口头通信窃听，禁止个人在没有获得授权的情况下截取通信资料，并保护图片传输的隐私。根据该法的规定，故意截取手机对话，或者在知道或应该知道自己非法截取他人手机对话的情况下透露、宣扬手机对话内容的行为是非法行为。该法同时禁止收音机制造商和进口商制造或出售能截取手机频率的产品。这部法律也禁止故意截取网络信息，它将这种行为称为"键盘监视"。这意味着，使用任何设备阅读其他用户的个人信息，泄露他人电子邮件的行为是非法行为。网络系统提供商不能阅读用户的电子邮件，但是该法律不适用于雇主。该法还禁止"出租"或在未经许可的情况下访问其他用户的文件或文档。[③]

《电子通信隐私法》是美国在电子商务领域保护隐私的重要成文法。它规定了通过截获、访问或泄露保存的通信信息侵害个人隐私权的情况、例外及责任，禁止向公众提供电子通信服务的供应商将服务过程中产生的通信内容提供给任何未经批准的实体。

尽管《电子通信隐私法》还存在不足，但它是目前有关保护网络个人信息的最全面的一部数据保护立法。《电子通信隐私法》涵盖了声音通信、文本和数字化形象的传输等所有形式的数字化通信，它不仅禁止政府部门未

---

① 〔美〕约瑟夫·塔洛：《今日传媒：大众传播学导论》（第三版），于海生译，北京，华夏出版社，2011 年 9 月版，第 119 页。

② 〔加〕大卫·约翰斯顿、森尼·汉达、查尔斯·摩根，《在线游戏规则——网络时代的 11 个法律问题》，张明澍译，北京，新华出版社，2000 年 9 月版，第 90 页。

③ 〔美〕唐·R. 彭伯：《大众传媒法》（第十三版），张金玺、赵刚译，北京，中国人民大学出版社，2005 年 9 月版，第 260 页。

经授权的窃听行为,而且禁止所有个人和企业对通信内容的窃听行为,同时还禁止对存储于电脑系统中的通信信息未经授权的访问及对传输中的信息未经授权进行拦截。

该法规定了例外的情形。政府机构在进行民事或刑事调查时可以强迫服务提供者公开信息。根据美国法律,拦截和获取私人电信,向服务提供商索要信息,或查封电脑,都构成搜查。在以下情形下,警察可以搜查你的电脑系统:①系统被怀疑用于犯罪活动;②执法机构相信电脑里存有其他人犯罪的证据。当然,前提是获得搜查令。[①]

如果网络经营者侵犯了《电子通信隐私法》保护下用户的网络隐私权,将用户的私人邮件公之于众,用户有权提起诉讼,追究经营者的侵权责任。网络经营者则必须立刻删除已经发布的私人信息,并可能就隐私侵权承担损害赔偿责任,侵权的经营者还可能被要求支付对方的律师费。因为在某些情况下,证明经营者的错误行为和确定赔偿数额十分困难,受到侵害的用户在提起诉讼前可能会花费大量的财力,而让败诉的经营者承担律师费则解决了用户的后顾之忧。此外,违反《电子通信隐私法》还可能承担刑事责任。

《存储传播法》(1986 年)

该法规定,政府如果要获得最近 180 天内的电子邮件,需要向法院出示"可能的理由"(probable cause)。这个"可能的理由",指一定的标准或条件。2009 年 11 月,美国政府要求雅虎网站提供一些用户的电子邮件账号信息,雅虎以《存储传播法》为由没有提供。

《录像带隐私保护法》(1988 年)

该法旨在保护消费者在实体视频租赁商店的影片租赁记录。国会之所以制定这一法律,是他们对这样一件事情感到愤怒:一家报纸泄露了最高法院法官候选者罗伯特·鲍克(Robert Balk)的私人视频资料,据推测,这是为了让这位耶鲁大学教授难堪。[②]

《驾驶员隐私保护法》(1994 年)

该法禁止各州披露和出售机动车辆记录(社会安全号、姓名、年龄、地址、身高等)中的个人信息。过去,许多非政府机构如新闻界使用这些资料;许多州政府将这类信息出售给各类商业机构以牟取利益,而这些商业机构

---

① 高富平:《网络对社会的挑战与立法政策选择:电子商务法研究报告》,北京,法律出版社,2004 年 3 月版,第 234 页。

② 〔美〕约瑟夫·塔洛:《今日传媒:大众传播学导论》(第三版),于海生译,北京,华夏出版社,2011 年 9 月版,第 119-120 页。

在获得相关信息后向驾驶员或机动车所有者兜售产品和服务。[①] 更有甚者，这些资料会被犯罪分子利用。导致法案通过的催化剂正是一起谋杀案。女演员丽贝卡·雪佛(Rebecca Schaeffer)于 1989 年被一位疯狂的影迷谋杀，这名影迷曾雇用一名私家侦探追查她的住址。该侦探通过加州汽车管理局得到这些信息，因为雪佛申请驾照时，需要向加州汽车管理局提供她的家庭住址。

《个人隐私与国家信息基础结构"白皮书"》(1995 年)

这本以"保护与电信有关的个人隐私"为主题的白皮书是美国国家电信与信息管理局(NTIA)根据上面所提到的指导原则和公共调查而发布的。白皮书提出了电信(网络)环境下保护个人隐私的两大原则：告知和许可。应当事先告知客户，他们在收集何种个人数据及如何使用；只有在客户同意以后，收集者才能按照事先宣布的用途自由地使用这些数据(一般的个人数据，只要客户默许即可。但是对于较为敏感的个人数据，则需要客户明确同意)。

《健康保险移转和责任法》(1996 年)

《健康保险移转和责任法》及 2000 年 12 月 28 日公布的"隐私规则"主要针对对个人健康信息的保护。"隐私规则"指出所谓受保护的健康信息，主要指以任何形式和介质保存或传递的可识别个人健康信息。对此信息，病人有权取得信息记录，而且可以对此记录检查和复制。如果记录有错误，病人还可以对其进行修正。健康服务者或健康计划组织对这些健康信息采取任何措施时都必须书面通知病人，若要公布这些信息则还要征得病人的同意，病人有权对公布信息的行为做出限制。不过，在法律有特别要求、出于病人健康治疗的考虑或在紧急情况下，使用健康信息可以不经病人的同意。

《电子信息自由法(修正案)》(1996 年)

1996 年 10 月 2 日，时任美国总统克林顿签署了《电子信息自由法(修正案)》。[②] 该法案的目的在于改善公众获取政府机构信息的途径，并要求政府机构公开每个机构的规则、观点、裁定、记录和程序，保证公众的知情权和信息权。《修正案》还要求政府机构按照要求提供任何形式或任何格式的记录。

---

① 〔美〕唐·R. 彭伯：《大众传媒法》(第十三版)，张金玺、赵刚译，北京，中国人民大学出版社，2005 年 7 月版，第 260 页。

② Joseph R. Dominick, 2004：*The Dynamics of Mass Communication*：*Media in the Digital Age*, McGraw-Hill, p. 408.

《电子通信隐私权保护法》(1997 年)

为了防止员工泄露企业的商业秘密,维护电子通信的隐私权而制定该法。其中所指的电子通信的覆盖范围很广,包括电子邮件、语音邮件、传真、无线电话、网络电话等。此法原则上禁止发信人与相应收信人以外的其他任何人窃听、存取或揭示电子邮件的内容。但有以下两种例外:一是事先征得员工同意;二是出于公事所需。[①] 若有以上任何一种情形,则雇主可以监视员工的电子邮件。这就为雇主监视员工的电子邮件打开了方便之门。1997 年是隐私权保护立法的重要一年,和隐私保护有关的立法还包括:**《消费者互联网隐私保护法》**,该法要求计算机服务商在公布用户信息时必须事先得到用户的书面同意;禁止联邦机构在互联网上公布个人信息。**《联邦互联网隐私保护法》**,该法保护在线交易中的隐私权;限制使用关于个人的信息。**《通信隐私和消费者权利法》**,该法禁止未经消费者同意传播消费者的信息。**《资料隐私法》**。该法为计算机形式的文件提供隐私保护,禁止个人在没有获权的情况下截取通信资料,并保护图片传输的隐私。

《全球电子商务政策框架报告》(1997 年)。

该报告中关于个人隐私部分占有很大比重,强调私营企业在保护网络隐私权中的主导作用,支持私营企业为此进行的自我规范的努力。报告沿用了 1995 年 10 月国家电信和基础结构管理局(NTLA)公布的《个人隐私和国家信息基础结构:保护与电信有关的个人信息》报告中所提出的个人隐私原则:告之和许可,即数据收集者必须告之消费者为什么要收集个人信息、信息将用于何处、收集什么信息、保护这些信息的措施是什么、提供以及不提供这些信息的后果和可能拥有的任何赔偿权;对于消费者个人信息的获取和利用必须经过消费者的许可。报告强调,必须在保护个人隐私和保障互联网上信息自由流动之间取得平衡。

《儿童网络隐私保护法》(1998 年)

儿童是社会中的特殊群体,其特殊性在于其判断能力、对法律后果的预见能力还不完全成熟,更容易受到诱惑、欺骗。[②] 这部法律就是针对网络环境下的儿童这个特殊的群体而颁布的,它授权联邦贸易委员会管理收集 13 岁以下儿童个人信息的网站。一年后,FTC 颁布了执行该联邦法律的最后规定,2000 年 4 月,该法律正式实行。

---

① 齐爱民、刘颖:《网络法研究》,北京,法律出版社,2003 年 1 月版,第 209 页。
② 高富平:《网络对社会的挑战与立法政策选择:电子商务法研究报告》,北京,法律出版社,2004 年 3 月版,第 227 页。

该法要求那些面向 13 岁以下儿童，或向儿童收集信息的网站和在线服务者，向父母发出有关信息收集的通知，并在向儿童收集个人信息之前得到父母的同意；要求网站保证父母有可能修改和更正这些信息。除了保护儿童隐私外，该法还保证儿童在言论、信息搜索和发表方面的权利不受到负面影响。

1999 年 10 月 20 日，FTC 发布了实施该法的细则——《儿童网络隐私保护规则》，于 2000 年 4 月 21 日生效。网站和提供在线服务的组织收集 13 岁以下儿童个人资料时，应当遵守这两部法律和规章。

《儿童网络隐私保护法》及《儿童网络隐私保护规则》的通过具有里程碑意义。两部法律对经营者告知义务（对儿童和父母）、父母同意、父母的审查权、不得诱使儿童提供超出必要范围的信息、安全保护等做出了详细规定。规则还要求经营者建立合理的程序保护儿童信息的隐秘性、完全性和完整性；在收集儿童信息时不能通过设置不当的诱惑、奖金等使儿童提供更多的信息。[①]

《儿童网络隐私保护法》的生效，也引起了一些争论。一方面是美国在线等网站关闭了 13 岁以下用户的账户，使这些儿童感到愤怒；另一方面一些网络隐私保护的倡导者对法律所能为公民提供的隐私保护措施还是不满意——"难道公民一旦年满 13 岁，在网上就没有隐私保护可言了吗？"[②]在执行中，这部法律也面临一些问题。据宾夕法尼亚大学研究人员的一项研究表明，这些法律生效一年以来，在所有收集儿童资料的网站中，只有 50％的网站能满足相关要求。[③]尽管在实施中还存在许多方面的问题，但《儿童网络隐私保护法》对之后的隐私保护、自由言论和互联网上的商业活动产生了一定的影响。

《国际安全港隐私保护原则》（1998 年）

1995 年欧盟颁布综合隐私法规——《隐私数据保护法》（简称《欧盟隐私法》），确立了欧盟内部个人数据收集和处理的基本统一规则。同时，其第 25 条规定，有关跨国资料传输时，个人资料不可以传递到欧盟以外的国家，除非这些国家能确保资料传递有适当程序给予充分的保护，而且这种充分

---

① 高富平：《网络对社会的挑战与立法政策选择：电子商务法研究报告》，北京，法律出版社，2004 年 3 月版，第 227 页。

② 郭卫华、金朝武、王静、等：《网络中的法律问题及其对策》，北京，法律出版社，2001 年 1 月版，第 191 页。

③ 〔美〕唐·R.彭伯：《大众传媒法》（第十三版），张金玺、赵刚译，北京，中国人民大学出版社，2005 年 7 月版，第 261 页。

的保护程序要由欧盟来认定。

尽管美国和欧盟都致力于增强对公民隐私的保护,但美国采用不同于欧盟的保护隐私的方法——美国更多依赖的是企业的自我监管机制,欧盟强调的是法律法规建设。这两种模式的冲突一时间很难调和。鉴于欧盟《隐私数据保护法》又于 1998 年 10 月生效,1998 年 11 月 4 日,美国商务部发布了《国际安全港隐私保护原则》(简称"安全港原则"),以避免中断与欧洲国家的商务往来。获取"安全港资格",将使美国公司获得欧洲组织的认可。

"安全港原则"的主要内容有:①通知:一个组织必须通知个人其搜集和使用个人信息的目的,怎样联系这个组织以咨询或投诉,其将透露数据给哪些第三方,个人对于个人信息限制使用或透露的选项和方法。当组织第一次要求用户提供个人信息,或者第一次使用个人信息,或者第一次透露给第三方之前,必须以清楚、鲜明的语言通知用户。②选择:一个组织必须提供给个人选择是否(默认是)同意他们的个人信息可透露给第三方,或者可使用于与(搜集和数据授权的)原目的不相容的目的。一个组织必须提供给用户清楚、鲜明、可达、可担负得起的机制作选择。③再转让(向第三人转让):在透露给第三方信息各组织必须应用通知和选择原则。当一个组织期望传输数据给第三方时,需要第一次确定第三方遵从"安全港原则",或者遵从《欧洲隐私法》,或者在书面合同中写明第三方提供"安全港原则"要求的同等的隐私保护措施。如果该组织遵从了这些需求,其不必对接收数据的第三方(除非该组织承认)违反任何限制或条款处理个人信息一事负责,除非该组织已知或应已知该第三方将违规,但是该组织未采取任何合理的行动进行预防或阻止。④安全:各组织创建、维护、使用或分发个人信息必须采取合理的预防措施以保护数据,使其避免被丢失、误用和未经授权被访问、透露、变更和破坏。⑤数据完整性:与"安全港原则"一致,个人信息必须与其要使用的目的一致。一个组织不能与信息搜集或个人授权的原目的的相违背的目标对个人信息进行处理。为确保原目标的达成,一个组织应该采取恰当的步骤保证这些数据的使用方式、准确性、完整性和实时性是可信赖的。⑥强制执行:有效的隐私保护必须包括落实本法规被遵从的机制。这些机制必须包括:一个现成可用并可担负得起的独立求助机制,通过该机制,个人的投诉可被调查并参考本原则得到解决,并根据适用的法律或其他隐私章节的规定对损失进行赔偿。验证商业组织声明的隐私策略的真实性,以及隐私策略是否如实执行的过程。对于因为组织不遵从本原则而引发的问题,通过公布其与这些问题的关联和可能造成的后果,敦促其履行纠正的义务。制裁必须足够严厉,以确保各组织遵从本法规。

遵守"安全港原则"对于美国和欧洲企业都是有益的,对于一些中小企业尤其如此。欧洲组织只要浏览美国商务部网站上的贴上"安全港资格"的组织名单即可确保它们发给美国组织的信息的安全。网站上的名单于2001 年 11 月开始公布,并进行维护和更新。

《格林—李治—比利法》(1999 年)

该法也称为《金融服务现代化法案》。该法于 1999 年 11 月 12 日,由时任美国总统克林顿签署。该法案的主要目的是便于银行与经营债券和保险的公司合并。该法案也包含一个重要条款——要求金融服务公司书面告知客户其信息隐私政策,每年通知一次。他们也必须向客户提供一个"选择性退出"的表格,使客户能够拒绝出售或分享他们的财务信息。[1] 该法试图通过规范金融机构的责任来保护网络环境下的个人财信隐私信息。按照该法规定,一切非公开的可对个人构成识别的金融信息或因使用这些金融信息形成的任何名单、描述或消费者的其他种类的信息都是该法保护的对象。同时,要求金融机构在与有关或无关的第三方分享信息时必须向其所有的用户披露他们的隐私政策及措施。

《金融信息隐私法》(1999 年)

在这部法律中,金融信息被做了扩大性的解释,它可以延及来自金融机构及其消费者之间的、可以构成对消费者识别的、由金融机构保存的任何信息。该法规定,以欺诈的方式获得消费者信息或恶意地披露、公开消费者信息的行为都将为该法所禁止,行为人应当对此承担相应的民事责任和刑事责任。该法被认为比《格林—李治—比利法》对个人财产信息的保护更加具有可操作性。目前,该法被递补进了《消费者信用保护法》和《金融服务现代化法》。[2]

《联邦贸易委员会互联网广告和营销规制手册》(2000 年)

该《手册》明确指出,广告主在进行网络营销时要注意保护消费者的隐私。FTC 极力鼓励企业信守网络信息发布的四大原则:公告消费者企业信息管理的条例;企业要提供消费者个人信息如何被使用的选择;告诉消费者他们的个人信息是如何被收集的;企业要确保收集到的消费者信息的安全。[3]

---

① 〔美〕理查德·斯皮内洛:《铁笼,还是乌托邦——网络空间的道德与法律》,李伦、等译,北京,北京大学出版社,2007 年 8 月版,第 151 页。

② 高富平:《网络对社会的挑战与立法政策选择:电子商务法研究报告》,北京,法律出版社,2004 年 3 月版,第 230 页。

③ 薛敏芝:《美国新媒体广告规制研究》,《上海师范大学学报》(哲学社会科学版)2013 年第3 期。

《健康保险便携与保险法》(2001年)

该法案禁止医疗保健的提供者未经病人同意而使用和泄露病人的信息。

《美国爱国者法案》(2001年)

2001年10月26日,由当时的美国总统乔治·布什签署,该法案正式的名称为"使用适当之手段来阻止或避免恐怖主义以团结并强化美国的法律"①,取英文原名的首字缩写成为"USA PATRIOT Act",而"patriot"也是英语中"爱国者"之意。法案授权联邦和州的侦查和执法机关在对特殊网络犯罪案件(如电脑欺诈)、恐怖主义犯罪案件和化学武器犯罪案件等的侦查过程中,可以未经法官授权监控受保护电脑正在进行传输的通信,从而增强侦查的及时性,以维护国家安全。由于允许情报部门查看公民上网记录、私人信件和电子邮件,该法被指扩大了美国警察机关的权限,侵害了公民的隐私权。

《偷拍窥癖隐私保护法》(2004年)

该法规定,任何使用拍摄、录像设备在公共场所偷拍他人"暴露"照片的行为是违法的,当事人不但可能被处以高额罚款,情节严重的还有可能被判入狱。法案规定,任何未经许可在公共场合对"裸体"或者"仅以内衣示人"的人进行摄影和拍照的行为均属违法。当事人根据情节的严重程度可能被处以超过十万美元的罚金,一年的监禁,或者同时处以以上两项处罚。但这项法案并不适应于那些从事情报和监狱管理等工作的美国政府执法人员。②

《不要在网上跟踪我法案》(2011年)

针对企业利用新媒体技术跟踪用户,获取用户个人信息用于商业用途的现实,法案规定要保护网络用户的个人隐私,企业要建立"不要跟踪"机制等保护措施,比如在网页浏览器上添加"不要跟踪"的按钮。③

《网络世界中消费者数据隐私:全球数字经济中保护隐私及促进创新的框架》(2012年)

2012年2月,美国发布的《网络世界中消费者数据隐私:全球数字经济中保护隐私及促进创新的框架》,旨在为更好地保护互联网用户的隐私设立

---

① 原文为:Uniting and Strengthening America by Providing AppropriateTools Required to Intercept and Obstruct Terrorism Act of 2001。

② 匡文波:《手机媒体概论》(第二版),北京,中国人民大学出版社,2012年7月版,第229－230页。

③ 薛敏芝:《美国新媒体广告规制研究》,《上海师范大学学报》(哲学社会科学版)2013年第3期。

指导方针，鼓励相关利益方积极参与制订具体执行细则，并通过国会形成法律。该框架旨在使互联网公司对其行为更加负责，在有关第三方如何分享信息上寻求更高的透明度，并给予用户拒绝分享个人信息的能力。

《消费者隐私权法》(2012年)

2012年2月，奥巴马政府通过该法案。该法案旨在帮助网民更好地保护他们的个人信息。奥巴马总统表示，在当今这个互联网、万维网和智能手机时代，隐私从未显得像今天这么重要。有了《消费者隐私权法》，美国人可以有效掌控收集个人数据的公司及其如何使用这些信息。它也将要求这类公司在有关他们隐私和安全的政策上更加开放。纽约佩斯大学计算机信息系统课程的负责人达伦·海耶斯(Darren Hayes)表示，欧洲和亚洲已经有很多国家适时制定了在线隐私法律。他说："该立法的推出正合时宜，以其目前的形式，它看起来非常有效，我认为这是朝着正确方向迈出的一步，普通网民在自身信息的使用上确实需要更大透明度和控制权。"

行业自律以"红旗规则"为代表。"红旗规则"(Red Flags Rule，RFR)要求一些企业和组织制订和实施书面计划，以保护消费者免遭身份盗用。该条例是由FTC与货币总监署(OCC)、联邦存款保险公司(FDIC)、美国联邦储备委员会和其他几个联邦机构共同制定的，遵照2003年《公正准确信用交易法》(FACT Act)，条例规定，在RFR违规事件中，FTC可以展开民事诉讼，寻求不超过2500美元的违规行为罚款。允许备兑账户的债权人和金融机构，须从2010年6月1日开始遵守"红旗规则"。

从以上美国有关隐私权保护的法案可见，目前出台的专门针对网络隐私权的立法极其有限。基于信息服务业是新兴产业且发展迅速，限制对隐私权的保护使许多商业获得巨大利益，制定全面隐私权保护的立法希望渺茫，于是立法者们鼓励制定行业自律规则或是网站的经营者自愿采取隐私权保护政策来保护隐私权。美国政府也一贯主张，隐私问题随行业不同而不同，那种"一个尺度适用于所有情形"的立法不够精细。而且从产业发展和电子商务的维护的角度出发，自律模式更能够激发商业企业的积极性。[①] 克林顿甚至坚持认为，隐私保护的责任主要属于私人企业而不是政府。行业自律在美国隐私权保护方面扮演了极为重要的角色。

美国目前的行业自律形式有三类：建议性的行业指引、网络隐私认证、

[①] 高富平：《网络对社会的挑战与立法政策选择：电子商务法研究报告》，北京，法律出版社，2004年3月版，第35页。

技术保护模式。[①]

建议性的行业指引。许多从事网络业务的行业联盟都发布了本行业网络隐私保护准则,如"在线隐私联盟"(online privacy alliances,OPA)、"互动服务协会"等。其中,成立于 1998 年 6 月 22 日的"在线隐私联盟"最为著名。该组织由超过 80 家的国际公司和协会组成,致力于为商业行为创造互信的良好环境并推动对个人网络隐私权的保护。它发布的以联邦商业委员会的建议为原则的《在线隐私指引》,适用于从网上收集的消费者个人可识别信息。根据该指引,OPA 的成员公司同意采纳和执行张贴 OPA 的隐私政策,该政策规定了应全面告知消费者网站的资料收集行为,包括所收集信息的种类及其用途,是否向第三方披露该信息等。该联盟呼吁自我执行的机制,如为消费者提供某种程度救济的网络隐私认证计划。[②] 积极倡导网络隐私保护的组织有位于美国华盛顿的电子隐私信息中心(EPIC),该中心提供有关隐私保护的最新动态、隐私保护软件及其介绍、隐私保护方法等资讯,同时还从事隐私保护方面的调查研究。另外还有电子前沿基金会、民主与技术中心、隐私国际等。[③]

此外,掌握个人信息的企业在网络隐私保护方面也扮演了重要角色。为了打击盗窃 ID 等行为,以 IBM 为首的团体开发软件允许人们自行管理其网络信息。谷歌、哈佛大学等相关机构在内的团体也发起了相关运动。

互联网的性质,不像印刷媒体,可以立即重新编辑在线文章内容,而且名字可以删除。[④] 正如上文提及的,另一个大有可为的是类似于"名誉保卫者"的公司所提供的新兴服务,即帮助人们发现和删除线上与他们有关的伤害性信息。这家公司对外宣称:

> 我们将发现有关你或你所爱的人的令人讨厌的在线内容,即使它被埋藏在用标准在线搜索引擎也不容易搜索出来的网站里。如果你让我们去搜寻,我们会夜以继日地把那令人讨厌的内容删除或更正。

---

① 徐瑾:《美国网络隐私权法律保护》,《现代情报》2005 年第 6 期。
② 郭卫华、金朝武、王静、等:《网络中的法律问题及其对策》,北京,法律出版社,2001 年 1 月版,第 186 页。
③ 张久珍:《网络信息传播的自律机制研究》,北京,北京图书馆出版社,2005 年 3 月版,第 237 - 238 页。
④ 谷歌保留了一个旧版本网站的缓存区,因此即使名字被删除之后,它仍旧存在于缓存区之内,而且可供搜寻的人使用。不过,这个缓存区做定期刷新,所以它终将会消失。也有一个叫做 Internet Archive 的项目保存互联网的旧版本。不过,在要求之下,信息可以从其上面删除。

这样的服务有助于使非正式解决问题的方法更有效果,也更有效率。[1] 位于加利福尼亚州雷德伍德的这家公司创办于 2006 年,之后公司的业务范围逐步扩大。至 2010 年公司累计吸收的风险投资达 2 400 万美元。[2]

网络隐私认证。由于网络隐私问题日益突出,1996 年初,美国政府决定通过立法保护网络隐私。而业界担心政府立法会对他们不利,于是开始宣扬隐私自律计划。网络从业者为了实现达到既保护用户隐私又免受政府直接管制的目的,开始自觉成立专门的组织来开展网络隐私认证。[3]

不同于适用于同一行业内部的建议性行业指引,网络隐私认证适用于跨行业的联盟。他们授权那些符合隐私规则的网站张贴其隐私认证标志,以便用户进行识别。网络隐私认证要求那些被许可张贴隐私认证标志的网站必须遵守在线资料收集的行为规则,并且服从多种形式的监督管理。

美国著名的网络隐私认证组织有 TRUSTe、BBBOn-Line、WebTrust等。TRUSTe 是目前美国知名的第三方隐私认证机构之一。它是由商务网络财团(CommerceNet Consortium)和电子前线基金会(Electronic Frontier Foundation,EFF)所组建的一个独立的非营利组织,该组织成立于 1997 年 6 月 10 日。作为美国首家网络隐私认证民间机构。TRUSTe 认证的基础是"trustmark"一个由网站张贴的认证标志。该标志只授予遵守隐私保护规则并采用了 TRUSTe 制定的争议解决机制的网站。TRUSTe要求所有张贴认证标志的在线机构必须直截了当地声明他们的个人信息收集行为和隐私保护措施,而且一般要求在主页上建立相关链接。认证标志应向用户告知以下内容:①哪些个人信息正在被收集;②信息如何被利用;③这些信息将会传递给谁;④对如何使用这些信息的传播权;⑤保护信息以防丢失、滥用和更改的安全措施;⑥如何纠正和更新不准确的信息。[4]TRUSTe 对网站进行抽样检查,如果违背了 TRUSTe 的要求,就会取消违规网站使用其 Trustmark 的权利,并将该网站列入"不守规矩的网站"的名单中,而且评估违规网站的费用必须由网站支付。该网站还有可能因为欺

① 〔美〕丹尼尔·沙勒夫:《隐私不保的年代》,林铮颋译,南京,江苏人民出版社,2011 年 12 月版,第 205 页。

② http://www. reputationdefender. com/,访问日期,2015 年 2 月 21 日。

③ 张久珍:《网络信息传播的自律机制研究》,北京,北京图书馆出版社,2005 年 3 月版,第248-249 页。

④ 高富平:《网络对社会的挑战与立法政策选择:电子商务法研究报告》,北京,法律出版社,2004 年 3 月版,第 244-245 页。

诈罪被送上法庭。这样一个认证程序逐渐为 TRUSTe 树立了威信。[①]

BBBOn-Line 也是一个著名的认证机构,是 1999 年初美国企业促进局推出的隐私认证体系。申请 BBBOn-Line 隐私认证需要在网站上发布网络隐私声明,与 BBBOn-Line 签署一份合约,还要完成一份调查问卷,之后 BBBOn-Line 会对申请者进行评估,合乎标准的网站就会得到 BBBOn-Line 的隐私标记。[②]

TRUSTe 和 BBBOn-Line 这两家主要的认证权威都依靠自愿遵从符合 FTC 指南的隐私政策标准,但二者也存在差异。TRUSTe 强调程序,以确保信息的安全性。BBBOn-Line 禁止以促销为目的向第三方发布个人信息。虽然两者都进行持续检测,但也存在不同:TRUSTe 指导定期的隐私政策检查,注册会计师的隐私政策审计,以及通过"散播"隐私信息来检查遵从情况。BBBOn-Line 通过随机抽查来进行监控。两者都对它们的隐私认证提供在线验证,消费者可以点击"认证"来核实其合法性。

两者都向消费者提供投诉解决机制,但不同在于,BBBOn-Line 在线张贴消费者投诉,并且跟进这些投诉,如果投诉不能得到圆满解决,它们会向 FTC 报告违规者,并且撤销它们的认证。TRUSTe 需要消费者向网站提交投诉,等待 30 天后再向认证权威递交投诉。[③]

认证担保程序并非尽善尽美。TRUSTe 的局限性在于,它只对愿意加盟的网站有效,而对那些游离于认证体系之外的网站则没有任何约束力。而加盟 TRUSTe 认证的网站数量有限,只有不到 2 000 个,与数百万收集用户信息的网站相比,只是沧海一粟。而 BBBOn-Line 到 2005 年初共颁发了 496 个认证,规模比 TRUSTe 要小得多。

与此同时,人们关心的是,那些试图通过展示隐私认证来宣扬关心消费者隐私的网站实际上更有可能侵犯访问者的隐私,至少从它们要求消费者填写的个人信息数量上来看是这样的。[④]

P3P 技术保护模式。技术保护模式为更好地鼓励甚至是强制推行隐私权保护提供了基本的技术支撑。1999 年末,蒂姆·伯纳斯-李和他管理的网络协议编写联盟扩充出了新的体系 P3P——隐私参数选择平台(platform

① Paola Benassi, TRUSTe, 1999:"An online Privacy Seal Program,"*Communications of the Association for Computing Machinery*, 42(2).
② 张久珍:《网络信息传播的自律机制研究》,北京,北京图书馆出版社,2005 年 3 月版,第 254 - 255 页。
③ 孙绍谊、郑涵:《新媒体与文化转型》,上海,上海三联书店,2013 年 7 月版,第 321 页。
④ 孙绍谊、郑涵:《新媒体与文化转型》,上海,上海三联书店,2013 年 7 月版,第 332 页。

for privacy preferences project)来解决这个问题。P3P 能让网站指明对个人数据使用和公布的情况,让用户选择个人数据是否被公布,以及哪些数据能被公布,并能让软件代理商代表双方达成有关数据交换的协议。在这种模式下,个人能够利用充足的信息做出明智的决定——同意或是拒绝提供本人的数据,并且能够委托软件代理商将决定付诸实践。微软、网景和其他浏览器运营商同意屏蔽不遵守 P3P 的网站。P3P 有效地绕过那些不符合用户设定的隐私级别的网址,成为最常见的一种个人隐私保护模式。[①]

P3P 肯定不是保护隐私的万能药,但是,它代表了第一代使用户能够控制披露个人数据的技术手段。许多 P3P 的热心拥护者坚持认为,这种方法"比任何新的法律都要有效得多"。不过,P3P 也有其局限性,它不能保证隐私政策的执行:如果某些公司的网站执意违背其隐私政策,P3P 没有追查权。不管怎样,如果 P3P 被大多数商业网站接受,那么,这项技术在帮助用户保护其隐私方面将起到重要作用。[②]

理查德·斯皮内洛指出,收集、散布、出售网络用户个人信息的问题似乎不会消失,对于网络隐私的保护也需要多管齐下,综合治理。解决诸如网络隐私错综复杂的问题的方案必将涉及代码、法律、行业规范和市场之间复杂的相互配合。[③] 在当前网络个人隐私缺乏有效的立法规制的情况下,行业自律不失为一种有效的规制模式,而即使制定有关的法律,行业自律仍然不会因而失去其存在的价值和意义,它会和相关的立法相结合,继续发挥其应有的作用。[④]

推行行业自律最明显的效果是促使各个网站制定了相应的隐私规则,但它的致命缺陷是缺乏统一和强制。但监督行业自律的主要机构 FTC 1998 年 2000 年进行了连续三年的监控后,进行的调查表明只有 20% 的网站在收集个人数据时遵循政府提出的指导方针。[⑤]

新媒体环境下,通过教育增强自我防范意识,仍是切实可行的办法。一项实施于 2006 年的调查,2/3 的父母从来没有和他们十来岁的儿女谈论过 Myspace 的使用问题,38% 的父母从来没有见过他们孩子的 Myspace 档案。

---

① 〔美〕约翰·维维安:《大众传播媒介》(第7版),顾宜凡、等译,北京,北京大学出版社,2010年1月版,第279页。

② 〔美〕理查德·斯皮内洛:《铁笼,还是乌托邦——网络空间的道德与法律》,李伦、等译,北京,北京大学出版社,2007年8月版,第156-157页。

③ 〔美〕理查德·斯皮内洛:《铁笼,还是乌托邦——网络空间的道德与法律》,李伦、等译,北京,北京大学出版社,2007年8月版,第159页。

④ 王贵国:《国际 IT 法律问题研究》,北京,中国方正出版社,2003年3月版,第432页。

⑤ 徐瑾:《美国网络隐私权法律保护》,《现代情报》2005年第6期。

他们需要被教导有关隐私的知识,就像被教导礼仪和礼貌的规则一样。① 对个人来说,目前最好的防范措施是了解情况:知道如何清理网站植入电脑里的 Cookie 文件;在注册新服务、下载新软件、接受脸书游戏邀请时,要先了解自己面临的风险;找出日常使用社会化媒体中的隐私设置页面。② 电子领域基金会在安全经营博客指南中说:"如果你在经营博客,虽然并无保证你会吸引数以千计的读者群,但至少有几个读者会发现你的博客,而且他们可能是你最想或期待的人。这些人包括未来或目前的雇主、同僚、同事,你的邻居,你的配偶或伙伴,你的家族,以及任何其他好奇地键入你的名字、电子邮件地址,或扫描名字进谷歌或'Feedster',并且点击几个链接的人。"一所顶级法学院在给它的学生提供对经营博客的忠告时说:"对于你们所写的东西,我们力劝你们采用长远的考虑及成人的观点,好好思考一下你送进这个世界的言论,同时想象一下当你——肯定你们某些人会——发现你自己为了一个你非常渴望的专业职务而在某确认听证会上接受审查时,它们会使你看上去像什么。"③

① 〔美〕丹尼尔·沙勒夫:《隐私不保的年代》,林铮顗译,南京,江苏人民出版社,2011 年 12 月版,第 217 页。
② 〔美〕霍华德·莱茵戈德:《网络素养:数字公民集体智慧和联网的力量》,张子凌、老卡译,北京,电子工业出版社,2013 年 8 月版,第 270 页。
③ 〔美〕丹尼尔·沙勒夫:《隐私不保的年代》,林铮顗译,南京,江苏人民出版社,2011 年 12 月版,第 212 页。

第四章　数字知识产权保护
——数字时代的困境

微软的技术主管克雷格·蒙迪(Craig Mandi)曾感慨说,如果一个创新者可以自己汇集很多资源,从世界召集合作者,然后在某种产品或服务上取得真正的突破,那将是非常美妙的。但是如果别人利用世界的平台和工具克隆和分销他的新产品,这位创新者该怎么办呢? 要知道世界上已经没有什么是不能很快仿制的了——从微软生产的文字处理软件到飞机零件。[①]

历史上,美国的专利法和版权法为发明家和企业家的创新积极性提供了有效的保护,事实证明,这些保护是绝对必要的。这种国家政策在计算机出现的前半个世纪里一直没有变化过。[②] 而计算机技术的发展给知识产权的保护带来了巨大影响。知识产权也成为互联网上最引人关注的法律领域。

这是数字化带来的困境。随着越来越多的知识产权产品数字化,侵犯知识产权的问题也越来越严重。

网络空间是数字的、免费的。数字技术和网络技术的发展降低了盗版的成本,使盗版以边际成本为零的方式进行传播,且传输快捷方便。因此,对版权的保护越来越成为一个突出问题。可以说,步入网络时代后,著作权法律制度面临着自印刷技术发明以来史无前例的又一次传播技术的革命。[③]

数字技术和网络技术的发展对著作权保护带来的变化主要有以下四个方面:作者产生大众化;复制内容完美化;传播渠道网络化;利用需求多元化。网络技术的发展,不仅给既有的版权保护体系带来极大的冲击,同时也导致了权力和利益的调整和再分配。如何应对这一系列挑战,以保护和协

---

① 〔美〕托马斯·弗里德曼:《世界是平的:21世纪简史》,何帆、肖莹莹、郝正非译,长沙,湖南科学技术出版社,2006年1月版,第197页。

② 〔美〕阿尔弗雷德·D. 钱德勒、詹姆斯·W. 科塔达:《信息改变了美国:驱动国家转型的力量》,万岩、邱艳娟译,上海,上海远东出版社,2011年3月版,第207页。

③ 王贵国:《国际IT法律问题研究》,北京,中国方正出版社,2003年1月版,第3页。

调新技术背景下著作权各方的利益,无疑是各国法律应当解决的一个重大现实课题。[1]

本章和下一章讨论的是数字时代的知识产权问题以及美国的应对之策。

第一节　知识产权

知识产权(intellectual property right),即"知识(财产)所有权"或"智慧(财产)所有权"。知识产权是近代社会的产物,最早由法国学者卡普佐夫(Carpzov)提出,并随着 17 世纪的工业革命发展起来。

一、知识产权的由来

知识产权是指权利人对其创造性的智力成果依法享有的专有权利,狭义的知识产权即传统意义上的知识产权,包括著作权(版权)、专利权、商标权等。由于知识产权在本质上基于知识或者智力成果的特定信息,因此有人将其界定为"信息产权"。[2] 所谓知识产权就是具有一定物质载体的无形产品,[3]例如软件。

知识产权中的著作权也称版权,它是指公民、法人或非法人单位基于创作某种作品而享有的署名、发表、出版、获取报酬等权利。著作权(版权)"copyright"一词的直解是"right to copy",即"复制的权利"。复制权是版权法赋予版权人对其作品所拥有的许可他人以复制方式使用该作品并获取报酬的权利,它是版权保护的基础性权利。[4]

复制权最早起源于欧洲王室的"特许"(prerogative)。君主授权印刷商复制一些书籍,借以将书面信息控制在自己的王国里。到 1710 年,英国议会制定了《安妮法》,使作者拥有版权,并让政府代表作者保护版权。今天的版权就植根于这一法律。它从三个方面保护作者的权益。版权拥有者决定谁能:①复制作品;②从复制中挣钱;③将部分作品用于新的创作,即不同于

---

① 王贵国:《国际 IT 法律问题研究》,北京,中国方正出版社,2003 年 1 月版,第 3-4 页。
② 何精华:《网络空间的政府治理》,上海,上海社会科学院出版社,2006 年 1 月版,第 118-119 页。
③ 〔美〕斯蒂芬·哈格、梅芙·卡明斯:《信息时代的管理信息系统》(英文原书第 8 版),严建援、等译,北京,机械工业出版社,2011 年 8 月版,第 229 页。
④ 王贵国:《国际 IT 法律问题研究》,北京,中国方正出版社,2003 年 1 月版,第 4 页。

原创者作品的创作。[①]《安妮法》声称,所有出版物的著作权年限均为 14 年;如果作者仍然在世,此年限可以更新一次;所有在 1710 年之前出版的作品,其著作权有效期从 1710 年算起再增加 21 年。[②]

二、知识产权的特点

知识产权一般包括下列各项:文学、艺术和科学作品;表演艺术家的表演及唱片和广播节目;人类一切活动领域的发明;科学发现;工业品外观设计;商标、服务标记,以及商业名称和标志;在工业、科学、文学或艺术领域内由于智力活动而产生的一切其他权利。可以说,知识产权涉及人类一切智力创造的成果。

知识产权的特点包括:一是专有性,即独占性、垄断性和排他性;二是地域性,即国家所赋予的权利只有在本国有效,如果要取得某国的保护,必须得到该国的授权(伯尼尔公约成员国之间都享有著作权);三是时间性,即知识产权都有一定的保护期,保护期一过即进入共有领域,对它的使用或借鉴不再需要获得许可。

人类对知识产权的重视和保护可以追溯到 1883 年缔结的《保护工业产权巴黎公约》,该公约首次提出将商标作为无形财产来加以保护。近代关于知识产权的保护始于 20 世纪 60 年代。1967 年 7 月 14 日,"国际保护工业产权联盟"(巴黎联盟)和"国际保护文学艺术作品联盟"(伯尔尼联盟)的 51个成员在瑞典首都斯德哥尔摩建立了世界知识产权组织,知识产权的提法自此得到世界各国的认可。[③]

三、美国的知识产权保护

在美国,知识产权保护法的渊源可以追溯到宪法。宪法第八节第一条规定,国会有权"授予作者和发明者对其各自的文字作品和发明享有一定期限的专有权,以促进科学和工艺的进步"。该条款赋予国会就版权和专利问题进行立法的权力,国会也一直在行使这一授权,对版权和专利权实施有限的保护。该条款也因此被称为"版权和专利条款"。

1. 立法历程回顾

1790 年,美国国会颁布第一部著作权法,创立了联邦著作权,赋予美国

---

① 〔美〕保罗·莱文森:《新新媒介》,何道宽译,上海,复旦大学出版社,2011 年 1 月版,第 78 页。

② 〔美〕劳伦斯·莱斯格:《免费文化:创意产业的未来》,王师译,北京,中信出版社,2009 年 1月版,第 63-64 页。

③ 张文俊:《数字新媒体概论》,上海,复旦大学出版社,2009 年 1 月版,第 245 页。

公民以保护其图书、图画与图表的有效期为 28 年的权利,14 年为初始授权期限,如果 14 年后作者仍然在世,再加 14 年的延长期。几乎所有的图书一旦成为有形的物体,就享有了知识产权保护。过去知识产品需要花 10 美元在国会图书馆注册。现在,这种注册已经不再是必需的了,但很多人还会去注册,目的是使他们的知识产权得到最完善的法律保护。[1]

此后,该法经过多次修订。在美国前 100 年的历史中,著作权期限只更改过一次。1831 年,著作权期限的最初时效由 14 年增至 28 年,最长时效因此由 28 年增至 42 年。在接下来的 50 年中,该期限又延长了一次。1909年,国会将著作权更新时长由 14 年增至 28 年。这样,著作权期限的最长时效就增加为 56 年。[2]

1976 年《版权法》制定了新的管制规则,包括可纳入版权保护和不可纳入版权保护的内容,版权保护的范围和期限、确立版权的步骤等。此法规定,作者的原著作是指通过机器等直接或间接的帮助可以看见、复制或传播的作品,包括文学、音乐、戏剧、编舞、绘画、雕塑、建筑、录音和录像作品等。[3]

同时,1976 年《版权法》也是联邦制定法中第一次对版权材料的合理使用予以规定的联邦法律。[4] 1998 年修改《版权法》,即颇具争议的由桑尼·波诺(Sonny Bono)提出的《版权期限延长法案》,又将版权期限延长了 20年。1988 年,美国加入《伯尔尼公约》。但美国的版权法和《伯尔尼公约》略有不同——美国和 163 个签约国版权保护的期限都是作者终生再加去世后50 年,但签字国有权提出更长的保护期。如今,作者终生拥有版权,去世后继续享受 70 年的版权。

当一件作品的版权期限届满时,作品就进入了公有领域。一旦作品进入公有领域,就可以不经版权拥有者允许而被自由使用。公有领域的作品包括从未属于版权保护对象的材料,以及根据美国法律规定不受版权保护的材料(这类材料包括美国政府的出版物)和版权期限到期的版权材料。

2. 对计算机软件的保护

(1)专利保护。计算机软件能否纳入专利的保护范围,美国经历过反

---

① 〔美〕约翰·维维安:《大众传播媒介》(第 7 版),顾宜凡、等译,北京,北京大学出版社,2010年 7 月版,第 551 页。

② 〔美〕约瑟夫·塔洛:《今日传媒:大众传播学导论》(第三版),于海生译,北京,华夏出版社,2011 年 3 月版,第 108 页。

③ J. Charles Sterin, Tamka Winston. 2011: *Mass Media Revolution*, Pearson, 335.

④ 〔美〕Philip H. Miller:《媒体制作人法律实用手册(第四版)》,何勇、李丹林、等译,北京,人民邮电出版社,2009 年 4 月版,第 84 页。

复研究。在 1972 年的"戈特沙尔克诉本森案"①中,美国最高法院做出判决,认为将二进制编码十进制数转化成纯粹的二进制数的方法专利申请不属于专利保护的范围,不能授予专利。但是,1981 年的"帝盟诉迪尔案"②带来了转机。在该案中,美国最高法院认为,申请案中存在着使用计算机软件运行的数学运算法则,这一数学运算法则本身固然是不可申请专利的,但是软件部分的存在,并不会使整个申请的机器或程序丧失可专利性。由计算机程序运行所控制的物理程序,在整体上是可专利的。以上判例可以看出,美国法院的司法实践并未完全把计算机程序的专利申请排除在外。"专利法,由于其注重实用性,看似为更好的软件保护选择……"③

1981 年 10 月,美国专利局在修改后的《专利审查指南》中规定,只有当一项计算机程序从整体上看属于纯数学算法时才能将其作为不受专利法保护的对象而驳回。至此,美国确认了计算机软件可以取得专利法保护。④

(2) 版权保护。对于计算机软件,知识产权就是版权。在美国,计算机受到专利法的保护,软件则渐渐地处于版权法的保护之下。1980 年美国在修改版权法的过程中,将计算机程序作为版权法的保护客体。⑤

从 20 世纪 50 年代到 80 年代,法院的相关诉讼判决和新的联邦法律一起强化了这样一种观点,即软件开发商应该有机会从他们自己的工作中获得经济效益。到 20 世纪 80 年代,美国修订了《版权法》,新法案鼓励这一新兴部门的极力扩展,人们将这一新兴部门称为软件产业。

版权保护在促进美国软件产业形成和发展中过程的重要作用不容忽视。正如经济学家斯蒂芬・E. 西威克(Stephen E. Siwek)和哈罗德・W. 弗格特—罗思(Harold W. Furchtgott-Roth)所说,知识产权法及其强大的法律效力,使美国的软件企业能够在清楚地知道其知识产权可以在受到保护的情况下,进行对软件产品的开发和管理;然而世界上的大部分地区对知识产权所提供的保护是相对较少的。在大多数国家,多数使用的是盗版软件,每年盗版软件所带来的财务损失会达到数十亿美元。⑥

虽然将计算机软件纳入版权法保护的内容还存在诸多的问题,但是在

①　Gottschalk v. Benson, 409 U. S. 63,1972.

②　Diamond v. Diehr, 450 U. S. 175,1981.

③　美国最高法院判例汇编第 450 卷,第 823 页。

④　孙铁成:《计算机与法律》,北京,法律出版社,1998 年 1 月版,第 146 页。

⑤　孙铁成:《计算机与法律》,北京,法律出版社,1998 年 1 月版,第 142 页。

⑥　〔美〕阿尔弗雷德・D. 钱德勒、詹姆斯・W. 科塔达:《信息改变了美国:驱动国家转型的力量》,万岩、邱艳娟译,上海,上海远东出版社,2011 年 2 月版,第 207 - 208 页。

没有更好保护方式的情况下,也只有采用版权法来对计算机软件进行保护了。[1]

3. 对版权保护的限制

首先是盗版横行,产权保护和盗版一直如影随形。正如莱斯格教授指出的,如果"盗版"意味着不经允许擅自使用他人的作品,如果"有价值便有权利"的信条准确无误,那么整个人类的文明史就是一部盗版的历史。[2]

在版权法历史上,美国起初是盗版者的一个主要避难所。美国最早的版权法几乎可以说鼓励侵犯版权:

> 不得以此法为借口禁止非美国公民在美国管辖领土之外写作、印刷或发表任何地图、图表和书籍进口到美国或是在美国贩卖、重印或出版。[3]

换言之,此法保护美国作者和美国出版商,而他国之人则不在保护的范围之内。在此基础上,1996 年国会通过了《版权法》,即美国现行的版权法(于 1978 年、1998 年修改)。

其次,思想和事实没有版权。版权保护所有记录于可触摸的表达媒介上的创作,其中包括文字作品、绘画、音乐、戏剧与其他类似作品。版权不保护思想,但是保护思想的具体表达。换句话说,拥有版权的是表达创意的方式,而不是创意本身。这是因为法律并不希望阻止人们传播思想和事实。因此,如果你每天写博客,并注上版权标记,而有人在没有经你同意的情况下,原封不动地大量复制你的博客内容,这就构成了侵犯版权。但是,如果他人只是"抄袭"了你的主意,但用他们自己的话写出来,这就不是侵犯版权。[4] 在通常情况下,除了极少特例外,思想这种东西对于世人来说都是免费的。正如托马斯·杰斐逊(Thomas Jefferson)所说:"有人从我这儿得到了一些思想,但我并没有因此减少什么。就像有人点亮了蜡烛的时候,他得

---

[1] 孙铁成:《计算机与法律》,北京,法律出版社,1998 年 7 月版,第 19 页。

[2] 〔美〕劳伦斯·莱斯格:《免费文化:创意产业的未来》,王师译,北京,中信出版社,2009 年 10 月版,第 36 页。

[3] Lyman Ray Patterson,1968:*Copyright in historical perspective*,Vanderbilt University Press.

[4] 孙莹:《美国传媒人的法律读本:记者如何保护自己的权利》,广州,南方日报出版社,2010 年 1 月版,第 199 页。

到了光明,我的房间也没有因此变得黑暗。"①②具体而言,不能得到版权保护的项目如下:

美国联邦政府雇员提供的信息和材料,这些信息和材料是他们的工作组成部分;

科学的、历史的、事实性的信息,包括新闻(尽管这些信息通过专门的选择和编排可以获得版权保护);

发明和生产过程;

产品或服务的名称。

尽管这些项目不能获得版权的保护,但他们可能会获得其他形式的保护。比如,发明和某种生产过程可以被专利保护,名称可以获得商标保护。③

最后,考虑到公共利益,美国也对知识产权保护采取了一些限制措施,比如"合理使用"条款规定——出于评论、研究、课堂教学和新闻报道等特定的目的,可以引用拥有版权的文学作品,可以播放音像作品的少量剪辑。有关合理使用与保护版权问题,将在下一章详细论述。

第二节 知识产权遭遇数字困境

传统的知识产权具有地域性的特点——它们只依一定地域的法律而产生,也只在一定地域内才有效。专利权和商标权在各国均适用《权利登记(注册)地法》,版权在大多数国家则适用《权利主张地法》。另外,版权法承认复制作品的权利、准备衍生作品的权利、公开发行作品的权利、公开表演作品的权利、公开展示作品的权利、数字化传输公开表演作品的权利。④ 然而,随着互联网的发展,上述权利就不那么清楚了。

① 〔美〕劳伦斯·莱斯格:《免费文化:创意产业的未来》,王师译,北京,中信出版社,2009年10月版,第61页。

② 〔加〕大卫·约翰斯顿、森尼·汉达、查尔斯·摩根,《在线游戏规则——网络时代的11个法律问题》,张明澍译,北京,新华出版社,2000,第7页。

③ 〔美〕Philip H. Miller:《媒体制作人法律实用手册(第四版)》,何勇、李丹林、等译,北京,人民邮电出版社,2009年4月版,第85页。

④ 〔美〕唐·R.彭伯:《大众传媒法》(第十三版),张金玺、赵刚译,北京,中国人民大学出版社,2005年7月版,第474页。

一、人类数字时代的到来

当下,毫无疑问,我们已经步入了数字时代。数字时代最鲜明的特点就是数字化。所谓数字化,是指把作品的文字、数值、图形、图像、声音等信息输入计算机系统并转换成由 0 和 1 组成的二进制数字编码。在这个基础上可以对作品进行进一步加工、储存和传输,并在需要时把这些数字化信息还原成文字、数值、图像、声音等。[①]

我们听的是数字化音乐,拍照与录制视频使用的也是数字设备。我们创造的大部分文件,从简单的信件到复杂的设计,都是以数字形式存储的,并通过数字网络传送给收件人;全球电话网络也是基于数字代码;电影正在走向数字化;电视与广播也同样如此。医疗诊断,从磁共振成像到测量我们的血压或者体温,都以数字形式呈现其结果。甚至孩子们玩的无线电操控的模型飞机、玩具火车与有轨电动模型赛车使用的也都是数字技术。[②]

没有人能够准确地说出数字化究竟是在哪天到来的,但可以肯定地说,数字化伴随着个人电脑的普及和互联网的发展而开启了人类的一个新时代。数字化进程引起不少学者的关注。以研究大数据著称的英国学者维克托·迈尔-舍恩伯格指出,20 世纪 90 年代开始对文本进行数字化,随着过去几十年里存储能力、处理能力和宽带技术水平的提高,也能对图像、视频和音乐等类型的内容执行这种转化了。[③] 据南加州大学安纳伯格通信学院的马丁·希尔伯特(Martin Hilbert)估算,2007 年,人类大约存储了超过 300 艾字节(一般记作 EP,等于 2^{60} 字节)的数据。一部完整的数字电影可以压缩成 1GB 的文件,而一个艾字节相当于 10 亿个 GB,一个泽字节(记作 ZB,等于 2^{70} 字节),相当于 1 024 艾字节。总之,这是一个非常庞大的数量。在所有数据中,只有 7% 是存储在报纸、书籍、图片等媒介上的模拟数据,其余全部是数字数据。[④] 而在 2000 年,数字产品数量约占全部产品的 1/4,另外 3/4 的信息都存储在报纸、胶片、黑胶唱片和盒式磁带这类媒介上。按照希尔伯特的说法,数字数据的数量每三年多就会翻一番。相反,模拟数据的数

---

① 郭卫华、金朝武、王静、等:《网络中的法律问题及其对策》,北京,法律出版社,2001 年 1 月版,第 3-4 页。

② 〔英〕维克托·迈尔-舍恩伯格、肯尼思·库克耶:《删除:大数据取舍之道》,袁杰译,杭州,浙江人民出版社,2013 年 1 月版,第 72 页。

③ 〔英〕维克托·迈尔-舍恩伯格、肯尼思·库克耶:《大数据时代:生活工作与思维的大变革》,盛杨燕、周涛译,杭州,浙江人民出版社,2013 年 1 月版,第 104 页。

④ 〔英〕维克托·迈尔-舍恩伯格、肯尼思·库克耶:《大数据时代:生活工作与思维的大变革》,盛杨燕、周涛译,杭州,浙江人民出版社,2013 年 1 月版,第 11-12 页。

量则基本上没有增加。2013年,世界上存储的数据约1.2泽字节,其中非数字数据只有不到2%。[1]

二、知识产权的数字困境

数字新媒体技术的迅猛发展为数字媒体内容的存取和交换提供了极大的便利,但同时数字技术特别是网络技术给传统著作权法带来了全面而深刻的冲击。[2] 知识产权的特点是"专有性",而网络上应受知识产权保护的信息则多是公开、公知和公用的,很难被权利人控制;知识产权的特点之二是"地域性",而网络上知识传输的特点则是"无国界性"。[3] 网络的出现弱化了知识产权的地域性。[4]

以版权为例。从版权法的发展过程来看,从印刷术的发明开始,版权法的内容就一直在随技术的发展而不断变化。其中受技术影响最大的就是复制的问题,也就是说,复制的问题通常是促使版权法修正的关键原因。[5] 美国第一部版权法诞生的时候,大众传媒只有印刷媒介一种。在此后的160年时间里,多种媒介技术相继出现,美国的知识产权法不得不多次适应传媒技术的变化。在这些变化中,没有哪种技术比互联网对版权法的挑战更为严重。传统版权法对复制的定义是指以印刷、复印、临摹、拓印、录音、录像、翻录、翻拍等方式将作品制成一份或多份的行为,而互联网的广泛应用,对复制的概念提出了新的挑战。

人们越来越关注数字时代的版权问题,是因为"这种媒介的天性引导它去盗窃他人的作品"。[6] 数字版权由传统版权发展而来,某种程度上延续了传统版权的界定范围。一般而言,数字媒体版权是指权利人对其计算机软件、电子数据库、电脑游戏、数字文学作品、数字声音作品、数字图片、数字动画、数字电影以及其他数字视频作品等具有独创性、以数字格式存在的文学、艺术和技术作品依法享有的专有权利。[7]

与传统复制行为不同的是,复制在网络传输中的数字化作品采取的是

---

[1] 〔英〕维克托·迈尔-舍恩伯格、肯尼思·库克耶:《大数据时代:生活工作与思维的大变革》,盛杨燕、周涛译,杭州,浙江人民出版社,2013年1月版,第13页。

[2] 齐爱民、刘颖:《网络法研究》,北京,法律出版社,2003年1月版,第126页。

[3] 戴伟辉:《网络内容管理与情报分析》,北京,商务印书馆,2009年6月版,第201页。

[4] 〔美〕劳伦斯·莱斯格:《免费文化:创意产业的未来》,王师译,北京,中信出版社,2009年10月版,第5页。

[5] 孙铁成:《计算机与法律》,北京,法律出版社,1998年1月版,第222页。

[6] 〔美〕唐·R.彭伯:《大众传媒法》(第十三版),张金玺、赵刚译,北京,中国人民大学出版社,2005年7月版,第505页。

[7] 张文俊:《数字新媒体概论》,上海,复旦大学出版社,2009年1月版,第246页。

"包交换"的形式。传输中的信息被分散为单位信息（即信息包），然后通过不同的路径和时间在网络上发送。在这一过程中，数字化作品的复制呈现如下特点：①传输计算机节点的"随机存取储存器"（RAM）在特定时间内对某些信息包进行复制，这种复制不是完整而系统的复制，而是"零散的"。②此种复制是暂时的、动态的。存储于计算机中的信息处于不断更新的过程中，一旦计算机关机，这种暂时复制的信息就不复存在。③此种复制是由计算机自动生成的，主要出于技术上的需要，而非"人为"地通过各种指令的复制。④参与此种复制的主体是多元的，例如，当用户从网上下载一段视频剪辑时，共同参与的暂时、部分或全部复制的主体就可能包括接收端和传送端的调制解调器、接收方的计算机内存、网络浏览者、视频解压芯片及接收方计算机的硬盘等。① 然而，这些行为是否侵权一直存在争议。比如，"暂时复制"的问题，如果他人将作品的一份合法复制件上载至互联网，并在网上进行传输，此时，网络用户便可在其计算机看到与原复制件内容及形式完全一样的"屏幕作品"。在用户将"屏幕作品"存储到本地计算机硬盘之前，该合法复制件的数字化内容就已经存在于该计算机的随机存储器之中，这一内容可以借助计算机浏览或永久保存。于是问题在于，作品在传输过程中所表现出来的特点是否属于传统意义上对作品的复制？ 是否有必要进一步拓展现行版权法中复制的概念，使之涵盖暂时性复制和一次性复制行为？②

数字媒体的特点及其版权的特殊性，带来了人们认知上的困惑和现实中的"数字困境"，也被称为网络产业的"阿喀琉斯之踵"。其主要表现如下。

数字技术和网络技术的发展使盗版变得容易。一是降低了盗版的成本。在互联网上盗版行为以边际成本为零的方式传播，且传输快捷方便。二是提高了盗版的质量。所有的信息都能够被数字化，这就意味着我们能够对无数品质精良的书籍、影像和音乐进行拷贝，并且可以便捷地分发这些产品。几百次复制数字原始版本的拷贝，结果产生的副本仍然与原始版本一样完美。质量没有下降，而且并不附带对原始版本的损害。提取信息也不具有损害性，百万次地听相同的数字音乐文件也不会致其磨损。③ 三是增加了发现的难度。正如美国著作权检查委员会所说："它是一种信息复制的能力，就像计算机程序和其他的著作可以从 BBS 上下载。用户通过匿名的

---

① 王贵国：《国际 IT 法律问题研究》，北京，中国方正出版社，2003 年 1 月版，第 4—5 页。
② 王贵国：《国际 IT 法律问题研究》，北京，中国方正出版社，2003 年 1 月版，第 5 页。
③ 〔英〕维克托·迈尔-舍恩伯格、肯尼思·库克耶：《删除：大数据取舍之道》，袁杰译，杭州，浙江人民出版社，2013 年 1 月版，第 76 页。

方式可以进入 BBS,邮寄信息,要觉察这一行动是很困难的。"①数字化使得复制变得十分简单、快捷,又能保证高度的准确性,网络不仅实现了几乎不需要任何成本就能对数字化作品进行高质量的复制,而且使法律的实施(追踪并惩罚侵权者)成为一项几乎无法完成的任务。② 书的内容、声像材料,以及 HTML 语言,都可以用任何一台电脑进行"剪贴",并且传往全世界,实际上不花任何钱,不花时间,不会被发现,一旦得到可以完美地拷贝无数份。③ 在这种情况下,出版商还能够主张自己的版权吗?难怪版权人感慨:复制的能力好得不能再好了,法律的保护弱得不能再弱了。④

这种观点事实上业已影响到一些立法机构,在美国众议院对《数字千年版权法》(DCMA)进行讨论的过程中,参与立法审议的商业委员会得出以下结论:"数字环境是对版权所有者权利的最大威胁,因此,有必要建立保护措施,以反对对侵权设备的开发和利用。与通常情况不同,数字技术使得盗版的再生产和传播易如反掌,而且不费分文。技术进步了,我们的法律也要与之保持同步。"⑤

日益严重的盗版现象使软件开发商、唱片公司、电影发行商等蒙受了巨大的经济损失。据美国唱片业协会估计,每年的实物盗版给他们带来的损失高达 46 亿美元;美国电影协会估计盗版每年造成的损失额为 30 亿美元。⑥ 2007 年,美国政策创新研究所发布《盗版给美国经济带来的真正损害》的研究报告称,盗版每年给美国带来的经济损失高达 580 亿美元,并导致 37 余万名美国人失业。该报告指出,数字媒体的盗版和滥用,不仅挫伤了媒体著作人的创作热情,侵害了出版发行人的合法利益,也妨碍了用户享有更丰富的视听体验。因此,对版权的保护越来越成为一个突出问题。

另一种观点则认为,数字化技术可以用来保护版权,如版权管理系统和

①　杨伯溆:《因特网与社会:论网络对当代西方社会及国际传播的影响》,武汉,华中科技大学出版社,2003 年,第 142 页。

②　〔美〕劳伦斯·莱斯格:《代码:塑造网络空间的法律》,李旭、姜丽楼、王文英译,北京,中信出版社,2004 年 10 月版,第 154 页。

③　〔加〕大卫·约翰斯顿、森尼·汉达、查尔斯·摩根:《在线游戏规则——网络时代的 11 个法律问题》,张明澍译,北京,新华出版社,2000 年 1 月版,第 4 页。

④　郭卫华、金朝武、王静、等:《网络中的法律问题及其对策》,北京,法律出版社,2001 年 1 月版,第 36 页。

⑤　吴小坤、吴信训:《美国新媒介产业》,北京,中国国际广播出版社,2009 年 1 月版,第 185 页。

⑥　〔美〕劳伦斯·莱斯格:《免费文化:创意产业的未来》,王师译,北京,中信出版社,2009 年 1 月版,第 43 页。

加密软件,能够比以往更严密地封存信息。因此,专家指出,"数字困境"揭示了知识产权难题的关键核心问题。[①] 由于"可信任系统"的出现,也就有可能以从前不能达到的程度控制或保护数字信息。可信任系统由硬件和软件组成,其中软件是根据某些规则或使用权限编写的,这些规则和使用权限规定什么时候以何种方式可以使用数字作品。[②] 可信任系统似乎是解决网络知识产权保护的理想方法,但它同时又使我们陷入了一个新的"数字陷阱"——合理使用原则如何与可信任系统共存?

第三节　保护数字知识产权的立法

在美国,对知识产权的法律保护由来已久。1789 年开始实施的《宪法》第一章第八条第八款就授权国会"保障著作家和发明人对各自的著作和发明在一定的期限内的专有权利,以促进科学和实用艺术的进步"。此后,美国又先后制定了《专利法》《商标法》《版权法》《反不正当竞争法》等,建立了较为完备的知识产权保护法律体系。

然而,在数字化新媒体时代,旧有的版权保护模式必然会被击败。在技术制约消失的同时,对复制的法律制约也消失了。[③]

这引起了人们的恐慌,法律界人士为此开始了对网络知识产权保护进行法律方面的努力。人们通常主张以三种手段保护网络版权:一是法律措施,即通过加强立法,完善有关网络方面的法律法规,使网络行为有法可依,同时加大司法处理力度,制裁侵权行为;二是行政措施,即国家行政机关制定相关规定,动员各级政府、各部门力量,积极引导网络的有序健康发展;三是技术措施,指的是版权人自己主动采取技术手段,在网络上建筑防御工事,阻挡他人的侵权行为。[④]

美国是国际互联网的发源地,其互联网的普及和发展水平也一直居世界领先地位。相应地,互联网上的版权纠纷自然也就较早地出现了。在 20

① 〔美〕理查德·斯皮内洛:《铁笼,还是乌托邦——网络空间的道德与法律》,李伦、等译,北京,北京大学出版社,2007 年 2 月版,第 86 页。
② 〔美〕理查德·斯皮内洛:《铁笼,还是乌托邦——网络空间的道德与法律》,李伦、等译,北京,北京大学出版社,2007 年 2 月版,第 109 - 110 页。
③ 〔美〕劳伦斯·莱斯格:《代码:塑造网络空间的法律》,李旭、姜丽楼、王文英译,北京,中信出版社,2004 年 1 月版,第 154 - 155 页。
④ 郭卫华、金朝武、王静、等:《网络中的法律问题及其对策》,北京,法律出版社,2001 年 1 月版,第 38 页。

世纪 90 年初美国就出现了一系列因版权作品被擅自上传到互联网上供公众随意访问而引起的版权纠纷，引起了美国政府的注意。从信息基础设施工作机构于 1994 年提交的报告，即《知识产权与全国性信息基础设施》（即"绿皮书"），到 1995 年 9 月公布的《知识产权与国家信息基础设施》（即"白皮书"），美国一直在致力于解决互联网所引起的网络版权问题。

　　"数字困境"带来的是现实的法律问题，同时也是一个全球性问题。解决问题，国际合作是十分必要的。世界知识产权组织于 1996 年通过的《世界知识产权组织版权条约》（WCT）和《世界知识产权组织表演和录音制品条约》（WPPT），被认为是数字技术和电子环境下版权保护的"互联网条约"。WCT 和 WPPT 这两个新条约分别对《伯尔尼公约》和《罗马公约》进行了补充和延伸，使之更适应新的技术环境下版权保护的需要。WCT 与 WPPT 及时地对版权人与邻接权人的权利内容进行了调整，对传统版权法意义上的"复制权""发行权"重新予以澄清，创设了"出租权""向公众传播权"，进一步强调了缔约国对"技术措施"和"权利管理信息"的保护义务以及"法律救济"义务。面对 WCT 与 WPPT 产生的重大影响，美国做出响应，修改其国内立法，使之与条约的规定相一致。

《版权法》(1976 年)

　　在版权保护范围方面，联邦《版权法》的规定涵盖了所有智力创作并具独创性的作品。1976 年修订的《版权法》大大延长了版权的保护期限，在其修订之前，作品受版权保护的期限为 28 年。版权拥有人可以续展版权，再增加一个时长为 28 年的保护期。而根据 1976 年《版权法》的规定，此前创作的作品，版权保护期总长为 95 年。如果一部作品正处于最初的 28 年保护期，那么它的保护期为 28 年剩下的日子加上 67 年。[①]

　　为适应信息与网络技术发展的需求，美国又及时对传统版权体系予以调整，将数字作品、网络作品纳入版权保护范围。正是 1976 年《版权法》的说明——表演和展览的设备或程序，"包括所有种类的放大声音、形象的设备，所有种类的传输器械，所有类型的电子传送系统，以及其他所有的现在尚未使用甚至尚未发明的技术和系统"。网络版权的适用提供了依据。1976 年《版权法》第 107 节还规定了合理使用的标准（详见下章）。

《96 - 517 号公法》(1982 年)

　　1976 年《版权法》并未把计算机软件列为受保护对象。1980 年 12 月，

---

① 〔美〕唐·R. 彭伯：《大众传媒法》（第十三版），张金玺、赵刚译，北京，中国人民大学出版社，2005 年 3 月版，第 482 - 483 页。

美国国会通过《96-517 号公法》,修订 1976 年《著作权法》第 101 条和第 117 条,正式将计算机软件纳入著作权法的保护范围,并就受保护软件程序所包括的范围、著作权的取得与维护、权利的内容与保护期及权利的限制等方面做了规定。

关于受保护软件的范围,根据美国《版权法》,几乎所有具有创造性的作品都可被版权保护:小说、非小说文学、诗歌;电影、广播节目、电视节目及其他视听作品;电影、广播节目、电视节目及其他视听作品的脚本;摄影作品;绘画、插图、雕塑和其他美术作品;戏剧作品;音乐和音响的录制品;舞蹈作品和哑剧;计算机软件。① 而对于计算机软件,美国版权法下的定义是"旨在直接或间接用于计算机以取得一定结果的一组词句或指令"。对此,美国法院通过判例认为,用目标代码表达的程序、固定在半软件上的程序与应用程序均应受版权法保护。

关于计算机程序所有人的权利限制,《版权法》第 117 条 1 款规定,计算机程序复制件的所有人可以为了在计算机上使用计算机程序所必不可少的步骤,制作或授权他人制作另一复制件或对程序进行改编。接着,该条第 3 款规定,机器的所有人或租赁人为"维护机器正常运作"或"重装机器",可以复制或授权复制计算机程序,前提是不得以其他方式使用新的复制件且在完成"维护"和"重装"之后应立即销毁该复制件。

《视觉艺术家权利法》(1990 年)

该法仅适用于视觉艺术家。根据该法,创作者有权禁止对其作品进行修正、修改或歪曲。受保护的作品包括:油画、图纸、印刷品、雕塑作品和供展览的图片。该法赋予作者两项基本权利:归属权和完整权。归属权保护作者的作品不属于他人;完整权禁止对作品进行可能损害作者声誉或地位的歪曲或修改。② 但是,值得思考的是,限制以商业性图标为基础的非营利性的再创造,是不是会再次引起人们对所有权和言论自由之间的平衡的担忧。

《家用录音法》(1992 年)

为保护数字化录音制品和音乐作品,该法禁止对管理批量复制的系统和程序进行规避,即任何生产数字录音设备的厂商,都必须在其生产的设备中装置复制管理系统或其他具有相同功能的系统,以避免数字录音文件遭不法盗录。该管理系统允许对原版录音制品进行一次复制,但会阻止对复

---

① 〔美〕Philip H. Miller:《媒体制作人法律实用手册(第四版)》,何勇、李丹林、等译,北京,人民邮电出版社,2009 年 4 月版,第 84 页。

② 〔美〕理查德·斯皮内洛:《铁笼,还是乌托邦——网络空间的道德与法律》,李伦、等译,北京,北京大学出版社,2007 年 2 月版,第 122 页。

制品的再复制。法案同时禁止进口、销售或传播任何主要效用在于规避该系统的设备以提供这样的服务。这是美国第一部利用技术措施保护版权，同时保护技术措施本身的立法。

《知识产权与国家信息基础设施：知识产权工作组的报告》（1995年）

1995年9月，美国政府发表《知识产权与国家信息基础设施：知识产权工作组的报告》（简称《白皮书》）。《白皮书》从法律、技术、教育等方面着手就数字时代对现行知识产权法律制度造成的冲击进行探讨，并提出修改著作权法条文、付诸实施的建议。这部《白皮书》的主题是检讨美国在信息时代其知识产权法律制度是否适应，"旨在以通俗的方式重述当前的知识产权法"，[①]是美国有关网络知识产权问题的法律基础，之后的讨论和司法建议都是在此基础上进行的。其前身是1994年7月7日公布的该报告的初稿，即所谓的《绿皮书》。[②]《白皮书》认为，在网络环境下，美国版权法无需做大的变动，只要稍做澄清和调整即可；[③]解决网络环境下所面临的知识产权问题，要在法律、技术和教育三方面进行努力。

《白皮书》的基本政策框架是将著作权适用到数字环境中，讨论并及时修改著作权法以更好地适于新技术发展；《白皮书》涉及作品的临时复制、网络上文件的传输、数字出版发行、对作品合理使用范围的重新定义、数据库的保护等内容。《白皮书》认为，在计算机网络的数字化传输中，复制行为是广泛存在且难以避免的。如果计算机用户需访问存储在另一计算机中的文件资料，在现有的技术条件下，只有在该文件被"复制"进用户计算机内存时，用户才能在计算机屏幕上浏览这一文件资料。《白皮书》归纳了互联网上发生的各种"复制"行为：①把一本著作放入计算机，放在磁盘、磁碟、只读存储器或其他的存储设备上；②把一本著作扫描进一台计算机的文件里；③把诸如照片和录音的著作数字化；④从用户的计算机上载一个文件计入公告牌或其他的服务区；⑤从BBS或其他的服务区下载数字文件；⑥把一个文件从一台计算机传输到另一台计算机；⑦把许多文件传输到显示区。[④]《白

---

① 〔美〕劳伦斯·莱斯格：《代码：塑造网络空间的法律》，李旭、姜丽楼、王文英译，北京，中信出版社，2004年1月版，第155页。

② 郭卫华、金朝武、王静、等：《网络中的法律问题及其对策》，北京，法律出版社，2001年1月版，第47页。

③ Information Infrastructure Task Force，2002："*Intellectual Property and the National information Infrastructure：The Report of the Wording Group on Intellectual Property Rights*"，September，p. 17.

④ 杨伯溆：《因特网与社会：论网络对当代西方社会及国际传播的影响》，武汉，华中科技大学出版社，2003年，第140-141页。

皮书》认定,以上行为都应当属于版权法意义上的复制,因为根据美国版权法,只要材料进入计算机内存就足以借助机器或设备观看、复制或传播。[1]《白皮书》认为,数字化过程属于复制,"据美国法,享有版权的材料进入计算机内存就是对该材料的复制"。[2] 作为复制权的组成部分之一,数字化不是任何人都可以随意进行的行为,而是著作权人的专有权利,只有经过权利人的许可,他人才有权行使。[3]《白皮书》还规定,版权人有权通过出售或方式,或者出租或出借,向公众发行版权作品的复制件或录音件。美国的司法判例也支持这一观点。在 Marobie[4] 案中,法院认定未经他人许可,擅自将他人的计算机程序上载到网页上的行为侵犯了版权人的发行权。《白皮书》还规定了对版权技术保护措施的法律保护,指出:"由于侵权的相对容易而保护和实施版权相对艰难,使版权人不得不求助于技术保护,但如果不对这种技术保护系统提供相应的法律保护,这种技术保护同样也不会有效。"[5]

《白皮书》对数字环境下的合理使用做了简要论述。首先,使用的目的。应是非商业性和非教育性的,商业目的的改写性使用也是合理使用,而教育场合中的单纯复制不是合理使用。其次,使用的本质。《白皮书》指出,追踪教育和许可的技术手段可能会导致合理使用范围的缩减,作品被数字化这一事实,有可能对被告合理使用的抗辩不利。再次,使用的数量。即使数量微小,但如果构成被使用作品的核心部分,也为侵权;最后,对市场的影响。法官在判例中认为,在计算机网络的电子公告板上上载作品的行为,对版权人的市场利益将会造成严重损害,因此超出了合理使用的范围。[6]

《白皮书》既是美国在网络时代对知识产权进行保护的宣言,又是各种利益冲突与妥协的产物。《白皮书》一出台即遭到人们的质疑,有学者指出,白皮书"破坏了原有的法律体系"[7],非常明显地强化了著作权人的权利,而

① 王贵国:《国际 IT 法律问题研究》,北京,中国方正出版社,2003 年 1 月版,第 7 页。
② 郭卫华、金朝武、王静、等:《网络中的法律问题及其对策》,北京,法律出版社,2001 年,第 9 页。
③ 郭卫华、金朝武、王静、等:《网络中的法律问题及其对策》,北京,法律出版社,2001 年,第 5－6 页。
④ Marobie-FL, Inc. v. National Association of Fire Equipment Distributors and Northwest Nexus Inc. , 1997WL709747.
⑤ 郭卫华、金朝武、王静、等:《网络中的法律问题及其对策》,北京,法律出版社,2001 年 1 月版,第 41 页。
⑥ 郭卫华、金朝武、王静、等:《网络中的法律问题及其对策》,北京,法律出版社,2001 年 1 月版,第 37 页。
⑦ 〔美〕劳伦斯·莱斯格:《代码:塑造网络空间的法律》,李旭、姜丽楼、王文英译,北京,中信出版社,2004 年 10 月版,第 155 页。

没有明确提供公众阅读、浏览、视听和下载著作权资料的机会。《白皮书》被认为是"过分热衷于知识产权保护,使本该属于公共领域的知识产品也私有化了"①。根据美国的版权法,出版商应当承担直接侵权的责任,即无论它是否有能力控制,都要为所传输的侵犯版权的信息承担法律责任,服务商也如此。这一主张被国会否决,在实际判例中也未得到支持。网络服务商对此也激烈反对,他们认为,其地位不应当等同于出版商,而应被视为公用通道,即为了公共利益,享受法律赋予的特殊待遇。例如,电话公司不因用户的通话内容而承担侵权责任。因为服务商不过是建立和维持网络正常运行所必需的系统,它没有能力去控制网上浩如烟海的信息,即使能控制,也将阻止信息流通和传输,网上真正的出版发行人是每一个上传信息的人,而不是服务商。②

对此,莱斯格教授指出,法律所面临的问题并不是如何实现保护,而是现有的保护是不是过多了。他认为,版权得到了过分的保护③。这份白皮书及后来的立法都证实了这种倾向。人们担心,如果一些国家像美国这样过分保护其信息资源,那么这些国家将面临公共领域不断缩小的危险,因为某些原始知识材料被这些国家的作者长期垄断。④

与美国主张"暂时复制"属于侵权的观点不同,许多发展中国家并不认同"暂时复制说"的合理性。他们认为,暂存的时间很短,一旦计算机出现故障、断电或关机,显示器上的"复制件"便不复存在。他们主张,只有作品被固定在计算机硬盘或软盘等有形物质载体上,或通过打印机打印出来,才构成真正意义上的复制。如果"暂时复制"说成立,则版权人将享有"独占的阅读权",显然,这将极大地妨碍网络用户通过网络浏览或获取有价值的作品和其他信息,实际上也不利于现代信息社会中信息的流通和传播,这一可能的后果无疑有悖于网络发展的初衷。为了协调发达国家和发展中国家在这一问题上的分歧,世界知识产权组织(WIPO)于1996年12月在日内瓦举行外交会议,但最终在欧美国家的游说下,大会发表了一份《世界版权公约》的声明",指出"《伯尔尼公约》第9条规定的复制权及其例外完全适用于数

① 〔美〕理查德·斯皮内洛:《铁笼,还是乌托邦——网络空间的道德与法律》,李伦、等译,北京,北京大学出版社,2007年2月版,第95页。
② 郭卫华、金朝武、王静、等:《网络中的法律问题及其对策》,北京,法律出版社,2001年1月版,第61页。
③ 〔美〕劳伦斯·莱斯格:《代码:塑造网络空间的法律》,李旭、姜丽楼、王文英译,北京,中信出版社,2004年10月版,第157页。
④ 〔美〕理查德·斯皮内洛:《铁笼,还是乌托邦——网络空间的道德与法律》,李伦、等译,北京,北京大学出版社,2007年2月版,第95页。

字化环境,尤其是适用于以数字化形式使用作品行为"。尽管上述声明并非条约的正式条款,法律效力有限,但此种间接的条文解释却给"暂时复制"纳入复制权范围留下了余地。①

《数据库投资与知识产权反盗版法》(1996年)

作为世界上最大的数据库生产国,美国对数据库法律保护问题研究较早。美国早期版权法根据"额头出汗"(sweat of the row)的原则,把劳动和投资作为对数据库提供版权保护的法律基础。这部法案按照"额头出汗"的理论对数据库提供类似于欧盟《指令》的保护。该法案旨在建立一个强有力的、全新的知识产权特殊权利保护模式,规定对数据库的保护期限为25年。但由于该法案被认为过于偏袒数据库产业的利益而未获通过。

这方面的争议也体现在法院的判决中。在1991年费斯特出版公司诉乡村电话公司一案②中,美国最高法院表明事实作品必须在收集、协调、编排方面有"一点点的创造性",才能得到版权法的保护。该案否认了先前实践中某些法院一直遵循的"额头出汗"原则。

乡村电话公司是美国堪萨斯州的一家本地电话公司,它起诉费斯特出版公司侵犯其版权是因为费斯特出版公司出版的电话目录中包含有乡村电话公司白页的内容。费斯特出版公司出版的电话目录不同于本地电话公司所制作的电话目录(白页),前者所涉及的地理范围广泛得多,而后者仅限于电话公司所辖范围。为了获得各地电话公司制作的白页中所包含的内容,费斯特出版公司欲与堪萨斯州西北部的11家电话公司签署某种许可协议。在这11家电话公司中,只有乡村电话公司拒绝与费斯特出版公司合作。在此情况下,费斯特出版公司未经乡村电话公司的允许,径直从乡村电话公司的电话目录中摘录了它所需的内容,尽管做了一些改动,但是仍有一部分内容是与乡村电话公司的电话目录相同。最后,美国最高法院否决了乡村电话公司的版权侵权请求。

而在"ProCD公司诉 Matthew Zeidenberg and Silken Mountain Web Services Inc."一案③中,法院则做出了相反的判决。在该案中,原告ProCD公司花了1 000多万美元汇编了含有3 000多个电话号码数据库,并以CD-ROM(光盘)的形式销售。被告于1994年购买了一份原告数据库的用户版,并无视限制数据库使用的许可协议的内容,成立了一家名为Silken

---

①　王贵国:《国际IT法律问题研究》,北京,中国方正出版社,2003年1月版,第10页。

②　Feist Publications v. Rural Telephone Service Co., 499 U. S. 340,1991.

③　ProCD, Inc. v. Matthew Zeidenberg and Silken Mountain Web Services Inc., 86 F. 3d 1447,7th Cir. 1996.

Mountain Web Services 的公司,并在互联网上以低于原告的收费价格倒卖数据库中的信息。此外,被告还购买了该数据库的两份升级版本,在互联网上发布。最后,原告成功地申请到了一份禁止被告销售数据库软件包的法院禁止令。[①]

《联邦商标反淡化法》(1996 年)

该法将商标淡化定义为:"未经权利人许可,将与驰名商标相同或相似的文字、图形及其组合在其他不相同或不相似的商品或服务上使用,从而减少、削弱该驰名商标的识别性和显著性,损害、玷污其商誉的行为。"商标淡化突破了传统的商标混淆理论,将着眼点放在驰名商标所蕴含的商业价值不被他人侵蚀和分享的层面上。该法主要对 1946 年的《兰哈姆商标法》第 43 条进行了修改,将淡化作为一个新的诉因,以保护驰名商标,避免其识别商标或服务的能力削弱,而不论是否存在混淆的可能或竞争关系。

2006 年 10 月 6 日,时任美国总统布什签署《2006 年商标淡化修正法》。通常认为,该法旨在推翻美国最高法院对"维多利亚的秘密诉莫斯里案"[②]的判决。该案乃女士内衣巨头"维多利亚秘密"对名为"Victor's Secret"的成人用品店提起的商标侵权和商标淡化之诉。美国最高法院在判决中认为,提起商标淡化之诉的原告必须举证证明其商标的"实际淡化"行为,而不能仅仅只是"淡化的可能性"。此判决一出,引发广泛关注,因为此前美国各巡回法院依据美国商标法(《兰哈姆法》)第 43(c)条审理反商标淡化案件时意见不一。据统计,自《1996 年联邦商标淡化法》正式确立驰名商标反淡化法律制度以来,美国产生了数百个商标淡化诉讼案件。因莫斯里案的重大影响及意义,美国众议院司法委员会对此给予了极大关注,并认为,使驰名商标权利人承担过重的举证责任,并非国会通过《联邦商标淡化法》时的本来意图,最高法院对此产生了误解,有必要及时澄清。

《信息集合体反盗版法案》(1997 年)

1997 年美国众议院提出了《信息集合体反盗版法案》,即《H. R. 2652 法案》,以反不正当竞争和反滥用为立法的理论基础,不再仿照欧盟以特殊权利作为保护的作法。该法案一度被众议院通过,并被纳入《美国数字千年版权法》。但美国司法部认为该法案的保护范围太大,对社会公众的言论自由构成威胁,违背了《宪法第一修正案》。国会最终通过了《数字千年版权法》,而删除了其中有关《H. R. 2652 法案》的内容。

---

① 王贵国:《国际 IT 法律问题研究》,北京,中国方正出版社,2003 年 1 月版,第 99 页。

② Moseley v. V Secret Catalogue, Inc. , 537 U. S. 418,2003.

1999 年，美国众议院又于 1 月和 5 月分别提出了《H. R. 354 法案》，即《信息集合体法案》，以及《H. R. 1858 法案》，即《消费者及投资者使用信息法案》为数据库提供了一种类似反不正当竞争法的保护。不过，这两个法案也未能获得通过。

《H. R. 3261 法案》，即《数据库与信息集合体反盗用法》，于 2003 年 10 月被提交到第 108 届国会上；2004 年美国商业委员会又提出了《H. R. 3872 法案》，即《消费者信息获取法》。

《反电子盗窃法》(1997 年)

1997 年，针对网上"黑客"制定的《反电子盗窃法》被视为是保护网络知识产权方面最重大的进步。该法是一部直接适用于数字技术环境的版权刑事处罚法，目的是加大对版权侵犯行为的处罚力度。该法将"谋取商业利益或私人财务所得"的概念解释成"接受或期望接受任何有价值的东西，包括接受有版权的作品"。该法同时也要求美国量刑委员会 (United States Sentencing Commission)，对该法所规定的侵犯版权的犯罪在制定相关量刑标准时予以充分从严，并明确侵权数量和零售价值的法定数额。《反电子盗窃法》的通过，显示出美国已经将对版权的保护延伸到了对"电子信息流" (flow of electronic information) 知识产权的保护方面。在主观和客观条件的认定上，脱离了以往版权法规定的以"获取商业利益或私人财务所得"为目的的立法框架。但是，如果版权侵权人存在"故意"谋取商业利益或私人财务所得的行为时，则将进一步加重刑事处罚，具体规定在 1998 年通过的《数字千年版权法》中。

《在线版权侵权责任法》(1997 年)

于 1997 年出台、1998 年更名的《在线版权侵权责任法》，主要目的是保护网络服务提供商 (ISP) 和在线服务提供商 (OSP)，避免因使用者实施侵权行为而承担过重的法律责任。[1] 该法规定，若 ISP 未主动传输、挑选、编辑受指控侵权作品以及未超过法律限定的缓存时间，则 ISP 不承担直接侵权责任、共同侵权责任和代替侵权责任。

《数字版权净化和技术教育法》(1997 年)

《数字版权净化和技术教育法》强调只有在收到版权侵权通知且有合理机会限制所指控版权侵权行为而未采取相应限制措施的情况下，ISP 才承担法律责任。

---

[1] 郭卫华、金朝武、王静、等：《网络中的法律问题及其对策》，北京，法律出版社，2001 年 1 月版，第 61 页。

以《在线版权侵权责任法》和《数字版权净化和技术教育法》两部法案的通过为标志,美国法律开始以"过错"来认定 ISP 的版权侵权责任——将 ISP 的版权侵权责任之归责原则由"严格责任"转变为"过错责任"。这两个法案还指出,对于他人的侵权指控,网络服务提供者也可以采取"安全港抗辩"来对抗,即网络服务提供者只要遵循了预先确定的程序和规则,就可以证明自己对侵权行为没有过错。美国 1996 年出台的《传播净化法》规定了"安全港抗辩"原则,指出在线服务提供者只要采取了要求用户使用已经被证实的信用卡或成年人的身份证等措施,就可以被视为尽到了注意义务。

《数字千年版权法》(1998 年)[①]

1998 年 10 月 28 日,由时任总统克林顿签署生效。该法案在原有版权保护的基础上,增加了版权保护和管理系统一章,并引入了"反向工程"的概念。[②] 这一法案可以看作是美国在数字时代网络著作权立法上的尝试,是网络初期著作权利益冲突各方折中的产物,也是对 1996 年 12 月世界知识产权组织通过的《世界知识产权组织著作权条约》和《世界知识产权组织表演人与录音物条约》两项条约的回应,这两项条约试图在国际范围内指导解决因互联网蓬勃发展而引起的著作权问题。

《数字千年版权法》的主要特点是以著作权人为中心,加强对其权益的保护,同时又对 ISP 的责任予以限制,以确保网络的发展和运作。

该法的核心是反规避条款。该法规定,侵权行为即使不带有营利性的动机,达到一定条件亦可被判定为犯罪。该法针对数字技术和网络环境的特点,对美国版权法做了重要的补充和修订,其为技术措施提供的法律保护颇为复杂,将控制访问的技术措施和控制使用的技术措施分开,给予不同范围的法律保护。该法规定,规避"可以有效地控制访问(版权)作品的技术方法"的行为是违法的;开发或发布规避技术也是违法的。[③] 可以看出,该法案是从两个基本方面来规定对于技术措施的保护的:一是从他人访问作品的角度来规定,即不得对版权人所实施的有效控制他人访问自己作品的技术措施进行破解或破坏;二是从版权人行使自己权利的角度来规定,即他人不得对版权人所实施的有效保护自己权利的技术措施进行破解或破坏。[④]

---

① 也译为《千禧年数字版权法》《数码版权千禧法案》,或《数字化时代版权法》等。

② 王贵国:《国际 IT 法律问题研究》,北京,中国方正出版社,2003 年 3 月版,第 71 页。

③ 〔美〕理查德·斯皮内洛:《铁笼,还是乌托邦——网络空间的道德与法律》,李伦、等译,北京,北京大学出版社,2007 年 8 月版,第 96 - 96 页。

④ 郭卫华、金朝武、王静、等:《网络中的法律问题及其对策》,北京,法律出版社,2001 年 1 月版,第 42 页。

该法涉及网络作品的临时复制、网络文件的传输、数字出版发行、作品合理使用范围的重新定义、数据库的保护等,规定未经允许在网上下载音乐、电影、游戏、软件等为非法行为,网络著作权的保护期为 70 年。这一法律对版权的拥有者和网络服务商给予保护,包括图书馆员、教育机构、网站拥有者、网络用户、网上广播者等在内,对于粘贴或下载受保护的资料,都要付费。

严格责任过度保护了权利人的利益,侵害了网民们在互联网中的自由。为了保证权利人与社会公众利益之间的平衡,《数字千年版权法》第 1201 条规定了 7 项例外(反规避条款),即在以下 7 种情况下不构成侵权:①反向工程①。允许软件开发商规避合法获得计算机程序的技术措施,以识别必要的成分,从而使一个独立创作的计算机程序与其他程序兼容,但条件是为达到兼容效果而有必要识别的成分不易获得。②加密研究。考虑到有必要提高版权人防范盗窃的能力,以促进加密技术的发展和新的加密产品的开发,加密测试是必要的,这种测试又称为"善意黑客"。③安全测试。此测试是指经计算机、计算机系统或计算机网络的所有者或运营者的授权,只出了善意测试的目的,接触计算机、计算机系统或计算机网络,调查、纠正其安全缺陷或脆弱性。④法律执行、情报机关和其他政府活动,联邦、州或州政府部门的工作人员或与其有协议的人进行的合法授权的调查、保护、信息安全活动,这里的信息安全是为了发现政府的计算机、计算机网络的脆弱性而进行的活动。⑤未成年人保护。允许生产包含在产品中的用于规避目的的部件,其唯一的目的是帮助父母阻止未成年人接触网络上的色情或其他有害内容。⑥保护个人识别性信息。使用者在没有得到对个人信息进行收集的通知和没有其他能力阻止这种收集行为的情况下,可以规避那些收集、散布有关接触作品的使用者在网上活动的个人信息的技术措施。⑦非营利的图书馆、档案馆和教育机构。这些机构在无法以其他手段获得作品的复制件的情况下,可以接触商业开发的版权作品,但唯一的目的必须是为了善意决定是否购买这些作品,而且接触的时间不能超过合理的限度。②

《数字千年版权法》"豁免"了网络资源提供商,比如美国在线和电话公司。该法增订了第 512 条,为 ISP 提供了"避风港"的保护,即在符合一定条

---

① 反向工程指通过技术手段对从公开渠道取得的产品进行拆卸、测绘、分析等而获得的有关技术信息。对计算机软件实施反向工程是否属于软件的合理使用,尚存争议。从美国现有法律规定来看,美国在立法上趋于承认软件反向工程的合法性。

② 郭卫华、金朝武、王静、等:《网络中的法律问题及其对策》,北京,法律出版社,2001 年 1 月版,第 44-45 页。

件下，ISP不必就其客户的侵权行为承担责任。第512条(d)款规定：对于利用超链接、联机指南、搜索引擎等信息搜索工具将用户引向或链接到含有侵权标榜网站的行为，ISP不承担赔偿损失的责任，只承担有限的侵权责任，且必须满足以下条件。

(1) 实际上并不知道侵权活动的存在。

(2) 并未意识到侵权活动的存在。

(3) 在服务提供者有权利和能力对这些侵权活动加以控制时，并未从中获得直接经济利益。

由此，法律为ISP的侵权责任垒了一个很高的门槛——ISP只要遵循了预先确定的程序和规则，就可以证明自己对侵权行为没有过错而不必承担侵权责任。[①] 也就是说，如果他们愿意中止向侵犯版权者提供服务，并且一旦发现侵犯版权的信息就立即从网站上删除，那么就可避免法律制裁。[②]

《数字千年版权法》还对权利管理信息加以保护。所谓权利管理信息，又称版权管理信息，是指在作品向公众传播时，随附于作品或作品的复制品所显示的用以确认作品、作品的著作权人、作品的任何权利人或使用该作品的期限和条件及足以显示任何该项目的数字、数码等信息。版权管理信息并不是网络时代的产物，传统印刷品上的版权页上有关作者、出版日期的信息，也是版权管理信息。但是在网络环境下的版权管理信息有其独特性，在适用范围、责任机制的功能方面均有所扩张和更新。这种以数字化形式出现的权利管理信息很容易被人伪造、篡改和消除，从而造成对权利人的极大损害。美国最早在1995年的《白皮书》中提出对权利管理信息加以保护，并在《数字千年版权法》中对权利管理信息的保护做了详细的规定。它将"版权管理信息"界定为作品复制品、录音制品、作品表演、作品展览中的信息（包括数字化信息），主要包括以下内容：①作品的名称和其他识别作者的信息，包括作品附注中的此类信息；②作者名称和其他识别作者的信息；③版权所有人的名称和其他识别版权所有人的信息，包括作品附注中的此类信息；④除视听作品外的作品，其表演被固定在该作品中的表演者的名称，和其他识别表演者的信息，该作品被广播电台、电视台向公众播送的除外（如影视作品中的一个镜头形成的照片，应当标注表演者，但如果该照片由电视台播送，画面上可以不标注表演者姓名）；⑤视听作品，其作者、表演者或导

---

① 参见张平：《网络法律评论》（第11卷），北京，北京大学出版社，2010年1月版，第143页。

② 〔美〕理查德·斯皮内洛：《铁笼，还是乌托邦——网络空间的道德与法律》，李伦，等译，北京，北京大学出版社，2007年2月版，第96页。

演的名称和其他识别表演者的信息,该作品被广播电台、电视台向公众播送的除外;⑥有关作品使用期限和条件的信息;⑦识别或连接上述信息的数字或标记;⑧版权登记机构规定标注的其他类型信息,但不包括版权登记机构不要求提供的作品使用者的信息。①

与大陆法系国家将权利管理信息视为作者精神权利的做法相反,美国法律认为权利管理信息能够促进作品的使用,与作者的精神权利无关。《白皮书》就曾指出,在信息高速公路上,权利管理信息将成为作品的某种形式的授权盘,使用者通过它可以获得有关作品的重要信息。对于消费者能够发现并获得授权从而使用享有版权的作品来说,这类信息的准确性是至关重要的。可靠的信息将促成有效的授权,并降低享有版权作品的授权使用的办理费。②

《数字千年版权法》自诞生之日起,就引起很大争议。支持者认为,这是美国版权政策里程碑之一,解决了先前法律中没有涉及的与数字技术相关的版权问题。其根本目的是使美国的版权法"平稳进入数字时代",并希望通过这一法案,"使数字网络成为一个能够安全传播和使用版权所有内容的地方"。

反对者指出,第一,法案的有关规定含糊不清、繁杂不确切。例如,对于网络平台上的作品应如何重新界定,网络作品著作权与传统作品著作权的区别,网络著作权侵权管辖等,这些问题都没有得到很好的解决。第二,《数字千年版权法》本身的规定,也带来了一系列的问题,它使合理使用版权作品变得十分困难。人们担心"禁止破坏著作权之保护体系"的规定,是否会成为著作权人禁止他人对自己作品进行研究、实现技术垄断的工具,"赛博专利扩大了专利保护的范围,有窒息创新的危险"。③ 第三,《数字千年版权法》也使得 ISP 应著作权人的要求不得不删除网民对其作品的评论或讨论,这是否构成对个人自由的挑战?

《松尼·波诺版权期限延长法》(1998 年)④

这是 1998 年《数字千年版权法》之外又一引起广泛质疑的立法。该法将版权保护期增加了 20 年,任何创作于 1978 年 1 月 1 日以后的作品在作者终生及其死亡后 70 年内享受版权保护。这部法律不仅允许作者享受他

---

① 王贵国:《国际 IT 法律问题研究》,北京,中国方正出版社,2003 年 1 月版,第 42—43 页。
② 王贵国:《国际 IT 法律问题研究》,北京,中国方正出版社,2003 年 1 月版,第 43—44 页。
③ 〔美〕理查德·斯皮内洛:《铁笼,还是乌托邦——网络空间的道德与法律》,李伦、等译,北京,北京大学出版社,2007 年 2 月版,第 123 页。
④ 该法案由已故的加州共和党参议员松尼·波诺(Sonny Bono)提出,以其名字命名。

们的劳动成果直至死亡,还允许其继承人在附加的一段时期里从他们的父母、姐妹、兄弟的作品中获利。70 年后,该作品进入所谓的公共领域。[①] 该法是为纪念已故音乐家和议员松尼·波诺而颁发的《松尼·波诺版权期限延长法》。松尼·波诺的遗孀玛丽·波诺坚信"著作权应该是永久的"。[②]

美国的版权保护期限自立法至今,一直是被不断延长的。1790 年的《版权法》,规定的保护期限是 14 年,可以续展 14 年。1909 年,版权保护期限改为 28 年,可续展一次,总期限达到 56 年。1976 年的《版权法》规定,个人作者的版权保护期限为作者有生之年加死后 50 年,法人作者(如迪士尼公司)的版权保护期限为 75 年。《松尼·波诺版权期限延长法》将版权保护期延长 20 年,个人作者的版权保护期限为作者有生之年加 70 年,法人作者的版权保护期限成了 95 年。[③]

人们认为,这部法律是迪士尼公司和时代华纳公司游说的结果。因为按照以往的法律规定,米老鼠将于 2004 年失去版权保护进入公共领域。《松尼·波诺版权期限延长法》将版权保护期延长了 20 年,这样,创作于1928 年的"米老鼠"至少可以被保护到 2024 年。莱斯格教授说,众议院最初提出这项法案的 13 人中,有 10 人从迪士尼政治活动委员会那里得到了最高额定的赞助费;参议员中,12 名发起人中有 8 人接受了赞助。[④]

《松尼·波诺版权期限延长法》颁布后招致了激烈的反对。网络出版商埃尔德雷德率先提起诉讼,即"埃尔德雷德诉阿什克罗夫特案"。[⑤] 该案因哈佛大学法学院承担律师工作并得到哈佛大学和斯坦福法学院法律教授劳伦斯·莱斯格的支持而名噪一时。[⑥] 埃尔德雷德经营着一个网站,专门提供版权已经到期图书的免费下载。而 1998 年修改的版权法使埃尔德雷德在网上出版一些早期诗集的计划告吹,并且 20 年之内都无法实现。1999 年,埃尔德雷德决定起诉国会 1998 年通过的这个法案。原告的核心观点有两个:①延长现有著作权保护期违反了宪法中"一定期限"的规定;②将著作权期

① 〔美〕唐·R.彭伯:《大众传媒法》(第十三版),张金玺、赵刚译,北京,中国人民大学出版社,2005 年 7 月版,第 482 页。

② 〔美〕劳伦斯·莱斯格:《免费文化:创意产业的未来》,王师译,北京,中信出版社,2009 年 1 月版,第 178 页。

③ 〔美〕理查德·斯皮内洛:《铁笼,还是乌托邦——网络空间的道德与法律》,李伦、等译,北京,北京大学出版社,2007 年 2 月版,第 96—97 页。

④ 〔美〕劳伦斯·莱斯格:《免费文化:创意产业的未来》,王师译,北京,中信出版社,2009 年 1 月版,第 181 页。

⑤ Eldred v. Ashcroft, 537 U. S. 186,2003.

⑥ 〔美〕理查德·斯皮内洛:《铁笼,还是乌托邦——网络空间的道德与法律》,李伦、等译,北京,北京大学出版社,2007 年 2 月版,第 97 页。

限延长 20 年违反了《宪法第一修正案》。①

尽管有劳伦斯·莱斯格的支持,埃尔德雷德仍然在巡回法院和上诉法院败诉。包括莱斯格教授在内的律师们决定把官司一直打到联邦最高法院。2002 年 2 月,最高法院受理此案。原告在最后陈词中总结道:支持《松尼·波诺著作权期限延长法》不仅意味着承认国会可以不受限制地延长著作权的保护期,这种行为终将导致市场的集权化,它还意味着,通过操纵著作权法,国会可以任意限制人们的话语权,实现自己的偏好。②

2003 年 1 月 15 日,美国联邦最高法院以 7 票对 2 票的结果,驳回了埃尔德雷德提出的诉讼。

对于埃尔德雷德团队来说,一再延长版权实际等于变相使版权永久化,明显与宪法"有限时间内保护著作权"的条款相悖。美国宪法中提道:"为了推动科学和进步文化的发展,国会有义务有限制地保护作者和发明者对其作品所享有的著作权和专营权。"

最高法院的法官们也同意这个逻辑,但法官们指出,此案的尴尬之处在于,宪法亦明确授权,由国会确定多长时间算是"有限时期";如果法院推翻国会法案,即属越权。法庭判决书指出,1998 年著作权期限延长法案并未违反宪法规定,也没有违反言论自由的精神。

两名投反对票的法官约翰·保罗·斯蒂文斯和斯蒂文·布勒尔认为,法庭的最终判决是错误的。布勒尔指出,如果延长法案的行为继续发展下去,将会把知识产权变成一种永久性的权利,而不是宪法所说的"有限时间"内的权利,这将阻碍而不是促进科学的发展。斯蒂文斯法官则认为,法庭(的判决)"未能有效地保护公众免费欣赏艺术创作的权利"。③ 保护期的延长意味着 2019 年之前,不会再有任何受著作权保护的作品可以进入公共领域。④ 因此,可以肯定地说,这部法律过分保护了财产权,不符合公众的最大利益,因为公共领域的繁荣对公共利益极其重要。

虽然最高法院做出了终审判决,但围绕此案的质疑之声并未停息。《纽约时报》评论道:

---

① 〔美〕劳伦斯·莱斯格:《免费文化:创意产业的未来》,王师译,北京,中信出版社,2009 年 1 月版,第 190 页。

② 〔美〕劳伦斯·莱斯格:《免费文化:创意产业的未来》,王师译,北京,中信出版社,2009 年 1 月版,第 195 页。

③ http://news.eastday.com/epublish/gb/paper148/20030117/class014800013/hwz867820.htm

④ 〔美〕劳伦斯·莱斯格:《免费文化:创意产业的未来》,王师译,北京,中信出版社,2009 年 1 月版,第 178 页。

事实上，最高法院的判决让我们看到了公共领域的终结和永久性著作权的诞生。公共领域一直是一项伟大的实验，我们绝不会容许它消亡。正是因为能够自由借鉴整个人类社会产生的所有创意作品，我们生活的时代才充满如此的生机和创造力。[①]

莱斯格教授认为，保护过度会导致损害互联网的创新；为了维护互联网的出现，必须保留足够的共享空间。在其著作《代码 2.0——网络空间中的法律》的中文版序中，他写道，在知识产权方面，美国的政策选择毫无正确性可言。那些政策过于极端，有碍于互联网的创新及发展。它们没有实质性的理论依据，唯一的靠山就是那些鼓吹者的游说。事实上，平衡恰恰是美国的传统。然而太久以来，人们一直疏远了这个传统，更别提用它批判性地思考"产权"概念的范围了。"如果美国是阿喀琉斯，这就是美国的'阿喀琉斯之踵'，也是美国悲剧的起源"。[②]

《美国网域名称政策绿皮书》(1998 年)

1998 年 1 月 30 日，美国商务部公布了《美国网域名称政策绿皮书》，该文件的核心部分建议美国政府不再掌控网域名称及地址系统的管理，将该权力转移给民间企业。该文件指出，网域名称登记制度缺乏竞争性，解决网域名称所有人与商标权人之间权利冲突的机制既昂贵又费时，应采取以下对策：①建立一种通过具有代表性、非营利性的公司来管理该系统的新机制。这种机制具备稳定性、竞争性、私有性和代表性。②网域名称的注册程序将开放竞争，并分为登记处及登记机构两个部门。前者为使用者平等申请网域名称之处，后者为管理第一层高级网域资料库的机构。③限制新的第一层高级网域数目。④给予网络上的商标权人如同社会中的商标权人一样的商标权利。将网域注册机构是否在异议提出后对纠纷予以处理，以及网域名称争议发生时由哪个国家或哪个法院管辖等问题，开放给公众讨论。[③]

《下一代因特网法》(1998 年)

为了避免网络域名与商标权争议，以及设置争议解决机制，1998 年 10

---

① 〔美〕劳伦斯·莱斯格：《免费文化：创意产业的未来》，王师译，北京，中信出版社，2009 年 1 月版，第 205 页。

② 〔美〕劳伦斯·莱斯格：《免费文化：创意产业的未来》，王师译，北京，中信出版社，2009 年 1 月版，第 225 页。

③ 郭卫华、金朝武、王静、等：《网络中的法律问题及其对策》，北京，法律出版社，2001 年 1 月版，第 92 页。

月 28 日时任美国总统克林顿签署了《下一代因特网法》,该法案包含的条款中要求国家研究委员会(National Research Council)做出设置无商标顶级域名对商标权的影响研究报告。该研究委员会的研究报告将围绕以下四个问题:①商标权排除体系,如一种可查询的资料库;②争议管辖权和法律适用选择;③注册员和注册的法律责任;④互联网地址技术和政策的选择。

《反域名抢注消费者保护法》(1999 年)

随着互联网的发展,域名与商标的冲突也日益激烈,恶意抢注域名的案例与日俱增,导致的法律纠纷层出不穷。为了顺应电子商务的发展潮流,保护网络消费者的合法利益,弥补传统方式解决域名争议之不足,回应司法界和工商界对于既有域名法律制度框架改革的呼声,美国国会于 1999 年 11 月 29 日通过了《反域名抢注消费者保护法》。

该法案为美国《1946 年商标法》(即《兰哈姆法》)增添了一个专章。该法案的基本内容是禁止恶意抢注,禁止出售抢注的域名或者以著名商标、名称或名人姓名作为域名注册,并让法官有很大的自由裁量权来判断何为恶意抢注。[1] 除部分特别规定外,法案具有溯及力,适用于生效日(亦为 1999 年 11 月 29 日)之前、之时及之后的所有域名注册。法案针对恶意域名抢注行为、救济措施等做出了一系列新的规定,如恶意从他人商标或者该法保护的个人名字中获利;注册、买卖、使用相同或者相似以混淆已经具有特殊性的商标的域名;注册、买卖、使用相同或者相似以混淆或者淡化其在注册时已经是著名商标的域名,具有以上行为要承担民事责任。根据该法规定,法官可以命令域名注册人放弃、取消该域名,或者将该域名转移给商标所有权人。

美国著名的雅虎公司的商号就曾被一家以色列网站设计公司使用,成为其商号"yahoo-israel"的组成部分,并在以色列国家顶级域名.il 之下将其注册为域名,后又将其注册为商标。雅虎公司在特拉维夫起诉这家以色列公司。法院认定被告注册的商号、域名、商标导致公众误解和混淆,因此法院责令该公司将有关的域名和商标转移给雅虎公司。[2]

美国《反域名抢注消费者保护法》为"恶意"的认定提供了九条详细的标准。

① 该人在该域名上的商标权或其他知识产权。

---

[1] 郭卫华、金朝武、王静、等:《网络中的法律问题及其对策》,北京,法律出版社,2001 年 1 月版,第 92 页。

[2] 郭卫华、金朝武、王静、等:《网络中的法律问题及其对策》,北京,法律出版社,2001 年 1 月版,第 77 页。

② 该域名包含该人的真名(legal name)或者在通常情况下用以标识该人的其他称谓。

③ 该人在提供任何商品或服务过程中可能存在的、对该域名的善意在先使用。

④ 该人在通过该域名可进入的网站上对该商标所为的善意的非商业性使用或者合理使用。

⑤ 该人是否具有将消费者自商标权人的在线地址诱导至该域名标识之网站的意图,而且有可能通过在网站来源、网站的发起人、网站的关联关系或网站建立的核准等方面制造混淆等方式,为获取商业利益或者故意败坏或贬损该商标而损害由该商标代表之商誉。

⑥ 该人是否为获取经济利益而向商标权人或者第三方发出转让、出售或以其他方式让与该域名的邀约,但并没有为提供任何商品或服务而善意地使用或意图使用该域名,或者该人此前的做法表明其一贯如此。

⑦ 该人在申请域名注册时提供重大与具有误导性的错误联络信息,以及该人故意不维护准确的联络信息,或者该先前的做法表明其一惯如此。

⑧ 该人是否注册或获取了多个域名,而且知道这些域名在其注册时与他人商标具有显著的相同性或足以导致误认的相似性,或者足以造成在这些域名注册时著名商标的淡化,不论各当事方经营何种商品或服务。

⑨ 该人之注册域名中包含的商标在何种程度上具备或不具备显著性,以及是否为商标法第43条(c)款(1)项意义上的著名商标。

法院在判断域名注册人是否具有恶意时,不限于考虑以上九点因素。如果法院认为注册人相信而且有合理的理由相信使用该域名属于合理使用或者具有其他合法目的,那么,注册人的行为不属于恶意。另外,ACPA还有保护个人姓名被他人抢注为域名的规定:如果直接以他人的姓名,或者将足以混淆他人姓名的符号注册为域名,并且有意把该域名出卖给该姓名所有人或者第三方,必须承担民事责任。如果该名字属于著作人的姓名,即域名注册人属于著作权所有者或者被授权的,那么这个行为就不是ACPA民事责任规范的对象。

对于著名商标而言,如果域名注册人是为了出卖该域名给商标所有人而加以注册,就属于商业使用行为,著名商标所有权人可以根据美国《联邦商标反淡化法》,加以指控。然而,ACPA只适用于著名商标,对仅仅具有特殊性的一般商标就无法提供相同的保障。尤其是所注册的域名和原来的商标或服务不相同的时候,因不被视为混淆消费者,因此无法加以指控侵犯商标。①

该法案比较周密地考虑了商标持有人和域名注册者之间的利益平衡。

随着网络的发展和人们法律意识的增强,网络商标权的跨国诉讼也日益增多。据世界知识产权组织称,2005 年,世界知识产权组织仲裁与调解中心共受理将商标抢注为域名的案件 1 456 件,这是该中心自 2001 年以来受理域名抢注案件数量最大的一年,平均每天 4 件,总量较上年增长 280 件,增幅达 20%。按照《统一域名争议解决政策》(UDRP)的程序,2010 年向世界知识产权组织仲裁与调解中心提交的 2 696 件域名抢注案,共涉及 4 370 个域名,比 2009 年增加了 28%,比 2008 年增加了 16%。自 1999 年 12 月启动 UDRP 以来,WIPO Center 已经收到了 2 万起基于 UDRP 的案件。②

《防止数字化侵权及强化版权补偿法》(2000 年)

该法旨在保护包括计算机软件在内的创造性作品的版权,加强了对侵犯作品版权行为的民事惩罚力度。对于被侵版权的作品,这一新法律将最高法定民事赔偿金额由 10 万美元提高到 15 万美元。

《家庭娱乐和版权法》(2005 年)

该法对美国现行版权法进行了修订,由《艺术家与防盗版法》《家庭电影法》《国家电影保护法》《孤本作品保存法》四部分组成,规定只要共享文件夹中存储了未发行的电影、软件或者音乐文件就可受到罚款和最多三年监禁的惩罚。美国电影协会声称超过 40% 的走私电影是在影院里秘密录制的。为此,该法禁止在影院中的摄录行为。依据该法,美国圣路易电影院一名 19 岁的收款员因偷录电影并在网上销售被判处八年监禁。

《知识产权保护法》(2005 年)

2005 年美国联邦司法部向国会提交了该法案,意在加强对版权的保护,打击侵权行为和假冒行为。这个法案与以往法律的最大区别是允许对企图侵权者进行惩罚。这个变化是对版权法的有力补充,使得那些没有侵权成功的人也将受到惩罚。另一个变化是即使版权作品还没有在美国联邦版权局注册,对其的侵权行为也将受到惩罚。而以往的版权法规定版权的注册必须在侵权行为发生之前。《知识产权保护法》取消了这一规定。

---

① 王贵国:《国际 IT 法律问题研究》,北京,中国方正出版社,2003 年 1 月版,第 57-58 页。

② http://www.ipr.gov.cn/guojiiprarticle/guojiipr/guobiebh/zhzhishi/201104/1213827_1.html,访问日期,2013 年 11 月 12 日。

《美国关税法》"337 条款"

美国"337 条款"是美国《1930 年关税法》第 337 节的简称,现被汇编在《美国法典》第 19 编 1 337 节。"337 条款"的前身是《1922 年关税法》的 316 条款,后经修改为《1930 年美国关税法》第 337 条而得名。自此以后,美国历次贸易立法不断对该条款加以修正。该条款成为美国重要的贸易保护手段之一。"337 条款"的主要内容是:"如果有进口行为存在不公平竞争方法或者不公平做法(主要指侵犯美国版权、专利权、商标权和实用新型设计方案等知识产权),可能对美国产业造成不良影响,美国国际贸易委员会(ITC)可以应美国国内企业的申请进行调查。"《美国关税法》"337 条款"的立法目的在于防止美国产业因进口产品的不公平竞争而遭受损害,特别是在知识产权方面。①

---

① http://www. baidu. com/s? ie = utf-8&fr = bks0000&wd = 337％E6％9D％A1％E6％AC％BE,访问日期,2014 年 6 月 23 日。

第五章　数字知识产权保护

——垄断性权利与合理使用

根据美国的版权法,版权拥有人几乎被赋予独自使用其作品的垄断性权利。然而,其垄断性权利受到四种限制:第一,作品必须是能够享有版权的。对不受版权法保护的物品不存在合法的垄断使用权。第二,垄断权仅保护原创性著作或创作,如果创作不是原创性的,那么它便不能受到保护。第三,版权保护不是永久性的。到了某个时间,版权保护会解除,作品便属于公共领域。第四,合理使用原则。

第一节　"合理使用"与侵权之争

合理使用原则,是指"一条合理的原则……旨在保护作者因其作品获得报酬的权利,另一方面,维护因尽可能广泛地传播思想与消息而产生的公共利益,保持二者间的平衡"。该原则允许有限度地复制享有版权、且尚未进入公共领域的原创作品。[①] 也就是说,在某些情况下,人们可以完全不征得版权所有者的同意,就使用部分或全部版权作品。[②] 从理论上说,"合理使用的目的与版权法的基本宗旨并不矛盾,即充分发挥版权作品的使用效益以协调公众使用作品的要求与作者权利主张的关系"。[③]

一、"合理使用"的标准

在 20 世纪 70 年代重新审定版权法时,美国国会意识到他们必须加上

---

① 〔美〕唐·R. 彭伯:《大众传媒法》(第十三版),张金玺、赵刚译,北京,中国人民大学出版社,2005 年 7 月版,第 483－484 页。

② 孙莹:《美国传媒人的法律读本:记者如何保护自己的权利》,广州,南方日报出版社,2010 年 1 月版,第 201 页。

③ Paul Goldstein, 1989: *International Copyright*: *Principles*, *Law and Practice*, Oxford University Press Inc. , p. 190.

一条规定,专门解释"合理使用"。1976年的《版权法》第107条规定,合理使用享有版权的作品……用于评论、批评、新闻报道、教学(包括复制多份供课堂教学使用)和学术研究的不属于版权侵权。[①] 1978年"爱荷华大学研究中心诉ABC公司案"中,美国法院明确阐述了作者专有权和公众使用权之间的关系:"合理使用制度的目的在于确保公众对社会信息的知悉权,公众自由获取信息的利益为法律所承认,但是'合理使用'不是传播媒介随意剽窃作品的许可证。"[②]

1."合理使用"的四条标准

在1976年《版权法》第107条中,国会特别制定了判断是否"合理使用"的四条标准。

(1) 使用的目的和性质,包括这种使用是具有商业性质还是为了非营利的教育目的。

(2) 原作的性质。

(3) 同整个作品相比,所使用部分的数量和重要性。

(4) 这种使用对原作的潜在市场或价值所产生的影响。[③]

这些标准给解释留下了非常多的空间,因此就无法事先确定一种具体的使用行为是否符合"合理使用"。一方面,如果是用于教育或获取信息;如果被复制的作品是参考资料或散文;如果使用设计作品的很小一部分;如果使用对于作品的潜在市场没有或者有很小的影响,这些都是未经许可的使用行为获得"合理使用"保护的最好机会。[④] 另一方面,如果一家商业杂志逐字逐句地抄袭了发表在一本非营利杂志上的一系列文章,它可能就触犯了版权法。[⑤]

支持合理使用的另一个标准是著作权材料的变形使用。所谓变形使用是指通过增加某些解释来展示原作品。这样一来,有些人可能会以新的角度来打量它。另外,诙谐性模仿作品是完全合法的。所谓诙谐性模仿作品是指一种为了逗笑,通过对原作品进行某种点评而加以模仿的

---

① 〔美〕唐·R.彭伯:《大众传媒法》(第十三版),张金玺、赵刚译,北京,中国人民大学出版社,2005年7月版,第484页。

② William F. Patry, 1985: *The Fair Use Privilege in Copyright*, Bna Books, p.378.

③ 孙莹:《美国传媒人的法律读本:记者如何保护自己的权利》,广州,南方日报出版社,2010年4月版,第202页。

④ 〔美〕Philip H. Miller:《媒体制作人法律实用手册》,何勇、李丹林、等译,北京,人民邮电出版社,2009年3月版,第90—91页。

⑤ Joseph R. Dominick, 2004: *The Dynamics of Mass Communication: Media in the Digital Age*, McGraw-Hill, p.417.

作品。[1]

事实上,很少有案例如此简单明了。比如,尽管一项未经许可使用的行为具有商业性质而非教育性质,但相对于整个版权作品来说数量非常之小,法院也可能会判决这是属于合理使用。相反,法院也可能不会将使用他人版权的具有教育性质材料的行为,认定为合理使用,因为这种使用的数量相对于整部作品来说太大,以致削弱了其市场价值。[2] 在旧版权法通行的年代(20世纪初至20世纪70年代),"合理使用"并没有一个清晰的定义。人们对此有不同的说法,有人说只要少于250个字,就不算侵犯版权;也有人说少于150字。实际上,连版权局都没有一个确定的说法。有些人甚至号称法律规定如果是唱片,只要短于20秒,就不算侵犯版权。实际上,法律从来没有这样规定过。[3] 在"Beta制大尺寸磁带录像系统案"中,最高法院于1984年裁定,有录像机的观众可以录制播放过的节目以留待以后个人观看,这样的行为不触犯《版权法》。法院认为,这样的录制是对电视节目的合理使用。1991年,联邦法庭裁决,商业性的复制公司,比如Kinko's,在复制或出售用于大学课程的具有版权的文章或书的章节之前,必须取得出版商的同意。[4]

在处理合理使用的问题上,国会拟定了一些原则,要求法院运用自己的权力认真审查每一个案件。在制作过程中对版权材料进行偶然性或背景性使用是否属于合理使用? 对于这一问题,不同的案件出现了不同的判决结果。在"阿母辛克诉哥伦比亚公司案"中[5],法院驳回了原告损害赔偿的请求,判决意见是,将版权作品作为背景性使用为合理使用。该案中,原告起诉哥伦比亚公司侵害了其版权,将几个形似"泰迪熊"的"活动音乐熊宝宝"的形象用在了名为《亲密家庭》(Immediate Family)的电影中。法官发现在电影中这些熊的形象展现时间不到两分钟,而且这样的使用对于原告作品的市场几乎没有影响,因而是合理使用。

---

① 〔美〕约瑟夫·塔洛:《今日传媒:大众传播学导论》(第三版),于海生译,北京,华夏出版社,2011年3月版,第102-103页。

② 〔美〕Philip H. Miller:《媒体制作人法律实用手册》,何勇、李丹林、等译,北京,人民邮电出版社,2009年1月版,第91页。

③ 孙莹:《美国传媒人的法律读本:记者如何保护自己的权利》,广州,南方日报出版社,2010年1月版,第201页。

④ Joseph R. Dominick, 2004: *The Dynamics of Mass Communication: Media in the Digital Age*, McGraw-Hill, p. 417.

⑤ Amsinck v. Columbia Picture Industries, 862 F. Supp. 1044, S. D. N. Y., 1994.

但在"伍德诉环球影城公司案"中①，法院则做出了相反的判决，拒绝驳回原告的主张。原告主张，环球影城公司及其导演侵犯了名为《Neomechanical Tower(Upper)Chamber》画作的版权。法院认为，在总长 130 分钟的电影里，该设计在片头中被使用了 5 分钟，具有显著性，不属于合理使用。

2007 年 2 月，一名叫斯蒂芬妮·兰斯(Stephanie Lance)的年轻母亲为自己的儿子霍尔登(Holden)制作了一段视频，并把它放到了 YouTube 上给家人和朋友展示。这段 30 秒的视频使用了普林斯(Prince)的《让我们一起疯狂》的音乐。几个月后，拥有普林斯歌曲版权的环球音乐威胁要将兰斯以侵犯著作权的名义告上法庭，并要求 YouTube 删除该视频。兰斯对环球音乐提出了反诉，抗议大的媒体跨国公司滥用版权限制网络世界的个人媒介使用者。她很快得到了电子前沿基金会等组织的法律援助。最终，环球音乐做出让步，YouTube 重新把霍尔登的视频放到了网站上。②

以上相冲突的案例表明，法院在判断对版权作品的背景性使用或偶然性使用是否构成合理使用时，考虑的关键点是，作品是否为很快而简短地展现，还是反复展现；或是是否以一种故意吸引注意力的方式使用作品(比如运用特写镜头，或通过一个演员或多个演员的举动，用直接指出或讨论的方式突出作品)。越是简短的、偶然性的使用，越容易被认为是合理使用。③

宪法的起草者认为，只有当人们能够从作品中获益的时候，才愿意创造有利于整个国家的作品。与此同时，宪法的起草者希望立法者建立一种平衡——平衡的一方，是作者从作品中获得个人利益的权利，平衡的另一方，是社会从他们的作品中获取信息的权利。④

2. 网络环境下的"合理使用"

在网络环境下，版权作品的合理使用和侵权使用之间的界限逐渐模糊直至消失，著作权人的著作权与公众的社会信息知晓权之间的平衡被打破。为了重新平衡版权所涉各方，包括版权人、使用者、传播者的利益，美国 1998 年颁布实施了颇具争议的《数字千年版权法》(DMCA)，在维持美国现有的版权法律体系的基础上，对数字网络环境下的合理使用制度做了补充规定，对版权人的网络复制权进行了各种限制。从 DMCA 对合理使用制度

① Woods v. Universal City Studio, No. 96 Civ. 1516 (MGC). 920 F. Supp. 62,1996.

② J. Charles Sterin, Tamka Winsto, 2011：*Mass Media Revolution*, Pearson, p. 337.

③ 〔美〕Philip H. Miller:《媒体制作人法律实用手册》，何勇、李丹林、等译，北京，人民邮电出版社，2009 年 3 月版，第 91－92 页。

④ 〔美〕约瑟夫·塔洛:《今日传媒:大众传播学导论》(第三版)，于海生译，北京，华夏出版社，2011 年 3 月版，第 101 页。

的规定来看，DMCA承认临时复制属于版权人的专有复制权范围之内，并在此基础上，对版权人的专有权进行了限制，规定了合理使用的除外责任。但是，DMCA对合理使用显得十分谨慎，采取了较为缓和、保守的做法：一方面，DMCA规定，破坏和规避版权人的技术措施为违法行为；另一方面，DMCA规定了十分有限的例外情形——仅限于出于研究、教育以及具有法律特别许可的目的规避技术措施的行为，并要求该行为必须符合有关的限制条件。可见，DMCA在考虑版权作品使用者的利益、限制版权人权利的同时，特别注意协调权利人与使用者之间的利益，避免走得太远而损及版权人的利益，并因而采取了逐步推进的方法来设计其合理使用制度。应该说，这种较为保守和稳妥的做法是值得他国借鉴的。[1] 同时，可以看出，DMCA也是各方利益冲突、博弈，并达到临时平衡的产物。

除了从立法上对合理使用制度做出规定外，美国的司法实践也在积极探讨这一问题。一个典型的案例是"宗教作品案"。[2] 在该案中，原告Religious Technology Center(宗教组织)，为宣传特定教义，编写了一套教材(简称OT文件)，实际上该教材宣扬的是一种心理暗示疗法。该文件高度保密，且拥有美国版权局颁布的版权证书。被告Arnaldo Pagliarina Lerma(个人)，属于另一宗教派别，反对Religious Technology Center的教义。被告将原告的OT文件，包括5本版权作品，分成33个小册子在互联网上发表。原告认为被告侵犯了其OT文件的版权。被告则认为，即使原告作品可以获得版权保护，被告行为也是合法的，属于合理使用的范围，应该受到版权法保护。法院依据1976年《版权法》中有关"合理使用"的四原则，最终判决被告败诉，其行为不构成合理使用。

(1)使用的目的和性质。被告认为，互联网有其特殊性，集教育、研究和信息交流为一体，所以对互联网上的交流(包括向互联网复制作品)应当区别对待。法院指出，尽管互联网具有革命性质，但在合理使用问题上，法律并没有赋予互联网以特殊的法律地位。合理使用的目的和性质应由法律规定，而本案被告的使用行为不属于法定范围，亦即不属于版权法所规定的批评、评论、新闻报道及学术研究行为。

(2)原作的性质。因作品的性质不同，版权法提供的保护强弱也有所不同。通常来说，法律对创作作品的保护要强于事实作品。本案中，虽然原

---

[1] 王贵国：《国际IT法律问题研究》，北京，中国方正出版社，2003年1月版，第17页。

[2] Religious Technology Center v. Lerma, 908 F. Supp. 1362, 37 U. S. P. Q. 2d (BNA) 1258, E. D. Va., 1995.

告承认其作品具有实用性,应为事实作品。但即便如此,事实作品仍然受版权法保护,更何况本案中原告的作品是尚未发表的作品。因此法院认为,对他人未发表的作品的合理使用,应受严格限制。

（3）同整个作品相比,所使用部分的数量和重要性。对于复制作品是否构成合理使用,一般可以从定性和定量两个方面来分析。复制原版权作品达到相当比例的,不应视为合理使用;同样,对原版权作品的核心内容进行复制的,也不构成合理使用。法院认为,从复制的数量与质量来看,被告几乎复制了原告作品的全部,因此,其使用作品的行为不构成合理使用。

（4）这种使用对原作的潜在市场或价值所产生的影响。这是构成合理使用与否的一个决定性因素。被告认为,对作品进行不利的评论,必将影响原告作品的市场,而合法的批评并不侵权。对于由此造成的原告作品市场价值的涨落,合法批评者不承担法律责任。法院认为,被告对原告作品的复制,可以对原告产生损害。

法院在判定被告不构成合理使用的同时,还强调指出,自版权法问世以来,经历了多次技术革命,每次技术革命都带来在新环境下如何解释和适用版权法的复杂问题。但从电视到录像机,再到数字化传输,版权保护始终存在,并促进了技术革命的发展。在这一点上,互联网也不例外——向互联网上载、张贴信息的行为,并不是天然法定的合理使用,而必须根据合理使用的法律内容,鉴别有关使用行为是否违法。1995 年总统特别调查委员会得出结论,从网上复制某些内容,是受到现行版权法保护的复制行为。但什么才算是对受版权保护的数字材料的合理使用? 这个问题是 2000 年两起有关数字音乐资料案件的焦点。[①] 这两起复杂的数字侵权案件,即"MP3.com案"和"Napster 案",将在第五章第三节详述。

3. 利益背后的博弈

一般而言,成熟的知识产权保护政策既尊重和保护权利人的权益,也追求其社会价值。然而,二者之间并不必然保持一致,相反,它们之间往往更多地表现为矛盾和冲突。[②] 特别是在互联网领域,合理使用和侵权之间的界限存在某种程度的模糊性,矛盾和冲突更为剧烈。在这背后不难看出利益集团博弈的影子。

---

① Joseph R. Dominick, 2004: *The Dynamics of Mass Communication: Media in the Digital Age*, McGraw-Hill, p. 417.

② 何精华:《网络空间的政府治理》,上海,上海社会科学院出版社,2006 年 1 月版,第 125 页。

美国计算机和通信业协会(CCIA)代表谷歌、雅虎等大型网络公司的利益,极力提倡"合理使用"原则。CCIA发表报告说,"合理使用"原则每年能够为美国创造4.5万亿美元的价值,占美国GDP的18%,还带来了1100万个就业岗位。[①] 由网络服务提供商组成的"数字未来联合会"(the Digital Future Coalition)要求将"合理使用"原则扩展到互联网上,他们主张,版权的主要目的是通过降低信息出版和发行费用来加强新思想的自由流动。所以,降低而不是增加版权人的权利主张更为合适。[②]

而内容提供者为反对的一方,如"鼓励创作联合会"(Creative Incentive Coalition),由于在网上展示了作品而要求得到补偿。他们认为,只有严格的保护机制,才能使创作者愿意把最有价值的作品放置在数字环境中。所以应尽量减少甚至消除"合理使用",以保护互联网上的版权资料。[③] 他们指出,一些互联网巨头以"合理使用"原则作为"挡箭牌",或者声称非商业用途,实在有些牵强附会。美国弗吉尼亚大学教授西瓦·维迪亚那桑(Siva Vaidhyanathan)就曾指责谷歌的这一做法。他说,"合理使用"本身就是一个模糊的概念,每个人都可以做出有利于自己的解释。如果任何行为都拿来往这个篮子里装,而没有一个严格的标准,就等于是践踏了这条法律原则。[④]

一个典型案例是"美国作家协会和美国出版业协会诉讼谷歌案"[⑤]。谷歌和哈佛大学、斯坦福大学等几家美国高校的图书馆合作,扫描了700多万本书,放在网上,供用户搜索和浏览。2004年,谷歌图书上线。2005年,美国作家协会和美国出版业协会便把谷歌告上法庭。在长达四年的商谈之后,2008年谷歌不得已拿出1.25亿美元给这两个协会,用以补偿作者和出版社的损失。这仅仅还是个开始,在全世界范围内,有不计其数的出版社和作者起诉谷歌侵犯版权。[⑥]

另一个案例是"《纽约时报》诉乔纳森·塔西尼案"[⑦]。2001年乔纳森·

---

① 吴寸木:《谷歌不听话:互联网背后的大国角力》,北京,电子工业出版社,2010年1月版,第100-101页。

② 吴小坤、吴信训:《美国新媒介产业》,北京,中国国际广播出版社,2009年1月版,第82-83页。

③ 吴小坤、吴信训:《美国新媒介产业》,北京,中国国际广播出版社,2009年1月版,第82页。

④ 吴寸木:《谷歌不听话:互联网背后的大国角力》,北京,电子工业出版社,2010年1月版,第102页。

⑤ The Authors Guild, et al. v. Google Inc., No. 05 Civ. 8136, S. D. N. Y. Mar. 22,2011.

⑥ 吴寸木:《谷歌不听话:互联网背后的大国角力》,北京,电子工业出版社,2010年1月版,第102-103页。

⑦ New York Times Co. v. Tasini, 533 U. S. 483, 2001.

塔西尼（Jonathan Tasini）领导的美国全国作家协会（National Writers Union）发起了一场运动，要求媒体公司对那些文章在网上被重复使用的自由职业投稿者给予赔偿。从1990至1993年，乔纳斯·塔西尼等六位自由撰稿人向《纽约时报》《新闻日报》《时代杂志》《体育画刊》投稿。这些文章后来作为在线出版的数据，虽然归属于LexisNexis[①]，却也在麦克菲姆斯（Microsfilms）国际大学出版的光盘版数据库、《纽约时报》的电子版和"常规期刊"的电子版中出版或出现过。

这些数据出版商认为，他们的授权来自与作者签订的出版协议。问题在于报纸和杂志的出版商是否有权利将这些文章无偿地作为其在线出版的资料。

对此，出版商们反驳道，根据《版权法》的条款，他们拥有在自己的报纸杂志上发表的文章的版权，并对此进行了采编的再劳动，因此也就有了这些数据的所有权。《版权法》第201条规定提供了这样的说明："采编工作的版权所有者被假定为拥有再创造和分配文章的权利，以及任何进行其他修订的编辑权利和任何此后的对同样段落进行修改权利。"

在之后的判决中，纸质媒介的出版商赢得了胜利。在这一审判程序的进行过程中，纽约的南部地方法院对于"修订"一词做了重新的定义，认为"修订"在"保存重要的原创编辑工作方面"是必需的，即无论在对原创内容进行选择还是在对其重新排列中，都是必须的。地方法院解释道，转载报纸杂志的文章到数据库中可以保护出版商的"文章选择权"。

然而，第二巡回法庭驳回了上述判决。法院发现在线数据库并不在第201条规定的覆盖范围之内。数据库并不能说是对原作品的"修订"。巡回法院解释说，第201条规定并不"允许出版商直接将作者的拷贝件出售给公众，即使出版商能够单独出售作品"。

美国最高法院的判决倾向于第二巡回法院和文章的作者们的。最高法院认定的事实是，这些个人作品都毫无疑问以原创期刊或是改后版本的文本内容的形式被无偿地引入了数据库。法院拒绝了出版商将数据库与微缩胶片或微缩软片进行类比。微缩胶片由连续的照相复制而成，用于使内容最小化。因此在微缩胶片上的文章，虽然缩小了，然而精确表达了文章在报纸中的版面位置，因而与纸质媒体在本质上是相通的，然而它与在线数据库仍然是不同的概念。

---

① LexisNexis学术资料库，主要提供商学、法学、新闻传播及医学领域为主的资料，包括报纸、期刊约2000位名人的基本资料、生平传记和手稿等。

最高法院认为,数据库更类似于每一篇文章的概要。在这样的概要中,每一个期刊的编辑代表了可以无限扩展的小写部分。法院还认为,数据库对文章的引用已经不仅仅是一篇400页的小说对十四行诗歌那样的引用了。

塔西尼在美国最高法院打赢官司,很快,纠正性的案例判决下达给地方法院。最终迫使《纽约时报》必须首先获得自由职业者的授权,方可在其电子数据库中提供过期刊物。这在拥护版权保护的人看来是一次里程碑式的胜利——美国的自由撰稿人拥有了独立的数字版权——哪怕文章已经在报纸上发表。

2011年4月,塔西尼再次向纽约州南部地区联邦地方法院起诉美国在线(AOL)和博客网站赫芬顿邮报,指控被告利用博客上的创作内容获得经济利益,却不支付费用。塔西尼从2005年开始到2010年初"封笔",共为赫芬顿邮报撰写了216篇博文。塔西尼希望该案成为集体诉讼,并代表逾9 000名博主要求被告赔偿至少1.05亿美元的经济损失。

AOL称这一诉讼没有事实依据。公司发言人马里奥·瑞兹(Mario Ruiz)在一份声明中说:"我们之前就曾表示,博主利用我们的平台,使他们创作的内容能够被尽可能多的人看到,这与许多人通过电视节目宣传他们的观点相似。赫芬顿邮报的博客作者可以在多个网站上发布内容,其中包括他们自己的网站。"哥伦比亚大学法学院教授约翰·科菲(John Coffee)表示,诉讼可能会被法官驳回,因为博主向网站供稿是理性的决定,而且该网站有权从免费内容中获利。

赫芬顿邮报如今的母公司——美国在线,此前已经因为使用免费内容遭到起诉。20世纪90年代,AOL启动了一个名为"社区领袖"的项目——如果用户能够积极在聊天室发言,回答其他用户的问题,或是参与AOL发起的其他活动,即可获得AOL提供的优惠。然而,到了1999年,大约2 000名"社区领袖"对AOL发起集体诉讼,称他们更类似于美国在线雇员,而非免费提供内容的志愿者,因此应获得报酬。此案最终和解,AOL同意支付1 500万美元的赔偿。

4. 适度保护说

针对关于合理使用的尖锐分歧,一些学者近年来提出"适度保护"说,力图找到一条适中的解决之道。美国最高法院大法官奥康诺(O'Connor)说:"版权法的首要目的并不是回报作者们的劳动,而是促进科学和有用的艺术的进步。为此目的,版权法一方面保障作者们对他们的创造成果所拥有的权利,另一方面也鼓励其他人不受限制地在此著作所表达的思想基础上进行再创作。这并非不公平，也不是不幸运，这是运用版权法来推动科学和艺术的进步。"①

早先，全文复制享有版权的作品是违法的。1879 年，美国最高法院在"贝克诉赛尔登案"②中做出了有利于"合理使用"原则的判决："出版一本关于科学或艺术的图书的目的是向世界传播它所包含的有用知识。但是，在不触犯盗用图书罪的情况下，如果有用的知识不能被使用，那么上述目的便无法实现。"莱斯格认为，宪法不允许国会授予作者和发明人对他们作品和发明的永久排他权，这正是体现了宪法关于知识产权保护的核心理念：共产主义。③ 2001 年，莱斯格教授基于这样的理念同其他人一起创造了名为"创作共用"（Creative Commons，也有译为"知识共享"）的有选择的著作权许可系统。"创作共用"允许知识产权的创作者以一种简单而易懂的方式对他们的著作进行有选择性的授权。④ 传统的著作权通常为两种极端：一端是"保留所有权利"，另一端则是"不保留任何权利"（即公有领域，public domain）。"知识共享"则试图在两者中间广大的灰色地带保有弹性，使得创作者可以"保留部分权利"。"知识共享"提供多种可供选择的授权形式及条款组合，创作者可与大众分享创作，授予其他人再散布的权利，同时又能保留其他某些权利。"知识共享"的诞生是为了避免现代知识产权以及版权法在信息共享方面产生的问题。它是一个相对宽松的版权协议，它只保留了几种权利，除此以外的权利全部放弃。使用者可以明确知道所有者的权利，从而不容易侵犯对方的版权，作品也可以得到有效传播。⑤

作为作者，可以选择以下 1～4 种权利组合。

（1）署名（Attribution，简写为 BY）：必须提到原作者。

（2）非商业用途（Noncommercial，简写为 NC）：不得用于营利性目的。

（3）禁止演绎（No Derivative Works，简写为 ND）：不得修改原作品，不得再创作。

（4）相同方式共享（Share Alike，简写为 SA）：允许修改原作品，但必须使用相同的许可证发布。

---

① 张文俊：《数字新媒体概论》，上海，复旦大学出版社，2009 年 1 月版，第 247 页。

② Baker v. Selden, 101 U. S. 99,879.

③ 〔美〕劳伦斯·莱斯格：《代码：塑造网络空间的法律》，李旭、姜丽楼、王文英译，北京，中信出版社，2004 年 1 月版，第 165 页。

④ 〔美〕Kenneth C. Creech：《电子媒体的法律与管制》（第 5 版），王大为、于晗、李玲飞、等译，北京，人民邮电出版社，2009 年 5 月版，第 273 页。

⑤ http://baike. baidu. com/view/1224852. htm? fr＝aladdin，访问日期，2014 年 5 月 7 日。

5. 寻找新的平衡

加强对知识产权的保护并不一定能促进科学和实用技术的发展,实际上,有时会起到阻碍作用。长期以来,美国的知识产权保护在作者利益和公共利益(即对作者的保护与他人获得和使用作品)之间基本达到了平衡,这种平衡在本质上有助于建立一个知识和文化的公共资源领域。[①] 然而,随着以数字化为显著特征的新媒体时代的到来,这种平衡被打破了。要达到新的平衡,知识产权法必须进行调整。"为了使合作创新兴旺起来,我们必须反思对于知识产权的观念"。IBM 总裁萨姆·帕尔米萨诺(Sam Palmisano)说,"设立知识产权法的初衷是使得个人和机构能从他们的发明中得到报酬,同时使得整个社会可以利用这些知识财富。而在这一很精巧的框架内,应优先考虑谁的利益呢?对此人们有不同看法。一些人认为,激励创新的最好方法就是严格保护发明者的私人利益。而其他人认为,应该让其他人有充足的机会利用新创造的知识财富。我认为,我们需要找到新的解决途径,在两种极端情形之间取得平衡"。[②]

一个著名的案例是"Leslie Kelly 诉 Arriba Soft Corporation 案"[③]。原告 Leslie Kelly,是一名专业摄影师,他拍摄了许多美国西部的照片。这些照片有的放在 Kelly 的个人网页上,有的放在其授权的网站上。被告 Arriba Soft Corporation 是一家互联网搜索引擎公司,该公司开发了一个名为"Crawler"的程序。该程序能够自动地在网络上搜寻各种影像资料并把它们按照全尺寸(full sized)下载到网站的服务器中以便后期生成一个该影像资料的缩略图。该公司再把这些缩略图按照一定规则编排索引后输出到访问者的浏览器页面上。用户通过点击任何一个被称为"拇指"的缩略图,就可以在 Arriba 的网页上看到一个和原来的图片一样大的图片。本案中,被告通过采用内链(inline linking)的方式和取景(framing)程序的技术展示原告的全尺寸图片,在展示图片的网页上还注明该图片的来源,从而使用户可以在原始网页上浏览这些图片。这个程序就是我们平常所熟悉有的网站所提供的"点小图看大图"的服务。

当原告发现他的照片是被告搜索引擎图片数据库的一部分时,就向法

① 〔美〕劳伦斯·莱斯格:《代码:塑造网络空间的法律》,李旭、姜丽楼、王文英译,北京,中信出版社,2004年1月版,第166页。

② 〔美〕托马斯·弗里德曼:《世界是平的:21世纪简史》,何帆、肖莹莹、郝正非译,长沙,湖南科学技术出版社,2000年1月版,第195页。

③ Kelly v. Arriba Soft Corporation, 280 F. 3d 934, 9th Cir., 2002. 参见张平:《网络法律评论》(第11卷),北京,北京大学出版社,2010年1月版,第175-177页。

院提起了侵权的诉讼。加州地方法院认为，虽然被告复制并公开展示原告拥有著作权的照片的确是一种侵权行为，但是根据美国《著作权法》第107条第1款和第4款的规定，这种复制和展示属于"合理使用"的范畴，从而驳回了原告的诉讼请求。

法院认为，美国《著作权法》第107条规定了"合理使用"的四个构成要素。但这四个要素只是原则性而非排他性和决定性的规定。法官奥卡斯指出："这四个要素是由法院出于公平的考虑来进行评估或权衡的要素；它不是单纯的跨栏，被告不会由于跳过它就可以逃避责任。'合理使用'的分析系由敏感的利益权衡构成，绝非四个僵硬的标准。"这就是说法院在具体的案件中必须结合版权法的立法目的，根据具体的情况对其中的每个因素再做深层的分析，然后再根据这四个因素总体上支持哪一方来决定是否属于"合理使用"。

在本案中，初审法院对第一个因素的认定特别强调，不能仅仅以对他人版权作品的商业性利用就否定"使用的目的和特点"支持"合理使用"的主张；相反，对于第一个因素的认定具有决定性意义的应该是看新作品是否仅仅是原来作品的替代物，或者增加了一些新的东西，并有着更深的含义、不同特征以及用新的表达形式、意义或者信息来改变原来的作品等。如果属于后者，那么即使其是对他人版权作品进行商业性的利用，也应该认定该因素是支持"合理使用"的。本案中被告虽完整地复制了原告的图片，但这些图片是以缩略图的形式存在的，因此有着与原告原始图片完全不同的功能。因为Kelly的图片是解释特定意境的艺术品——用艺术的方式来描述美国西部的风景。被告搜索引擎的功能是作为一种工具，帮助检索和获得互联网上的图片及其网址。用户不可能放大这些缩略图，并以艺术的目的加以使用，因为这些图片与原始图片相比具有较低的分解度。被告对图片的使用与原告自己以提高公众获得互联网上的艺术表达形式的使用目的相比，所发挥的功能是不同的。因此，被告的使用并不是替代原告的使用，而是使图片发挥了不同的作用。因此，被告虽对缩略图图片进行了商业性利用，但这种使用是经过改变的，具有创新的因素，所以第一个因素支持被告。

在对第二个因素的认定上，法院认为作品是否发表也是决定能否对其主张"合理使用"的一个重要因素。一般来说，作品的发表权比其他的财产性权利具有优先性。使用未发表的作品一般来说是很难主张"合理使用"的。同时法官还引用先例指出："本质上属于创造性的作品比那些建立在事实基础上的作品更符合版权法保护的目的。"这就是说对他人版权素材的使用是否属于"合理使用"还必须考虑到原来作品的创造性，对创造性作品的使用会妨碍对"合理使用"的主张。本案中法院认为原告的美术作品具有创造性,并且已经发表,因此第二个因素支持原告的主张。

法院在适用"合理使用"的第三个因素中,认为大批量的复制本质上并不排除"合理使用",但复制一部完整的作品会妨碍对"合理使用"的认定。然而,可允许复制的程度根据使用的目的和特性是具有很大差别的。如果第二个使用者仅仅复制符合其需要的部分,"合理使用"规则是不会反对这种行为的。本案中,虽然被告确实完整地复制了原告的每一幅图片,但从复制完整图片进而使用户可以辨别这些图片,并决定是否进一步搜索关于图片的原始网站信息的角度看,被告的上述完整的复制行为是必须的。因为如果被告仅仅复制图片的一部分,那么用户是很难辨别这些图片的,这进而会限制该搜索引擎社会公用之发挥。作为结论,法院认为这个因素既没有支持也没反对其中任何一方。

在最后一个因素的认定上,法院认为必须考虑没有限制的和大规模的复制使用行为是否会对原作的潜在市场产生实质的不利影响。一个经过改变的作品对原来作品的潜在市场的不利影响远比那些仅仅是版权作品的替代品所产生的影响要小。本案中,被告在缩略图中使用原告的图片并没有损害原告图片的市场或价值。当用户在显示缩略图的页面上输入和原告的图片相关的词语时,这个搜索引擎会引导用户跳转到原告的网站上,而不是避开原告的网站。尽管用户对图片本身比对网页上的其他信息更感兴趣,他们仍必须到原告的网站上去欣赏完整尺寸的图片。这些缩略图是不可能替代全尺寸的图片的,因为其一经放大,就会丧失清晰性。因此,这种缩略图的复制行为并没有影响到原告网站的用户访问量。此外,被告并没有销售或许可其缩略图给第三方。由于这些缩略图分解度较低,所以任何人下载这些缩略图都不可能成功地销售完整尺寸的图片。因此,被告对缩略图的制作和使用并没有损害到原告图片的市场或图片本身的价值。因此,法院认为"合理使用"的第四个因素支持了被告的主张。

最后法院在综合考虑"合理使用"的四个因素之后,认为其中两个因素支持被告,一个中立,一个稍微支持原告。因此法院最终得出结论,认为被告在他的搜索引擎中以缩略图的形式使用原告图片的行为,是属于"合理使用"。

原告不服提出上诉,二审法院推翻了一审的判决,裁决被告败诉。

二审法院也是围绕美国《版权法》第107条规定的合理使用的四个因素来展开认定:

在第一个因素的认定上,二审法院认为不同于缩略图的使用,展示原告全尺寸图片并没有提高被告搜索引擎的搜索功能。该完整图片并不是作为获得其他网站上的信息的渠道,其图片本身可以说是作为一个最终的显示结果。尽管搜索引擎的用户能够和原告网站上全尺寸的图片进行链接,但是仅仅为了搜索图片的用户并不需要这样做。因为被告站点上完整尺寸的图片基本上能起到作为解释和艺术表达的功能,而且该搜索引擎在不提供这些完整图片的情况下,也能正常发挥其本身的功能,因此这就和原告图片的使用目的存在相同之处。此外,被告的行为不仅仅在使用目的上是相同的,而且没有在图片中增加新的表达从而对其进行改变。最后二审法院认为,被告并没有改变图片的使用目的和性质,被告图片构成原告图片的代替。因此,"合理使用"的第一个因素支持原告。

第二个因素关于版权作品的性质的分析则和上述关于"合理使用"的讨论一样——因为所涉及原告的图片仍然是版权图片,因此这个因素支持原告。

二审法院认为在"合理使用"的第三个因素上,被告展示了整幅的图片,这就妨碍了对"合理使用"的认定。被告的目的是希望让用户不用到其他站点就能看到完整图片,而这个目的是不合法的。因此,复制完整的整幅图片的展示不是合理的。第三个因素支持了原告。

二审法院对最后一个因素的分析认为,被告让用户在自己的网站上点击缩略图,就能看到原告完整尺寸的图片的行为,已经损害了原告的所有市场。用户不再需要到原告的网站上去看完整尺寸的图片,因此阻止了用户访问原告的网站。另外,用户能够从被告的网站上下载点击放大后的完整尺寸图片,然后可以自主地对图片进行销售或许可。这样就减少了原告网站访问者的数量,甚至会增加其他人对其图片进行掠夺的机会。这些行为会对原告原始作品的潜在市场产生实质性的不利影响。基于此,第四个因素明显倾向于支持原告。

最后,作为结论,二审法院认为"合理使用"的四个因素都支持原告。因此,不允许被告通过内链的或取景的方式在其网站上展示原告的图片。

本案的启示:一是美国法律对版权"合理使用"的规定既具有原则性,又具有灵活性和可操作性。这为法院把该标准适用于快速变化的互联网领域留下了制度空间,并且在实践层面上也发挥了较好的作用。美国法院对"合理使用"四个因素的认定都紧紧围绕着版权法鼓励创新的立法目的而展开。其中新作品对原来作品的改变程度以及是否对原来作品的潜在市场存在影响,又是认定合理使用的关键因素。二是在美国的法律体系下,出于商业目的的著作权作品使用行为也是有可能构成"合理使用"的。审理此案的法院对于著作权作品"利用之目的及性质,包括系为商业目的或非营利教育目的"一条的使用,并没有采取只要是属于商业性质的利用,就一律不构成"合理使用"的简单判断标准。只要能够证明某一著作利用行为、利用之目的与原来著作的利用目的不同,即有"合理使用"的可能。① 类似的案件还有美国娱乐网站 Perfect 10 状告谷歌和亚马逊在搜索引擎中非法显示了其版权图片等。

总之,在强调知识产权保护的同时,允许人们一定范围内的"合理使用",是为了力求做到在保护版权人和保护公众使用之间达到私益和公益的平衡。这种来之不易的平衡,"是美国知识产权法历经了 200 多年的发展才达到的"。② 在美国的传统中,正如最高法院宣称的那样:"著作权从未赋予著作权人对所有可能使用其作品的行为进行完全控制的权利。"相反,法律对某些特定行为进行的管制恰恰平衡了专有权利所带来的好处与负担。在历史上,这种平衡或是在新技术成熟后实现,或是融合到了便于内容传播的多项技术组合之中。③

网络知识产权保护在不同的法律环境下有很大的差异。由于长期以来美国奉行言论自由的原则,在传统的著作权法体系下,对他人作品进行合理的摘录和引用是被允许的,这一点也被沿用到了互联网上。④ 美国有关的司法判例认为,在网络上对作品进行数字化的浏览属于对作品的合理使用,如果浏览已经商业化,使人们因此不必从版权人那里购买作品的复制件,那就另当别论了。⑤ 在某种意义上,知识产权制度也可以被理解为是对言论自由的限制——如果某人对某个商标拥有产权,那么其他人就不能自由公开地使用该表达形式。⑥

版权保护制度一直随着传播技术和传播方式的发展而发展。新媒体较之于传统媒体,其传播范围更加广泛。如果一部作品得到了新媒体的广泛传播,作者的影响力就会随着作品的传播而得到提升。莱斯格就把著作权人分为专家文化圈和爱好者文化圈两种类型。就专家们来说,因

---

① 张平:《网络法律评论》(第 11 卷),北京,北京大学出版社,2010 年 1 月版,第 179 页。
② 〔美〕理查德·斯皮内洛:《铁笼,还是乌托邦——网络空间的道德与法律》,李伦、等译,北京,北京大学出版社,2007 年 2 月版,第 86 页。
③ 〔美〕劳伦斯·莱斯格:《免费文化:创意产业的未来》,王师译,北京,中信出版社,2009 年 1 月版,第 57 页。
④ 张平:《网络法律评论》(第 11 卷),北京,北京大学出版社,2010 年 1 月版,第 178-179 页。
⑤ 郭卫华、金朝武、王静、等:《网络中的法律问题及其对策》,北京,法律出版社,2001 年 1 月版,第 37 页。
⑥ 〔美〕理查德·斯皮内洛:《铁笼,还是乌托邦——网络空间的道德与法律》,李伦、等译,北京,北京大学出版社,2007 年 2 月版,第 49 页。

为他们以此为生，为了自己的作品能够得到广泛传播才有了创作的动力，所以不付费就不能使用，这是合理的；但在爱好者圈中，他们创作完全只是为了分享，而不是赚钱，因此，这两种是完全不同的初衷，需要不同的版权模式。①

数字技术的发展不仅意味着一种传播方式的出现，打破了原有的传播格局，还会造成原有的权利与利益的急剧动荡，版权保护体系面临挑战。莱斯格教授指出，毫无疑问，网络不应该成为"偷盗"他人作品的工具，但是法律也不应当成为作者（或者更确切地说是发行商）获取报酬的一种方式。在保证作者权益的同时，我们应该允许市场以最有效的方式生产和传播文化内容。正如莱斯格所说："著作权可能是一种产权，但和其他产权一样，它也是一种管制形式。它的管制使某些人得到了好处，也使某些人受到了伤害。如果行使得当，它便保护了创作者，打击了寄生虫。但是，如果这种权利被滥用，它就会严重地挫伤竞争者。"②因此，"应该在法律保护和创新发明所带来的公共利益之间找到一个平衡点"。③

对于网上侵犯著作权罪的鉴定存在很多问题。一是难以鉴别作者，因为数字技术混淆了作者和使用者之间的界限，往往是一项作品中包含着许多人的智慧。二是哪些网络作品应当受到法律保护，传统意义上受法律保护的作品有文学、戏剧、音乐或其他艺术作品，现在这些东西都以数字的形式在网上传播，那么在什么情况下它们应当受到法律保护呢？三是互联网的广泛使用淡化了版权保护的地域性，加剧了数字版权保护的复杂性。四是数字媒体产权保护与"合理使用"原则的冲突。美国《数字千年版权法》第1201条强调了媒体的版权保护，但又违背了传统版权保护"合理使用"的原则，该法案也因此饱受非议。莱斯格抨击说："在今天的世界中，一次蓄意的著作权侵犯行为可能会被处以15万美元的罚款，为自己的侵权行为进行辩护则可能需要花费天文数目……就是在这个世界中，打着'著作权'名号确立的管制规范多得惊人，其结果便是言论自由和创作活力都趋于泯灭。"④霍华德·莱茵戈德也对此提出了严厉的批评："……危及科学知识的积累，将

---

① 展江、吴薇：《开放与博弈：新媒体语境下的言论界限与司法规制》，北京，北京大学出版社，2013年1月版，第207-208页。

② 〔美〕劳伦斯·莱斯格：《免费文化：创意产业的未来》，王师译，北京，中信出版社，2009年1月版，第160页。

③ 〔美〕劳伦斯·莱斯格：《免费文化：创意产业的未来》，王师译，北京，中信出版社，2009年1月版，第57页。

④ 〔美〕劳伦斯·莱斯格：《免费文化：创意产业的未来》，王师译，北京，中信出版社，2009年1月版，第154-155页。

科学出版行业私有化,威胁到已经动摇的教育基础,把以前公认的'正当使用'(合理使用)行为用许可证组成的迷宫和高墙包围起来,加强对一些公认为是公共财产的东西的封闭。"路易斯·海德(Lewis Hyde)在2010年出版的《如空气一样常见:革命,艺术和所有权》(Common as Air:Revolution,Art,and Ownership)一书中提出捍卫更广泛的文化公有财产权。莱斯格在《自由文化》(Free Culture)中指出,过去,创造者在前人的工作基础上创造,也把自己的成果分享给他人。那时公共领域和私利从来没有发生过强烈冲突,只需要平衡两者即可。然而,今天在强大的利益集团干预之下,天平灾难性地倾向私利一端。①

约翰·佩里·巴洛认为,新技术已经使版权观念显得过时。② 那些认为如果没有了利益上的动因,作者的创造力将会受到重创甚至衰竭的看法,纯属无稽之谈。他说,富有创造力的人们其实不需要版权法的保护就可以创作他们的作品。他以莎士比亚、达·芬奇、荷马为例,说明创造力是人类天性中所固有的,不需要经济利益的刺激就能发挥出来。他进一步指出,那些极富创造力的人们在现代社会中,第一次有可能因为使用科学技术而完全靠自己直接面对广大的受众。总而言之,版权法的潜在逻辑是过去时代留下的陈迹,遭到重创的是传媒公司已经建立起来的整个获利的基础。③

在新媒体时代,对于著作权的保护,本质之处在于,如何寻求市场规制、政府规制、法律规制和技术规制之间的平衡点。④ 但是,在以上几种规制中,它们之间往往是相互矛盾的——如果采用技术规制,就会侵犯人们受到法律保护的言论自由和隐私权;如果采用法律规制,就会破坏一定的市场逻辑,使人们很难获取自己想要的便宜的产品,也不利于在竞争中催生创新产品。为什么在著作权上这两方面的冲突如此明显?很大程度上是因为,知识作为一种产权不同于其他物质产品,物质产品在多人使用的过程中,是要被损耗的。而精神产品不一样,它可以被多人使用,而产品自身的损耗为零,即保持作品的原始的状态。综上所述,对著作权的保护远比我们想象的

---

① 〔美〕霍华德·莱茵戈德:《网络素养:数字公民、集体智慧和联网的力量》,张子凌、老卡译,北京,电子工业出版社,2013年1月版,第275页。
② 〔美〕约翰·维维安:《大众传播媒介》(第7版),顾宜凡、等译,北京,北京大学出版社,2010年7月版,第530页。
③ 〔美〕约翰·维维安:《大众传播媒介》(第7版),顾宜凡、等译,北京,北京大学出版社,2010年7月版,第531-532页。
④ 展江、吴薇:《开放与博弈:新媒体语境下的言论界限与司法规制》,北京,北京大学出版社,2013年1月版,第203页。

要复杂得多。[①]

就像保罗·莱文森所言,这里有一条底线:对作品副本的传播,在新新媒介的范围内,无论音像制品的 MP3 还是优视网视频,都是难以阻止的,大概也不应该阻止;如果是为了挣钱或者是有意剽窃,那就要尽量阻止。实际上,美国唱片业协会(RIAA)因坚持版权而使部分热爱音乐的公众在感情上逐渐疏离。同理,美联社试图在免费的博客世界里收取引文使用费的尝试也不会成功。对于版权的未来,其演化结果必然会是接近某种"知识共享的领地":在这里,原创者明确宣告,他们把某些权利让渡给了世人,比如复制的权利而不是商业经营的权利。[②]

美国版权结算中心正在探索这样的路子。成立于 1978 年的美国版权结算中心(Copyright Clearance Center,CCC),是一家非营利机构,向作品使用者、作者和出版者提供集中复制许可和使用费支付服务。此服务通过该中心与版权人、使用者分别签订合同来实现的。CCC 是版权持有者和内容使用者之间的桥梁,它将烦琐的流程简单化,在不违背版权法的前提下,能够让版权持有者和内容使用者各取所需。

第二节　"开放源代码"运动

1. 网络知识产权的技术保护

采取技术措施保护作品版权,是版权人或者与版权有关的权利人保护自己作品版权的一种私力救助方式。所谓技术措施,是指版权人或相关权利人为防止他人未经授权接触或使用其作品或录音录像制品而采取的技术上的手段和方法。

一般认为,技术措施可以分为控制接触作品的技术措施和控制使用作品的技术措施:控制接触作品的技术措施可以阻止用户在未获得登录口令、密码或某些验证装置的情况下接触网站或网站中的作品和信息;控制使用作品的技术措施,是指版权人所采取的控制他人未经授权使用其作品的技术措施。它又可以分为控制单纯的使用作品行为的技术措施和保证支付报酬的技术措施。前者旨在控制他人未经授权以复制、发行、公开表演等各种

---

① 展江、吴薇:《开放与博弈:新媒体语境下的言论界限与司法规制》,北京,北京大学出版社,2013 年 1 月版,第 205 - 207 页。

② 〔美〕保罗·莱文森:《新新媒介》,何道宽译,上海,复旦大学出版社,2011 年 1 月版,第 79 页。

方式使用作品。后者并不直接阻止他人未经授权接触或使用作品,但可以计算出他人接触或使用作品的次数和频率,从而为版权人在其作品被侵权时提供举证和索赔的依据。[①]

在立法方面,美国《电信法》第605条和1993年的《北美自由贸易协定》第1707条均禁止对加密的卫星传输节目和信号实施解密。1992年的《家用录音法》则规定,为保护数字化录音作品和音乐作品,禁止对管理批量复制的系统和程序进行规避。[②] 1995年的《白皮书》,详细论述了技术措施保护与版权保护的关系。《白皮书》建议,禁止进口、制造和发行任何设置、产品、零件或服务,只要其主要目的或效果是用于规避、绕开、消除、静化,或规避版权人防止或禁止他人侵犯其专有权的任何程序、设置、机制或系统。1998年的《数字千年版权法》(DMCA)对版权作品的技术措施提供了全面而充分的保护。从结构上看,DMCA从访问作品和行使权利两个方面对技术措施的保护做了规定:所谓访问作品的技术措施,指为有效控制他人访问自己作品而采取的技术措施;而行使权利的技术措施,则指有效防止他人行使版权人权利(即复制、发行、演绎、表演和展示等权利)的技术措施。此外,DMCA还对技术措施权利保护的例外情形进行了详细的规定。[③]

2. 开放源代码运动

随着人类信息的传播途径日益畅通,对知识进行保护还是共享,一直是关于知识产权争论的核心问题。[④] 与技术保护知识产权(copyright)相对应的,是以开放源代码运动为代表的自由软件运动(copyleft)。

1)"开放源代码"

"开放源代码"能够让人人看见网页运行的源代码,借此,人们可以掌握和使用这一源代码去制作新的网页。简而言之,所有公布软件源代码的程序都可以称为开放源代码软件。"开放源代码"有时不仅仅指开放源代码软件,它同时也是一种软件开放模式的名称。使用开放源代码开放模式的软件代表有GNU/Linux操作系统。

1984年,理查德·马修·斯托曼(Richard Matthew Stallman)发起了GNU项目,开始构建自由操作系统。1991年,年轻的程序员林纳斯·托瓦

① 王贵国:《国际IT法律问题研究》,北京,中国方正出版社,2003年1月版,第33-34页。
② Information Infrastructure Task Force, 1995, "Intellectual Property and the National Infrastructure: The Report of the Wording Group on Intellectual Property Rights", September, pp. 233-234.
③ 王贵国:《国际IT法律问题研究》,北京,中国方正出版社,2003年1月版,第37-38页。
④ 戴伟辉:《网络内容管理与情报分析》,北京,商务印书馆,2009年1月版,第58页。

兹(Linus Torvalds)在 Usenet 全球网络论坛系统上发帖,称自己想编写一个适用于个人电脑的 Unix 操作系统版本。GNU 再加上林纳斯·托瓦兹的内核由此构成了 GNU/Linux 操作系统。[①]

GNU/Linux 完全免费,用户可以随意修改,而全球的社区志愿者可以共同开发。所谓"自由",指免费和民主自由;所谓"开源",指源代码可以公开让所有程序员进行检查和修改,而源代码是一系列人类可读的程序指令,Linux 依赖于源代码运行。来自全球几十个国家的成千上万的互不相识的程序员,通常在企业的管理框架之外工作,也没有经济回报,但他们共同创立的软件挑战着微软的权威。[②]

由于担心微软垄断网页服务器市场,1995 年,布莱恩·贝伦多夫(Brian Behlendorf)组织程序员创造了一个自由开源的网页服务器——Apache。该网页服务器是一套软件,它让电脑变成万维网节点,同时向万维网发布网页。Apache 获得了巨大成功,2005 年 11 月市场占有率一度接近 70%;到目前为止 Apache 仍然是世界上用得最多的 Web 服务器,市场占有率达60%左右。另一个自由开源志愿项目火狐浏览器已经成为世界第二大网页浏览器。

2) 文档开放运动

GNU 自由文档许可证(GFDL)所代表的文档开放运动,是 1990 年代初源代码开放运动的延伸。这一技术的目的在于反对著作权法,建立一个自由软件世界。维基百科所遵循的 GFDL 模式就是一个反版权的内容开放协议。GFDL 是一种 Copyleft 许可证。Copyleft 是使一个程序成为自由软件的通用方法,同时也使得这个程序的修改和扩展版本变成自由软件,与它对应的是我们传统意义上的 Copyright,后者保护版权只能被其他人在一定条件——通常是付费的条件下使用。

维基百科所采用的 GFDL 协议允许第三方在不受约束的情况下自由修改和发布修改版本的作品。这样做的前提条件是必须遵循 GFDL 协议的另一个条款:必须允许公众对你的作品拥有同样的自由——自由获得、自由复制、甚至自由销售维基百科,不能独占所有——维基百科因而被称为"公众的百科全书"。

维基(Wiki)一词来源于夏威夷语的"wee kee wee kee",原本是"快点快

---

① 〔美〕劳伦斯·莱斯格:《免费文化:创意产业的未来》,王师译,北京,中信出版社,2009 年 1月版,第 231 页。

② 〔美〕霍华德·莱茵戈德:《网络素养:数字公民、集体智慧和联网的力量》,张子凌、老卡译,北京,电子工业出版社,2013 年 1 月版,第 194 - 195 页。

点"的意思。在这里,"WikiWiki"指一种超文本系统。1995 年,沃德·坎宁安(Ward Cunningham)创造了这种可以快速编辑的页面。2001 年 1 月 15 日,维基百科的两名创始人吉米·威尔士(Jimmy Wales)和拉里·桑格(Larry Sanger)把他们的志愿百科全书发表到一个维基页面上,让任何人都能编辑。发布内容不需要注册,只要在每个维基页面顶端点击"编辑"就可以开始。维基百科诞生以来,一直是互联网访问量前十的网站之一。皮尤研究中心的互联网和美国人生活项目的数据显示,超过 1/3 的美国成年网民曾经访问过维基百科。[①] 2006 年条目数达到 350 万个。截至 2014 年 5 月,全球所有 285 种语言的独立运作版本共突破 2 100 万个条目,总登记用户也超过 3 200 万人,而总编辑次数更是超过 12 亿次。现在,维基百科成为史无前例的最大百科全书,而且是免费的。维基百科充满活力,每天都在更新,依赖的正是网络的集体智慧。[②]

3)"古登堡计划"

除维基百科外,文档开放运动还包括了从 1971 年就开始的由米切尔·哈特(Michell Hart)发起的"古登堡计划",这是历史最悠久的免费提供网络图书下载和阅读的开放运动,最近几年影响颇大的麻省理工学院的开放式课程网页让麻省理工的所有大学部或研究所的课程教材都能够在网上,免费提供给世界各地的任何使用者,开放分享教育资源、教育理念和思考模式。[③] 总部设在斯坦福大学、由莱斯格教授主持的知识共享组织,其宗旨是构筑一个合理的著作权层级。在知识共享约定下,借鉴他人的作品将会更加容易,把自己的作品提供给他人使用也不是什么难事。[④]

其他组织如公共科学图书馆(Public Library of Science, PLoS)是一个由科学家和医生组成的非营利机构,致力于确保所有能够使用网络的人都可以进行科学研究。在这个开放资源的模式下,PLoS 期刊可以直接在网上看到,免费使用,之后再发布或使用也没有任何限制,只要按创作共享注明出处授权条款的要求,注明作者和来源即可。

4)"阿隆·斯沃茨自杀事件"

开放源代码运动并不是一帆风顺的,"阿隆·斯沃茨自杀事件"引起了

① 〔美〕霍华德·莱茵戈德:《网络素养:数字公民、集体智慧和联网的力量》,张子凌、老卡译,北京,电子工业出版社,2013 年 1 月版,第 201 页。

② 〔美〕丹尼尔·沙勒夫:《隐私不保的年代》,林铮顗译,南京,江苏人民出版社,2011 年 1 月版,第 152 页。

③ 戴伟辉:《网络内容管理与情报分析》,北京,商务印书馆,2009 年 1 月版,第 58-59 页。

④ 〔美〕劳伦斯·莱斯格:《免费文化:创意产业的未来》,王师译,北京,中信出版社,2009 年 1 月版,第 233 页。

人们的广泛关注。社交新闻网站 Reddit 联合创始人阿隆·斯沃茨(Aaron Swartz)于 2013 年 1 月 11 日被发现在纽约的家中自杀死亡,年仅 26 岁。斯沃茨是 RSS 1.0 规范的制定者之一,同时也是 Web. py 的创始人。斯沃茨曾从斯坦福大学退学,创立了多家公司和组织,并成为哈佛大学 Edmond J. Safra 道德伦理研究中心的研究员。他创立的一家公司与 Reddit 进行了合并,其市值达数百万美元。

斯沃茨 14 岁时就协助制定了 RSS 1.0 规范。RSS 很快成为一种帮助用户获取在线信息的工具,被广泛使用。早在 2000 年,斯沃茨就用 wiki 技术开发了"theinfo"百科全书计划,其公司的后台也以 wiki 技术进行架设。他随后推动许多网站免费开放文件,从而成为互联网上的"英雄"。曾担任奥巴马政府科技顾问的纽约卡多佐法学院教授苏珊·克劳福德(Susan Crawford)表示:"斯沃茨开发了全新的工具,改变了全世界的信息流动。"斯沃茨在 2010 年创立了反对互联网审查的"求进会"(Demand Progress)。该组织致力于推动有关社会公平问题的网络行动,例如阻止由好莱坞支持的互联网隐私保护法立法。它通过 E-mail 及其他媒体组织群众,针对特定议题向国会议员及其他意见领袖表达意见,施加压力。

斯沃茨常常会发布一些他认为应当免费发布的信息,这令自己陷入麻烦之中。2008 年,他瞄准了美国的法庭电子记录公共接入服务(PACER)。该服务提供联邦司法案件的存档,每篇文档收费 10 美分。一些社会活动家认为,这样的文档应免费提供给公众。斯沃茨随后编写了一个小程序,利用免费账号从该服务中下载了 2 000 万页文档,占整个数据库的约 20%,并开放给公众。美国联邦政府随后对这一事件进行了调查,但并未起诉。

2011 年,斯沃茨希望将 JSTOR 数据库[①]开放给公众。他入侵了麻省理工学院的计算机网络,并下载了 480 万篇文档。JSTOR 随后表示,不会起诉斯沃茨,不过美国马萨诸塞州地区法官卡尔曼·奥提兹(Carmen Ortiz)坚持起诉。起诉书指控斯沃茨有意在文件共享网络分享他下载的数百万篇论文。奥提兹表示:"盗窃就是盗窃,无论你使用计算机命令还是撬棍,无论盗窃目标是文档、数据还是钱。"2011 年 7 月 19 日斯沃茨被捕,在支付 10 万美元保释金后被释放。如果斯沃茨被认定有罪,按照美国《计算机欺诈和滥用法》,他将面临最多 35 年(一说 50 年)监禁和 100 万美元的罚款。审判本应在 2012 年 4 月进行。截至斯沃茨自杀身亡,这一涉及网络欺诈和计算机欺诈的案件仍在进行中。

----

① JSTOR 是一个提供科技和文学期刊订阅服务的数据库,创立于 1995 年。

斯沃茨的自杀引起人们的同情和反思。有"互联网之父"之称的蒂姆·伯纳斯-李表示："斯沃茨是一名善意的黑客,利用编程能力去做好事。然而他们最终动用了法律,声称如果入侵计算机系统,那么你就是罪犯。"伯纳斯-李呼吁社交网站、学术界、音乐人和政府部门在网上分享更多信息。

第三节　P2P 带来的侵权问题

P2P(Peer to Peer,对等网络),也称为对等连接,是一种新的通信模式,每个参与者具有同等的能力,可以发起通信会话。Napster 等一些对等网络软件可以共享文件资源,用户可以直接从任意一台安装同类软件的计算机上下载或上载文件,并检索、复制共享的文件。P2P 技术出现之前,由于网络宽带的限制,在互联网上下载和共享音乐文件的速度慢、效果差。

P2P 的意义在于改变了每个人在互联网上的孤岛状态,其平等、自治、独立、互助的思想精髓也是我们在现实世界中的精神追求。它源于人们对互联网的憧憬和梦想——让共享和自由的精神充满网络世界。但与此同时,由于 P2P 模式下的文件共享可以让计算机用户共享歌曲、视频和其他各种文件,也因此带来了大量的侵权问题,以及计算机病毒的泛滥、不良信息的传播等一系列问题。

P2P 直接导致了唱片专卖店的消失。自从 2000 年以来,随着许多消费者转而通过下载方式获得最新音乐,激光唱片的销售量一直在不断下降。主要的唱片零售商百思买(Best Buy)关闭了旗下数百家山姆宝贝(Sam Goody's)、音乐园(Musicland)、阳光海岸(Suncoast)、乐媒(Media Play)、及时雨(On Cue)和其他品牌的唱片商店。[①] 许多人抛弃了音乐商店,转而垂青类似苹果电脑公司的 iTunes 这种网上零售商,它会通过其庞大的数字图书馆提供低成本的下载服务。[②] 2002 年末,苹果电脑的创始人史蒂夫·乔布斯(Steve Jobs)发明了一种掌上音乐下载和播放装置 iPod。接着,乔布斯又开办了 iTunes 音乐商店。在 iTunes 网站上,人们只需单击鼠标就能试听一首歌曲,单击一下就能花 99 美分下载它。iTunes 没有持续性的订阅费用,并且可以免费转移到其他装置上。iTunes 面世的第一周就有超过 100

---

① 〔美〕约翰·维维安:《大众传播媒介》(第 7 版),顾宜凡、等译,北京,北京大学出版社,2010 年 7 月版,第 126 页。

② 〔美〕约瑟夫·塔洛:《今日传媒:大众传播学导论》(第三版),于海生译,北京,华夏出版社,2011 年 3 月版,第 69 页。

万首歌曲被下载,使苹果的股票飙升了 27 个百分点。许多大型唱片公司几乎立即与 iTunes 签署了销售唱片的协议。由此可见,iTunes 的效仿者立即在几个月内如雨后春笋般拔地而起,不过为时已晚。[①] 类似 iTunes 的网上音乐商店的出现,并没有解决网上音乐盗版问题。美联社 2005 年 6 月 22 日报道,2004 年诸如苹果 iTunes 这样的网上商店出售了大约 3.3 亿个音乐作品,但有约 50 亿个作品是人们从网上免费下载的。[②]

音乐零售业再也不是昔日夫妻店的时代了,甚至连音乐连锁店也在走向没落。泰华唱片的旗舰店及其 89 个连锁店于 2006 年申请破产。传统的音乐商店是电子商务环境下的第一个受害者,再也不会复兴了。那些幸存者活命的手段就是延展自己的业务,提供 DVD 和其他非音乐类产品。[③] 约翰·佩里·巴洛断言,由于新媒体技术的发展,发生在唱片业的事情将会不可避免地在其他的大众信息传播中出现,并终将导致巨型传媒公司的逐渐萎缩。[④]

在这一过程中,围绕侵权和盗版的纠纷不断,以下是几个著名的案例。

1. "Grokster 案"[⑤]

持有 P2P 技术的软件有 Grokster 提供的 KaZaa 软件以及 Stream Cast 提供的 Morpheus 软件。由于 Grokster 公司和 Stream Cast 公司免费向用户提供上述两款软件,美国 MGM(Metro-Goldwyn-Mayer)等数十家电影公司和唱片公司发现,通过这两款 P2P 软件被分享的文件有 90% 是受到版权保护的作品,其中有 70% 是这些公司享有版权的作品。于是,2001 年 10 月 MGM 公司等作为原告以侵犯音乐作品版权为由与 Stream Cast 公司和 Grokster 公司对簿公堂,它们认为这两家公司在明知用户将使用这两款软件产品从事版权侵权活动的情况下,仍然向用户免费提供该软件产品,从而实质性地帮助了用户的直接侵权行为,并从用户对软件的使用中获得了巨额收入(软件会自动弹出广告),因此应承担侵权责任。

2003 年 4 月,本案的初审法院——加利福尼亚中区地区法院驳回了原

①　〔美〕约翰·维维安:《大众传播媒介》(第 7 版),顾宜凡、等译,北京,北京大学出版社,2010 年 7 月版,第 127 - 128 页。

②　〔美〕托马斯·弗里德曼:《世界是平的:21 世纪简史》,何帆、肖莹莹、郝正非译,长沙,湖南科学技术出版社,2006 年 1 月版,第 148 页。

③　〔美〕约翰·维维安:《大众传播媒介》(第 7 版),顾宜凡、等译,北京,北京大学出版社,2010 年 7 月版,第 136 页。

④　〔美〕约翰·维维安:《大众传播媒介》(第 7 版),顾宜凡、等译,北京,北京大学出版社,2010 年 7 月版,第 531 页。

⑤　MGM Studios, Inc. v. Grokster, Ltd. , 545 U. S. 913,2005.

告的诉讼请求,判决 Grokster 公司和 Stream Cast 既不构成帮助侵权也不构成代位侵权;上诉法院——第九巡回上诉法院维持了该判决。此后,MGM 等公司向美国联邦最高法院上诉,最高法院于 2005 年 6 月 27 日做出判决,撤销了第九巡回上诉法院的判决,发回重审。

该案中,最高法院突破了"索尼规则",确立了互联网案件中的"引诱规则"。在美国《专利法》第 271 条 b 款中的引诱侵权规定,"积极引诱侵犯专利权者将作为侵权者承担责任"。《版权法》中并没有类似的规定。此次判决,最高法院将《专利法》中的引诱侵权移植到版权保护之中。

先从"SONY 案"[①]说起。在"SONY 案"中最高法院认为,如果某一产品"能够具有实质性非侵权用途",则仅仅设计或者传播该产品不能推定或者归咎为侵权,因此不必承担间接侵权责任。对最高法院的这一判决不能够做扩大解释。最高法院的判决只是认为不能够仅仅通过设计或者传播一种"能够具有实质性非侵权用途"的产品就推定传播者具有侵权意图。最高法院并没有认为如果存在其他可以认定传播者主观上具有侵权意图的证据时,其传播某一"能够具有实质性非侵权用途"的产品仍然不构成侵权。而这一点也正是"SONY 案"与"Grokster 案"的区别所在。因为本案中,已经有充分的证据表明 Grokster 与 StreamCast 公司主观上具有非法目的——具有引诱第三者侵权的意图。因此,即便其开发的软件"具有实质性非侵权用途",也不能够免除它们承担间接侵权责任。而初审法院和第九巡回上诉法院则错误地扩大解释了最高法院在"SONY 案"中确立的"实质性非侵权用途"原则,认为只要某一产品"具有实质性非侵权用途",传播者即不承担间接侵权责任,不需要考察其主观过错。

最高法院认定 Grokster 与 StreamCast 公司主观上具有非法目的。认定引诱侵权,除了具有引起侵权的主观目的以及传播可以用于侵权的设备以外,还需要具备下列条件——设备的使用者事实上实施了侵权行为。通过调查,已经有充分的证据表明,大量的侵权行为已经发生。尽管对于侵权行为的数量没有一个准确的统计,但毫无疑问的是,反判决中的证据已经足够让 MGM 要求的损害赔偿以及相应的救济请求成立。

最高法院最后指出,本案不同于"SONY 案"。"SONY 案"处理的是关于一种产品同时具有合法用途和非法用途,并且传播者知道某些用户可能从事非法行为的问题。而本案则是关于一种可以自由选择使用用途的产

---

① "SONY 案"是美国联邦最高法院将间接侵权责任原则适用于技术——机器的功能而不是人的行为的第一个案例,对于分析 P2P 软件与间接侵权问题具有重要意义。

品,传播者具有引诱第三者侵权并从第三者的侵权行为中获取利益的非法目的的案件。因此下级法院依据"SONY 案"做出的有利于 Grokster 与 StreamCast 公司的判决是错误的。

虽然在诉讼中失利,Grokster 公司并没有放弃文件共享业务,随即与 Mashboxx 合并,筹建一个合法的 P2P 音乐公司。

2. "MP3. com 案"①

1997 年,迈克尔·罗伯茨(Michael Roberts)着手创立了 MP3. com 公司。这家总部位于加州圣地亚哥的网络音乐公司,提供免费音乐下载服务。MP3. com 成立两年来,一直帮助一些唱片公司和制作人储存和共享其数字化唱片。2000 年 1 月,MP3. com 推出了一项新的服务——在网站上建立了一个庞大的 MyMP3. com 音乐数据库,任何人无须使用光盘,均可下载这些 MP3 版本的唱片。

MP3. com 引起了美国录音工业联合会等组织的强烈反对。在其启动新项目的第九天,MP3. com 就被美国录音工业联合会(RIAA)起诉,RIAA 与新力、华纳、EMI、环球和 BMG 五大唱片公司联合指控 MP3. com 制作了多达 45 000 张 CD 的未经授权的数字音乐目录,其中许多作品的版权所有者是 RIAA 的会员。RIAA 要求 MP3. com 为受到侵权的每张 CD 专辑赔偿 15 万美元,结算下来,MP3. com 将为此支付近 70 亿美元的损害赔偿。

2000 年 3 月 22 日,美国音乐出版业集团 Harry Fox 宣布,已对音乐歌曲网站 MP3. com 提起了诉讼,控告这家网站侵犯了 Harry Fox 集团的版权。这是两个月来 MP3. com 第二次遭到音乐唱片公司起诉。2000 年 3 月 26 日,前"甲壳虫"乐队成员保罗·麦卡特尼(Paul McCartney)的出版公司 MPL Communications 发布消息称,已对 MP3. com 提起诉讼,控告该网站收藏大量没有版权的音乐作品是对唱片公司和艺术家的侵权。这是 MP3. com 音乐网站两个月来接到的第三起诉讼案。

MP3. com 则认为,这是"合理使用"原告的唱片,因为其活动使原始的唱片改变形态(transform)。法官拒绝了被告的主张,2000 年 4 月 24 日,美国联邦法院对美国录音工业联合会的起诉进行裁决,宣布 MP3. com 在网上建立数据库允许用户存储音乐并与他人分享的行为违反了版权法。

2000 年 8 月 29 日,全球最大的唱片公司——环球唱片公司再次控诉 MP3. com 为其用户提供网络唱片下载服务有盗版之嫌,要求 MP3. com 支付 8.25 亿美元的赔偿。2000 年 9 月 6 日,纽约地方法官判定,MP3 完全侵

---

① RIAA v. MP3. com,Oct. 15,1999.

犯了环球唱片公司的著作权益,每张 CD 向该公司支付 25 000 美元,由此总计赔偿额达 2 亿 5 千万美元。

2001 年 5 月 22 日,MP3. com 决定以 3 亿 7 千 2 百万美元的价格把自己的公司卖给法国的维旺迪(Vivendi)娱乐公司,Vivendi 公司是环球音乐集团的母公司,该公司是索尼公司在网络音乐订购服务方面的合作者。维旺迪公司最终为 MP3. com 支付了 5 400 万美元的罚款。并向其提供基础设施技术。

3. "Napster 案"

Napster 是美国东北大学肖恩·范宁(Shawn Fanning)在 1998 年开发的一款可以在网络中下载 MP3 文件的软件。这个软件能够使用户共享 MP3 音乐文件,它同时能够让自己的机器也成为一台服务器,为其他用户提供下载服务。Napster 具有强大的搜索功能,可以将在线用户的 MP3 音乐信息进行自动搜寻并分类整理,以备其他用户查询,只要知道喜欢的歌曲名称或演唱者名称,就可以和全世界乐迷共享丰盛的音乐大餐,其传输速度也相当惊人。还可以选择与其他人在网上共享音乐文件的目录,与喜欢同样风格音乐的人在论坛讨论,互相交流。

到了 1999 年,Napster 成为人们争相转告的"杀手程序"——它令无数散布在互联网上的音乐爱好者美梦成真,无数人开始使用 Napster。1999 年 7 月开通以后,短短 9 个月,Napster 就积聚了超过 1 000 万用户。18 个月以后,注册用户已经接近 8 000 万。[①]

Napster 开发的软件可以把音乐作品从 CD 转化成 MP3 的格式,同时提供平台,供用户上传、检索和下载作品。1999 年 12 月,国际五大唱片公司起诉 Napster,指其涉及侵权歌曲数百万首,要求每支盗版歌曲赔偿 10 万美元。时代华纳公司总裁迪克·帕森斯(Dick Parsons)将 Napster 比作音乐版权和知识产权的"窃贼"。[②] 几个月后,摇滚乐队 Metallica 也控告 Napster 侵权。2000 年 1 月 7 日,美国唱片业协会(RIAA)加入诉讼。这一案件引起广泛关注,被视为一场关于网络版权的影响巨大的法律斗争。美国唱片业协会要求法院发出临时禁令,中止 Napster 的一切业务,直到这桩侵权案结束。

2000 年 2 月 26 日,美国北加利福尼亚联邦地方法院法官玛丽莲·霍

---

① 〔美〕劳伦斯·莱斯格:《免费文化:创意产业的未来》,王师译,北京,中信出版社,2009 年 1 月版,第 47 页。

② 郭卫华、金朝武、王静、等:《网络中的法律问题及其对策》,北京,法律出版社,2001 年 1 月版,第 24 页。

尔·帕特尔(Marilyn Hall Patel)发布了预备性禁令,下令 Napster 公司必须在 2 月 28 日午夜前关闭或停止让其 2 000 万用户继续交换 RIAA 成员的有版权歌曲。2000 年 7 月 28 日,这项禁令又被联邦第九巡回法庭延缓执行,以进行审查。Napster 立即将联邦地方法院的这一预备性禁令上诉至联邦上诉法院。联邦上诉法院接受 Napster 的请求后,于 2 月 28 日在禁令生效前十几个小时宣布延期执行上述的预备性禁令,将该案发回原地方法院重审。

　　3 月 5 日,地方法院依上诉法院的裁决发布了新的临时禁令。法官修改了前一临时禁令的部分文字,下令 Napster "禁止从事或方便他人复制、下载、上传、传输或发布有版权的音乐作品"。较先前的临时禁令,还有一点不同之处就在于 RIAA 须与 Napster 共同分担责任,法官命令 RIAA 提出被侵权的艺人名称及其歌曲清单,让 Napster 从网上对相关的作品进行过滤,以防止被下载。美国之所以出现联邦上诉法院改变地方法院关闭 Napster 决定的判例,实际上是为了鼓励更多的资金投入网络中去,以推动信息产业的发展。①

　　尽管诉讼的目的是关闭 Napster,然而随着审讯的深入,该服务却愈加流行,审讯反而成了对该服务最好的推广和宣传。败诉后不久,Napster 公司被国际传媒巨头贝塔斯曼集团收购,开始致力于在文件交换服务中嵌入著作权保护功能的开发工作。2008 年百思买以 1.21 亿美元的价格收购了Napster,2011 年 10 月 Rhapsody 从百思买收购了 Napster,根据协议,百思买将拥有少数股权,交易细节并没有披露。之后,Napster 被关闭,它的用户合并到 Rhapsody。

　　尽管 Napster 公司已经关闭,该案也成为法律先例,但音乐的免费传播不可能很快消失。P2P 技术本身没有错,但是如果传输的文件有版权的话,该传输行为可能就不合法了。基于 P2P 文件共享系统的软件公司层出不穷,这些系统比起 Napster 来更加难以控制。这些网站例如 Gnutella、音乐城(MusicCity)的 Morpheus 及 Kazaa 等。其中 Gnutella 是一个共享音乐和色情内容的网络。与基于服务器的技术不同,对 P2P 更难实施版权法,因为在这种网络中很难跟踪文件的去向,也没有中央服务器可以关闭。因为 P2P 网络中所有节点都是平等的,关闭某个节点对网络的影响微乎其微。② 因

　　① 宗晴:"由 Napster 案谈网络著作权保护",《人民法院报》2000 年 11 月 23 日,第 3 版。
　　② 〔美〕理查德·斯皮内洛:《铁笼,还是乌托邦——网络空间的道德与法律》,李伦、等译,北京,北京大学出版社,2007 年 2 月版,第 101 页。

此,Kazaa 就不断地把自己的业务从一个海外站点搬到另一个,让诉讼鞭长莫及。Napster 的继任者们都没有下载的中心站点,所以当美国唱片业协会在法庭上追究这个问题时,法官发现根本无法控告这些服务项目,因为它们没有任何机制能控制这些非法下载活动。[①]

第四节　网络服务提供商的责任

在网络转载中,有一个重要的问题,就是互联网究竟是侵权责任的主体还是仅仅是网络服务提供者,即网络服务提供商要不要承担侵权的责任。

1. 网络上的侵权行为

网络侵权行为主要有以下十类。

(1) 网络使用者或网络服务商在自己设立的网页、电子布告栏等论坛区非法复制、传播、转贴他人作品(侵犯原作者著作权)。

(2) 下载网络上他人作品并复制到光盘,如将学术网络中电子布告栏上他人发表的文章,下载、复制到随书赠的光盘上,同杂志一并出卖(侵犯原作者著作权)。

(3) 图文框链接,此种行为使他人的网页出现时,无法呈现原貌,使作品的完整性受到破坏,侵犯了原作者的著作权。

(4) 行为人利用 FTP 文件传输系统,将他人享有著作权的文件上载或下载以非法使用;超越授权范围使用共享软件,使用期满不进行注册而继续使用等。

(5) 未经许可将作品原件或复制品提供给公众交易或传播,或者将明知会侵害权利人著作权的复制品仍然散布于网上。

(6) 侵害网络著作权人身权的行为,包括侵害作者的发表权、署名权和保护作品完整权等,如将电子邮件转贴到新闻论坛或 BBS;整理编辑网络信息时删除作者签名档案;整理编辑时只取部分内容以及图文框链接等。

(7) 违法破解著作权人利用的防止侵权的有效手段。

(8) 网络管理者的侵犯著作权行为,如网络管理者提供设备,引导并鼓励用户将游戏软件上载 BBS 以及获取游戏软件行为;经著作权人告知侵权

---

① 〔美〕约翰·维维安:《大众传播媒介》(第 7 版),顾宜凡、等译,北京,北京大学出版社,2010年 7 月版,第 126-127 页。

事件后,仍拒绝删除或采取其他合法措施。

（9）非法入侵他人私用电脑,获取其个人资料等(侵犯他人隐私权)。

（10）未经他人允许,将其知道的他人隐私或者个人资料在自己的主页上发布,或者登录 BBS 等公众可见网站或其他媒介传播。[1]

2. 网络服务商的侵权责任

通常来说,著作权法适用于网络内容的范围与适用于其他出版物和电子出版物的范围基本一致。一个网页就像一本杂志或者一张光盘一样,著作权法保护的是原始著作内容。然而,材料发布到网页上的便利性使得网络出版特别容易受到未经认可的著作权材料的影响。使用其他网页的图片、表格、文本、影像或声音并且把它们用在自己的网页里可能已经违反了著作权法。[2] 在美国,曾经发生过涉及 ISP 侵权责任的三个典型案例,分别代表直接侵权责任、共同侵权责任和代替责任。

1) 直接侵权责任

典型案例是 1993 年"花花公子公司诉 Frena 案"[3](以下简称"Frena案")。这个判例可以说是世界上最早的一个 ISP 版权侵权的判例,直接侵权责任(direct infringement)是在这一案例中确立的责任原则。在"Frena案"中,被告设立了一个收费的电子布告板(BBS)。该 BBS 中存有用户未经许可上传的"花花公子"成人照片。花花公子公司起诉 Frena 直接侵犯了其对照片享有的发行权和展示权。被告称,对用户上传的侵权材料一无所知,因此不应当承担侵权责任。美国佛罗里达中区联邦地区法院认为,尽管上传复制品的不是被告本人,但电子布告板展示了侵权复制品,因此侵犯了原告的发行权和公开展示权,被告不应当被免责。[4]

法院认为,只要能够认定被告接触过原告的作品,同时涉案作品又与原告的作品实质性相似,就可以认定被告使用了原告的作品。而本案中,"接触"和"实质性相似"这两个要素都满足,因此被告直接侵犯了原告对照片享有的发行权和展示权。需要特别注意的是,法院还强调,并无争议的事实是被告 Frena 提供的产品存储有未经许可制作的版权作品复制件。至于被告 Frena 声称其自己没有制作这些复制件,对于本案而言是无关紧要的。此

---

[1] http://wenwen.sogou.com/z/q191342629.htm,访问日期,2014 年 4 月 24 日。

[2] 〔美〕Kenneth C. Creech:《电子媒体的法律与管制》(第 5 版),王大为、于晗、李玲飞、等译,北京,人民邮电出版社,2009 年 5 月版,第 270 页。

[3] Playboy Enterprises, Inc. v. Frena, 839 F. Supp. 1552,1993.

[4] 郭卫华、金朝武、王静、等:《网络中的法律问题及其对策》,北京,法律出版社,2001 年 1 月版,第 55 页。

处法院所称的 Frena"提供的产品"就是指 BBS 服务本身。法院的判决相当于宣称,只要 BBS 等信息存储空间中存在侵权作品,提供信息存储空间的行为本身就构成侵权,而无须查明该侵权作品是否由服务提供者自己上传,并且由于法院认为此行为属于直接侵权,也无需查明服务提供者是否有主观过错。对此,法院还特别指出,侵权的意图并不是认定侵权的前提,因此即使是无过错的侵权者也要承担侵权责任。相反,有无过错对于法院而言只在确定法定赔偿数额时才有意义。①

此案引起了广泛争议,网络服务提供商认为自己不应当被等同于出版社,ISP 的责任过于严厉,不利于网络事业的发展,而且有失公平。因此,很多人主张应当为 ISP 单独创设一种责任原则。但这一愿望并没有实现。1995 年美国公布白皮书,认为不应当为 ISP 创设特殊的责任规则,因为在国家信息基础设施的环境里,为任何一类传播者减轻责任都是不成熟、不公平的。② 该案例适用的严格责任归责基本代表了当时美国司法界对网络侵权的责任态度。③

2) 共同侵权责任

共同侵权责任(contributory infringement)是美国于 1994 年在"Sega 娱乐公司诉 Maphia 案"④中确立的侵权责任。原告 Sega 是一个以制造电子游戏软硬件闻名的公司,被告 MaPhia 是美国加州地区的 BBS 公司;本案中被告通过 BBS 提供给其网站用户最新出版及最受欢迎的 Sega 游戏软件,同时贩卖可以下载这些软件的机器给其用户。经过审理,法院认为被告明知侵权而仍然提供装置,同时给予其 BBS 用户鼓励和指导,因此认为被告的这些行为已经直接侵害了原告 Sega 公司对这些游戏软件的著作权,法院令其承担共同侵权责任。

共同侵权行为的类型通常包括三种:一是共同故意或过失致人损害的数人侵权行为,数人之间存在共同的主观过失并且共同实施侵权行为;二是教唆、帮助侵权行为,其中存在教唆与被教唆、帮助与被帮助的关系;三是集团侵权或团体侵权行为,侵权人之间人数规模较大且具有组织性与分工性。⑤ 上述案例中被告承担的共同侵权责任,即属于第二类"教唆、帮助侵权

---

① http://blog.sina.com.cn/s/blog_46a2d1f50100qpdx.html,访问日期,2014 年 6 月 24 日。
② 郭卫华、金朝武、王静等:《网络中的法律问题及其对策》,北京,法律出版社,2001 年 1 月版,第 55 页。
③ 陈昶屹:《网络人格权侵权责任研究》,北京,北京大学出版社,2014 年 1 月版,第 42 页。
④ Sega Enterprises Ltd. v. MAPHIA et al., 857 F. Supp. 679, N. D. Cal., 1994.
⑤ 王利明:《侵权行为法研究(上)》,北京,中国人民大学出版社,2010 年 1 月版,第 716 页。

行为"。

3）代替责任

"宗教技术中心诉 Netcom 在线通信公司案"①（以下简称"Netcom 案"）确立了代替责任原则。在该案中，一名牧师的布道被上传到了一个 BBS 上，该 BBS 通过 Netcom 公司提供的接入服务才连接到互联网上。宗教技术中心要求该 BBS 经营者和 Netcom 公司禁止该名牧师使用其服务。BBS 经营者要求宗教技术中心提供其享有版权的证明，却遭到了拒绝。Netcom 公司则提出，自己向该 BBS 提供的仅是接入服务，不可能为了不让其传播特定牧师的布道，就断开对整个 BBS 的网络连接，因为这将导致该 BBS 的所有用户都无法使用 BBS。尽管 Netcom 公司是一个纯粹的接入服务提供商，既不主动提供也不控制任何信息，但由于牧师的布道通过其系统传递时，会自动在其服务器中进行"临时复制"，因此宗教技术中心仍然同时起诉了 BBS 经营者和 Netcom 公司侵犯其复制权、发行权和展示权。

在起诉 Netcom 时，原告声称，虽然 Netcom 本身不是任何侵权内容的来源，但其仍然要为侵权承担责任，而无论这种责任是直接侵权责任、间接侵权责任还是替代责任。原告还搬出了 Frena 案的判决作为依据。对此，法院明确表示没有被 Frena 案的判决所说服。法院指出："Netcom 设计和运营一个自动对所有经其传递的信息进行临时复制的系统，与一个复印机的所有人让公众使用复印机进行复制并无二致。虽然有人会使用复印机直接侵犯版权，但法院是从帮助侵权的角度来分析复印机所有人的责任的，而不是将其归于直接侵权……虽然版权法规定了严格责任，但在本案中被告的系统只是被第三方用于制作复制件，（为认定版权侵权所需的）意志要件和因果关系要件并未得到满足。"同时，针对 BBS 经营者的责任问题，法院不但以同样的理由认定 BBS 经营者没有直接侵犯复制权、发行权和展示权，还指出 BBS 经营者是否在收到通知后删除侵权内容与直接侵权无关，只与帮助侵权有关，因为只有帮助侵权的构成要件是知晓侵权，即具有主观过错。

由此可见，在"Netcom 案"中法院认定，ISP 在没有基于自己的意志实施复制、发行、展示等行为的情况下，不可能构成直接侵权，只可能在知晓侵权内容而不及时删除时构成帮助侵权。法院认为，如果 ISP 在侵权中的作用不过是建立和运行一种维持网络正常运转所必需的系统，那么让无数

---

① Religious Technology Center v. Netcom On-Line Communication Services, Inc., 907 F. Supp. 1361, N. D. Cal., 1995.

ISP 陷入责任之中就是不明智的，实践中让整个 Internet 为侵权行为负责并不能有效（甚至根本无法）制裁和预防侵权行为，同时，这样做也不利于互联网的发展。[①] 这一判决澄清了网络环境中直接侵权和间接侵权的区分标准，对于确保网络环境中的利益平衡具有重要意义。随着这方面案例的增多，目前美国法院已经对网络侵权案件的责任规则形成了一个共识，即只要 ISP 没有主动实施侵害他人合法权益的侵权行为，就不承担直接侵权责任，但可能由于满足帮助侵权或代位侵权的要件而承担间接侵权责任。[②]

"Netcom 案"还对《数字千年版权法》（DMCA）的诞生具有重大影响。根据 1998 年通过的《数字千年版权法》，在侵犯版权的诉讼中，如果 ISP 仅仅充当渠道的角色，那么在大多数情况下，它将不需为非法行为承担责任。[③]《数字千年版权法》对网络侵权规则的形成具有重要的里程碑意义，随后世界其他国家和地区也都纷纷制定了类似的本土法律。

3. 链接与内框

1）链接

网络链接是无处不在的，一般来说，在网上创建网站就意味着允许其他网站与之进行链接；那么网络链接会不会涉及版权法呢？什么情况下的链接会侵犯知识产权呢？下面的一个案例也许会带给我们一些启发。

在"Ticketmaster 诉微软公司案"中，原告认为其网站吸引用户的网页是售票网页。但是用户往往不可能记住这些网页在网上的统一位置（URL），所以用户往往需要首先进入该网站的主页。因此，网站可以在用户进入售票网页之前，展示更多的广告条。被告微软公司在自己的网站上设置的超文本链接却把用户直接引向原告网站的售票页面。也就是说，Ticketmaster 并不是反对链接，而是反对避开其首页，直接链接到次级网页的链接方法。这种链接叫作"深层链接"（Deep Linking）。[④] 法院最后判决被告侵犯了原告的版权。承认网页是汇编作品的一部分，这样引用版权法进行保护就是合理的。在版权之外创设新的"链接权"，也是保护互联网网页的一个方法。1999 年初，Ticketmaster 与微软公司达成庭外和解，双方同意不透露和解协议的内容。不过最终微软同意了把用户引向 Ticketmaster

① 郭卫华、金朝武、王静、等：《网络中的法律问题及其对策》，北京，法律出版社，2001 年 1 月版，第 56 页。

② 吴汉东：《论网络服务提供者的著作权侵权责任》，《中国法学》2011 年第 2 期。

③ 〔美〕唐·R. 彭伯：《大众传媒法》（第十三版），张金玺、赵刚译，北京，中国人民大学出版社，2005 年 7 月版，第 475 页。

④ 〔美〕理查德·斯皮内洛：《铁笼，还是乌托邦——网络空间的道德与法律》，李伦、等译，北京，北京大学出版社，2007 年 2 月版，第 116 页。

的主页而不是次级网页。[①] 美国法律界希望这一案例成为关于链接的参考案例,但深层链接的法律属性依然含糊不清。

2) 内框

与链接相关的另一种做法是"插入内框(framing)"。网页制作者在设计网页时,在该网页中插入一个含有网站名称及其他能显示的标记的内框,就是"插入内框"。当用户浏览插有内框的网页内容时,这个内框会显示在屏幕上,这样,即便用户已经链接到另一个网站上,他还是可以看到原来那个网站的名称和图标。

和"插入内框"相关的案例是印第安纳州韦恩堡市的"Journal Gazette报社起诉 Ft-Wayne. com 网站案"。在该案中,Ft-Wayne. com 网站链接了报纸上的文章,通过使用内框,改变了报纸文章的显示,而在浏览器的窗口上放上了自己的广告和网址。

和这一案例相似的还有 1997 年的包括 CNN、道琼斯通信社、路透社、时代集团和《华盛顿邮报》在内的数家媒体起诉 Total News 公司案。原告都拥有自己的网站,作为其出版物的电子版本,网站给他们带来可观的收入。原告认为,Total News 公司以使用内框的方式侵犯了他们的著作权和商标权。被告设置的这些未经原告许可的链接并不像普通的正常链那样把用户从设链页导引至被链页,即用户浏览器的地址一栏显示的仍然是被告的地址,主框以外的框中也显示被告网页的"实在材料"。然而实际上,主框中的正常链却导引浏览器获得了原告网页上的被链内容。因此,原告指控被告的网站是"寄生性"的,未经许可再版了原告的版权材料,侵犯其"多个"版权人的专用权。[②]

最后该案以 Total News 可以继续链接原告的文章,但不再以"插入内框"的形式而调解解决。

第五节 网络商标和专利侵权

1. 商标权保护

在美国,可以注册的商标包括:商品商标、服务商标、证明商标、集合商

---

① 〔美〕理查德·斯皮内洛:《铁笼,还是乌托邦——网络空间的道德与法律》,李伦、等译,北京,北京大学出版社,2007 年 2 月版,第 118 页。

② 郭卫华、金朝武、王静、等:《网络中的法律问题及其对策》,北京,法律出版社,2001 年 1 月版,第 31－32 页。

标,商标可以使用姓名、符号、文字、标识语或图案。但有一些标志是不能注册为商标的,如国家、州、市和外国的旗帜、徽章;不道德和诽谤性的标志;不附加企业名称、独立的地区性标志;不加企业名称的单独姓氏;已被注册的相类似的标志。

美国专利商标局负责商标的注册。初次注册有效期为 10 年,之后可以重新注册不受限制的若干个 10 年期。注册的商标在全国范围内有效,被视作私人财产,任何未被授权而使用已注册的商标的行为均构成侵权。

网络上侵犯商标权的著名案例是"American Blind and Wallpaper Factory 公司诉谷歌公司侵权案"①。这是一起关键词搜索侵犯商标权的案例。2004 年 1 月,美国 American Blind and Wallpaper Factory 公司声称谷歌的搜索关键词侵犯了公司的商标权,要求谷歌公司停止关键词搜索。原告认为自己拥有"American Wallpaper""American Blind"等知名商标,而在搜索"American Wallpaper""American Blind"等关键词时总会出现其他竞争对手的广告——"我们每年都有花费数百万美元用于提升品牌的知名度,绝不允许谷歌帮助竞争对手利用我们的资源"。谷歌在法院庭审阶段,主动表示不再向广告商出售与 American Blind 商标直接相关联的广告,包括"American Blind Factory"和"Decorate Today"。②

元标签是被使用在网页的 head 标签之间的一种 HTML 标签,主要包括关键词标签和描述标签。与其他的 HTML 标签不同,元标签不会在页面的任何地方显示出来,绝大多数的访问者并不会看到它的存在,但能够被大多数搜索引擎识别。关于元标签的经典案例是"花花公子诉特丽·威尔斯案"③。1981 年,模特威尔斯成为《花花公子》杂志的封面女郎,也被选为当年的"花花伴娘"(playmate),可谓一夜成名。威尔斯离开花花公子后,在互联网上建立了自己的网站,在网站上发布了她自己和其他一些模特的照片、传记和一份个人演出日程表。花花公子公司发现,威尔斯不但在自己的传记和网页广告条中使用了"花花公子"和"花花伴娘"这两个花花公子公司的注册商标,而且还把"花花公子"和"花花伴娘"作为其网站的搜索关键词。这样一来,网民在搜索引擎中打入"花花公子"或"花花伴娘",威尔斯的网站就会和《花花公子》的网站一起出现在搜索结果当中。由于威尔斯拒绝停止使用这个标签,花花公子公司提起标的为 500 万美元的商标侵权诉讼案。

---

① Google, Inc. v. American Blind and Wallpaper Factory, Inc., No. 03 - cv - 05340 JF (RS), N. D. Cal., April 18, 2007.

② 张平:《网络法律评论》(第 11 卷),北京,北京大学出版社,2010 年 1 月版,第 228 页。

③ Playboy v. Terri Welles, 2002, U. S. App., LEXIS 1561(CA9 2002).

但是,法院判决威尔斯使用"花花公子"和"花花伴娘"两个注册商标属于合理使用,把"花花公子"和"花花伴娘"作为其网站的搜索关键词,也属于为网民提供方便的正常信息流通,不构成侵犯商标权。花花公子公司提起上诉,但是美国第九上诉巡回上诉法院没有受理此案,所以原判有效。

理查德·斯皮内洛认为,威尔斯一案建立了一个很好的法律先例案例——"商标应该受到保护,但不能以失去言论自由为代价。"①

2. 专利权保护

美国联邦宪法第一章第八节第八款规定:为了促进科学和实用技术的进步,对作家和发明家的著作和发明在一定期限内授予专有权,从而在宪法层面为专利的申请、审批和专利的保护奠定了基础。根据美国宪法的授权,1952 年国会颁布了联邦专利条例,后经历过 1975 年、1984 年和 1999 年三次较大的修订。美国专利商标局负责专利的审批,设在华盛顿特区的美国联邦巡回上诉法院负责审理专利的诉讼。

根据美国专利权法,可以授予专利的项目包括:机器、程序、构造;或者对已经存在的机器、程序、构造的改进;制造环节的设计;无性繁殖植物;人类发明的生命物质。取得专利的发明必须同时具备新颖、实用、先进等特征。对抽象的概念、科学的原理程序一般不能申请专利,除非它们是现实存在的物质环境的一部分。

专利申请人应当向美国专利商标局提出书面申请,如果被授予专利,该项发明会被给予一个专利号码。如果在申请专利之前已被公众使用一年以上,则该项发明不会被授予专利。美国的专利法规定,谁先发明谁就有专利权。在申请专利之前的一年时间里允许产品销售、使用和发表,这在很大程度上鼓励和保护了发明者和创业者,他们可以先进行市场实验,再去筹资申请专利权和投入生产。

专利所有人拥有排他性地使用、开发该项专利的权利。未经授权擅自使用他人的专利则构成专利侵权。②

据美国专利商标局的统计,1990 年美国授予与网络有关的发明专利仅有 22 件,在 1996 年以前,涉及互联网的专利只有 13 件。截止 1998 年,与网络有关的发明专利授权数已达 2 193 件。1999 年前 3 个月,有关互联网的专利授权达到 695 件之多。到 2000 年底,有关电子商务的授权专利,美

① 〔美〕理查德·斯皮内洛:《铁笼,还是乌托邦——网络空间的道德与法律》,李伦、等译,北京,北京大学出版社,2007 年 2 月版,第 121 页。

② http://www. ipr. gov. cn/guojiiprarticle/guojiipr/guobiehj/gbhjbsjj/200603/524695_1. html,访问日期,2014 年 6 月 24 日。

国已有 1 500 多件。美国有关商业方法申请的专利,1998 年为 1 300 件, 1999 年为 2 600 件,到 2000 年 5 月已有 4 500~5 000 件。随着网络专利的增多,纠纷也随之增加。自 1999 年 10 月以来,美国发生了多起网络专利权纠纷案。比较著名的有。

1) "Priceline. Com 诉微软某分支机构 Expedia 案"[①]

Priceline. com 公司的"反向拍卖模式"获得专利权。1999 年 10 月 Priceline. com 控告 Expedia 旅游网站和微软公司非法使用其软件技术,并将用于机票订购和其他旅游消费服务中。该公司声称,这种先进的竞价订购技术是公司花费大量人力物力开发出来的,Expedia 旅游网站在使用该项技术时必须支付相应的费用。据悉,Expedia 旅游网站的"Price Matcher"商务服务频道一直在使用这项竞价订购技术。

2001 年 1 月,两家公司已就这项软件技术的使用问题达成了协议, Expedia 将按照 Priceline. com 的要求支付使用费。Priceline. com 将撤回对 Expedia 的指控。[②]

2) "亚马逊诉巴诺书店案"[③]

1999 年 10 月,亚马逊以巴诺书店(Barnes & Noble)使用的网络支付技术与其已获得专利的"单击"系统非常相似,因此侵犯了亚马逊的专利权为由对后者提出了诉讼。1997 年 9 月,亚马逊推出"单击"系统,并获得联邦商标专利局的第 5960411("411")号专利。有了这一系统,顾客就不需要在每次购买物品时再次输入相关数据,任何一位顾客都可以只点击一次鼠标就能买到所需的商品。当然,前提是用户以前访问过亚马逊网站,并且已经提供了必要的投递和账单信息,这些信息被保存在公司的档案中。

1998 年 5 月,亚马逊书店业务的主要竞争对手巴诺书店推出了名为"特快通道"的快速订购系统,与亚马逊的模式一样,当商品页出现以后,只需采取一个动作就能完成订购。亚马逊于是将巴诺书店告上法庭,寻求禁止巴诺书店使用"特快通道"功能的预禁令,因为它侵犯了 411 号专利。在经过初步审理之后,华盛顿西部地区法院法官玛莎·佩奇曼(Marsha Pechman)在 1999 年 11 月做出判决——巴诺书店侵犯了亚马逊的专利权, 禁止巴诺书店使用"特快通道"功能的预禁令。

巴诺书店立即提出了上诉。2001 年 2 月,联邦上诉法庭推翻了地区法

---

① Expedia Inc. , and Hotels. com, L. P. V. Priceline. com Inc. , 2:2009cv00712, May 20, 2009.

② http://tech. sina. com. cn/it/w/49488. shtml,访问日期,2013 年 11 月 16 日。

③ 239 f. 3d 1343;2001 u. s. app. lexis 2163.

院做出的判决,并将该案发回美国地区法院重审。在裁决中,联邦巡回上诉法院表示,巴诺书店的系统只是对亚马逊的系统构成了竞争挑战,这一挑战并不意味着亚马逊的系统遭到了侵犯。

对此,巴诺书店表示,上诉法院的裁决表明,亚马逊的起诉完全是小题大做,亚马逊不希望看到其他公司拥有类似的系统,而想独霸这种目前已得到广泛应用的网络支付技术。亚马逊则表示,上诉法院的裁决不符合专利权保护法,其发言人称公司已做好继续打官司的准备。一家互联网专利咨询机构的业内专家格雷格·阿罗尼安(Greg Aaronian)表示,这一专利侵权案将成为互联网立法的晴雨表,他认为巴诺书店在遭到亚马逊起诉后仍继续使用相关技术和系统,这本身就是一种错误的行为,因此这一案件并不仅牵涉亚马逊和巴诺书店,更是有关软件专利的一个重要案件,对互联网立法具有普遍意义。关键的要点是这个官司提示了一种新的趋势:自从美国最高法院判定软件和商务操作办法均可获专利保护之后,美国的网络公司因此涌起了申请专利的热潮。新兴的网络商务公司不仅希望借专利保护其使用的软件技术,更强调用专利保护它们的商业"点子"。甚至有的公司专门从事制造"点子",申请专利之后待价而沽。

第六章　网络淫秽色情规制

2006年,《华盛顿邮报》曾撰文指出,色情行业对于互联网的繁荣不可或缺,许多技术在进入主流之前,都是为"性"而发明的,从视频流到文件交换、在线购买,莫不如此。

作为互联网发源地的美国,不仅是一个经济和军事强国,也是一个色情产业的超级大国。20世纪70年代,美国的淫秽出版物市场已经成为盈利几十亿美元的大行业,而且发展势头迄今不减。[①]早在2007年,美联社曾报道,美国色情业每年的利润高达120亿美元,几乎占到世界色情业总利润的1/5。在美国的色情业中,成人电影的销售独占鳌头,每年有超过200亿美元的收入;其次是色情杂志,每年有近80亿美元的收入。互联网兴起后,网络色情业后来居上,大有超过传统媒体之势。[②]2000年,美国互联网产业中收费项目的总收入为38亿美元,其中27亿美元来自网络成人娱乐业。[③]

美国的色情业之所以如此兴盛,除了金钱的动力之外,也全靠宪法的保护。美国宪法中保护言论自由的条款,往往是美国色情业的"保护伞"。[④]因此,美国在立法禁止色情材料方面要比其他国家更为宽松,其立法过程也更为坎坷。

美国有关这方面的立法,主要是遵循以下的原则:保护言论自由、限制不良信息传播。美国把色情内容与淫秽内容、儿童色情内容做了区分:对于淫秽内容、儿童色情内容,禁止所有人阅读;对于色情内容则只禁止儿童阅读。其目的在于,在确保成年人(偶尔)获取色情内容的同时,让儿童远离色情。[⑤]美

---

① 邱小平:《表达自由——美国宪法第一修正案研究》,北京,北京大学出版社,2005年1月版,第262页。
② 〔美〕张哲瑞联合律师事务所:《裸露的权利》,北京,法律出版社,2006年1月版,第47页。
③ 宫承波、刘姝、李文贤:《新媒体失范与规制论》,北京,中国广播电视出版社,2010年1月版,第83页。
④ 〔美〕张哲瑞联合律师事务所:《裸露的权利》,北京,法律出版社,2006年1月版,第49页。
⑤ 〔美〕劳伦斯·莱斯格:《代码:塑造网络空间的法律》,李旭、姜丽楼、王文英译,北京,中信出版社,2004年1月版,第211页。

国联邦法律和各州法律均把制作、传播或拥有儿童色情产品作为一种刑事犯罪。[①] 有人总结说,现在美国政府对色情内容的总体态度就是"有条件地合法"。这个条件就是对年龄的限制(不能向未成年人传播)、对地点的限制(不能在公共场合传播)。[②]

第一节　淫秽色情的界定

由于各国国情、历史、文化等因素的影响,关于什么是淫秽(obscene)和色情(pornographic),并没有统一的标准和准确的定义。在美国,淫秽言论完全不受《宪法第一修正案》保护,对任何人都是禁止的。[③] 尽管联邦《通信法》禁止FCC对广播电视节目进行审查,但是联邦《刑法》第18章第1464款规定禁止播出包含"淫秽、下流、亵渎神灵的语言",如果违犯将处以1万美元的罚款或两年有期徒刑,严重的将同时处以两种惩罚。[④] 淫秽材料是不受《宪法第一修正案》保护的;而色情材料则受保护。因此,如何在淫秽和色情之间划出一条清晰的界限就显得尤为必要。

从词源上看,淫秽原意是不吉利的,现在着重指令人厌恶、下流或道德上不健康的东西。法院对"淫秽"的定义则超出了色情描写。[⑤] 在《关于执行禁止电视台淫秽猥亵内容文件》中,"淫秽"一词被联邦通信委员会定义为包含"在现行广播电视媒体社会标准测量下带有明显侵犯意思的语言,以及裸露的性行为或者性器官"。[⑥] 色情原意是描述妓女,其含义更加复杂和广泛,包括性暴露和性淫荡,但也包括一般的性爱行为。色情的东西不一定全都是淫秽的。[⑦] 美国对淫秽和色情的定义,是通过一些判例来实现的。

① 〔美〕张哲瑞联合律师事务所:《裸露的权利》,北京,法律出版社,2006年1月版,第117页。
② 吴寸木:《谷歌不听话:互联网背后的大国角力》,北京,电子工业出版社,2010年1月版,第133页。
③ 〔美〕理查德·斯皮内洛:《铁笼,还是乌托邦——网络空间的道德与法律》,李伦、等译,北京,北京大学出版社,2007年2月版,第50页。
④ 〔美〕Kenneth C. Creech:《电子媒体的法律与管制》(第5版),王大为、于晗、李玲飞、等译,北京,人民邮电出版社,2009年5月版,第170页。
⑤ 〔美〕约翰·维维安:《大众传播媒介》(第7版),顾宜凡、等译,北京,北京大学出版社,2010年7月版,第549页。
⑥ 〔美〕Kenneth C. Creech:《电子媒体的法律与管制》(第5版),王大为、于晗、李玲飞、等译,北京,人民邮电出版社,2009年5月版,第170页。
⑦ 邱小平:《表达自由——美国宪法第一修正案研究》,北京,北京大学出版社,2005年1月版,第275页。

1. "希克林案"判决

"淫秽"这个术语的意思是："冒犯公认的有关体面和谦逊的标准。"当然，对于何为淫秽，不同的人可能有不同的标准。① 不同的时期对于淫秽的理解也有很大差异。早期美国法院借用了英国的一个宽泛定义，它来自1868年的"希克林案"②判决。根据该标准，如果一个作品可能导致那些易受不道德影响的人遭遇堕落和腐化的危险，那么它就是淫秽的。这一衡量标准允许法官在不将该作品作为整体看待和不需尊重该作品可能具有的任何艺术、文学或科学价值的情况下审查令人反感的词语或段落。如果法官或陪审团裁定该材料属于淫秽作品，它将得不到《宪法第一修正案》的保护。这一标准在此后的80年中被广泛使用。③

1957年，在"巴特勒诉密歇根州案"④中，最高法院废除了这一标准，法院认为，如果维持这条判决，那么美国成人只能获准阅读那些适合孩子阅读的材料。"很显然，这是因噎废食"，菲利克斯·弗兰克福特（Felix Frankfurte）大法官说。

废除了"希克林案"判决之后，最高法院必须重新定义"淫秽"，这次定义发端于"罗思诉美国案"⑤。

2. "罗思—回忆录标准"

1957年，纽约市书商罗思（Wroth）使用商业传单和广告招揽生意，他被指控寄送淫秽传单、广告和黄色书籍，因此违反了联邦有关禁止色情的法律。纽约南区地区法院的一个陪审团判定他26项控罪中，有4项罪名成立，第二巡回上诉法庭的判决支持这一判决。罗思在1957年4月将此案上诉到美国联邦最高法院。

1957年6月，联邦最高法院以6∶3的投票结果再次驳回罗思的上诉。最高法院布伦南大法官指出：

> 所有即便只具有最少社会价值的思想——非正统的思想、有争议的思想，甚至是与主流观点背道而驰的思想——都应当受到完整的保护，除非它们侵犯了具有更大社会价值的有限领域而被排除在保护范

---

① 〔美〕约瑟夫·塔洛：《今日传媒：大众传播学导论》（第三版），于海生译，北京，华夏出版社，2011年3月版，第94页。

② Queen v. Hicklin, L. R. 3 Q. B. 360, 1868.

③ Joseph R. Dominick, 2004：*The Dynamics of Mass Communication：Media in the Digital Age*, McGraw-Hill, p. 418.

④ Butler v. Michigan, 352 U. S. 380, 1957.

⑤ Roth v. United States, 354 U. S. 476, 1957.

围之外。但在《宪法第一修正案》的历史上,是否因为淫秽物品一无是处而予以取缔,一直都不甚明确。①

布伦南进而指出,由于"淫秽"不属于《宪法第一修正案》的保护范围,因而应当受到适当的管制。判决说,如果一个普通人运用当代社会的标准,发现某一作品的主题从整体上迎合了人们淫秽的趣味,那么这一作品就可以被视为淫秽。而淫秽的言论是不受《宪法第一修正案》的保护的。

"淫秽"这个词经常和"色情"联系起来,它可能被描述成"有着明确的性爱内容的图片、著作或其他材料"。一个多世纪以来,保守的团体和自由主义的团体围绕"淫秽"的本质争论不休。② 1957 年的"罗思案"的一个重要进展,就是把色情和淫秽做了区分,美国最高法院认为:

> 色情和淫秽不是同义词。淫秽材料是通过一种唤起性欲的方式来处理色情内容的材料。在艺术、文学和科学作品中,对于性的描述本身,并不足以成为一种充分的理由,用来剥夺这种材料所享有宪法对于言论自由和出版自由的保护。在人类的生命中,性是一种重要的、不可思议的原动力,长久以来,它都是人类极感兴趣的一个主题,这一点是无可置辩的;无论是从人情味的角度还是从公众关注的角度来说,它都是一个至关重要的问题。③

然而,哪些言论属于"淫秽"而"不属于"《宪法第一修正案》的保护范围?布伦南认为,"罗思案"为判断是否属于"淫秽"提出了一个新标准:"对于普通人来说,按照当时社会的标准,作品的基调是否在整体上渲染色情趣味"④。但这一标准,在许多人看来仍然过于模糊和含混不清。这一社会标准应该是地区性的还是全国性的? 色情兴趣如何才能被准确地测量?⑤

在接下去的九年里,最高法院从大量有关淫秽的规则中逐渐发展出所

---

① 〔美〕小哈里·卡尔文:《美国的言论自由》,李忠、韩君译,北京,生活·读书·新知三联书店,2009 年 1 月版,第 40 页。

② 〔美〕约瑟夫·塔洛:《今日传媒:大众传播学导论》(第三版),于海生译,北京,华夏出版社,2011 年 3 月版,第 95 页。

③ 〔美〕约瑟夫·塔洛:《今日传媒:大众传播学导论》(第三版),于海生译,北京,华夏出版社,2011 年 3 月版,第 94 页。

④ 〔美〕小哈里·卡尔文:《美国的言论自由》,李忠、韩君译,北京,生活·读书·新知三联书店,2009 年 1 月版,第 40 页。

⑤ Joseph R. Dominick, 2004:*The Dynamics of Mass Communication*:*Media in the Digital Age*, McGraw-Hill, p. 418.

谓的"罗思—回忆录标准"。在1962年的"曼努埃尔公司诉戴案"①中,最高法院增补了另一个术语"显然冒犯"。在1964年的"雅各佩利诉俄亥俄州案"②中,布伦南大法官又对这个定义做了两点补充。首先,他澄清了下述观点:根据"罗思案"标准来判断是否属于淫秽的"当时社会的标准"是全国性的,而不是地方性的;他说,否则的话,"这个国家关于言论自由的宪法界限可能一州一个样"。其次,他指出,他在"罗思案"中提出的淫秽不受《宪法第一修正案》保护的理由——淫秽物品"完全缺乏社会价值"——也是宪法定义的一个要素。最后,在1966年的"回忆录案"③中,最高法院再次把淫秽定义中互不相干的各个要素整合为一项严格的三维标准,即"罗思—回忆录标准"。④

第一,作品的主题从总体上看必须能引起对淫欲的兴趣;

第二,法庭必须发现该材料具有显著的冒犯性,因为它明显违反当代描写和表达性事的社会习惯;

第三,在某些材料被认定为淫秽材料之前,首先必须确认该材料没有任何社会价值。⑤

这一标准确定后,政府再不能随便以"涉黄"为由,将某本书打入冷宫。《洛丽塔》《包法利夫人》《尤利西斯》《查泰莱夫人的情人》等传统禁书,终于得见天日。⑥

虽然这个标准比以往的判决要准确和严格得多,但是第三条是否有社会价值困扰着检察官,也引起了学术界的争议。芝加哥大学法学教授小哈里·卡尔文指出,这段话的前提是,淫秽之所以应受管制,不是因为它的危险性,而是因为它毫无价值可言。如果认为性无价值就可以进行管制,那么是否可以认为,只要其他事项没有价值,也可以进行管制呢? 或者,最高法院是否含蓄地主张如下扣人心弦的观点,即性为世间价值最为低下之物,对其他任何一个话题的评论都不可能毫无社会价值呢?⑦ 他认为,最高法院在

---

① Manual Enterprises v. Day, 370 U. S. 478, 1962.

② Jacobellis v. Ohio, 378 U. S. 184, 1964.

③ A Book Named "John Cleland's Memoirs of a Women of Pleasure" v. Attorney General of Massachusetts, 383 U. S. 413, 1966.

④ 〔美〕小哈里·卡尔文:《美国的言论自由》,李忠、韩君译,北京,生活·读书·新知三联书店,2009年1月版,第41-42页。

⑤ 〔美〕唐·R. 彭伯:《大众传媒法》(第十三版),张金玺、赵刚译,北京,中国人民大学出版社,2005年7月版,第439页。

⑥ 〔美〕安东尼·刘易斯:《批评官员的尺度——〈纽约时报〉诉警察局长沙利文案》,何帆译,北京,北京大学出版社,2011年,"译者序"第9页。

⑦ 〔美〕小哈里·卡尔文:《美国的言论自由》,李忠、韩君译,北京,生活·读书·新知三联书店,2009年1月版,第20页。

"罗思案"中并未意识到,淫秽问题涉及的不是思想,而是想象的刺激物、意念和幻觉,是激起人们的性幻想,私下唤起人体的性反应。[①] 不过,由于这项标准要求必须同时具备三个要素,所以政府审查的空间极其有限,法律最终只能管制一小部分作品。[②]

在"回忆录案"中,这项标准初露锋芒。马萨诸塞州查禁约翰·克莱兰德(John Cleland)的小说《范妮·希尔》(Fanny Hill)。这部文笔优美的著作完成于18世纪,充满了卖弄风情的下流龌龊情节。两个世纪以来,这本书一直被奉为地下色情文学的经典之作而风靡全国。但它与《查太莱夫人的情人》(Lady Chatterre's Lover)[③]有天壤之别。尽管《范妮·希尔》不厌其烦地描写性行为,它对现代社会具有特殊的意义,一直有"黄色书刊"(dirty book)的名声。最高法院最终以6∶3的表决结果保护了这本书。布伦南大法官代写的多数意见书指出:

> 除非一本书被认定为完全没有社会价值,否则不得取缔它。即便这本书大肆渲染色情,显然冒犯受众,也同样如此。三项联邦宪法标准缺一不可;这本书的社会价值绝不会被书中的色情描写和显然冒犯受众所抵消或取代。所以,即使根据下级法院关于《回忆录》只有少量社会价值的观点,也应当推翻它的判决,因为这项判决误读了联邦宪法标准。[④]

斯图尔特大法官虽然赞同这项判决,但认为三维标准过于烦琐。他希望化繁为简,用"露骨的色情描写"来代替"淫秽"一词。

与"回忆录案"同一天审判的两个案件——"米什金诉纽约案"[⑤]"金兹伯格诉美国案"[⑥],进一步加剧了淫秽理论的复杂程度。

在"米什金诉纽约案"中,引起争议的作品专门迎合性变态读者的口味。被告认为,这些作品不属于宪法意义上的淫秽作品,因为它们没有渲染"普

---

① 〔美〕小哈里·卡尔文:《美国的言论自由》,李忠、韩君译,北京,生活·读书·新知三联书店,2009年1月版,第20页,36页。

② 〔美〕小哈里·卡尔文:《美国的言论自由》,李忠、韩君译,北京,生活·读书·新知三联书店,2009年1月版,第42页。

③ 这本小说的删节本在美国出售了多年,1959年小树林出版社出版了全译本。邮政官员拒绝给予邮政特许。小树林出版社上诉并获胜。

④ 〔美〕小哈里·卡尔文:《美国的言论自由》,李忠、韩君译,北京,生活·读书·新知三联书店,2009年1月版,第43页。

⑤ Mishkin v. New York, 383 U. S. 502, 1966.

⑥ Ginzburg v. United States, 383 U. S. , 1966.

通人"的色欲性爱。最高法院驳回了这种观点。法院认为,作品是否渲染色情趣味,取决于作品对其受众的影响以及受众是否认为作品构成淫秽。确切地说,当某种色情作品专门迎合某类读者时,法律就有必要关注这类读者,并为他们提供保护。[①]

"金兹伯格诉美国案"的案由是对一份名为《爱神》(Eros)的杂志提起淫秽指控。《爱神》是一份价格不菲的商业色情期刊。单独地看,这份杂志是否符合淫秽的三维标准并不明确,但这项指控增加了宣传和推销杂志方面的证据。据此,最高法院判《爱神》为淫秽读物。在该案中,最高法院就"淫秽"的判定引入了"拉皮条"这一原则,即如果被告将自己的作品作为淫秽作品推销,则他将无法抵赖其宣传行为。然而这项原则与前述三维标准并不完全等同,甚至可能产生冲突。正如提出异议者所指出的,从《宪法第一修正案》的角度看,最高法院对"金兹伯格诉美国案"的推理似乎削弱了"回忆录案"的原则,因为审查者可以借助"拉皮条"这个概念来审查受三维标准保护的作品。[②]

总之,1966年的3个案件——"回忆录案""米什金案"和"金兹伯格案",反映了"罗思案"后十年来最高法院在淫秽理论方面左右摇摆的态度。鉴于淫秽理论反复无常以及大法官之间的严重分歧,这一领域并未形成明确而稳定的规则。正如大法官布莱克(Black)所言,在1996年的三个案件中,"在发表14份意见之后""没有一个人,即便是学识渊博的法官,更不用说外行,在最高法院做出终审判决之前能够预知某件作品是否构成'淫秽'"。[③]

在1966年三个案件之后,最高法院似乎逐步偏离了"罗思案"和"回忆录案"定义的轨道,一种全新的、更加简单的定义方法正在浮出水面。

3. "米勒检验"

至于公民是否有权持有淫秽作品这一问题,最高法院在1969年"斯坦利诉佐治亚州案"[④]的判决中给出了肯定的回答:"如果说《宪法第一条修正案》意味着什么的话,它意味着政府无权告诉一个在自己房间内的人可以读什么书,看什么电影。我们的整个宪法传统强烈反对那种赋予政府控制人

① 〔美〕小哈里·卡尔文:《美国的言论自由》,李忠、韩君译,北京,生活·读书·新知三联书店,2009年1月版,第46-47页。
② 〔美〕小哈里·卡尔文:《美国的言论自由》,李忠、韩君译,北京,生活·读书·新知三联书店,2009年1月版,第47页。
③ 〔美〕小哈里·卡尔文:《美国的言论自由》,李忠、韩君译,北京,生活·读书·新知三联书店,2009年1月版,第48页。
④ Stanley v. Georgia, 394 U. S. 557, 1969.

们思想的权力的观点。"不过,既然承认人们有权持有淫秽作品,那么同时却不允许任何人向他人提供淫秽作品,其中道理何在?既然承认持有的权利,那么对传播的权利的承认不也是很自然的推论吗?就此看来,"斯坦利案"的判决似乎暗含着对"罗思案"关于淫秽不受《宪法第一修正案》保护的这一观点的否定。然而在1971年"美国诉雷德尔案"中,最高法院重申恪守罗思案原则,判决适用于管制向自愿接受的成年人传播淫秽物品行为的联邦邮政反淫秽法并不违宪。于是,尽管一度接近,但最高法院还是没有肯定这一观点——《宪法第一修正案》保护成年人乐于接受的淫秽作品。

1973年,最高法院在"第一巴黎剧院诉斯莱顿案"①与"米勒诉加利福尼亚州案"②的判决中修正了回忆录案的三维标准,提出了三条新标准,即在法律上界定色情作品和淫秽的"米勒检验"(Miller test)三步骤。

娱乐业商人马尔文·米勒(Marvin Miller)在加利福尼亚州邮寄了5本附有性行为图片的广告,地方当局按照加利福尼亚州的法律判其有罪,罪名是违反加州反淫秽出版物法。米勒不服,将此案上诉到最高法院,最高法院以5比4通过裁定,判米勒胜诉。

美国最高法院在"米勒诉加州案"中确立了认定一部作品是否淫秽的标准:"①适用当代社区标准,一个平常人是否会发现,作品从整体上看激起色欲;②作品是否以明显令人厌恶的方式,描述或展现州已明确定义的性活动;③作品从整体上看是否缺乏严肃的文学艺术、政治或科学价值。"③

如果对上述三个问题的回答为"是",那么该作品被认为是淫秽的,从而应被剥夺言论自由的保护。"米勒检验"三步骤实际上提出了界定淫秽的四个标准:

(1)社区标准。在新标准中,判断何为"淫秽"及"显然冒犯公众"遵循的是地方的而非全国的标准;回归"社区"标准,会给人们带来很大困惑——互联网上到底应该采用哪种社区标准?实际上,美国最高法院在判案时拒绝使用这一标准,认为应该用一个全国性的标准来衡量读物到底是不是淫秽的。最高法院指出,在某一州某一被认为可以接受的行为,在另一个州未必会被接受。互联网是一个全球性的共同体,物理上的边界通常对它来讲不重要,因此,运用某个当地标准就更加困难了。不同国家、不同社区的不同标准会给法律的执行造成困难。

---

①　Paris TheatreⅠv. Slaton,413 U. S. 49,1973.

②　Miller v. California,413 U. S. 15,1973.

③　邱小平:《表达自由——美国宪法第一修正案研究》,北京,北京大学出版社,2005年1月版,第526页。

在"美国政府诉托马斯案"①中,一对夫妻经营了一项只宜成人的公告板业务——在加利福尼亚州的米尔皮塔斯城提供网络色情材料。但田纳西州的检察官要求本州的邮政检察员下载这些在该州构成犯罪的影像,据此在田纳西州曼菲斯城起诉这对夫妇犯有传播淫秽材料罪。依照田纳西州较为保守的社区标准,陪审团判决这对夫妇有罪,但如果根据加利福尼亚州较为宽松的社区标准,这些内容则会被认为合法。还有一个案子,美国一家互联网服务商在网上提供大量只宜成人的材料,这在美国是可以接受的,而在德国南部巴伐利亚这个宗教色彩强烈的地区,该材料则为淫秽,服务商不得不删除了这些内容。②

(2)是否产生淫欲。按照美国最高法院的解释,"淫""具有刺激产生淫荡想法的作用"。淫欲"会诱惑产生一种可耻的、邪恶的、不体面的、不健康的关于性的欲望"。不过,这个定义在实际的法律执行时被解释为不包括"会引起正常而健康的性渴望"的信息。对某些信息是否会刺激产生淫欲做出的判断,取决于它会对一个普通人产生什么样的影响,而不应该具体到某些群体会对该信息做出的反应。③

(3)明显令人厌恶的方式。这也是一个很难界定的标准,美国最高法院认为只有露骨的色情才可能被理解为明显令人厌恶的方式,不涉及此类内容的信息不算是淫秽。最高法院提出以下材料属于"明显令人厌恶的方式"的淫秽内容:一是用公然的令人生厌的方式描写或者叙述最高形式的性行为,不管是正常的还是反常的,不管是真实的还是模拟的;二是用公然的令人生厌的方式描写或者叙述手淫或排泄功能,或是猥亵地显示性器官。

(4)作品的价值。这个标准的适用突破了社区限制,是一个普遍性的标准。也就是说,一个"作品"是否具有文学、艺术、政治和科学价值,不能以一个地方的标准为依据,而是要根据为大多数人所认可的、普遍意义上的标准。④ 为此,最高法院制定了被称为 SSLAPS 的测试。SSLAPS 是严肃的文学、艺术、政治或者科学价值观上所有的词头。在 SSLAPS 测试下,如果大部分人发现作品对人产生淫秽的吸引力,用很明显有冒犯性的方式描写

① United States v. Thomas, 74 F. 3d 701,6th Cir, 1996.
② 〔加〕大卫·约翰斯顿、森尼·汉达、查尔斯·摩根:《在线游戏规则——网络时代的 11 个法律问题》,张明澍译,北京,新华出版社,2000 年 1 月版,第 155 页。
③ 杨伯溆:《因特网与社会:论网络对当代西方社会及国际传播的影响》,武汉,华中科技大学出版社,2003 年 1 月版,第 145－146 页。
④ 杨伯溆:《因特网与社会:论网络对当代西方社会及国际传播的影响》,武汉,华中科技大学出版社,2003 年 1 月版,第 146 页。

被现行法律明确禁止的性行为,或者是缺乏严肃的文学、艺术、政治或者科学的价值观,即为淫秽材料。事实上,这种测试实施起来非常困难。① 当美国最高法院法官波特·斯图尔特(Potter Stewart)被问到如何定义"淫秽"时,他的著名回答是:"我看到就会知道。"人们担心,"缺乏……价值"与"完全没有社会价值"的旧标准相比,可能导致政府管制空间的扩张。

"米勒案"中确立的判断是否"淫秽"的标准,具有深远的影响,这一标准至今仍然是有效的。一件作品,只有同时满足"米勒标准"中的三个要素,才可以被认定为是"淫秽"的。换言之,如果该作品具有严肃的文学、艺术、政治和科学价值,或者其对性行为的刻画尚未达到"明显令人厌恶"的程度,或者该作品从总体上来看并不是为了刺激人的性欲,则它就不是"淫秽",政府就不可以对它完全加以禁止。

4. 金斯伯格言论

色情,是关于性的明确描述,不包括淫秽言论和儿童色情。这样的色情应当被规制和禁止,但仅仅是对未成年人而言。与此相关的法律案件是"金斯伯格诉纽约州政府案"②:

金斯伯格(Ginsberg)和他的妻子在长岛的贝尔莫镇开设了一家"山姆文具及便餐店",他们在店内出售包括《小妞》(girlie)在内的各种杂志。金斯伯格被两名警方线人指控向两个16岁男孩出售该杂志。他在纳苏县地方法院受审,并被判有罪。法院认为《小妞》上刊登的图片对未成年人是有害的,根据纽约州现行法律,金斯伯格的这一行为是违法的。

在上诉有效期内,金斯伯格被纽约州最高法院驳回上诉维持原判,并拒绝其上诉至第二巡回法院。

这些刊登着裸女图片的杂志可以被合法地出售给成年人。金斯伯格认为纽约州政府无权对两种人群制定两套不同的有关"淫秽内容"的定义标准,他认为这是违宪的。

最高法院的多数派认为,虽然这些杂志对于成年读者来说不属于宪法意义上的淫秽作品,但这并不意味着将其销售给未成年人就不违法。③ 小威廉·布伦南大法官宣读了最高法院的判决,驳回了金斯伯格有关未成年人在纽约州失去了自由权的说法。法庭认为,州可以为成人设定一个淫秽定

---

① 〔美〕Kenneth C. Creech:《电子媒体的法律与管制》(第5版),王大为、于晗、李玲飞、等译,北京,人民邮电出版社,2009年5月版,第170页。

② Ginsberg v. New York, 390 U. S. 629, pp. 637-643, 1968.

③ 〔美〕小哈里·卡尔文:《美国的言论自由》,李忠、韩君译,北京,生活·读书·新知三联书店,2009年1月版,第61页。

义,同时为儿童设立另一个淫秽定义,纽约州政府对未成年人的这种保护是有益的;同时不能仅仅因为对于成年人不构成"淫秽"标准就可以不受监督地销售给未成年人。

在该案中,法律对"危害未成年人"做了如下规定:不管以何种形式描述或陈述裸体、性行为、性冲动或性虐待,当它符合下列条件时,就是"危害青少年":①主要是诱发未成年人淫欲的、下流的或病态的兴趣;②明显违背成年人关于什么内容适合于未成年人的通行标准;③对未成年人不具有任何社会意义。这些标准作为一般原则,指导何为 17 岁以下未成年人的禁区。①

以往,美国社会对于性的表达自由,态度十分矛盾。正是最高法院通过对淫秽的定义,促进促成了美国对性表达自由的宪法保护和限制。② 如果是淫秽的材料就得不到《宪法第一修正案》的保护;而色情作品则是受《宪法第一修正案》保护的,尽管带有性挑逗的性质,但不符合"米勒检验"的标准。

早在 1967 年,丹麦对色情行业的规制解禁之后,美国也出现了解禁的呼声。美国总统约翰逊专门设立了反淫秽与色情委员会,发起了一项为期三年的研究,去调查色情内容对社会的不良影响。调查报告认为色情内容对社会没有不良影响。该委员会发现,色情内容的频繁使用者大多数是中产阶级的中年男性,没有任何证据表明观看色情内容与反社会或异常的行为及态度有关。此外,该委员会甚至说色情材料在一些健康的性关系中具有积极作用。因此,该委员会建议,所有禁止向成年人出售这种材料的法律都应该被取消。③ 于是,美国也和丹麦一样对色情内容解禁了。

但是,反对色情内容解禁的呼声也同样此起彼伏。尼克松政府在 1970 年否决了反淫秽与色情委员会的上述建议。在此后的十年里,色情内容变得更加泛滥和极端化。1984 年,里根总统内阁的司法部部长埃德温·米斯(Edwin Meese)成立了一个新的全国反色情委员会,并于 1986 年发布报告,得出了截然相反的结论——色情内容尤其暴力色情,是有害的,并呼吁对色情制定更为严厉的法律。埃德温以此为依据,要求《花花公子》等色情刊物必须从报亭上被撤下。《花花公子》把司法部告上法庭,说美国司法部妨碍

---

① 〔美〕理查德·斯皮内洛:《铁笼,还是乌托邦——网络空间的道德与法律》,李伦、等译,北京,北京大学出版社,2007 年 2 月版,第 51 页。

② 邱小平:《表达自由——美国宪法第一修正案研究》,北京,北京大学出版社,2005 年 1 月版,第 231 页。

③ Joseph R. Dominick:*The Dynamics of Mass Communication*,2004:*Media in the Digital Age*,McGraw-Hill Companies,pp. 509 – 510.

了言论自由。最后,法院判定《花花公子》胜诉。[①]

值得注意的是,即使色情材料不满足关于淫秽的上述检验标准,它们仍然可能因为相关进口条例、邮政条例、地区条例,以及其他法律法规而受到限制。例如,有关儿童虐待的法律,已被用来禁止极力渲染裸体儿童形象的材料。同样,纽约市禁止商人在纽约市五个行政区的几乎所有地点销售明确地、赤裸裸地描写性行为的色情材料。[②]

还有一种是猥亵材料——可能涉及性描写的材料,也指成人材料或直白的性描写材料。这类材料和色情材料一样也受《宪法第一修正案》保护,许多法律禁止向未成年人出售或传播这类材料,但这种材料可以在成年人之间自由传播。[③] 美国严格禁止未成年人色情产品。如果某人电脑上被发现存有未成年人的裸体色情照片,一定会惹上大麻烦。[④]

从 1957 年的“罗斯案”至今,美国社会对性表达自由的态度发生重大变化,最高法院在淫秽出版物问题上放弃了对淫秽的定义,反而转向保护成年人的表达自由、选择自由和保护未成年人的利益,政府不再以传统道德卫道士自居来禁止成年人的性表达自由。正如美国法理学家德沃金(Dowrkin)所言,尽管制作和消费淫秽出版物对整个社区有不良影响。但从长远来看,审查和限制淫秽出版物的危害更大,因为这些审查和限制侵犯了个人自由表达的权利和道德独立的权利。[⑤]

哈佛大学神学院院长在电脑中储存色情照片的事件引起了人们展开对这一问题的道德追问。1999 年,哈佛大学神学院的院长为了让他的属于哈佛大学的电脑有更多的储存空间,让一名电脑技术员来到他的住处。在将文件转存至另一个新的硬盘时,该技术员发现他的电脑上储存了很多色情图片。存有色情资料的电脑被放在该院长的私人会所里。这些内容并没有涉及儿童色情,也并非不合法,但是违反了哈佛大学的校规,即不允许用学校的电脑存储淫秽资料。该技术人员将有关情况报告给校方。在此之后,

---

① 吴寸木:《谷歌不听话:互联网背后的大国角力》,北京,电子工业出版社,2010 年 1 月版,第 134 页。

② 〔美〕约瑟夫·塔洛:《今日传媒:大众传播学导论》(第三版),于海生译,北京,华夏出版社,2011 年 3 月版,第 95 页。

③ 〔美〕唐·R. 彭伯:《大众传媒法》(第十三版),张金玺、赵刚译,北京,中国人民大学出版社,2005 年 7 月版,第 438 页。

④ 孙莹:《美国传媒人的法律读本:记者如何保护自己的权利》,广州,南方日报出版社,2010 年 4 月版,第 63 页。

⑤ 邱小平:《表达自由——美国宪法第一修正案研究》,北京,北京大学出版社,2005 年 1 月版,第 303、309 页。

这名院长辞职了。

这件事情引起了人们关于道德问题的广泛讨论。很显然,哈佛大学神学院院长用电脑储存色情照片不违法但违规。之所以引起舆论关注,可能在于他作为神学院院长的特殊身份;而对于这名技术人员来说,到底是应该尊重这位院长的隐私? 还是应该向有关部门报告呢?

5."安全港"原则

FCC 负责对广播电视淫秽和猥亵材料进行管制。起初,对于播出淫秽、猥亵、亵渎神灵内容的禁令包含在通信法案中。1946 年,FCC 发布了第一个电视节目内容监管蓝皮书——《广播电视的公共服务责任》,首次对美国电视媒体播出的节目内容做出了规定。1948 年,这些禁令从法案中被取消,成为美国刑法典的一部分。通信法案的 312 和 503 条款赋予 FCC 权力使之能够制止广播电视台播出涉及淫秽猥亵内容的节目。FCC 也可以对违规广播电视台处以每天高达 2 000 美元的罚款,并可以撤销或不承认其更新的执照。[①] 1990 年通过的《儿童电视法》是美国电视节目低俗化监管体系中的一部重要法律。其中规定:全美各电视媒体必须为儿童提供专门的知识性和教育性节目。2005 年,美国国会通过的《广播电视反低俗内容强制法》是专门限制广播电视机构播出含有淫秽、下流内容和污秽语言等的低俗化节目的法律。2006 年 6 月,美国政府正式签署了《净化广播电视内容执行法案》,以进一步打击电视节目低俗化现象。

此外,《宪法第一修正案》《美国刑事法典》《1967 年公共广播法》《1984 年有线通信法》《1990 年反电视暴力法》,以及各州和各地方政府结合法律规定,并根据各自的具体情况构成的地方性规制力量,也是美国电视节目低俗化法律监管体系中的重要组成部分。

"联邦通信委员会诉太平洋电台案"是美国最高法院做出的一个里程碑判决,确立了联邦通信委员会对于广播中的不雅资讯管理的权力。同时,也为分频道播出节目打开了大门。

1973 年,一位父亲向 FCC 抱怨他的儿子在某日午后从 WBAI(一个太平洋电台在纽约市的 FM 广播频道)上收听乔治·卡林(George Carlin)的固定剧目"脏话(Filthy Words)"。在节目中,卡林把他的观点称为"你从不能在电视上说的七个词"。被他称为"七个脏字"的是狗屁等。卡林用讽刺幽默的方式对每个词进行了评论。太平洋电台受到了 FCC 的谴责,原因是

---

① 〔美〕Kenneth C. Creech:《电子媒体的法律与管制》(第 5 版),王大为、于晗、李玲飞、等译,北京,人民邮电出版社,2009 年 5 月版,第 170 页。

涉嫌违反 FCC 禁止广播不雅资讯的规则。

在 1978 年,以 5 比 4 一票之差,美国最高法院确认支持 FCC 的作为,裁定该固定剧目"不雅但非淫秽"。法院承认政府的影响可强制使:

(1) 儿童无法接触具有潜在冒犯性的资讯。

(2) 确保不必要的发言不会进入家庭生活。

法院声明 FCC 有权禁止在儿童有可能收听的时段播送这种广播,并给予 FCC 广阔的余地以判定哪些字词在不同的上下文中构成不雅。

法院认为,与平面媒体相比,广播媒体应当受到更加严格的限制,因为这种媒体更具有主动侵入性,无所不在,也更容易影响儿童。因此,政府对其进行干预的标准应当低于米勒案中确立的淫秽标准。

1987 年,FCC 拟定了一份名为《针对所有广播电视台和业余电台的有关色情内容规定的新实施标准》。改进后的标准不仅仅局限于卡琳提出的七个脏词。色情被定义为"针对广播媒介的现行社会标准测量下的,用一种明显冒犯性的方式,来描述性事或者性器官的语言或材料"。1987 年 11 月,FCC 把午夜至早上 6 点设为"安全港",在此时间段,允许播出可能会被认为是色情的节目。美国大法官史蒂文斯在一次审判中代表法庭发表意见认为,因为"广播媒介已经取得了独立地广泛深入美国人生活的地位",且"广播电视是儿童(包括那些尚不能阅读的儿童)唯一能够接触的媒介",所以"FCC 有权对一个虽不淫秽但猥亵的广播电台进行规范""在所有传播形式中,广播电视受到的《宪法第一修正案》保护的范围最窄"。在该案中,联邦最高法院批准了针对猥亵性节目要求其"调整时段"的管制措施。

第二节　"网络黄毒"泛滥

"互联网释放了一个魔鬼"。网络技术的飞速发展使得信息在互联网上的传播越来越便捷,同时也为淫秽色情材料的传播提供了一方"乐土"。此类材料可以以不同的方式展现,包括互联网的标题、新闻组、实况网络摄像头,甚至是在线弹出的信息。①

1. 网络淫秽色情传播

1988 年,Brian Reid 创建了主题为性的 alt. sex 新闻组,据调查,alt. sex 为第二个最受欢迎的新闻组。据雅虎网站统计,该网站检索频率最高的词

① 孙绍谊、郑涵:《新媒体与文化转型》,上海,上海三联书店,2013 年 1 月版,第 124 页。

是"sex",这被列入 1999 年吉尼斯世界纪录大全。① 据 2005 年的资料统计，互联网上色情网站有 420 万个，占全部网站的 12%；色情网页有 3.72 亿个，每天色情主题搜索量达 6 800 万次，占全部搜索问题的 25%；每天色情邮件 250 万个，占全部邮件的 8%。② 调查显示，全球每天新增色情网站 2 万多个。互联网上非学术性信息中，有 47% 的内容与色情有关。③ 在谷歌输入"sex"，可以搜索到数十亿个网页。虽然这些网页并非都与色情有关，但即便是部分的网页含有色情的内容，那也将是十分可观的数量。人们据此称互联网为"史上最大的黄色书店"。④

随着移动互联网的迅猛发展，在美国，超过半数的在线色情内容是通过移动端进行观看的。全球最大的色情网站 Pornhub 公布的 2013 年年度报告显示，尽管在全球范围内，桌面电脑仍然是最受欢迎的色情内容观看平台，占据了 Pornhub 总访问量的 51%，高于移动端 40% 的访问量份额。然而在美国，可能是因为智能手机普及度较高，其移动端访问量居全球第一，高达 52%，而平板电脑也贡献了 10% 的访问量。

具体来说，网络淫秽色情传播主要有以下三种方式：一是通过网络手段为传统色情业服务。色情服务机构利用色情站点宣传他们的色情产品，如色情图片、音频或视频以及成人用品等，还利用网络做淫媒广告及介绍卖淫。二是网上传播色情淫秽品。包括色情图片、视频、文学、游戏、性药品等。三是网上色情交流。一种是交互式色情交流，即网上性爱聊天室，有使用文字的，还有使用语音和视频的；另一种是色情类互动式游戏，即以色情情节为主要内容的网络游戏。⑤

网上黄毒的泛滥引起了人们的担忧。1995 年《乔治城大学法律评论》发表文章称，互联网已经被色情内容淹没了。当年的《时代》杂志甚至以"电脑黄毒"(Cyberporn)作为封面故事。1995 年，美国宾夕法尼亚州卡内基·梅隆大学的一个研究小组曾对互联网上的"黄毒"问题进行了一项为期一年半的调查，并于 1996 年底公布了题为《信息高速公路上色情营销》的调查报告，该小组获准调查了美国 50 个州和其他 40 个国家或地区中加入互联网的 2 000 多个城市，发现在家庭电脑连通的网络中，有 92 万件带有不同程度

① 张久珍：《网络信息传播的自律机制研究》，北京，北京图书馆出版社，2005 年 1 月版，第 208 页。
② 张小罗：《论网络媒体之政府管制》，北京，知识产权出版社，2009 年 1 月版，第 42－43 页。
③ 宫承波、刘姝、李文贤：《新媒体失范与规制论》，北京，中国广播电视出版社，2010 年 1 月版，第 74 页。
④ 1996 年，欧洲委员会指出，色情资料已经成为未来互联网使用中最大的挑战。
⑤ 吴兴民：《网络色情传播的法律控制初探》，《社会科学论坛》2005 年第 2 期。

色情内容的图片、文章、游戏和图像,电子公告栏储存的数据图像有五分之四含有淫秽内容。该报告还得出了一个惊人的结论:少年儿童是电脑色情和不健康内容的最大受害者。

2. 儿童网络色情活动

《信息高速公路上色情营销》中关于网络淫秽色情材料的传播,尤其是儿童色情业在网上泛滥的部分,引起了人们的广泛关注,人们担心孩子们在上网时受到不健康内容和坏人的侵扰。互联网过滤评估组织也提供了佐证,他们发现,美国儿童首次看到色情网页的平均年龄是 11 岁。在 8～16 岁的少儿中,90％的人曾观看过色情网页,这些儿童大部分是在做家庭作业时上线的。[①]

据媒体报道,美国儿童网络色情活动主要在 Myspace 等网站、论坛和聊天室里进行。2007 年一项由美国司法部资助的有关网络性侵犯威胁的研究表明,有 1/5 的儿童曾经在网络上遇到过轻度到中度的性引诱。[②] 进入这些空间的还有大量的成年人。那些性越轨和性侵犯者首先使用暗语"ASL"进行试探。其中,A 代表年龄 Age、S 代表性别 Sex、L 代表位置 Location。比如,13FMD,就表示与你对话的人现年 13 岁、女性、居住在马里兰州。网友在聊天室里先交换这些基本信息,如果合适就进行下去。他们会在网上提供个人信息,进行"个人谈话",搞虚拟性行为,进行网上色情交易等。一项调查研究了媒体曾经报道过的性虐待事件,发现这些事件中人们的关系都是从网络上开始的,涉及的都是那些主动寻求这样的关系并随后同意与成年罪犯见面的年轻人。[③]

近些年,与儿童网络色情有关的案件层出不穷、触目惊心。网站上的图片和视频中的孩子越来越年幼,色情越来越暴力露骨,越来越多的恋童癖自己动手拍摄色情图片和视频,甚至向自己的孩子下手。更令警方头疼的是,计算机与网络技术的发展使得这些案件变得越来越隐蔽:有了 P2P 技术,他们不必再通过中心服务器上传下载,而是直接进行人际交换,使网络警察难以跟踪;网络信用卡支付系统让他们能够轻易地在网络上进行各种儿童色情服务的消费;计算机图形技术的发展则令警方陷入更加尴尬的境地。事实上,在网络空间,几乎无法限制色情内容向儿童传播。例如,可以通过聊天室"打扮"儿童,或是制作并散布涉及儿童的色情资料,这些资料或是儿童

---

① 宫承波、刘姝、李文贤:《新媒体失范与规制论》,北京,中国广播电视出版社,2010 年 1 月版,第 81 页。

② J. Charles Sterin, Tamka Winston. 2011: *Mass Media Revolution*, Pearson, p. 211.

③ U. S. Department of Justice, Internet Crimes Against Children Task Force.

淫秽图像的形式,或是涉及成人对这些儿童的性虐待。[1]

第三节　未成年人保护

美国法律对成年人的表达自由和未成年人的利益保护做了明确的界定:在美国,色情被视为一种私人表达方式,因此受到《宪法第一修正案》的保护。但与普通色情不同,儿童色情是违法的。同时,淫秽材料对任何人都是违法的。儿童色情物品为何不受《宪法第一修正案》的保护? 通常认为,美国有关儿童色情物品的法律最初旨在保护儿童免受性虐待。此类法律的立法前提在于,一旦真实的儿童参与制作色情图片,他们就遭到了伤害。联邦最高法院在1982年"纽约州诉菲波案"[2]的裁决中指出,"即使儿童色情物品不具有淫秽性,也不受到法律保护"。联邦最高法院还对此提出了其他理由,包括政府有责任保护未成年人的生理与心理健康等。

在互联网上无处不在的儿童色情内容是对立法、执法机关的一大挑战。美国从立法保护、执法打击、技术控制等方面着手,试图在新媒体时代为青少年构筑一道免受色情内容侵害的"防火墙"。

1. 立法保护

前文提到的1995年《乔治城大学法律评论》中关于互联网色情泛滥的那篇文章,虽然后来被指数据、定义和研究方法都"存在严重问题""研究不真实",但正是这篇法律评论文章导致两部禁止通过互联网传播成人材料的联邦法律诞生,即1996年的《传播庄重法》和1998年的《儿童在线保护法》。

对于反淫秽法而言,最困难的问题是,政府能否限制互联网上成人内容的传播,以防止色情信息对青少年产生不良影响。在这方面,美国做了一次尝试,这就是被莱斯格批评为"一部非常愚蠢的法律"[3],并最终被判违宪的《传播庄重法》。

《传播庄重法》(1996年)

1996年2月8日,时任美国总统克林顿签署了国会通过的《传播庄重法》,它实际上是同年颁布的《联邦通信法》的一个组成部分。这也是美国对互联网内容审查的首次立法,是将传统的监管广播电视的做法应用于互联

---

① 孙绍谊、郑涵:《新媒体与文化转型》,上海,上海三联书店,2013年1月版,第126页。

② New York v. Ferber, 458 U. S. 747, 1982.

③ 〔美〕劳伦斯·莱斯格:《代码:塑造网络空间的法律》,李旭、姜丽楼、王文英译,北京,中信出版社,2004年1月版,第213页。

网上的一次尝试。

《传播庄重法》的立意是"为了保护未成年的儿童",使他们不致被电脑网络上少数害群之马用污秽的语言或图片所侵害。其主要内容为：①任何人在洲际或国际通信中明知信息接收者在 18 岁以下，仍以电子通信手段故意传送任何淫秽或不雅的评论、要求、建议、图像或其他内容；或任何人故意允许其管理的电子通信设施传播上述信息，将处以罚款或两年以下监禁，或两刑并罚。②任何人在洲际或国际通信中通过电脑向成年人或 18 岁以下的未成年人发送，或通过电脑以 18 岁以下的人可能接触到的方式展示关于性活动或性器官、排泄活动或排泄器官的任何评论、要求、建议、图像或其他内容，其描述方式按照当代社区标准属于明显令人厌恶；或任何人故意允许通过其管理的电子通信设施传播上述信息，均应处以 25 万美元罚款或两年以下监禁，或两刑并罚。

这一法案的实施非常具有戏剧性。支持者认为，《传播庄重法》是使儿童远离网络色情或"金斯伯格言论"的合适方法，其目的并非禁止成年人浏览此类言论。相反，它只是一种对网络空间进行分区的尝试而已，该分区能够有效保护无辜儿童不接触淫秽内容，把色情内容放到允许成人访问而禁止未成年人进入的网络专区。①

虽然这一法案得到了舆论的普遍支持，但遭到了美国公民自由联盟、公民互联网授权联盟、美国图书馆协会等组织的反对，他们认为《传播庄重法》涉及新闻审查，违反了宪法，互联网作为一个受众更为广泛的不同于传统媒体的媒介形式，理应得到《宪法第一修正案》的保护，于是向费城法院提出诉讼。批评者认为，它为了控制网络的言论自由，在网上实行审查制度，甚至防治乳腺癌的站点、负责任的性教育站点或有关文艺复兴时期艺术的站点都成为潜在的不合法目标。② 这实际上造成了对个人权利的威胁。人们担心司法界以广义来解释该法案，担心对网络的使用受到过分的限制，也担心自己的权利受到侵害。因此，在克林顿签署法案的当天，许多民权团体就向法院递交了违宪诉状。③

很快，两起针对新法律的诉讼出现了。费城法院的三名联邦法官组成的小组于 1996 年 6 月 12 日做出了否决《传播净化法》的决定。他们宣称，

① 〔美〕理查德·斯皮内洛：《铁笼，还是乌托邦——网络空间的道德与法律》，李伦、等译，北京，北京大学出版社，2007 年 2 月版，第 52 页。
② 〔英〕戴维·冈特利特：《网络研究：数字化时代媒介研究的重新定向》，彭兰、等译，北京，新华出版社，2004 年 1 月版，第 216 页。
③ 孙铁成：《计算机与法律》，北京，法律出版社，1998 年 1 月版，第 119 页。

自由自在地在全球传递信息的电脑网络,理应得到最高级别的言论自由的保护,诚如网络的力量在于无秩序一样,我们自由的力量也依赖于得到《宪法第一修正案》保护的言论表达不受束缚所带来的无秩序和不协和。大法官们在判决书中表示,《传播庄重法》对内容的管制侵犯了《宪法第一修正案》赋予的言论自由的权利,其对言论自由的限制作用大于鼓励作用,互联网应当得到至少与印刷媒体相同的宪法保护。其中的一段写道:"互联网是一种具有历史意义的媒介,这种民主的交流渠道应该得到进一步的鼓励而不是压制。"[①]三位联邦法官中的两位还认定,该法对"猥亵""明显冒犯性"等词的定义都不够充分明确,这种含混模糊令其违宪。约一个半月之后,第二个由三位法官组成的法官团在纽约州宣布,《传播庄重法》违反了《宪法第一修正案》。该法官团认为,《传播庄重法》的范围过于宽泛。因为它禁止生产、发行受宪法保护的成人材料。

随后,这项否决总统法案的决定引发了更大的争论。拥护者称,这是每一个关心思想表达自由和互联网络未来的人们所获得的胜利。法院的裁决立刻在网络上传播,在半小时之内,就有数千人为此庆祝。《纽约时报》也发表社评称赞费城三名法官对言论自由的维护,同时加强了对《宪法第一修正案》的信心,"使政府不得以任何名义制定法律限制人民的基本自由。"《华盛顿邮报》则引用一名法官达内尔(Dalnell)的话——"电脑网络上的信息可以被视为全球性的一种连续不断的对话,政府不能通过《传播净化法》而打断这种有利于思想交流的对话"。

从传统电子传媒的角度看,如广播电视以及电影是受到法律限制与管制的,尤其是不道德或有伤风化的内容是绝对不合法的,一定要受到有关法规的惩罚。那么为什么电脑网络可以例外呢?按照《纽约时报》的解释,两者的差别就在于打开广播、电视就可以轻而易举地听到、看到,任何儿童都可以操作,但电脑网络必须是训练有素的人特别去搜寻才可以看到一些有害的内容,故只要网络服务公司加以自律,便不需要政府的立法限制。微软公司的发言人则指出,技术已可以提供很多有效的安全保护,对互联网不必限制思想和言论的自由流动。然而,反对者认为,《纽约时报》的解释是非常牵强的。因为儿童能够操作收音机、电视机,也必然能够操作计算机,而且实际上当今相当多的青少年所具备的计算机知识比成年人多,使用计算机的技能远比成年人高,他们的好奇心也更旺盛,如今网络上的色情站点数不

---

①   Richard A. Spinello, 2006: *CyberEthics*: *Morality and Law in Cyberspace*, Jones and Bartlett Publishers.

胜数,色情资讯可以很容易地被搜寻到,有时甚至可以直接发送到用户的计算机上。有害资讯对青少年身心健康造成的毒害,或许不是言论自由所能补偿的。

在费城法院判决后,美国政府随即上诉最高法院,即"雷诺诉美国公民自由联盟案"①,要求其推翻下级法院所做出的裁决,使法案能够得以实施。经过长达一年的艰难辩论和审理,美国最高法院于 1997 年 6 月 26 日做出了历史性判决——以 7∶2 的投票结果裁决《传播庄重法》违宪,互联网应有言论自由的权利。

在"雷诺诉美国公民自由联盟案"中,最高法院首次将互联网作为大众媒体看待。最高法院认为,《传播庄重法》是"一种对言论的基于内容的全盘限制,而这经不起《宪法第一修正案》的监督"。代表多数法官写书面意见的约翰·保罗·史蒂文斯认为:"根据《传播庄重法》,一名家长如果允许她的17 岁孩子使用家用电脑在互联网上获得根据她作为家长的判断以为是合适的信息,那么她就可能面临长期的牢狱之灾。"史蒂文斯写道:"《传播庄重法》缺乏《宪法第一修正案》所要求的精确性,当一部成文法旨在规范言论内容的时候,《宪法第一修正案》就会对它提出这方面的要求。"②他又说道:"为了不让未成年人接触具有潜在危害的言论,《传播庄重法》实际上压制了大量成年人根据宪法权利应接受并彼此传递的言论。"③史蒂文斯坚持认为,"确实,我们不止一次地认识到政府保护儿童免受不良材料伤害的重要性,但是,这种重要性并不能证明,政府过分宽泛地、不必要地压制成人间的言论的行为是正当合理的"。④

史蒂文斯大法官阐明了互联网的性质:互联网是一种快速成长的媒体,对于人们获得信息以及相互沟通十分重要。互联网能够使普通百姓变成"传单发行者,……城市的呐喊者,他的声音所引起的共鸣要比从任何街头演讲台传出来的声音所引起的共鸣要大得多"。⑤ 互联网上最为人知的沟通方式是全球信息网(World Wide Web, WWW)。WWW 的特点在于信息接

---

① Reno, 930 F. Supp. 916,933－934 (SDNY 1996),克林顿政府司法部长珍妮特·雷诺针对美国自由联盟欲推翻《传播庄重法》的讼案提起的反讼案。

② 〔美〕唐·R. 彭伯:《大众传媒法》(第十三版),张金玺、赵刚译,北京,中国人民大学出版社,2005 年 7 月版,第 460 页。

③ 〔美〕迈克尔·埃默里、埃德温·埃默里、南希·L. 罗伯茨:《美国新闻史:大众传播媒介解释史》(第九版),展江译,北京,中国人民大学出版社,2004 年 9 月版,第 670－671 页。

④ 〔美〕唐·R. 彭伯:《大众传媒法》(第十三版),张金玺、赵刚译,北京,中国人民大学出版社,2005 年 7 月版,第 461 页。

⑤ 〔美〕理查德·斯皮内洛:《铁笼,还是乌托邦——网络空间的道德与法律》,李伦、等译,北京,北京大学出版社,2007 年 2 月版,第 48 页。

收者往往是主动点选后,才会收到信息,很难意外地收到信息,因此与传统的电视或收音机不同。"如果将《宪法第一修正案》之检查标准被应用至本案的新兴媒体——网络时,基本上是不合理的"。[①] 因此,网络空间中的自由表达应当受到《宪法第一修正案》最高水平的保护。

法院认为,法案中使用的两个概念"猥亵"和"明显令人厌恶"前后意思模糊,不够明确。其模糊性必将导致对《宪法第一修正案》原则的破坏。

从互联网媒介在当时所能够提供的各种服务来看,非法有害的内容,特别是对青少年健康成长有害的色情内容的传播并不像广播电视节目中的此类内容那样具有主动侵入性和无所不在性。多数经营色情内容的网站都在其主页取用了事先警告的措施。此外,案件审判时大量的证据证明,青少年偶然遇到这类内容的概率是很小的。因此,法院不同意以建立在假想基础之上的危害为由,来限制成年人享有的表达自由。

另外,法院认为法案的规范范围过宽。其禁止的不仅包括商业言论和商业实体,还包括所有在互联网上面对未成年人在自己的计算机上置放、展示、传送猥亵信息的非营利性的实体和个人。同时普通的、未经界定的模糊用语"猥亵"和"明显令人厌恶"包含了很大一部分具有严肃的教育、科学和其他价值的非色情材料。更严重的是,适用于判定互联网上不良内容的社区标准将有可能被用来评判任何一个全国范围内的不良交流。这样做不仅劳民伤财,而且由于各地标准的千差万别,这样的行为极易被定为猥亵和明显令人厌恶而招致处罚,从而为政府限制、侵犯甚至剥夺互联网的言论自由大开方便之门。

法院承认,保障儿童不受网络有害内容的伤害是社会大众的共同期望,法院也欣赏国会立法管制网络有害言论的做法。但是立法机关在制定法规保护特定少数人权利的同时,必须顾及社会其他人的权益,即不违反宪法有关人权保障的规定,此乃美国立国之本。

一些学者也参与到对这一著名案例的讨论中来。莱斯格教授认为,决定这部法律被废止的因素有三:首先是它规定的言论范围过于宽泛了;其次是它的语义含糊不清;第三是政府自身的所作所为,政府在辩护中并没有缩小拟规制的言论范围。[②] 正如加拿大学者大卫·约翰斯顿等所言:"法院已允许政府给自由强加一些限制,只要这些限制对保护社会公德是必要的。

---

① 〔美〕理查德·斯皮内洛:《铁笼,还是乌托邦——网络空间的道德与法律》,李伦、等译,北京,北京大学出版社,2007年2月版,第53-54页。

② 〔美〕劳伦斯·莱斯格:《代码:塑造网络空间的法律》,李旭、姜丽楼、王文英译,北京,中信出版社,2004年1月版,第213-214页。

但美国的《正当传播法》走得太远了。"①在保罗·莱文森看来,这一法案是自1798年的《惩治叛乱法》以来"最倒退的法案"。②约翰·维维安指出这一法案的两大缺陷:①难以定义"猥亵"。纵观历史,法庭发现,要想明确定义"猥亵"几乎是不可能的。②如果没有对成年人言论自由的限制,让孩子不接触有争议性的内容是不可能的。在审理此案时,美国最高法院发现,互联网是最民主的媒体,它能够使任何人都成为街头公告员或小册子的作者。互联网不能被定义为"扩散性媒体"。除非人们刻意寻找,否则在网上看到色情文学的概率是很小的。③

1997年7月1日,克林顿政府公布了一份长达30页的关于网络自由贸易的报告,指出:"在21世纪里,我们能以我们多数人现在甚至无法想象的方式在互联网各种创新的基础上实现我们的许多繁荣。"虽然克林顿政府对互联网公布了一项相当放任的政策,但依旧明确表示,政府打算限制互联网的一个方面就是防止青少年通过互联网接触色情内容。"对互联网贸易采取放任的态度绝不意味对儿童教育和保护无动于衷"。克林顿表示日后将主持一次会议,同教师、学生和网络服务商共同商讨,争取找到保护青少年免受不良资讯毒害的办法。报告主张利用有关技术——可能是自愿的分级系统,来帮助家长将互联网中的色情资讯滤除。

虽然《传播庄重法》夭折了,但国会致力于保护儿童的努力一直在持续。从教育的角度乃至在全社会形成良好观念和风气的角度看,互联网络上的言论自由、表达自由当然应该有一定的限度。言论自由、表达自由是人民的基本人权之一,但像其他人权一样,如果侵犯到他人的自由或破坏了社会的良好风气和道德准则,那么政府理应制定相关法规予以限制。互联网作为一种新兴的功能强大的媒体仍在迅速发展,有关网络上的言论自由、表达自由问题在美国乃至各国都将是一个被长期争论的问题。

《儿童色情预防法》④(1996年)

《传播庄重法》的失效,并未阻止美国政府通过法律管制互联网不适宜内容的努力。1996年国会修正了原先的联邦儿童色情的法律,通过了《儿

---

①　〔加〕大卫·约翰斯顿、森尼·汉达、查尔斯·摩根:《在线游戏规则——网络时代的11个法律问题》,张明澍译,北京,新华出版社,2000年1月版,第158页。

②　〔美〕保罗·莱文森:《数字麦克卢汉:信息化新纪元指南》,何道宽译,北京,社会科学文献出版社,2001年1月版,第184页。

③　〔美〕约翰·维维安:《大众传播媒介》(第7版),顾宜凡、等译,北京,北京大学出版社,2010年7月版,第548-549页。

④　Child Pornography Prevention Act, CPPA,也译为《禁止未成年儿童色情法案》《儿童色情保护法》。

童色情预防法》。该法将儿童色情定义为：任何对性行为的明确描述，包括照片、电影、录像、图片、计算机或计算机生成的图像或图片，无论是否通过电子的、机械的或其他方式制作或生成，只要这样的视觉描绘的产品涉及从事色情行为的未成年人；或者看起来是关于从事色情行为的未成年人；抑或是通过一种传达了该资料是或包括了从事色情行为的未成年人的视觉描绘的印象的方式，进行广告宣传、促销、展示、描述或分发。该法禁止销售或传播以青少年性行为为描述内容的材料，并将其范围扩大至所谓的"虚拟青少年色情"。

数字时代出现了新形式的儿童色情。比如要描写年龄，可以把未成年人的脸加在另一个人身上。更有甚者，人们可以篡改画面，改变人身体的某些器官，使他们看起来像孩子一样。① 这就是美国色情业随着电脑技术的发展创造出的一种色情新产品——"虚拟儿童色情"。

关于"虚拟儿童色情"的一个著名判例是"美国政府诉乔治·凯利案"②。凯利在伊利诺伊州经营着一家色情网站，由于竞争激烈，网站的生意并不好做。于是，他把目光投向了"虚拟儿童色情"，即用电脑而不是真实儿童制作的儿童色情产品。不久，联邦调查局以制作和拥有儿童色情产品的罪名将其拘捕。2002 年 4 月，当地法院判凯利有罪。凯利不服，提起上诉。几经反复，官司一直打到最高法院。

最高法院认为，在本案中，凯利并没有使用真实的儿童制作色情产品，而是利用电脑技术。这里不存在伤害儿童身心健康的问题。2002 年 4 月 16 日，最高法院以 5 票对 4 票的结果判决政府败诉。然而，虚拟色情图片与真实的色情图片往往真假难分，警官们则不得不去证实每张照片中的孩子都真实存在。

这一案件也直接导致了《儿童色情预防法》被判违宪。最高法院裁定，该法律的重要部分违反了《宪法第一修正案》。在此案中，法庭进一步指出，《儿童色情预防法》对儿童色情概念的定义过于模糊，对于究竟怎样才"看起来像未成年儿童"，没有一种客观标准。如果一条法律不能清晰定义，反倒会给人们留下随意解释的空间，那么这就是违宪性质的模糊概念。概念一模糊，范围就会无限扩大，《宪法第一修正案》言论自由便会遭到挑战。换句话说，《儿童色情预防法》把虚拟儿童色情产品纳入打击的对象，这种

---

① 〔加〕大卫·约翰斯顿、森尼·汉达、查尔斯·摩根：《在线游戏规则——网络时代的 11 个法律问题》，张明澍译，北京，新华出版社，2000 年 1 月版，第 160 页。

② United States of America v. Terence George Kelly, 888 F. 2d 732,11th Cir., 1989.

规定过于宽泛,会妨碍《宪法第一修正案》保护的言论自由,所以是违反宪法的。[1] 在当天美国国会、司法部举行的法律草案修正会议上,以 6∶3 的票数通过了美国最高法院提出的一项决议:凡是由电脑制作成的虚拟儿童色情图片——甚至包括儿童性行为的特写,只要不是出自真实生活中的真实儿童,将一律受到美国法律的司法保护。

《梅根法》(1996 年)

1994 年,一名 7 岁的美国小女孩梅根·坎卡(Megan Kanka)被住在她家附近的一名性犯罪分子绑架并奸杀。1994 年 7 月 29 日,7 岁的梅根在家门口玩耍时,邻居杰西过来说家里有一只小狗,要给梅根看。杰西刚刚搬到此地,周围的人对他知之甚少。好奇的梅根便跟着杰西到了他家里。谁知杰西是个性惯犯,曾两度因猥亵儿童罪被判刑。在搬到汉密尔顿镇前,杰西刚刑满释放,但当地执法机关对此完全不知。杰西将梅根诱拐到家中后,残暴地强奸并杀害了她。小梅根事件震惊了整个新泽西州,人们为现有法律的漏洞抱恨不已。尤其是梅根的父母。他们忍住失去爱女的巨大悲痛,在新泽西州发起了一场修改现有法律的运动,要求政府制定法律——强制性罪犯在出狱后向居住地执法部门登记,并将记录公之于众。

梅根失踪 89 天后,新泽西州州长签署了美国第一个"梅根法",强制居住在新泽西州内刑满释放的性罪犯向州警察登记。对于那些对公众危害不大的罪犯,执法机关将通知学校和各社区组织;而对于那些危害较大的罪犯,执法机关不但要通知学校和社区组织,还要通知街道居民。另外,州政府将建立统一的资料库,将这些罪犯的姓名和住址等资料公之于众,民众可随时通过电话和互联网查询。

1996 年 5 月 17 日,克林顿签署了联邦《梅根法》。迄今为止,美国各州均已拥有自己的《梅根法》。[2]

《梅根法》又有了进一步的发展。据《今日美国》报道,美国联邦最高法院通过了一项法规:各州可以在互联网上张贴性侵犯者的照片和其他个人信息,以便保护住在其周围的邻居免受他们的侵犯。

《网络与电信传播政策》(1997 年)

FCC 于 1997 年 3 月 27 日公布了《网络与电信传播政策》(Digital Tornado:The Internet and Telecommunication Policy)报告,其中对网络与

---

① 〔美〕张哲瑞联合律师事务所:《裸露的权利》,北京,法律出版社,2006 年 1 月版,第 65 - 68 页。

② 〔美〕张哲瑞联合律师事务所:《裸露的权利》,北京,法律出版社,2006 年 1 月版,第 129 - 131 页。

传统媒体进行比较评估后,主张:①政府政策应该避免不必要的管制;②对于传统媒体管理规范并不全部适用于网络管理。这预示着,克林顿政府在企图利用法律规范网络内容失败后,将以科技的方式来替代《传播庄重法》的限制。

《儿童在线保护法》(1998年)

1998年1月,美国国会通过《儿童在线保护法》(Child On-Line Protection Act, COPA),同年10月《儿童在线保护法》由时任总统克林顿签署。该法禁止商业网站故意向未成年人(17岁以下)传输不利于其成长的材料。美国新闻界称这些法案是《传播庄重法》之子或《传播庄重法》再世,法律界称为"CDA Ⅱ"。该法规定任何提供网络服务和产品的组织与个人不得通过互联网电子联络(电子邮件、聊天等)的办法,搜集13岁以下儿童的姓名、家庭住址、电子邮件地址、电话号码、社会安全号码或儿童父母的个人信息等,违者将依据《联邦贸易委员会法》进行处罚。所有网站必须要求网民在浏览"儿童不宜"的信息时提供信用卡信息或其他能够证明自身已经成年的证据。对于擅自允许未成年人浏览上述内容的网站,其管理者将被处以每天5万美元的罚款和六个月监禁。

然而,一些网站随后向最高法院提出申诉,认为这一法律过于苛刻,使得它们无法刊登含有性描写的文学作品和其他资料。美国公民自由联盟随即呼吁制止该法实施。批评者说,这一法案"换汤不换药",其缺陷和《传播庄重法》如出一辙,它势必会导致过度的自我审查,产生阻挠其他合法的性材料流通。马克斯·海尔帕林(Max Hailperin)[1]认为:"毫无疑问,《儿童在线保护法》损害了商业信息提供者廉价、便利和广泛地向成年人提供内容的能力,这些内容对成年人来说是受宪法保护的,尽管对未成年人有害。"[2]

1999年2月初,《儿童在线保护法》被地区法院法官小洛艾尔·里德否决。里德说,为了保护未成年人不受商业"性"网站的骚扰,国会又一次通过了妨碍成人接收受宪法保护的材料的法律,"这种冷冰冰的法律可能导致对受宪法保护的言论的审查,将对原告造成无可挽回的伤害。"[3]随后,美国政府决定向第三联邦上诉法院提起上诉。2003年3月6日,第三联邦上诉法

---

① 马克斯·海尔帕林(Max Hailperin),古斯塔夫阿道尔夫学院数学和计算机系教授。

② Max Hailperin, 1999:"Viewpoint:The COPA Battle and the Future of Free Speech", *Communications of the ACM*, Volume 42, Issue 1, January, p. 25.

③ 〔美〕理查德·斯皮内洛:《铁笼,还是乌托邦——网络空间的道德与法律》,李伦、等译,北京,北京大学出版社,2007年2月版,第55页。

院支持了里德的判决，裁定《儿童在线保护法》违宪，上诉法院重点关注《儿童在线保护法》的社区标准因素，它指出，因为《儿童在线保护法》的管辖对象是国际性的传播媒介——互联网，因此应该按照最易受到该材料冒犯的社区标准来评判。这一规则将要求每位网络出版商遵守最严苛、最保守的社区标准，以避免刑事责任。但正如法官伦纳德·加思（Leonard Garth）所说："网络出版商无法按照访客的地理位置来限制网站的进入路径，这种无能为力本身就给宪法保障的言论施加了不可容许的负担。"①

《禁止儿童色情图片法》(1999 年)

构成本法案规定的罪行必须具备两个条件：一是这些行为是"故意而为"的；二是通过各种方式将这些图片在跨州或跨国的商业活动中进行传播。违反该法可导致罚款或最高 15 年监禁。

《儿童互联网保护法》(2000 年)

尽管屡遭挫折，但美国国会并没有放弃限制儿童色情内容在网络空间传播的努力，并且终于有了一定成果。2000 年，《儿童互联网保护法》出炉。该法案于 2000 年 12 月 21 日由克林顿签署，并于 2001 年 4 月正式生效。这一法案体现了政府策略的转变。政府希望科技能解决与互联网成人材料相关的问题，通过私人代理、图书馆和学校使用过滤器屏蔽那些令人讨厌的内容，来限制对未成年人有害的言论，并且通过和联邦政府的补贴项目 e-rate 结合起来运作。该法案要求用户在登录的时候填写年龄，如果是成年人，就可以进入网站浏览；如果未满 18 岁，网站就会提示用户离开。② 该法案规定，中小学、公共图书馆等必须在其网络服务程序上提供过滤器，确保未成年人不接触到含有色情内容的成人网站。这类过滤器能够安装在电脑上，其搜索引擎能够阻断域名中含有性意味的字眼的网站。政府则对建立网络过滤技术系统提供资金支持；任何因商业目的在互联网交流中导致未成年人接触有害信息的人，会受到不高于 5 万美元的罚款或被判不超过六个月的刑期。

如同夭折的《传播庄重法》和《儿童在线保护法》一样，《儿童互联网保护法》颁布后不久，就遭到了美国一些人权组织、图书馆协会和部分网站的抵制。

2001 年 4 月，许多图书馆和图书馆协会以这部法律违反言论自由为由

---

① 〔美〕唐·R. 彭伯：《大众传媒法》（第十三版），张金玺、赵刚译，北京，中国人民大学出版社，2005 年 7 月版，第 461 页。

② 吴寸木：《谷歌不听话：互联网背后的大国角力》，北京，电子工业出版社，2010 年 1 月版，第135 页。

提起诉讼,即"默尔特诺马公共图书馆诉美利坚联邦政府案"(Multnomah Public Library et al. v. U. S.)。起诉方控告《儿童互联网保护法》违宪,"通过强迫公共图书馆安装这类技术设备,《儿童互联网保护法》限制读者访问受宪法保护的思想和观点。因此,《儿童互联网保护法》违反了宪法,对受保护的言论实施预先限制"。起诉方还指控《儿童互联网保护法》是"专横的和不合理的,因为目前的技术还不足以屏蔽国会想屏蔽的许多言论,因此,这不能保证图书馆读者远离令人讨厌的内容"。[①] 2002 年 3 月,一个由三名联邦法官组成的特别法官团听取了控告该法律的论辩。政府提出申请驳回该指控,但联邦法官拒绝了政府的申请。对该判决的上诉直接进入美国最高法院。2003 年 6 月,美国最高法院裁定,《儿童互联网保护法》不违反宪法中言论自由的原则,应予维持。

然而《儿童互联网保护法》在执行过程中面临着诸多问题。在旧金山市,人们投票禁止在图书馆的计算机上安装这类过滤软件,尽管它将因此损失 2 万美金的联邦资金。[②] 而弗吉尼亚的一家联邦法院判决,公共图书馆不能在所有计算机上安装阻止用户登录某些软件的过滤软件。[③] 法院于 1998 年 11 月判决图书馆败诉,认为图书馆过滤网上信息的行为阻碍成年人"受保护言论"的自由,侵犯了《宪法第一修正案》对言论自由的保障。这也成为关于"图书馆电脑设过滤软件是否违宪"的首宗案例。[④]

另一个案件也发人深省。美国作家特瓦娜·海因斯(Twanna Hines)习惯在纽约市公共图书馆曼哈顿中城区分馆写作。可她发现,自己的博客被禁了。理由是"她在博客里写约会、性与关系……内容有穿丁字裤的男人、技术与性"。图书馆规定:描写对儿童有害的色情、虐待儿童等体裁的网址可以被封杀。但是,海因斯的网址上并没有任何诸如此类的描写。随后,有人向图书馆抱怨不能登录海因斯的网址之后,图书馆就解禁了。此事发人深思。保罗·莱文森认为,如果我们同意图书馆的判断,即认为海因斯的博客不适合儿童,保护儿童的更好办法难道不是预防儿童登录她的网址,而不是封堵每个人包括成人和作者本人使用这个网址吗? 难道用特别密码登录这个网址、只允许证明了成人身份的使用者不是更好的

---

① 〔美〕理查德·斯皮内洛:《铁笼,还是乌托邦——网络空间的道德与法律》,李伦、等译,北京,北京大学出版社,2007 年 2 月版,第 55 - 56 页。

② 〔美〕唐·R. 彭伯:《大众传媒法》(第十三版),张金玺、赵刚译,北京,中国人民大学出版社,2005 年 7 月版,第 463 页。

③ 同上书,第 464 页。

④ 戴伟辉:《网络内容管理与情报分析》,北京,商务印书馆,2009 年 1 月版,第 207 页。

办法吗?①

《低俗节目法规》(2001 年)

2001 年 4 月,FCC 出台了一个界定低俗节目的法规。法规重申了低俗的标准并力图澄清其执行标准。法规规定的限定责任的标准如下:①是否包含详细展现描写性、排泄器官或性生活的图示;②节目内容是否停留在重复对性器官、性生活的讲述上;③节目是否会激起人们的性欲或促进人们做一些淫荡的事情。

《禁止奴役当代儿童的起诉救济和其他手段法》(2003 年)

为弥补《儿童色情预防法》废止后的法律空白,2003 年 4 月 30 日,时任美国总统乔治・布什签署了《禁止奴役当代儿童的起诉救济和其他手段法》(以下简称《保护法》)。

《保护法》涉及的领域比较广泛,其中重点规定了对儿童淫秽和色情物品的预防措施。值得指出的是,《保护法》对联邦法典第 1466A 条做出了补充规定:如果明知描写从事明确的性行为的未成年人并且具有淫秽性的图像描述,或者描写正在进行或者看起来将要进行各种性交行为的未成年人并且缺乏严肃的文学、艺术、政治或者科学价值的图像描述,包括图画、卡通画、雕塑或者油画等物品,仍然制作、传播、接收或者为传播而持有的,或者意图从事上述行为的,都将按照联邦法典第 2252A(b)(1)条的规定进行处罚,即判处 5 年以上 20 年以下监禁,如果行为人此前因为违反该法规定而被定罪,将被判处 15 年以上 40 年以下监禁。

值得指出的是,根据联邦法典第 1466A(e)条的规定,对于持有上述物品的行为,也将追究刑事责任,但被告人可以提出以下有效抗辩:①持有的此类图像描述的物品小于 3 个;②没有让其他人(执法人员除外)接触此类图像描述,并且立即积极地采取合理措施销毁上述物品,或者向执法机构报告并向执法机构提交上述物品。

根据 1996 年的《儿童色情预防法》,按照美国最高法院的判决,"虚拟儿童色情"产品并不违反禁止儿童色情的法律。这一判决无疑使色情动画产品可以在互联网上大行其道了。② 而《保护法》对"虚拟儿童色情"做出了新的规定:虽然并非所有虚拟的儿童色情物品都是违法的,但是那些淫秽的或者缺乏严肃价值的儿童色情物品则是违法的。

---

① 〔美〕保罗・莱文森:《新新媒介》,何道宽译,上海,复旦大学出版社,2011 年 1 月版,第 179－180 页。
② 〔美〕张哲瑞联合律师事务所:《裸露的权利》,北京,法律出版社,2006 年 1 月版,第 67 页。

2008 年 10 月，连环画法律辩护基金会参与了一起案件的辩护，该案的被告人是 38 岁的爱荷华州连环画收藏者克里斯多夫·汉德里（Christopher Ghandri），埃里克·蔡斯（Eric Chase）律师为其提供法律辩护。蔡斯律师指出，该案并不涉及真实的儿童，仅仅涉及连环画中非常简略的图案。

控方所提出的淫秽物品指控涉及的是描绘未成年人的色情物品，可见，控方是将虚拟的连环画纳入淫秽物品的范畴。蔡斯律师对此指出，该指控从本质上意味着限制联邦《宪法第一修正案》对艺术和艺术家的保护，在本案中，后者特指处于艺术创造前沿领域的连环画。该指控未能从历史的角度正确理解先锋派艺术的本质，是对打击淫秽物品法律的一种曲解。连环画法律辩护基金会的执行主任查理·布朗斯坦（Charlie Braunstein）也指出，本案中，政府是对一名持有艺术作品的私人收藏家提出指控，在过去，连环画法律辩护基金会不得不为零售商和艺术家依据联邦《宪法第一修正案》所享有的权利进行辩护，但是从未见过联邦政府因为市民持有连环画而试图剥夺其自由。

最终，汉德里于 2010 年 2 月 11 日被法院判处 6 个月监禁刑，此后汉德里还需要接受 5 年的假释考验期。汉德里是《保护法》通过之后第一个被定罪的被告人。[①]

值得指出的是，《保护法》的相关条款对联邦量刑指南第 2G2.4(b) 条做出了修改，在该条之后增加了 3 项内容，此后该条内容于 2004 年 11 月再次被修改，并被并入 2G2.2(b) 条。根据现行联邦量刑指南第 2G2.2(b) 条的规定，违反联邦法典第 1466A(b) 条、第 2252(a)(4) 条、第 2252A(a)(5) 条或者 2252A(a)(7) 条之规定，构成犯罪的，基准刑为 18 个量刑等级，法律另有规定的为 22 个量刑等级。

修订后的联邦量刑指南罗列了诸多影响量刑等级的具体情况：如果被告人仅仅接受或者索取涉及对未成年人进行性奴役的物品，或者被告人并未意图运输或者传播此类物品，则降低 2 个量刑等级。如果此类物品涉及未满 12 周岁的未成年人，就将增加 2 个量刑等级。如果被告人以牟利为目的传播此类物品，就将至少增加 5 个量刑等级。如果被告人向未成年人传播此类物品，就将增加 5 个量刑等级。如果被告人实施了对未成年人进行性虐待或者奴役的行为，就将增加 5 个量刑等级。如果被告人使用计算机或者互动计算机设施持有、传输、接收或者传播此类物品，或者查询此类物

---

① http://www.criminallawbnu.cn/criminal/Info/showpage.asp?pkID=39108，访问日期，2014 年 6 月 19 日。

品以便进行观看,就将增加 2 个量刑等级。如果犯罪行为涉及那些描述虐待或者被虐待行为的物品,或者描述暴力行为的物品,就将增加 4 个量刑等级。如果犯罪行为涉及 10 张以上 150 张以下图片,就将增加 2 个量刑等级;涉及 150 张以上 300 张以下的图片,就将增加 3 个量刑等级;涉及 300 张以上 600 张以下的图片,就将增加 4 个量刑等级;涉及 600 张以上的图片,就将增加 5 个量刑等级。

这种区分不同类型的犯罪行为及其危害的量刑计算方法,尤其是立足于淫秽色情物品数量而增加量刑等级的规定,有助于实现量刑均衡。同时,上述规定对不同类型犯罪行为的调节量刑幅度做出单独规定,并将涉案物品的数量区分为多个层次,使得量刑幅度更加合理,使个案的量刑裁决也更加便于操作。[①]

《控制非法色情信息和商业信息法》(2003 年)

《控制非法色情信息和商业信息法》的全称是"the Controlling the Assault of Non-Solicited Pornography and Marketing Act of 2003",简称 CAN-SPAM 法案。该法主要是为了严格限制商业和色情垃圾邮件的发送。

《广播电视反低俗法》(2005 年)

2005 年美国国会通过的《广播电视反低俗内容强制法》(即《广播电视反低俗法》),是一部旨在针对广播电视机构播出淫秽、下流内容和污秽语言加大处罚力度的重要法律。该法将播出单位违规罚款的额度从过去的3.25 万美元提高到 50 万美元,对任何一个表演低俗节目的演艺人员的单次最高罚款金额由过去的 1.1 万美元提高到 50 万美元。该法对《通信法》中有关惩罚低俗内容播出的附加条款加以细化。一是规定了 FCC 处理公众投诉的程序和时限,对 FCC 有权采取强制措施的范围进行扩大;二是在许可证的获取、续延和吊销方面,对播出低俗节目的电视机构做出更为严苛的规定;三是对政府相关职能部门的调查、统计和年度报告等职责进行进一步明确和强调,加大广播电视低俗内容的监管力度。同年 3 月,美国参议院通过了广播电视淫秽与暴力内容控制法案,要求 FCC 对广播电视节目分级制度实施状况和暴力淫秽等内容的控制情况进行评估,每年向参议院提供评估结果。

《儿童互联网保护法(修正案)》(2012 年)

2012 年 12 月 19 日,针对不少软件开发商在未经儿童父母许可的情况下非法收集儿童信息,美国出台了 2000 年《儿童互联网保护法》最终修正

---

① 朱和庆、刘静坤:《美国儿童色情犯罪的法律规范》,《法律适用》2010 年第 7 期。

案,扩展了互联网"个人信息"定义和目标对象范围,旨在进一步加强对涉及儿童互联网信息的保护。未成年人在社交网站分享个人信息、照片和视频的同时,也面临个人信息泄露风险。这些信息不仅容易被广告商、恶意软件开发商利用,也有可能导致拐卖儿童、引诱儿童犯罪、儿童色情等犯罪行为。

此次出台的修正案则将涉及对象扩展到收集儿童信息的网络插件和目标客户为儿童的在线广告商等。根据修订的法案,有关各方不得在未经儿童父母事先许可的情况下收集儿童的个人信息,包括照片、视频和手机生成的位置信息等。

除了联邦层面外,美国各州在打击网络色情尤其是儿童色情业方面的立法、规制也是层出不穷,例如亚拉巴马州州长签署了新的反儿童色情法案,将通过网络或其他现代技术而制造的色情材料都列入了管辖范围;俄克拉马州执行网络安全法保护儿童在线安全,主要打击对象是在线色情服务提供者和儿童诱骗者。

禁止儿童色情的目的在于保护未成年儿童不受身心伤害。如果儿童色情产品是利用真实的儿童制作的,必须严加禁止,对制作者绳之以法。而且不仅是制作者,即使传播或拥有儿童色情产品也被列为刑事犯罪。2006 年3 月,美国弗吉尼亚州一名男子因利用州政府办事处的电脑下载 20 张日本儿童色情漫画,被判入狱 20 年;2006 年,美国人格雷戈里·米切尔(Gregory Mitchel)因经营儿童色情网站和制售未成年人性行为录像,被判入狱 150 年。2007 年 2 月,在美国儿童色情犯罪惩罚力度最大的亚利桑那州,一名教师因为他的计算机中存有 20 张儿童色情图片而被判入狱 200 年。2007 年 8 月,弗吉尼亚州一名男子因为利用 P2P 软件交换了三段描绘儿童从事色情活动的录像,被判监禁 87 个月并处罚金 1.5 万美元;2009 年 3 月,宾夕法尼亚州 3 名女生用手机向 3 名男生发送自拍裸照,结果 6 人全部遭到儿童色情罪的指控。法律专家指出,这些学生的做法是一种严重犯罪,他们可能面临数年的监禁。

在司法方面,美国法院在审理网络色情特别是儿童色情案件中积累了丰富的经验,有些案例值得借鉴。如美国第九上诉巡回法院裁定,如果色情图片的所有者在网站销售该图片,警察可以搜索其计算机硬盘驱动器;MySpace.com 因一名 14 岁女孩在其网站上遭遇性骚扰而败诉,理由是网站疏于对未成年人的保护,而且网站未要求使用者核实其年龄和调用针对不满 16 周岁使用的安全措施。①

---

① 张平:《网络法律评论》(第 11 卷),北京,北京大学出版社,2010 年 6 月版,第 10 - 11 页。

2. 执法打击

在美国打击儿童网络色情犯罪的工作中,联邦政府起着主导作用,多个部门成立了专门机构或启动专门了项目。例如,司法部出资成立打击儿童网络犯罪特种部队,为各州和地方有关行动提供技术、设备和人力支持,帮助培训公诉和调查人员,开展搜查逮捕行动,协助案件侦破;联邦调查局专门立项辨认网络儿童色情图像,调查不法分子等。

1995 年,FBI 开展了一次全国范围的机密行动——"无犯罪的国家设想"(Innocent Images National Initiative),对疑似儿童色情作品和在线儿童性宣传等现象进行调查,建立了禁止恋童癖者和猥亵儿童者进入的网络防护体系,目的是惩治恋童癖者,保护儿童。在实施的前三年,成功将 232 名违法者定罪。[1]

1998 年,美国司法部成立了针对儿童网络犯罪的工作组,并在 1999 年开始了代号为"欧尔行动(Operation Ore)"的打击网上侵害儿童的全国性活动。美国司法部长阿什克罗夫特(Ashcroft)于 2001 年 8 月宣布,经过两年的艰苦调查,摧毁了最大的一个儿童色情网站,逮捕了 100 名涉案人员。

"欧尔行动"是由美国执法人员为首组织开展的打击互联网儿童色情的最大行动。俄罗斯警方早在 1999 年便对兰斯莱德公司的一家网站有所察觉,经过初步调查,确认该网站背后有一个跨国网络色情犯罪集团,主谋很可能是美国人。于是,莫斯科方面向美国警方通报了案情,希望美国帮助调查。

FBI 和美国邮政服务调查人员于 1999 年 9 月对兰斯莱德公司进行突袭,逮捕了公司所有者托马斯·里迪和他的妻子佳尼斯,他们因散布儿童色情材料被起诉。实际上,该公司本身并没有提供色情资料,而是作为内部提供色情资料的大量站点的入口,通过收费来准许访问所选站点。1998 年末,兰斯莱德公司的负责人决定在成人色情的范围之外扩展公司活动——设置通过公司设备访问包括儿童色情的站点。美国搜捕行动获得了涉嫌订阅兰斯莱德公司提供的站点的信用卡持有者的个人详细资料。

调查员发现,这家公司在网站上刊登广告,暗地里从事发放儿童色情图文的生意。世界各地的网民可通过注册成为订户,每月交纳 29.95 美元,即可享用网站提供的秘密儿童色情网站链接。这个网站之所以如此受欢迎,是因为它能满足不同恋童癖者的"性趣",网站提供的东西五花八门,如图

---

① 〔美〕Kathleen Conn:《校园欺侮与骚扰——给教育者的法律指导》,万赟译,北京,中国轻工业出版社,2006 年 1 月版,第 120 页。

片、CD、录像带、图书,应有尽有。该公司的绝大多数收益都来自订户月费,总订户人数估计多达 25 万,其中多为美国以外地区的网民。单单一个月该公司便获利多达 140 万美元。这些秘密网站,多由美国以外的其他地区人士经营。于是调查范围扩大到了全球。在总计 50 000 名嫌疑人中,大约有7 500 人住在英国,其中有大约 1 230 人被判有罪。最后,该公司的两名负责人托马斯·里迪和他的妻子佳尼斯分别被处以终身监禁(入狱 1 335 年)和14 年监禁。

"欧尔行动"之后,美国执法部门继续加大对网络儿童色情的打击力度,保持高压的态势。2011 年 8 月 3 日,美国执法部门宣布,破获了一个利用互联网进行儿童色情图片和视频交易的跨国网络,涉及 14 个国家,指控 72人,已逮捕 52 人。这个绰号为"梦板"的互联网公告栏面向私人会员,有 600人参与。

据调查,该网络电脑主机在美国的乔治亚州,但管理者身居国外,以英语、俄语、日语、西班牙语招徕生意,其会员分贵宾会员和超级贵宾会员。会员申请者都会被要求先上传儿童色情音像资料,每 50 天都要上传新资料,才能保持会员资格。在交易过程中他们往往使用匿名代码,以逃避执法部门的侦查。

调查者指出,600 名参与者已经提交了 2.7 万个帖子,包含涉及 12 岁以下的婴儿、儿童和少年的色情图片和视频。美国国安部长纳波利塔诺(Napolitano)说,这个网络参与者交换的少儿色情音像资料相当于 1.6 万张 DVD。①

2014 年 3 月,一个在互联网上提供儿童色情视频的犯罪团伙在美国落网,一些澳大利亚和新西兰的受害儿童牵连其中。这是美国迄今较大的该类犯罪团伙之一,逮捕并起诉了 14 名嫌疑人。在网络上,订阅其只供会员观看的视频者超过 27 000 人。受害青少年超过 250 人,分别居住在美国的39 个州和另外 5 个国家,包括澳大利亚、新西兰、英国、加拿大和比利时。大部分受害者是 10 岁到 17 岁的男孩。

在被拘捕的嫌疑人中,27 岁的乔纳森·约翰逊(Jonathan Johnson)是该网站的管理员,他在美国路易斯安那州南部操控着网站。路易斯安那州东区检控官肯尼思·艾伦·博莱特(Kenneth Allen Poulet)表示,如果罪名成立,他将被判入狱 20 年。博莱特称,这次的起诉将对儿童色情和试图伤

---

① http://www.chinanews.com/gj/2011/08-04/3232276.shtml,访问日期,2014 年 6 月19 日。

害未成年公民的人进行全面强烈的打击。"①

道高一尺,魔高一丈。尽管网络上大规模搜捕儿童色情犯罪的行动从来没有停止,但是网络儿童色情犯罪愈演愈烈。最近一份调查显示,过去十年里,全球持有儿童色情照片的人数增加了2 692%。美国《商业周刊》在多年前就撰文指出网络儿童色情图片泛滥的问题,只要输入"little lolas"或"little boys",就能找到无数个相关网站,其中充斥着上千张裸体儿童的照片。文章刊出后,这些网站连连喊冤,说自己没有犯法,因为并没有显示性行为,但是警方发现,80%展示裸体儿童照片的网站都同时提供儿童色情内容,或者提供儿童色情内容的链接。

从1997年以来,FBI已经逮捕了超过6 000名涉及网络儿童色情犯罪的成年人。儿童色情业在网络上迅速滋长,成为网络上发展速度最快的生意,甚至得到一些国际犯罪集团的青睐。2003年,美国警方捣毁一家名为Regpay的儿童色情网站。该网站在全球范围内有27万注册用户,为50多个色情网站提供信用卡服务,每月交易额高达上百万美元,当时有1 400多人被捕。

3. 技术控制

在依法打击网络儿童色情的同时,美国注重发挥技术控制的作用,力图为未成年人设置一道安全可靠的"防火墙"。这些技术控制手段主要是过滤和分级。

1) 过滤

互联网上充满了露骨的色情以及极端的暴力图像,任何人都有可能使用网络浏览器看到它们。为了使孩子们远离这些内容,除了从法律层面进行规制,从执法层面进行打击外,技术同样是对抗网络色情的重要手段。大量的自律技术,如互联网内容选择平台、互联网内容分级协会以及像谷歌所用的"安全搜索"工具等软件,都可以对一些网络淫秽色情材料加以屏蔽。美国参议院提议要求网站贴示标签,实行分区管制,以杜绝儿童接触色情网站。各个网络公司也积极尝试在技术层面上遏制网络色情:微软为家长提供免费的网络监管服务,协助父母管理孩子的在线活动,防止其接触成人色情网站;MySpace.com将广告内容锁定于促进在线安全,张贴公益广告来教育使用者,特别是未成年人,并以之对抗色情广告等。冲浪观察是一款拦截淫秽信息的软件,其发明人是加利福尼亚州洛斯阿尔托斯市的雇佣大学生比尔·杜瓦尔(Bill Duvall),他负责对网络空间上露骨的色情内容进行监

---

① http://world. huanqiu. com/article/2014-03/4915763. html,访问日期,2014年6月19日。

控,并定期更新冲浪观察,每天可以识别 5 到 10 个淫秽网站。冲浪观察一旦发现这些网站,就会阻止其进入。这也是一种保护儿童的方法。①

1995 年,针对网络上越来越多的淫秽信息,美国政府提出了一个控制的办法,即规定所有有关性的资料都必须加上限制的识别码,每台个人计算机中都必须安装一块能够识别所接受信息的性质的芯片(即所谓"监听芯片"),以此来控制用户可以接受的信息。此举虽然不失为一个净化网络的办法,但是由于利用该"监听芯片"不仅能够对黄色信息加以控制,而且政府还可以利用该芯片对个人的通信进行控制,因此该方案遭到了美国公众广泛强烈的反对,最终不了了之。②

网站过滤器是阻止令人厌恶的网站进入一台电脑的一款计算机程序。网站之所以会被阻止,要么是因为它们被专门审查过,要么是因为过滤器程序使用的一种搜索引擎检测到的某些字词表明,网站上存在过滤器的创建者希望排除在外的文本内容(而且很可能包括图片)。③ 比如"网络保姆"(Net Nanny)可以让家长封锁去成人网站的途径。④ 不过,反对者指出,这也增加了"私营企业用这些过滤设备来限制言论自由的危险"。⑤

针对手机网络传播淫秽色情的问题,美国主要依靠手机运营商来屏蔽手机中的淫秽色情内容。据统计,2009 年 iPhone 在全球销售 4 000 万部,仅在美国就有 600 万部。绝大多数 iPhone 用户每天通过手机看网络视频,针对 iPhone 开发色情内容的网站达数百家之多。对此,苹果公司发言人说,他们将禁止所有官方软件中的成人内容,而且针对手机用户可以通过浏览器链接色情网站以及免费下载第三方色情软件的情况,他们已推出"家长控制软件",以过滤手机中的色情内容。⑥

2) 分级

为了避免青少年受到网络色情、暴力信息的侵害,技术控制的手段中,除了过滤之外,分级制也被普遍采用。美国 1996 年联邦《电信法》规定:从 1998 年起所有屏幕宽度大于或等于 13 英寸的新电视机,在设计上要能使

---

① 〔美〕约翰·维维安:《大众传播媒介》(第 7 版),顾宜凡、等译,北京,北京大学出版社,2010年 7 月版,第 279 页。

② 孙铁成:《计算机与法律》,北京,法律出版社,1998 年 1 月版,第 118－119 页。

③ 〔美〕约瑟夫·塔洛:《今日传媒:大众传播学导论》(第三版),于海生译,北京,华夏出版社,2011 年 1 月版,第 627 页。

④ Joseph R. Dominick, 2004: *The Dynamics of Mass Communication: Media in the Digital Age*, McGraw-Hill, p. 420.

⑤ 孙绍谊、郑涵:《新媒体与文化转型》,上海,上海三联书店,2013 年 1 月版,第 126 页。

⑥ 宫承波、刘姝、李文贤:《新媒体失范与规制论》,北京,中国广播电视出版社,2010 年 1 月版,第 36 页。

观众对电视节目可进行选择性收看,即要加入 V-chip 芯片。1996 年 12 月,美国电视业界宣布实行节目等级制度,与 V-chip 技术结合起来应用于电视节目中。美国将儿童电视节目分为两种等级:TV－K,适合所有儿童;TV－K7,适合 7 岁及以上儿童观看,如果含有非现实的暴力场面,节目则定级为 TV－K7－FV。将一般电视分为四级:TV－G:适合所有年龄的观众;TV－PG:节目中包含有限的暴力行为、部分性爱场面,偶尔会出现粗口、少量性暗示对话,不适合年龄较小的少年儿童观看;TV－14,节目中有过激的暴力场面、较多的性爱场面、有粗口和性暗示极强的对话,不适合 14 岁以下的少年儿童观看;TV－M,适合成人观看,节目中有血腥暴力场面、露骨的性爱场面或赤裸裸的粗口,不适合 17 岁以下少年观看。[①]

麻省理工学院所属的 W3C(World wide web Consortium)发布了 PICS(Platform for Internet Content Selection)技术标准协议,通过设立网络分级制度标准,完整定义了网络分级所采用的检索方式,以及网络文件分级卷标的语法。此分级方式是通过收集不适当网络信息的数据库系统,作为筛选的标准。另外以 PICS 为发展核心且技术最为成熟的娱乐软件咨询委员会(Recreational Software Advisory Council,RSAC)研发的 RSACi(RSAC on the Internet)分级系统,主要以网页呈现内容中的性(Sex)、暴力(Violence)、不雅言论(Language)或裸体(Nudity)四个项目的表现程度作为依据进行分级。1996 年,微软浏览器 Internet Explorer 3.0 中,便设置了 RSACi 的标准,而网景公司也于 1998 年在公司所生产的浏览器中加入此项分级标准。由于 PICS 发展的主要理念是"使用的控制,而非检查",而 RSCAi 的控管也是希望能够由师长进行分级控制,将权力与责任交由师长、ISP 业者、ICP 业者,通过他们各方面的协调与配合,使之不至于危害到网络的自由创作与言论自由,又得以保护未成年人免受不良信息的侵害。[②]

美国的分级制显然是受到过去电影分级的启发和影响。由电影制作人、发行人、进口商和播映方组成的美国电影分级管理委员会负责将电影分级,以便家长决定哪些电影可以让孩子观看。电影等级主要划分为。

G 级:适合所有年龄的所有观众;

PG 级:建议在父母指导下观看,其中某些内容可能不适合青春期以前的孩子;

---

① 〔美〕唐纳德·M. 吉尔摩、杰罗姆·A. 巴龙、托德·F. 西蒙:《美国大众传播法:判例评析》,梁宁、等译,北京,清华大学出版社,2002 年 1 月版,第 778 页。

② http://www.cssn.cn/xwcbx/xwcbx_cbx/201403/t20140319_1035532.shtml,访问日期,2014 年 6 月 18 日。

PG－13 级:强烈建议在父母指导下观看,尤其是对 13 岁以下的孩子。片中可能有部分暴露、粗口或暴力镜头;

R 级:17 岁以下限制观看,除非有成人陪同;

NC－17 级:17 岁以下不允许观看。

美国的电影分级制度也影响到游戏软件领域。美国的娱乐行业自我管理机构——成立于 1994 年的娱乐软件评级委员会负责为游戏软件评级,实施有关游戏广告的准则,确保互联网私营活动的良性运行和互动性娱乐软件产业的健康发展。它的评级规则旨在向消费者提供有关信息,让他们了解互动性视频或者计算机娱乐主题的内容,以及适合于这一主题的用户年龄,评级主要分为以下几种。

EC:低幼儿童。可能适合于 3 岁及以下的孩子,不包括任何家长认为不适当的材料。

E:每一个人。可能适合 6 岁及以上的人,这些主题将会吸引不同年龄和口味的人。它们可能包含最低限度的卡通、幻想或者程度不高的暴力,以及(或者)偶尔使用接近于粗俗的语言。这种评级过去称为"孩子——成人级别"(K－A)。

E10+:每一个 10 岁及以上的人。这种主题类型可能包含更多的卡通、幻想、程度不高的暴力和接近于粗俗的语言,以及(或者)最低限度的暗示性的主题。

T:青少年。可能适合 13 岁及以上的人,这类主题类型可能包含暴力、暗示性的主题、粗俗的幽默,最低限度的血腥场面、模拟赌博,以及(或者)偶尔使用的粗俗的语言。

M:到了成熟年龄的人。可能适合 17 岁及以上的人,这类主题类型可能包含激烈的暴力、血腥场面、色情内容以及(或者)粗俗的语言。

AO:仅限于成年人。应当仅限于 18 岁及以上的人,这种主题类型可能包括长时间激烈的暴力,以及(或者)生动的色情内容和裸露场面。[①]

娱乐软件评级委员会的每一次评级,都需要至少三个受过特别训练的评级者达成一致意见。评级者必须是成年人,而且通常都有与孩子打交道的经验,从事过教育工作,或者他们本人就是看护孩子的人。评级者会审查所有出版商提供的书面材料以及光盘或录像带。在审查了所有的资料之后,每个评价者都会就适合的评级类别和内容描述给出意见。然后,评级意

---

① 〔美〕约瑟夫·塔洛:《今日传媒:大众传播学导论》(第三版),于海生译,北京,华夏出版社,2011 年 3 月版,第 134－135 页。

见会经过编辑整理,并在经过三轮评级程序后达成一致。最后,娱乐软件评级委员会的成员将会审查最终评级建议和评级反馈,然后向游戏出版商颁发带有正式评级结果的证书。出版商要么接受这种评级结果,将其作为最终评价,要么对游戏的内容进行修改,并且再次提交审查,整个过程将重新启动。

尽管有这种评级系统,但有些游戏还是引起人们很大争议。2005年,一款名叫"侠盗猎车手:圣安地列斯"的游戏遭到家长和倡导组织的讽刺,被认为是一种道德沦丧的游戏。他们认为,它在教导人们怎样犯罪。它从评级机构那里得到了一个"M"。批评家指出,这样的评级是有问题的,因为他们并没有告诉家长有关这款游戏的暴力和色情的真正程度。玩家发现,使用一种代码,就可以对游戏中一段露骨的色情场景进行解锁。尽管游戏生产商 Rockstar 坚持说,那个色情场景和代码是一个黑客的杰作,但是包括希拉里·克林顿在内的政治家和倡导组织,都对这家公司提出指责,认为它误导了娱乐软件评级委员会、零售商和家长。Rockstar 在付出很大代价的情况下,将这款游戏从货架上撤下,删除了那段场景,然后又把它放回到市场上销售。[①] 因为在美国,只有当一种游戏被法院判定为淫秽时,它才会被列入取缔范围。

分级制体现了人们对儿童免受媒体淫秽、色情、暴力侵扰的努力,但对于其效果如何人们还存在质疑。一项调查显示,2/3 的父母并不能列出他们的孩子在最近几周内看过的电影。[②] 2000年,FTC 发表了一篇名为《向孩子们销售暴力娱乐:一场关于电影、音乐光碟和电子游戏中自我约束及产业实践的回顾》的报道。报道指出,虽然娱乐业已经开始逐步将那些可能不适合儿童的内容区分出来,该行业中的公司仍然不顾自己的分级体系而通过各种渠道把 17 岁以下的孩子作为他们产品的销售目标。报道还公布了一项调查报告,指出那些 17 岁以下的少年儿童经常能够在没有父母陪伴的情况下购买到 R 级影片的票及那些必须要家长允许或是只限于年长受众才能购买的音乐光碟和电子游戏光碟。[③]

尽管有了各种判定标准和复杂的分级技术,但是清晰准确地界定网络上的色情、淫秽材料仍然面临许多问题。2008 年底,脸书开展了一场运动

---

① 〔美〕约瑟夫·塔洛:《今日传媒:大众传播学导论》(第三版),于海生译,北京,华夏出版社,2011 年 3 月版,第 623 页。

② 〔美〕约翰·维维安:《大众传播媒介》(第 7 版),顾宜凡、等译,北京,北京大学出版社,2010年 7 月版,第 168 页。

③ 〔美〕Kenneth C. Creech:《电子媒体的法律与管制》(第 5 版),王大为、于晗、李玲飞、等译,北京,人民邮电出版社,2009 年 5 月版,第 216 页。

以清洗其网页上的黄色照片,"令人反感"的照片内容包括妇女袒露的乳房(聚友网也有类似的政策)。但是,这一政策的后果是,母亲哺乳婴儿的照片也被删掉了,因为它们被评估为"色情、黄色和性露骨"。这一行为引发了网民对脸书的抗议,部分抗议者在脸书位于加州帕罗奥多的总部前举行抗议活动。

脸书表示,对女性哺乳照片并无特别处理意见,但只是试图禁止完全露乳的照片。抗议者称,女性哺乳照片并不"淫秽",不应受到限制。抗议活动的组织者希瑟·法利(Heather Farley)称,她向脸书上传的两张照片被删除。脸书曾警告称,如果再有类似照片,其账户将被关闭。"我不希望将来的妈妈们为母乳喂养孩子感到羞耻",这位来自犹他州的母亲说,"这(禁放哺乳照片)可能阻止她们母乳喂养"。

第七章 网络广告和垃圾邮件管控

新媒体技术的发展给传统广告业带来了一场深刻变革。随着新的媒介形式不断涌现,新媒体广告日益成为广告业发展的主力。当前,美国传统媒体领域的广告业务在不断下滑,新媒体广告开始蚕食传统媒体。美国广告协会的一项调查显示,近90％的美国公司都在视频游戏或虚拟社区等新型媒体上做广告,新媒体广告正在成为新宠儿。

所谓新媒体广告,就是指在新媒体上的广告投放,通常广告主选择新媒体进行广告投放的比例约为20％,而且这一比例呈现逐年上升的态势。目前,新媒体广告的传播形态主要包括三大类,即互联网广告、移动媒体广告和数字电视广告。互联网广告具体包括门户广告、互动广告以及精准定向广告等。移动媒体广告具体包括短信广告、彩铃广告及手机网站广告等。数字电视广告具体包括游戏植入广告、赞助广告以及事件营销等。美国新媒体广告市场具有规模大、结构复杂的特征,若是按照传播形态进行分类,主要包括网络广告、手机广告和植入广告等形态。[①] 在新媒体广告中,网络广告是其重要组成部分,占据了大部分份额。本章主要介绍的是美国的网络广告发展情况及有关法律法规。

第一节 网络广告的管控

在美国,随着互联网的发展,网络广告日渐繁荣。和传统媒体的广告一样,网络广告也存在有虚假广告、骚扰广告、内容违法违规广告以及不正当竞争等突出问题,而现行广告法律法规对于网络广告的监管明显滞后。美国对网络广告的管控手段主要有:加强网络广告法律规制的建设,明确广告监管机关的职能,确立网络广告市场准入条件,加大对网络虚假广告和不正

---

① 唐峰:《美国新媒体广告的传播生态及启示》,《新闻界》2013 年第 11 期。

当竞争行为的处罚力度,限制对网络用户信息的收集和使用,禁止对用户发送未经请求的电子邮件。特别是通过制度建设规制网络广告的做法值得借鉴。

网络广告就是以互联网为载体的广告,即利用网站上的广告横幅、文本链接、多媒体,在互联网(含移动互联网)刊登或发布广告,是通过网络传递给互联网用户的一种高科技广告运作方式。有人将网络广告定义为电子广告指通过电子信息服务传播给消费者的广告。或简言之,网络广告指利用数字技术制作和表示的基于互联网的商业广告。①

早期的万维网在成为广告媒介的进程上发展缓慢。② 1994 年 10 月 14日,当时美国 Wired 杂志推出了网络版的 Hotwired 电子刊物(www.hotwired.com),并在其主页上刊登了 AT&T 等 14 家客户的广告,从而宣告了网络广告的诞生。③ 此后,网络广告很快为人们接受,其增长速度之快,出乎人们的意料。1996 年,美国网络广告营业额为 3 亿美元,1997 年为 9亿美元,1999 年为 30 亿美元。2000 年网络经济泡沫破灭,大量网络公司破产倒闭,网络广告随之跌入谷底。2001、2002 年,美国的网络广告分别陡降12%和 16%。2003 年,随着网络经济的新一轮发展,网络广告开始复苏,随着无线移动、网络游戏、博客、社交网络、微博、微信等的出现,新媒体广告主已不仅限于网络公司,传统公司如可口可乐、通用等也开始将其广告预算投向新媒体。④ 之后,网络广告迅猛发展。据统计,2010 年,美国的网络广告营业额已经达到 258 亿美元,仅次于电视,首次超过印刷版报纸广告的 228亿美元,成为第二大广告媒体。⑤ 根据美国互动广告局的统计,2011 年美国网络广告收入为 317 亿元,较 2010 年同期增长 23%,其中搜索广告占49%。2012 年,美国第三季度网络广告收入达 59 亿美元,创历史上第二佳纪录。尽管金融风暴来势凶猛,但 2013 年仍是网络广告产业蓬勃发展的一年。根据普华永道的数据,由于移动广告消费的飙升,2013 年美国互联网广告收入为 428 亿美元,首度超过广播电视广告收入。专家预测,随着互联网用户的增加、网络速度的提升以及网络设备的改进,全球的互联网产业都将从中受益。未来五年全球网络广告市场规模年均增长将达 16.5%。

---

① 雷琼芳:《加强我国网络广告监管的立法思考——以美国网络广告法律规制为借鉴》,《湖北社会科学》2010 年第 10 期。
② Clapperton, G., 2003: "Back on Stream", *The Guardian New Media*, October20, p. 42.
③ 陈原、刘静毅:《新兴的广告形式——网络广告》,《工业工程》1999 年第 4 期。
④ 薛敏芝:《美国新媒体广告规制研究》,《上海师范大学学报》(哲学社会科学版)2013 年第3 期。
⑤ 匡文波:《手机媒体概论》(第二版),北京,中国人民大学出版社,2012 年 2 月版,第 156 页。

网络广告可以划分为两种：文字广告和显示广告。文字广告通常由几行字组成，它描述的是链接广告商的网站推荐的产品或者服务，显示广告是在文本内容的基础上增加图形，有时也包括视频，通常会占用更多的网页空间。[①]

与传统广告相比，网络广告形式更加多样，大体可以分为以下几类：①通过网络服务提供商（ISP）发布广告。这种方法主要是在 ISP 的主页上发布广告，公众在访问 ISP 主页以寻求服务时必然要接触主页上的广告内容。②通过自设的网站发布广告。这种方法主要被一些著名的企业所采用，依靠其名气吸引公众访问自己的站点，从而实现广告宣传的目的。③通过网络出版物发布广告。例如美国的 CNN、华盛顿邮报的电子版等都提供广告服务。④通过个人主页发布广告。这种广告的内容通常为出卖私人的财产或劳务，它的数量非常大，涉及生活的方方面面。⑤通过电子邮件发布广告。⑥使用 BBS 电子公告栏或者新闻组发布广告。此外，网上交易会、网上招聘以及网上调查等，也是网络广告的形式。[②]

在网络广告中，搜索引擎广告异军突起。1998 年，佩吉和布林正式创办谷歌，成为网络信息查询的基本工具。2000 年，谷歌开始进行关键字广告的销售，正式打破传统门户网站一统网络广告天下的格局，搜索引擎广告由此成为网络广告的重要传播形态。谷歌搜索引擎广告，并非以广告被显示次数来收费，而是以点击次数来收费。其价格比旗帜广告等便宜，深受中小企业的青睐。谷歌作为美国搜索广告市场的引导者，还将继续巩固其市场地位。

网络广告具有传播范围广、交互性强、针对性强、受众数量可准确统计、实时、灵活、成本低、强烈的感官性等特点。与传统的四大传播媒体（报纸、杂志、电视、广播）广告及近年来备受青睐的户外广告相比，网络广告具有得天独厚的优势，是实施现代营销媒体战略的重要组成部分。网络广告具有传统广告所不具有的以下特点：

（1）交互性。网络广告主要通过"Pull（拉）"方法吸引受众注意，受众可自由查询，可避免传统"Push（推）"式广告中要求受众注意力集中所带来的被动性，而且网络广告如今更加注重和受众群体的交流。

（2）广告成本低廉。网络广告由于使用自动化的软件工具进行创作管

---

① 〔美〕约瑟夫·塔洛：《今日传媒：大众传播学导论》（第三版），于海生译，北京，华夏出版社，2011 年 3 月版，第 602 页。

② 王贵国：《国际 IT 法律问题研究》，北京，中国方正出版社，2003 年 1 月版，第 213－214 页。

理,能以低廉的费用按照需要及时变更广告内容。做网络广告 CPM(Cost Per Mille,或 Cost Per Thousand,千人成本)的费用是报纸的 1/5,电视的 1/8。若能直接利用网络广告进行产品的销售,则可以节省更多的销售成本。

(3) 灵活性和快捷性。网络广告能按照需要及时变更广告内容,这就使经营决策可以及时地实施和推广。另外,网络广告的信息反馈也非常快捷,商家也可以及时了解网络广告的效果。

(4) 感观冲击强。网络广告的载体基本上是多媒体或超文本格式文件,其表现形式可以是动态影像、文字、声音、图像、表格、动画、三维、虚拟现实等形式。这种广告形式能传送多感官的信息,能够激发消费者购买欲望。

(5) 传播范围广。网络广告的传播范围非常广泛,不受时间和空间的限制。通过网络可以把广告传播到网络所覆盖的所有地域和人群,突破了传统广告的局限性。

(6) 受众针对性明确。网络广告目标群明确,由于点阅信息的人大多为有兴趣者,所以可以直接命中潜在用户,并可以为各类的受众推出不同的广告内容,尤其是对电子商务站点。

(7) 受众数量可准确统计。可通过权威公正的第三方流量统计系统及时精确统计出每个客户的广告阅读量,以及这些用户查阅的时间段、地域和浏览情况等,从而实时进行广告效果的评估,对广告策略的合理性进行相应调整。

(8) 到达率。到达率是衡量一种媒体广告效果的重要指标之一。它是指向某一市场进行广告发布以后接受广告信息的人数占该消费群体总人数的百分比。在传统媒体中,由于广告过多过、滥及在节目中随意插播广告的行为,导致传统媒体广告的到达率已大幅降低。[①]

1. 违规违法网络广告

在网络广告给人们提供大量资讯、便利人们生活、促进广告业繁荣发展的同时,大量违规违法广告的出现也为人们带来不少麻烦。在违规违法广告中,常见的是欺诈性广告、虚假广告、违反行业管理规定的广告等。

1) 欺诈性广告

欺诈性广告即经营者对实际上不能进行交易的商品进行广告宣传,或者商品的数量、日期有限制而在广告中不予明示,以此引诱顾客前来购买,并鼓动其购买广告商品之外的商品。为了对付此类网络欺诈活动,美国联

---

① 尹蔚虹、李觅、杨波:《网络广告与传统媒体广告的异同》,《媒体时代》2011 年第 5 期。

邦贸易委员会专门设立了一个网站,将欺诈性网站的链接输入数据库,供消费者检索。

网络欺诈性广告较传统媒体而言有过之而无不及。在1998年"FTC诉美国财富联盟(Fortuna Alliance)案"[①]中,一名为"财富联盟"的机构于1997年在网络上发布广告,宣称只要投资250美元至17 500美元,每个月即可回收高达5 000美元的利润。结果,有超过70个国家共计15 625名消费者上当,诈骗金额高达1 100万美元,所幸FTC及时冻结了"财富联盟"在美国国内的资产,才替消费者追回部分资金。[②] FTC主席说,大多数互联网欺诈是"披上高科技外衣的老式诡计"。同"财富联盟"欺诈一样,"金字塔骗术"的参与者也只能靠发展下线赚钱。但是,互联网的特性使这些老骗术更容易迅速传播。出现互联网之前,迅速致富骗术的传播者在寻找受骗者时必须通过费用高昂的大规模邮件宣传或拨打大量的电话。而今天只需敲一下键盘,骗子就可向成千上万名的目标发送电子邮件。

2) 虚假广告

虚假广告即广告主利用虚假的事实发布广告,以骗取消费者对其产品或服务的信任,如滥用名人肖像的广告。名人的广告效应是显著的,而一些网站(尤其是中小型网站)一方面希望扩大自己的影响,以产生丰厚的经济效益,另一方面又不愿或无力提供足够的资金,于是常常不经名人的同意,擅自对其肖像进行加工处理,制作成网页或 Flash 图片,以扩大自身的宣传。

3) 违反行业规定的广告

不同行业对广告要求也不同,例如药品和烟草的广告就有其特殊要求,如果网络经营者未能根据法律对特定行业的特殊规定进行广告活动,则很可能构成违法广告。

2011年,谷歌因发布违法网络药品广告被罚。美国司法部2011年8月24日宣布,互联网搜索引擎巨头谷歌公司已同意支付5亿美元罚款,以了结一项针对该公司在网络上违法发布药品广告的刑事调查。美国司法部称,谷歌为加拿大网络药店发布了以美国消费者为目标群体的广告,违反了美国法律关于处方药进口的规定。这笔罚金也是美国历史上针对违法网络广告开具的巨大罚金之一。美国司法部副部长詹姆斯·科尔(James Cole)

---

① FTC v. Fortuna Alliance, L. L. C. , et. al. , Civ. No. C96 - 799M W. D. Wash. , filed May 23,1996.

② 见 FTC v. Fortuna Alliance, L. L. C. , et. al. , Civ. No. C96 - 799M W. D. Wash. , filed May 23,1996. http://www.ftc.gov.

表示,迫使谷歌改变自己的不当广告策略,是为限制国外网络药店向美国消费者非法牟利的重要一步。

2. 对网络广告的监管

美国是世界上广告业最发达的国家,对广告的监管也很严格。早在1911年就颁布了世界上最早的广告法规——印刷物广告法案,即《普令泰因克广告法》。美国实行联邦制,因此广告规制的政府组织机构分为两个层面,即联邦政府和地方政府。联邦政府,除了立法机构(国会、议会)及司法机构(法院)之外,广告规制组织主要由FTC、FCC和美国食品药品监督管理局(FDA)构成。1914年美国通过了联邦贸易委员会法,规定FTC享有监管广告、制止不正当竞争、保护消费者的权力,是美国最具权威的综合广告管理部门。FCC有权管理广播电视广告的数量及播出时间,有权对广播电视广告进行审查。美国食品药品监督管理局有权对食品药品广告进行监管。[①]

这些行政机构由国会授权,依据特定的法律对广告施行规制。它们所制定实施的规则同样具有法律效应。此外,美国国会还授权其他部门协助共同对广告进行规制,比如美国专利商标署、国会图书馆、联邦邮政总局、酒类烟草枪械局等。各州的地方政府也有类似FTC等广告规制机构。[②]

美国治理违规违法广告的机构主要是FTC。其重要的责任之一是不让美国人成为不正当的、具有误导性或欺骗性广告的受害者。FTC把广告定义为,旨在吸引公众注意某商品、服务、人员或机构的任何行为、方法或计划。除了较常见的产品与服务广告之外,优惠券、比赛、免费赠品、奖品甚至产品商标都属于这个定义。[③]

此外,按照美国的法律,任何监管广告的法律法规对各种媒体广告均具有同等约束力,不因为广告媒介形式不同而有所差别,对互联网广告的法律限制与其他广告形式相同。FTC享有制止不正当竞争、保护消费者的广泛权力,也是美国最具权威的综合广告管理部门,具体负责互联网广告的法律指导与执行,它通过法案、消费者投诉、判例等因素来判断广告是否违法。

---

① 涂昌波:《广播电视法律制度概论》(第二版),北京,中国传媒大学出版社,2011年2月版,第195页。

② 薛敏芝:《美国新媒体广告规制研究》,《上海师范大学学报》(哲学社会科学版)2013年第3期。

③ 〔美〕唐·R.彭伯:《大众传媒法》(第十三版),张金玺、赵刚译,北京,中国人民大学出版社,2005年7月版,第528页。

1995 年 5 月,FTC 建立了官方网站,网站标识部分除了老鹰与天平秤的图案外,赫然写着:FTC——保护美国消费者。1996 年,FTC 首次召开了网络个人隐私保护的专题会议,就对消费者隐私的网络保护问题,邀请有关企业展开讨论。1998 年,建立了"消费者前哨"(Consumer Sentinel)网站,该网站最初只是呈现美国和加拿大消费者的投诉,目前已涉及全球范围,并且就网络欺诈、网络直销等消费者所遭遇的各种问题给予法律的指导和应对策略。

FTC 的广告司具体负责美国的广告管理。对于广告是否具有欺诈性或者是否不公平,他们主要从三个方面进行考察:具体、公平和欺诈。第一,广告应当具体化。一则广告是否具体,主要看广告主在广告发布前是否有充分的理由。第二,广告不应当是不公平的,确定一则广告是否公平,主要考虑三点,即广告行为是否损害了消费者利益,是否违反了公共政策以及是否违背社会公德。第三,广告不应当具有欺诈性。一看是否有误导消费者的表述、遗漏或者行为;二看该表述、遗漏或者行为在当时是否能够误导一个有理性的消费者。[①]

为了应对日益增多的违法网络广告,1998 年 5 月,FTC 向社会公开征求意见,以决定如何将其原先的规定运用到网络广告上。1999 年 5 月,FTC在收到的书面意见和建议的基础上发布了《互联网广告标准》。新的标准一方面坚持认为,广告法的基本原则适用于网络广告,另一方面又明确提出了网络广告的新标准,即广告内容的表述应该清楚明白。首先,判断一则广告是否清楚明白,应当从整体上来考虑,也就是说看消费者在整个广告语境中怎样感受和理解这则广告,或者说消费者对这个广告的主张是否真实和实在。其次还需要考虑以下六个方面的因素:一是该广告的位置与其所修饰的主张的接近程度;二是该广告是否显眼;三是该广告其他部分的内容能否转移人们的注意力;四是广告是否太长,以至需要重复出现;五是如果该广告以语音形式表达,音量是否够大,时间是否够长;六是该广告的语音是否可以解释广告形象。[②] 2000 年,FTC 编制的《互联网广告和营销规制手册》(Advertising and Marketing on the Internet：Rules of the Road)中所有消费者保护指导原则全部适用于互联网上的广告与销售。为了防止广告成为误导性广告,文件重点强调了网络广告中必须披露的内容。大约一年以后,

---

①　郭卫华、金朝武、王静、等:《网络中的法律问题及其对策》,北京,法律出版社,2001 年 1 月版,第 387 - 388 页。

②　郭卫华、金朝武、王静、等:《网络中的法律问题及其对策》,北京,法律出版社,2001 年 1 月版,第 389 - 390 页。

该委员会发布另一份文件提醒互联网零售商：与传统的砖块与水泥销售商一样，他们也要遵守广告真实性的要求。[①]

《互联网广告和营销规制手册》还突出强调了对消费者隐私的保护，明确指出，广告主在进行网络营销时要注意保护消费者的隐私。FTC极力鼓励企业信守网络信息发布的四原则：公告消费者企业信息管理的条例；企业要提供消费者个人信息如何被使用的选择；告诉消费者，他们的个人信息是如何被收集的；企业要确保所收集的消费者信息的安全。

1) 对比较广告的监督

比较广告成为一种新的广告动态。比较广告又称对比广告，是指以明示或暗示的方式将自己的商品与竞争对手及其商品进行对比的广告。依照美国的判例，比较广告必须遵守一项基本的原则，即真实而不引人误解的标准(the truthful and non-misleading standard)。该标准要求，比较广告不仅要完全真实和精确，而且不得产生混淆、欺骗或者误导。这一标准带来的后果是，它允许在比较广告中无需经所有人同意而使用其商标。广告者还可以在比较广告中使用竞争商品的图像。[②]

FTC《关于比较广告的政策声明》(1979年8月13日)比较系统地归纳了其比较广告政策，并对比较广告做出了以下界定："在本政策宣言中，比较广告的定义是：对可选的品牌客观上可衡量的特性或者价格进行对比，并根据其指名道姓、描述或者其他区别性信息可以识别出其他品牌的广告。"总体来说，比较广告是利用各种媒介对所宣传的产品或服务同其他产品或服务进行比较的广告，是指任何明确或者含蓄地提及竞争者或者竞争者商品或服务的广告，是以客观可测量的属性或者价格来比较可供选择的品牌，并通过名称、示例和其他特殊信息确认做选择品牌的广告。

该声明指出，在澄清比较基础的情况下，FTC支持进行品牌比较。真实和非欺骗性的比较广告，是消费者的重要信息来源，帮助其做出合理的购买决定。比较广告鼓励产品改进和革新，并可以降低市场价格。可以看出，美国对比较广告采取了宽容和鼓励的态度。

2010年，FTC发布《隐私报告》，就消费者、企业和政策制定者如何保护网络隐私提出一个设想：主要采取"不要跟踪我"的机制，将所有未经允许的信息跟踪技术的运用判定为违法。比如运用cokie，企业就能轻易获取用户

---

① 〔美〕唐·R. 彭伯：《大众传媒法》(第十三版)，张金玺、赵刚译，北京，中国人民大学出版社，2005年7月版，第528页。

② Steven A. Meyerowitz: *Markering, Sales & Advertising Law*, Gale Research Inc., pp. 6-7.

的信息。①

2）对虚假广告的监管

虚假广告是美国广告监管的重点。虚假广告主要是由《联邦贸易委员会法》第 5 条进行规制，FTC 规定，"广告的表述或由于未能透露有关信息而给理智的消费者造成错误印象的，这种错误印象又关系到所宣传的产品、服务实质性特点的，均属欺骗性广告"。无论是直接表述的，还是暗示的信息，广告发布者都要负责。②《联邦贸易委员会法》第 15 条的"虚假广告"是以"引人误解"（misleading）加以界定的。按照这种解释，即使是真实的表达，也可能引人误解。反过来说，有的广告即使是虚假的，但并不引人误解。比如，采用过分夸张的手法进行广告，由于牛皮吹得太大，谁也不会相信是真的，从而也就压根不会引人误解。可见，判断广告是否引人误解也绝非易事。美国学者考曼（Callmann）认为，广告是否引人误解的判断标准与商标是否近似或混淆的判断标准应是相同的，即①一般消费者施以普通注意原则；②整体观察及比较主要部分原则；③异时异地隔离观察原则。③

在美国，法院在决定一则广告是否引人误解时，采取两步走的方法：首先，原告必须证明被告在广告中向一般消费者事实上传递了哪些信息或者广告内容。其次，原告必须证明这些信息或者内容可能误导诸如此类的消费者。④ 在第一步中，法院所区分出的广告是虚假广告还是可能引人误解。如果从其表面事实或者外观上来判断广告是虚假的，就无需确定一般消费者是否受骗，如果广告在表面上看不出虚假或者看不清楚，原告必须证明消费者是如何受骗的。最为典型的方法是，原告采取市场调查或者消费者问卷的方式，收取证据。在第二步中，原告提供广告虚假或者引人误解的证据。根据广告内容的不同，有时还有必要提供专家证言。对为数众多的消费者进行调查，甚至要求达 20％的消费者，常常是证明误导行为所必需的。⑤ 其中是否存在举证责任倒置的问题，因法院的不同而不同。有的法院认为，在

---

① 薛敏芝：《美国新媒体广告规制研究》，《上海师范大学学报》（哲学社会科学版）2013 年第 3 期。

② 雷琼芳：《加强我国网络广告监管的立法思考——以美国网络广告法律规制为借鉴》，《湖北社会科学》2010 年第 10 期。

③ 王贵国：《国际 IT 法律问题研究》，北京，中国方正出版社，2003 年 1 月版，第 237 页。

④ J. Thomas McCarthy, McCarthy on Trademarks and Unfair Competition, Section 27.07(2)(d)(1)(1996).

⑤ Jonson & Johnson-merck Consumer Pharmaceuticals Co. v. Rhone-poulenc Rorer Pharmaceuticals，Inc.，19F. 3d125，rd Cir.，1994.

被告故意欺骗或者有意行为时,证明无欺骗性的举证责任应转移给被告承担。[①]

《联邦贸易委员会法》第12条规定,任何个人、合伙人、公司传播或导致传播虚假广告,都是非法的。情形有三。

(1) 通过美国邮局,或在商业中通过各种方式直接或间接地引诱顾客购买食品、药品、设备或化妆品的虚假广告。

(2) 通过各种方式引诱或可能引诱顾客购买食品、药品、设备或化妆品的虚假广告。

(3) 传播或导致传播虚假广告,是不公平的或欺骗性的行为及惯例。

第13条第1款规定,无论何时,FTC确信个人、合伙人、公司从事于或将从事于传播或导致传播虚假广告时,FTC将指定其律师在美国区法院或准州法院提起诉讼,以要求停止传播或引导传播虚假广告。依据充足的证明,可在没有担保情形下发布暂时禁止令或限制令。

一旦FTC判定某一广告为欺骗性广告,那么它就会通知触犯者签署一条"同意法令"。如广告商同意停止虚假广告,则不会被定罪。触犯"同意法令"可能会导致触犯者每日10 000美元的罚款。如果广告商拒绝签署"同意法令",FTC可能会执行取消并终止广告的命令。同时,FTC可以向联邦地方法院提起诉讼。对广告商的诉讼由FTC的职员提出,委员会投票批准。行政法法官可举行类似于审判的听证会,以决定FTC的指控是否正当。[②] 广告商对此命令可以先向FTC申诉,继而向联邦法院上诉。不过,法院一般很难推翻联邦贸易委员会的判决。

FTC依据网络广告的管辖权开展对网络广告的管理。仅1996年至2000年间,该机构就对近300家企业提起了与互联网有关的司法诉讼。1996年4月2日,马萨诸塞州高等法院对一个妇女下发了临时性拘留令,原因是她通过互联网发布了艾滋病治疗方面的虚假广告,被告通过她的公司提供医药治疗方面的信息。广告中宣传有一种治疗方法可以在六个星期内治好艾滋病。被告将其广告投放在互联网上,标题是"六个星期内你会让HTV消失",广告包含让消费者获取信息的程序,价值是12美元。广告还以克拉克博士的名义宣传有关HTV的信息。同时还有一本关于这方面的书,需要支付额外的费用。书中用了九个段落赞扬克拉克博士对攻克艾滋

---

① Dennis Compbell, 1997: "Unfair Trade Practices", *Kluwer Law International*, p. 382.
② 〔美〕Kenneth C. Creech:《电子媒体的法律与管制》(第5版),王大为、于晗、李玲飞、等译,北京,人民邮电出版社,2009年5月版,第216页。

病毒做出的贡献。站点还给了一个号码,提供进一步的信息,但每分钟需收费 1.99 美元。马萨诸塞州的法官认为,被告对本州的消费者构成了不合法的和欺骗性的伤害,医疗专家认定广告的宣传是虚假不实的,法院判决禁止被告在任何媒体上再发布这类虚假不实的广告。

依据 FTC 的原则,有些广告虽然不具欺骗性,但也会被认定为不正当广告。1994 年,FTC 劝说国会通过了一项条例,从法律上将广告的"不正当"定义为:给消费者造成或有可能造成重大伤害,而消费者本人无法合理地避免这种伤害的行为。不正当广告意味着对消费者的伤害或对公共规则(例如其他政府法令)的违背。换句话说,不正当广告的产生是由于缺乏"安全的信息"或广告的其他一些外部特征。

3)对手机广告的监管

美国对手机广告的法律规制主要从保护消费者隐私的角度加以立法。1986 年颁布的《联邦电子通信隐私权法》将消费者隐私保护范围从传统通信方式扩大到移动电话、电子邮件、计算机资料传输及网络服务提供等。该法同时禁止任何人未经授权进入电子资料存储系统。电子系统服务商可查看储存的信息,但不可泄漏其内容。随着通信技术的发展,无线上网的日益普及,手机广告形态日益多样,相关法律法规也在不断完善。

4)对植入式广告的监管

由于新媒体技术的发展,植入式广告增长迅猛。植入式广告就是将广告植入影视节目之中,最早出现在 19 世纪末,不属于新的广告传播形态。但是随着新媒体技术的发展,植入式广告迎来了新的发展期。一方面,数字技术的发展能够让受众自由过滤电视播出的广告,而视频网站的兴起,使得受众能够通过网络观看视频而无需看广告;另一方面,新媒体的兴起,产生了大量广告植入媒介,包括游戏、社交网以及博客等,特别是游戏内置广告发展迅猛。艾瑞市场咨询的数据统计显示,美国 2012 年视频游戏内置广告市场规模达到 8.05 亿美元,较 2006 年的 5 500 万美元增长近 14 倍。游戏内置广告投入规模占视频游戏所有广告收入的比例也由 2006 年的 14.9%增长到 2012 年的 39.2%。数据显示,美国视频游戏内置广告市场呈持续增长的态势。[①]

随着植入式广告的增长,FTC 开始认识到对植入式广告进行监管的必要性。2009 年,FTC 对《广告推荐与见证使用指南》进行了首次修订,规定:凡是含有推荐性或建议性内容的媒介信息都应主动接受监管,媒体机构必

---

① 唐峰:《美国新媒体广告的传播生态及启示》,《新闻界》2013 年第 11 期。

须对媒介信息中会出现推荐性或建议性内容的原因,以及该信息与相关产品或服务供应商之间可能存在的"物质联系"进行披露。如果媒体机构未披露相关信息,FTC有权依法对其提起诉讼。同时,该指南扩展了媒介信息载体的范围,除了电视、报纸等传统媒体,还包括微博、网络游戏等网络环境下产生的新媒介载体。[①]

5)ISP的责任

对网络广告进行管理的难点之一是如何界定ISP的责任。在传统广告形式下,广告主要想打广告的话,需要自己设计或者委托专门的广告公司设计广告内容,然后在媒体上购买一定的范围或时段播放该广告。如果广告内容虚假,对消费者产生误导或者产生实际损害的话,由广告主和媒介所有人承担法律责任。而网络广告则不同,例如,某公司想打广告,它可能亲自设计一个页面或者委托其代理人来设计,然后通过ISP将该网页放到互联网上。如果广告内容虚假,对消费者产生误导或者产生实际损害的话,ISP是否也要承担法律责任呢?对此,美国学术界一直存有争议。

除了FTC之外,FCC负责网络广告许可证的发放,网站在做网络广告的时候,必须得到FCC的批准,同时许可证每年都要更新。

3. 网络广告行业的自我规制

美国的行业自我规制体系十分严密而有效,是新媒体广告规制体系的重要组成部分,行业协会等组织制定的自律规范和标准也是新媒体广告法律规制的补充。美国广告行业自律、管理的组织体系由两部分组成:

首先是行业协会,比如美国广播电视协会(NBA)、美国广告公司协会(4A)、美国广告联合会(AAF)、全国广告主协会(ANA)。这些行业协会通过制定行业规范、项目培训、召开会议来推动行业的发展。行业协会随着产业的发展、新产业链的出现而不断生成,比如随着网络广告发展,互动广告局(IAB)在1996年诞生,其会员由近400家媒体和科技公司组成,占美国在线广告销售额的86%,随着无线媒体的发展,2000年,无线广告协会(Wireless Advertising Association, WAA)成立。

其次是跨行业的非政府组织机构,其主要职能是广告审查、纠纷裁处。比如全国广告审查委员会(NARC),这是一个由商业促进局理事会(CBBB)、美国广告公司协会、美国广告联合会和全国广告主协会(ANA)共同成立的机构。该委员会下设全国广告分会(NAD)和全国广告审查理事

---

① http://china.findlaw.cn/info/jingjifa/guanggao/dongtai/1113162.html,访问日期,2014年6月25日。

会(NARB),负责对在全美范围内发布的产品与服务广告进行审查,受理个人、团体和组织对广告的投诉。美国广告非政府组织架构了一个纵横交错、多维度的广告自律体系。这一体系是美国广告规制系统中重要的组成部分。

1975年,美国广播协会制定了《美国电视广告规范》,细化了一般性准则、广告播映准则、广告准则、赠奖准则等6项准则。

第一,一般性准则。①对于广告客户的信誉,广告商品或服务内容的真实性,如有充分理由加以怀疑时,应拒绝接受播映。②对于广告的目的与精神,如有违背法律的嫌疑,应拒绝接受播映。③由广告客户赞助的节目,应标明其提供者。④对正常安全有影响的广告,应禁止播映。对于具有某种危险性可能的商品,禁止儿童参加其广告活动。⑤基于社会习俗,认为某项广告将为社会上大部分人士所反对的,应拒绝接受播映,必须对此项广告做适当的改进。⑥用蒸馏法酿造而成的烈酒,其广告不得接受。⑦对于啤酒及温和性酒类之广告,内容应力求高尚,制作应求审慎,不得表现饮酒的动态。⑧对于香烟广告,禁止播映。⑨对于训练、补习机构(学校或专班)广告,如暗示或夸大在参加课程讲习后可获得就业机会者,应拒绝接受。⑩对于邮购火器弹药之广告,禁止接受。其他有关户外运动等的火器弹药广告,必须先符合所适用之法规。⑪对于算命、测字、占星、摸骨、手相、测心、测性等广告,禁止接受。⑫有关痔疮药品及妇女卫生用品等,属于私人秘用的商品广告,必须从严要求,谨慎播映重视伦理道德及高雅格调,以免引起观众反感。不合规定者,拒绝播映。⑬对竞赛(赛马、赛狗等)或赌彩(彩券、抽奖等)作预测的,其广告一律不予接受。⑭私人或机关团体,就运动比赛所举办的合法猜谜,其广告应以公告方式播出。⑮销售多种商品的广告客户,不得在销售合格商品的广告中,同时连带销售另一种不合格的商品。⑯暗含有不良引诱用意的商品广告,应避免接受。⑰证言性质的广告,内容必须有真人真事为证。凡无法证实者,不予播映。

第二,广告播映准则。①广告措辞,应高雅有礼,避免使人厌恶拒听,广告的内容须力求与节目格调保持调和。②不得用欺骗、隐瞒的方式播映商品的内容,播映方最好能收集充分的资料,证明商品所做的示范或介绍,全属真实。③对于教会与宗教团体之节目,不宜收取电视时间费用。④广告中提及有关研究、调查或试验之结果,其内容必须真实,不应在播映时,以虚伪的方式给观众造成言过其实的印象。

第三,医药用品广告准则。①药品广告与观众的健康有关,应慎重对之。②医药广告中,不得使用"安全可靠""毫无危险""无副作用"等夸大医疗效用之词句。③医药广告如有令人厌恶的痛苦呻吟的表情、动作及声音者,应拒绝播映。

第四,赠奖准则。①对于广告客户的赠奖计划,电视协会应全部了解,并审查同意后,才可公开宣布举办此项赠奖活动。②赠奖的截止日期,应尽可能提早宣布。③赠奖之广告节目,参加者如需缴付现金,电视业应先调查该广告客户是否诚实可靠。如有观众提出不满的申诉,应促使广告客户退还其所缴付的参加费用。④对资金与奖品之描述介绍,应完全真实,不得夸大其价值。⑤广告客户应负责保证所赠予之奖品均属无害。⑥偏重迷信的赠奖活动,电视业不应接受举办。

第五,广告时间准则。①主要时间内,每60分钟的节目,其广告时间不得超过9分30秒。所谓主要时间,是指自每天下午6时起,至午夜止,由各电视台任选3小时30分钟,连续播出。主要时间内,如包含新闻节目30分钟,则这30分钟,可不列为主要时间,且另以30分钟作为补充。新闻节目的30分钟,可按非主要时间标准计算广告量。②其他时间(非主要时间),每60分钟的节目,其广告不得超过16分钟。③儿童节目时间不包括在主要广告时间之内,是以12岁以下儿童为对象的节目时间。在星期六及星期日,每60分钟的节目,其广告时间不得超过9分30秒。在星期一至星期五,每60分钟的节目,其广告时间不得超过12分钟。④广告之插播,是指在节目主体播映中所播出的广告。在主要时间,每30分钟节目内,广告插播不得超过2次,每60分钟的节目,广告插播不得超过4次;节目长度超出60分钟者,按比例每增加30分钟,可增加广告插播2次;综艺节目每60分钟可插播广告5次;在其他时间内,每30分钟的节目,其广告插播不得超出2次,每60分钟的节目,其广告插播不得超过4次;在儿童节目时间,每30分钟的节目,其广告插播不得超过2次,每60分钟的节目,其广告插播不得超过4次;不论是主要时间或其他时间,凡节目长度在15分钟以内者,其广告插播的限度为:5分钟的节目,限插播广告1次,10钟的节目,限插播广告2次,15分钟的节目,也限插播广告2次;新闻、气象、运动及特别重大事件的节目,由于性质可免除其遵守插播标准之义务。⑤在一次插播中,不得安排4则以上的广告连续播映。在两个节目之间,不得一次安排3则以上的广告连续播映。但节目如系独家提供,为减少插播次数,可不受上述广告则数的限制。⑥在两个节目之间的插播广告,播映时间不得超过70秒,此项广告不得与前一节目及后一节目的内容不协调。⑦在节目中,如必须对奖品及致赠者姓名做合理而有限的介绍,此项介绍可不计算在广告时间之内。⑧对于妇女服务节目及购物指南、时装表演、工作示范等节目,其内容难免含有若干广告性质。然而此为节目中必需的资料,可不计算在广告时间之内。⑨节目中的主持人或演员,除正常介绍节目外,不应顺口提及别种商品,或使观众在其言谈中,知道别种商品。⑩节目中的布景道具等,如有显示广告客户的名称,或商标或商品,只应偶然为之,以镜头略过为原则。不得作为主体出现,以免影响节目之趣味与娱乐性。⑪节目前后的两张提供卡,每张播报的时间,以不超过 10 秒钟为原则。若只有一个客户作独家提供者,亦可播映 10 秒钟。⑫前述的提供卡上,除广告客户之名称外,不得加入任何广告字句。

第六,独立电视台的广告时间准则。①独立电视台之广告业务范围,应包括对公众服务之公告,及为播映某一节目事先所做的介绍等在内。②在主要时间内,每 30 分钟的节目,其广告时间不得超过 7 分钟。每 60 分钟的节目,其广告时间不得超过 14 分钟。在其他时间内,每 30 分钟的节目,其广告时间不得超过 8 分钟。每 60 分钟的节目,其广告时间不得超过 16 分钟。③在两个节目之间,如不插播广告,每 30 分钟的节目中,可插播广告 4 次。每 60 分钟的节目中,限插播广告 7 次。每 120 分钟的节目,则以插播 13 次为限。如在两个节目之间插播广告,则上述各节目中的插播,应各减少 1 次,新闻、气象、运动及特别重大事件等节目,因形式不同,应属例外。④插播广告,一次不得安排 4 则以上的广告连续播出。但长度在 60 分钟以上的节目,为减少广告插播次数,可一次安排 7 则以内的广告连续播出。⑤现场实况转播之运动节目,不受上述插播次数之限制。

新的跨行业非政府机构随着产业发展而不断生成,比如电子零售业自律组(ERSP)。2004 年,电子零售企业协会(The Electronic Retailing Association, ERA)委托 NARC 在其内部设立了一个电子零售业自律组,资金由 ERA 提供。这个小组接受全国广告审查理事会的指导,但其日常运行是独立的。ERSP 的职能是快速、有效地调查和评估电子载体中直接反应式广告的真实性和准确性。除了审查"商品信息电视广告节目",ERSP 还审查广播广告、网络广告、垃圾邮件广告以及电视台购物频道的广告等电子媒介广告。如果经过一系列审查程序后,发现广告有问题,ERSP 会要求广告主停播广告,如不服从,则会交给 FTC 处理,ERA 也将以除名的方式来支持 ERSP 的处理决定。

美国广告行业自律组织纵横交错,形成了一个复杂的体系,成为美国广告规制系统中重要的组成部分。行业自律组织通过快速、有效地接收和处理消费者和业界竞争者的投诉,赢得了行业与社会的认同,从而有效地提升了社会监督的参与度。政府部门则为广告行业规制的有效运行提供制度保证，并对一些自律组织无法有效处理的问题进行司法解决，向行业自律组织提供实质性支持。如此，行业自律、政府管理和社会监督三方的分工、协调、合作，保证了美国广告规制在新媒体生态中的良好运作，同时也重新确立了各自的功能和地位。

行业规制内容主要是行业协会制定的行业标准和规范。新媒体广告产业生态涉及的各细分环节链，都可能制定相关的行业标准和原则，前者主要涉及行业运作的技术标准，后者则涉及行业规范的道德标准。

比如互动广告局制定的《广告尺寸和广告标准》《富媒体创意指南》《数据的使用与控制》《数字视频指南》《数字平台概述》《游戏指南》《互动电视指南》《效果评估指南》《移动广告效果评估指南》等一系列规范，是指导互动广告行业业务的各种技术标准。

由美国广告代理商协会、全国广告主协会、美国商业促进局、直销协会和互动广告局联合发布的《线上行为广告的自律原则》(Self-Regulatory Principles for Online Behavioral Advertising)，不是纯粹的业务标准，而是涉及行业的道德规范。所涉议题是 2009 年 2 月由 FTC 从公共教育和行业问责的角度向各广告行业协会提出的。该自律规则具有跨行业性，参与发布的五个行业协会都对广告业的发展具有引领作用。线上行为广告是通过计算机或终端设备收集网页浏览行为的数据，把这些数据提供给非网络联盟成员使用，其通过对这些数据的分析，得出网页浏览者的兴趣、爱好，然后再把相应的广告投放给这些网络用户。这类广告被称为"线上行为广告"。根据所发布的《线上行为广告的自律原则》，自律原则涉及七个方面，这些规则的制定体现了保护消费者与用户友善的理念，具体如下。

（1）教育原则。这一原则要求相关公司为消费者提供关于行为广告的教育。要求公司建立一个关于行业发展状况的网站，提供各种资讯，使消费者了解行为广告，并能做出选择。

（2）透明原则。这一原则要求相关公司必须建立披露和告知消费者自身行为信息的机制，让消费者了解与线上行为广告相关的数据收集和使用政策。

（3）消费者控制原则。这一原则要求相关公司提供一个机制，网络用户当知道其信息会用于线上行为广告时，用户可以选择自己的信息是否被网站获取、使用并传给非网站联盟成员。

（4）数据安全原则。这一原则要求相关公司，对于收集到用于线上行为广告的数据要确保安全，数据保留要有期限。

（5）变化原则。这一原则要求相关公司在改变用于线上行为广告的数据收集和使用政策时要征得用户同意。

（6）敏感数据原则。对于用于线上行为广告的特定数据的收集和使用标准，要与普通数据收集和使用标准不同。对儿童数据的收集要求很高的保护标准，要参照《儿童网络隐私保护法》。同样，采集金融账户号码、社会保障号、医疗记录等必须征得本人同意。

（7）问责原则。这一原则意味着所有线上行为广告产业链各方，都要结合自身的情况，制定实施细则并把这些原则落到实处。[1]

从以上七条原则可以看出美国政府广告规制机构与行业协会联系的紧密性。作为独立于联邦贸易委员会的非政府组织，和作为美国最重要的广告规制政府机构，行业协会和联邦贸易委员会对行业的指导作用还是显而易见的。

第二节　垃圾邮件的管控

邮件是指经传递方式处理的文件。传统邮件传递顺序分收寄、分拣和封发、运输、投递四个环节。电子邮件，是用户或用户组之间通过计算机网络收发信息的服务，是网络用户之间快速、简便、可靠且成本低廉的现代通信手段，也是互联网上使用广泛、受欢迎的服务之一。[2]

电子邮件的出现实际上在时间上要早于互联网。电子邮件的前身是1961年由麻省理工学院研发出来的，当时的名字叫兼容分时系统（CTSS）。兼容分时系统可以让IBM主机计算机的用户在同一个系统内给其他用户留言，也同样可以使远程终端的用户访问主机计算机。1972年，电气工程师雷·汤姆林森（Ray Tomlinson）写出了文件传输协议（FTP），后来发展成POP电子邮件标准。[3]

在21世纪，电子邮件已经非常广泛地应用于人们日常生活的各个方面。据2010年统计，全球总共有18.8亿个电子邮件用户，共发送107万亿封邮件。很多电子邮件只含有文字，但图像、照片和其他多媒体文件也能被包含在信息里，成为附件。电子邮件具有惊人的传递速度，一般只需几秒钟就可以抵达目的地——当然这也取决于附件大小等其他因素——这就使得

---

① 薛敏芝：《美国新媒体广告规制研究》，《上海师范大学学报》（哲学社会科学版）2013年第3期。

② 戴伟辉：《网络内容管理与情报分析》，北京，商务印书馆，2009年1月版，第43页。

③ J. Charles Sterin, Tamka Winston, 2011: *Mass Media Revolution*, Pearson, p. 199.

传统邮政信件的传递被称为"蜗牛邮件"(Snailmail)。[1]

电子邮件可以是一对一的沟通,也可以是一对多的传输,同一条信息可以被发送到一组人那里去。[2] 各种不同类型的邮件列表让人们可以免费接收和提供对于某个问题的最新、专业性的信息。

随着短信的出现,通过数字文本进行的通信交流又再次有了飞跃。短信,也被称为 SMS(短消息服务),就是通过掌上便携式数码设备如手机和个人掌上电脑来传输信息。1992 年,世界上第一条短信在英国沃达丰的网络上通过电脑向手机发送成功,从而宣布手机短信诞生,此后便开始了爆炸式、指数级别的增长。2000 年,全球范围内发送短信 200 亿条;2005 年,增长到 5 000 亿条;2009 年底,达到 1.6 万亿条;2013 年,全球短信发送更是10.3 万亿条。

电子邮件和短信也可以被用于大众营销。人们在享受便捷即时的电子通信服务的同时,也饱受垃圾电子邮件和垃圾短信的干扰。几乎所有网民和手机用户都有收到过未经请求的大量电子邮件和短信的经历,这些未经请求的电子邮件和短信,已经让网民和手机用户不堪其扰而极度反感。

1. 垃圾邮件的界定

"垃圾邮件"一词英文为"spam",与美国颇受欢迎的午餐肉罐头品牌同名,缘于一出电视剧中的"搞笑"情节:餐馆内,每道菜都佐以午餐肉,且侍者献歌一首,歌词重复"斯帕姆"(spam)。"斯帕姆"指代"垃圾",寓意是"某种再三重复,以至令人生厌之事"。一般来说,凡是未经用户许可就强行发送到用户邮箱中的任何电子邮件都是"垃圾邮件",包括主动提供的迅速增长财富的方案、特效治疗法以及对其他商品的介绍,这些东西塞满了电子邮箱,而且要删除它们非常费时。[3] 这些垃圾电子邮件对于接受者来说可能是不合适的,因为它们可能带有某些链接,导向色情的或是骗人的内容。电子邮件账户也可能因为这些不请自来的邮件而被挤爆。[4] 电子邮件还可以被恶意地用来发送病毒程序,干扰电脑的正常运行。[5]

① 〔英〕鲍勃·富兰克林、等:《新闻学关键概念》,诸葛蔚东、等译,北京,北京大学出版社,2008年1月版,第90页。

② Randy Reddick and Elliot King, 2001:*The Online Journalist:Using the Internet and Other Electronic Resources*, 3rd ed.,Harcourt Brace and Company, p. 24.

③ Joseph R. Dominick, 2004:*The Dynamics of Mass Communication:Media in the Digital Age*, McGraw-Hill, p. 307.

④ Jason Whittaker, 2000:*Producing for the Web*, Routledge, p. 20.

⑤ Randy Reddick and Elliot King, 2001:*The Online Journalist:Using the Internet and Other Electronic Resources*, 3rd ed. Harcourt Brace and Company, p. 75.

从 1995 年起,美国关于垃圾邮件的发送与拒收、言论自由、隐私权保护与侵权的相关争议不断,并产生了许多案例。美国学者查尔斯·史蒂夫(Charles Steve)把垃圾邮件分为两种:一种是故意发送不必要的信息到别人那里,只是为了占满别人的屏幕空间,让其他的上网者受到废话干扰;另一种则被称为"恶毒的垃圾邮件",它的主要形式是对现实生活中的性骚扰的虚拟模仿,其影响当然是十分恶劣的。[①]

2003 年,《反垃圾邮件法》规定电子垃圾邮件是:有目的地隐藏邮件来源;有目的地在邮件标题中包含误导信息以诱导接受者查看信息;不诚实地提供拒收和推送机制;向多个对象发送;强行投递。简单地说,"不请自来"和"大宗"是垃圾邮件在行为上的特征。[②]

电子垃圾邮件的来源主要包含以下六个方面。

第一是匿名转发服务器。匿名转发是邮件服务器具备的功能,且此功能不需要验证发件人的身份。使用匿名转发功能的邮件服务器会接受来自第三方的所有邮件转发请求,垃圾邮件制造者利用此功能可以隐藏真实身份,大量发送垃圾邮件。

第二是匿名代理服务器。许多机构需要为内网用户建立代理服务器,以便其接入互联网。匿名代理是指无需任何身份认证,允许外部用户访问代理服务器。垃圾邮件制造者可利用匿名代理服务器大量发送垃圾邮件,并且可以隐匿邮件的真实来源。

第三是一次性账户。一次性账户是指被垃圾邮件制造者盗用的或非法注册的电子邮件账户。这些账户被垃圾邮件制造者用来发送大量的垃圾邮件,一旦被发现时垃圾邮件制造者便丢弃这些账户。非法注册的账户多是由注册软件自动注册的。

第四是僵尸主机。垃圾邮件制造者控制大量的僵尸主机,组成庞大的僵尸网络,大规模地发送垃圾邮件。僵尸主机的产生途径包括欺骗用户安装恶意软件;利用程序和操作系统的安全漏洞安装恶意软件。

第五是非许可的商业邮件列表。垃圾邮件制造者在非授权的情况下使用用户列表(数据库内的数据),发送带有商业目的的营销类电子邮件。

第六是邮件群发软件。邮件群发软件是一款可以自动收集邮箱地址,自动发送邮件的群发软件,是一款集搜索及发送于一体的邮件发送工具。

[①]　杨伯溆:《因特网与社会:论网络对当代西方社会及国际传播的影响》,武汉,华中科技大学出版社,2003 年,第 191 页。

[②]　张平:《网络法律评论》(第 4 卷),北京,北京大学出版社,2007 年 1 月版,第 41 页。

垃圾邮件具有强制性、欺骗性、不健康性和传播速度快等特点,它严重干扰和侵犯了公民个人的正常生活,浪费了用户的时间、精力和金钱,也威胁到网络的安全、人们对网络的信任以及公民的隐私权。

对垃圾邮件进行管控是互联网治理中的难点之一。皮尤互联网和美国生活项目发布的报告显示,网民们接受的垃圾邮件数量仍在增长,而且网民对此已经开始"适应",大有"见怪不怪"的态势。另外英国网络安全公司Sophos 数据显示,2007 年第三季度,美国仍然是全球最大的垃圾邮件发源地。美国反通信滥用组(MAWC)发布首次垃圾邮件评估报告称,80%的网络通信被垃圾邮件占据。反垃圾邮件仍然任重道远。

有人对垃圾邮件的危害做了总结,主要有以下五个方面:

一是占用网络带宽,造成邮件服务器拥堵,进而降低整个网络的运行效率。二是侵犯收件人的隐私权,侵占收件人信箱空间,耗费收件人的时间、精力和金钱。有的垃圾邮件还盗用他人的电子邮件地址作为发信地址,严重损害了他人的信誉。三是被黑客利用成助纣为虐的工具,如在 2000 年 2 月,黑客攻击雅虎等五大热门网站就是一个例子——黑客先是侵入并控制了一些高带宽的网站,集中众多服务器的带宽能力,然后用数以亿万计的垃圾邮件猛烈袭击目标,造成被攻击网站网络堵塞,最终瘫痪。四是严重影响 ISP 的服务形象,在国际上,频繁转发垃圾邮件的主机会被上级国际互联网服务提供商列入国际垃圾邮件数据库,从而导致该主机不能访问国外的许多网络。而且收到垃圾邮件的用户会因为 ISP 没有建立完善的垃圾邮件过滤机制,而转向其他 ISP。一项调查表明:ISP 每争取一个用户要花费 75 美元,但是每年因垃圾邮件要失去 7.2%的用户。五是妖言惑众,骗人钱财,传播色情等内容的垃圾邮件,已经对现实社会造成了危害。

利益驱动和技术漏洞是垃圾邮件泛滥的主要原因。如今,垃圾邮件已经"发展壮大"成世界公敌,电子邮件的副产品让全球网民不胜其扰。到 2009 年,全球垃圾邮件的数量已经上涨了 9 倍,并占据全部邮件总量的 86%。以前,垃圾邮件主要通过互联网用户的邮箱来发送。但在目前,垃圾邮件制造者越来越多的将目标转向推特和脸书等社交网络,黑客可通过盗用这些网络用户的密码发送垃圾邮件。美国是互联网的发源地,也是垃圾邮件的重灾区。据反病毒公司 Sophos 发布的安全报告,2014 年美国仍然是世界上最大的垃圾邮件制造国。

在形形色色的垃圾邮件中,广告类垃圾邮件、病毒类垃圾邮件和色情暴力类垃圾邮件是最主要的三类垃圾邮件。

垃圾邮件泛滥已经成为最令互联网用户头疼的问题。这种"不请自来"的邮件在网络上严重违反了"网络礼节"。而发送垃圾邮件的人认为,他们是在行使言论自由的权利;但是多数收件人则认为,垃圾邮件是冒犯性的,甚至是对他们财产权的侵犯。困难在于如何裁决这一冲突,如何决定哪种权利应该优先。[①]

与垃圾邮件相似的是手机垃圾短信。随着手机的普及,手机也成为垃圾广告侵害的目标。垃圾短信是指手机用户被动接受的由行为人或网络平台向其发送的,干扰他们正常生活的各种短信息。垃圾短信不仅仅是文字形式的信息,现在的智能手机的功能相当于一个小型的移动互联网,许多垃圾短信往往以图文并茂、声音图像等形式发送给智能手机用户。垃圾短信一般采用群发的方式,使用短信群发器或群发软件等工具,可以在短时间内向大量用户发送成千上万条不良信息。和垃圾邮件一样,垃圾短信有两个特征:一是不请自来;二是不能拒收。垃圾短信未经用户同意,被强行发送到用户手机上,虽然不会形成直接的利益侵犯,但是往往会侵犯他人隐私权、名誉权等合法权利。[②]

在美国,手机运营商向广告商出售手机号码是非法的;手机运营商也有权封杀发送垃圾信息的广告主。手机运营商和广告商采取的一种方案是,如果同意接受广告,他们将减少用户的手机费。[③] 尽管如此,垃圾短信仍然成为困扰手机用户的一个严重问题。调查表明,至少10%的美国手机用户曾经收到过垃圾短信。由于短信泛滥成灾,美国对商业短信的发送采取"自由选择"的政策,除非用户明确表示接受这类短信的意愿,否则不会收到。为防止某些公司忽视这一政策,美国移动成立了移动营销协会,负责制定行为准则,对违规行为进行监督和约束,以把人们受垃圾短信骚扰的程度降到最低。美国对非正常短信的监管是要求手机用户注册拒收垃圾信息,这一政策是 FCC 于 2004 年提出的,其依据是 2003 年美国《美国反垃圾邮件法》。该法案规定,所有商业性电子邮件的发送者都必须提供有效的回复地址以及用户拒收方式,使用虚假身份、虚假回复地址或欺骗标题等发送垃圾邮件都属于违法行为。[④]

---

① 〔美〕理查德·斯皮内洛:《铁笼,还是乌托邦——网络空间的道德与法律》,李伦、等译,北京,北京大学出版社,2007 年 2 月版,第 14 页。

② 宫承波、刘姝、李文贤:《新媒体失范与规制论》,北京,中国广播电视出版社,2010 年 1 月版,第 252 页。

③ 匡文波:《手机媒体概论》(第二版),北京,中国人民大学出版社,2012 年 2 月版,第 166 页。

④ 宫承波、刘姝、李文贤:《新媒体失范与规制论》,北京,中国广播电视出版社,2010 年 1 月版,第 35 页。

2. 垃圾邮件的管控

美国对"垃圾邮件"的治理借鉴了治理"垃圾传真"的一些做法。当传真普及的时候,治理"垃圾传真"很快成了联邦和各州立法的主题。1991年出台的《联邦电话消费者保护法》(TCPA),明确禁止通过传真发送不请自来的广告,理由是,这些广告将广告的成本(特别是用来打印广告的纸张和墨盒)转嫁给了消费者。但是,反对者则认为,接收电子邮件的成本微乎其微,因为美国的大多数电子邮件账户不是按照上网时间而是按月收费的。电子垃圾邮件和纸质垃圾邮件的主要区别在于,发送电子垃圾邮件的成本极其低廉,每一封纸质垃圾邮件都需要纸张、印刷和邮资。但是,通过数字方式发送电子垃圾邮件的成本几乎为零。有些专事垃圾邮件广告的直销商只向客户收取400美元就可以发出几百万封邮件。[1]

支持立法治理垃圾邮件的一方则认为,虽然接收电子邮件的经济成本微不足道,但也并非是没有成本。事实上,垃圾邮件的成本转移到了其他地方。第一是垃圾邮件带来的对计算机资源的消耗。这包括对网络宽带的浪费和系统资源的消耗,如硬盘存储空间和传输过程中使用的服务器、网络等。由于垃圾邮件真正的费用没有被它的"生产者"内化,过度生产垃圾邮件将导致分配效率特别是社会经济资源分配效率的低下。[2]

第二,消费者为此还付出了时间成本。收到垃圾邮件的用户不得不花费时间和精力去阅读和删除它们。假如一家推销商发送出去600万封垃圾邮件,而每删除一封垃圾邮件花费6秒钟,那么,删除这些垃圾邮件就需要1万人每人一小时的时间。据Nucleus研究公司的报告,2004年垃圾邮件造成了大公司每个员工2 000美元的生产力损失。一些美国大公司的员工说,他们每天花费15分钟的时间过滤垃圾邮件,每天平均收到29封不请自来的邮件,而在2003年,处理垃圾邮件的时间是每天7分钟。[3]

第三,增加了费用和成本,许多用户需要支付接收、阅读、删除垃圾邮件的上网费用或者支付使用硬盘空间的费用。[4] 另外,垃圾邮件还带来了影响接收人的身心健康,侵犯人权,动摇人们对互联网的信心等问题。

对于电子邮件广告的法律规制主要有两种模式:"选择加入"和"选择退

---

[1] 〔美〕理查德·斯皮内洛:《铁笼,还是乌托邦——网络空间的道德与法律》,李伦、等译,北京,北京大学出版社,2007年2月版,第71页。

[2] 〔美〕理查德·斯皮内洛:《铁笼,还是乌托邦——网络空间的道德与法律》,李伦、等译,北京,北京大学出版社,2007年2月版,第36页。

[3] 张小罗:《论网络媒体之政府管制》,北京,知识产权出版社,2009年1月版,第41页。

[4] 〔美〕理查德·斯皮内洛:《铁笼,还是乌托邦——网络空间的道德与法律》,李伦、等译,北京,北京大学出版社,2007年2月版,第71页。

出"。"选择加入",则发送者在发送邮件前必须事先取得接收者的同意,才能发送邮件;"选择退出"则接收者须向发送者申明退出后才不再接收邮件。对于治理垃圾邮件,美国采用的是"选择退出"的规制模式。

为了保护公民的权利和作为消费者的利益,1997 年 7 月,内华达州率先对电子邮件进行立法,对滥发电子邮件的行为进行监管;1997 年春,康涅狄格州通过《消费者隐私权法》,其中对采用电子邮件形式散发的广告进行了限制。1997 年、1998 年,美国联邦政府先后颁布了《电子邮箱保护法》《电子邮件使用者保护法》。自 20 世纪 90 年代后期开始,美国参众两院先后提出了《网民保护法》(1999 年)、《反垃圾邮件法》(2001 年)和《未经请求的商业电子邮件法》(2001 年)等多项法案。这些法案虽然尚未获得两院一致通过而生效,但它显示出美国国会对垃圾邮件的态度,并提出了解决问题的方法和思路。2003 年 12 月 16 日美国国会通过《反垃圾邮件法》,进一步加大了对垃圾邮件的规制力度。该法要求企业或广告商必须保证用户有随时退订电子邮件广告的自由;邮件中应包含稳定的邮件回复地址、拒收邮件的链接等。

《电话消费者保护法修正案》①**(1997 年)**

该法原本规定广告从业者不可以通过电话或者传真从事行销活动。该修正案提议扩大适用范围,将网络传输电子邮件也纳入规范,规定除了寄件人与收信人本来就有商务往来或私人关系外,一律禁止以电子邮件发送广告信件。

《电子邮箱保护法》②**(1997 年)**

该法案的指导思想是:促进电子商务和通信,保护消费者和网络服务提供商免受垃圾邮件的困扰,规定发信者必须提供正确的信头信息(来源、主题等),并强制其提供给消费者拒收信件的选择。法案禁止各种可能妨害电子信箱正常通信功能和损害电子信箱使用者正当权利的行为。法案还规定了电子邮箱侵权者的民事赔偿责任。

该法对发送未经请求的电子邮件行为进行制裁。该法第 3 条(a)款列举了九种滥用行为,违反这些行为者可处以不超过 5 000 美元的罚金。例如:①使用未注册或虚假的域名或电子邮件地址,传输未经请求的电子邮件,并在接收人电子邮件系统中使用标准应对机制,防止对这种信息做出回应;②使用计算机程序或其他技术工具或程序屏蔽未经请求的电子邮件信

---

① Telephone Consumer Protection Act of 1997.

② the Electronic Mailbox Protection Act of 1997.

息源,以防止邮件信息传达给指定的接受者。联邦贸易法委员会有权根据 (a)条款提起民事诉讼。如果某人的交互计算机服务或电子邮箱被故意误用或侵入,或者停止接收电子邮件信息的请求被置之不理,当事人也可以提起民事诉讼,要求从事这种违反本法第 3 条行为的人或组织赔偿适当的损失。① 该法案于 1998 年被修改。

《反垃圾邮件修正法草案》②(1998 年)

1998 年 5 月 12 日,美参议院通过了《反垃圾邮件修正法草案》,规定电子邮件信息来源及主题信息必须正确,而且提供真实的联络渠道,同时还赋予 FTC 或州政府执行该法律的权力。该草案在众议院没有通过,因此不具有法律效力。

《未经请求的商业电子邮件法》③(2001 年)

法案规定,在使用者要求下,ISP 应为其过滤广告邮件,且就 FTC 与使用者对电子广告邮件的申诉予以回应。而发信者也必须在电子邮件的主题部分贴上"广告"的标签,以方便过滤软件的运作。法案是对美国法典第 18 卷第 1030 条做出的修改,增加了故意向美国受保护的计算机传输任何未经请求的电子邮件信息应当承担刑事责任的规定。该法并没有完全禁止传输未经请求的商业性电子邮件,只是做出具体要求:①在商业电子邮件中包括回复地址;②在遭反对后,禁止传输未经请求的商业电子邮件;③在未经请求的商业电子邮件中包括标识和退出键(OPT-OUT)。该法还赋予 ASP 关于未经请求的电子邮件政策以一定法律效力,凡是违背 ASP 政策向美国境内其他人传输未经请求的商业电子邮件信息均为非法。但该法对 ASP 给予特殊的保护:首先接入服务提供商出于善意屏蔽非经请求的商业电子邮件信息,不承担民事或刑事的责任;其次仅提供传输、再传输或转播违反规定的未经请求的商业电子邮件信息的接入服务提供商也不承担责任。④

《反垃圾邮件法》⑤(2003 年)

2003 年 1 月 7 日,美国国会全票通过《反垃圾邮件法》。该法明确宣布,令人头疼的垃圾邮件是违法的。法案规定,所有商业性电子邮件发送者都必须提供有效的回复地址以及用户拒收方式,使用虚假身份、虚假回复地址

---

① 高富平:《网络对社会的挑战与立法政策选择:电子商务法研究报告》,北京,法律出版社,2004 年 1 月版,第 235 页。

② Anti-slamming Amendments Act of 1998.

③ the Unsolicited Commercial Electronic Mail Choice Act of 2001.

④ 高富平:《网络对社会的挑战与立法政策选择:电子商务法研究报告》,北京,法律出版社,2004 年 1 月版,第 236 页。

⑤ the Anti-Spamming Act of 2003.

或欺骗性标题发送垃圾邮件都属于违法行为,同时也禁止通过侵入他人计算机等方式大批量发送垃圾邮件。其第 5 条第(a)(3)项规定:"任何人向处于保护状态的计算机发送未包含明显的、功能正常的电子邮件回复地址或者其他互联网回复机制的商业电子邮件消息的行为均为违法行为。"如果违反上述规定,最多可能被判 5 年监禁和最高 600 万美元的罚金。法案还授权美国联邦贸易委员会对那些不想收到任何未经请求的电子邮件的互联网用户进行登记注册,建立"不要垃圾邮件"的用户清单。

《反垃圾邮件法》之所以能在 2003 年获得通过,与垃圾邮件的泛滥有关。据统计,2003 年,垃圾邮件在美国电子邮件中占的比例已经超过 50%,仅 2002 年就给美国企业在劳动生产率下降、通信宽带被占用等方面造成 90 亿美元损失,已极大地阻碍了美国信息化进程。可以说,《反垃圾邮件法》是美国信息化进程中的必然产物。

虽然有人认为《反垃圾邮件法》在对付垃圾邮件方面的态度还不够严格,如法案规定"不允许消费者个人直接起诉垃圾邮件发送者。只有互联网服务商或政府部门等才有权提起诉讼",但是作为政府对互联网进行调控的重要举措,该法案有效地控制了美国因垃圾邮件而导致的互联网流量浪费,对互联网的发展起到了规范和调控作用。[①]

3. 有关案例

案例一:"美国在线诉 Cyber Promotions 案"[②]

美国在线,是美国著名的互联网服务提供商。美国在线起诉 Cyber Promotions 公司向美国在线的注册用户发送短信。Cyber Promotions 公司则认为,美国在线阻断它向美国在线的注册用户发送短信的行为,是对言论自由的侵害,不符合《宪法第一修正案》的原则。美国宾夕法尼亚州东区法院最后判定美国在线胜诉。[③]

案例二:"CompuServe 诉 Cyber Promotions 案"[④]

在该案中,法院认为,因为 CompuServe 电子邮件的储存和处理能力是有限的,Cyber Promotions 所产生的多余邮件对 CompuServe 系统的运行有负面的影响。法院判定 Cyber Promotions 在接到要求其停止的通知之后仍然使用 CompuServe 资源发送垃圾邮件的做法构成了侵权,即对动产

---

① 张瑞:《美国历年互联网法案研究(1994—2006)》,《图书与情报》2008 年第 2 期。
② American Online v. Cyber Promotions, Inc., 948 F. Supp. 436, E. D. Pa., 1996.
③ 马特斯尔斯·W. 斯达切尔:《网络广告:互联网上的不正当竞争和商标》,孙秋宁译,北京,中国政法大学出版社,2004 年 1 月版,第 282-283 页。
④ CompuServe Inc. v. Cyber Promotions, Inc., 962 F. Supp. 1015, S. D. Ohio, 1997.

的侵入。法院认为,该动产对 CompuServe 的价值是该计算机系统为其注册用户提供服务的能力。因为调拨了系统资源用于阻止 Cyber Promotions 的垃圾邮件,其处理能力和储存空间也受到不良影响,因此 Cyber Promotions 就从 CompuServe 注册用户手中拿走了资源。而且,很多注册用户正是由于收到讨厌的垃圾邮件而终止了其账户,Cyber Promotions 对 CompuServe 计算机系统的侵入损害了 CompuServe 在顾客中享有的商业声誉和信誉,因此 Cyber Promotions 的行为是可以被起诉的。[①] 法官詹姆斯·格雷厄姆(James Graham)认为,这种乱发垃圾邮件的行为并不在宪法言论自由的保护范围之内,属于侵权行为,并颁布永久禁令,禁止 Cyber Promotions 寄广告信给 CompuServe 的用户,除非用户自由接收广告。

以上这两起案件都离不开主角桑福德·华莱士(Sanford Wallace),这位美国臭名昭著的"垃圾邮件大王"。20 世纪 90 年代后期,华莱士成立了一家名为 Cyber Promotions 的公司,主持开发了电子邮件快速发送软件,专门在未经收件人同意的情况下发送垃圾邮件,而且有时通过改变回邮地址盗用 ISP 的名义,其行径造成人们的极大反感。人们给他起了个"垃圾福"(Spamford)的绰号,而华莱士把"Spamford"注册为域名。

早在 1991 年,华莱士便想到垃圾传真这门生意。垃圾传真被禁止之后,他开始打起电子邮件的主意。20 世纪 90 年代,他就被 Bigfoot Partners 公司和 EarthLink Network 公司起诉。纽约联邦法院和加州洛杉矶高等法院分别做出要求华莱士清除垃圾邮件、书面道歉等判决。然而这仅仅是"垃圾福"职业生涯的开始。后来他入侵脸书大举散发垃圾邮件,被脸书告发,2009 年加州法院裁定华莱士赔偿 7.11 亿美元罚款;2008 年他被 MySpace 控告,被判赔偿 2.3 亿美元。

案例三:"英特尔公司诉哈米迪案"[②]

肯尼斯·哈米迪(Kenneth Hamidi)是英特尔公司的前员工,1996 年秋他被解雇后不久,开始给英特尔员工发送电子邮件,揭发英特尔公司不公平的现象。哈米迪声称公司存在严重的年龄歧视和残疾歧视,但英特尔公司坚决否认这一点。英特尔公司认为,他在 1996 年至 1998 年的两年多时间里给多达 2.9 万名员工各发送了五至六封电子邮件。在公司试图屏蔽这些邮件的努力失败后,1998 年 3 月,英特尔公司写信给哈米迪,要求他停止发

---

① 马特斯尔斯·W·斯达切尔:《网络广告:互联网上的不正当竞争和商标》,孙秋宁译,北京,中国政法大学出版社,2004 年 1 月版,第 283 - 284 页。

② Intel Corp. v. Hamidi, 30 Cal. 4th 1342,2003.

送这类邮件,但遭到拒绝。英特尔公司于是提起诉讼,申请禁令。英特尔公司认为,这些不请自来的垃圾邮件堵塞了公司的电子邮件网络,扰乱了公司雇员的心思,降低了公司雇员的工作效率,因为雇员花了不少时间阅读和删除哈米迪的邮件;同时公司也耗费了一定资源来屏蔽这些邮件,并花费了许多时间处理员工因哈米迪的邮件所产生的疑问。因此,这些邮件与侵犯英特尔公司的财产毫无二致。英特尔公司据此指控哈米迪犯侵犯动产罪。加利福尼亚地方法院一位法官签署永久禁令,禁止哈米迪向英特尔公司员工发送大批量邮件。法院认为,哈米迪的邮件是不受(无论联邦法还是州法)保护的言论。在美国公民自由联盟的支持下,哈米迪上诉至加利福尼亚最高法院。2002 年 4 月,最高法院决定审理此案。

哈米迪则要求驳回此前的判决,并声称他仅仅是根据美国《宪法第一修正案》在行使自己的合法权益。司法人士称,这一案件已经引起了商业、劳工以及人权机构的浓厚兴趣,因为哈米迪称他是在通过电子邮件与前同事进行交流,而英特尔是否有权禁止哈米迪的做法在法律上也许还是一个有待讨论的盲区。

2003 年 6 月 30 日,加州最高法院以 4:3 的投票结果,推翻了原来的判决,案件得以逆转。法官不支持英特尔的诉讼请求的原因是其无法证明自己的财产或是其他法律权利受到了损害。法庭拒绝将现实法律中的侵犯动产罪扩展到互联网。这是充满争议的一次判决。

2003 年《反垃圾邮件法》的出台,使得反垃圾邮件有了更加锐利的武器。一名北卡罗来纳州男子杰里米·杰恩斯(Jeremy Jaynes)因发送了至少一千万封垃圾邮件而被判处 9 年监禁;加州联邦法院法官命令洛杉矶 Optin Global 公司停止发送未经请求的电子邮件,称该公司发送的邮件没有给接受者提供拒收的方法,使得无法辨认邮件发送者。因而违反了联邦《反垃圾邮件法》。在自由罚外,美国法院也通过财产罚的形式规制垃圾邮件发送者,佛罗里达州一垃圾邮件发送者被罚 110 亿美元,因为被告发送了上千万封"不请自到"的垃圾邮件而妨害了基础网络服务商的运营。①

4. 技术控制

除了法律之外,通过技术手段对垃圾邮件进行过滤也同样重要。早在 2000 年,路易斯·冯·安(Luis von Ahn)就找到了一个阻止垃圾邮件的办法,即在注册过程中显示一些波浪状、辨识度低的字母。人能够在几秒钟内辨识并输入正确的文本信息,但电脑可能会被难倒。雅虎采用了这个办法

---

① 张平:《网络法律评论》(第 11 卷),北京,北京大学出版社,2010 年 1 月版,第 17 - 18 页。

以后,一夜之间就减轻了垃圾邮件带来的困扰。冯·安将他的这一创作称为验证码(全称为"全自动区分计算机和人类的图灵测试")。五年后,每天约有 2 亿个验证码被用户输入。[①]

从世界各地进入用户邮箱的垃圾邮件的数量如此之大,以至于催生了一个行业——销售过滤这些广告的程序。许多互联网服务提供商,例如康卡斯特和地球连线,也会过滤人们接受的邮件,以便阻止垃圾邮件的进入。[②]

当前的反垃圾邮件技术可以分为四大类:过滤(filter)、反向查询(reverse lookup)、挑战(challenges)和密码术(cryptography)。这些办法都可以在一定程度上解决垃圾邮件问题,但是都有局限性。

过滤是一种相对来说最简单且很直接的处理垃圾邮件的技术。这种技术主要用于接收系统(MUA,如 OUTLOOK EXPRESS 或者 MTA,如 sendmail)来辨别和处理垃圾邮件。从应用情况来看,这种技术也是使用最广泛的,比如很多邮件服务器上的反垃圾邮件插件、反垃圾邮件网关、客户端上的反垃圾邮件功能等,都采用的是过滤技术。

反向查询技术。从垃圾邮件的伪造角度来说,能够解决邮件的伪造问题,就可以避免大量垃圾邮件的产生。为了限制伪造发送者地址,一些系统要求验证发送者邮件地址,这类技术称为反向查询技术。

计算挑战(Computational Challenge,CC),如通过增加发送邮件的"费用"。多数 CC 系统使用复杂的算法来有意拖延邮件的发送时间。对于单个用户来说,这种拖延很难被察觉,但是对于发送大量邮件的垃圾邮件发送者来说,这就意味着要花费很多时间了。

密码术是指采用密码技术来验证邮件发送者的方案。从本质上来说,这些系统通过采用证书的方式来提供证明。没有适当的证书,伪造的邮件就很容易被识别出来。[③]

也许垃圾邮件最终会自动消失,因为它是如此令人深恶痛绝,而不是一种有效的广告手段。但是也要注意,网上许多更令人讨厌的广告,则是在线服务商自己制造的。[④] 这恐怕才是垃圾邮件屡禁不止的深层次原因。

---

① 〔英〕维克托·迈尔-舍恩伯格、肯尼思·库克耶:《大数据时代:生活、工作与思维的大变革》,盛杨燕、周涛译,杭州,浙江人民出版社,2013 年 1 月版,第 128－129 页。

② 〔美〕约瑟夫·塔洛:《今日传媒:大众传播学导论》(第三版),于海生译,北京,华夏出版社,2011 年 3 月版,第 602 页。

③ http://baike.baidu.com/view/1484964.htm? fr=aladdin#3_20,访问日期,2014 年 6 月 26 日。

④ 马特斯尔斯·W.斯达切尔:《网络广告:互联网上的不正当竞争和商标》,孙秋宁译,北京,中国政法大学出版社,2004 年 1 月版,第 284 页。

第八章　电子商务及其法律建构

英特尔前任总裁安迪·格鲁夫(Andy Grove)曾预言,"在未来五年内,要么你是一家互联网公司,要么你不是一家公司"。

互联网和其他通信技术的发展,使跨国、跨地域的贸易成本大大降低,商业前景广阔。今天,我们已经进入一个以互联网为媒介的电子商务时代。电子商务成为人类社会生产生活的一种基本形态。

美国是电子商务最发达的国家,开展最早,发展也最快。早在 2004 年和 2005 年,电子商务在美国就已经几乎覆盖了生产生活的各个方面,当时全球的商务网址有 90% 在美国,而全球的电子商务也约有 3/4 在美国进行。[①]

美国电子商务飞速发展,所带来的法律纠纷也多于其他国家。为了构建电子商务发展的法律体系,以促进和保障电子商务的健康发展,早在 20 世纪 90 年代中期,美国就开始了对于电子商务的立法准备工作。美国是一个联邦制国家,除了联邦法之外,各州在经济领域都有很大的自主立法权,美国的大多数州也都制定了电子商务法。为了避免各州之间的立法冲突,美国统一州法委员会和美国法学会制定了一部"示范法"——《统一商法典》(UCC)[②]。随着《统一商法典》在电子商务领域逐渐过时,美国统一州法委员会和美国法学会对《统一商法典》做了修订,并在其第 2 条 B 项的基础上形成了于 1999 年 7 月公布的《统一计算机信息交易法》(VCITA)。《统一计算机信息交易法》创设了一系列新的交易规则,这些新的交易模式和交易规则大多成为行业惯例,并且在全世界范围得以推广。可以说,在电子商务的立法方面,美国走在了最前面,代表了国际上电子立法的最高水平。

1989 年,劳伦斯·利莫尔(Larence Livermore)首次提出"电子商务"这

[①] 鞠海亭:《网络环境下的国际民事诉讼法律问题》,北京,法律出版社,2006 年 1 月版,第 183 页。

[②] 英文 Uniform Commercial Code,简称"UCC"。从 1942 年起,美国统一州法委员会和美国法学会着手起草《美国统一商法典》。该法典于 1952 年公布,其后曾经多次修订,现在使用的是 1998 年修订本。

一概念,这个表述把在电子网络上进行商业交易的技术、物质、人和过程融为一体。[①] 1999 年 12 月 14 日,在美国旧金山公布了由 301 位世界著名的互联网和 IT 业界专家学者制定的《世界上第一个互联网商务标准》,其中提出了电子商务的定义:电子商务是指利用任何信息和通信技术,进行任何形式的商务或管理运作,以及进行信息交换。[②]

电子商务有广义和狭义之分。广义上讲,电子商务就是通过电子手段进行的所有商业事务活动的总称。世界贸易组织的一份报告曾经列举了电子商务的六种媒介:电报、电话、电视、传真、电子支付和转账系统、电子数据交换和国际互联网。六种媒体各有特色,但互联网是最现代的媒体。狭义上讲,电子商务是指通过互联网在全球范围内进行的商务贸易活动,即互联网商务。互联网商务是一种新型的商务模式,其特点是:跨国境,多媒体,交易范围广泛,成本低。[③]

林达·M·埃普哥特(Lynda M. Applegate)[④]将电子商务做了分类。她把电子商务公司分为基础设施提供商、分销商和门户商三类。基础设施提供商,如著名的如 IBM、思科、AT&T 和微软公司等,主要提供服务器和物理网络,使电子商务成为可能。分销商主要在网上提供产品和服务,而门户商则充当网络的大门。分销商有四种基本的商业模式。

商家—顾客(B2C)模式,包括直销和零售商,如 Amazon. com 和 Staple. com。其特点,对用户而言是方便,对商家而言是低成本;只需一个网站便可服务全世界的顾客。

顾客—商家(C2B)模式,其典型代表是 Priceline。公司允许顾客对多种商品或服务出价,如飞机票和客房。

顾客—顾客(C2C)模式,最好的例子是 eBay。这家在线拍卖公司充当联络其他买家拍卖商品的中介。

商家—商家(B2B)模式,是指两家公司之间的电子商务,包括采购、仓储管理、销售和售后服务等。[⑤]

---

① 〔加〕大卫·约翰斯顿、森尼·汉达、查尔斯·摩根:《在线游戏规则——网络时代的 11 个法律问题》,张明澍译,北京,新华出版社,2000 年 1 月版,第 42 页。

② 戴伟辉:《网络内容管理与情报分析》,北京,商务印书馆,2009 年 1 月版,第 63 页。

③ 高富平:《网络对社会的挑战与立法政策选择:电子商务法研究报告》,北京,法律出版社,2004 年 1 月版,第 9 - 10 页。

④ 林达·M. 埃普哥特(Lynda M. Applegate),哈佛商学院工商管理专业的教授,企业家管理系主任。

⑤ 〔美〕理查德·斯皮内洛:《铁笼,还是乌托邦——网络空间的道德与法律》,李伦、等译,北京,北京大学出版社,2007 年 2 月版,第 34 - 35 页。

随着互联网上本地化电子商务的发展,信息和实物之间、线上和线下之间的联系变得愈加紧密,线上—线下(O2O)模式被认为是电子商务网站的下一个掘金点。O2O 电子商务包括 Online 线上网店和 Offline 线下消费——线下商家通过免费开网店将商家信息、商品信息等展现给消费者,消费者在线上筛选商品,在线下体验服务,成交可以在线上进行支付。

随着移动通信技术的发展,移动电子商务异军突起。移动电子商务是指利用手机、PDA 及掌上电脑等终端进行的 B2B、B2C 或 C2C、O2O 的电子商务。它将互联网、移动通信技术、短距离通信技术及其他信息处理技术完美结合,使人们可以在任何时间、任何地点进行各种商贸活动,实现随时随地、线上线下进行购物与交易、在线电子支付以及各种交易活动、商务活动、金融活动和相关的综合服务活动等。

美国移动互联网发展迅速,来自移动端的交易额也是逐年上涨,这一趋势在未来相当长的一段时间还将持续。未来,移动互联网将不仅带来电子商务交易额的增加,也将使得电子商务的交易方式发生改变。

电子商务的优势何在? 首先,它彻底消除了时空限制,给消费者带来了极大的便利。其次,互联网是一个低成本的通信技术,可以大大降低管理和交易费用。最后,它有能力对每一位消费者进行定制销售和广告。[1] 因此,电子商务既非商业的简单变革,也不是信息技术上的简单、机械应用,而是对线性机制的彻底改造,将商务与电子真正合为一体,通过构建全新的商务模式,服从于共同的商业目的。[2]

电子商务主要有以下几个特点。

(1) 社会性。电子商务的最终目标是实现商品的网上交易,但这是一个相当复杂的过程,除了要应用各种有关技术和其他系统的协同处理来保证交易过程的顺利完成,还涉及许多社会性的问题,例如商品和资金流转的方式变革、法律的认可和保障、政府部门的支持和统一管理、公众对网上购物的热情和认可等。

(2) 便利性。电子商务通过浏览器,可以让客户足不出户就能看到商品的型号、规格、售价、真实图片和性能介绍,借助多媒体技术甚至能够看到商品的图像、动画演示,听到商品的声音,基本上达到使客户亲自到商场里购物的效果。

---

① 〔美〕理查德·斯皮内洛:《铁笼,还是乌托邦——网络空间的道德与法律》,李伦、等译,北京,北京大学出版社,2007 年 2 月版,第 33 页。
② 戴伟辉:《网络内容管理与情报分析》,北京,商务印书馆,2009 年 1 月版,第 64 页。

（3）动态性。电子商务交易没有时间和空间的限制，是一个不断更新的过程，每时每刻都在运转。通过互联网，人们可以在世界任何地点、任何时间获得所需信息。网络上的供求信息在不断变换，网上的商品和资金在不断流动，交易中买卖的双方也在不停变更，商机不断出现，竞争也不断展开。正是这种物质、信息、资金的高速流动，使得电子商务具有了传统商业所不能比拟的强大生命力。

（4）低成本。由于互联网是国际性的开放网络，费用较低，对于企业来说，电子商务节省了许多潜在开支，如企业利用电子邮件与客户、供应商联络节省了通信费用，特别是一些分布广泛的跨国公司，利用互联网进行通信大大降低了电话和信函等费用，而电子数据交换又大大节省了人员管理环节的开销。

（5）高效率。互联网覆盖全球，信息处理和传递的速度明显加快，从而使商务活动的节奏明显加快，大大地提高了商务活动的效率。

（6）灵活性。基于互联网的电子商务可以不受特殊数据交换协议的限制，任何商业文件或单证均可以直接通过填写与现行的纸面单证格式一致的屏幕单证来完成，不需要进行翻译，任何人都能看懂或直接使用。企业通过电子商务给客户提供了很大的方便，大大提高了服务质量。[①]

第一节　电子商务

传统意义上的电子商务起源于 20 世纪 60 年代末 70 年代初的电子数据交换（Electronic Data Interchange，EDI）。EDI 是指按照同一规定的一套通用标准格式，将标准的经济信息，通过通信网络传输，与贸易伙伴的电子计算机系统之间进行数据交换和自动处理。由于使用 EDI 能有效减少直到最终消除贸易过程中的纸面单证，因而 EDI 也被称为"无纸交易"。它是一种利用计算机进行商务处理的新方法。由于这一技术支持计算机系统之间信息的直接转换，因而可以最大限度地减少甚至消除人为因素的介入和信息录入工作。

20 世纪 90 年代以后，互联网的商业化和社会化发展从根本上改变了传统的产业结构和市场运作方式。传统意义上的电子商务很快过渡到以互

---

① 戴伟辉：《网络内容管理与情报分析》，北京，商务印书馆，2009 年 1 月版，第 69－70 页。

联网为基础的网络交易。① 美国电子商务从此进入了蓬勃发展的新时代。到 2000 年,(美国)电子商务在零售方面占了 200 亿美元之多。从 1997 年到 1999 年,真正在线购买商品的互联网用户也翻了一番。尽管零售市场给人印象深刻,但是与 B2B 相比仍然微不足道。1999 年的 B2B 在线市场大约是 1140 亿美元。②

1. 网络购物

由亚马逊公司领导的网络购物革命,经过十多年的发展,在美国的营销规模日益扩大,根据 eMarket 发布的美国 2000 年第一季度—2008 年第一季度零售业电子商务销售额数据,2000 年第一季度美国零售业电子商务销售额为 55.7 亿美元,占美国零售业销售总额的 0.8%,到 2008 年第一季度这一数字达到了 324.1 亿美元,较 2000 年第一季度增长幅度达到 481.9%,占美国零售业销售总额的 3.4%。虽然美国 2008 年金融危机,导致零售业销售总额下降,但美国零售业电子商务近年来始终保持着 20% 左右的增长速度,在线用户的购买力度正在逐步加强,人们预测未来美国零售业电子商务发展前景依然乐观。

1) 亚马逊公司(Amazon. com)

总部位于华盛顿州西雅图的亚马逊公司成立于 1995 年 7 月,创始人是杰夫·贝佐斯(Jeff Bezos)。美国亚马逊公司是网络上较早开展电子商务的公司之一。目前,亚马逊公司正朝着多元化的产品销售发展。

2) 易贝(eBay)

1995 年 9 月 4 日,皮埃尔·欧米迪亚(Pierre Omidyar)创立 Auctionweb 网站,总部位于美国加利福尼亚州圣荷西。Auctionweb 是 eBay 的前身。欧米迪亚卖掉的第一件物品是一只坏掉的激光指示器,以 14.83 美元成交。他惊讶地询问得标者:"您难道不知道这玩意坏了吗?"欧米迪亚收到了以下的回复信:"我是个专门收集坏掉的激光指示器的玩家。"杰夫·史科尔(Jeff Skoll)在 1996 年被聘为该公司首任总裁。1997 年 9 月该公司正式更名为 eBay。

2. 互联网金融

美国作为互联网金融业的先驱国,近年来一直通过科技创新引领着这一新型金融服务形态的潮流。互联网所带来的数字革命、智能化的数据分

① 郭卫华、金朝武、王静、等:《网络中的法律问题及其对策》,北京,法律出版社,2001 年 1 月版,第 243 页。

② Joseph R. Dominick, 2004:*The Dynamics of Mass Communication*:*Media in the Digital Age*, McGraw-Hill, p. 314.

析技术、智能终端的日益普及,大大降低了美国互联网金融服务业的门槛,并且展现出良好的发展前景。以互联网为载体的第三方支付、众筹融资、信用卡服务、理财社区、网上交易所、个人理财、小额信贷和 P2P 等服务类型,运营形态各异,正深刻地改变着金融服务业的版图。

虽然美国互联网金融出现了诸多模式,但市场观察人士指出,在目前的互联网金融体系中,P2P 和众筹(crowd funding)模式是两大革命性的力量。

借贷俱乐部(Lending Club)作为 P2P 网贷模式的领军企业,崛起于 2008 年国际金融危机之后。该公司是一家为美国用户打造的私人在线借贷平台,网站直接连接个人投资者和借贷者,成员可直接实现人对人的小额借贷。借贷俱乐部通过技术平台和信用风险评估使投资人能够直接放贷,也让借款人不需要走入银行,直接在网上借贷,无论任何时间、任何地点。

绕过传统的银行等金融机构,这种直接通过网站实现人对人借贷的好处显而易见——资金流通周期被缩短,资金转移程序被简化,网贷存款利息高于银行,贷款利息低于银行。精简的人对人网贷让投资者和借贷者在时间和经济上双惠双赢,这种民间借贷方式自 2007 年被推出便得以急速扩张。目前该公司客户遍布美国 43 个州,业务量占据美国 P2P 借贷市场79% 的份额,2012 年获得 3 500 万美元收入。2013 年 10 月,该公司的成交额增至 2.23 亿美元。目前,这家公司自 2007 年成立以来共促成 28.5 亿美元在线贷款,投资者获得回报 2.55 亿美元。2013 年,借贷俱乐部被评为"福布斯美国最具潜力企业榜"第 12 名。

借贷俱乐部的成交额快速增长,最主要的原因还是注重对风险的管理和控制。该公司非常重视用户的信用记录,注重对交易流程的控制。它并不采用 P2P 网站通行的一对一竞标方式,而是在对不同用户进行信用等级评定之后,由网站规定相对应的固定利率和固定期限,这大大增加了交易的成功率。借贷俱乐部运用丰富的数据来评估信用,除了用美国信用统计局的基础数据,借款人还要回答为什么借贷、希望的额度、教育背景、职业等基本情况。借贷俱乐部通过第三方获得客户的 IP 地址、邮箱、电话号码和住址等信息来分析其信用、欺诈风险。随着大数据技术的发展,这些工作正趋于自动化。作为平台,借贷俱乐部实际上并不承担信用的风险,其盈利模式是从借款人那里获得 4.5% 的佣金,投资人那里收取 1% 的费用,但借贷俱乐部的开支大约相当于银行业的一半。

众筹模式,就是集中民众资金、能力和渠道,为小企业或个人进行某项活动等提供必要的资金援助,这是近年来美国非常热的创业方向之一。2012 年 4 月,美国通过《JOBS 法案》(Jumpstart Our Business Startups

Act），允许小企业通过众筹融资获得股权资本，使得众筹融资替代部分传统证券业务成为可能。众筹模式的代表是 2009 年 4 月成立的美国凯克斯达特(Kickstarter)公司。该公司通过网络平台为设计、音乐、电影、游戏等领域的创意项目融资，已为 5.1 万个项目筹资 8.6 亿美元，共吸引了 510 万名投资者。投资回报以项目产品为主，比如音乐 CD、电影海报、游戏中人物的冠名权、与设计师的见面机会等。每个项目的第一批投资者多为项目负责人的朋友、粉丝和熟人，投资者还可以通过社交网站推荐自己认为不错的项目。

第二节 电子商务的立法

互联网在商业方面带来的最大影响是一个全新的电子商务模式已经被各国采用。但这一崭新的商业模式也带来一些问题，如网上的财务支付、签名是否有效、域名与商标保护等。在国际立法方面，电子商务方面的国际法有 1996 年 6 月 FTC 制定的《电子商务示范法》。该法意在为各国政府提供一个电子商务立法的原则和框架，对以数据电文为基础的电子合同订立和效力做出了开创性规范，成为各国制定本国电子商务法规的"示范文本"。[①]

《电子商务示范法》共 17 条，分为两部分：第一部分为电子商务总则，包括一般条款；对数据电文的适用法律要求；数据电文的传递。第二部分针对电子商务的特定领域，主要涉及货物运输中的运输合同、运输单据、电子提单的效力和证据效力等问题。该法对电子商务的一些基本法律问题做出的规定，有助于填补国际上电子商务的法律空白。虽然它既不是国际条约，也不是国际惯例，仅仅是电子商务示范的法律范本，但有助于各国完善、健全其有关传递和存贮信息的现行法规和惯例，为全球化的电子商务创造出统一、良好的法律环境。该法包括功能等同和技术中立两项基本原则：

（1）功能等同原则：①数据电文等同于书面；②数据电文的签字要件，只要使用一种方法来鉴别数据电文的发端人并证实该发端人认可了该数据电文的内容，即可实现签字的基本法律功能，可以说，电子签字等同于传统签字；③数据电文原件标准：达到第 8 条规定的两项要件的一项数据电文功能上等同于原件。这两项要件是：初次形成后保持完整性；可视读。

---

① 高富平：《网络对社会的挑战与立法政策选择：电子商务法研究报告》，北京，法律出版社，2004 年 1 月版，第 24 页。

（2）技术中立原则是①"不得仅仅以某项信息采用数据电文形式为理由而否定其法律效力、有效性或可执行性（第5条）"。该条是从法律上为数据电文争取与纸面形式同等待遇的宣言。②是信息处理系统安全技术、数据电文加密签字技术及其类似安全技术中立。

美国是全球电子商务的主导国家。从1994年1月美国宣布国家信息基础设施计划，到1995年10月18日，世界上首家网络银行诞生——美国亚特兰大的安全第一网络银行开始营业———种新的银行模式诞生①，美国的电子商务一直处于全球领跑者的位置。电子商务对传统商务最重要的改变或挑战有四个：无纸化（电子化）、虚拟化、自动化和开放性。② 由此带来的法律冲突主要有两种：一类是有关电子合同的法律冲突问题，比如电子文书的法律效力问题；另一类是涉及销售方面的公法冲突问题，比如网络广告问题。③ 当然还包括虚拟市场法律法规的适用和案件管辖、个人隐私和商业秘密保护等诸多问题。这些问题都对以往的法律提出了挑战。美国作为开展电子商务最早的国家，在立法方面取得的突破为世界瞩目，并成为世界电子商务立法不断向新领域开拓的原创动力。

美国是判例法国家，某些问题比如管辖权可以通过法院判决形成通行规则，但多数问题还是需要成文法。在电子商务发展初期，联邦政府有意采用无为而治的态度，让美国各州自行探索立法，最终形成了美国内容各异的州法体系。美国的民间组织——全国统一州法委员会在经过三年的努力后向各州正式推荐《统一电子交易法》（UETA），并获得18个州的立法通过，其他10个州也进入推介该法的立法程序。在这种背景下，国会与政府终于加快立法节奏，在2000年6月30日通过了《全球与国家商务中的电子签名法》。该法与UETA一起成为美国电子签名法律体系中重要的法律渊源。

在隐私（个人数据）保护方面，FTC于2000年5月公布了《消费者金融信息隐私规则》；美国与欧盟联合发布了"安全港"原则草案以保护消费者。在税收、合同、证据法、管辖权、知识产权、治理垃圾邮件等方面也都相继出台了法律法规，主要有。

《电子资金划拨法》（1978年）

该法以保护小额电子资金划拨的消费者为宗旨，以信息披露为核心，是

---

① 齐爱民、刘颖：《网络法研究》，北京，法律出版社，2003年1月版，第248页。

② 高富平：《网络对社会的挑战与立法政策选择：电子商务法研究报告》，北京，法律出版社，2004年1月版，第11页。

③ 齐爱民、刘颖：《网络法研究》，北京，法律出版社，2003年1月版，第381页。

电子银行时代的消费者保护法。① 该法规定,当某人故意提供虚假或不准确的信息,可以处以 5 000 美元以下罚款或一年以下有期徒刑,或二者并处。对于与电子资金划拨和借记工具有关的某些种类的欺诈或伪造行为可以处以 10 000 美元以下的罚金或 10 年以下的有期徒刑,或二者并处。②

《ABA 数字签字指南》(1995 年)

电子签名法发源于美国,在美国有关网络交易的立法中,电子签名的立法最为重要,同时在数量上也是最多的。1991 年,美国律师协会(ABA)信息安全委员会开始着手拟订《数字签字示范法》。历时四年后,委员会仍未能就示范法的关键问题达成共识,于是决定以《指南》的形式将草案公之于众。1995 年夏,一部对美国各州乃至全世界都有重大影响的《ABA 数字签字指南》诞生。《ABA 数字签字指南》是由电子商务法律专家米奇尔·博穆(Michael Baum)作为编辑委员会主席而主持编写的。它的意图在于"提供一种解决方案,使得获得州政府许可的认证机构在应用 PKI(公钥基础设施)系统后,其数字签字能得到承认"。《ABA 数字签字指南》为美国电子商务法律的统一和完善起到了重要的作用。该指南是一套全面解决电子(数字)签名法律问题的规范,将公开密钥加密术确定为标准的安全电子签名技术。尽管该指南声明不作为示范的立法条款出现,但立法者在起草相关法案时,对其所用语术和政策一直非常重视。也就是说,虽然它不具有法律效力,却是一个影响较大的指导性文件,深刻地影响了美国立法较早的州。

《犹他州数字签名法》(1995 年)

1995 年 5 月 1 日,美国的犹他州率先颁布了《犹他州数字签名法》(Utah Digital Signature Act),该法是美国乃至全世界范围内第一部全面确立电子商务运行规范的法律文件。法案规定:①电子签名符合手写签名的各个要求,并且可在法院诉讼中被作为证据;②电子合同得以强制执行;③不存在对特定技术的特别待遇,但法院可以将不同技术纳入考虑范围。该法还从可操作性和规范性角度做出如下规定:采用 CCITT/ITU X. 509 标准(the International Telecommunication Union), ANSI. X930 标准(the American National Standards Institute)及 RFC1421 号标准和 1424 号标准所做出的电子签名具有《电子签名法》规定的法律效力。③

---

① 齐爱民、刘颖:《网络法研究》,北京,法律出版社,2003 年 1 月版,第 219 页。

② 齐爱民、刘颖:《网络法研究》,北京,法律出版社,2003 年 1 月版,第 227 页。

③ 王贵国:《国际 IT 法律问题研究》,北京,中国方正出版社,2003 年 1 月版,第 169 页。

《电信法》(1996 年)

该法成为美国信息产业发展的重要推动力,同时也对计算机违法做出了明确规定,如不允许利用互联网宣扬恐怖主义、侵犯知识产权、向未成年人传播色情以及从事其他违反美国法律的行为。其中有一部分《传播净化法》,因遭到民权组织的强烈反对而被迫终止执行。1996 年 2 月,《电信法》经过国会激烈和长久的辩论最终由时任美国总统克林顿签署。《电信法》的立法宗旨之一是推动全面竞争,放开所有的市场份额和限制,使得经营长途通话业务的公司与经营本地业务的公司之间,有线电视公司与电信公司之间能够互相进入对方的市场。1996 年《电信法》是对 1934 年联邦《通信法》的修订、补充和完善。它的目的是"提供一个鼓励竞争和减少政府管理的全国性政策框架,以加速私营企业开发先进的电信技术和信息技术"。

美国《电信法》的主要条款:①允许展开地方性业务的竞争,消除地方性从业者的垄断。②许多州已允许地方性业务竞争,将制定一个新的法律协调和扩大竞争。③向地方性从业者开放一系列新业务,允许地方性从业者进入长途电话服务和设备制造领域。④允许电话公司提供录像节目。⑤提供标准以推动和保护服务的统一性,立法设立一个辅助制度,由联邦和州共同组成的管理委员会实施,以确保电信服务的价格在可承受的范围内。

人们评价说,这部《电信法》清除了许多影响全面开发新媒体潜力的障碍。该法废除了一个禁止电话公司提供视频节目的联邦禁令。同样重要的是,国会也给有线电视系统开了绿灯,它们可以提供双向本地电话服务。这部《电信法》通过加剧了电话和有线电视系统间已存在的竞争,以给社区提供更高质、更迅捷的视听服务。

有关研究表明,1996 年的《电信法》导致大众传媒集中度迅速提升。对此,美国哥伦比亚电信-信息研究所诺姆(Noam)教授给出的解释是:1996 年《电信法》以及联邦通信委员会的实施由于鼓励竞争而激励了公司通过兼并重新获得市场控制权。

《电信法》的第五部分,即所谓的《传播净化法》,规定了在电视和电脑网络上控制淫秽和暴力的措施,但被认为与《宪法第一修正案》中保护言论自由的条款相抵触,最终被最高法院判决为违宪。有关内容详见第六章。

新的美国《电信法》规定 FCC 的权威高于州,因此加强了联邦政府在电信管理方面的地位。

《全球电子商务纲要》(1997 年)

1996 年 12 月 11 日,美国政府发布了于 1996 年 11 月制定的《全球电子商务纲要》草案,并于线上公布供大众评论,这是美国政府首次通过互联网来帮助政府制定政策。1997年5月30日,美国电子商务工作委员会提出《关于电子商务最佳实施方案调查总结》。1997年7月1日,美国政府正式发布了《全球电子商务纲要》及关于电子商务的总统令,涉及关税和税收、电子合同、知识产权保护、网络安全、个人隐私保护等诸多法律问题。

该纲要号召各国政府应当避免对电子商务的过分限制,尽可能鼓励和帮助企业发展互联网的商业应用,并提出对于经由网络进行交易的无形产品(如电子出版物、软件、网上服务等),无论是跨国或境内跨州交易,均应一律免税。[①] 该纲要确立了发展电子商务的五大原则。

(1) 私营企业应起主导作用。美国政府认为,虽然政府已在资助互联网早期发展方面发挥了作用,但是互联网和全球信息基础结构计划的扩展主要应由私营企业推动。为了繁荣电子商务,私营企业必须继续发挥主导作用。创新活动、业务扩展和广泛参与以及低价位有赖于使互联网仍然保持为一个市场驱动的竞技场,而不是一个受到限制的产业。

(2) 政府应当避免对电子商务做不恰当的限制。当双方自愿签订合同在互联网上合法地买卖产品和服务时,政府应当尽量减少干涉。政府应当力戒对在互联网上发生的商业活动加以新的、不必要的限制,增加烦琐的手续,或增加新的税收和资费。

(3) 政府需要做的是为促进电子商务而建立健全商业法制环境。美国认为,在某些方面,有必要签订政府协定来促进电子商务。这种干预的目的是支持并实施可预测的、一致的和简单的商务法律环境。这种和谐的法制框架应着眼于保护消费者免受欺诈销售之苦、保护知识产权所有人免受侵权之害、保护个人隐私、保护竞争和制定解决纠纷的简单办法。

(4) 法律法规应当适应互联网的特性。联邦政府应当认可互联网的特性,即其非集中化特性和自下向上的管理模式。阻碍电子商务发展的现行法律和法规应当修改或删除。政府还应当予以鼓励行业自律。

(5) 建立在线交易主体一同保护的法律框架。互联网是正在兴起的全球市场。网络商业交易的法律框架应当具有一致性,不管买卖双方位于哪个法院的管辖地,都应具有同样的结果。

《全球电子商务框架》作为美国政府发展电子商务的战略性政策框架,反映了产业部门、消费群及网络界的广泛意见与要求,体现出联邦政府大力促进从业者与消费者参与电子商务的战略意图。这一框架自诞生之日起,一直是美国政府电子商务发展政策的纲领性文件,美国政府电子商务工作

---

① 齐爱民、刘颖:《网络法研究》,北京,法律出版社,2003年1月版,第240页。

组每年报告执行情况,提出政策调整与更新战略建议,并促进相关政策及战略的实施。

纵观《全球电子商务框架》所确定的原则与相关政策建议,不难看出美国在以下几个方面,致力于电子商务在本国及全球的发展。

(1)营造良好的市场环境。电子商务作为一种新型商务模式,要求必须有良好市场环境,包括适宜的社会环境、竞争环境、管理和服务环境等。为此,政府强调市场化原则,主张发挥私营企业在电子商务发展中的主导作用,鼓励私人投资,建立自律性产业规范与规则,尽量减少政府的干预。

(2)创造适宜的制度环境。电子商务的发展还需要适宜的制度环境。为此,政府必须建立和完善法律法规、税收政策、电子支付系统、知识产权保护、信息安全、个人隐私、电信技术标准等。比如1998年10月,时任总统克林顿颁布了《互联网免税法》,规定三年内免征互联网或互联网接入使用税;2000年6月,国会众议院通过《电子签名法》,使得电子签名与书面签名具有同等的法律效力。

(3)电子商务的全球化。互联网全球性开放的特点,使得建立网络国际贸易自由区的理想成为可能。为此,必须打破地区、国家和国际之间的界限,建立一套国际统一的贸易规范与法律框架。包括对电子合同的认可、接受电子签名以及其他类似授权程序的规则、制定争端解决机制、制定权责明确的根本原则等。为此,政府率先实施网络贸易免税政策,并主张和推动各国对网上贸易免征关税。1998年5月,时任美国总统克林顿亲赴世贸组织部长级会议,敦促各国支持美国关于电子商务完全永久免税的建议。尽管发展中国家存在种种担心,但132个成员国还是签署了《关于电子商务的宣言》,规定至少一年内免征互联网上所有贸易活动的关税。

(4)确立一致性原则。美国政府认为,对互联网采取完全不同的多重管理措施,只会阻碍自由贸易和全球商业的发展。为此,依据"全球电子商务框架"所确定的原则与相关政策建议,美国大力促进世界各国及国际组织对其"框架"的认同。事实上"框架"一出台就受到发达国家的普遍支持,成为商讨全球电子商务政策及法规问题的准则。1997年12月,欧盟与美国发表了有关电子商务的联合宣言,就全球电子商务指导原则达成协议,承诺建立"无关税电子空间";1998年5月,世贸组织132个成员国签署《关于电子商务的宣言》,随后经济合作与发展组织(OECD)国家也接受了关税豁免建议,世贸组织也已认可这一原则。1999年2月,欧盟提出建立一个旨在协调全球通信,特别是电子商务的国际宪章的提议;1999年5月,美日两国发表联合声明,双方在关税、税收、隐私权、身份确认等方面确定了共同原则,强调了两个经济大国在电子商务方面进行磋商与合作的重要性,表明两国意欲通过他们在世界经济中的地位与影响,联手制定电子商务全球框架,以增强两国的领先地位。

(5) 加强信息基础设施的建设和投入。1993 年,美国政府颁布"国家信息基础设施"(NII)行动计划以及信息高速公路规划,计划投资 4 000 亿美元,用 20 年时间,逐步将电信光缆铺设到所有家庭用户;1994 年美国政府提出建设全球信息基础设施(GII)的倡议,旨在通过卫星通信和电信光缆连通全球信息网络,形成信息共享的竞争机制,全面推动世界经济的持续发展;2000 年美国政府向信息和通信产业投入 8.5 亿美元,政府还提供 1.1 亿美元用于发展第二代互联网,为电子商务的发展提供物质技术基础。

另外,美国政府在促进互联网的普及和发展方面也不遗余力。如在互联网商业活动还不普及时,政府便出资使互联网免费运行。1997 年,美国政府甚至还规定,各级政府部门必须网络购物达到 450 万件,以培养网络购物的习惯。

依据"框架"规定的原则,美国分别与日本、法国、加拿大、荷兰、爱尔兰、澳大利亚、韩国、菲律宾、智利、埃及等国签署了"电子商务联合宣言"。该宣言不仅确立了这些国家与美国"框架"一致性的电子商务发展原则,并且内容基本上是"框架"的翻版,即便是智利、菲律宾等发展中国家也确立了与美国一致的电子商务发展原则。可以说,"全球电子商务框架"正在成为各国电子商务政策的准则,其核心在于市场环境与制度建设。①

《伊利诺伊州电子商务安全法》(1998 年)

1998 年 8 月 14 日,伊利诺伊州州长吉姆·埃德加(Jim Edgar)签署了《伊利诺伊州电子商务安全法》,这部法律是有关电子商务安全专门法中的第一部,其目的在于消除电子商务中现有的法律障碍,增强电子通信在法律上的可信度,以及明确网络交易所适用的规则。目前,美国各州已经全部制定了有关网络交易的法律。

《网络公平法》②(1998 年)

该法以促进互联网的发展为基本指导思想,规定在 2001 年 12 月 31 日之前,各州或地方政府不得对互联网和与互联网有关的服务课税。成立一个名为"互联网税务与规则委员会"的专门机构,研究互联网和与互联网有关的服务的税务与规则的状况,提出在这个领域的联邦立法建议,并草拟一

---

① 王贵国:《国际 IT 法律问题研究》,北京,中国方正出版社,2003 年 1 月版,第 139 - 142 页。
② Net Fair Act of 1998.

个关于"统一互联网商务法典"的法规。

《数字签名和电子印鉴法》①(1998 年)

该法案旨在许可金融机构使用电子印鉴技术,并相应地对 1968 年《银行法》的相关内容做了修正。

《下一代互联网研究法》②(1998 年)

该法案目的是保证对互联网研究领域的支持和拨款,从而保持美国在该领域的领先地位。该法案包含的条款中要求"国家研究委员会"(National Research Council)提供关于设置无商标顶级域名对商标权影响的研究报告。特别规定该研究委员会的研究报告要围绕以下四个问题:①商标权排除体系,如一种可查询的资料库;②争议管辖权和法律适用选择;③注册员和注册的法律责任;④互联网地址技术和政策的选择。

《互联网免税法》③(1998 年)

美国作为世界上电子商务最为发达的国家坚持对电子商务免税。1998年初,时任美国总统克林顿向 WTO 提出建议,敦促该组织各成员国对有关互联网的产品、服务和贸易实行免税。④ 同年 10 月,美国国会通过《互联网免税法》,规定从 1998 年 11 月到 2001 年 10 月 31 日,三年内禁止各州及地方政府对互联网访问征收附加税,包括禁止征收"互联网接入服务税",即对互联网服务提供商(ISP)提供的网络接入服务暂不征销售税或使用税;禁止对网上销售进行多重课税或征收歧视性税收。2001 年,美国国会又通过立法,把《互联网免税法》的有效期延长到 2003 年 11 月。2003 年,美国国会通过《互联网税收不歧视法案》,规定把原来的《互联网免税法》的有效期延长到 2007 年 11 月 1 日,同时,把"互联网接入"服务的含义从原来的"拨号上网"扩展到"宽带接入",意味着不论是通过拨号上网还是通过宽带上网,都可以免缴"互联网接入服务税"。2007 年 11 月美国众议院通过《互联网免税修正法》。该法案规定,对互联网访问附加税免征的时间延长至 2011 年 11 月 1 日。

总之,美国作为互联网及电子商务发展的主导者、先行者及受益者,在电子商务发展政策法律的把握上有其非常有效的一面。一些分析家认为,在未就此问题展开充分的研究与应对前,美国就宣布免征电子商务关税,最大的受益者无疑是美国。因为电子商务的标的,无非是软件、音像制品及书

---

① Digital Signature and Electronic Authentication Law of 1998.

② Next Generation Internet Research Act of 1998.

③ The Internet Tax Freedom Act of 1998.

④ 王贵国:《国际 IT 法律问题研究》,北京,中国方正出版社,2003 年 1 月版,第 151 页。

籍等,而这些大都是美国的出口产品,并且随着互联网及电子商务的发展,数字区的产品会越来越多,美国很可能会一直处于主导及控制地位。所以,对于美国免征电子商务关税这一主张,一些国家表示异议或未置可否;此外,在电子商务的销售税及互联网的接入税、服务税等方面,因各国的税收体制差别较大,美国的很多做法还很难借鉴。①

《统一计算机信息交易法》②(1999 年)

美国统一州法委员会于 1999 年 4 月 7 日通过了《统一计算机信息交易法》(UCITA),供各州在立法时采纳。《统一计算机信息交易法》创立了电子商务时代全新的法律概念与法律规则,如信息权、归属程序、网络合同的格式规范等,代表了电子商务立法的发展方向,对其他国家也有着相当的借鉴意义。该法是世界上直接针对电子商务的第一部法律。它的立法目的主要有四个:①支持和促进网络环境下的计算机信息交易;②明确管辖计算机信息交易的法律;③通过商业惯例以及当事人的协议,扩大商业惯例在计算机信息交易中的使用范围;④使之成为不同管辖范围共同适用的统一法。③

作为一部用于调整计算机信息交易的示范法,它为数字信息时代的信息交易提供了一个法律框架,在合同法方面做了重大改进,将美国传统商业合同法与现代电子信息紧密结合,有力地促进了电子商务的发展。

然而,由于其调整对象的特殊性以及在制度设计上与传统法律制度和法律原则的差异性,UCITA 从制定到适用以来,有关它的争议也一直没有停止过。批评者认为在软件制造商的产品限制使用和解决冲突的规定条件方面,该法案给了软件制造商太多的自由,使公司的权力超过了消费者权力,迎合了软件业的要求。甚至一些政府官员也公开反对这一立法,它的规则从根本上偏离了长期适用的关于消费者期望值的标准,他们担心这种偏离很可能会导致商业欺诈,从而影响电子商务在各州的充分发展。"④

美国法律规定,下列合同必须使用书面的形式:出售土地利益的合同、在一年内不能履行完毕的合同、为他人偿债的附属合同、由于婚姻而签订的合同、由遗嘱执行人或遗产管理人签订的亲自偿还关于遗产债务的合同。

为了解决电子合同的法律适用问题,美国法律对书面形式做了扩大解

---

① 蒋志培:《网络与电子商务法》,北京,法律出版社,2001 年 1 月版,第 440 页。
② The Uniform Computer Information Transactions Act,UCITA.
③ 鞠海亭:《网络环境下的国际民事诉讼法律问题》,北京,法律出版社,2006 年 1 月版,第 143 页。
④ 〔美〕简·考夫曼·温·本杰明·赖特:《电子商务法》,张楚、等译,北京,北京邮电大学出版社,2002 年 2 月版,第 123 页。

释,把数字电文视为书面形式的一部分。美国《统一商法典》规定,书面形式包括印刷的、打印的或其他有意识地人为地转化的"有形"形式。这也是联合国国际贸易法委员会建议采用的"功能等同法",即不论合同的载体是纸面的还是电子数据,只要具有书面形式的基本功能,就应该视为符合法律对书面形式的要求。

互联网的最大功能就是信息自由流动,许多客观性联结因素难以有效运用于互联网中,人们不得不转而借助主观性联结点,让当事人的主观选择发挥更大作用。这就是"意思自治"原则的要义。简单地说,就是允许当事人自己选择合同所适用的法律。《统一计算机信息交易法》第109条规定,当事人可以协议选择应适用的法律。

但是,电子合同的法律选择条款往往不能实现真正的意思表达一致,提供商品和服务的一方在拟定格式合同时,往往会利用自己的优势地位,将一些有利于自己的条款订入合同。为了解决这一不公平问题,《统一计算机信息交易法》第109条(a)规定:双方可以协议选择应适用的法律,但如果在一项消费者合同中做出的此种选择改变了根据有管辖权地区的法律不得以协议加以改变的规则,则此种选择无效。此外,法律可以通过设立"法律选择不得违反社会公共秩序"这样的概括性条款来规制不平等的法律选择条款。

在当事人没有选择法律时,则采用"最密切联系"原则。《统一计算机信息交易法》第109条对此也做出了规定。在运用"最密切联系"原则时,《统一计算机信息交易法》的起草者认为应当考虑下列因素:①合同缔约地;②合同谈判地;③合同履行地;④合同标的物所在地;⑤当事人的住所、居所、国籍、公司成立地以及营业地;⑥洲际或国际体制的需要;⑦法院地州和其他州在特定问题上的相关利益;⑧当事人正当期望的保护;⑨结果的一致性、可预计性、确定性的提高。[①] 但是,主观性连结点,完全取决于法官的理解和判断,因此在克服僵化的同时,具有过分随意的缺点。为了减少适用"最密切联系"原则的随意性,有必要确定新的客观性联结点,网络服务提供商(ISP)所在地、网络服务器所在地、缔约时许可方所在地、网址等也都应作为参考的依据。其中第109条(b)(1)规定:"访问合同或以电子方式交付的合同,应适用缔约时许可方所在地的法律",这一条被认为是对知识产权人的特别保护而遭到消费者保护团体的极力反对,致使该法律面临流产。

---

① 鞠海亭:《网络环境下的国际民事诉讼法律问题》,北京,法律出版社,2006年1月版,第176页。

《统一计算机信息交易法》还对美国消费者进行强制性的法律保护,甚至明确排除了与该法律不同的外国法的适用性,其第 109 条(c)款规定:在(b)款得以适用的情况下,如果其法律应予以适用的法域在美国境外,则该法域的法律只有向没有位于该法域的一方当事人也提供了与本法类似的保护和权利时,才应予以适用。否则,应适用美国与该交易有最密切联系的州的法律。[①]

美国《统一计算机信息交易法》对电子信息的生效时间采取了"到达主义",而放弃了普通法中的"发送主义"。美国统一州法委员会解释说,"之所以放弃'发送主义'是避免到达与否的不确定性,采用"到达主义"是考虑到电子信息传输的迅捷性,而把没有到达的风险置于发送人"。应当说,电子交易本身具有以往任何时代无法比拟的快捷性,因而,安全成了每个国家立法者考虑的第一要素,"到达主义"正好符合了这一要求。[②]

《全球与国家商务中的电子签字法》(1999 年)

1999 年 9 月 9 日,美国国会通过《全球与国家商务中的电子签字法》,目的是促进电子记录和签字在洲际或国际的应用。其核心是采纳了联合国示范法确立的相关原则。该法开篇就提到消费者的保护问题。第一章"电子商务记录和签名"第 101 条规定"合法性的一般条款"赋予了消费者额外的保护。电子记录只有经过一套旨在充分维护消费者知情权的程序后,才被赋予法律效力。

消费者可以选择接受电子记录以取代法律要求提供的书面记录,条件为:①消费者明确同意使用电子记录且未撤回同意;②消费者在同意之前收到清楚和显著的声明,该声明通知消费者有权利选择纸张形式的记录、撤销同意的权利以及撤销同意的后果和费用等。为了满足这一要求,必须"合理地表明"消费者能访问或适用于该"同意"所适用的电子记录。消费者的同意仅适用于特定的交易,消费者仍然保留将来收到所有的纸质文件的权利。[③]

《统一电子交易法》(1999 年)

1999 年 8 月,美国统一州法委员会通过《统一电子交易法》(UETA)。它本身并不具有法律效力,而是一部供各州采纳的法律文件。到 2002 年,美国有 38 个州制定了 UETA,另外一些州采纳了该法的规则制订了类似的

---

① 鞠海亭:《网络环境下的国际民事诉讼法律问题》,北京,法律出版社,2006 年 1 月版,第 188－189 页。

② 王贵国:《国际 IT 法律问题研究》,北京,中国方正出版社,2003 年 1 月版,第 200 页。

③ 王贵国:《国际 IT 法律问题研究》,北京,中国方正出版社,2003 年 1 月版,第 206－207 页。

法律。《统一电子交易法》适用于与一项交易有关的电子记录或电子签名规范,除了联合国示范法涉及的内容外,还涉及可转让电子记录(可流通电子票据等)和政府采取电子记录、电子签名问题。

这部法律共 21 条,对网络交易中最根本的 16 个概念进行了界定,规定了该法的适用范围。该法的本质是对电子签名和记录的法律确认。其核心是该法的第 7 条:"电子记录、电子签名以及电子合同的法律确认",其中规定:①不得仅仅因为一项记录或签名采用电子形式而否定其法律效力或执行力。②不得仅仅由于一项合同在其订立过程中使用电子记录而否定其法律效力或执行力。③如果法律要求一项记录须采用书面形式,电子记录应被视为符合法律规定。④如果法律要求签名,电子签名应被视为符合法律规定。这四款规定揭示了电子文件和签名也可构成具有法律约束力的合同,而不能认为只有纸质文件才是形成具有法律约束力文件的唯一机制。[①]

《电子签名法》[②](2000 年)

2000 年 6 月,该法以压倒多数的结果被美国参众两院通过,随后由时任美国总统克林顿签署,被看作是美国迈向电子商务时代的一个重要标志。《电子签名法》允许消费者和商业企业使用电子签名填写支票、贷款抵押服务以及商业买卖合同。它几乎涵盖了所有传统签名应用的范围。电子签名生效后将会在一定程度上减少商业企业的运作成本和复杂手续,可以消除在使用电子技术订立和签署合约、收集储存文件以及收发通告等方面的法律障碍,为电子商贸新领域开辟道路,使商户可以顺利在网上完成交易。法案包括以下重要内容:①范围;②应用;③消费者同意要求;④电子签名、电子合同和电子记录的有效性要求;⑤保留电子合同和记录的要求;⑥公正原则;⑦银行业、保险业和股票业的国家统一标准。[③]

《JOBS 法案》[④](2012 年)

美国对 P2P 贷款有严格的监管体制。2012 年 4 月 5 日,时任美国总统奥巴马签署《JOBS 法案》,使之正式成为法律,该法案旨在通过适当放松管制,完善美国小型公司与资本市场的对接过程,鼓励和支持小型公司发展,此法案对众筹融资有重大的影响。

---

① 郭卫华、金朝武、王静、等:《网络中的法律问题及其对策》,北京,法律出版社,2001 年 1 月版,第 257 页。
② Electronic Signatures in Global and National Commerce Act (E-Sign Act).
③ 蒋坡:《国际信息政策法律比较》,北京,法律出版社,2001 年 1 月版,第 238 页。
④ The Jumpstart Our Business Startups (JOBS) Act of 2012.

《市场公平法》①（2013 年）

2013 年 5 月 6 日，美国参议院以 69：27 的投票结果通过了《市场公平法》，这是美国历史上第一个全国性的互联网征税法案。其主要特点包括：

（1）征税税基的扩大。该法案规定，当企业通过互联网（包括无线网络、宽带网络）、邮购、电话和电视等渠道出售产品时，必须缴纳销售税。移动应用开发者，以及提供云计算、音乐与电影等数字产品下载服务的服务商也被纳入征税范围中。不过，在线年销售额不满 100 万美元的小微互联网企业享有豁免权。

（2）征税条件的变化。该法案允许美国各州政府在简化各自纳税法规的前提条件下，对网络电商企业征收地方销售税。这些法规的前提条件包括：设立固定地点以便登记和代缴征税，明确应缴税和免税商品的统一定义，提供州内税率，为网络电商企业提供计算交税和登记收益的免费软件。

（3）征税方式的调整。该法案明确提出，无论是否是《现代化消费税和销售税协议》（SSUTA）成员州，所有的州都可以允许网络电商企业代收代缴销售税，即网络电商企业向消费者收取消费税，然后由电商企业所在州的州政府向电商企业征收地方销售税。

第三节　电子商务的立法特点

1. 鼓励互联网商务发展，确立联邦管辖权

美国是联邦制国家，各州在经济领域有很大的自主立法权。但 19 世纪后半期以来，国会以宪法规定的有权对洲际贸易和对外贸易立法为依据，不断扩大解释，强化了联邦在某些经济领域的管辖权，如反托拉斯。20 世纪 90 年代，国会再次借助这一宪法规定，强化其对互联网的立法权。

2. 平衡利益关系，优化资源配置

联邦确立互联网长期免税的政策，必然侵蚀州和地方政府的税基，损害地方利益，国会注意到了这一点。据 Erst & Young 审计和咨询事务所的研究，各州和地方政府从电子商务中应收而未收的销售和使用税收入仅占其税收的千分之一。所以国会立法免税考虑到了这一事实。将来，如果互联网商务免税政策致使税收流失极其严重时，国会定会做相应的立法调整。

---

① The Marketplace Fairness Act of 2013.

美国鼓励互联网商务发展的另一个理由是，小企业和个人经营者在互联网这个虚拟的市场上，比在现实市场上更有可能与大企业有同等的机会和条件进行竞争，这符合美国反对垄断、保障竞争的经济立法原则。

3. 注重全球战略，借网络领先技术，使美国利益最大化

根据美国政府电子商务工作组首次年度报告，全世界 1995 年有 1 000多万人使用互联网，1998 年上升到 1.4 亿人，且处于不断增长状态。越来越多的产业与互联网密不可分，IT 产业如此重要，以致美国努力借助于这一产业的技术优势建立全球市场。1999 年美国国会两院通过决议案，敦促总统寻求全球一致，长期免除电子商务关税，禁止对电子商务和互联网制定特别的、多重的和歧视性的税收法规，敦促总统反对由任何国家、联合国或任何多边组织对电子传输确立税收的动议。

第四节　电子代理人

美国是"电子代理人"概念的创始者，在其《统一电子交易法》和《统一计算机信息交易法》中，同时给出了统一的定义。电子代理人是指不需要人的审查或操作，而能用于独立地发出，回应电子记录，以及部分或全部地履行合同的计算机程序、电子或其他计算机自动化手段。

由此可见，电子代理人不具有独立的法律人格，不是交易的主体，而是人们借以实现交易的工具或者手段。因此，也有人称为"人造商人"。这个"人造商人"在进行网上交易时产生的法律效力如何？能否代表当事人订立或者履行合同？它和当事人亲自订立的合同有何区别？当事人是否应该对它产生的错误承担责任？这些问题值得深入地探讨。

1. 电子代理人的法律地位

电子代理人的法律地位问题，在《统一计算机信息交易法》中得到了较好的回答。该法对电子代理人做了较详细的规定，形成了一套完整的制度。该法规定了电子"代理人"作为订约工具的合法性。其第 202 条专门将电子"代理人"列为一种订约的方式——"合同可以任何能充足地表示同意的方式订立，包括承认合同存在的要约和承诺，或双方当事人的行为或其电子代理人的运作"。

另外，该法规定了电子"代理人"行为的效力归属；以电子"代理人"进行要约、承诺而订立合同的条件；关于电子"代理人"交易条款的审查机会问题；关于电子"代理人"行为的归属问题及相对交易人因电子错误而产生的

抗辩权。[1]

2. 有关案例

案例一："Randall Stoner 诉 eBay 案"[2]

原告主张，eBay 的行为使其从私卖酒类商品和其他未经授权的音像制品的销售中获得大量的利益，该行为违反了《商业及职业规范》(Business and Professions Code)。eBay 实际上是为销售那些违法的商品在做广告以及提供服务，欺骗消费者使他们轻易相信网上销售的商品。同时，eBay 鼓励这种线上拍卖，即使它能够删除那些侵权的拍卖活动信息，但为了从每一笔交易中收取佣金，仍旧维持甚至促进这种线上拍卖。

eBay 辩称：对于第三方在其网站上发布的销售消息，以及销售商品的行为，eBay 应免责。依据美国有关法律，交互式的计算机服务提供商对其网站上他人发布的消息不承担责任，消息服务提供商不能作为消息发布者和提供方。

最后美国旧金山地方法院做出如下判决：eBay 是一家在线拍卖公司，对于第三方在其网站上销售违法商品的做法不承担责任，其行为是被允许的。

在美国网络欺诈投诉中心接到的投诉中，欺诈是最多的问题。2001 年 1 月，美国加利福尼亚地方法院驳回了一些在 eBay 上被欺诈的运动纪念品收藏家对 eBay 的起诉。上述案例则说明，即便是在 eBay 上销售非法的商品，作为在线服务提供商也是被免责的。国会立法的目的在于免除交互式计算机服务提供商鉴别和监督商品的义务，以确保这样的公司能够自由、广泛地开展业务；若强加此义务，将会使这样的公司不得不终止其经营，至少显著地限制了其经营。如果这样，国会就不得不重新评估其确立的免责条款的价值了。

案例二："美国在线诉 Superior Court (Mendoza)案"[3]

该案原告门多萨(Mendoza)是美国在线的用户，住所在加利福尼亚州。他与其他一些美国在线的用户每月要向美国在线缴纳 5 到 22 美元不等的费用，由他们授权美国在线每月从其信用卡上自动扣除。后来包括门多萨

---

① 张楚：《关于电子"代理人"法律问题的分析与思考》，《人文杂志》2000 年第 4 期。

② Stoner v. eBay, Inc., 2000 WL 1705637, 56 U. S. P. Q. 2d 1852, Cal. Super. Ct. Nov. 1, 2000. 详见高富平：《网络对社会的挑战与立法政策选择：电子商务法研究报告》，北京，法律出版社，2004 年 1 月版，第 121-123 页。

③ America Online, Inc. v. Superior Court (Mendoza) (2001), 90 Cal. App. 4th 1, 108 Cal. Rptr. 2d, 699. 详见金振豹："美国合同领域冲突法的新发展"，载中国国际私法协会《中国国际私法与比较法年刊》(第 5 卷)，北京，法律出版社，2002 年 1 月版，第 340-343 页。

在内的一部分用户终止了对美国在线服务的订购,但美国在线继续从其信用卡上扣除费用。2000 年 2 月门多萨被迫取消其信用卡账号,才终止了美国在线的这种行为。

门多萨向加利福尼亚州 Alameda 县法院为其自己及其他有类似情况的用户提起了集体诉讼(class action),要求法院对美国在线发布禁令,并判处其承担补偿性和惩罚性损害赔偿,及返还非法扣除的费用。美国在线则向法院提出延缓或驳回起诉的动议。该动议的具体理由是在原告和被告之间达成的服务合同中有一项法院地选择条款,规定用户和美国在线之间的所有争议应排他地由弗吉尼亚州法院管辖。该条款还规定该协议应适用弗吉尼亚州的法律,但不包括其冲突法。美国在线认为这一条款是自愿达成的,并未违反加州的公共政策,根据加州的法律是有效的。

县法院于 2000 年 9 月驳回了美国在线提出的动议,其理由是:①法院地选择条款是未经协商而达成的,它载于一份标准格式合同并且其形式使原告不易辨识,因而是不公平且不合理的;②美国在线未能证明执行该条款不会损害消费者根据加州法律所享有的权利;③弗吉尼亚州法律为消费者提供的救济无法与加州法律所提供的救济相比。

美国在线向加州上诉法院上诉,要求其向县法院发出履行责任令(writ of mandamus)。上诉法院驳回了美国在线的申请。美国在线又向加州最高法院上诉。

上诉法院认为,案涉协议中的法院地和法律选择条款已经实质上构成对 CLRA 所规定的消费者权利的放弃,违背了加州关于消费者保护的重要公共政策,因而是为加州法律所禁止的。因此,该法院地和法律选择条款无效。

第九章　网络信息安全

美国 Interpact 公司的通信顾问温·施瓦托（Winn Schwartau）在其著作《信息战》（Information Warfare）中警告说："电子珍珠港事件随时可能发生，攻击者只要轻敲一下键盘，恐怖就会降临到数以百万计的人们身上。"[①]这绝不是危言耸听。

通信技术的飞速发展，在为人们生活带来更多便利，促进社会进步和全球经济飞跃的同时，也对个人、企业乃至国家的信息安全保障工作提出了更多的挑战。大量重要信息和敏感信息被存储于计算机、手机终端，以及互联网络之中，并可以通过通信网络进行传输，这无疑为现代高科技犯罪提供了种种便利条件，并可能引发巨大的信息安全风险。[②]

在维护网络安全方面，美国承担着别的国家不可替代的责任。互联网所有服务器中最为重要的 13 个根服务器，均由美国政府授权的互联网域名与数字地址分配机构（ICANN）统一管理。自成立以来，美国政府每年花费数十亿美元用于根服务器的维护和运行，承担了世界上最繁重的网络任务和最巨大的网络风险。

美国是互联网发源地，也是网络犯罪频发的国家。互联网的开放性、虚拟性、匿名性等特征，使其容易演变为各种严重刑事犯罪、高科技违法活动以及严重暴力恐怖活动的工具，同时使自身成为被侵害的对象。美国在发展互联网的过程中，也把打击网络犯罪放在重要的位置，进行专门的立法，发挥行业协会的作用，以确保信息安全。美国在打击网络犯罪、维护网络安全方面的做法，不仅对于维护互联网世界的安全具有重要意义，对于其他国家的互联网治理也不乏借鉴意义。

[①]　宫承波、刘姝、李文贤：《新媒体失范与规制论》，北京，中国广播电视出版社，2010 年 1 月版，第 59 页。

[②]　马民虎、果园：《网络通信监控法律制度研究》，北京，法律出版社，2013 年 1 月版，第 108 页。

第一节 打击网络犯罪

互联网是以统一的 TCP/IP 协议为规则运作的,是一个对全世界所有国家开放的网络,任何团体或个人都可以在网上传送和获取各种信息。互联网的这种开放性架构,使得网络特别容易受到黑客的攻击和病毒的侵扰。而且信息网络技术本身具有脆弱性的弱点,数字化保存或传输的信息易受到攻击、篡改、销毁。有人预言,天生脆弱的互联网"有朝一日会证明它具有毁灭性的后果"。[1] 2014 年 7 月 21 日出版的美国《时代》周刊的封面文章《零世界大战》指出,网络战不是未来,而是已经存在,并且已经司空见惯。这场战争并不引人注目,但持久、广泛。它模糊了军事和民事、个人与公共、政治与商业的界限。其受害者损失的是个人数据和知识产权,等他们发现自己遭受了攻击,往往已为时晚矣。[2] 随着手机的智能化,手机的安全问题也日益严峻。手机带来的问题是全方位的,一是经济损失;二是信用危害、设备危害等恶意程序隐患;三是个人隐私等信息泄露。[3]

网络犯罪给全球带来了巨大的经济损失。位于华盛顿的美国智库战略与国际问题研究中心早在 2014 年 6 月 9 日发布报告称,网络犯罪每年估计给全球造成 4 450 亿美元的经济损失,其中美国为 1 000 亿美元,在 GDP 中所占比重达 0.64%。打击网络犯罪,维护信息安全日益成为一个世界性的重大课题。

网络为网络犯罪提供了一个新的犯罪平台。网络犯罪指行为人通过计算机、通信技术等手段,或者利用其所处的特殊地位(如 ISP),在网络环境中实施侵害或威胁法律所保护的利益。[4] 网络犯罪既包括行为人运用其编程、加密、解码技术或工具在网络上实施的犯罪,也包括行为人利用软件指令、网络系统或产品加密等技术及法律规定上的漏洞在网络内外交互实施的犯罪,还包括行为人借助于其居于网络服务提供者的特定地位或其他方法在网络系统实施的犯罪。简言之,网络犯罪是针对和利用网络进行的犯

---

① 〔美〕理查德·斯皮内洛:《铁笼,还是乌托邦——网络空间的道德与法律》,李伦、等译,北京,北京大学出版社,2007 年 2 月版,第 179 页。

② Lev Grossman, World War Zero, Time, July 21,2014.

③ 宫承波、刘姝、李文贤:《新媒体失范与规制论》,北京,中国广播电视出版社,2010 年 1 月版,第 235 页。

④ 齐爱民、刘颖:《网络法研究》,北京,法律出版社,2003 年 1 月版,第 5-6 页。

罪,网络犯罪的本质特征是危害网络及其信息的安全与秩序。①

　　网络犯罪的雏形是计算机犯罪,最早发生在美国。一般认为,计算机犯罪出现于20世纪40年代末期,也就是计算机推广应用之时,首先是在军事领域,然后逐渐发展到工程、金融、商业等民用领域。涉及计算机的犯罪包括旧有的犯罪形式,比如买主诈骗(向一个根本不存在的买主付款或者向根本没有交货的商品付款),向虚构的员工支付工资,为根本没有发生的费用退款等。现在又出现了新的犯罪形式,比如窃取密码、信用卡号码和个人资料等。非物质资产是企业内部人员犯罪热衷的目标之一。实际上,生产电脑监控软件的厂商指出,购买和安装这类监控软件的公司多将其用于监控公司的非物质资产,如监控产品设计草图、各种报表等是如何在网上流传的,而不是大量用于监控其员工。② 计算机犯罪包括两部分:一是计算机是犯罪的工具(在盗窃、欺诈或贪污中);二是计算机是犯罪的受害者。③

　　1958年,美国发生了第一起有案可查的利用计算机犯罪的案件。1966年10月美国计算机专家在调查与电子计算机有关的事故和犯罪时,发现一名计算机工程师通过篡改程序在存款金额上做了手脚,以谋取钱财,结果被起诉,这成为世界上第一例受到刑事追诉的计算机犯罪案件。最初,针对计算机犯罪,美国法律界和司法界倾向于认为这是一种传统类型的犯罪,多以盗窃罪起诉。20世纪70年代以来,随着计算机在美国经济、信息、防卫系统的广泛应用,网络犯罪持续增加、对社会的危害也日趋严重。针对这种情况,之后美国政府才开始重视起来,美国联邦和各州大都开始关于互联网犯罪的立法。

　　1. 网络犯罪类型

　　一类是在计算机网络上实施的犯罪:非法侵入计算机信息系统罪;破坏计算机信息系统罪。表现形式有:①软件盗版;②计算机破坏;③电子侵入。所有这些犯罪都有一个共同点,即都使用计算机——计算机既是犯罪的目标,又是犯罪的工具。④

　　另一类是利用计算机网络实施的犯罪,其主要表现形式有以下六种:①利用网络危害国家安全的犯罪行为;②利用网络侵犯人身权利的犯罪行

---

① http://baike. baidu. com/view/573426. htm? fr=aladdin,访问日期,2014年6月29日。
② 〔美〕斯蒂芬·哈格、梅芙·卡明斯:《信息时代的管理信息系统》(英文原书第8版),严建援译注,北京,机械工业出版社,2011年8月版,第245页。
③ 王贵国:《国际IT法律问题研究》,北京,中国方正出版社,2003年1月版,第494页。
④ 〔美〕理查德·斯皮内洛:《铁笼,还是乌托邦——网络空间的道德与法律》,李伦、等译,北京,北京大学出版社,2007年2月版,第181页。

为;③利用网络侵吞公私财产的犯罪行为;④利用网络进行色情交易、传播等活动的犯罪行为;⑤利用技术及以其用户作为攻击对象而实施的犯罪行为;⑥利用网络传播计算机病毒的犯罪行为。另外,还有利用计算机实施的其他犯罪:电子讹诈;网络走私;网络非法交易;虚假广告;网络洗钱;网络诈骗;电子盗窃;网络毁损商誉;在线侮辱、毁谤;网上侵犯商业秘密;网上组织邪教团体;在线间谍;网络刺探等。

互联网为犯罪提供了一个全新的空间。网络犯罪形式多样,令人眼花缭乱,从消费欺诈和身份盗用团伙到贩卖毒品、偷盗艺术品,乃至贩卖武器甚至人口。[①] 仅网络诈骗的形式有:利用网络购物实施诈骗;利用互联网进行信用卡诈骗;利用"网络钓鱼"实施诈骗;利用虚假网络服务实施诈骗;利用网络交友实施诈骗等。

美国佛罗里达州一名男子利用 Email 和 AirKatrina. com 网站在两天内骗取了 4 万美元。他谎称利用其私人飞机为路易斯安那州灾民提供医疗服务,疏散老弱病残,但灾民付钱后他卷款潜逃。[②] 据统计,2005 年美国网络欺诈总损失达到 1.83 亿美元,与 2004 年的 0.68 亿美元比,增加了 169%。

网络赌博成为网络犯罪的一种新形式。据调查,2005 年美国在线赌博人数占全国总人口的 4%。针对这一现状,美国政府发起了一系列的打击在线赌博行动。康涅狄格州关闭了赌博网站 eBet USA Web 在当地的链接;美国司法部侦破了一起涉案 25 亿美元的网络赌博案;美国众议员在 2000 年闪电战术失败后再次发起了网络禁赌提案,美国众议院司法委员会同意了这一法案。根据这一法案,以任何形式参与赌博业务,包括接受信用卡支付、支票、网上转账等,都将被禁止。[③] 反对禁赌措施的也大有人在。美国银行业界谴责网络禁赌提案,认为该提案可能促使美国公民从事非法网络赌博;美国赌场对此更是表示不平,因为这一法案禁止其合法设立的赌场。

与传统犯罪相比,网络犯罪往往具有专业技术知识、犯罪主体年轻化、犯罪跨国化等特点。从某种意义上讲,网络犯罪是传统犯罪的技术变种形式,主要特点有。

第一,成本低、传播迅速、传播范围广。就电子邮件而言,比起传统寄信

---

① J. Charles Sterin, 2011: *Mass Media Revolution*, Pearson, p. 20.
② 张平.《网络法律评论》(第 11 卷),北京,北京大学出版社,2010 年 6 月版,第 7 页。
③ 张平.《网络法律评论》(第 11 卷),北京,北京大学出版社,2010 年 6 月版,第 9 页。

所花的成本少得多,尤其是寄到国外的邮件。而随着网络的发展,只要敲一下键盘,几秒钟就可以把电子邮件发给众多的人。理论上而言,接受者是全世界的人。

第二,互动性、隐蔽性高,取证困难。网络发展形成了一个虚拟的电脑空间,既消除了国境线,也打破了社会和空间界限,使得双向性、多向性交流传播成为可能。在这个虚拟空间里对所有事物的描述都仅仅是一堆冷冰冰的密码数据,因此谁掌握了密码就等于获得了对财产权等权利的控制权,就可以在任何地方登录网站。

第三,严重的社会危害性。随着计算机信息技术的不断发展,从国防、电力到银行和电话系统都已数字化、网络化,一旦这些部门遭到侵入和破坏,后果不堪设想。

第四,网络犯罪是典型的计算机犯罪。时下对什么是计算机犯罪,理论界有多种观点,其中双重说(即行为人以计算机为工具或以其为攻击对象而实施的犯罪行为)的定义比较科学。网络犯罪中比较常见的如偷窥、复制、更改或者删除计算机数据、信息的犯罪,散布破坏性病毒、逻辑炸弹或者放置后门程序的犯罪,就是典型的以计算机为对象的犯罪。而网络色情传播犯罪、网络侮辱、诽谤与恐吓犯罪以及网络诈骗、教唆等犯罪,则是以计算机网络形成的虚拟空间作为犯罪工具、犯罪场所进行的犯罪。[①]

2. 网络病毒传播

1986 年,世界上出现了第一个计算机病毒。计算机病毒是一些恶意编写的程序,会引起麻烦或造成混乱。其中蠕虫病毒的自我传播不是从一个文件传染到另一个文件,而是通过电子邮件或者其他网络信息流,从一台电脑传染到另一台电脑。[②] 在网络普及前,计算机病毒的传播主要是通过软盘。随着互联网的发展,病毒传播大大加快,现在,病毒通过网络很快就可以在全球传播。

"莫里斯蠕虫"是第一个通过互联网进行传播的病毒。1988 年 11 月 2 日,还在康奈尔大学读研究生的罗伯特·塔潘·莫里斯(Robert Tappan Morris)[③]发布了史上首个通过互联网进行传播的蠕虫病毒。莫里斯制作了

---

① http://baike.baidu.com/view/573426.htm#2,访问日期,2014 年 6 月 30 日。

② 〔美〕斯蒂芬·哈格、梅芙·卡明斯:《信息时代的管理信息系统》(英文原书第 8 版),严建援译注,北京,机械工业出版社,2011 年 8 月版,第 247 页。

③ 莫里斯在哈佛大学获得了计算机科学博士学位,后来担任麻省理工大学计算机科学和人工智能实验室的一名终身教授,主攻方向是计算机网络架构。他是当时美国国家计算机安全中心(隶属于美国国家安全局)首席科学家的儿子。

"莫里斯蠕虫"。这个蠕虫病毒对当时的互联网几乎构成了一次毁灭性攻击：约有6 000台计算机遭到破坏，造成1 500万美元的损失。这是一次非常典型的计算机病毒入侵计算机网络的事件。美国国防部立即成立了计算机应急行动小组。事件中遭受攻击的对象包括5个计算机中心和12个地区结点，连接着政府、大学、研究所和拥有政府合同的25万台计算机。① 莫里斯成为首位受《反黑客行为法》(anti-hacking law)指控的对象，他也是美国根据1986年制定的《电脑欺诈滥用法》被宣判的第一人。莫里斯被处以3年缓刑、400小时社区服务，并罚款10 050美元附加缓刑期间的监控费用。网络病毒的传播主要有以下五种形式和渠道：

1) 电子邮件

电子邮件已经成为计算机病毒的最大携带者。随着电子邮件作为一种传播媒介的不断发展，病毒种类明显增长。仅从1998年11月到1999年10月期间，已知病毒种类翻倍，从2.05万种增长到4.2万种。电子邮件也培育了几种新型的恶性程序。其中，特洛伊木马程序是一种可执行文件，会做出一些让用户意想不到的事情来，例如删除文件，但它本身并不自我复制。而蠕虫病毒则是在不需要人类帮助或很少需要人类帮助的情况下，通过计算机网络传播的程序。②

2) 恶意网站

恶意网站是指故意在计算机系统上执行恶意任务的病毒、蠕虫和特洛伊木马的非法网站。网络用户在浏览一些色情或者其他的非法网站，或者从不安全的站点下载游戏或其他程序时，往往会连恶意程序一并带入自己的电脑，而用户本人对此毫不知情。直到有恶意广告不断弹出或色情网站自动出现时，用户才有可能发觉电脑已"中毒"。在恶意软件未被发现的这段时间，用户在网上的所有敏感资料都有可能被盗走，比如银行账户信息、信用卡密码等。

恶意网站未明确提示用户或未经用户许可而修改用户的浏览器及相关设置，强制安装恶意程序或欺骗卸载用户软件，劫持浏览器，捆绑恶意软件，弹出网页，会给用户带来极大困扰，也给个人信息安全带来重大隐患。

3) 流氓软件

"流氓软件"其实起源于国外的"Badware"一词。"Badware"是一种跟

---

① 宫承波、刘姝、李文贤：《新媒体失范与规制论》，北京，中国广播电视出版社，2010年1月版，第48-49页。

② 〔美〕琼斯：《新媒体百科全书》，熊澄宇、范红译，北京，清华大学出版社，2007年1月版，第477页。

踪上网行为并将用户的个人信息反馈给"躲在阴暗处"的市场利益集团的软件,利益集团可以通过该软件弹出广告。"Badware"可分为间谍软件(spyware)、恶意软件(malware)和欺骗性广告软件(deceptive adware)。

一般而言,这类软件具有以下一种或数种特征:一是强行或秘密侵入用户电脑,使其无法下载;二是强行弹出广告,以此获取商业利益;三是偷偷监视电脑用户上网行为,记录用户上网行为习惯,或窃取用户账号密码;四是强行劫持用户浏览器或搜索引擎,妨害用户浏览正常的网页。

"流氓软件"介于"白色软件"(合法软件)和"黑色软件"(病毒)两者之间,同时具备正常功能(下载、媒体播放等)和恶意行为(弹广告、开后门),会给用户带来实质性危害。与病毒或者蠕虫不同,这些软件很多不是由小团体或者个人秘密地编写和散播,反而由很多知名企业和团体涉嫌开发的。其中以雅虎旗下的3721最为知名和普遍,也比较典型。该软件采用多种技术手段强行安装和对抗删除。[①]

4) 手机病毒

相对于个人电脑安全而言,手机安全隐患对用户的威胁更大,给用户造成的损失也更大。手机流氓软件、手机黑客、自动拨打电话、发短信彩信等一系列手机安全问题而导致的无故花费支出和其他形式的损失已经成为家常便饭。手机产业大发展催生了手机病毒的产生,淫秽色情等违法信息的传播和私人信息的窃取等一系列灰色产业链的形成,其后果比个人电脑病毒还要严重。[②]

除了以上最为典型的传播方式以外,计算机病毒传播方式呈现多样性。随着即时通信工具、P2P、FTP等新传播媒介的发展,病毒传播的平台也日益增加,这无疑增加了计算机病毒防治的难度。[③]

5) 网络黑客侵入

在互联网上,犯罪的主体就是"非法入侵者"。所谓非法入侵者,就是未经他人允许,擅自闯入别人的网站或数据库系统,进行破坏或窃取活动的人。[④] 一般认为,非法闯入其他人计算机系统的人为黑客,但是黑客并不一

---

① 宫承波、刘姝、李文贤:《新媒体失范与规制论》,北京,中国广播电视出版社,2010年1月版,第52-53页。

② 宫承波、刘姝、李文贤:《新媒体失范与规制论》,北京,中国广播电视出版社,2010年1月版,第244页。

③ 宫承波、刘姝、李文贤:《新媒体失范与规制论》,北京,中国广播电视出版社,2010年1月版,第49-50页。

④ 杨伯溆:《因特网与社会:论网络对当代西方社会及国际传播的影响》,武汉,华中科技大学出版社,2003年1月版,第123页。

定是罪犯,罪犯也不都是黑客。

黑客,即英文"Hacker"的音译,是一群熟练掌握了黑客技术的人。"Hacker"一词源于英文动词"Hack",意为"劈、砍",引申为干了一件非常漂亮的工作。[①] 黑客往往是计算机高手,他们利用自己的知识非法入侵别人的电脑。[②] 网络黑客依然是网络社会中令人头疼的问题。在黑客通过各种非法手段创建现实、虚拟社区的过程中,它为传统的法律结构、性质带来了越来越多的困惑。[③]

黑客运动起源于20世纪50年代和60年代,由一群大学生发起。黑客几乎都是男孩子,他们主要是生活在城市的白人,年龄普遍在14岁到20岁之间。最早的电脑黑客实际上是一些编程高手,他们善于发现系统安全的漏洞,并且能进行修补。

老一代黑客通常是20世纪50~70年代的美国麻省理工学院、哈佛大学或者康奈尔大学的学生,他们都参加过电脑爱好者俱乐部。新一代黑客一般为20世纪80~90年代的人。这两代黑客的明显区别是,很多老黑客都是大公司的创业者,他们直接推动了电脑革命。"苹果电脑"的故事常常被认为是老黑客成功的典型。沃茨尼亚克和乔布斯在伯克利大学的宿舍里发明了"蓝盒子"这种能打免费长途电话的装置并开始出售。人们普遍认为,早期的黑客就是这样一群对计算机技术充满兴趣的人,他们对全球信息化发展做出了卓越贡献。他们狂热、专致、聪明、多谋,不满足计算机现有的功能和实现方式,提出了"解放计算机""计算机属于人民"的口号,研究制造了微型计算机,发展了适合大众使用的操作系统,使得计算机从只适合专业机构使用的阳春白雪,变成家庭和孩子们可以使用的下里巴人。[④]

现在,黑客已经成为一个群体,在互联网上通过谷歌可以查到的黑客网页达200个之多。新一代黑客建立了很多黑客组织如"毁灭兵团"和"诡计大师",美国联邦经济情报局和美国联邦调查局经常拜访他们,偶尔还会让他们到监狱旅游。[⑤] 美国有著名的"美国在线",黑客们就办起"美国不在线";美国知名的"大屠杀2600"俱乐部黑客组织,成员多达150多万人。他

① 何精华:《网络空间的政府治理》,上海,上海社会科学院出版社,2006年1月版,第75页。
② 〔美〕斯蒂芬·哈格、梅芙·卡明斯:《信息时代的管理信息系统》(英文原书第8版),严建援译注,北京,机械工业出版社,2011年8月版,第246页。
③ 〔英〕戴维·冈特利特:《网络研究:数字化时代媒介研究的重新定向》,彭兰、等译,北京,新华出版社,2004年1月版,第331页。
④ 何精华:《网络空间的政府治理》,上海,上海社会科学院出版社,2006年1月版,第76页。
⑤ 〔英〕戴维·冈特利特:《网络研究:数字化时代媒介研究的重新定向》,彭兰、等译,北京,新华出版社,2004年1月版,第336页。

们有自己的杂志,公开在网上交流,共享强有力的攻击工具。网络黑客利用网络超越空间进行联盟和行动,其组织规模十分庞大。不仅如此,网络黑客每年都要召开一次国际网络黑客大会。① 黑客正不断地走向系统化和组织化。

黑客文化是"男孩文化"的代表,是以冲击成人的权威和向往自由为特征的青春期文化。因此,可以把黑客文化看作是反叛文化,它挑战主流文化,挑战成人世界的权威,特别是主流文化的权威,并形成与之相对的自己的准则。黑客文化有两条默认的规则:一是不要有恶意(不能破坏、损坏数据);二是黑客活动不是为了金钱。对于大多数黑客而言,破坏某系统或是受雇佣进行黑客活动,是他们被逮捕的主要原因。② 尽管人们常常把黑客描绘成罪犯,但黑客们认为自己有坚定的伦理观念——监测信息业的发展,探索最前沿的数字技术。

从文化的角度看,黑客文化是一种同时具有消极因素和积极因素的亚文化。到 20 世纪末,"Hacker"已经至少演变成三种类型。

(1)传统的网络黑客。这类网络黑客,只以侵入公共的或他人的计算机系统为目的而不做任何破坏,甚至还会给侵入对象提出,加强网络安全防范措施的建议。这类黑客不以获取利益为目的,而以成功侵入安全措施严密的网络为乐。

(2)坏客(也称为骇客),即 Cracker。这类网络黑客,有人称为"闯入者""坏客"或"解密一族"。他们闯入计算机网络和入侵电话系统,以破解各种加密或有限制的商业软件为目的,对最新版本的软件的解密似乎是义务性的、发泄性的。Cracker 在英文中的意涵与 Hacker 也大相径庭,Crack 是"猛击""猛撞"的意思,Cracker 就是"撞击者"的意思,引申之意即电脑系统的袭击者、破坏者。传统网络黑客和 Cracker 的区别在于,网络黑客们创造新技术,而 Cracker 破坏技术。

(3)非法入侵者。在传统网络黑客看来,自己与非法入侵者不同。非法入侵者是那些利用网络漏洞破坏网络的人,他们往往做一些重复的工作,譬如用暴力手段破解口令,他们具备广泛的计算机知识,但与传统的网络黑客不同的是,他们以破坏为目的。③

根据入侵目的的不同,黑客还可以被细分为红客、白客和灰客。红客指

---

① 何精华:《网络空间的政府治理》,上海,上海社会科学院出版社,2006 年 1 月版,第 82 页。

② 何精华:《网络空间的政府治理》,上海,上海社会科学院出版社,2006 年 1 月版,第 332 页。

③ 何精华:《网络空间的政府治理》,上海,上海社会科学院出版社,2006 年 1 月版,第 77 页。

那些技术过硬但又不屑与破坏者为伍的爱国黑客;白客最早始于新加坡,又称安全防护者,即从网络破坏者转变成网络秩序维护者的黑客。在其他黑客眼里,灰客是十足的破坏者,他们恶意攻击、蓄意破坏系统。①

由于网络黑客行为的复杂性,学术界对黑客还没有严格统一的概念。网络黑客给自己的定义是:网络黑客是那些掌握计算机硬件和软件的高级知识,以保护网络为目的,而以不正当侵入为手段找出网络漏洞,检查网络系统完整性和完全性的人,并有能力通过创新的方法剖析系统,从而使更多的网络趋于完善和安全。② 他们自称是"为自由而战的斗士",试图突破束缚网络的一切羁绊和枷锁。史蒂夫·利维(Steve Levy)在《网络黑客计算机史》一书中写道,黑客们通往计算机的路不止一条,所有的信息都应当免费,打破计算机集权,在计算机上创造艺术和美,计算机将能使生活更加美好。③

当然,这种解释过于美化网络黑客。事实上,网络黑客对社会的危害是极大的。英国学者尼尔·巴雷特(Neil Barrett)认为,黑客侵入的后果主要有四种:一是窃取情报,即闯入系统窥视机密信息并复制;二是信息破坏,即删除或自主处理系统的信息;三是拒绝服务,即使系统中断工作;四是摧毁电子通信器件,彻底损坏系统的信息处理能力。④

据统计,全球平均每 20 秒钟就发生一起计算机网络侵入事件。美国《信息周刊》的一项调查表明,世界上有 80% 的企业因泄密而遭受损失,其中 35% 为网络黑客所为。⑤ 互联网已成为具有一定经济条件和技术专长的攻击者进行破坏活动的靶子。在一起由荷兰黑客发起的针对全球范围的攻击中,共有 150 万台电脑被安装插件,用户信用卡密码和其他个人信息均被盗窃。美国联邦调查局称,计算机犯罪已经造成了 670 亿美元的损失。⑥

美国自身也受到网络黑客的侵扰。其中,比较重大的侵入计算机系统事件有两起:一是 1993 年英国少年布里顿"侵入"美国国防部计算机系统,接触到大量机密材料,并将部分机密输入有 3 500 万计算机用户的国际计算机网络。二是 1996 年 8 月和 9 月,美国司法部和中央情报局先后遭入侵。入侵者将美国司法部主页改成"美国不公正部",用色情图片替代了文本,把

---

① 宫承波、刘姝、李文贤:《新媒体失范与规制论》,北京,中国广播电视出版社,2010 年 1 月版,第 56 页。

② 何精华:《网络空间的政府治理》,上海,上海社会科学院出版社,2006 年 1 月版,第 76 页。

③ 何精华:《网络空间的政府治理》,上海,上海社会科学院出版社,2006 年 1 月版,第 82 页。

④ 〔美〕尼尔·巴雷特:《数字化犯罪》,郝海洋译,沈阳,辽宁教育出版社,1998 年 1 月版,第 183 - 209 页。

⑤ 何精华:《网络空间的政府治理》,上海,上海社会科学院出版社,2006 年 1 月版,第 78 页。

⑥ 张平:《网络法律评论》(第 11 卷),北京,北京大学出版社,2010 年 1 月版,第 12 页。

克林顿总统的肖像换成了希特勒的肖像,用纳粹党徽作为背景图案,将中情局的主页改为"中央愚蠢局"。

黑客还袭击过美国农业部的电脑系统,导致 2.6 万名雇员和合作者的数据丢失。美国能源部核武署 1500 名雇员的数据也曾遭遇黑客攻击。难怪美国政客惊呼,网络已构成"对国家安全的威胁"。网络正通过技术赋权于个人,控制权正在从国家转移到个人,这正是许多政府领导人惶恐不安的原因。[①]

另外一起著名的安全破坏事件发生在 1998 年 9 月 13 日,这是一起针对《纽约时报》的事件。一群黑客侵入《纽约时报》网站的服务器,他们在上面张贴色情材料,并且写下恐吓信息:

> 首先,我们不得不说……我们控制了你们这帮蠢货。其次,这里有如此之多的失败者,很难挑选出一个最失败的来侮辱。

该网站被迫关闭了九个小时。在此期间,IT 工作人员清除了这些攻击性信息,并重新插上了电源。[②]

在数字时代,新一代黑客创造了很多的犯罪模式,但法律体系反应迟缓。判定黑客罪行的主要问题是:犯罪场所是虚拟空间,而法律尚不能了解这个世界。因此当黑客被逮捕后,往往不能依据专门处理网络犯罪的新型法律起诉他们,这些犯罪往往被统称为欺诈罪,分为三类:社会工程、取得根账号和黑客激进主义。

社会工程通常的办法是:黑客装作计算机安全的专家告知一个毫无戒心的用户说他的账户很危险。为了"检测"该用户,黑客会要求用户告知账号的信息和密码。一旦黑客进入系统,黑客活动的目标就变了。

每个系统都有个特权账户,通常叫作根账户。通过这个账户,黑客可以全面控制系统,比如读取(修改)文件。只要他愿意,还可以彻底关闭系统。此外,掌握了特权账户,黑客还可以删除记录,使别人无法觉察他的入侵,从而保证自己不会被抓住。通过根账户,黑客可以利用其他系统缺陷设置特洛伊木马或者预留秘密通道。可以说,根账户能够在很大程度上控制系统,这也是黑客的最终目标。

---

① 〔美〕理查德·斯皮内洛:《铁笼,还是乌托邦——网络空间的道德与法律》,李伦、等译,北京,北京大学出版社,2007 年 2 月版,第 40 页。

② 〔美〕理查德·斯皮内洛:《铁笼,还是乌托邦——网络空间的道德与法律》,李伦、等译,北京,北京大学出版社,2007 年 2 月版,第 178 页。

黑客激进主义是指将黑客技术应用于激进分子的活动中,在全世界范围内引发社会、政治变革。这类活动范围很广,[①]它的极端表现形式就是网络上的恐怖主义活动。

虽然传统上大多数黑客是为了娱乐,但是,现在出现了一批越来越专注于政治目的的黑客犯罪团伙,他们与恐怖主义分子相互勾结,袭击电脑网络,制造社会恐慌。[②] 这类行为被视为网络恐怖主义。

互联网上的恐怖活动具有隐蔽性、扩散性、低成本、分散性、传播速度快、目标不确定等特点。从法律的角度看,打击网络恐怖主义存在一系列难题,其中之一就是如何科学界定网络恐怖主义和网络恐怖活动。到目前为止,对网络恐怖主义还没有统一的标准定义。1997 年,美国加州情报与安全研究所资深研究员巴里·科林(Barry Collin)首先提出"网络恐怖主义"一词,认为它是"网络与恐怖主义相结合的产物"。同年,美国联邦调查局(FBI)特别代理马克·坡力特(Mark Pouitt)把网络恐怖主义界定为"网络恐怖主义是由一些非政府组织或秘密组织对信息、计算机系统、计算机程序和数据所进行的有预谋、含有政治动机的攻击,并导致平民目标的巨大伤害"。美国国防部给网络恐怖主义下的定义是:利用计算机和电信能力实施的犯罪行为,以造成暴力和对公共设施的毁灭或破坏来制造恐慌和社会不稳定,旨在影响政府或社会实现其特定的政治、宗教或意识形态目标。著名专家多萝西·顿宁(Dorothy Denning)认为,网络恐怖主义是"为了达到某种政治或社会目的,而采用非法手段攻击或威胁攻击计算机、网络及其中的信息,来威慑或胁迫一国政府或平民百姓"。[③]

诸如此类的定义还有很多,综合起来可以这样表述:网络恐怖主义就是非政府组织或个人有预谋地利用网络并以网络为攻击目标,以破坏目标所属国的政治稳定、经济安全,扰乱社会秩序,制造轰动效应为目的的恐怖活动,是恐怖主义向信息技术领域扩张的产物。

网络恐怖分子的攻击手段多种多样。主要有以下四种:第一种手段为他们可能采用黑客技巧非法侵入目标信息系统内,进而破译密码,或者编制复杂的程序寻找目标系统中的弱点,从而可以设计攻击的时间、范围与效果;第二种手段就是投放病毒;第三类手段是拒绝服务攻击,是向某个站点发送大量的请求,直到服务器无法招架而减慢速度甚至系统崩溃;第四

---

① 〔英〕戴维·冈特利特:《网络研究:数字化时代媒介研究的重新定向》,彭兰、等译,北京,新华出版社,2004 年 1 月版,第 338—340 页。
② 何精华:《网络空间的政府治理》,上海,上海社会科学院出版社,2006 年 1 月版,第 51 页。
③ 何精华:《网络空间的政府治理》,上海,上海社会科学院出版社,2006 年 1 月版,第 52 页。

种手段就是通过互联网宣布可能的入侵行为、病毒攻击,以造成社会恐慌。

网络恐怖行动与一般的黑客行动有许多联系。网络恐怖行动可能借助黑客行动获取信息,并可能借之获得活动经费。但许多研究者认为,典型的恐怖分子与黑客们仍然有着明显区别。许多黑客小组也给自己订立了规矩,把自己和网络恐怖主义行动区别开来。他们认为,这种类型的威胁,哪怕是无意的,也只会是将黑客们从主流社会中疏远开去,只会加快扩散我们想消除的误解。[①]

美国相关研究部门的一份报告说,未来恐怖分子只要使用计算机的键盘,就能制造出比一颗炸弹的威力还要大的破坏。如果进入核武器库的计算机系统,其破坏力则无法想象。专家们归纳出恐怖主义分子可能会利用信息网络进行恐怖活动的四种类型:①释放超级计算机病毒,使信息高速公路运行瘫痪,引起社会混乱;②利用网络侵入一些重要部门的计算机,造成重要信息被改或被删;③利用网络向大众或特定对象散布一些假信息,引起混乱或造成损失。④国际恐怖主义团伙,可以通过信息高速公路,渗入一些要害部门、机密部门的电脑系统。比如渗透到目标国的军事指挥系统,夺取军事指挥权。[②]

无论是互联网还是手机,如今都面临病毒攻击的威胁。病毒的传播速度远远超出了人们的想象,无时无刻不在干扰着人们的使用,盗取人们的个人信息,为网络犯罪提供技术支持。黑客对国家银行、金融机构的攻击,给国家信息安全带来了巨大隐患,造成的损失更是无法估量。面对日益严重的网络黑客破坏行为,美国采取了有效措施预防和治理网络黑客犯罪。

在美国,除了 FBI 之外,1996 年成立了司法部电脑犯罪防范中心(CCIPS),和美国联邦调查局纽约 37 刑事小组(C - 37 刑事小组)专门监察和维护网络安全。CCIPS 的工作范围包括:解决日新月异的计算机与电传技术所引发的特别争议问题;诉讼案件、提供诉讼支援给其他检察官、训练联邦执法人员、提出立法与修法的建议以及促进国际合作等。例如,CCIPS协助修订了 1984 年的《计算机欺诈滥用防止法》,旨在对仅入侵计算机系统未引起任何损害的行为予以入罪。[③]

---

① 何精华:《网络空间的政府治理》,上海,上海社会科学院出版社,2006 年 1 月版,第 52 -
53 页。

② 何精华:《网络空间的政府治理》,上海,上海社会科学院出版社,2006 年 1 月版,第 53 -
54 页。

③ 何精华:《网络空间的政府治理》,上海,上海社会科学院出版社,2006 年 1 月版,第 88 页。

美国监控和防范网络黑客犯罪的做法如下。

（1）追踪网络黑客"拒绝服务"的源头。网络黑客发送消息时，被利用的计算机系统会有记录，这种记录被业内人士称为"Log"。只要计算机保留这些记录，即可追踪攻击信息的源头。另外，网络黑客每次发动"拒绝服务"攻击时，所发出的信息通常十分类似，容易辨认，追踪网络黑客的源头正是利用了这些信息的类似性。

（2）监测"拒绝服务"。阻拦"拒绝服务"式攻击的常用方法之一是在网络上建立一个过滤器或侦测器，在网站服务器的前台为涌入的信息把关。FBI已经开发出能侦测是否受攻击的软件，并可免费下载，但必须要求向当地的FBI汇报重要的或值得怀疑的线索，并要采取应急措施或遵守某些条款的规定。

（3）侦测网络黑客安装的攻击工具。为了防止普通网站被网络黑客利用，美国国家基础设施保护中心（NIPC）要求所有网络公司及机构检查自己的网络系统，看是否有"拒绝服务"攻击程序，譬如易损软件、TRINOO及Tribe Flood网站技术或TFN和TFN2K软件等。

（4）从根本上解决"拒绝服务"攻击。其中包括建立用户ID机制以及更加安全的硬件。建立用户ID就像在汽车上挂牌照一样，在数据包上挂上所有者的标记，就能查看出谁的数据包在涌入数据。同时，更安全的上网设备将采用防篡改身份确认芯片、密码或生物统计学保护等安全技术，并适用于存放数字货币。①

防病毒软件是非常必要的。防病毒软件会检测、删除或者隔离电脑病毒。防火墙是能够阻止入侵者进入用户电脑和网络的硬件或者软件。防火墙会对进入网络的每条信息进行检查，就像边防人员检查护照。生物测定学就是使用自然特征，例如指纹、视网膜的血管、声音语调甚至是呼吸来提供身份证明。

密码在信息储存和传递时能起保护作用，可以有效预防黑客的侵入。密码学是一门科学，它使信息对所有人来说——除了得到授权者以外——都无法破译。最早的方式是私人钥匙式的系统，亦称为对称密码。② 而现在使用的不对称密码亦即公钥加密技术，这是一套加密系统，拥有两套不同的密码：一套是公用密码，每个人都可以使用；另一套是保密密码，只有信息的

---

① 何精华：《网络空间的政府治理》，上海，上海社会科学院出版社，2006年1月版，第88-89页。

② 〔加〕大卫·约翰斯顿、森尼·汉达、查尔斯·摩根：《在线游戏规则——网络时代的11个法律问题》，张明澍译，北京，新华出版社，2000年1月版，第106页。

接受者才有。[①]

第二节　维护网络信息安全

互联网带来的国家信息安全问题,主要有计算机病毒、网络黑客、网络泄密与网络间谍、网络煽动、网络恐怖活动、网络技术殖民主义等。相比传统媒体,网络给国家安全带来的影响是前所未有的。[②]

美国在 20 世纪 90 年代就把信息安全问题提高到国家战略层面。美国学者率先提出了"战略信息战"的概念,即"通过破坏和操纵计算机网络中信息流的办法,对国家国防和基础设施实施破坏,以达到战略目的的一种作战手段"。他们还将这种不费一枪一弹的战争与核战、生化武器战一并称为对国家安全最危险的三大挑战。[③] 对此,美国采取了四种措施来维护网络安全和国家安全。

1. 组建网络安全部队

早在 1969 年,五角大楼就在内部组建了最初的计算机网络。美军黑客部队的雏形则可追溯到 1988 年,美国国防部建立了三军计算机应急反应中队,各军种分别设一个分队,当时世界上多数国家对计算机网络还知之甚少。此后 20 多年,美国一直在系统地发展网络战能力,并逐步将执行网络空间任务作为美军建设的重点领域。

"9·11"事件中,恐怖分子使用现代化网络通信手段,通过电子邮件、即时通信工具等方式沟通策划,避开了美国警察以及国家安全部门的监控,悍然发动了震惊世界的恐怖袭击事件。虽然维护公民通信秘密、通信自由是美国民众的普遍追求,但是"9·11"事件后,对恐怖活动以及网络新技术带来的安全忧虑极大地降低了美国民众的隐私期待。[④] 之后,美国国会迅速通过了反恐怖主义的法案,即众所周知的《爱国者法案》。《爱国者法案》给予了政府更大的权力进行互联网电子监控,不仅巩固了既有的通信监控的法

---

① 〔美〕斯蒂芬·哈格、梅芙·卡明斯:《信息时代的管理信息系统》(英文原书第 8 版),严建援译注,北京,机械工业出版社,2011 年 8 月版,第 248-249 页。

② 宫承波、刘姝、李文贤:《新媒体失范与规制论》,北京,中国广播电视出版社,2010 年 1 月版,第 60 页。

③ 宫承波、刘姝、李文贤:《新媒体失范与规制论》,北京,中国广播电视出版社,2010 年 1 月版,第 59 页。

④ 马民虎、果园:《网络通信监控法律制度研究》,北京,法律出版社,2013 年 1 月版,第 1-2 页。

律成果,而且对警察机构监听公众通信记录权力进行了重大扩充。此后,在个人自由适当让渡国家安全的理念的推动下,2004 年,FCC 连续发布《通信协助执行法》的"第一份报告和指令""第二份报告和指令",进一步明确网络通信监控的具体实施和协助制度。①

此举被批评者认为侵犯了公民的个人隐私权、言论自由和知情权,也对其他国家的安全构成威胁。此后,美国国会还陆续通过了《国土安全法》《保护网络资产法》《信息安全与互联网自由法》,增加了有关监控互联网和惩治黑客的条款,在监管互联网方面给予总统和联邦政府更多授权。

2002 年,为防止遭受类似于"9·11"事件的大规模网络攻击,时任美国总统布什签署了国家安全第 16 号总统令,组建了美军历史上首支黑客部队——"网络战联合职能司令部"。次年,美军战略司令部被正式赋予集中计划、准备和实施信息战的任务,后历经改革,在该司令部下成立了信息网络作战行动司令部和信息网络保障联合中心。

2006 年底,美国国防部又组建了网络媒体战部队,以在互联网上纠正错误信息,提高美军在网络上宣传报道的能力。时任美国总统奥巴马素有"网络总统"的美名,在其推动下,美军黑客部队的发展速度明显加快。2009 年初,上任伊始的奥巴马就展开了为期 60 天的全国网络安全状况评估行动。5 月 29 日,在白宫宣布组建网络安全办公室的同时,美军战略司令部司令凯文·希尔顿(Kevin Hilton)称,战略司令部正在征召 2 000～4 000 名士兵,组建一支"特种部队",这支特种部队不仅要承担网络防御任务,还将对他国的计算机网络与电子系统进行秘密攻击。同年 6 月 23 日,时任美国国防部长罗伯特·盖茨(Robert Gates)正式签署命令,在战略司令部下成立了网络司令部,以协调网络安全及指挥网络战。

2010 年 5 月 21 日,网络司令部正式开始运行,由美国国家安全局局长基思·亚历山大(Keith Alexander)四星上将兼任司令,办公地点就设在国家安全局总部内。组建网络战司令部对美军具有里程碑意义,表明网络战已成为美军的一项全球性战略任务和独立作战样式,标志着美军网络战实现了统一指挥,全面攻防作战,美军网络战部队从此迈入正规化阶段。如今,美军网络战部队已成为上有指挥机关,下有建制部队,头脚齐备、体系完整的作战实体。美军一超独霸的地位在网络战部队建设方面得到充分体现。

指挥机关方面,处于顶层的是直接对国家安全委员会和总统负责的白宫网络安全办公室,军队网络安全问题也在其管辖范围之内。办公室主任

---

① 马民虎、果园:《网络通信监控法律制度研究》,北京,法律出版社,2013 年 1 月版,第 2 页。

兼任总统网络安全顾问，由于位高权重，被外界称为"网络沙皇"。

在美军内部，网络战最高指挥机关是网络战司令部。该司令部隶属于美军战略司令部，拥有对各军种网络战司令部及部队的军事行动指挥权，负责统一计划、协调、组织和实施美军在网络空间的各类作战行动，确保美军及其盟国在网络空间的行动自由与对敌优势，同时负责与其他联邦部门的协调行动。

据《华盛顿邮报》2013 年 1 月报道，该司令部在编 937 人。这些还仅是司令部直属机关与部队，算上各军种网络战部队，美军黑客部队绝对称得上一个庞然大物。沙恩·哈里斯（Shane Harris）在其新著《网络战：军事——互联网复合体的崛起》一书中披露，2013 年美国网络司令部有 900 人，国防部打算到 2016 年底将这支网络部队扩充到 6 000 人。而根据美防务专家乔尔·哈丁（Joel Harding）2010 年的评估，美军网战部队总人数近 9 万人。近年来美军网络战部队不断壮大，目前数量已经超过 10 万。一支规模如此庞大的网络战部队，一旦集中发动攻击，任何国家和机构都将难以承受。正如沙恩·哈里斯所指出的："互联网已变成战场。"[①]

2. 实施网络安全审查

网络安全审查，就是对关系国家安全和社会稳定信息系统中使用的信息技术产品与服务进行测试评估、监测分析、持续监督的过程。

2000 年，美国率先在国家安全系统中对采购的产品进行安全审查，随后陆续针对联邦政府云计算服务、国防供应链等出台了安全审查政策，实现了对国家安全系统、国防系统、联邦政府系统的全面覆盖。审查对象不仅涉及产品和服务，还包括产品和服务提供商。

随后，美国为保障国家安全、防范供应链安全风险，逐步建立了多种形式的网络安全审查制度，将全方位、综合性的供应链安全审查对策上升至国家战略高度。网络安全审查标准和过程是不公开的且不披露原因和理由，不接受供应方申诉，主要考虑的是对国家安全、司法和公共利益的潜在影响，且其审查没有明确的时间限制。

美国安全审查的结果具有强制性。美国国家安全系统委员会于 2000 年 1 月发布的《国家信息安全保障采购政策》规定，自 2002 年 7 月起进入国家安全系统的信息技术产品必须通过审查。2011 年 12 月，美国政府发布《联邦风险及授权管理计划》，要求为联邦政府提供云计算服务的服务商，必

[①]　Shane Harris, 2014: @War, The Rise of the Military-Internet, Eamon Dolan/Houghton Mifflin Harcourt, p. 11.

须通过安全审查 b 并获得授权;联邦政府各部门不得采用未经审查的云计算服务。美国在政府采购招标文件中还进一步规定,向联邦机构提供云计算服务的基础设施必须位于美国境内。

从开始建立至今,美国的网络安全审查范围不断延伸。2000 年 1 月,美国国家安全委员会发布了《国家信息安全保障采购政策》,要求对涉及国家安全的信息系统采购的信息技术产品进行安全审查,2002 年,美国联邦政府执行美国国家标准技术研究院制定的信息安全标准,建立了面向联邦政府的网络安全审查制度;2013 年 11 月,美国国防部颁布临时政策,规定国防系统及其合同商采购的产品和服务要经过供应链安全审查。

美国网络安全审查的内容不局限于技术。美国联邦政府要求,不仅要审查产品安全性能指标,还要审查产品的研发过程、程序、步骤、方法、产品的交付方法等,要求企业自己证明产品已达到了规定的安全标准。

美国要求被审查企业签署网络安全协议,协议通常包括:通信基础设施必须位于美国境内;通信数据、交易数据、用户信息等仅存储在美国境内;若外国政府要求访问通信数据必须获得美国司法部、国防部、国土安全部的批准;配合美国政府对员工实施背景调查等。[①]

尽管如此,随着电子邮件、"脸书"社交网络和 Skype 即时通信软件及商用密码技术的发展,美国通信监控面临越来越多的技术障碍。2010 年 5 月,纽约时报广场发生未遂爆炸案,案件嫌疑人费萨尔·沙赫扎德(Faisal Shahzad)就是通过一项没有预装监控系统的通信服务来实施犯罪活动的,也就是说,即使执法人员早就掌握了恐怖分子通信工具,恐怕也无法及时开展监听行动,防范恐怖活动的发生。

3. 维护个人和企业信息安全

通信网络是现代生活的一个主要特征。成千上万的美国人使用邮政系统、电话网和互联网进行联系沟通。不幸的是,通信网络也为犯罪提供了一个平台。网络可以被用于犯罪分子之间的联系、恐吓、欺诈,或者从事大量其他的犯罪行为。当通信网络更多地用于犯罪时,网络就成了一个犯罪现场。电话记录、储存的电子邮件和未发出的包裹,都有可能包含涉及犯罪的重要线索。就像物理空间一样,网络空间也成为一个监控的地带,在这里,警察和犯罪分子之间开展了猫捉老鼠的游戏。[②]

---

① http://news.xinhuanet.com/fortune/2014-05/22/c_1110811590.htm,访问日期,2014 年 6 月 30 日。

② Orin S. Kerr: "Internet Surveillance Law After the USA Patriot ACT: The Big Brother That Isn't", *Northwestern University Law Review*, Vol. 97, No. 2, p. 610.

　　在网络世界如何保护网民的个人信息安全一直以来是一个难题。无论是网络交易、电子邮件还是网络聊天,都涉及个人信息保护问题。福特公司、摩根集团等数家机构提供的数据显示,2005年是美国网络安全最糟的年份,美国有5500万以上人次的ID被盗。而据FTC的统计,2005年有超过25.5万个消费者的ID被盗,占FTC总投诉的1/3。更有甚者,借自然灾害进行网络诈骗。在美国卡特琳娜飓风后,出现了大量飓风救助网站。FBI警告说,一些网站名为飓风救助,实则借机招摇撞骗。在FBI调查的2000多个网站中,竟然有60%是骗子。值得注意的是,verisign iDefense的安全专家警告说,由于脸书从大学社交网络向企业工具转变,为网络袭击和ID盗窃提供了一个完美的渠道。谷歌推出个人搜索记录查询服务,用户注册一个个人账号,即可查到该用户的所有历史搜索记录,包括关键词和搜索结果。但强大的数据库造成了个人信息的集中,这为信息的泄露留下了隐患,个人信息泄漏主要发生在医疗机构、大学、数据库、公司、政府等。

　　如果商家销售给需要这些信息的人,就会导致许多无法预料的后果。在1999年的秋天,居住在美国新罕布什尔州的高中生艾米·博耶尔(Amy Boyer)被杀。她遇害的一个重要原因是,某网站将其社会保险号码以45美元的价格卖给了凶手,凶手通过这些信息查到其工作地址,在那里找到她并开枪杀死了她。虽然网站遭到了死者亲属的强烈谴责,但以美国的法律衡量,网站并未违法。[①]

　　面对日益严重的信息安全威胁,美国众议院于2005年5月全票通过《真实身份法》,并于2008年开始实施;美国众议院司法委员会通过《数据侵犯通告法》,要求商家提醒顾客注意安全隐患,对侵犯信息安全的行为予以书面通告。40多个州开始启动消费者个人信息的保护性立法,以防止日益膨胀的公司和团体泄漏私人信息。[②] FTC以侵犯客户隐私为由,对CardSystems公司和ChoicePoint公司提起诉讼,其中后者同意为其侵犯安全行为支付1500万美元。纽约检署起诉了网络广告巨头,指控其通过在个人电脑内秘密安装隐患程序以实施网络监视并据此发送广告。美国电话商巨头AT&T遭到了集体诉讼,被指称帮助国家安全局未经授权即监视电话呼叫和其他通信活动。[③]

---

①　郭卫华、金朝武、王静、等:《网络中的法律问题及其对策》,北京,法律出版社,2001年1月版,第183页。

②　张平:《网络法律评论》(第11卷),北京,北京大学出版社,2010年1月版,第28-29页。

③　张平:《网络法律评论》(第11卷),北京,北京大学出版社,2010年1月版,第32页。

4. 安全港计划

1995 年欧盟颁布《数据保护指令》是欧盟数据保护规章的核心。它制定了一系列需要所有的成员国实施的原则和规则。其第 25 条和第 26 条规定,成员国只有在第三国愿意遵守本项指令所制定的法律,且确保提供适当程度的保护的情况下,才准许将个人数据资料移转至第三国。并且对第三国保护程度做适当性的评估,如果其他国家不符合"适当标准",则欧盟成员国将采取必要措施以防止个人数据资料移转至该国。

为了缩小与欧盟保护方法的差异,美国商务部在与欧洲委员会充分协商的基础上发展出"安全港"框架,获得"安全港"资格的美国公司,即被认为是符合《数据保护指令》规定的标准,流动到这些公司的数据即被认为是安全的。这一办法简便易行,欧洲组织只要浏览美国商务部网站上的"安全港"组织名单即可确保它们发给参与"安全港"计划的美国组织的信息安全。这一名单于 2000 年 11 月开始运营。[①]

第三节　法律法规

美国政府从 1965 年起就采取措施保护计算机安全,曾由总统行政办公室发布内部通知。1970 年颁布的《金融秘密权利法》,对一般个人或法人了解银行、保险业以及其他金融业的计算机中所存储的数据,规定了必要的限制,禁止在一定时间内把有关用户的"消极信息"向第三方转让。[②]

1977 年美国制定了《联邦计算机系统保护法》,首次将计算机系统纳入法律的保护范围。1978 年,佛罗里达州通过了第一个《计算机犯罪法》(又译《电脑犯罪法》),至 1987 年美国已有 47 个州完成了这方面的立法。1984 年 10 月 12 日,时任总统里根签署了第一部联邦网络犯罪成文法《伪造存取手段以及计算机诈骗与滥用法》,对联邦刑法典进行了修正,将非法使用计算机和损害资料的行为定为犯罪。该法颁布后,舆论界抱怨该法规定模棱两可,且保护范围过于狭窄,不能有效打击网络犯罪。1986 年美国又颁布了《计算机欺诈与滥用法》,对 1984 年的《伪造存取手段以及计算机诈骗与滥用法》进行了修订。与 1984 年的《伪造存取手段以及计算机诈骗与滥用

---

① 高富平:《网络对社会的挑战与立法政策选择:电子商务法研究报告》,北京,法律出版社,2004 年 1 月版,第 35 页。
② 王贵国:《国际 IT 法律问题研究》,北京,中国方正出版社,2003 年 1 月版,第 518 页。

法》相比,该法显得更为严谨,适用面更广,其打击重点是未经许可故意进入联邦计算机的行为。1984 年还通过了《中小企业计算机安全教育培训法》。1994 年,美国国会通过了《计算机滥用法修正案》。除了佛蒙特州,全美其他各州都相继颁布了自己的计算机犯罪法,其中有些州超出了联邦《计算机欺诈与滥用法》的范围。特别是,大多数州的法律认为非授权使用计算机也是一种犯罪,即使其动机仅仅是好奇。① 1994 年通过的《通信协助执法法》,旨在增强执法和情报机构进行电子监听的权力。

"9·11"事件之后,网络安全问题受到美国的空前重视。在联邦立法中,2001 年 10 月 24 日国会通过的《爱国者法》第一部分第 2 节第 201、202、204、210、211、212、217、220 款均有涉及对互联网进行管理和监督的内容。2003 年 2 月 14 日,美国公布了《网络安全国家战略》报告,正式将网络安全提升至国家安全的战略高度,从国家战略全局对信息网络的正常运行进行谋划,以保证国家和社会生活的安全与稳定。2003 年,美国又制定了《确保信息安全的国家战略》,确定了三个战略目标和五项优先行动。2004 年,FCC 发布《通信协助执法法》的实施命令"第一份报告指令"和"第二份报告指令"。2009 年,时任美国总统奥巴马公布了一份由安全部门官员完成的网络安全评估报告,并表示来自网络空间的威胁已经成为美国面临的严重的经济和军事威胁之一。2009 年 5 月 29 日,白宫宣布组建网络安全办公室,是直接负责国家安全委员会和美国总统的网络安全机构,凌驾于军队和政府情报部门之上,负责统筹全国网络安全事务。② 2010 年《网络安全法》《将保护网络作为国家资产法案》以及 2011 年提交国会的《信息安全与互联网自由法》,都将国家安全作为重点保护的内容。2011 年又发布了《可信网络空间身份标识国家战略》和《网络空间国际战略》,美国对互联网安全的重视达到了空前的高度。

在国际合作层面,2006 年美国参议院批准了《计算机犯罪公约》,该公约于 2007 年 1 月 1 日在美国正式生效。

美国在维护信息安全,打击网络犯罪方面的主要立法如下。

《信息自由法》(1966 年)

1966 年,美国对《联邦行政程序法》进行了较大的修改,出台了《信息自由法》,由传统上的政府信息以保密为原则转变为以公开为原则,不公开为

① 〔美〕理查德·斯皮内洛:《铁笼,还是乌托邦——网络空间的道德与法律》,李伦、等译,北京,北京大学出版社,2007 年 2 月版,第 186 页。

② 宫承波、刘姝、李文贤:《新媒体失范与规制论》,北京,中国广播电视出版社,2010 年 1 月版,第 73 页。

例外,使公众得到政府信息的权利得以保障。每年联邦政府收到的《信息自由法》的请求大约有 60 万份。

"9·11"事件之后,美国本土安全局势对《信息自由法》的适用产生了直接影响,政府机构开始从所有互联网用户可以浏览的官方网站上删除信息。被删除的数据包括核电厂的地点和运作情形、全国交通构架网以及有关工厂使用化学物质的信息。以上做法在主张进一步开放政府持有数据的人们中间引起了争论。[①]

《阳光下的政府法》(1976 年)

《阳光下的政府法》是一部规定美国合议制行政机关会议公开举行的法律。该法涉及 50 个行政分支机构和管理委员会。依据该法,公众可以观察会议的进程,取得会议的文件和信息。该法于 1976 年 9 月 13 日由美国第93 届国会参众两院通过,1976 年国会修订《美国法典》第 5 编"政府组织与雇员"时,将其列为第 552b 节。[②]

《联邦计算机系统保护法案》(1977 年)

该法旨在打击伪造、篡改、盗窃计算机系统数据信息等违法行为,首次将计算机系统纳入法律的保护范围。1977 年,美国参议员亚伯拉罕·利比柯夫(Abraham Libykov)向国会提出这一法案:任何人只要为了图谋或实施任何欺诈方案或诡计,或利用虚假的手段、陈述或承诺获取金钱、财物或服务,而直接或间接地接近任何计算机、计算机系统及计算机网络,利用计算机进行犯罪者,将构成重罪,可处 15 年以下监禁或 5 万美元以下罚金,或二者并罚。虽然该法案未获得通过,但起到了抛砖引玉的作用。

《外国情报监控法》(1978 年)

关于该法案的立法背景,美国司法部法律顾问办公室前主任斯蒂芬·布拉德伯利(Steven Bradbury)这样解释道:"1978 年以前,与外国政府相关的外国情报监控和搜集,都是由总统来领导的,法院并不介入。宪法第二条赋予总统这种权力。但这种权力有时会被滥用,比如,用到国内政敌身上。最高法院说,如果是跟国内安全威胁有关的,就需要法院授权。但国外威胁和国内威胁之间没有明确的界限,国外威胁常常也被视为国内事务。"

该法案允许美国政府收集电子通信信息,以获取有关对美国国家安全构成威胁的外国目标的情报。针对电子服务商,《外国情报监控法》规定,华

---

① 〔美〕唐·R.彭伯:《大众传媒法》(第十三版),张金玺、赵刚译,北京,中国人民大学出版社,2005 年 7 月版,第 313 页。

② http://www.cia.org.cn/gjxxhwx/gjxxhwx_index_11.htm,访问日期,2014 年 1 月 6 日。

盛顿的外国情报监听法庭可以授权某家企业提供"所有相关信息、设施以及必要的帮助"。作为回报,这家公司将得到补偿,在一些潜在诉讼中获得豁免权。[1]

2012年在奥巴马政府的坚持下,国会再次修正了该法案,把其有效期延长至2017年。

《统一商业秘密法》(1979年)

美国统一州法委员会于1979年基于统一各州商业秘密保护标准的目的,制定了《统一商业秘密法》,旨在提供一部标准法典。目前共有超过41个州参考或采用了《统一商业秘密法》。对于侵害商业秘密的行为,该法规定得比较细致。主要包括盗窃、贿赂、误传、违反或诱导违反保密责任,以及经由电子或其他方式的间谍行为。由于网络和计算机技术新问题的出现,于1985年被修订。

《电子基金转移法》(1980年)[2]

该法为自动的金钱转移引起的个人记录的第三方泄露提供了注意事项,并规定未经许可进入电子资金转移系统是犯罪行为。

《伪造存取手段以及计算机诈骗与滥用法》(1984年)

该法修改了美国刑法典第18篇第47章,规定具有以下犯罪行为的,分别处以罚款或者5年以上10年以下监禁。①未经授权或越权访问计算机,并以此手段获取属于美国政府为了保障国防或外交关系的利益而予以保护的信息,或者1954年《原子能法》第10章规定的数据,而且有理由认为获取这类信息并加以利用,会损害美国利益或有利于他国利益。②闯入计算机系统获取经济金融机构、信用卡发放机构或包括顾客信用报告文件中的有关财务记录信息。③未经允许或越权闯入由政府控制或会影响政府应用的计算机系统。④闯入与联邦利益有关的计算机系统,并企图诈骗获取任何除此计算机以外的有价值的东西。⑤未经授权,故意访问涉及联邦利益的计算机,并有一个以上例子说明有更改、损害、毁灭计算机中的信息,或者阻碍计算机或信息的合法使用以致:a. 在任何一年期间总计造成损失1000美元。b. 篡改损害医疗检查、诊断、治疗、保健的数据。⑥故意和有预谋地利用美国洲际、外贸或者政府使用的或用于政府的计算机口令进行诈骗。

---

[1] 马民虎、果园:《网络通信监控法律制度研究》,北京,法律出版社,2013年1月版,第170-171页。

[2] the Electronic Fund Transfer Act of 1980.

《计算机欺诈与滥用法》(1986年)

《计算机欺诈和滥用法》于1986年10月16日正式颁布,并于1996年底做了修改。该法规定了黑客入侵等犯罪行为,其主要目的是保护联邦政府以及金融和医疗机构等组织的计算机不受侵害。该法禁止为了获取敏感信息如有关国防的信息、金融和消费者信用记录等,未经授权而进入"受保护计算机系统"。非法买卖传输由美国政府使用的或者为美国政府服务的计算机口令密码的行为,也在被禁之列。但以上行为应为"故意"才可定罪。

该法是规范损害网络信息安全行为最全面最合适的一部法律,也是最常被司法适用的一部联邦法律。该法加强了1984年订立的过渡性的《伪造存取手段以及计算机诈骗与滥用法》,也是对1986年《电子通信隐私法》的补充。

该法规定保护私人信息的秘密性,认定"未经授权或超出授权范围故意进入计算机获取秘密信息"是一种犯罪行为。该法也认定未经授权进入任何"受保护的计算机",造成受害人财产损失的欺诈行为属于犯罪。1996年,修改后的《计算机欺诈和滥用法》,规定受保护的计算机包括政府、金融机构、从事州际或国际贸易的企业和涉及州际通信的任何人所使用的计算机。根据该法,如果通过侵入窃取秘密信息、进行欺诈或造成损失(例如,破坏文件或使操作系统瘫痪),那么这种侵入是一种联邦犯罪行为。传播故意损害受保护的计算机的程序和代码(如病毒)也是一种联邦犯罪行为。[①]

该法明确了联邦计算机犯罪中欺诈和滥用罪的定义,消除了法律模糊性,扫除了起诉计算机犯罪的障碍。该法对非法进入"联邦利益"计算机系统设立了两项重罪:重罪之一针对为进行欺诈性偷窃而故意非法进入联邦利益计算机系统;另一重罪则针对"蓄意破坏",包括篡改联邦利益计算机系统的信息,或妨碍该计算机系统的使用。若被判重罪,初犯处以5年监禁,再犯处以10年监禁。

《电子通信隐私法》(1986年)

该法主要是关于隐私权保护的,但它还规定下述行为构成犯罪:截取电子通信,改变电子通信的路线,使用他人的电脑或电脑账号,未经授权擅自获取电脑信息,把电子信息泄露给非当事人。该法赋予政府机构广泛的权力,也向个人提供了起诉侵权方的权利。个人可依据该法律,以受到损害,

---

① 〔美〕理查德·斯皮内洛:《铁笼,还是乌托邦——网络空间的道德与法律》,李伦、等译,北京,北京大学出版社,2007年2月版,第186页。

包括构成刑事犯罪的损害为由提起诉讼。[①]

《计算机安全法》(1987 年)

该法是美国保护计算机安全的基本法律,旨在增强联邦计算机系统的安全性和保密性。该法经历过两次修订,分别为 1996 年《克林格——科亨法》[②]和 2002 年《电子政务法》[③]。前者要求行政机构设置"信息主管"(CIO)并为他们设定职责;后者要求政府颁布计算机安全标准、培训相关信息安全工作职员、为计算机系统安全和隐私信息制定安全计划。

《计算机安全处罚条例》(1987 年)

该条例对金融业计算机存储数据的保护做了规定,明确了对网络犯罪的处罚规则。

1994 年《计算机滥用法》(修正案)

《计算机滥用法》(修正案)是对 1986 年《计算机欺诈和滥用法》的修订,它是目前美国联邦关于计算机犯罪的主要刑事法规,其打击重点是未经许可而故意进入政府计算机的六种行为:①未经许可或越权进入计算机获取联邦秘级以上的国防或外交信息,并意图将该信息用于损害合众国或给某一外国带来利益;②未经许可或越权使用计算机并从财政机构或消费者报告机构的财政文档中获取信息;③未经许可故意进入政府计算机并妨碍政府对计算机的操作;④为行骗意图未经许可或越权进入"与联邦利益相关的计算机"并因而获益;⑤未经许可进入"与联邦利益相关的计算机",变更、损坏信息,或妨碍对计算机的有权使用;⑥未经许可骗取可进入政府计算机或影响洲际或对外贸易的计算机的通行口令。上述六种行为,未遂也构成犯罪。

《通信协助执法法》(1994 年)

《通信协助执法法》(CALEA)是美国在 1994 年于克林顿任内通过的一项窃听法案。制定 CALEA 的目的是增强执法和情报机构进行电子监听的权力。该法案要求电信运营商和电信设备制造商修改并设计其设备、设施及服务,以确保它们带有监听功能,以允许联邦机构对所有电话、宽带互联网,以及 VoIP 通信内容进行实时监听。起用 CALEA 的原因是 FBI 担心数字电话交换机的普及将使得在电话公司中心局进行的窃听工作变得困难、缓慢,或者在一些情况下无法进行。为了增设 CALEA 兼容接口,电话公司

---

①　〔加〕大卫·约翰斯顿、森尼·汉达、查尔斯·摩根:《在线游戏规则——网络时代的 11 个法律问题》,张明澍译,北京,新华出版社,2000 年 1 月版,第 105 页。

②　the Clinger-Cohen Act of 1996,1996 年前称为《信息技术管理改革法案》。

③　the E-Government Act of 2002.

需要更改或替换其系统中的软件或硬件,因此美国国会曾一度为这类网络改造提供经费支持。《美国法典》第18编第119章第2522节"CALEA的执行"中规定了违反协助义务的民事处罚规定,即可以强制处以每天10 000美元的罚款,作为法令发布或法庭指定日之后违反规定的处罚。CALEA也对政府的补偿义务做出了明确的规定,在1995年至1998年间,美国政府共拨付5亿美元,用于补偿通信服务提供商履行协助执法义务建制、调整、变更设备。1996年美国国会成立了专门的基金,用于补偿通信运营商遵从CALEA规定的通信协助监控能力要求而进行的设备设施改造或者服务升级。根据美国司法部2008年发布的《关于联邦调查局实施CALEA的审计报告》规定,1997年至2007年间,该基金共获得各项政府拨款将近5亿美元,除了其中8%的拨款被取消之外,其余全部用于对通信运营商的费用补偿。[①]

CALEA于1994年10月25日通过,1995年1月1日生效。在CALEA通过后的数年中,该法案经历了大范围扩张,使其覆盖了VoIP和宽带互联网通信内容。从2004年到2007年,在CALEA保护下进行的窃听行动数量增长了62%,而有关互联网数据截获的增长率则超过3 000%。[②] CALEA对世界各国通信监控影响广泛,尤其是对网络服务商的监管方面。[③]

《电子信息自由法》(1996年)

1996年,美国政府出台了《电子信息自由法》,该法案是1966年《信息自由法》的一项修正案,要求所有的联邦信息都能够以电子版本的形式发布传播,要求联邦部门设立电子阅读室,为公民获取电子信息提供便利。在《信息自由法》诞生的年代,档案被保存在箱子或金属文件柜中……而到了2000年,浩如烟海的政府档案实现了记录、传输和储存的电子化。随着电脑技术替代纸质档案,联邦政府机构开始阻碍人们使用这些电子档案,多数官僚主义者认为,电子档案是一种特殊的数据,不在《信息自由法》的管辖范围之内,不应向公众开放。1996年的这项修正案,要求政府机构将适用于纸质文件的标准适用于对电子档案的披露。[④]

《电子信息自由法》同时也规定了一些例外,包括:国家安全、机构内部

---

① 马民虎、果园:《网络通信监控法律制度研究》,北京,法律出版社,2013年1月版,第85页。

② Point, Click... Eavesdrop: How the FBI Wiretap Net Operates, http://archive.wired.com/politics/security/news/2007/08/wiretap.

③ 马民虎、果园:《网络通信监控法律制度研究》,北京,法律出版社,2013年1月版,第171页。

④ 〔美〕唐·R.彭伯:《大众传媒法》(第十三版),张金玺、赵刚译,北京,中国人民大学出版社,2005年7月版,第316页。

的规章制度、法定豁免范围、机密商业信息、机构备忘录、个人档案、医疗档案和其他类似档案、法律实施调查、银行业务报告、地理和地球物理信息等。[①]

《国家信息基础设施保护法》(1996年)

该法是对1984年《伪造存取手段以及计算机诈骗与滥用法》的修订。该法规定：未经授权，擅自进入在线的计算机获取已经被分类的、访问受限制的或受保护的数据，或是试图这样做，就应受到刑事指控。这些数据可能包括：金融和信用卡信息、医疗信息、法律文件、国防和国家安全文件，以及其他存储于政府或私人计算机上的保密信息。被判决为犯罪要符合两个条件：一是未经授权进入计算机；二是获取了数据。如数据被拿走，则盗窃罪成立。如果基于商业目的窃取的私人金融信息或窃取的计算机数据价值5 000美元以上，则属重罪，监禁期限最高可为20年。

《经济间谍法》(1996年)

全球经济竞争日趋白热化，经济间谍活动越来越频繁，一场"没有硝烟的战争"全面展开。美国企业纷纷抱怨，内部商业秘密不断遭人窃取，矛头直指外国对手，甚至暗示有外国政府在背后支持。有鉴于此，美国司法部特别强调："国家安全"与"经济安全"已画上等号，必须全力保障本国企业的科研与经济秘密的安全，进而确保美国国家安全。国会两院高票通过《经济间谍法》，1996年10月11日，时任总统克林顿正式签署新法。

该法案最大特点是大幅提升了商业秘密保护力度，将其"联邦化"和"刑法化"。由州法提升至联邦法，同时以刑罚作为遏止侵害商业秘密之利器。法律规定极其严苛：意图也构成犯罪。窃取商业秘密未成功，也难逃法律追究。该法明确规定未经授权而下载或上传专属的经济信息，即构成侵害商业秘密，将被处以重罚。它制裁两种犯罪：一是外国政府、机构、企业刺探美国商业秘密的经济间谍罪；二是普通企业因竞争犯下的窃取商业秘密罪。前者处以15年以下监禁，50万美元以下的罚金；若系法人，处以1 000万美元以下罚金。后者处以10年以下监禁，25万美元以下罚金；若系法人，处以500万美元以下的罚金。此外，受害人还可寻求民事赔偿。

《公共网络安全法》(1997年)

该法于1997年6月通过，其目的是用来鼓励并推动建立应用于通信、商务、教育、保健和公共服务等领域的安全性能高的公共网络。该法案规定，政府在保证网络安全的同时，还要保证个人的隐私权、知识产权及网络

---

① 明安香：《美国：超级传媒帝国》，北京，社会科学文献出版社，2005年1月版，第330页。

使用者的个人安全,如有侵权行为发生,应对侵权人进行惩罚。不仅如此,该法案还对加密技术的应用、政府采购中的安全问题、加密产品出口、注册系统、相关责任和义务、国际协议、法律总则和民事处罚、安全问题研究与追踪等做了具体规定。

《加强计算机安全法》(1997 年)

该法于 1997 年 9 月通过,并于 2000 年进行了修订。该法对建立公共关键基础设施标准、保护联邦计算机和网络安全、召开有关信息安全的公众会议、评估国外加密技术、限制加密标准参与权、加强联邦计算机系统安全培训、启动计算机安全奖学金计划、要求国家研究委员会加强公共关键基础设施研究、提高国家信息安全性、加强电子签名管理等方面做了详细规定。2000 年的修订案则增加了电子认证方面的内容。

《政府信息安全改革法》(2000 年)

该法修改了 1995 年的《纸面工作减少法》,①增加了有关"信息安全"的章节,规定了联邦政府部门在保护信息安全方面的责任,建立了联邦政府部门信息安全的监督机制。

《爱国者法》(2001 年)

这是"9·11"事件后美国为保障国家安全颁布的最为重要的一部法律,也是目前争议最大的一部法律。它的主要目的是:从法律上授予美国国内执法机构和国际情报机构非常广泛的权利和相应的设施以防止、侦破和打击恐怖主义活动,使美国人民能够生活在安全的环境中。该法共分十个章节,范围广泛,内容复杂,同时,还对美国现有的十几部法律做出了修改。其中的第三章为"2001 年国际反洗钱、反恐怖分子金融法案",简称为"国际反洗钱法"。它的主要目的就是增强和确保美国的反洗钱措施,打击那些利用美国金融机构来洗黑钱和给恐怖分子提供资金的犯罪活动。该法规定,政府基于法定条件,可以对国外银行和对私人存款达到100 万美元以上的账户进行调查,也可以要求国外银行向美国政府提供资料。

根据法案的内容,警察机关有权搜索电话、电子邮件通信、医疗、财务和其他种类的记录。除此之外,该法包含以下要素:允许其他政府机构更大范围地分享原本为秘密资料的大陪审团信息;允许更大范围地分享执法机构获取的有线通信、口头传播和电子传播的内容;允许政府更深入地获取储存下来的语音邮件信息;扩张传票权,以获取电子传播的记录;赋予追踪互联

---

① Paperwork Reduction Act,即《美国法典》第 44 卷第 35 章。

网传播的更大权力;扩大联邦法官签署搜查令的权力。①

支持者认为,《爱国者法》不能也不应该是永久的电子监控方面的法律,随着技术飞速发展,可能需要制定新的互联网监视法律。许多问题仍然存在,国会将不得不密切关注法律实施和技术的发展,以期寻求在隐私和安全方面的平衡。无论如何,《爱国者法》在监控法律如何规制互联网方面向前迈出了一步。②

反对者认为,该法赋予联邦政府的权力过大,将侵害到公民的自由。美国公民自由联盟(ACLU)声称,该法案给执法"赋予了非同寻常的新权力";另一个公民自由组织——电子前沿基金会声称,"美国普通公民的自由受到这部法案的巨大打击"。

美国主流新闻媒体表达了同样的忧虑。《纽约时报》认为,该法案是对"9·11"事件的过度反应,给予了政府不公正的"宽泛的新权力"。《华盛顿邮报》也反对该法案:它发表社论称该法案"减少了法院的健康的检查",是"恐慌性立法"。对于《爱国者法案》一致的批评是,该法案在网络空间形成了一种不公正的法律权力的扩张。③ 该法将恐怖主义定义为任何"企图胁迫或强制公民的行为"或者"通过胁迫或强制"改变"政府政策"的行为。一些主张保护公民权利的自由派认为,这个定义可能包括了一些不同的政治意见,它与传统所谓的煽动罪极其相似。④

《联邦信息安全管理法案》(2002 年)

该法将"信息安全"定义为"保护信息和信息系统以避免未授权的访问、使用、泄漏、破坏、修改或者销毁,以确保信息的完整性、保密性和可用性"。其中完整性是指防止不恰当的信息修改和破坏,也包括确保信息的不可否认性和可认证性;保密性是指对信息访问和公开的授权限制,包括对个人隐私和私有信息的保护;可用性是指对信息的及时和可靠的访问。同时,该法对"国家安全系统"的概念进行了界定。该法还授权各管理部门行使对于国家信息安全的管理职责,比如:授权国家标准与技术局(NIST)为联邦政府使用的系统制定安全标准与指南;授权管理与预算办公室(OMB)主任对安

---

① 〔美〕唐·R.彭伯:《大众传媒法》(第十三版),张金玺、赵刚译,北京,中国人民大学出版社,2005 年 7 月版,第 235 页。

② Orin S. Kerr, "Internet Surveillance Law After the USA Patriot ACT: The Big Brother That Isn't", *Northwestern University Law Review*, Vol. 97, No, 2, p. 673.

③ Orin S. Kerr, "Internet Surveillance Law After the USA Patriot ACT: The Big Brother That Isn't", *Northwestern University Law Review*, Vol. 97, No, 2, pp. 623 - 624.

④ 〔美〕唐·R.彭伯:《大众传媒法》(第十三版),张金玺、赵刚译,北京,中国人民大学出版社,2005 年 7 月版,第 52 页。

全政策、原则、标准、指南等的制定、执行(包括遵守)情况进行监督。该法是美国政府在"9·11"事件后为加强国家安全颁布的另一部非常重要的法律,后纳入《电子政务法》。

《电子政务法》(2002年)

该法对联邦政府信息技术管理和规划的每一个方面,从危机管理到电子档案及查询索引都做了规定。该法还第一次拨专款3.45亿美元支持"电子政务计划"。并特别强调了电子政务中的信息安全问题,重新授权政府修订信息安全改革法,为保护政府计算机网络安全提供管理框架。

《美国企业改革法案》(2002年)

法案要求某些公司保证其内部金融控制的准确性,证券交易委员会(SEC)有权制定标准并执行这些规则,与其他对金融组织拥有管辖权的机构共同负责对金融组织计算机系统中的有关个人金融信息隐私规则的执行。SEC还负责大量私营公司内部金融控制(包括关联公司计算机系统的内部金融控制)认证规则的执行。该法是在包括安然、世界通信等一系列公司财务丑闻爆发之后由国会订立的,主要目的是加强对上市公司内部金融信息的监管,以维护金融市场的秩序和安全。

《国土安全法》(2002年)

根据该法成立了国土安全部,其职责是防止美国本土内的恐怖主义袭击,减少美国应对恐怖主义、自然灾害和其他突发事件的薄弱之处,将灾难造成的危害降到最低,向上述紧急事件的恢复工作提供援助。该法涉及对包括通信设施在内的重要基础设施的保障,确立了关键基础设施信息的共享程序,要求各行业设立信息共享和分析组织,以集合、分析和披露关键基础设施信息,并对泄露信息的行为做了相应的处罚规定。

《关键基础设施信息保护法》(2002年)

该法建立了一套完整详细的关键基础设施信息的保护程序,主要包括如下内容:①国土安全部确认接受自愿提交的关键基础设施信息;②根据关键基础设施信息法的规定,对自愿提交给国土安全部的关键基础设施的漏洞信息进行识别和存留;③收集、处理、储存并注明"受保护的关键基础设施信息"的保护标记;④保护和维持在联邦政府之内,以及联邦政府和外国、州、地方政府、政府官员以及私营部门或一般市民之间以情况通知或警告等形式共享信息的秘密性;⑤联邦政府向相关企业、目标攻击部门、其他政府实体或公众就关键基础设施漏洞提供建议、警报和预警。

《电子监视现代化法案》(2006年)

该法案规定,允许总统在没有《外国情报监控法案》(FISA)的法令下进行电子监听,以获取有关美国恐怖袭击的外国情报信息长达 90 天。总统可以向国会情报委员会提交延期证明。并且规定,如果总统想监听美国人,必须在 60 天内向国会情报委员会提交证明,证明"对美国人的持续电子监听对于美国国家安全至关重要。[①]

《保护美国法》(2007 年)

美国国会于 2007 年 8 月通过《保护美国法》(PAA),对 1977 年的《外国情报监控法案》(FISA)进行了修订。该法是一项扩大政府监听权力的临时措施,它授予美国企业部分的司法豁免权,并把监听的范围扩大到外国与美国之间的网络数据传输。其中,国际无线电监听无须授权的规定扩展到所有通信方式。在美国国家情报总监和司法部部长共同签署证书的情况下,即使没有监听法庭的许可,也可以对在美国之外的人进行情报监听,这一临时授权在 2008 年 2 月 16 日结束。《保护美国法》规定,如果企业能够证明其向政府提交的用户信息符合国会立法,法庭便可拒绝受理对它的相关起诉。在所认定的紧急情况下,当其中一名通信者身处美国之外时,该法律"特别准许情报机构在没有得到授权的情况下可持续一个星期监听电话、电子邮件和美国公民的其他通信"。政府必须在事前取得外国情报监控法庭一年的授权,才能以调查恐怖分子嫌疑人的名义对美国公民的电话通信和电子邮件进行监控。如果是一名美国人和恐怖分子在进行通话,或是两名外国人之间在美国之外进行通话,那么政府无须授权就能够实行监控。

"棱镜"就是这个法案的产物,"恐怖分子监听项目"正式由绝密的"棱镜"计划所取代。2008 年 7 月,美国国会从《外国情报监督法修正案》中重新获得授权,且当其中一方在美国之外时,"特别授权情报机构可以监听美国国内公民长达一周的电话、电子邮件和其他通信,不用申请许可"。这一授权在 2012 年 9 月再次被延长 5 年。

《2009 网络安全法》(2010 年)

2010 年 2 月,美国众议院以压倒性的票数通过了《2009 网络安全法》,该法案给予总统"宣布网络安全的紧急状态"的权力,并允许其"关闭或限制事关国家安全的重要信息网络"。

《将保护网络作为国家资产法》(2010 年)

2010 年 6 月 24 日,美国国会参议院国家安全与政府事务委员会通过对

---

① Jason Mehta,2007:"Assessing the Electronic Surveillance Mordernization Act(EMSA): Distorting Rather than Balancing, the Need for Flexible Electronic Surveillance and Robust Congressional Oversight", *Journal of Technology Law & Policy*.

2002 年《国土安全法》的修正案——《将保护网络作为国家资产法》(又译为《保护网络资产法》)。修正案规定联邦政府在紧急状况下,拥有绝对的权力关闭互联网。

《信息安全与互联网自由法》(2011 年)

该法在禁止总统关闭互联网的同时,授权总统可以宣布"信息空间的紧急状态",部分接管或禁止对某些网站的访问。

在解决信息安全方面,美国还十分注重发挥行业协会的作用。美国 IT 行业协会(ITAA),一直在美国信息安全和网络安全政策的形成方面具有重要影响。自 1997 年,ITAA 将自身定位于解决信息安全问题的行业协会,与许多联邦政府部门协同工作。例如,2002 年 5 月 2 日,ITAA 向议会提出《联邦信息安全和管理法》预案,更新和扩展了《政府信息安全和改革法》。2002 年 7 月 1 日,ITAA 的主席敦促白宫,建议国内安全部建立分析和警告局、关键设施局和网络安全局三个涉及信息网络安全的机构。[①]

此外,为了有力地打击网络犯罪,美国还注重加强对执法人员的技术培训。美国司法部联合各州、地方、联邦和国际执法机构,发起"国家反网络犯罪培训合作计划",旨在对联邦、州和地方的执法机构提供指导和支持,确保执法界能够得到充分的训练,以应对 21 世纪的电子和高技术犯罪。[②]

目前,引发广泛争论的问题是:如何处理好保护国家安全、网络安全与保障公民言论自由之间的关系,以及如何解决保护国家安全、网络安全与保护个人隐私之间的矛盾。

---

① 高富平:《网络对社会的挑战与立法政策选择:电子商务法研究报告》,北京,法律出版社,2004 年 1 月版,第 180 页。

② 张小罗:《论网络媒体之政府管制》,北京,知识产权出版社,2009 年 1 月版,第 120 页。

第十章 网络空间管辖权之争

互联网等新媒体的无国界性,对法律的管辖权提出了挑战。国家的概念在互联网中是不存在的,国家的边界已经消失。网络作为一种没有国界范围的空间,其中存在的问题需要通过国际合作来加以解决,而网络对国家概念的消解则恰恰加深了这一矛盾。[①]

人们能在任何司法管辖区内对网站经营者提起诉讼吗?还是必须证明该司法管辖区的居民曾经阅读或下载过该信息?当冲突发生时,应该由哪个法庭管辖?应该适应哪种法律?如何执行相应的判决?解决这些开放的问题可能尚需时日。不过,美国对此在司法和立法方面进行了许多网络案件管辖权的实践,也已积累了一些初步的经验。

第一节 互联网对传统管辖权的法律挑战

1. 管辖权及其原则

管辖权是指国家对其领土内的一切人、物和所发生的事件,以及对在其领域外的本国人行使管辖的权力。管辖权的管辖根据这一概念是指一国法院有权审理国际民商事案件的理由,是国际民商事案件的法律关系同法院地国家存在的某种联系。[②]

在传统的国际民商事案件的管辖问题上各国虽然存在差异,但管辖权的决定总是建立在一定的管辖基础上的。管辖基础是指一个国家有权审理有涉外因素的民商事案件的根据。[③] 从历史上看,管辖权在很大程度上是以地理边界为基础的。[④] 事实上,民族、社群和个人关系以及交互作用构成了

---

① 何精华:《网络空间的政府治理》,上海,上海社会科学院出版社,2006年1月版,第62页。

② 齐爱民、刘颖:《网络法研究》,北京,法律出版社,2003年1月版,第392页。

③ 王贵国:《国际IT法律问题研究》,北京,中国方正出版社,2003年1月版,第363页。

④ 孙绍谊、郑涵:《新媒体与文化转型》,上海,上海三联书店,2013年1月版,第166页。

国家和人类存在的基础。一些重要的权力,如知识产权保护、竞争规则、争议解决、监察和监管权力是以领土为基础的。[①]

在美国,联邦法院包括美国最高法院、美国上诉法院、美国地区法院和几个专门法院。对于涉及美国宪法、美国法律、美国条约的案件和不同州公民间的纷争及其他一些重要程度较低的案件,这些法院都具有管辖权。每个州都有诸多初审级别的法院和一个终审法院,这个终审法院通常被称为最高法院。在大约半数州内,有中间上诉法院。如果本州公民间的冲突涉及州宪法或州法律,那么州法院通常拥有所有的管辖权。[②]

在提起民事诉讼时,原告首先要选择一个恰当的法庭,这个法庭须具备对该案件的管辖权。[③] 刑事案件通常由州控告个人,也要首先确认所选法院的管辖权。一般来说,确定管辖权主要遵循以下四个方面的原则:

(1)属人管辖原则。该原则始于 1804 年法国民法典,属于大陆法传统,是指各国对具有本国国籍的公民实行管辖的权力,强调一国法院对本国国民具有管辖权限。它是国家主权原则在管辖权上的具体体现。它侧重于诉讼当事人的国籍,强调一国法院对于涉及本国国民的国际民事案件具有受理和审判的权力。国籍是当事人成为一国国民的资格从而使个人和国家之间具备了某种联系,它可以脱离二者的空间关系而存在,具有相对稳固的特点,所以各国都不愿放弃属人管辖原则。

(2)属地管辖原则。该原则是指国家对领域内的一切人(除享有外交豁免者外)、物和发生的事件具有的管辖权。属地管辖原则也是国家主权原则尤其是国家领土主权在管辖权问题上的具体体现。它侧重于有关法律或法律行为的地域性质或属地性质,即在有关的国际民事案件中,强调有关当事人特别是被告的住所地、惯常居住地、居所地,甚至是所在地。具体表现为:

当事人住所。被告住所被许多国家确认为首要的管辖基础。这一原则也被欧共体在《布鲁塞尔公约》《洛迦诺公约》中加以确认。英美等普通法系国家也把被告住所作为管辖基础之一。

被告人出现。被告人的出现(不论是长期的,还是暂时的),是普通法系国家所采用的首要管辖基础具体指被告人出现并被送达了起诉书和传票,

---

① 孙绍谊、郑涵:《新媒体与文化转型》,上海,上海三联书店,2013 年 1 月版,第 166 页。
② 〔美〕唐·R. 彭伯:《大众传媒法》(第十三版),张金玺、赵刚译,北京,中国人民大学出版社,2005 年 7 月版,第 32 页。
③ 〔美〕唐·R. 彭伯:《大众传媒法》(第十三版),张金玺、赵刚译,北京,中国人民大学出版社,2005 年 7 月版,第 29 页。

使法院的管辖权得以确立，该原则起源于英国的古老实践，即警长必须逮捕被告人并将其带入法庭，法庭才能审理案件，此原则后来也适用于民事诉讼。

诉讼原因发生地。涉外民商事诉讼发生在法院地国家，会导致该国享有管辖权。侵权行为地、侵权结果发生地、合同签订地、合同履行地都有可能成为诉讼原因发生地。

诉讼标的所在地。诉讼标的就是诉讼当事人讼争的财产。诉讼标的处于一国领域内的事实是该国行使管辖权的重要基础。因不动产权利争议引起的诉讼，由不动产所在国专属管辖，这是各国普遍承认的原则。

被告财产所在地。尽管被告的财产可能与诉讼争议无关，但许多国家都将其作为管辖基础之一。美国应原告的申请，可以扣押被告的财产，或者扣押第三人欠被告的债务，取得对被告财产的管辖权，从而受理对被告人提起的诉讼。[①]

（3）协议管辖原则。协议管辖原则是对属人管辖原则和属地管辖原则的补充，强调对于那些与有关国家和国民的根本利益影响不大的国际民事案件，可以基于双方当事人的合意选择确定管辖法院。在两种情况下，当事人的意志可以成为管辖基础：一是双方当事人达成协议，把他们之间的争议提交某一国法院审理，该法院便可行使管辖权。二是被告接受管辖。一国法院对接受管辖的被告享有管辖权，这是国际上普遍承认的原则。

（4）专属管辖原则。专属管辖原则是国家主权原则在国际民事案件管辖权问题上的突出表现。它强调一国法院对于那些与其国家、国民的根本利益密切相关的，如涉及国家公共政策，或重要的政治和经济问题的民事案件无条件地享有管辖权，从而排除其他国家法院对该案件的管辖权。

由此可以看出，当事人的住所、国籍、财产、行为、意志以及出现的事实都可以成为某国法院对涉外民商事案件的管辖基础；管辖权在本质上是国家主权在司法领域的体现，在管辖权的基础当中，"物理空间的权力"即住所具有首要的原则。

2. **互联网对司法管辖权的冲击**

互联网的发展形成了"网络空间"的概念，"网络空间"是目前国际社会对互联网所带来的既为人们提供各种信息活动场所，又相对独立的非物理空间的称呼。这一概念有助于我们了解互联网的本质，进而分析互联网冲击传统法律秩序的根本原因。

[①]　王贵国：《国际 IT 法律问题研究》，北京，中国方正出版社，2003 年 1 月版，第 364－365 页。

（1）网络空间的非中心化倾向和新主权理论试图从根本上否定国家司法管辖权。纠纷是在网络空间中的活动者之间发生的，他们是互联网案件的潜在当事人。如果当事人对法院的管辖持否定态度，法院的管辖权就有被"架空"的可能，因为没有原告的起诉，诉讼和审理就不能开始。当多数网络空间的参与者都不将争端提交到任何法院，不但谈不上管辖基础的问题，而且连法院的主管都变得极其危险。

非中心化倾向表现为每个互联网使用者只服从其互联网服务提供商（ISP）的规则，ISP之间以协议的方式来协调和统一各自的规则，就像协调纯粹的技术标准一样。网络成员之间的冲突由ISP以仲裁者的身份来解决，裁决也由ISP来执行。新主权理论认为在网络空间中正在形成一个新的全球性市民社会，这一社会有自己的组织形式、价值标准和规则，完全脱离于政府而拥有自治的权力，网络以外的法院的管辖也随之被否定。非中心化倾向和新主权理论都强调网络空间的新颖性和独立性，对现实的国家权力持怀疑态度，担心国家权力的介入会妨碍网络的自由发展。该理论的持有者还试图以网络的自律性管理来代替传统的法院管辖，以自我的判断和裁决代替国家的判断和救济。可以说，尽管此种观点仍有坚持者，但已脱离了互联网的基础。行业道德和技术标准可以对法律产生影响甚至在一定条件下上升为法律，但永远不能代替法律；同样，自律管理也不可能替代法院的公力救济。网络空间和法院管辖之间没有不可逾越的鸿沟，只是在相互连接上存在着难度。

（2）网络空间的全球性使司法管辖区域的界限变得模糊。就某一特定的法院而言，它的管辖区域是确定的，有着明确的地理边界，或称物理空间。网络空间本身则无边界而言，它是一个全球性系统，无法将它像物理空间那样分割成许多领域，分割也毫无意义，它与物理空间不具有一一对应的关系。而且，网络空间是不可视的，可视的只是互联网的外部设备，如电脑终端、电话线等，而这些绝不是网络空间的表现形式和地理范围的标志。

要在一种性质完全不同的空间中划定界线，这是传统司法管辖权面临的困难。某一法院到底对网络空间的哪一部分享有管辖权，或者是否对网络空间的全部享有管辖权，这是必须解决的问题。将这一困难作为技术问题推给负责举证的当事人似乎是办法之一，但法院至少应决定当事人必须证明什么，而对当事人所提供的证据的判断又依赖于法官对网络空间所持的态度和标准。

就网络空间中的活动者而言，他根本无视网络外地理边界的存在，一旦上网，他对自己所"进入"和"访问"的网址是明确的，但对该网址和路径所对应的司法管辖区域则难以查明和预见。某一次具体的网络活动可能是多方的，活动者分处于不同国家和管辖区域之内，这种随机性和全球性使几乎任何一次网络活动都可能是跨国的，从而引发司法管辖权的冲突。判断网络活动发生的具体地点和确切范围是很难的，将其对应到某一特定的司法管辖区域之内就更难了。由于界限的模糊，当法院受理互联网案件的时候，它很可能在行使一种模糊的管辖权。

（3）网络空间的不确定性使传统的管辖基础陷入困境。当事人的住所、国籍、财产、行为、意志等因素之所以能成为管辖的基础，是因为它们和某管辖区域存在着物理空间上的关联，如住所和财产的坐落、行为的发生、国籍的归属、意志的指向等。然而，一旦将这些因素适用到网络空间，它们与管辖区域的物理空间的关联性将顿时丧失。你无法在网络空间中找到住所、有形财产，也难以确定活动者的国籍或一次远程登录发生的确定地点，你只能知道某一对象的存在和活动内容，而根本无法确认登录者的身份。

管辖总是以某种相对稳定的联系作为基础，网络空间的不确定性使网络活动本身几乎体现不出任何与网络活动者有稳定联系的传统因素，即使能够通过其他途径予以查明，当适用于当事人的网络活动时也往往会丧失合理性，而且，这时已不是互联网所带来的管辖权冲突问题，而纯粹是物理空间的管辖权规则的具体适用性问题。

虽然传统的司法管辖权和管辖基础已受到上述的挑战，但各国法院仍旧步履沉重地对网络空间发生的种种争端继续实施着管辖。在新的司法实践中，旧的规则会得以发展，久而久之，新的规则和理论也会被创设出来。

也有学者将互联网对传统司法管辖权的冲击概括为以下四点。

一是互联网上的属人管辖权被削弱。属人管辖原则强调一国法院对本国国民具有管辖权限。但在互联网上，国籍作为管辖权的基础十分薄弱。由于网络空间面向所有国家、所有公民，任何一台能够上网的计算机都能够从事所有的网络活动，因此，国家与当事人之间的联系是相对弱的。

二是互联网的属地管辖权被冲破。互联网是一个开放的全球系统，没有国界，没有地域的限制，人们使用互联网的时候，并不需要发生身体的位移。因此，互联网彻底冲破了主权在地理空间上的有形界限，使某个个体行为的效果直接出现在他国甚至多国的领域之内。这样，如果一国（如美国）强行将本国法律运用于网上，这来约束网上的行为，相当于将自己的主权范围扩大到全世界，这显然是不行的。

三是互联网上的协议管辖日益重要但需要调整。协议管辖强调当事人在争议之前共同选择法院，这样可以使当事人对法院地国家的实体法和程序法有所了解,从而充分体现法律适用上的公平与平等。由于互联网是一个高度自治的网络空间,用户的自主选择是网络活动的前提,因此,当事人的合意自治越来越重要,通过用户与 IPS 以及各个 IPS 之间的法律选择协议,可以解决大多数的管辖权冲突。但协议管辖不可能解决所有问题,因为国家的权力干预在许多领域也是必不可少的。

四是互联网上的专属管辖几乎无法存在。专属管辖强调一国法院在某些案件上的排他的司法管辖权。而在网络环境下,选择诉讼地点可以说是任何一个涉及互联网案件的特点,法院的选择更加普遍和容易。比如对于网上诽谤,至少下列国家都可以行使管辖权:侵权所在国(被告所在国)、侵权行为实施地国、侵权结果发生地国、上载诽谤言论的 ISP 所在国、转发相关言论的 ISP 所在国、ISP 的海外子公司所在国等。[1]

3. 关于互联网管辖权的争论

面对互联网对传统司法管辖权的挑战,不同学者提出了各自的主张。

一些学者认为,互联网对现有法律体系并未形成真正的挑战。赫尔伯特·克隆卡(Herbert Kronke)就认为,脱离于现实空间的网络空间并不独立存在,网络空间中的侵权和现实空间中的侵权只存在侵权地点、数量上的差别,但其侵权行为和结果都会发生在现实空间中。要么位于一国领域内而受该国司法的管辖,要么置于一国管辖之外如公海或外层空间。在后一种情况下,人们不再依赖侵权行为地这样的连接点,转而适用其他连接点,如船旗国、航空器的国籍等。这样做不是因为我们承认"无法"空间的存在,恰恰相反,人们是在尽量扩展国家法律的适用范围,因为国家领域之外的空间也存在人们对于法律秩序的渴望。因此,互联网并未带来本质变化,"没有理由害怕法律不能应付新的事件",法律会跟上网络空间的发展。[2]

另一位学者杰克·戈尔德史密斯(Jack Goldsmith)从管辖权的角度论证了单边主义的合法性和有效性。首先,根据国际法的效果原则,一国有权对发生在外国而在本国产生损害的行为行使管辖权,因此,采取单边主义对外国不法行为行使管辖权是合法的。其次,ISP 在损害发生地可能有金钱交易会涉及信用卡公司、银行等中介机构,用户上网通过本地 ISP,一国就可以通过这些财产、机构和本地 ISP 行使权力而间接地调整国外 ISP 的活

---

[1] 鞠海亭:《网络环境下的国际民事诉讼法律问题》,北京,法律出版社,2006 年 1 月版,第 36-42 页。

[2] Herbert Kronke, 1998: Internet "Which Court Decides, Which Law Applies?" *Kluwer Law International*.

动,因此,单边调整方法是有效的。[1]

另有一些学者如约翰·巴罗(John Barrow)则认为,互联网已经形成了自己的"国家",一国政府无权对互联网制定法律。他们提出了一套网络空间的法律运作方式:由负责网络法律创制的机构制定网络行为标准;由 ISP 调整用户的行为,使之符合既定的行为标准;由网络空间的"市民"组成的社区非正式地禁止某些行为,并发展相应的网络争议解决机制。而大多数学者在肯定互联网对现有法律体系形成挑战的同时,否认完全脱离现实空间的虚拟社区的存在。因此,最好的回应方式应该是对现有法律进行适当的变革,发展出一些新的规则。[2]

第二节　长臂管辖权原则及其应用

总体上,美国行使司法管辖权的依据是有效原则。所谓有效原则就是管辖国法院对管辖的案例有实际的支配力,即管辖国如果不能就特定案例的判决进行有效地执行,就不得对该案行使管辖权。同时,美国将国际民事诉讼管辖权与区际或洲际民事诉讼管辖权等同对待,各州之间往往存在不同的诉讼程序和法律制度,各州之间的民事纠纷也被作为国际民事案件处理。这种管辖基础赋予法官很大的自由裁量权,成为一种具有灵活性的制度。然而,正是这种灵活的制度安排,使大量的网络纠纷得到了较为妥善的处理。[3]

1. 长臂管辖权原则

根据美国法律,各州只有在与某项特定交易、事件或当事人具有合理联系的情况下才可以介入有关法的律纠纷;一州只有在所审理的案件属于本州的司法权限范围时才能适用本州的法律。如果缺乏上述的基本联系,有关司法机关就不被认为具有合法的管辖权,也无权做出具有法律效力的判决。[4]

总体上,美国将民事诉讼分为对人诉讼、对物诉讼和准对物诉讼三种,相应的司法管辖权也分为属人管辖权、对物管辖权和准对物管辖权。其中,

---

[1] Jack Goldsmith, 2000: *Unilateral Regulation of the Internet: A Modest Defence*, EJIL 11.

[2] 王贵国:《国际 IT 法律问题研究》,北京,中国方正出版社,2003 年 1 月版,第 370 - 372 页。

[3] 鞠海亭:《网络环境下的国际民事诉讼法律问题》,北京,法律出版社,2006 年 1 月版,第 48 - 49 页。

[4] 孙劲:《美国的外国法院判决承认与执行制度研究》,北京,中国人民大学出版社,2003 年 1 月版,第 16 页。

以被告本人出现为根据的管辖权,称为属人管辖权。这种管辖权可以使法院对有关被告的任何诉讼进行审理。

属人管辖权的基础是被告与法院之间的适当联系。这种联系包括三种情形:被告的居所或住所在法院的辖区"被告放弃管辖权异议"被告出现在法院的辖区。随着工业化时代的发展,制造业和工商业更多以公司的形式跨国经营。跨国经营公司的司法诉讼,不可避免地与司法管辖权的属地限制相抵触。① 于是,美国最高法院于1945年确定了最低限度联系的管辖权原则,即只要不违反基本的正当程序,只要非居民(或外国)被告与法院地有最低限度的联系,则法院就对其有属人管辖权,可以在州外对被告发出传票。这种管辖权被称为长臂管辖权(long arm jurisdiction)。美国各州在其影响下,也纷纷立法,扩大各自的司法管辖权。长臂管辖权成为美国民事诉讼中的一个重要概念。现今,美国在立法与实践中普遍奉行的是"长臂管辖权原则"。美国的长臂管辖法原来是国内法,后来美国的法学会对长臂管辖做了扩大解释,适用到美国同其他国家的相关案件中,并将其中的最低限度联系原则规定在美国的第二部《冲突法重述》中。

在历史上,"权力支配"理论曾经在美国法院管辖权基础上占据主导地位,对被告的属人管辖权被认为是法院司法强制力的一个功能。因此,被告在法院地的"实际出现",如被告在法院地有居所或住所、被告出现在法院地等联结因素被视为管辖的基本依据。进入20世纪以来,特别是经过两次世界大战,美国成为头号经济强国。经济的发展对商业交往的灵活性和便利性提出了更高要求。美国法院开始为其司法管辖权重新定位,其标志是联邦最高法院在1945年"国际鞋业公司诉华盛顿州案"②中对长臂管辖权原则的确立。

(1)最低限度联系标准。在"国际鞋业公司诉华盛顿州案"中,国际鞋业公司辩称其不是华盛顿州的公司,在华盛顿州也没有"营业活动",因而公司没有"实际出现"在华盛顿州。最高法院却对宪法"正当程序条款"限制下的属人管辖权做出全新的解释:"在历史上,法院在属人诉讼中的管辖权产生于其对被告人身的实际支配能力,因此被告出现在法院所管辖的地域内是被告受法院判决拘束的前提条件……但是既然拘捕被告的命令已被传票或其他形式的通知所取代,正当法律程序所要求的仅是,如果被告没有出现

---

① 鞠海亭:《网络环境下的国际民事诉讼法律问题》,北京,法律出版社,2006年1月版,第50页。

② International shoe co. v. state of washington,326 U. S. 310,1945.

在法院的辖区,法院要想使其服从属人诉讼的判决,则被告与法院之间应有某种最低限度联系"。因此,该案件的审判就不会与传统的公平和公正观念相抵触。

最高法院认为,符合法律的最低限度联系的数量和种类取决于诉讼的起因是否产生于该联系。如果诉讼的起因产生于该联系,则即使是单一的独立的联系也足以使被告隶属于该州法院的属人管辖权中;如果诉讼的起因不产生于该联系,则需要确定该联系是否是连续的、系统的和实质性的,以至于能够使被告在与缺乏诉讼的起因相关联时,在法院应诉是公正合理的。

该案是美国洲际民事诉讼中的一个重要里程碑,成为长臂管辖权萌生的开端,"最低限度联系"标准开始取代传统的"权力支配"理论成为新的管辖依据。长臂管辖权理论表明,即使一个非居民被告没有在法院地"实际出现",只要他与法院地有某种联系或有意地与法院地建立了某种联系时,法院倾向于对被告行使一种特别管辖权,这就为扩大州法院的管辖权开辟了一条道路。

在以后的司法实践中,长臂管辖权原则为美国各州法院普遍采用,尽管各州在"长臂管辖法令"中对管辖权的标准规定并不一致,但从总体而言,都采用了"最低限度联系标准",即只要被告经常直接地或通过代理人在该州境内从事商业活动,或因其作为或不作为在该州境内造成了损害,法院即取得对被告的管辖权。依据1963年美国统一州法委员会制定的一项长臂管辖的标准示范——《统一洲际和国际诉讼法》第103节规定:由于下列原因或接触之一而提起的诉讼,法院可以行使对人的管辖权:①在该州经营商业的;②签订合同在该州供应劳务或货物的;③在该州的作为或者不作为造成损害,如果他在该州经常从事商业或招揽商业,或从事其他任何持续性行为,或从在该州所使用或消费的商品或提供的劳务中获得相当收入者。

由于"最低限度联系标准"仍然过于宽泛,容易造成管辖泛滥,于是美国最高法院对于地方法院对外州被告行使管辖权又做了一些限制,即除被告与该地有"最低限度联系标准"外,还须具备:①有意利用标准,即被告有目的地利用其可以在该州从事活动的特别权利,并因此在该州法律规定下获得利益及保护;②相关性标准,即该诉讼必须是因被告从事与该州有关的活动而引起的;③合理性标准,即该地法院对被告行使管辖权应符合宪法上的合理性等要件。[1]

---

①　鞠海亭:《网络环境下的国际民事诉讼法律问题》,北京,法律出版社,2006年1月版,第52页。

（2）有意利用标准。到了 80 年代,"最低限度联系"说又得到了进一步发展。在 1980 年的"国际大众公司诉伍德森案"[①]中,最高法院将"有意利用"（Purposeful Availment）作为判定"最低联系"的一个基本标准,即如果被告为自己有利益有目的地利用法院地的商业或其他条件,以取得在法院地州从事某种活动的权利,进而得到该州法律上的利益与保护,则该州法院可以行使管辖权。这种标准实际上是强调行为的目的性和可预见性。最高法院在以后的案件中将这一标准限定在三个方面:①被告是否有意地利用法院地州的有利条件;②原告的诉因是否产生于被告在法院地州的行为;③管辖权的行使是否公正合理。

（3）相关性商业活动标准。美国一些州的长臂管辖权法规定,如果权利要求产生自被告在本州的"营业活动"时,州法院可对其行使管辖权。至于被告在州内的"营业活动"是否构成"最低限度联系"标准则由法官根据每一个案件的具体情况做出判断。在美国,有关"营业活动"产生了大量判例法,有关法官在对其是否构成"最低限度联系"时所做的过于自由宽松的解释,受到其他国家的强烈批评。

长臂管辖权在美国确立之后,经过半个世纪的繁衍变化,内容日益丰富。美国以强大的经济实力作为后盾,使长臂管辖权呈现出不断扩张的趋势。随着信息时代的到来,美国法院又将长臂管辖权延伸至互联网案件中。[②]

2. 长臂管辖权在网络案件中的应用

网络空间全球化、虚拟化、非中心化等特点动摇了传统管辖权的基础,使法院对互联网案件的司法管辖权面临挑战,而美国法院已出现将长臂管辖理论适用于互联网案件的倾向。长臂管辖权赋予了法官很大的自由裁量权,这种弹性和灵活性有利于长臂管辖权理论适应纷繁复杂的社会现实,为该理论应用于网络提供了可能。当法官将长臂管辖权理论应用于网络案件这一新领域时,由于不同的法院基于不同的考虑,往往对相似的情况做出截然相反的判决。

由于没有全面的联邦长臂法规,联邦《民事诉讼规则》第 4 条 e 款规定,联邦地方法院可依据所在州的长臂法规行使长臂管辖权。美国各州的长臂法规主要分为两种:一种为"综合式",即简单笼统地规定在一定条件下州法

---

① World-Wide Volkswagen Corp. v. Woodson, 444 U. S. 286,100 S. Ct. 559,62 L. Ed. 2d 490,1980.

② 郭明磊、刘朝晖:《美国法院长臂管辖权在 Internet 案件中的扩张》,《河北法学》2001 年第 1 期。

院可以对非法院地行使管辖权,如新泽西州、得克萨斯州等;另一种为"列举式",即规定了长臂管辖权适用的具体范围和特定标准,如伊利诺伊州、纽约州等。[①]

从实践来看,对"综合式"州长臂法规而言,由于其规定法院行使长臂管辖权的范围应符合"正当程序"条款所规定的最大限度,两个步骤的分析往往变成了一个步骤的分析,即正当程序分析。就"列举式"长臂法规而言,目前各州的规定虽然各不相同,但基本趋于一致。一般来说,法院根据州长臂法规行使长臂管辖权的依据主要有三种:在州内从事营业活动,在州内实施侵权行为;在州外实施的侵权行为在州内造成损害。[②]

随着互联网的普及,电子商务得到迅猛发展,涉及网络交往的案件也越来越多。有学者对1998年之前的美国网络管辖权案件进行了分析,总的趋势是从最初的盲目扩大管辖权向对管辖权加以限制并发展出一些具有重要参考价值的标准转变。

(1)早期判例:管辖权的过度扩张。早期的判例倾向于管辖权的扩张,认为只要存在可以被访问的网址,即可使法院获得对外州被告的管辖权。这样的做法遭到后来者的猛烈批判,被认为是"不好的开端"。[③] 以下是三个较早期的案例。

1986年的"California Software Incorporated v. Reliability Research, Inc. 案"[④]。这是美国审理的第一例互联网案件。在这个案件中,由于据称贴在留言板上的毁誉信息能在加利福尼亚被接触到,因此加州法院认为对一内华达计算机BBS经营人享有管辖权。法院认为,通过使用计算机,公司现在能够同时在数州与个人进行交易和通信联系,现代技术使得国家范围内的商业交易更为简便易行(对于小额交易也是如此),因此必须相应地拓宽法院能够行使管辖权的可能范围。[⑤] 据此可以看出,加州法院主张网络联系使长臂管辖权原则得以扩大运用。

1996年的"Inset Systems, Inc. v. Instruction Set, Inc. 案"[⑥]。本案中,一家位于康涅狄格州,名为叫Inset的软件公司,由于认为一家位于马萨诸塞州的名为Instruction的技术公司在其网页上使用了侵犯Inset商标权

---

① 郭玉军、向在胜:《网络案件中美国法院的长臂管辖权》,《中国法学》2002年第6期。

② 郭玉军、向在胜:《网络案件中美国法院的长臂管辖权》,《中国法学》2002年第6期。

③ 郭玉军、向在胜:《网络案件中美国法院的长臂管辖权》,《中国法学》,2002年第6期。

④ California Software Incorporated v. Reliability Research, Inc. , 631 F. Supp. 1356, C. D. Cal. , 1986.

⑤ 孙晔、张楚:《美国电子商务法》,北京,北京邮电出版社,2001年1月版,第250页。

⑥ Inset Systems, Inc. v. Instruction Set, Inc. , 937 F. Supp. 161, D. Conn, 1996.

的域名,而在康州法院提起侵权诉讼。被告基于其在康州没有办公场所和雇员的事实提出法院对此案没有管辖权。而根据康州的"长臂管辖法",法院对于经常在本州招揽生意的非本州居民享有特殊管辖权,唯一的要求是符合美国宪法《第十四修正案》的正当程序要求。法院认为,第一,被告的网页至少在过去的六个月里持续不断地被用来招揽生意,大约有一万名康州居民可能受到影响;第二,网络中的广告与电视和广播中的广告有所不同,其可以连续地、实时地被各州的网络用户所访问。既然被告选择在网络上做广告,那么其广告必然会指向所有的州,其中便包括康州。因此,被告的活动证明其已经有意地利用了在康州进行商业活动的好处。[①] 法院因此得出结论,即对本案具有管辖权。

1996 年的"Maritz, Inc. v. Cybergold, Inc. 案"[②]。本案是密苏里州的一个联邦案件,法院采用了与 Inset 案中的法院相近的做法。在本案中,Cybergold 拥有一个网址为其在网络的服务做广告,这个网址为用户提供有关新服务的信息,并且任何用户只要点击了相应的按钮,就可以收到从该网址自动发出的信息。法院认为,既然"Cybergold 有意识地决定给所有的网络用户传输广告信息,并知悉这些信息将能在世界范围内得到传播",那么法院与被告有充分的联系行使管辖权。在该案中,法院从以下五个方面考察了被告与法院地的联系是否构成"最低限度联系":①与法院地联系的性质和质量;②联系的数量;③上述联系与诉因的关系;④法院审理该案的利益;⑤当事人方便原则。

以上三个案件都是根据被告设立网站这一点断定其有接触全球所有网络用户的意图,其中自然包括法院地州的用户,因此认为他们在有意地利用法院地州进行商业活动。[③] 这样的推断是很荒谬的,照此观点,可以将全部网络民事纠纷都纳入美国法院的管辖之下,这显然是不可能做到的。另外,这样的做法也不符合美国的"正当程序"中"有意利用"的标准,因为被告设立网站的行为针对的是所有的用户,而不仅仅是法院地的用户,因此并非特意利用法院地的好处。[④] 在实践中,这种做法会极大地影响到互联网商务的发展,因此,这种早期的扩大管辖权的做法遭到了摒弃,被后来的"进一步活动说"所取代。

---

① 郭玉军、向在胜:《网络案件中美国法院的长臂管辖权》,《中国法学》2002 年第 6 期。
② Maritz, Inc. v. Cybergold, Inc. , 947 F. Supp. 1328,1996.
③ 郭玉军、向在胜:《网络案件中美国法院的长臂管辖权》,《中国法学》,2002 年第 6 期。
④ 鞠海亭:《网络环境下的国际民事诉讼法律问题》,北京,法律出版社,2006 年 1 月版,第 56 页。

（2）"进一步活动说"：比较合理的选择。"进一步活动说"是指被告除了在网站上提供一些信息或产品之外，还实施了能够显示其有意图地服务于某一特定法院地市场的行为，这些行为表明被告意识到其将受到该地的法律约束，只有这样才能符合"有意利用"的管辖权标准。[1]

1996 年的"CompuServe Inc. v. Patterson 案"[2]，是一个著名的案例，也是将"进一步活动说"运用于网络案件的首例。CompuServe 是一家美国资讯公司，总部位于俄亥俄州哥伦布市。Patterson 是一位德州居民，从未到过俄亥俄州，同时他本人是一名律师，也是 CompuServe 公司的一个用户。Patterson 在 CompuServe 的网站上发布其软件广告，并在俄亥俄州销售了 12 套价值 650 美元的软件。CompuServe 后来也销售一种和 Patterson 的软件相类似的软件。于是，Patterson 起诉 CompuServe 侵犯了他在普通法下的某些商标权。CompuServe 公司则在俄亥俄州联邦地区法院提起了诉讼，要求其做出未侵权的判决。Patterson 认为该法院无管辖权。地方法院认为，被告从来没到过俄亥俄州，而且他和原告的协议也是通过在得克萨斯州的计算机订立的，与俄亥俄州没有充分的联系能让法院行使管辖权，因此，地方法院驳回了此案。第六巡回法院则认为，计算机用户不能仅仅因为计算机网络建在俄亥俄州内就必须接受其管辖，但该案中原告与被告之间的电子联系已经构成了被告在俄亥俄州做生意的要件，认为"问题的关键在于被告与俄亥俄州的联系是否达到使其能够合理预见自己可能会在该州被起诉"。该案的被告除了将其软件投入网络中之外，还实施了针对法院地的"进一步活动"，如原、被告签署的书面协议明确规定了将受俄亥俄州的法律规制，被告将他的软件传输到原告在俄亥俄州的系统，并通过原告电脑系统向法院地用户销售其产品等。因此，俄亥俄州法院有充分理由主张属人管辖权。同时，法院还特别指出，原告的营业场所设立在俄亥俄州并不构成俄亥俄州法院行使管辖权的依据，相反，被告有目的地通过互联网在俄亥俄州进行交易，则构成与法院地的足够联系，这才是法院行使管辖权的依据。

该案的意义在于，在确定管辖权时，分析的重点应当放在当事人的关系上，而不能局限于这种联系产生的方式上。

另一个著名案例是"Bensusan Restaurant Corp. v. King 案"[3]。本案中，被告 King 是位于密苏里州的一个网站的拥有者，他在网站上为其名为

---

① 鞠海亭：《网络环境下的国际民事诉讼法律问题》，北京，法律出版社，2006 年 1 月版，第 56 页。

② CompuServe Inc. v. Patterson，89 F. 3d 1257，1996.

③ Bensusan Restaurant Corp. v. King，937 F. Supp. 295，S. D. N. Y.，1996.

"蓝记号"(the Blue Note)的爵士乐俱乐部做广告,而纽约有一家同名的爵士乐俱乐部早已举世闻名,纽约俱乐部遂向纽约州法院起诉,控告被告侵犯其商标权。纽约州法院认为,保留一个可被全世界访问的网站,如果没有"进一步活动",就不能认为是指向纽约的,被告在网站上所做的广告,并不构成其在纽约州出售演出票的要件。因为纽约州的互联网用户只有向密苏里的售票处购票并前往该州取票,才能参加被告俱乐部的演出。法院认为,在没有其他活动相配合的情况下,并不能构成"有意利用",因此,纽约州法院不能行使管辖权。

以上两个案例的价值在于推翻了早期的管辖权无限扩张的做法。如果没有"进一步活动"的限制,世界各地的法院都将对网络案件行使管辖权,而当事人根本无法预见自己将在哪里被起诉,这不仅不符合理性标准的要求,而且有违平等与实质正义的传统观念。[①]

(3)"按比例增减"说:价值及其局限性。"按比例增减"说是指法院通过审查网站上发生的信息交流的商业性质以及交互性程度的高低来决定哪个法院行使管辖权。[②] 在 1997 年的"Cybersell, Inc. v. Cybersell, Inc."一案[③]中,美国法院创造性地把网站分为被动型网址(Passive Site)和互动型网址(Interactive Site),并主张对互动型网址行使长臂管辖权。在本案中,原告是一家亚利桑那州的名为 Cybersell 的公司,被告是佛罗里达州一家公司,双方在网页上使用同样的 Cybersell 名称。原告因此认为被告对自己的服务商标构成商标侵权。亚利桑那州法院将网址区分为被动型网址和互动型网址,区别在于互动型网址能从主机上交换信息。在此案中,被告在亚利桑那州并没有任何商业活动,它与该州的联系不足以构成故意在亚利桑那州从事商业活动以期获得利益和该州的保护。因而,法院认定案件中被告的网址为被动型网址,从而拒绝行使管辖权。

1997 年的"Zippo Manufacturing Co. v. Zippo Dot Com, Inc."一案[④]中,"按比例增减"说被进一步确立。在该案中,加利福尼亚州一家名为 Zippo 的网络新闻服务商注册了域名"zippo. com""zippo. net""zippo-news. com",宾夕法尼亚州的另一家同样名为 Zippo 的灯具制造商由此在本州提

---

① 郭玉军、向在胜:《网络案件中美国法院的长臂管辖权》,《中国法学》2002 年第 6 期。
② 鞠海亭:《网络环境下的国际民事诉讼法律问题》,北京,法律出版社,2006 年 1 月版,第 58－59 页。
③ Cybersell, Inc. v. Cybersell, Inc., 130 F. 3d 414,9th Cir., 1997.
④ Zippo Manufacturing Co. v. Zippo Dot Com, Inc., 952 F. Supp. 1119, E. D. Penn., Jan. 16,1997.

起了商标权侵权诉讼。被告辩称其在宾州无办公场所、雇员或代理人,只是在它的互联网主页上刊登了服务广告,能被宾州居民所接触。然而法院发现被告不仅仅是在互联网上发布广告,实际上被告向宾州约300名订购者出售了密码,并且在宾州与互联网接入服务提供者签订了九份合同。

法院法官认为,法院行使长臂管辖权符合正当程序要求的可能性与当事人通过网络从事商事活动的性质和质量直接成正比,即"按比例增减",继"Cybersell,Inc. v. Cybersell,Inc."一案把网站区分为被动型网址和互动型网址之后,法院将当事人的活动根据其性质可以分为三个层次:①"积极存在网址",即当事人通过商业网站从事商事交易,在这种情况下,法院拥有管辖权是适当的;②"交互型网址",这一类活动相当广泛,要根据"交互程度"和"商业性质"来判断是否可以行使管辖权;③"消极存在网址",仅仅用于发布信息,对于这种情况,法院几乎不能行使管辖权。在该案中,由于被告实际上已经和宾夕法尼亚州居民进行了数以千计的交易,宾州地方法院因此就拥有了管辖权。

"按比例增减"说的价值在于,提供了一套分析被告通过网络所实施的活动性质的方法。这种做法实际上是对长臂管辖权理论适用于网络案件的限制。这种限制既是必要的,也是合理的。

但是,应当看到,"按比例增减"说也有一定的局限性。三个层次的界限的划分并不清晰,特别是"交互型网址"处于在网络上从事商事活动和仅仅在网络上进行广告宣传之间的灰色区域,对其定性模棱两可,如果被告的活动处于该层次,既有可能构成"有意利用",也可能不构成"有意利用"。因此,对于网络使用者和法院来说,其指导意义都有限。

为了克服"按比例增减"说的弊端,在目前美国的司法实践中,出现了将"按比例增减"说和"进一步活动"说相结合的趋势,即强调法院在考察网络活动的交互性和商业性的同时,还要考察其"针对性"。这实际上是对"按比例增减"说的进一步完善,尤其对第二层次案件的"有意利用"分析将大有帮助。[①]

1999年的"Millenium Enterprises,Inc. v. Millenium Music,LP案"[②]是一个侵犯商标权案件。该案原告在俄勒冈州设立了几家名为"music millenium"的音乐零售店,被告在南卡罗来纳州也设立了几家同名的商店,而且双方也都设立了网站以销售产品。被告的网站被定性为"交互型网

---

① 郭玉军、向在胜:《网络案件中美国法院的长臂管辖权》,《中国法学》2002年第6期。

② Millenium Enterprises,Inc. v. Millenium Music,LP,1999 WL 27060,D. Or.,1999.

站",但被告并没有向法院地居民销售产品,仅有的一次销售记录是原告的律师指使其熟人购买的。原告认为,被告的网站是交互型网站,其与法院地间已构成了充分的联系。换句话说,原告认为,只要被告的网站能使双方当事人进行信息交流,法院便可以对其行使管辖权,至于信息交流在事实上能否发生则在所不问。但法院拒绝行使管辖权,理由是尽管被告的网络活动具有很强的交互性和商业性,但其中并没有针对法院地的"有意活动",显然不能对其行使管辖权。

"按比例增减"说和"进一步活动"说的结合,要求人们注意区分网站本身的性质和当事人通过网站所从事的活动的性质。网站具有交互性或者具有从事商事活动的潜力本身并不能作为法院行使管辖权的基础。在衡量对被告是否有管辖权时需要考察的是被告的活动,而不是被告所借助的媒体的性质,即只有被告确实通过该网站与法院地的居民进行了交易,即实施了针对法院地的"有意活动",才可以对其行使管辖权。在实际中,"进一步活动"主要表现为以下几种形式:针对法院地的特定交易活动;主动向某一特定法院地发送信息;选择使用特定的语言;选择使用特定的货币;选择使用特定的法律以及拒绝交易声明等。①

法院对于在法院所在地无住所或居所的被告,可因被告委托住在该地的人维护网站的事实而取得管辖权。"Christian Science Board of Directors v. Nolan 案"②是"按比例增减"说和"进一步活动"说结合的一个案例。本案原告(基督教团体)向北卡罗来纳州联邦地方法院控告 Nolan 侵害其商标权。被告住在加州,并始终未曾在北卡罗来纳州设有住所或居所。而本案的共同被告 Robinson,系北卡罗来纳州居民,在该州境内帮助 Nolan 制作并维护具有侵害原告商标权内容的网站。Nolan 虽未曾亲自经营该网站,但定期传送文章资料给 Robinson 放置到该网站上。本案一审时,法院因被告未出庭,而以缺席判决判定原告胜诉,并禁止被告继续使用原告的商标。由于被告对法院的禁令未加理会,于败诉后继续使用原告的商标,地方法院因此判决被告藐视法庭;被告则以法院无管辖权为由抗辩,由于此理由并未被地方法院所采信,藐视法庭的判决仍被维持,被告于是提起上诉。本案上诉法院认为,Nolan 委托共同被告 Robinson 在北卡罗来纳州制作并维护网站,并定期传送文章资料给 Robinson 的行为,已满足美国联邦最高法院于过去判决中所确立的"最低限度联系"的要求。法院对被告虽不具有"一般

---

① 郭玉军、向在胜:《网络案件中美国法院的长臂管辖权》,《中国法学》2002 年第 6 期。

② Christian Science Board of Directors v. Nolan, 259 f. 3d 209, 4th Cir. , 2001.

管辖权"，但完全符合"特殊管辖权"所列要件，要求被告到北卡罗来纳州受审，并不违反"公平竞争与实质正义的传统概念"，也符合宪法上"正当程序"的要求，故维持地方法院的判决，驳回被告对管辖权的抗辩。[1]

(4)"综合联系"说。前述的"按比例增减"说只考察被告的网络活动，而忽略了被告的非网络活动。为了克服这一缺陷，"综合联系"说主张同时考察被告的网络活动和非网络活动，根据其与法院地总的联系情况，来判断其行为是否构成"有意利用"。[2] 只要被告在从事网络活动的同时，还通过传统的通信方式与法院地居民进行交易，法院便可以对其行使管辖权。

"Heroes. Inc. v. Heroes Foundation 案"[3]就是这方面的一个著名案例。在该案中，原告和被告是分别位于华盛顿特区和纽约的两家慈善机构。被告为获取捐助设立了一个含有"heroes"名称的网站，同时还委托一家代理公司为其在全国范围内进行广告宣传，其中，代理公司为被告在《华盛顿邮报》上做了广告。通过该广告，被告从华盛顿获得了大量捐助。于是原告在华盛顿法院起诉被告侵犯其商标权并有不正当竞争行为。本案中，法院综合考虑了被告的网络活动和非网络活动，确认对被告有管辖权。法院认为：第一，被告的网站可为华盛顿居民访问；第二，被告在《华盛顿邮报》上做了广告，是针对法院地的行为；第三，被告从法院地居民那里获得了大量捐助，因此，被告与法院地间形成了最低限度联系。

值得注意的是，这里所说的非网络活动应仅指与本案诉讼有关的非网络活动，而不包括与本案诉讼无关的非网络活动。美国的一些法院在确定管辖权时，将与本案诉讼无关的非网络活动也考虑进去的做法是不足取的。比如，在"Hasbro v. Clue Cumputing"一案[4]中，被告是一家小型的计算机咨询公司，并设立了一个域名为"clue.com"的网站做广告。原告提起诉讼，称被告的域名侵犯了其商标权。法院首先分析了被告网站的性质，认为其属于交互型网站，之后法院又考察了被告在法院地的非网络活动，其中包括被告为法院地的一家公司曾提供咨询服务，于是，法院据此确立了对被告的管辖权。[5] 对此，人们认为，被告为法院地一家公司提供咨询的做法与本诉讼无关，法院判定对被告的管辖权有片面扩大管辖权、损害被告利益之虞。

---

[1]　http://www.chinaiprlaw.cn/file/200110111966.html，访问日期，2014 年 6 月 29 日。

[2]　郭玉军、向在胜：《网络案件中美国法院的长臂管辖权》，《中国法学》2002 年第 6 期。

[3]　Heroes. Inc. v. Heroes Foundation, 958 F. Supp. 1, D. C., 1996.

[4]　Hasbro v. Clue Cumputing, 994 F. Supp. 34, D. Masschusetts, 1997.

[5]　郭玉军、向在胜：《网络案件中美国法院的长臂管辖权》，《中国法学》2002 年第 6 期。

也有人认为,"综合联系"说并没有太多实际意义。[①] 虽然它对解决司法实践中的问题有一定的帮助,但是不能解决单纯的网络民事案件中的管辖权问题。实际上,如果被告在被动型网站上做广告,同时还以传统方式与法院地居民进行交易的话,根本就不需要"综合联系",因为仅凭后者已经足以对被告行使管辖权。

3. 不方便法院原则

不方便法院原则存在的前提是审判法院具有适当的管辖权,同时存在另一个具有管辖权的法院。如果从当事人与诉因的关系以及当事人、证人、律师或法院的便利或者花费等角度看,审判法院审理案件是极不方便的,而由另一个法院审理更为适宜,在此种状况下原审法院有权拒绝行使管辖权。

不方便法院原则起源于 18 世纪的苏格兰,最初被称为"非管辖法院"(Forum Non Competens),是指法院缺乏管辖能力(lack of competence),从而拒绝行使管辖权的情况(很明显,法院缺乏管辖能力和法院因为不便利而拒绝管辖是有区别的)。到 19 世纪末,苏格兰法院发展出了现代的不方便法院原则,即以减少通过扣押财产而产生的管辖权所可能带来的损害。不方便法院原则存在两个不同的适用标准,即程序滥用标准(abuse of process approach)和最合适法院标准(most suitable forum approach)。早期适用的是程序滥用标准,即只有在存在压制或无理取闹(oppressive or vexatious)时,继续诉讼程序会导致不公正,存在对法院程序滥用的情况下才能适用不方便法院原则。而随着法律的不断完善,不方便法院原则的适用逐步过渡到最合适法院标准,即直到法院确认存在另一个拥有管辖权的替代法院地,且在当地审理对于各当事人的利益更为合适,更有利于正义的要求时,才适用不方便法院原则。

不方便法院原则在美国得到了极大的承认和发展。1929 年,帕克斯顿·布莱尔(Paxton Blair)在哥伦比亚大学法学评论中发表了《英美法中的不方便法院原则》一文,标志着美国法学界正式承认了此原则。美国联邦最高法院在 1947 年"海湾石油公司诉吉尔伯特案"[②]及 1981 年"派珀飞机公司诉雷诺案"[③]这两个经典案例中,明确将不方便法院原则适用于美国国内及国际诉讼,从而正式确立了不方便法院原则在美国法律实践中的地位。1947 年"海湾石油公司诉吉尔伯特案"可以说是一个里程碑式的案件。它

---

① 鞠海亭:《网络环境下的国际民事诉讼法律问题》,北京,法律出版社,2006 年 1 月版,第 70 页。

② Gulf Oil v. Gilbert, 330 U. S. 501,1947.

③ Piper Aircraft Co. v. Reyno, 454 U. S. 235,1981.

使不方便法院原则在美国广泛确立,不方便法院原则被适用于联邦所有的法院,以及民事、海事等各类诉讼中。之后美国又以成文法的形式写入美国《统一洲际和国际程序法》,其中的第 1 条第 5 节中,明确规定了不方便法院原则:当法院发现为了重大司法公正的利益,诉讼应在另一法院审理时,该法院可根据适当的条件中止或解除全部或部分诉讼。在后来的"派珀飞机公司诉雷诺案"中就运用了不方便法院原则。在该案中,初审法官充分考虑各种因素对不方便法院原则进行解释适用,达到了严格适用此原则的典范作用。在该案中,还确立了这样一种准则,即外国国民和美国国民之间的非平等待遇,外国国民的法院选择权的范围要小于美国国民,有学者评论说这意味着美国关于不方便法院原则的标准转变为"最适当法院"标准,该原则及其适用时所遵循的标准在美国正式确定下来。

最高法院以两步标准来判断是否应适用不方便法院原则:①是否在另一国家或司法辖区存在合格的替代法院;②当存在这一替代法院时,法院必须考虑多种因素,例如原告的国籍、替代法院的能力、案件适用的法律及其后果以及进行利益衡量。法院必须考虑并衡量私人权益和公共利益,例如取得证据的相对便利性、出庭人员的出庭费用、判决的可执行性以及法院的工作负担、案件与法院地的关联性等。只有衡量这两类因素得出的结果有力地支持被告时,才能对原告的法院选择做出干预,即法院以其自由裁量权作出是否适用不方便法院原则的决定。[①]

自 20 世纪中期以后,美国管辖权的扩张范围越来越广。为防止过度管辖权的弊病,不方便法院原则被引入美国法并得到了广泛的适用,成为对管辖权扩张趋势的一种反向平衡手段。尽管不方便法院原则的适用存在着如上的许多考虑,但随着该原则的广泛适用,其一些固有的缺陷也逐渐暴露,并受到了越来越多的批评。这些缺陷包括:一是对外国当事人的区别对待。这是不方便法院原则受到最大批判的一点。实际上美国公民在美国提起的诉讼很少有被撤销的,而很多外国当事人在美国的起诉都被美国法院以不方便法院原则驳回了。美国法院在适用不方便法院原则时对外国当事人区别对待被视为对弱势群体的歧视,因而广受批评;二是法官过大的自由裁量权。在根据与判决相关的混乱因素确定方便性问题方面,联邦法院享有广泛、不确定的自由裁量权,很可能导致同一案件由不同的法院审判会出现不同的结果;三是为防止拖延而创立的不方便法院原则却可能造成新的

---

① 刘剑:《论英美法下的"不方便法院原则"》,对外经济贸易大学硕士论文,2003 年。

拖延。[①]

随着互联网的发展,如何缓和针对网络案件的管辖权冲突,是十分现实的问题。考虑到互联网的发展与美国的技术标准有着拉扯不断的渊源关系,美国法院所坚持的原则可能会发展成为互联网国际公约的基础,其中有关限制法院管辖的不方便法院原则似乎能为缓解网络空间的管辖冲突打开一条思路。[②]

4. 美国网络空间管辖权理论及争论

由于管辖权基础直接关系到法律的公平、正义、效率、效益,因而在民事诉讼案中具有重要的地位。在网络空间里,究竟什么是管辖权的合理基础?综上所述,在美国法院有关互联网案件的早期实践中,由于对互联网的基本特征及其对传统管辖权理论的冲击认识得不够系统和深入,因而走了一些弯路——倾向于将管辖权不加限制地扩张。美国法院早期在处理与互联网有关的案件时,仍试图沿用国际制鞋公司案的判例模式,将长臂管辖权扩张到互联网案件中。

"进一步活动"说的产生则纠正了早期实践中的错误做法。如果说"进一步活动"说回答了什么样的网络活动不能构成"有意利用"的话,那么"进一步活动"说和"按比例增减"说的结合则回答了什么样的网络活动可以构成"有意利用"。而"综合联系"说是在法官们对网络活动和非网络活动的平等关系有了正确认识以后的必然产物,是正确认定被告与法院地之间联系的必要途径。[③]

关于网络案件管辖权的争论,实质上是人们对网络空间的性质认识不同造成的。关于网络空间的性质,在第一章中已有详述,归结起来主要有两种观点:一种观点认为网络空间是一个独立于现实物理空间的独特空间,该空间完全脱离政府而拥有自治权,传统管辖权规制不再适用于该区域,该区域将演化出一套自己的组织形式、价值标准和管辖规则;另一种观点则认为,网络只是一种通信方式,和传统的通信方式并无本质不同,传统管辖权的规则仍然对其适用,同时也承认网络空间的出现给传统管辖权提出了一定的挑战。

美国的司法实践,秉承的就是第二种观点,将长臂管辖权适用于网络案件,并逐步进行调整,以适应互联网快速发展、网络商事活动蓬勃发展的需

---

① 乔煜:《美国法律不方便法院原则阐述》,《商业时代》2010 年第 10 期。
② 王贵国:《国际 IT 法律问题研究》,北京,中国方正出版社,2003 年 1 月版,第 381 页。
③ 郭玉军、向在胜:《网络案件中美国法院的长臂管辖权》,《中国法学》2002 年第 6 期。

要。这一模式可能更符合管辖权模式未来的发展趋势。

事实上,世界上大多数国家都在对网络空间进行不同程度的管制。就网络案件的管辖权问题,法官们一方面将传统的管辖权规则运用于网络案件,同时也在积极探寻网络对传统管辖权提出的挑战及其解决方法。① 美国长臂管辖权的本质是域外管辖权,由于它威胁到他国的管辖主权,一直受到其他国家的猛烈批判。随着人类共同利益的增长,国际社会法律协调发展和国际利益优先已成为一个突出趋势。在信息时代,网络接触无孔不入,长臂管辖权在互联网案件中的运用意味着"域外管辖权"的过分扩张,其结果必然导致全球所有法域都对互联网案件具有管辖权,造成国际民商事案件管辖冲突的加剧,这既有损于国家司法主权,也不利于保护当事人双方的合法权益,甚至引发国际争端。此外,这种域外管辖权也很难得到其他国家的认可。互联网目前尚处于不断发展变化之中而远未定型,网络案件管辖基础的确定还有赖于它的进一步发展。而互联网的特点决定了单个国家不可能有效解决互联网上的跨国法律问题,国际社会的通力合作才是与互联网相关的法律制度发展完善的真正途径。② 在这方面,美国如何对长臂管辖权做出适时调整值得关注。

互联网的全球性和不确定性在一定程度上扩大了管辖因素的范围。一种网络行为可能被多国法院通过识别而确认管辖权。一国法院在受理一个包含复杂因素的网络纠纷案件时,理应考虑到证人的住所和强制证人出庭之程序的可用性、取证来源的难易程度、出庭的费用、强制执行法院判决的可能性等因素。如果存在别国法院,同样根据本国法律对该案享有管辖权,且该法院实施管辖更具程序上的合理性,更符合原告诉讼的本意,则受诉法院就应依据不方便法院原则,通过中止或撤销诉讼,放弃对该案的管辖。显然,面对日益复杂的网络环境和可能出现的剧烈的网络管辖权冲突,不方便法院原则在合理分配国际事务,维护网络世界的完整性方面有十分现实的意义。面对扩张行使管辖的趋势,不方便法院原则对于缓和国际管辖权冲突应是一有效的工具。③

美国的"长臂管辖原则"意味着司法管辖权呈现出日益扩大化的趋势。这种扩大化趋势不可避免地加剧了各国之间的管辖权冲突,以致出现有关国家对同一案件争相行使管辖权的局面,同时也给一方当事人挑选法院提

① 郭玉军、向在胜:《网络案件中美国法院的长臂管辖权》,《中国法学》2002 年第 6 期。
② 郭明磊、刘朝晖:《美国法院长臂管辖权在 Internet 案件中的扩张》,《河北法学》2001 年第 1 期。
③ 王贵国:《国际 IT 法律问题研究》,北京,中国方正出版社,2003 年 1 月版,第 385 页。

供了机会,从而导致对方当事人在不方便的情形下参加诉讼,危及司法公正的实现,耗费不必要的人力、物力和财力。因此,对"长臂管辖原则""契约自由原则"做出适当限制尤为必要。

第三节　网络空间管辖权的立法

除了将长臂管辖权适用于互联网等新兴媒体外,美国也尝试通过制定新的法律法规对新媒体领域的管辖权纠纷进行规制。

由于美国是联邦制国家,联邦和州两级均有立法权。虽然美国国会有权规范跨州的商贸活动,但是传统上交易法的规则(尤其是《合同法》)一直属于各州立法的范围。为了避免各州立法之间的冲突过大,影响正常的商业活动,美国统一州法委员会和美国法学会制定了一套交易法规则,作为协调各州合同法的示范法,推荐各州逐渐将这一套法律规则制定在本州的法律中。在这些规范法中,最成功的一部就是《统一商法典》。[①] 该法的目的就是简化、澄清和修订美国调整商业交易的法律,通过习惯、惯例、协议来发展商业规范,以及促进各州法律之间的统一。

为了使《统一商法典》适合电子商务发展的新特点,美国统一州法委员会和美国法学会对其进行了修订,在其中增加有关调整电子商务的法律规则的内容,这就是《统一商法典》第2条B项的由来。并在《统一商法典》第2条B项的基础上形成了1999年7月公布的《统一计算机信息交易法》。

《统一计算机信息交易法》对电子合同管辖权做出了较为明确的规定。该法第110条规定:"(a)双方可以协议选择一个排他性的管辖法院,除非此种管辖不合理且不公平。(b)除非双方协议明确规定,双方协议选择的管辖法院不具有排他性。"该条认可了在线交易当事人可以通过协议的方式选择管辖法院,但在当事人没有有效的商业目的,并且对其他当事人有严重的和不公平的损害时,则协议无效。在当事人没有协议选择管辖法院时,该法并未做出具体的规定。该法中的法律选择条款和法院地选择条款将使缔结电子合同的商家具有更大的确定性,他们不会被迫到遥远的法域去对争议的

---

① 目前通行于美国全国的一部法典。从1942年起,美国统一州法委员会和美国法学会着手起草《美国统一商法典》。该法典于1952年公布,其后曾经多次修订,现在使用的是1998年修订本。美国各州都通过自己的立法程序采用了《美国统一商法典》,使它成为本州的法律。

交易提起诉讼。① 在《统一计算机信息交易法》的起草者看来,选择法律的权利在信息经济中尤为重要,如无此种权利,"即使最小的企业也有可能被迫受任何其他州或世界上任何其他国家法律的约束""这种限制(合理联系的限制)在全球信息经济背景下是不适当的,因为在虚拟空间中,当事人的实际所在地往往是无关紧要的或不可知的,并且在当事人互不熟悉对方所在法域法律的情况下,他们希望选择一个中立第三方法域的意图是合情合理的,即使所选择的法域可能与交易无任何关系。"②

然而,与《统一商法典》一样,《统一计算机信息交易法》具有示范法的性质,并没有直接的法律效力,其能否转化为生效法律取决于各州是否通过立法途径对其予以采纳。美国各州并没有义务必须采纳《统一计算机信息交易法》,目前只有弗吉尼亚、马里兰、俄克拉荷马、特拉华、夏威夷、伊利诺伊、爱荷华等州通过或正在指定该法,要等到全美 50 个州都按照自己的立法进程采纳该法,可能还需较长的时间。

与此同时,各国关于网络空间案件解决机制的差异,以及网络空间的全球性和跨地域性特点,决定了网络管辖权冲突的解决机制不能仅限于国内,还应该加强国际合作,以寻求对涉网络案件管辖权冲突的解决机制。一个著名的案例是"法国诉雅虎案",这一美国和法国围绕管辖权之争的案例,至今仍然存在许多争议。

马克·诺贝尔(Mark Knobel)是一位毕生与新纳粹主义斗争的法国籍犹太人,这场斗争促使他经常浏览网站。2000 年 2 月,身在法国的诺贝尔,到网上搜索纳粹纪念品。当登录雅虎网站的拍卖网页时,他惊讶地发现网页上摆出了大量的党卫军万十字章、党卫军匕首、集中营照片、纪念复制品,在法国很容易买到这些物品,而服务器却由互联网巨人雅虎设在美国境内。

2000 年 4 月 11 日,他代表反种族主义和抵制反犹主义等国际团体,在法国法院起诉雅虎。他提出,雅虎触犯了法国禁止纳粹物品在其境内流通的法律。"这些拍卖在美国可能并不违法",诺贝尔说,"但只要你进入法国国界,就绝对违法"。法国方面的代理律师罗纳德·凯茨(Ronald Katz)补充说,"认为互联网改变了一切的想法是幼稚的。它并没有改变一切。它并没有改变法国法律"。

雅虎收到来自巴黎地方最高法院(Le tribunal de Grande Instance de

---

① 鞠海亭:《网络环境下的国际民事诉讼法律问题》,北京,法律出版社,2006 年 1 月版,第 65 页。

② 鞠海亭:《网络环境下的国际民事诉讼法律问题》,北京,法律出版社,2006 年 1 月版,第 147 页。

Paris)的传讯,审判由让-雅克·戈迈兹(Jean-Jacques Gomez)法官主持。雅虎公司创始人杨致远对此作出回应说,"法国法庭意图在自己并不控制的领土上审判"。雅虎的公共关系团队提醒人们允许国家政府控制互联网内容将导致可怕的后果。如果法国人的法律适用在美国的网站,那么理应认为德国人或日本人的管制政策同样有效,沙特的或中国的法律亦如此。"如果你每天醒来都不得不问自己'我该遵守谁的法律',那么将很难进行商业活动",雅虎的副总裁希瑟·基伦(Heather Killen)说:"我们有那么多国家,那么多法律,但只有一个互联网。"

诺贝尔的律师宣称法国拥有保护自身不受来自美国的非法纳粹商品销售侵害的主权,并要求雅虎解释为什么它可以游离于法国法律之外。一名反纳粹律师指出:"法国法律不允许在出版物、电视或广播等媒体上出现种族主义,而我看不到互联网可以不在此列的原因。"

2000年5月22日,戈迈兹法官做出判决,在初审基础上,驳回雅虎的辩护。他判决雅虎在美国的网站违法了法国法律,责令雅虎"采取一切必要措施阻止"来自法国用户的访问,使法国不受雅虎网站上拍卖非法纳粹物品的伤害。

戈迈兹法官限定雅虎两个月内提出屏蔽法国上网者的解决方案。休庭期间,一家美国新技术公司 Inforsplit 的创立人希瑞·霍利(Cyril Houri),联系了原告律师史蒂芬·里奥提(Stephane Lilti),告知他已经开发出一项新技术,可以基于地理信息识别和屏蔽互联网内容。霍利飞到巴黎,并在里奥提的电脑上演示了这项技术。他们被屏幕上显示的信息震惊了。雅虎宣称的受美国《宪法第一修正案》保护的服务器,实际上安放在斯德哥尔摩。雅虎在瑞典安装了其美国主站的实时更新镜像站点,以便于欧洲用户更快登录。

当年7月24日再次开庭时,雅虎的律师们再次坚持,基于美国的网站识别并过滤法国访问者,在技术上不可能。里奥提在庭上以霍利的地理识别技术来回应。他指出,在法国的雅虎拍卖活动,实际上并不来自美国的服务器。他指出,假设世界各地计算机用户平等地接入任何一个网页,是绝对错误的。如果雅虎可以从瑞典的服务器锁定法国用户,它就可能识别用户的地理位置,并且如果它愿意,也可以屏蔽该用户。

戈迈兹法官邀请三位互联网专家评估雅虎屏蔽法国用户的技术可能。这三位专家分别是"互联网之父"文顿·瑟夫(Vinton Cerf)、英国互联网专家本·罗瑞(Ben Laurie)、法国技术人员佛朗克斯·瓦隆(Francois Wallon)。专家报告对雅虎是灾难性的。它基于2000年底的技术条件——即霍利的身份认证技术和国籍的自我报告技术——得出结论,雅虎能够有效屏蔽90％以上的法国用户。

基于这份报告,2000年11月20日,戈迈兹法官做出了意义深远的最终判决,认为雅虎网站允许交易纳粹物品触犯了法国法律。法官断定法国的法院有权处理雅虎公司及其服务器,因为该公司有意将禁止的纳粹拍卖活动指向法国。他指出,法国网民访问美国雅虎网站时,雅虎会出现法语广告。这不仅表明雅虎为迎合法国用户制作内容,同时表明在某种程度上,它可以进行地理位置识别并屏蔽用户。法庭承认完全的屏蔽不可能,但责令雅虎尽最大努力屏蔽法国用户。

雅虎仍然非常愤怒。它宣布除非美国法院要求这样做,否则雅虎将无视戈迈兹法官的判决。判决一个月后,雅虎在美国提起反诉,希望美国法院驳回法国的判决。法国雅虎主管菲利普·纪尧姆(Philippe Guillanton)说:"我们希望美国法院能够确认,非美国法院无权要求一家美国公司如何运营。"

然而,雅虎面临一个难题。尽管认为法国法院不可能在美国行使权力,但雅虎在法国也拥有资产,包括从法国获得数量可观的补贴收入,这些资产面临被查封的危险。戈迈兹法官警告雅虎,2001年2月前必须执行判决,否则将面临每天10万法郎(约合13 000美金)的罚款。

2001年1月2日,雅虎突然妥协。它从拍卖网页上撤下所有的纳粹物品,声明它"将不再允许与促进或拥护暴力仇恨的团体有关的物品,放置在任何雅虎旗下的商业设施上"。它宣称,此举是因为纳粹物品拍卖带来的社会影响,而非法国的裁决。雅虎发言人声称"社会整体上是反对这类组织的"。但法国制裁的威胁迫在眉睫,这预示着如不服从,雅虎将被严重惩罚。

戈迈兹法官判决不久,雅虎对按地域屏蔽的抵制开始松解。2001年6月,雅虎宣布与阿卡麦公司(Akamai)达成交易,使用该公司的地理识别技术传输地域相关广告,从而"提高广告的针对性"。雅虎的一名律师——玛丽·维丝(Mary Wirth)解释雅虎在地理识别技术上前后矛盾的态度:"我们坚持法国法院的判决并不是百分之百完美的解决方案,因为我们必须百分之一百地确认法国用户,而这并不可能。然而,这项技术却非常适合用于定向广告。"①

该案的核心是法国法院对此案件是否享有管辖权。2001年下半年,美国联邦法院做出判决,认为法国法院对雅虎公司的制裁在美国不具有法律

---

① http://wen.org.cn/modules/article/trackback.php/1854,访问日期,2014年6月29日。

效力,理由是"《第一修正案》拒斥执行想管制美国网络言论内容的法国禁令"。尽管雅虎公司取得了初步的胜利,但是,戈迈兹法官的判决仍具有重大意义。^① 在 2004 年 8 月,美国巡回上诉法院的三人法官小组却推翻了上述判决,他们认为,由于国外诉讼当事人没有诉求到美国司法体系,因此,美国法院无权推翻法国法院的判决。

另一个案例是英国科学家诉康奈尔大学研究生案。1996 年,一位英国科学家以名誉侵权向伦敦高等法院起诉美国康奈尔大学的一位研究生。起诉书声称,该研究生在从 1994 年到 1995 年期间,分五次在互联网的电子公告板上刊登明显中伤该科学家名誉的文章,但诽谤文章的内容及两人之间如何相识等情况,该科学家并未公布。这一起诉讼的难点在于,被告是从美国的纽约州将文章刊登到互联网上的,而该科学家则是在伦敦读到该文章之后起诉到伦敦高等法院的。伦敦的法院受理了起诉并开始审理这一案件。

但是英国的法院是否有权判决居住在美国的美国人的行为呢?即使假定该研究生的行为确属犯罪,那么这应该算是发生在世界哪一个地方的犯罪呢。这一案件并没有最后的结果。但是这一诉讼让大家从侧面了解到互联网上司法管辖权问题的复杂性。在美国和英国的法律中,对于言论自由的宽容度存在着明显的差异:相对于美国重视印刷媒体的言论自由,英国则更重视个人名誉,严格管制中伤个人名誉的言论。因此,如果在本次诉讼中用英国的法律,该学生很可能被判有罪。相反如果在美国则可能无罪。根据司法管辖权的归属不同,判决结果正好相反。居住在美国的研究生正是按照美国的常识,在电子公告板上刊登了诽谤文章。^②

遗憾的是,目前尚没有能够公平合理地仲裁类似这样纠纷的国际法及调停机构。

---

① 〔美〕理查德·斯皮内洛:《铁笼,还是乌托邦——网络空间的道德与法律》,李伦、等译,北京,北京大学出版社,2007 年 2 月版,第 65 - 66 页。
② 王贵国:《国际 IT 法律问题研究》,北京,中国方正出版社,2003 年 1 月版,第 389 - 390 页。

参 考 文 献

中文文献(专著):

［1］〔美〕韦恩·奥弗贝克:《媒介法原理》,周庆山等译,北京,北京大学出版社,2011年。

［2］刘孔中、王红霞:《通讯传播法新论》,北京,法律出版社,2012年。

［3］胡正荣、戴元光:《新媒体与当代中国社会》,上海,上海交通大学出版社,2012年。

［4］宫承波:《新媒体概论》(第三版),北京,中国广播电视出版社,2011年。

［5］〔美〕迈克尔·埃默里、埃德温·埃默里、南希·L.罗伯茨:《美国新闻史:大众传播媒介解释史》(第九版),展江译,北京,中国人民大学出版社,2004年。

［6］邱小平:《表达自由:美国宪法第一修正案研究》,北京,北京大学出版社,2005年。

［7］〔美〕马特尔斯·W.斯达切尔:《网络广告:互联网上的不正当竞争和商标》,孙秋宁译,北京,中国政法大学出版社,2004年。

［8］〔英〕约书亚·罗森伯格:《隐私与传媒》,马特等译,北京,中国法制出版社,2012年。

［9］陈晓宁:《广播电视新媒体政策法规研究:国外法规与评价研究》,北京,中国法制出版社,2001年。

［10］刘毅:《网络舆情研究概论》,天津,天津人民出版社,2007年。

［11］黄瑚、邹军、徐剑:《网络传播法规与道德教程》,上海,复旦大学出版社,2006年。

［12］金冠军、郑涵、孙绍谊:《国际传媒政策新视野》,上海,上海三联书店,2005年。

［13］齐爱民、刘颖:《网络法研究》,北京,法律出版社,2003年。

［14］张文俊:《数字新媒体概论》,上海,复旦大学出版社,2009年。

［15］洪向华:《媒体领导力》,北京,中共党史出版社,2009年。

［16］杨继红:《谁是新媒体》,北京,清华大学出版社,2008年。

［17］〔美〕巴伦·李维斯、克里夫·纳斯:《媒体等同》,卢大川、袁野等译,上海,复旦大学出版社,2001年。

［18］张平:《网络法律评论》(第11卷),北京,北京大学出版社,2010年。

［19］〔美〕理查德·斯皮内洛:《铁笼,还是乌托邦:网络空间的道德与法律》,李伦等译,北京,北京大学出版社,2007年。

［20］〔美〕托马斯·弗里德曼:《世界是平的:21世纪简史》,何帆、肖莹莹、郝正非译,长沙,湖南科学技术出版社,2006年。

［21］〔美〕劳伦斯·莱斯格:《代码:塑造网络空间的法律》,李旭等译,北京,中信出版社,2004年。

［22］法律出版社法规中心:《计算机与网络法律手册》,北京,法律出版社,2005年。

［23］〔英〕戴维·莫利:《传媒、现代性和科技:新的地理学》,郭大为等译,北京,中国传媒大学出版社,2010 年。

［24］高富平:《网络对社会的挑战与立法政策选择:电子商务法研究报告》,北京,法律出版社,2004 年。

［25］鞠海亭:《网络环境下的国际民事诉讼法律问题》,北京,法律出版社,2006 年。

［26］孙晔、张楚:《美国电子商务法》,北京,北京邮电出版社,2001 年。

［27］〔美〕简·考夫曼·温、本杰明·赖特:《电子商务法》,张楚等译,北京,北京邮电大学出版社,2002 年。

［28］金振豹:《美国合同领域冲突法的新发展》,载《中国国际私法与比较法年刊》(第 5 卷),北京,法律出版社,2002 年。

［29］李德成:《网络隐私权保护制度初论》,北京,中国方正出版社,2001 年。

［30］〔美〕尼葛洛庞帝:《数字化生存》,胡泳、范海燕译,海口,海南出版社,1997 年。

［31］郭卫华、金朝武、王静等:《网络中的法律问题及其对策》,北京,法律出版社,2001 年。

［32］〔美〕罗斯扎克:《信息崇拜:计算机神话与真正的思维艺术》,苗华健、陈体仁译,北京,中国对外翻译出版社,1994 年。

［33］〔美〕阿丽塔·L. 艾伦、理查德·C. 托克音顿:《美国隐私法:学说、判例与立法》,冯建妹、石宏、郝倩等编译,北京,中国法制出版社,2004 年。

［34］美国公民教育中心:《民主的基础丛书:隐私》,刘小小译,北京,金城出版社 2011 年。

［35］〔美〕爱伦·艾德曼、卡洛琳·肯尼迪:《隐私的权利》,吴懿婷译,北京,当代世界出版社,2006 年。

［36］展江、吴薇:《开放与博弈:新媒体语境下的言论界限与司法规制》,北京,北京大学出版社,2013 年。

［37］〔美〕唐·R. 彭伯::《大众传媒法》(第十三版),张金玺、赵刚译,北京,中国人民大学出版社,2005 年。

［38］〔古希腊〕柏拉图:《法律篇》,张智仁、何勤华译,上海,上海人民出版社,2001 年。

［39］〔美〕本杰明·卡多佐:《法律的成长:法律科学的悖论》,董炯等译,北京,中国法制出版社,2002 年。

［40］屈茂辉、凌立志:《网络侵权行为法》,长沙,湖南大学出版社,2002 年。

［41］燕金武:《网络信息政策研究》,北京,北京图书馆出版社,2006 年。

［42］〔美〕费热拉:《网络法》,张楚等译,北京,社会科学文献出版社,2003 年。

［43］李双其:《网络犯罪防控对策》,北京,群众出版社,2001 年。

［44］张小罗:《论网络媒体之政府管制》,北京,知识产权出版社,2009 年。

［45］〔英〕戴维·冈特利特:《网络研究:数字化时代媒介研究的重新定向》,彭兰等译,北京,新华出版社,2004 年。

［46］〔美〕马克·斯劳卡:《大冲突:赛博空间和高科技对现实的威胁》,黄锫坚译,南昌,江西教育出版社 1999 年。

［47］孙绍谊、郑涵:《新媒体与文化转型》,上海,上海三联书店,2013 年。

［48］何精华:《网络空间的政府治理》,上海,上海社会科学院出版社,2006 年。

［49］〔美〕保罗·莱文森:《新新媒介》,何道宽译,上海,复旦大学出版社,2011 年。

［50］戴伟辉:《网络内容管理与情报分析》,北京,商务印书馆,2009 年。

[51] 〔美〕斯蒂芬·哈格、梅芙·卡明斯：《信息时代的管理信息系统》（英文原书第 8 版），严建援译注，北京，机械工业出版社，2011 年。

[52] 明安香：《美国：超级传媒帝国》，北京，社会科学文献出版社，2005 年。

[53] 〔美〕阿尔弗雷德·D.钱德勒、詹姆斯·W.科塔达：《信息改变了美国：驱动国家转型的力量》，万岩、邱艳娟译，上海，上海远东出版社，2011 年。

[54] 孙莹：《美国传媒人的法律读本：记者如何保护自己的权利》，广州，南方日报出版社，2010 年。

[55] 〔美〕小哈里·卡尔文：《美国的言论自由》，李忠、韩君译，北京，生活·读书·新知三联书店，2009 年。

[56] 匡文波：《手机媒体概论》（第二版），北京，中国人民大学出版社，2012 年。

[57] 〔美〕张哲瑞联合律师事务所：《裸露的权利》，北京，法律出版社，2006 年。

[58] 〔美〕约瑟夫·塔洛：《今日传媒：大众传播学导论》（第三版），于海生译，北京，华夏出版社，2011 年。

[59] 〔美〕劳伦斯·莱斯格：《免费文化：创意产业的未来》，王师译，北京，中信出版社，2009 年。

[60] 孙铁成：《计算机与法律》，北京，法律出版社，1998 年。

[61] 刘迪：《现代西方新闻法制概述》，北京，中国法制出版社，1998 年。

[62] 〔美〕戴维·斯沃茨：《文化与权力：布尔迪厄的社会学》，陶东风译，上海，上海译文出版社，2006 年。

[63] 〔加〕马歇尔·麦克卢汉：《理解媒介：论人的延伸》，何道宽译，北京，商务印书馆，2007 年。

[64] 〔加〕大卫·约翰斯顿、森尼·汉达、查尔斯·摩根：《在线游戏规则：网络时代的 11 个法律问题》，张明澍译，北京，新华出版社，2000 年。

[65] 吴寸木：《谷歌不听话：互联网背后的大国角力》，北京，电子工业出版社，2010 年。

[66] 〔英〕维克托·迈尔-舍恩伯格、肯尼思·库克耶：《大数据时代：生活、工作与思维的大变革》，盛杨燕、周涛译，杭州，浙江人民出版社，2013 年。

[67] 〔美〕保罗·莱文森：《数字麦克卢汉：信息化新纪元指南》，何道宽译，北京，社会科学文献出版社，2001 年。

[68] 〔美〕埃瑟·戴森：《2.0 版数字化时代的生活设计》，胡泳、范海燕译，海口，海南出版社，1998 年。

[69] 〔美〕凯斯·桑斯坦：《网络共和国：网络社会中的民主问题》，黄维明译，上海，上海人民出版社，2003 年。

[70] 张曙光：《个人权利与国家权力》，载刘军宁等编《市场逻辑与国家观念》，北京，三联书店，1995 年。

[71] 〔美〕马克·斯劳卡：《大冲突：赛博空间和高科技对现实的威胁》，黄锱坚译，南昌，江西教育出版社，1999 年。

[72] 〔美〕西奥多·罗斯扎克：《信息崇拜：计算机神话与真正的思维艺术》，苗华健、陈体仁译，北京，中国对外翻译出版社，1994 年。

[73] 王彬彬：《网络时代的政府革新》，北京，国家行政学院出版社，2013,6 年。

[74] 〔美〕约翰·维维安：《大众传播媒介》（第 7 版），顾宜凡等译，北京，北京大学出版社，2010 年。

[75] 〔美〕琼斯：《新媒体百科全书》，熊澄宇、范红译，北京，清华大学出版社，2007 年。

［76］〔美〕尼尔．巴雷特：《数字化犯罪》，郝海洋译，沈阳，辽宁教育出版社，1998 年。

［77］宫承波、刘姝、李文贤：《新媒体失范与规制论》，北京，中国广播电视出版社，2010 年。

［78］〔美〕Philip H. Miller：《媒体制作人法律实用手册》，何勇、李丹林等译，北京，人民邮电出版社，2009 年。

［79］喻国明：《传媒新视界：中国传媒前沿探索》，北京，新华出版社，2011 年。

［80］〔美〕Kenneth C. Creech：《电子媒体的法律与管制》（第 5 版），王大为、于晗、李玲飞等译，北京，人民邮电出版社，2009 年。

［81］〔英〕维克托·迈尔-舍恩伯格、肯尼思·库克耶：《删除：大数据取舍之道》，袁杰译，杭州，浙江人民出版社，2013 年。

［82］〔美〕霍华德·莱茵戈德(Howard Rheingold)：《网络素养：数字公民、集体智慧和联网的力量》，张子凌、老卡译，北京，电子工业出版社，2013 年。

［83］〔美〕乔尔·布林克利、史蒂夫·洛尔：《美国诉微软案：界碑性案件的内幕故事》，刘庸安、范一亭、林小荣译，北京，北京大学出版社，2001 年。

［84］陆俊：《重建巴比塔：文化视野中的网络》，北京，北京出版社，1999 年。

［85］杨伯溆：《因特网与社会：论网络对当代西方社会及国际传播的影响》，武汉，华中科技大学出版社，2003。

［86］吴小坤、吴信训：《美国新媒介产业》，北京，中国国际广播出版社，2009 年。

［87］秦艳华、路英勇：《全媒体时代的手机媒介研究》，北京，北京大学出版社，2013 年。

［88］杨吉、张解放：《在线革命：网络空间的权利表达与正义实现》，北京，清华大学出版社，2013 年。

［89］〔美〕Kathleen Conn：《校园欺侮与骚扰：给教育者的法律指导》，万赟译，北京，中国轻工业出版社，2006 年。

［90］涂昌波：《广播电视法律制度概论》（第二版），北京，中国传媒大学出版社，2011 年。

［91］蒋坡：《国际信息政策法律比较》，北京，法律出版社，2001 年。

［92］蒋志培：《网络与电子商务法》，北京，法律出版社，2001 年。

［93］江平：《民法学》，北京，中国政法大学出版社，2000 年。

［94］王贵国：《国际 IT 法律问题研究》，北京，中国方正出版社，2003 年。

［95］〔英〕鲍勃·富兰克林等：《新闻学关键概念》，诸葛蔚东等译，北京，北京大学出版社，2008 年。

［96］马民虎、果园：《网络通信监控法律制度研究》，北京，法律出版社，2013 年。

［97］孙伟平：《猫与耗子的新游戏：网络犯罪及其治理》，北京，北京大学出版社，1999 年。

［98］张久珍：《网络信息传播的自律机制研究》，北京，北京图书馆出版社，2005 年。

［99］周祖城：《管理与伦理》，北京，清华大学出版社，2000 年。

［100］高兆明：《社会示范论》，南京，江苏人民出版社，2000 年。

［101］〔日〕水越伸：《数字媒介社会》，冉华、于小川译，武汉，武汉大学出版社，2009 年。

［102］程啸：《侵权行为法总论》，北京，中国人民大学出版社，2008 年。

［103］〔英〕戴维·M. 沃克：《牛津法律大辞典》，李双元等译，北京，法律出版社，2003 年。

［104］〔美〕查尔斯·斯特林：《大众传媒革命》，王家全、崔元垒、张祎译，北京，中国人民大学出版社，2014 年。

[105] 〔美〕阿丽塔·L.艾伦、理查德·C.托克音顿:《美国隐私法:学说、判例与立法》,冯建妹编译,北京,中国民主法制出版社,2004 年。

[106] 王利明:《侵权行为法研究(上)》,北京,中国人民大学出版社,2010 年。

[107] 陈昶屹:《网络人格权侵权责任研究》,北京,北京大学出版社,2014 年。

[108] 张千帆:《美国联邦宪法》,北京,法律出版社,2011 年。

[109] 〔美〕安东尼·刘易斯:《批评官员的尺度:〈纽约时报〉诉警察局长沙利文案》,何帆译,北京,北京大学出版社,2011 年。

[110] 〔美〕丹尼尔·沙勒夫:《隐私不保的年代》,林铮顗译,南京,江苏人民出版社,2011 年。

中文文献(论文):

[111] 郭玉军、向在胜:《网络案件中美国法院的长臂管辖权》,《中国法学》2002 年第6 期。

[112] 吴汉东:《论网络服务提供者的作权侵权责任》,《中国法学》2011 第 2 期。

[113] 张瑞:《美国历年互联网法案研究(1994~2006)》,《图书与情报》2008 年第 2 期。

[114] 陈原、刘静毅:《新兴的广告形式:网络广告》,《工业工程》1999 年第 4 期。

[115] 高圣平:《比较法视野下人格权的发展:以美国隐私权为例》,《法商研究》2012 年第 1 期。

[116] 齐宪生:《网络空间的便利与网络隐私权的保护》,《河北法学》2005 年第 8 期。

[117] 韩鹰:《Internet 时代与网络立法》,《中国律师》2000 年第 1 期。

[118] 陆俊、严耕:《国外网络伦理问题研究综述》,《国外社会科学》1997 年第 2 期。

[119] 刘兵:《关于中国互联网内容管制理论研究》,北京邮电大学博士论文,2007。

[120] 欧树军:《网络色情的法律规管》,《网络法律评论》,2007 年第 6 卷。

[121] 薛敏芝:《美国新媒体广告规制研究》,《上海师范大学学报:哲学社会科学版》2013 年 3 期。

[122] 刘少阳、徐敬宏:《美国:新媒体时代的诽谤应对》,《网络传播》2013 年第 11 期。

[123] 吴兴民:《网络色情传播的法律控制初探》,《社会科学论坛》,2005 年第 2 期。

[124] 孙庚:《美国新媒体的发展现状及其启示》,《新闻与写作》,2010 年第 12 期。

[125] 陈凯、史周宾:《美国报纸网站观察》,《传媒》2007 年第 8 期。

[126] 颜祥林:《网络信息问题的控制模式建构与比较》,《情报学报》2002 年第 2 期。

[127] 美国新媒体联盟、美国高校教育信息化协会:《新媒体联盟地平线报告:2013 高等教育版》,《北京广播电视大学学报》2013 年第 S1 期。

[128] 罗根连:《美国加快国家网络安全教育及人才培养步伐》,《保密工作》2012 年第 8 期。

[129] 王静静:《从美国政府的互联网管理看其对中国的借鉴》,华中科技大学硕士论文,2006 年。

[130] 朱和庆、刘静坤:《美国儿童色情犯罪的法律规范》,《法律适用》2010 年第 7 期。

[131] 雷琼芳:《加强我国网络广告监管的立法思考:以美国网络广告法律规制为借鉴》,《湖北社会科学》2010 年第 10 期。

[132] 董媛媛:《论互联网传播的自由与规制:以 ACTA 对"网络中立"从对立到妥协的视角》,《新闻与传播研究》2012 年第 1 期。

[133] 周庆山、李彦簧:《欧美各国信息传播中的内容规制政策研究》,《出版发行研究》,

2014 年第 1 期。

[134] 张素伦:《美国互联网行业的反垄断法规制极其启示》,重庆科技学院学报(社会科学版)2013 年第 4 期。

[135] 董浩、董洁:《美国频谱资源优化配置探析》,《中国无线电》2013 年第 4 期。

[136] 尹蔚虹、李觅、杨波:《网络广告与传统媒体广告的异同》,《媒体时代》2011 年第 5 期。

[137] 王德全:《试论 Internet 案件的司法管辖权》,《中外法学》1998 年第 2 期。

[138] 郭明磊、刘朝晖:《美国法院长臂管辖权在 Internet 案件中的扩张》,《河北法学》2001 年第 1 期。

[139] 刘剑:《论英美法下的"不方便法院原则"》,对外经济贸易大学硕士论文,2003 年。

[140] 乔煜:《美国法律不方便法院原则阐述》,《商业时代》2010 年第 10 期。

[141] 刘峰、任庆帅:《浅析美国电视在新媒体时代的创新发展方式》,《电视研究》2013 年第 12 期。

[142] 李伦、李军:《网络传播自由及其规制》,《长沙理工大学学报》(社会科学版)2009 年第 1 期。

[143] 罗昕:《美国网络中立规制研究:脉络、实质与启示》,华中科技大学博士论文,2012 年。

[144] 王靖华:《美国互联网管制的三个标准》,《当代传播》2008 年第 3 期。

[145] 唐峰:《美国新媒体广告的传播生态及启示》,《新闻界》2013 年第 11 期。

[146] 徐瑾:《美国网络隐私权法律》,《保护现代情报》2005 年第 6 期。

[147] 岑剑梅:《电子时代的隐私权保护:以美国判例法为背景》,《中外法学》2008 年第 5 期。

[148] 杨志强、何立胜:《自我规制理论研究评介》,《外国经济与管理》2007 年第 8 期。

英文文献:

[1] M. Ethan Katsh, 1995：Law in a Digital World, Oxford University Press.

[2] Max Hailperin, 1999：Viewpoint：The COPA Battle and the Future of Free Speech, Communications of the ACM, Volume 42, Issue 1, January.

[3] Rusell G Smith, 1998：Crime in The Digital Age, Transaction Publishers.

[4] Scott Rettberg, 2003：Introduction：New Media Studies, American Review, March-April.

[5] A. W. Branscomb, 1993：Jurisdictional quandaries for global networks. In L. M. Harasim (ed.), Global Networks：Computers and International Communication. MIT Press.

[6] Lev Grossman, 2014：World War Zero, Time, July 21.

[7] Louise Cooke, 2007：Controlling the net：European approaches to content and access regulation. Journal of Information Science,33(3), pp. 360 - 376.

[8] Blackman CR, 1998：Convergence between telecommunications and other media：how should regulation adapt, Telecommunications Policy,22(3), pp. 163 - 170.

[9] Tim Jordan, 1999：Cyberpower：The Culture and Politics of Cyberspace and the Internet, Routledge.

[10] Howard Rheingold, 1994：Virtual Community, Harper Perennial.

[11] Gail. L. Grant, 1998: Understanding Digital Signatures: Establishing Trust over the Internet and Other Networks, Mcgraw-Hill.

[12] Richard A. Spinello, 2006: CyberEthics: Morality and Law in Cyberspace, Sudbury, Jones and Bartlett Publishers.

[13] Barbara Coloroso, 2004: The Bully, the Bullied and the Bystander, Harper Collins Publishers Inc.

[14] Information Infrastructure Task Force, 1995: Intellectual Property and the National Infrastructure: The Report of the Wording Group on Intellectual Property Rights, September.

[15] Diplomatic Conference on Certain Copyright and Neighbouring Rights Questions, WIPO Copyright Treaty, and Agreed Statements Concerning the WIPO Copyright Treaty, December 23,1996.

[16] Paul Goldstein, 1989: International Copyright: Principles, Law and Practice, Oxford University Press.

[17] William F. Patry, 1985: The Fair Use Privilege in Copyright, BNA Books.

[18] Steven A. Meyerowitz: Markering, Sales & Advertising Law, Gale Research Inc.

[19] Dennis Compbell, 1997: Unfair Trade Practices, Kluwer Law International.

[20] Herbert Kronke, 1998: Internet, Which Court Decides, Which Law Applies? Kluwer Law International.

[21] Tom Forester and Perry Morrison, 1994: Computer Etrics, MIT Press.

[22] Richard A. Spinello, 2003: Cyberethics: Morality and Law in Cyberspac, Jones and Bartlett Publishers.

[23] Howard Rheingold, 1994: The Virtual community: Homesteading on the Electronic Frontier, Minerva.

[24] Randy Reddick and Elliot King, 2001: The Online Journalist: Using the Internet and Other Electronic Resources, 3rd ed. , Harcourt Brace and Company.

[25] Jason Whittaker, 2000: Producing for the Web, Routledge.

[26] Clapperton, G. , 2003: Back on Stream, The Guardian New Media, 20 October.

[27] Warren and Brandeis, 1890: The Right to Privacy, Harvard Law Review.

[28] Jason Mehta, 2007: Assessing the Electronic Surveillance Mordernization Act (EMSA): Distorting Rather than Balancing, the Need for Flexible Electronic Surveillance and Robust Congressional Oversight, Journal of Technology Law & Policy.

[29] Murdoch Watney, 2007: State Surveillance of the Internet: Human Rights Infringement or E-security Mechanism?, International Journal of Electronic Security and Digital Forensics.

[30] Christopher Woo, Miranda So, 2002: The Case for Magic Lantern: September 11 Highlights the Need for Increased Surveillance, Harvard Journal of Law & Technology, Spring.

[31] Paul M. Schwartz, 2008: Reviving Telecommunications Surveillance Law, University of Chicago Law Review, Winter.

[32] Whitfield Diffie, Susan Laudau, 2006: Privacy on the line, MIT Press.

［33］ Christa M. Hibbard, 2012: Wiretapping the Internet: The Expansion of the Communications Assistance to Law Enforcement Act to Extend Government Surveillance, Federal Communications Law Journal.

［34］ Steven Penney, 2008: Updating Canada's Communications Surveillance Laws: Privacy and Security in the Digital Age, Canadian Criminal Law Review, Vol. 12.

［35］ Jan van Dijk, 1999: The Network Society: Social Aspects of the New Media, SAGE.

［36］ Christopher Hunter, 2000: Social Impacts: Internet Filter Effectiveness Testing: Over and Underinclusive Blocking Decisions of Four Popular Web Filters, Social Science Computer Review, Vol. 18, Issue 2.

［37］ Terry W Cole, 1999: ACLU v. Reno: An exigency for cyberethics. The Southern Communication Journal, Spring, Vol. 64, Issue 3.

［38］ Geoffrey Nunberg, 2001: The Internet Filter Farce, The American Prospect, January.

［39］ Dorothy A. Hertzel, 2000: Don't Talk to Strangers: An Analysis of Government and Industry Efforts to Protect a Child's Privacy Online, Federal Communications Law Journal, Mar, Vol. 52, Issue 2.

［40］ Paola Benassi, 1999: TRUSTe: an online Privacy Seal Program, Communications of the Association for Computing Machinery, 42(2).

［41］ Joseph R. Dominick, 2004: The Dynamics of Mass Communication: Media in the Digital Age, McGraw-Hill.

［42］ Beneditti, P. and DeHart, 1997: Forward through the rearview mirror: Reflection on and by Marshall Mcluhan, MIT Press.

［43］ John L. Diamond, 2008: Cases and Material on Torts, 2nd edition, Thomson & West.

［44］ J. Charles Sterin、Tamka Winston, 2011: Mass Media Revolution, Pearson.

［45］ Black's Law Dictionary, (2004).

［46］ James Rachels, 1984: Why Privacyis Important, in Philosophical Dimensions of Privacy: An Anthology, (Ferdinand David Schoemaned.).

［47］ Alan F. Westin, 1967: Privacy and Freedom.

［48］ Richard A. Posner, 1981: The Economics of Justice, Harvard University Press.

［49］ Fred H. Cate, 1997: Privacy in the Information Age, Brookings Institution Press.

［50］ Lawrence M. Friedman, 2002: Name Robbers: Privacy, Blackmail, and Assorted Matters in Legal History, Hofstra Law Review, Vol. 30. , Summer.

［51］ Ashley Packard, 2013: Digital Media Law (2nd, ed.), Wiley-Blackwell.

索　引

后　记

国家社科后期资助项目"美国新媒体法律与规制研究"2015 年获批立项,2017 年完成,2021 年通过国家哲社办鉴定,2022 年又做了修改。

从 2017 年到 2023 年,美国新媒体法律与规制有些变化,但总体讲主要还是围绕《通信规范法》(1996)第 230 条的讨论,只是质疑的声音更大了一些。2021 年,美国参议院引入了《防止欺诈、剥削、威胁、极端主义和消费者危害(SAFE TECH)法案》,旨在限制第 230 条提供的保护范围,并使社交媒体企业能够对其平台上的网络跟踪、有针对性的骚乱和歧视负责,旨在驯服平台的政策制定者绝不能无意中授权真正危险的行为者——恐怖分子、贩卖儿童者、仇恨社会团体,他们会滥用技术和对 230 的调整所产生的法律追索权。再就是 AI 创作面临的法律与伦理治理挑战,这在本书的自序中已提及。

本项目由戴元光教授主持并和周鸿雁博士共同负责全书设计,参与主体撰写并统稿。戴榆博士承担了本书第二章和第三章内容的初稿撰写,王雅鹃博士、新闻编辑张碧霄承担了其他部分章节初稿的撰写。

本书虽经过不断的完善,但仍感些许不足,欢迎各位专家不吝指正。

戴元光

二零二三年夏于上海佘山